Alexander Schmitz. **Das Gitarrenbuch**

W0175797

Alexander Schmitz

Das Gitarrenbuch

Geschichte, Instrumente, Interpreten

Wolfgang Krüger Verlag

© 1982 S. Fischer Verlag GmbH, Frankfurt am Main
Umschlag: Manfred Walch, Neu-Isenburg
Lektorat: Wolf Kugler
Illustrationen: Th. Vogelmann, Mannheim
Satz: Fotosatz Otto Gutfreund, Darmstadt
Druck und Einband: Clausen & Bosse, Leck
Printed in Germany, 1982
ISBN 3-8105-1805-0

Für Ingrid, Malte-Patricks Mutter, Micki Henkels, Barney Kessel, Irmela & unsere Eltern in memoriam.

»What thou lovest well remains, the rest is dross...« Ezra Pound

Inhalt.

Vorbemerkung 9
Den Göttern sei gedankt. Über die Entstehung der Gitarre . . 13
Die Saiten werden straffer. Das Instrument entwickelt sich . . 22
Von der Klassik zur Moderne. Sechs Saiten behaupten sich . . 50
Die erspielte Freiheit. Flamenco ist nicht nur Tanz 69
Folklore dominiert. Die Gitarre in Lateinamerika 82
Vom Picado zum Picking. Die Anfänge in Nordamerika 88
Blues black, Blues white. Gitarre und Gefühl verschmelzen . . 101
Der elektrische Saitenschlag. E-Gitarren setzen sich durch . . 149
Jazzgitarristen. Die ältere Generation 161
Rock Around The Clock. Die Gitarre in der Rockmusik . . . 191
Die Alten werden überspielt. Die jüngeren Jazzgitarristen . . 224
Die Spielmacher im Hintergrund. Rhythmusgitarristen
und Studiomusiker 249
Duos, Trios, Quartette. Die Mehrgitarren-Besetzungen 262
Elektrisches ist nun verpönt. Das Akustikgitarren-Revival . . 283
Segovias Erben. Die jungen Klassiker 325
Der lokale Bezug. Gitarrenmusik im deutschsprachigen
Raum 374
Formenreich und vielzählig. Gitarrentypen heute 428

Begriffslexikon 449
Bibliographie 487
Diskographie 511
Gitarrengeschäfte und Musikfachgeschäfte
mit Gitarrenabteilung 540
Instrumentenmuseen und Instrumentensammlungen 553
Verbände, Vereinigungen, Institutionen 558
Musikhochschulen mit Lehrfach Gitarre 563
Gitarrenseminare und -kurse 573
Gitarrenwettbewerbe 577
Danksagung 579
Personenregister 581
Sachregister 611

Vorbemerkung.

Wenn dieses Buch in Satz gegangen sein wird, wird auch der Hydra-Effekt längst wieder wirken: Man schlägt dem Ungetüm ein Haupt ab, prompt wachsen sieben neue. Dieser Effekt jedenfalls war es, der mich das ganze Buch hindurch begleitet hat. Denn die Liebe zur Gitarre wirkte sich auch aus in dem regelrechten Spleen, nur ja nichts zu versäumen, zu übersehen, nur ja so informiert zu sein wie möglich. Was für ein Anspruch. War ein Kapitel an den Verlag abgegangen, stapelten sich im Nu aufs neue Berge von zum Teil sehr wichtigen Neuinformationen zu den unterschiedlichsten Themen, und Woche für Woche waren es Schallplatten, Artikel, Namen, Telefonate, Überlegungen, die allesamt ständig zu fordern schienen: Schreib das bloß alles neu.

Meines Wissens ist unser Versuch der erste für den deutschsprachigen Raum, zwischen zwei Buchdeckel nicht nur – und dann zumeist knochentrockene – Abhandlungen zu Teilaspekten zum Thema, sondern, unterhaltsam und allgemeinverständlich, versteht sich, möglichst vieles zu pressen, sich also nicht exklusiv mit dem klassischen, dem Jazz-, Folk- oder Rockinstrument zu beschäftigen, wie das bislang üblich war. Beide, Verlag und Autor, meinten, uns so gut es ging an die Chronologie der Evolution unseres Instruments halten zu sollen, dies sei noch der beste Rahmen für solch eine Unternehmung, die – zugegeben – dennoch ein Versuch bleiben muß. Das vor allem der Hydra wegen, oder, anders gesagt, weil es unmöglich ist, die ganze Welt der Gitarre mit wirklich all ihren Facetten in eine papierene Nußschale zu verfrachten. Solch ein Buch hat auch seine physischen Grenzen, Grenzen, die bekanntlich von vornherein Beschränkung auferlegen. So mag gewiß den Insidern das zur Rockgitarre Gesagte schlicht und einfach zu knapp erscheinen; Folklore-Freunde werden viele ihrer Helden vermissen, denen die Gitarre als Begleitinstrument dient; Klassikspezialisten unseres Instruments, wohl wie keine andere Spielart des musicus classicus auf feinsinnige Dauergrabenkämpfe eingerichtet (Symptom der Noch-Isolation?), werden natürlich auch Namen nicht finden, deren Berücksichtigung sie nun gerade für unverzichtbar hielten...

Dennoch: Bei allem Bemühen um ›Ausgewogenheit‹ ist und bleibt am Ende der Autor so subjektiv wie der Leser, hat selbstverständlich seine ganz persönlichen Präferenzen. Andere Autoren, die sich von vornherein auf ›ihr‹ Thema beschränkt haben, mögen es da unter Umständen doch leichter haben; aber auch Spezialisten merken bei intensiver Beschäftigung mit ihrem Herzensthema schnell genug, daß es auch bei ihnen nicht ohne den Mut zur Lücke geht. Schließlich ist die Gitarre kein Triangel, ist die heutige Welt in dermaßen vielen Bereichen durchdrungen von diesem Instrument, daß da den genauen Überblick zu halten einfach unmöglich ist.

So werden manche Leser manches im Adressenanhang, dem Service-Teil, vermissen; andere werden klagen, der ins Gigantische angewachsene Bereich der Musikelektronik, der Mikrofone, PA-Anlagen, Effektgeräte, Synthesizer und gitarrenverwandten Instrumente fehle hier. Nur: Dies alles – dieser Eindruck entstand schon bald – wären Stoffe für völlig andere Bücher gewesen.

Hauptanliegen war, einen Leserkreis anzusprechen, der sich eben nicht nur, sondern auch aus Anfängern wie Spezialisten, Profis wie Sonntagsgitarristen und passiven Gitarreros zusammensetzt. Wir wollten sowohl Anregungen geben für den Anfang und versuchen darzustellen, um welche ›Instrumenten-Persönlichkeit‹ es sich da eigentlich handelt; ebenso gern wollten wir aber auch den Fortgeschrittenen auf neue Fährten setzen. Wir wollten uns an die Hörer und Sammler von Gitarrenmusik wie an die Aktiven wenden, wollten – indirekt – ratsuchenden Eltern musikgeneigter Kinder ebenso Anhaltspunkte geben wie eingefleischten und häufig unter Kommunikationsengpässen leidenden Jazz- und Klassikgitarrenfreunden Gesprächs- und Diskussionspartner wie Stichwortlieferant sein. Das ist vom Anspruch her nicht gerade wenig. Und das englische Buch »Guitars« von Tom und Mary Anne Evans wird da wohl, von der Themenbreite her, für lange Zeit einsames Vorbild bleiben. Es wird Kritiker geben, die es kennen und die fragen werden, warum es nicht einfach übersetzt worden sei. Die Gründe, bestimmte Bücher nicht zu übersetzen, können mannigfaltig sein. Die Gründe, für ein deutsch lesendes Publikum einen deutschen Autor zu finden, haben gewiß auch einiges für sich. Und darum schon jetzt all den Rezensenten, Kommentatoren und vor allem den Lesern des Gitarrenbuches hier Dank, die Kritik, Anregungen und Neuinformationen dem Verlag und dem Autor zur Kenntnis bringen, um das Werk noch informativer, noch nutzbringender gestalten zu können.

Alexander Schmitz
Hamburg, im Mai 1982

Die Entwicklung der Gitarre

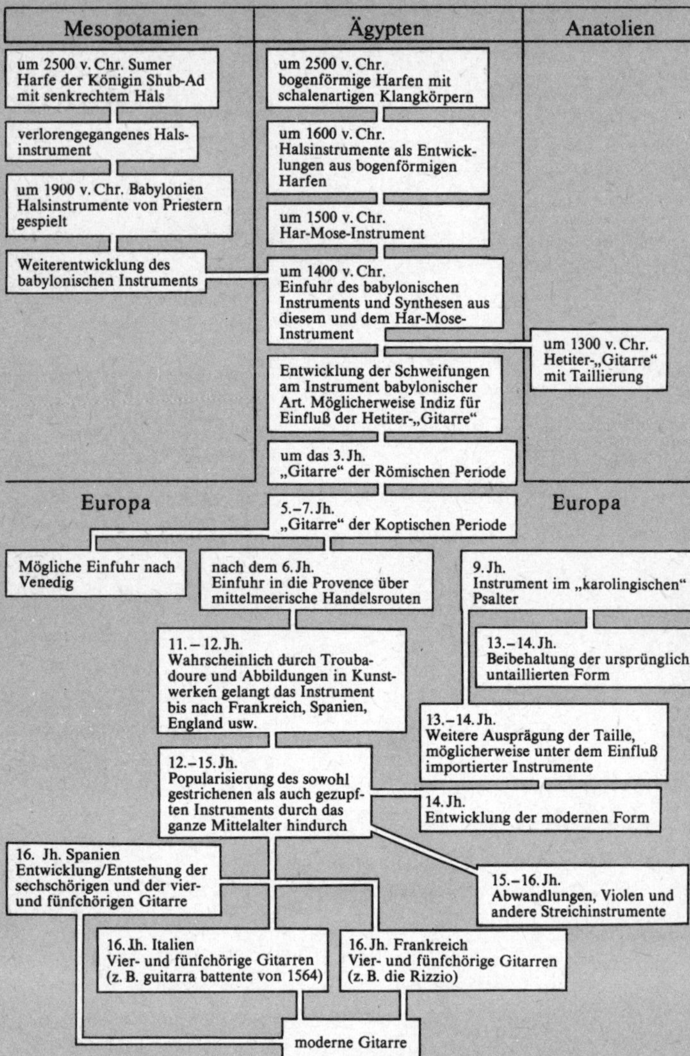

Den Göttern sei gedankt. Über die Entstehung der Gitarre. »Ist es nicht seltsam, daß Schafdärme die Seele aus eines Menschen Leibe ziehn können?« William Shakespeare (Viel Lärm um nichts).

Wenn man über historische Ursprünge nichts Genaues weiß, werden, seit es denkende und damit zumindest überlieferungswillige Menschen gibt, Schöpfungsgeschichten und Mythen an die Stelle präziser Erkenntnis gesetzt. Das gilt sowohl für die Geschichte im allgemeinen, als auch für Aspekte der Musikgeschichte im besonderen. Und was die Gitarre anbetrifft, so liegt deren Vorzeit im Nebel schwankender Vermutungen. Da geben Götter Halt und – die hehrste Gesellschaft ab, die sich denken ließe.

Was liegt also näher, als uns im griechischen Pantheon ein wenig umzutun?

Wir ›wissen‹ recht genau, daß die erste Hochzeit des Göttervaters Zeus mit Eurynome, einer Tochter des großen Okeanos, über allerlei illustre Polygamien zur Vermählung mit Mnemosyne führte, die kurz darauf dem Zeus die neun Musen gebar. Und damit fängt eigentlich alles an. Denn als etwas später Kadmos die wunderschöne Musendame Harmonia mit großem Gepränge ehelicht, kommen auch die Söhne des Himmels als geladene Gäste zu Besuch, sozusagen als erstes Zupforchester: Sie schlagen die Lauten, derweil Amphion die Lyra, vulgo Leier, spielt. Und Amphions einmalige Beherrschung seines Instruments bringt etwas zustande, was von heutigen Rockgitarristen und ihren Verstärkern mit all ihren Hunderten von Watt an Ausgangsleistung eher ins Gegenteil verkehrt wird: Sein Leierspiel läßt eine ganze Stadt, nämlich Theben, erstehen, samt Mauerwerk drumherum. Doch Amphion verstand sich nicht nur in Sachen Theben auf konstruktiven Saitenschlag: Mit seinen Klängen vermag er überall die Steine in Bewegung zu bringen und versteht es obendrein, Bäume so zu entwurzeln, daß sie sich gewissermaßen schneidefertig den Handwerkern der Nachbarschaft auf die Werktische legen. Es ist anzunehmen, daß unter denen dann auch die ersten Instrumentenbauer zu finden waren. Theseus übrigens, der gemeinsam mit Ariadne deren Bruder, den angsteinflößenden Minotaurus, zur Strecke brachte, soll die Lyra ja auch gezupft haben. Und daß Apollos Sohn Orpheus, der seine verstorbene Ehefrau Eurydike aus dem Hades holte, zu den hervorragendsten Pionierinstrumentalisten auf der Leier gehört, ist auch ›Nicht-Griechen‹ einigermaßen bekannt. Er, der Sage nach ein Sänger und Kithara-Spieler aus Thrakien, soll es tatsächlich verstanden haben, mit Hilfe von Gesang und Saitenspiel alles Wilde, sogar die schlimmen Mächte der Unterwelt, zu bezwingen, um sich so den Weg zu Persephone, der unterweltlichen und irrsinnig verführerischen Gemahlin des Hades zu bahnen. Für die Griechen allerdings gilt nur eines: Eigentlicher Erfinder des ersten Saiteninstruments ist Hermes, der Götterbote. Der war kaum dem Leib seiner schönen, aber schüchternen Mutter Maia entschlüpft, da zieht es ihn auch schon – alles an ein und demselben Tag! – hinaus in die Welt, zum Streichespielen. Hermes, den Kopf voller Flausen, sucht also zunächst einmal die fünfzigköpfige Rinderherde seines Bruders Apollo. Und wie er so dahinschlendert, wäre er um ein Haar auf eine Schildkröte getreten, tut das dann jedoch in seinem jugendlichen Übermut mit Absicht und merkt, daß es dem Tier nicht das geringste ausmacht und beginnt sich sehr für dessen Festigkeit zu interessieren – der Schlingel hatte Pläne. Sodann spricht der Sohn des Zeus und der Nymphe Maia die folgenschweren Worte: *»Schon ein glückliches Zeichen! Ich seh' dich nicht ungern! Willkommen, schöne Tänzerin, Gesellschaft zum Mahle! Du kommst zur rechten Zeit. Woher nahmst du doch, Kröte, solch ein liebliches Spielzeug, den schirmenden Schild auf dem Rücken? Ich nehm' dich nach Hause, sei mir zum Nutzen! Schöner ist es daheim, gefährlich draußen. Auch lebend wirst du ein Schutz sein gegen schädlichen Zauber. Wenn du erst stirbst, wirst du schön singen!«*

Wie Hermes das mit dem ›schön singen‹ gemeint hat, wird dann recht schnell klar. Denn der Göttersohn nimmt das Tier mit in die Grotte, schneidet es auf, nimmt es aus, befestigt – angeblich – zwei Schilfrohre (!) am Schild des Panzers und querüber eine jochähnliche Verbindungsstrebe, um der ganzen Sache Halt zu geben, dreht sich

dann Saiten aus dem Darm eines Schafes und *»prüft mit dem Schläger die Stimmen«*. Soll heißen: Er nimmt ein Plektron, vermutlich ein dünnes Knochenstück, zur Hand und stimmt sein frisch erfundenes Instrument durch. Kaum vernimmt er Wohlklang, da fängt er auch schon an, sich selber beim Singen hauptsächlich loser Lieder zu begleiten. Andere ehrwürdige Interpretationen besagen, Hermes habe nicht Schilfrohr, sondern ein schießbogenförmiges Aststück durch den Panzer gezogen – was wahrscheinlicher ist. Denn den ›Flitzbogen‹ gab es ja damals schon allemal, und außerdem dürfte der einige Pfunde mehr an Saitenzug ausgehalten haben.
Frederic V. Grunfeld, Verfasser von »The Art and Times of the Guitar« (1969), schreibt dazu, was für dieses Buch geradezu das Motto sein könnte: *»Es ist dies ein ganz entscheidender Augenblick in der Zivilisationsgeschichte des Menschen – daß er seine Pfeile beiseitelegt und den Bogen benutzt, um dazwischen Saiten anzuschlagen, Musik zu machen. Aber... damit macht er sich zugleich auch äußerst verletzlich. Allerdings dürfte diese Verletzlichkeit eine der grundsätzlichen Voraussetzungen für jede Art von Kunst sein, eine Kunst, die beispielsweise zerbrechliche Gitarren mehr schätzt als Schwerter. Und so dürfte die Geschichte der Gitarre im wesentlichen die Chronik einer der besten Momente der Menschheitsgeschichte sein.«*
Die weitere Geschichte von Hermes und seiner ***Lyra*** untermauert das. Denn der spätere Götterbote zieht alsbald spielend und singend wieder hinaus, um Apollos Rinder zu stehlen. Jener allerdings findet das überhaupt nicht komisch, will auf den Bruder losgehen, doch der *»beschwichtigt den Bruder mit dem Klange der Leier«*. Apollo kann sich dem Reiz dieser Musik beim besten Willen nicht entziehen und findet sehr schnell, daß dieses wundersame Gerät doch allemal seine fünfzig Kühe wert sei. Die beiden kommen überein, Hermes nimmt das Rindvieh, Apollo die Lyra.

Einige Musiktheoretiker sind der Ansicht, daß noch vor der Entstehungsgeschichte griechischer Mythen die Assyrer etwa im 2. Jahrtausend v. Chr. etwas hatten, das sie ***Chetarah*** genannt hätten, daß aber ebenso die hebräische ***Kinnura*** oder ***Kinnor*** der Griechen-Leier Pate gestanden haben könnte – was wiederum genausogut für die

Chaldäer, den semitisch-aramäischen Volksstamm im südlichen Mesopotamien, mit ihrer ***Qitra*** oder ***Kitra*** zutreffen könnte. Etymologisch jedenfalls bietet sich hier der – wenn auch umstrittene – Bezug zu dem noch heute aus Indien vertrauten Begriff ***Sitar*** an. Griechenland-Experten meinen, Homer habe sein Wort ***Citharis*** für die damals moderne ***Phorminx*** ziemlich sicher von den Assyrern übernommen. Die Phorminx alias Citharis war eine kleinere Lyra mit leichterem Schildkrötenpanzer. Doch schon im 7. Jahrhundert v. Chr. deuten sich sprachlich erste Richtungnahmen an. Denn von nun an teilen sich die Wege der großen Lyra und der kleineren ***Kithara***, wie der griechische Chronist Aristoxenos von Tarent (*um 360, † um 300 v. Chr.) festhält: Die Lyra erhält zunehmend den Namen Citharis, während die Kithara ihre eigene Entwicklung aufnimmt.
Später, kaum ein Jahrhundert nach Christus, berichtet der in Chaironeia geborene Philosoph und Historiker Plutarch (* um 46, † um 125) von einer aus Westasien importierten, schwerer und komplizierter konstruierten Kithara, die man in seinen Kreisen auch Asias genannt habe, weil dieses Instrument vor allem von den Damen auf Lesbos gespielt wurde; und das lag vor der kleinasiatischen Küste. Abbildungen auf griechischen Vasen zeigen die Kithara nun schon als markant U-förmig gebogenes Instrument mit massivem Holz-Korpus, auf dem es stehen konnte. Die erwähnte Citharis dagegen wird zu dieser Zeit, nach alter Hermes-Anleitung, noch immer aus Schildkrötenpanzern gebaut; mittlerweile aber heißt sie fast nur noch Lyra und hat weit ausgeschwungene Arme, ›Hälse‹. Der Klangvorteil der größeren Kithara hilft ihr, sich durchzusetzen: Sie wird bei öffentlichen Spielen und religiösen Festen gespielt. Und von Marmordarstellungen wissen wir auch, daß Kaiser Nero (* 37, † 68) sich liebend gern als Kithara-Spieler betätigt hat und – wie bei Diktatoren aller Zeiten gang und gäbe – ständig versessen darauf war, sich in Marmor hauen zu lassen – eben auch klimpernd, als Kitharöde.
Rund 450 Jahre danach berichtet dann der römische Staatsmann und Denker Boethius (* um 480, † 524) von einem gewissen Wandersänger Timotheus von Milet aus Laconia: Ohne viel Worte zu machen,

habe der Rat zu Laconia den Timotheus verbannt, weil er sich mit den inzwischen traditionell verehrten sieben Saiten seiner Kithara nicht zufriedengegeben und – welch ein Sakrileg! – unverschämterweise noch vier zusätzliche aufgespannt habe. Und um 160 n. Chr. erwähnt der griechische Satiriker Lukian (* um 120, † 190) einen gewissen Profilneurotiker namens Evangelos. Der sei nämlich plötzlich im Stadion aufgetaucht und habe eine Kithara aus purem Gold mit sich herumgeschleppt! Zumindest wird an solchen Berichten klar, daß das Instrument inzwischen voll etabliert war und auch von Profis gespielt wurde, das – wie die Kithara des Evangelos – prächtige Verzierungen hatte, dabei aber – anders als dieses – einen großen, kräftigen, vollen Ton bei angenehmer Spielbarkeit.
Mittlerweile hatten einfallsreiche griechische Instrumentenbauer – soviel ist auf Vasendarstellungen durchaus erkennbar – den ganz entscheidenden Geistesblitz gehabt, der unserem eigentlichen Thema schon sehr nahekommt: Sie waren abgegangen von dem Quasi-Zweihals-Konzept der alten Leier und kamen auf ein lautenähnliches Instrument mit nur noch einem Hals, der in den Schildkrötenpanzer mündete beziehungsweise als Spießhals hindurchgesteckt war.
Erstaunlich in diesem Zusammenhang freilich ist, daß dieses Instrument sich weder im römischen Reich noch in Griechenland sonderlicher Beliebtheit erfreute, was aus einem quantitativen Vergleich graphischer Darstellungen von Kithara (also Joch-) und Einhals-Instrument zu schließen ist. Die Mehrheit, so scheint es, blieb, in den Stadien und Häusern wie auf den Plätzen der Städte, bei der Kithara. Sie vermochte offenbar nicht, sich mit einer Neuerung anzufreunden, die es nun möglich machte, auf den nur drei Saiten des Instruments (mehr faßte wohl die damalige Halsbreite bei den meisten Typen nicht) nicht mehr nur in der Tonhöhe gleichbleibend (bordunähnlich) drei, sondern eine Vielzahl von Tönen zu spielen. Das neue Prinzip heißt heute Griffbrett und beruhte auf der Erkenntnis, die in unseren Tagen jedem Kind geläufig ist, wenn es ein Gummiband um eine Zigarrenkiste spannt und durch Niederdrükken des Bandes an verschiedenen Stellen des freischwingenden Teils (sozusagen der Mensur) entsprechend unterschiedlich hohe oder tiefe Töne erzeugen, greifen kann.

Natürlich kannten die Zupfinstrumenten-Konstrukteure in Athen und Rom noch nicht die Möglichkeit, durch das Umlegen verschiebbarer Bundschleifen um den Hals exakt voneinander getrennte, in bestimmten Intervallen zueinander stehende Töne zu erzeugen. Sie hatten eben ›nur‹ das, was heute im vorzugsweise angloamerikanischen Fachjargon ***fretless necks*** genannt wird: bundlose Hälse, die das Spielen von Mikrotönen möglich machten.

Diese ***Pandoura*** oder ***Pandouros*** ist wahrscheinlich auch aus Westasien importiert worden. Dort nämlich – im Sumerischen – ist die etymologische Wurzel des Wortes zu finden, die ***Pan-tur*** lautet und soviel bedeutet wie »Bogen-klein«. Grunfeld weist in diesem Zusammenhang auf die Geschichte des Wortes hin, die sich in rund 4500 Jahren immer weiter entwickelt hat von Pan-tur über ***Pandore*** oder ***Pandora***, dann ***Mandore*** und ***Mandole*** bis zur ***Mandola***, in der mit unserem Diminutiv ›-ine‹ unschwer die deutsche ***Mandoline*** zu erkennen ist. Sie kann vermutlich nur in kleinen, familiären Kreisen gespielt worden sein, weil sie für große Sport- und Spielfeste zu leise gewesen sein muß.

Eine der frühesten und zu allerlei teils interessanten, teils waghalsigen Spekulationen anregende Darstellung eines gitarrenähnlichen Instruments findet sich auf einem Flachrelief des Sphingentores im türkischen Alaca Hüjük (Inneranatolien), heute im archäologischen Museum von Ankara. Dort ist ein Musiker zu erkennen, der ein eieruhrähnlich tailliertes (›geschweiftes‹) Instrument spielt. Bedenkt man, daß diese Darstellung ungefähr aus der Zeit des Hethiterkönigs Hattusili III. (Regierungszeit etwa 1275–1250 v. Chr.) stammt, dann mutet fast sensationell an, daß auf dem Instrumentenhals noch recht deutlich bundähnliche Linien zu erkennen sind und der Hals durchgehend – also über beziehungsweise durch den ganzen Korpus führend – als Spießhals gezeigt ist. Man kann annehmen, daß an dem aus dem Korpus herausragenden Stück die Saiten hinterständig befestigt wurden (wie bei Sattelknopf-Arten moderner Zeit), während sie am langen Ende aufgespult oder fest angebracht waren.

Die Kopten, jene arabisch sprechenden christlichen Nachfahren der alten Ägypter, deren Kultur eine fruchtbare Synthese war aus griechisch-römischen, byzantinischen und arabischen Elementen, kannten schon zwischen dem 5. und etwa 9. Jahrhundert ein Instrument, das eine ganz wesentliche Neuerung aufweist: Sein Hals endet am Korpus, einem ausgekerbten Kasten, läuft also nicht mehr durch, und ist verstärkt durch jenen Halskopf, der später kielförmig vom Hals der spanischen Gitarre über die volle Höhe des Zargens führt und so die Berührungsfläche von Hals und Körper zugunsten der Stabilität vergrößert. Heute findet der Halskopf (englisch: heel) insbesondere bei klassischen und bei Flamenco-Gitarren Verwendung, während bei vielen Folk- und Jazztypen, wie ohnehin schon bei ausgesprochenen Rock-Gitarren, zunehmend der heel-lose Hals üblich wird. Grund hierfür ist die bessere Ausnutzungsmöglichkeit der hohen Lagen über dem 12. Bund. Das Kopteninstrument, über dessen Name nur spekuliert werden kann, zeichnet sich auch durch die klar definierbare Decke, den Boden und die Seitenwände (Zargen) aus, während die Form des Körpers mit seiner markanten Schweifung phantasie- und popmusikbegeisterte Betrachter von heute an den Violinen-Baß erinnern könnte, den Paul McCartney von 1960 an jahrelang für die Beatles zupfte.

Von hier an gewinnt die Geschichte des Instruments mehr und mehr klare Züge, wird überschaubarer und damit logisch. Denn aus Arabien mit seinen Instrumenten, in denen ja noch das griechische Erbe nachwirkt, gelangt nun die frühe Form dessen, was wir nun vorsichtig als ›Gitarre‹ bezeichnen wollen, im Zuge der muslimischen Expansion über Nordafrika bis nach Spanien hinein. Währenddessen setzt sich in Rom die leichtere Pandoura, die inzwischen auch schon den vertrauten bootsrumpfähnlich gebauten Schalenboden hat und deshalb sehr gewichtseinsparend gefertigt werden kann, immer mehr durch gegen die bislang etablierte Kithara. Diese Pandoura ist breithalsig, wie die Darstellung einer musizierenden Psyche auf einem römischen Sarkophag des 2. Jahrhunderts n. Chr. (heute im Londoner British Museum) zeigt, und hat einen vergleichsweise kleinen Körper, der den heutigen Betrachter vielleicht an die erste elektrische Gitarre der Welt, Rickenbackers berühmte ›Bratpfanne‹ von 1931 erinnern könnte.

Beide Instrumente geraten im 5. Jahrhundert, als auch noch das weströmische Reich den vordringenden Germanen unter Odoaker (* um 430, † 493) zum Opfer gefallen ist – und damit der Rest des gesamten römischen Imperiums –, zunächst in Vergessenheit. Und nur der Archivierfreude christlicher Mönche ist es zu verdanken, daß der Wissensstand um den Bau und die Spielbarkeit von ›Lauten‹- und ›Gitarren‹-Vorgängern in frühen Skripten erhalten geblieben ist.

Aus der Kithara wird in Italien die ***Chrotta*** oder ***Rotta*** und später, etwa im 16. Jahrhundert, die ***Cister***. Im mittelalterlichen Wales heißt sie ***Crwth***, um 1300 nennen die Engländer sie ***Cittern***, die Österreicher kennen sie dann als ***Zither*** und die Deutschen als das ***Cithrinchen***, in seiner glockenförmigen Umwandlung als ***Hamburger Cithrinchen*** bekannt.

Nur in Spanien entwickeln sich Name und Gestalt auf eigene Art. Denn dort lebt das muslimische – und damit ja indirekt auch das griechische – Erbe weiter.

Um bei Instrumentennamen zu bleiben: In Ovids (* 43 v. Chr., † um 18 n. Chr.) »Metamorphosen« ist zu lesen, daß nicht etwa Hermes seine flinken Finger im Spiel hatte, sondern der freche Zwerg Faunus. Jener sei jedenfalls der Erfinder der *»gewölbten fides«* gewesen. Und bis ins mittelalterliche Latein hinein entwickelt sich das Wort über die ***Fidicula*** – erst nur für die ›kleine Kithara‹ benutzt, dann für alles, was Saiten hat – zur ***Vitula***. Die schleift sich in Frankreich dann zur ***Vielle*** ab und wird von den provenzalischen Troubadours ***Viula*** genannt. In Deutschland entsteht daraus dann die ***Fiedel*** oder ***Fidel***, in England wird's die ***Fiddle***, und in Italien spricht man von ***Viola*** oder von ***Violino***.

In Spanien wird schließlich jenes Instrument daraus, das wahrscheinlich der direkte Vorfahre der uns vertrauten Gitarre ist – die ***Vihuela***, von der es zunächst nur zwei Typen gibt – die ***Vihuela de peñola***, also die mit dem Plektrum gespielte, und die ***Vihuela de arco***, das gestrichene Instrument. Doch dazu kommen wir später.

Die Geschichte der Laute bleibt daneben, anders als zunächst vermutet werden könnte, keineswegs ausschließlich italienische Domäne. Denn dieselben Araber, die als ›Mauren‹ in Spanien die Kultur ihrer Heimat ansiedeln, und dort von 711 bis 1492 in weiten Teilen herrschen, importieren neben ihrer umfangreichen Literatur auch ihre Musik. Und so erklingen überall, im mittelalterlichen Al-Andalus des frühen 16. Jahrhunderts wie in Córdoba, in Málaga wie in Sevilla, auch die Saiteninstrumente, die sie arabisch ***al-'ud*** nannten, was ›das Holz‹ heißt und ursprünglich ein Instrument bezeichnet hat, das aus Holz gebaut und mit einer Tierhaut überzogen war. Das ›a‹ schleift sich ab, es entsteht das spanische ›laud‹ – die ***Laute*** ist da.

Die Saiten werden straffer. Das Instrument entwickelt sich. »Wenn deine süßen Finger sanft beschwingen / der Drähte Einklang, der mein Herz verwirrt. / Zürn' ich den Tasten, die im Tanz berührt / Zu hastigem Kuß das Innre deiner Hand.«
William Shakespeare (Sonett 128).

Wer schon einmal in dem grundlegenden wie umstrittenen Werk »Die Gitarre und ihr Bau« (1963) von Franz Jahnel geblättert hat, der wird festgestellt haben, wieviel Raum dieser eminente Kenner der Gitarren, Sistern, Mandolinen wie unzähliger anderer, auch exotischer Zupfinstrumente allein der Laute zugewiesen hat; jener Leser aber wird auch schnell einsehen, daß sie deshalb unser Thema nicht sein, nicht bleiben kann. Sie wäre, kurz gesagt, ein eigenes, nicht weniger umfangreiches Buch wert.
Der erste Blick in die Geschichte unseres Instruments widmete sich eher notgedrungen der Laute, zumal aus frühester Zeit über die Gitarre so gut wie nichts bekannt geworden ist. Vieles bleibt Spekulation, etwa was die Verbindung zwischen der achtförmigen vorderasiatischen ***târ*** oder der persischen ***setâr*** und unserer Gitarre betrifft, wie auch Konrad Ragossnig, einer der angesehensten Lautenisten, Gitarristen und Lehrer unserer Zeit, in seinem »Handbuch der Gitarre und Laute« (1978) feststellt: *»Im Unterschied zu der unbestrittenen Gewißheit über die orientalische Herkunft der Laute geben Ursprung und Geschichte der Gitarre immer noch Rätsel auf...* (In târ bzw. setàr) *will man Urformen erkennen, die in Gestalt und Namensgebung auf die Gitarre hinweisen.«* Kurzum, alles, was bis zum 13./14. Jahrhundert über vermeintliche Gitarren-Vorläufer in Erfahrung zu bringen war, ist genealogisch nach wie vor mit äußerster Vorsicht zu betrachten.
So läßt sich auch immer noch nicht gesichert von einer Gitarre sprechen, wenn ein gewisser Amarcius, ein weitgehend unbekannt gebliebener helvetischer Dichter, das ›folkische‹ Musizieren seiner

Tage mit den Worten beschreibt: *»Wenn der Citharist, nach dem dasz er erhandelt hat seyn thael gelds, erscheinet undt anhebt seyn Instrumentum auss dem schutzend Ochsenhautbeutel herbeyzuziehn, so kommet allweyl die leut von Na undt fern einher, oculieren Ihn ohn Unterlasz undt lauschen ihm bey verschaemten gemurmeln wie dasz er seyne Saitn anschlagt mit weit gerecketen fingern.«*
Denn was Amarcius hier mit ›cithara‹ meint, könnte ebenso auf einen Gitarren-Vorläufer verweisen wie auf eine ***cythara***, wie sie bereits in der Stuttgarter Liederhandschrift aus dem 9. Jahrhundert zu sehen ist: nämlich auf ein fünfsaitiges, paddelförmiges Instrument – oder aber auf das, was man seinerzeit ***gittern***, aber auch ***guiterre***, ***gyterne*** oder ***gytryn*** nannte, ein eher birnenförmiges Zupfinstrument. Und nach Grunfeld stellt die gittern ein Hauptverbindungsglied in der Evolution von Apollos Lyra bis zur englischen Wohnzimmer-cittern dar. Die ***cittern***, nicht etwa die Gitarre, erbt dann die Form und Funktion der mittelalterlichen gittern.
Soviel jedenfalls ist in diesem Namenverwirrspiel mittlerweile erwiesen: daß das Wort ›cittern‹ im 16. Jahrhundert entstanden ist, als die heute völlig in Vergessenheit geratene ›gittern‹ mit jenem Instrument in Berührung kam, das in Spanien dieser Zeit bereits ***guitarra*** genannt wurde. Die cittern war mit Drahtsaiten bespannt und wurde mit einem Plektrum angeschlagen. Der mit ihr konkurrierenden gittern unterlag sie bald völlig. Lediglich eine kurze Blüte im 18. Jahrhundert ließ sie, nun in flacher Tropfenform gefertigt, als sogenannte ›Englische Gitarre‹ noch einmal aufklingen. Die gittern dagegen wird sogar von dem englischen Dichter Geoffrey Chaucer (* 1340, † 1400) an mehreren Stellen seiner »Canterbury Tales« gelobt und von den französischen Trouvères sowie provenzalischen Troubadours als ein Instrument geschätzt, das für die pure Begleitung bei weitem zu schade sei. Die Joglars, aber auch die großen Sänger der »fin amor« bevorzugten dieses Instrument zum Ausspielen wohlgesetzter Interludien.
Schon einmal haben wir es mit dem Wort ›fidicula‹ zu tun gehabt. Konrad Ragossnig wie auch Ernst Nickel, letzterer in seinem »Beitrag zur Entwicklung der Gitarre in Europa« (1972), zitieren Kathleen Schlesingers Untersuchung »The Precursors of the Violin Fami-

ly« (1910), in der die Ansicht vertreten wird, daß zwischen der ***Fidicula*** und der ***Vihuela*** eine direkte Beziehung bestünde, sich der letztere nämlich aus dem ersten Begriff entwickelt habe; denn die Fidicula sei ja eigentlich auch nichts anderes als die schon erwähnte ›Cithara‹, sozusagen das römische Pendant zur griechischen ›Kithara‹. Und da, wie Ragossnig meint, die ***Cithara*** durch die Römer noch vor den Arabern nach Spanien gekommen sei, wäre auch der Gegensatz ***guitarra latina–guitarra morisca*** klar, zwischen der römischen und der maurischen also, von denen die erste – viersaitig und tailliert gegenüber der doppelbesaiteten, somit achtsaitigen und mandelförmigen guitarra morisca – sozusagen als Segovias Vorgängerin angesehen werden kann. Bemerkenswert, ja, fast widersinnig möchte einem dabei erscheinen, daß besagte Vorgängerin der uns so vertrauten Dame in ihren hohen Tagen durchweg ›rasgueado‹, das heißt mit dem Daumen akkordisch ›gestrippt‹, die guitarra morisca dagegen ›punteado‹, also einzeltönig gezupft wurde.
Die guitarra morisca wird im Laufe der nächsten Jahrhunderte immer mehr von der Laute(!) verdrängt, während ihre Schwester wächst und später (im 15./16. Jahrhundert) in Spanien der direkte Vorfahre der Segovia-Gitarre wird, nämlich als die Vihuela, genauer nun: die ***vihuela de mano***, die im Unterschied zur ***vihuela de peñola*** (penna: das Plektrum) und zur ***vihuela de arco*** (arco: der Bogen), die beide schon sehr viel länger bekannt sind, mit den Fingern angeschlagen wird.
Ragossnig weist in seinem komprimierten Abriß der Gitarrengeschichte darauf hin, daß die Nennung einer ***guitarre*** zum ersten Mal in dem altfranzösischen »Rosenroman« von Guillaume de Lorris (* um 1209, † nach 1240) und Jean de Meung (* um 1240, † um 1305) auftaucht, während im 1250 veröffentlichten »Libro de Alexandre« von Juan Lorenzo de Astorga zum ersten Mal in Europa überhaupt die ***Gitarre*** beim Namen genannt wird. Weitere 30 Jahre später, 1280 also, ist in dem Traktat »De Musica« des in Paris schreibenden Musiktheoretikers Johannes de Grocheo von einer »Guitarra saracenica« die Rede. Und im Jahre 1330 tauchen in dem »Libro de buen Amor« des spanischen Erzpriesters und Dichters Juan Ruiz (* um 1283, † um 1350) zum ersten Mal die Begriffe »guitarra latina« und

»guitarra morisca« auf. Die Not des Spekulierens freilich bleibt auch jetzt noch bestehen. Denn allen erwähnten Schriften fehlt, was zur Verifizierung der Nachrichten unbedingt nötig wäre: Beschreibung und Bebilderung.

Ein zusätzliches Problem, dem die Instrumentenhistoriker sich bei ihrer Erforschung des Mittelalters immer wieder ausgesetzt sehen, besteht darin, daß eindeutige Identifizierungen auch deshalb außerordentlich erschwert werden, weil jene Epoche kaum einheitliche Bezeichnungen für bestimmte Instrumente kannte. Folglich tauchen in der Literatur des späten Mittelalters die unterschiedlichsten Namen für die Anfangsformen der Gitarre auf: ***qitara, guitarre latine***, ***ghiterna lutina***, ***vihuela de peñola***, ***guitarra saracenica***, ***chatarra spagnuola***, ***Cytharae Hispaniae***, ***viola***, ***quintara***, ***quintaria***, ***Quinterna***, ***guisterne***.

Die Zeit des Rätselns endet, als in höfischen und kirchlichen Schriften Illustrationen erscheinen. Eines der eindrucksvollsten, weil umfassendsten Beispiele dürften die »Cantigas de Santa María« sein, eine über 400 Mariengesänge enthaltende Sammlung, die der damalige König von Kastilien und Léon, Alfons der Weise (* 1221, † 1284), in vier hinreißend schönen Manuskripten um 1250 edierte, die heute in der Escorial-Bibliothek verwahrt werden. Die »Cantigas« sind geschmückt mit Hunderten von Miniaturen, die nicht nur über das Leben im mittelalterlichen Spanien detailliert Zeugnis geben, sondern neben Darstellungen architektonischer Leistungen, von Kriegszügen, Schiffbau und vielem anderen auch sämtliche Instrumente aufführen, wie sie in jener Zeit am Hofe gespielt wurden.

Abgesehen von der hier gezeigten, als ***laud*** nun europäisierten arabischen Lauten-Vorform ›al-'ud‹ von fast einem Meter Länge und einer ***Rebab***-Form mit nur drei Saiten und etwa 60 Zentimetern Gesamtlänge, sind die Darstellungen der drei Gitarrenvortypen für uns die interessantesten, wenngleich sie natürlich mit Vorsicht zu betrachten sind. Hierzu zählt die ***quitarra morisca*** mit acht Saiten, von denen unbekannt geblieben ist, ob sie chörig, das heißt unisono beziehungsweise oktavversetzt oder aber individuell gestimmt wurden. Überraschend für diese Zeit ist die Gesamtlänge des Instru-

ments (etwa 110 Zentimeter) und das überdurchschnittlich große, ovale Wirbelbrett, auf dem die Wirbel ungewöhnlicherweise senkrecht (vorderständig) stehen. Außerdem verblüfft die Mensurlänge, also die freischwingende Saitenstrecke zwischen Querriegel (Steg) und Sattel und die Tatsache, daß die morisca offensichtlich bundlos gespielt wurde. Die ***quitarra latina*** hat vier Saiten, ein entsprechend kleineres, ebenfalls noch ovales Wirbelbrett – allerdings ohne sichtbare Wirbel, die möglicherweise hinterständig einliegen – und eine Gesamtlänge von 105 Zentimetern. Ihr Griffbrett zeigt zum ersten Mal in Europa Bünde, und die Mensurlänge beträgt, obwohl die morisca länger ist als die latina, sogar 85 Zentimeter. Die Frühform der Vihuela, wie sie in den »Cantigas« zu sehen ist, verfügt über ein Wirbelbrett, das dem der quitarra latina stark ähnelt. Auch sie hat auf dem Hals bereits Bünde, die hier aber, anders als bei der latina, bis auf den Korpus reichen. Das auffallendste Merkmal dieses (hauptsächlich im Sitzen gespielten) Instruments ist, daß sein um etwa ein Drittel kleinerer Körper als der der maurischen beziehungsweise der lateinischen Gitarre (etwa 30 Zentimeter bei 70 Zentimetern Gesamtlänge) tailliert ist.
Alle drei Instrumente weisen inzwischen auch jeweils ein relativ großes, rundes Schalloch in der Mitte des Körpers auf; dies ist insofern ein Novum, als aus den Lauten-Darstellungen der voraufgegangenen Jahrhunderte stets zu ersehen war, daß frühere Zupfinstrumente entweder überhaupt keine oder aber eine größere Anzahl kleinerer Schallöcher aufwiesen.
Zu den Mensuren der quitarra-Typen in den »Cantigas« hier nur soviel: Bedenkt man, daß die freischwingenden Strecken heute gebauter Gitarren 59,95 Zentimeter nicht unter- und 66,67 Zentimeter nicht überschreiten, dann überrascht, daß die Saiten der morisca wie der latina über Strecken von 80 bis 85 Zentimeter frei schwangen. Heutige elektrische Bässe werden beispielsweise mit Mensuren zwischen 77,47 und 87,63 Zentimetern gebaut, woraus sich rückschließen läßt, daß beide »Cantigas«-Typen eher zur Baßbegleitung als zum Melodiespiel benutzt wurden. Die Konsequenz war dann vermutlich der kleinere quitarra-Typ, in dem F. Jahnel eine Vihuelen-Frühform erkennt, die eine geschätzte Mensurlänge von 55 Zen-

timetern aufweist. Hier liegt möglicherweise auch die Erklärung für den unterschiedlichen Bundbesatz: Die Baßbegleitung erfordert kaum solch hohes Lagenspiel wie die Melodie.

Erst runde 200 Jahre später – der Musikhistoriker Friedrich Blume gibt in seinem 1974 erschienenen Aufsatz »Die Musik im Selbstverständnis der Renaissance« das Jahr 1484 an – liefert der flämische Musiktheoretiker und Komponist Johannes Tinctoris (* um 1435, † 1511) in seiner fragmentarisch überlieferten Spätschrift »De inventione et usu musicae« eine erste griffige Beschreibung des Instruments, dem unser Thema gilt. Dort nämlich spricht Tinctoris von einem Instrument, das *»von den Hispaniern erfunden ist worden, welches sie alswie die Italienern nennen bey dem namen Viola, undt ist bey den Francosen die demiluth geheiszen. Dise violn ist anderst von die Lautten, sintemaln die Lautten ist manniglich Groesser undt geformet gleychwie eyn schildtkroet, dieweyln die violn ist flach undt vielerorten innenwerts geschweyfet auff eyn jede Seiten.«*
Der Verfasser, von F. Blume als der erste Fachschriftsteller bezeichnet, der die Musik als ›autonome Kunst‹ verstanden wissen will, versäumt nicht klarzustellen, daß es sich bei seiner ***Viola*** keineswegs um die bogengestrichene (und schallochlose) ***Viola de arco*** handelt, denn *»derweyln eyn Villfalt musicii spillt jeglichte compositio ergetzlich auff die Lautten, also wird in Italien und Hispanien um etzlich mehr gespillt die violn ohne dem Bogen«.*
Tinctoris schlägt damit für uns gleich zwei Saiten mit einem Finger: Er unterstreicht nochmals den Unterschied zwischen Laute und Gitarre und signalisiert, daß die damalige Bezeichnung der Viola de mano identisch ist mit der der Vihuela de mano des 16. Jahrhunderts.
›Von den Hispaniern erfunden‹: Versuchen wir also keineswegs, der populär gewordenen Auffassung ins Gehege zu kommen, sondern bleiben auch wir dabei – Spanien ist das ›Mutterland‹ der uns vertrauten Gitarre.
Von der Renaissance, übrigens die Blütezeit der Vihuela, bis heute ist der Weg unseres Instruments nun klar überschaubar, die Etappe des Nebels, der Götter und Spekulationen bewältigt. Zeit also für

einen sehr kurzen, weil ohnehin fast verwirrenden Rundblick auf die zahlreichen Verwandten unseres Instruments, einem internationalen Clan, zu dem der südamerikanische ***charango*** mit seinem Gürteltierrücken oder die griechische ***Bouzouki*** ebenso gehören wie das afroamerikanische ***Banjo*** (das als sechssaitiges ***Gitarrenbanjo*** auch zur Verwandtschaft zählt), die indische Sitar oder die deutsche Mandoline. Sehr anschaulich hat dies Alexander Buchner in »Musikinstrumente von den Anfängen bis zur Gegenwart« (1972) anhand kurz kommentierter Bilder darzustellen vermocht, wobei er mit dem schon erwähnten Gitarre-Archetyp der Hethiter beginnt und dann mit der Darstellung einer Lyra auf einem semitischen Grabmal zu Bani Hasan von etwa 1920 v. Chr. in eine herrliche Serie von weit über 50 Abbildungen einschwenkt, an deren Ende die elektrische Gitarre steht.

So sind etwa auf einem thebanischen Grabmal zur Zeit der 18. Dynastie (1551–1306 v. Chr.) bereits sowohl Lauten- als auch Lyrentypen zu sehen (heute im Ägyptischen Museum in Kairo), und auch die Etrusker zeigen eine Leier, wenn auch um einiges später – auf dem Tomba dei Leopardi bei Tarquinia, aus dem 5. vorchristlichen Jahrhundert. Daß die Ägypter über eine Laute verfügten, die ebenfalls aus der Zeit der 18. Dynastie stammt, ist durchaus bekannt. Sie existiert nämlich noch heute (im Ägyptischen Museum in Kairo), und zwar mit erhaltenen(!) Saiten. Im Londoner British Museum kann eine ägyptische ***Winkelharfe*** aus der Zeit der 19. Dynastie (1306–1186) bestaunt werden und im 5. vorchristlichen Jahrhundert sind Harfe, Kithara und Lyra auf einer einzigen griechischen Vase versammelt. Sie steht heute in Münchens Antikensammlung.

Im Louvre sind zwei Lyren auf einem assyrischen Relief von etwa 650 v. Chr. zu sehen, und aus der Zeit des Kaisers Augustus (* 63 v. Chr., † 14 n. Chr.) sind ebenfalls Lyren-Darstellungen erhalten geblieben, zum Beispiel eine Wandmalerei, heute in der Vatikanischen Bibliothek zu besichtigen.

Erst weit nach dem 9. Jahrhundert – der Entstehungszeit der schon erwähnten »Stuttgarter Liederhandschrift« – kommen neue Instrumente auf, so im 13. Jahrhundert, wie aus der Handschrift »Mater verborum« im Prager Nationalmuseum zu ersehen, die ***Fiedel***. Im folgenden Jahrhundert erscheint neben ihr auch die ***Cister***, eine enge Verwandte der Gitarre, wie man dem »Passional« einer Äbtissin Kunigunde, das in der Prager Nationalbibliothek aufbewahrt wird, entnehmen kann. Noch ins 13. Jahrhundert gehört die ***Rotta*** (die ehemalige ***Chrotta***); eine Abbildung hat die Klosterbibliothek zu Zwettl in Österreich.

Das Instrument namens ***Psalter***, dargestellt auf der Miniatur zu Heinrich von Frauenlob in der »Manessischen Handschrift«, auch »Große Heidelberger Liederhandschrift« genannt (heute in der Heidelberger Universitätsbibliothek), einer Zusammenstellung von 140 Gedichtsammlungen aus dem Anfang des 14. Jahrhunderts, bringt uns mitten hinein in die Zeit der *»Fiedeln, Trommeln, Pauken, Flöten und Harfen«*, wie Dieter Kühn in »Ich, Wolkenstein. Eine Biographie« (1977) formuliert.

Zunehmend wichtig wurde auch die ***Drehleier*** – als ein Instrument, das sehr wahrscheinlich den entschieden schwerer zu aktivierenden Dudelsack ersetzen sollte und das sich heute wieder bei Folklorefreunden besonderer Beliebtheit erfreut.

In der Velislav-Bibel aus dem Jahr 1340, einem Prachtexemplar in der Prager Universitätsbibliothek, sind ***Psalterharfe***, Psalterium, Cister und Fidel zusammen abgebildet, aber auch die Rotta und das ***Dekachordum***. Nur knapp zwanzig Jahre jünger ist die erste Prager Darstellung einer Guitarra latina, nämlich auf der Wandmalerei der »Anbetung des apokalyptischen Lamms« in der Heilig-Kreuz-Kapelle der Burg Karlstein. Das zwischen 1431 und 1438 entstandene Marmorrelief von Luca della Robbia (*1400, †1482) für die Sängerkanzel des Florentiner Doms zeigt unter anderem Frauen mit Mandoras (heute ausgestellt im Museo di S. Maria dei Fiore). Der Bildhauer und Baumeister Agostino di Duccio (*1418, †1481) schmückt einen faszinierenden Problembau, den Tempio Malatestiano in Rimini, mit einer Laute im Marmorrelief. Der niederländische Maler und Radierer Ferdinand Bol (*1616, †1680) malt eine ***theorbierte Laute*** (heute in Stockholm, Nationalmuseum), ein Instrument, das mit einem ungeknickten Hals für die freischwingenden Baßsaiten (die Bordune) versehen ist und ansonsten alle Charakteristika der Laute aufweist, Pier Francesco Mola (*1612, †1668) stellt auf einem Gemälde (heute in der Dresdner Gemäldegalerie) eine ***Lira da gamba*** dar, ein Instrument mit elf Einzelsaiten, achtbündigem, gedrungenem Hals und zwei Bordunen. Gebaut werden Lauten in Innsbruck und in Bologna, unter anderem von Georg Gerle und Hans Frey (von beiden ist je ein um 1580 gefertigtes Instrument im Wiener Kunsthistorischen Museum zu sehen). 1764 baut in Olmütz Martin Brunner eine herrliche ***Theorbe***; eine ***italienische Theorbe***, noch aus dem 17. Jahrhundert, ist im Londoner Horniman-Museum zu besichtigen, wo auch eine ***italienische Pandurina*** von 1673, dann eine ***Erzlaute***, auch ***chitarrone*** genannt, aus der Werkstatt des Spaniers Johannes Montoya de Cardones von 1591, eine ***Mandora*** von Michael Angiolo Bergonzi aus Cremona von 1765 und eine ***chitarra battente*** des Neapolitaners Vicenzo Vinaccia aus dem Jahre 1772 ausgestellt sind.

Cistern bauten Girolamo Virchi (* um 1523, † nach 1573) aus Brescia, von dem auch eine ***Lyrencister*** im Wiener Kunsthistorischen Museum aufbewahrt wird; Joachim Tielke (* 1641, † 1719) aus Hamburg, Maximilian Zacher aus Breslau und Johann Michael Willer aus Prag – bald kommen wir ins 19. Jahrhundert: Unsere Gitarre hat längst ihre Gestalt gewonnen.

Aber was gibt es sonst noch, was der Gitarre ähnlich ist? Nun, zum Beispiel den ***Dulzimer***, den man heute als Baukasten in verschiedenen Größen kaufen kann, dann alle die Zithern und ***Zimbaln***, aber auch die ***Tenor-Viole*** und das ***Orpharion***. Da sirrt die japanische ***Koto***, in China zirpen der ***San-hsiän*** und die ›Mondgitarre‹ ***Yüeh ch'in***, die drei- bis fünfsaitige ***Pipa*** (P'i-p'a) und die kotoähnliche ***Kou-jêng***. In Burma wird die krokodilförmige ***Stockzither*** geschlagen, bei den Hindus die ***Wina*** und die ***Sotar*** mit Plektren angerissen. ***Mizhar***, ***Barbat*** und der ***Rebab*** sind drei sassanidische Instrumente vorchristlicher Zeit; des weiteren gibt es die russische ***Kopza*** (ein Knickhalslauten-Instrument), den ***Colascione***, eine mit Bünden versehene Theorben- beziehungsweise Chitarronen-Variante, die schmalhalsige ***Bugarija***, die ***Lyren-Gitarre*** und die äußerst seltsam aussehende ***Wappengitarre***; eine Cistern-Abart namens ***Penorcon***, dann den ***Colasciontino***, die rumänische ***Prim-Tamburitzka*** und den ***Braĉ*** wie die indische, der Sitar verwandte ***Tamburi***, die kleine

Prim-Domra, die vielen, vielen ***Balalaika***-Typen oder die höchst originell aussehende ***Chitarra arapa*** – ein kaum zu überblickendes, riesenhaftes, zirpendes, singendes, dröhnendes, wummerndes, schneppendes und schwingendes Instrumentarium, das man in solch einem Rahmen wirklich nur ›anreißen‹ kann. Rückkehr also zu unserer Gitarre und zur Historie.

Nach der Vihuela de arco und der plektrongespielten ***peñola***, die längst in Spanien vertraut sind, kommt die Bezeichnung Vihuela de mano für das mit den Fingern gespielte (geschlagene oder gezupfte) Instrument erst im späten 15. Jahrhundert auf. Im 16. Jahrhundert aber ist es in Spanien landauf landab so weit verbreitet, daß man sich bei seiner Bezeichnung auf die Kurzform ›Vihuela‹ beschränkt – wenn auch der große Pionier dieses Instruments, Don Luis Milán (* 1502, † um 1561), auf dem Titelblatt seines Werkes »Libro de Música de Vihuela de mano intitulado El Maestro« (1535) noch den kompletten Namen setzen läßt.

Das italienische Gegenstück ist die Viola da mano. Allerdings sei der Betrachter historischer Darstellungen beider Früh-Gitarren zur sorgfältigen Differenzierung aufgerufen; denn nicht immer sind die graphischen Zeugnisse jener Zeiten verläßlich. So finden wir zum Beispiel auf Miláns Titelblatt eine sechssaitige Vihuela mit zehn Wirbeln (6 + 4), eine Kombination, die auch dann noch unmöglich erscheinen muß, wenn wir uns sein Instrument sechschörig vorstellen. Immerhin: Die Vihuela ist inzwischen gitarrenartig tailliert, hat in dieser Zeit fast durchweg Darmbünde und wie im 15. Jahrhundert schon die Stimmung Quarte–Quarte–große Terz–Quarte–Quarte (4–4–3–4–4) von oben nach unten. Die Viola da mano hat bereits ein zentrales Schalloch und einen Querriegel, der fest auf der Decke sitzt. Die Vihuela dagegen – typisches Kennzeichen – hat mehrere kleine Schallöcher-Rosetten symmetrisch über die Ränder des Korpus' verteilt, und ihre Saiten münden nicht in den Querriegel ein, sondern laufen über ihn hinweg, um in einem Sattelknopf hinterständig zu enden.

Elf Jahre nach dem Erscheinen von Johannes Tinctoris' musiktheoretischer Schrift »De inventione et usu musicae« (gedruckt um 1484) zeigt der Italiener Franchino Gaffori (* 1451, † 1522) in seiner »Practica Musica« das Instrument in den Händen eines Apolls, das deutlich jene Schalloch-Verzierung aufweist, die inzwischen gang und gäbe ist und dies auch noch lange bleiben wird: die meist kostbar geschnitzte Rosette. Die Gaffori-Vihuela, gleichwohl extrem vereinfacht dargestellt, läßt außerdem einen nach hinten gebogenen Wirbelkasten erkennen – Rosette wie Wirbelkasten deuten auf die ***Laute***!

Die beste italienische Violen-Darstellung ist in Girolamo dai Libris (* 1474, † 1555) Bild der Madonna mit dem Kinde zu S. Anna von 1518 zu sehen (heute in der Londoner National Gallery). Dort ist neben einem Lauten-Engel ein weiterer geflügelter Freund zu erkennen, dessen Violen-Rosette der der Laute fast ›aufs Haar‹ gleicht. Die Viola hat elf Saiten in sechs Chören, wobei die erste, also die höchste Saite, eine nur einmal besetzte ***chanterelle*** (Melodiesaite) ist; auffällig auch die sehr niedrige Position des Querriegels und die Verlängerung der Decke ins Griffbrett hinein, das seinerseits noch völlig plan liegt mit der Decke, also nicht – wie später durchweg üblich – mehrere Millimeter höher in den Korpus eingesetzt beziehungsweise aufgeleimt ist.

Seltsamerweise aber gibt es im Italien dieser Zeit so gut wie keinerlei schriftliche Kompositionszeugnisse für die Viola. Bekannt ist nämlich, daß sich hier die Laute noch immer ganz erheblichen Zuspruchs erfreut, die Viola dagegen ›nur‹ zur Gesangsbegleitung gespielt wird.

1559 aber gibt Bartholomeo Lieto in seinem neapolitanischen »Dialogo quarto« zu verstehen, daß die große nationale Beliebtheit der Laute es dennoch nicht vermocht hat, die Viola da mano gänzlich in die Ecke zu stellen: Er beschäftigt sich diplomatisch mit beiden Instrumenten und ihren Tabulaturen.

Sowohl Paolo Cortese als auch Tinctoris liegen anfangs des 16. Jahrhunderts völlig richtig mit ihrer Feststellung, das eigentliche Heimatland der Viola sei ja schließlich Spanien, was ja schon aus der Tatsache ableitbar ist, daß es dort eine ganze Menge geschriebener Musik für die Vihuela das ganze 16. Jahrhundert hindurch gibt – was man für das 17. Jahrhundert leider gar nicht mehr sagen kann.

Eigenartig jedoch, daß in Miláns 1535 in Valencia veröffentlichtem

Werk ein Orpheus abgebildet ist, der ganz offenkundig eine italienische Viola da mano schlägt, deren einzige Konzession an die spanische Autorenschaft ein nur wenig gegen den Hals geneigter Wirbelkasten ist. Und eben diesen Wirbelkasten – oder hier besser: das Wirbelbrett mit vorderständigen Wirbeln – hat die einzige erhaltene Vihuela, die sich heute im Pariser Musée Jacquemart-André befindet. Auch die Decke dieses Instruments ähnelt der in der Orpheus-Darstellung. Das Wirbelbrett allerdings läßt darauf schließen, daß das Instrument ursprünglich mit vollen sechs Chören (also 6×2) gespielt wurde, obschon eine genaue Beobachtung des Stegs darauf hinweist, daß es später offenbar auf fünfchörig umgerüstet wurde. Es scheint gut möglich, daß der heute sichtbare Querriegel einem früheren, tiefer angelegten gefolgt ist, so daß ursprünglich diese Vihuela neun- oder gar zehnbündig gespielt worden sein kann. Auffällig auch, daß dieses doch schon so betagte Instrument sogar größer ist, als es moderne Konzertgitarren heute zu sein pflegen – abgesehen freilich von seiner Maximalbreite von nur 32,8 Zentimetern und seiner Zargentiefe von 7,2 Zentimetern. Decke, Hals und Boden sind in unterschiedlichen Holzstreifen gehalten, die Seiten dagegen sind gefugt.

Man muß sich dabei vor Augen halten, daß die frühen Gitarren sehr viel kleiner waren als die sechssaitigen Vihuelen, und daß es neben den für unser Auge so vertrauten flachbödigen Gitarren auch solche gab, die wie Lauten gewölbte Böden in Rippenkonstruktion hatten, eine Bauweise, die insbesondere an zwei berühmten Instrumenten zu beobachten ist, die heute beide noch erhalten sind. Das eine, von Giovanni Smit im Jahre 1646 in Mailand gebaut, ist bei gewölbtem Rücken nur ganze 56,5 Zentimeter lang und eine vierchörige Gitarre. 65 Jahre zuvor hatte Belchior Dias in Lissabon ein fünfchöriges Instrument gebaut, das heute in der faszinierenden Sammlung des Royal College of Music in London aufbewahrt wird.

Dias' Gitarre, aus der bedauerlicherweise die Rosette herausgebrochen (worden?) ist, hat eine beachtliche Länge von 76,5 Zentimetern, womit sie immerhin drei Viertel der Länge der Pariser Vihuela erreicht.

Nur sehr wenige Illustrationen außerhalb Spaniens zeigen Gitarren mit typischen (meist aus einem Stück gefertigten) Vihuelen-Decken, und die heute noch existierenden Exemplare dieses Instrumenten-Typs weisen samt und sonders Violen-, also Schallochdecken auf. Normalerweise waren ihre Böden flach und die Zargen somit an allen Stellen gleich hoch. Ausnahmen wie die Dias-Gitarre waren schalenartig gerundet, während die um 1570 datierte Holzschnittdarstellung einer Muse mit ***Quinterne*** des schweizerischen Künstlers Tobias Stimmer (* 1539, † 1584) ein Instrument zeigt, das nur in der Taille tiefer ist.

Die Stimmung des Instruments im 16. Jahrhundert kam eindeutig von der Laute her, die in ihrer Frühzeit zunächst viersaitig war und erst später vierchörig wurde und von oben nach unten die Stimmung 4–3–4 hatte. Seit der Mitte des 14. Jahrhunderts vierchörig, kam ungefähr hundert Jahre später ein fünfter Chor dazu, der ebenfalls im Quart-Intervall über dem nun zweiten stand. Erst gegen Ende des 15. Jahrhunderts erhielt die Laute dann noch einen weiteren Baßchor, so daß deren Stimmung nun hieß: 4–4–3–4–4. Diese wurde dann sowohl in Italien von der Viola, als auch in Spanien von der Vihuela übernommen, mit dem Unterschied allerdings, daß die Gitarren über reine Unisono-Chöre verfügten, wogegen die Laute u. a. wie eine moderne ***Twelve-string-guitar*** gestimmt war – mit den drei hohen Chören unisono und den tiefen drei oktavenversetzt.

Im Jahre 1554 bringt der blinde spanische Hoflautenist Miguel de Fuenllana in Sevilla sein Hauptwerk heraus, das »Libro de Música para Vihuela, intitulado Orphenica Lyra«, ein sechsteiliges Werk mit Bearbeitungen weltlicher wie geistlicher Vokalsätze für die fünf- und sechschörige Laute. Das letzte Buch der »Orphenica Lyra« enthält nun auch schon Tabulaturen für die vierchörige Vihuela (»de quatro ordénes«), die man auch Gitarre nennt. Und nur ein Jahr später, 1555, publiziert der Franziskanermönch Juan Bermudo (* 1510, † um 1565) seine großartige und für alle Vihuelen-Forscher heutiger wie früherer Zeit schier unentbehrliche Abhandlung »Declaratión de Instrumentos Musicales«, in der er zwei geläufige Stimmungen ***(temples)*** angibt, nämlich die ***a los viejos*** mit den Intervallen 5–3–4 und die ***a los nuevos*** mit 4–3–4, wobei letztere die Stimmung der inneren vier Chöre der Sechser-Vihuela entspricht.

Nur habe hierbei der Baßchor in sich wie bei der Laute auch oktavversetzt zu sein. Der Sehnsucht nach immer besserem Klang – und besserer Spielbarkeit natürlich auch – gibt im Jahre 1546 in seinen »Tres Libros de Música en Cifras para Vihuela« der Komponist Alonso de Mudarra (*1508, †1580) nach. Dieser macht den interessanten Vorschlag, dem vierten Chor einen ***Bordun*** zuzugeben, der um eine Oktave nach unten versetzt sein sollte.
Gesellschaftlich betrachtet haben wir es bei der Gitarre im 16. Jahrhundert mit einem echten Volksinstrument zu tun, während Vihuela und Laute strikt der höfischen und aristokratischen Schicht vorbehalten bleiben. Noch 1619 mäkelt in seiner in Wolfenbüttel erschienenen Schrift »Syntagma Musicum« der deutsche Komponist und Musiktheoretiker Michael Praetorius (*1571, †1621) an der deutschen Volksvariante des Instruments, der ***Quinterna***, herum, sie sei ja doch nur ein Instrument *»zum schrumpen; darein sie Villanellen und andere närrische Lumpenlieder singen. Es können aber nichts desto weniger auch andere feine anmuthige Cantiunculae, und liebliche Lieder von einem guten Senger und Musico Vocali darein musiciert werden«*.
Konzessionen macht der Meister also allenfalls da, wo es bei der Beschränkung auf die Begleitfunktion bleibt. Mehr sei nicht drin. Und noch anfangs des 18. Jahrhunderts erregt sich der Musikschriftsteller und Komponist Johann Mattheson (*1681, †1764) in der Schrift »Neu eröffnetes Orchester« (1713) in Hamburg: *»Wir wollen... die platte Guitarren aber mit ihren Strump Strump den Spaniern gerne beim Knoblauch-Schmauß überlassen.«*

Die zweite Hälfte des 16. Jahrhunderts wird dann die Zeit des ersten bedeutsamen Übergangs – die fünfchörige Guitarra löst die vierchörige ab. Daß es im wesentlichen zwei Fünfer-Typen gibt, läßt mit einiger Sicherheit darauf schließen, daß es sich bis hierher wohl um keinen ›geordneten‹ Evolutionsprozeß gehandelt haben kann, der schließlich zur Einführung des 5. Chores geführt hat: Beide Typen unterscheiden sich hinsichtlich der Position der großen Terz.
Nach Juan Bermudo hat es den einen Typ bereits in der ersten Jahrhunderthälfte hier und da gegeben. Bei diesem sei der 5. Chor

über dem ersten angesetzt worden, und zwar wiederum im Quart-Intervall. Zwar geht Bermudo nicht auf mögliche Saiten-Verdopplungen ein, eine französische Quelle aber – eine Illustration von Jacques Cellier von 1585 (heute in der Bibliothèque Nationale de Paris) gibt eine Notation an, die auf die Stimmung g, Cc, e, a, d schließen läßt. Bemerkenswert ist hierbei, daß zwar die große Terz wie bei Bermudo wieder zwischen dem 3. und 4. Chor (von oben) liegt, letzterer aber als einziger derart um eine Oktave nach oben verdoppelt ist, daß der tiefste Chor eine Quarte unter der höheren der beiden Oktavsaiten liegt!
Juan Carlos [oder Carles y] Amat (* um 1572, † 1642), der 1596 in Barcelona seine Abhandlung »Guitarra Española y Vandola en dos Manevas de Guitarra, castellana y cathalana, de cinco Órdenes« vorlegte, hat dann bereits jene fünfchörige Stimmung, wie sie (bei hinzugedachter sechster Saite mit Chor) auch heute weitestgehend üblich ist, wobei nun alle Saiten verdoppelt und gestimmt sind wie die Chöre der heutigen twelve-string-guitars: Aa, Dd, gg, hh, ee.
Amat nennt seine Chöre von oben angefangen ***primas***, ***segundas***, ***terceras***, ***quartas*** und ***quintas***, wobei segundas und terceras unisono quartas und quintas oktaviert und die primas über den 2. Bund der quartas gestimmt werden.
Irritierend ist jedoch, daß kein Geringerer als der spanische Dichter Lope Félix de Vega Carpio (* 1562, † 1635) in seinem weitgehend autobiographischen Roman »La Dorotea« (1632) den Schriftsteller und Musiker Vicente Espinel (* 1550, † 1624) als den ›Erfinder‹ der primas und damit des gesamten Fünfchörers feiert: *»Er hat uns all die neuen Verse, die Décimas oder die Espinelas und auch die fünf Saiten der Gitarre gebracht...«* Und im Jahre 1674 schrieb der Spanier Gaspar Sanz (* 1640, † 1710), selbst Gitarrist und in Neapel an der Königlichen Kapelle tätig, daß *»die Italiener, Francosen und andere Länder auch den namen der guitarren mit dem Beywort ›spanisch‹ versehen haben. Früher hatte sie nur vier Saiten, doch hat in Madrid der Maestro Espinel, ein Spanier, ihr die quinta zugefueget undt sie also zu ihrer Vollkommenheit gebracht. Die Francosen, Italiener und alle andern haben uns imitirt, ebenfalls die quinta beygefueget und sie darob geheiszen die ›spanische guitarren‹.«*

Zwar waren Spanien und Italien die unbestrittenen Zentren der Vihuela-Kultur des 16. Jahrhunderts, aber dennoch schauten die geographischen Nachbarn dem instrumentenbauerischen Treiben im Mittelmeerraum nicht gerade mit gefalteten Händen zu. So demonstriert etwa eine Bronzearbeit von Peter Vischer d. J. (* 1487, † 1582) in der Nürnberger Kirche Sankt Sebaldus zumindest die Kenntnis des Instruments auch in deutschen Breiten, während in Frankreich ein erhalten gebliebener schriftlicher Beleg darauf hindeutet, daß in Paris der Instrumentenbauer Philippe de la Canessière *»troys guiternes dont une a unze cordes et les deux aultres petites«* gebaut und vermutlich auch geliefert hat. Die ›unze cordes‹ – elf Saiten also – lassen schon auf eine sechschörige Vihuela schließen, demnach ein Instrument mit fünf Chören und chanterelle (höchste Melodiesaite). Hinweise auf die Existenz der Vihuela in England gibt es unter anderem aus einem überlieferten Inventarverzeichnis aus dem Haushalt Heinrichs VIII. (* 1491, † 1547), in dem auch »four gitterons« erwähnt sind, Instrumente, die im selben Verzeichnis dann als *»Spanish vialles«* spezifiziert sind.
Frankreich war, der Produktion nach, eine Hochburg der Gitarre, deren Zentrum zunächst in Lyon, dann aber auch in Paris lag. So bezeichnete etwa der Begriff ***guiternes de Lyon*** einen ganz bestimmten, regional identifizierbaren Vihuelen-Typ, zu dessen berühmtesten Erbauern Experten wie Gaspard Duyffoprucgar, eigentlich Kaspar Tiefenbrucker (* 1514, † 1571) und Benoist Lejeune gehörten, zu denen dann – um 1567 – aus Deutschland auch ein gewisser Philippe Flac stieß, der, soviel scheint gewiß, zumindest bis 1572 in Lyon wirkte. Und buchstäblich Hunderte von Gitarren bauten in Paris Vater Robert und Sohn Claude Denis.

Was das äußerliche Bild des Instruments im Übergang vom 16. Jahrhundert zum 17. Jahrhundert betrifft, so fällt auf, daß in demselben Maße, in dem es nun auch bei der Aristokratie Wertschätzung genießt, sich von dem bisherigen kargen zu einem äußerst subtil verzierten Instrument entwickelt – eine Tatsache, der wir möglicherweise zu verdanken haben, daß aus dieser Zeit recht viele Instrumente erhalten geblieben sind – nicht als reine Musikinstrumente,

versteht sich hier, sondern als autonome Kunstwerke, Schmuckgegenstände oder dreidimensionale Stilleben. Elfenbein, Perlmutt, Schildpatt und Ebenholz sind die bevorzugten Werkstoffe in Frankreich, Italien und Deutschland; Spanien übt sich dagegen weiterhin in Schlichtheit.
Und mitten im 17. Jahrhundert hat sich die Gitarre nach langen Interludien bei fast allen gesellschaftlichen Instanzen bis zum höfischen Instrument entwickelt. Der Konstruktionsstandard des ehedem ungeliebten Schrump- und Strumpgeräts hat nie erwartete Gipfel erklommen. Gern angeführte Beispiele für solche Prachtexemplare aus Zirkeln der damaligen Hautevolée stammen von den Franzosen Alexandre, Jean und René Voboam. So kann man eine Gitarre von René Voboam im Ashmolean Museum in Oxford bewundern, die eine sternförmige Rosette hat. Das unbezahlbare Stück ist 93,7 Zentimeter lang, hat die Korpusbreiten 20,5–18,3–24,6 Zentimeter, eine Minimaltiefe von 7,7 Zentimetern und eine Maximaltiefe von 8,8 Zentimetern bei einer erstaunlichen Mensur von 69,6 Zentimetern. René Voboam hat sein Instrument ringförmig um den Korpus mit wechselnden Elfenbein- und Ebenholzstreifen geschmückt und diese Verzierung bis in den Hals hinein verlängert. Fugig wiederholt sich dieses Motiv an den Saiten, in deren Taille sich rhombusartig eine Variation des Motivs befindet. Auch Rosette und Querriegel sind mit dem Streifenmotiv umlegt; die Seiten selbst sind aus Schildpatt gefertigt. Jean Voboam baute seine Instrumente unter anderem für so erlauchte Kunden wie zwei Töchter Ludwig XIV. (* 1638, † 1715), während Alexandre Voboams Gitarren noch bis tief in das 18. Jahrhundert hinein Liebhaberpreise erzielten.
Eine andere weltberühmte Gitarre dieser Zeit ist die ›Rizzio‹ (heute im Royal College of Music in London). David Rizzio (* 1516, † 1564) war Maria Stuarts (* 1542, † 1587) Sekretär und hatte von ihr dieses Instrument geschenkt bekommen. Nimmt man an, daß es auch in der Zeit der Schenkung gebaut wurde, dann müßte es in der zweiten Hälfte des 16. Jahrhunderts entstanden sein: Rizzio wurde 1564 ermordet. Diese Gitarre, vielleicht sogar schottischer Herkunft, hat die typischen Abmessungen eines fünfchörigen Instruments aus der Mitte des nächsten(!) Jahrhunderts, während Einlegearbeiten, Ro-

sette und Schildpatt-Streifen stark an eine typische René Voboam erinnern.
Auch deutsche Erbauer liebten das reichhaltige, opulente Intarsienwerk, zum Beispiel die oft in liebevoller Tüftelarbeit erstellte Pastoral- oder Jagdszenen, wie sie etwa auf der Chitarra battente von Jacobus Stadler von 1624 zu sehen sind. Äußerst bemerkenswert an der ›Stadler‹ sind sowohl der gewölbte Rippenboden als auch die Metallbünde und die Tatsache, daß dieses Instrument in Höhe des Stegs eine Deckenaufwölbung hat, die es beinahe schon den heute vor allem im Jazz so beliebten ***Arch-tops*** (= gewölbte Decken) verwandt erscheinen läßt. Sie war denn auch eine reine Plektrumgitarre, die ausschließlich für Begleitaufgaben zur Hand genommen wurde. Eine andere, wohl noch originellere ›battente‹ ist in der Londoner Williams E. Hill Collection zu bewundern – eine Gitarre mit 15 Wirbeln, also insgesamt fünf dreifach besetzten Chören!
Joachim Tielke, jener Hamburger Instrumentenbauer, ist im Londoner Victoria and Albert Museum mit seiner hochgerühmten sechschörigen Gitarre von 1693 vertreten. Sie allerdings darf nicht verwechselt werden mit den ›normalen‹ späteren Sechschörern, da Tielkes Instrument noch über d-moll offen gestimmt war (d, a, d′, f′, a, d″).
In Venedig bauten Matteo und Giorgio Sellas berühmte Gitarren. Von Matteo ist, ebenfalls im Victoria and Albert Museum, ein Instrument zu sehen, dessen Decke später umgewandelt wurde in die einer typischen Chitarra battente und dessen Rücken aus feinstem Elfenbein mit Schildpatt in Zickzack-Form gearbeitet ist. Auch von Antonio Stradivari (* um 1644, † 1737) aus Cremona, dem Gott der Geigenbauer, sind zwei Gitarren erhalten geblieben, von denen sich eine im Pariser Conservatoire National, die andere in der Oxforder Sammlung befindet. Auffällig auf den ersten Blick ihre betonte Schlichtheit, wobei die Korpusseiten ungewöhnlich tief sind: Vom oberen schmalen bis zum unteren breiten Ende des Korpus wächst der Zargen von 9,5 Zentimeter bis auf 10,5 Zentimeter an. Das sind Abmessungen, die heute mit jeder Twelve-string konkurrieren können! Außerdem ist an diesem Instrument klug vorweggenommen, was im Grunde erst im frühen 19. Jahrhundert gang und

gäbe wird: Der 12., also der Oktavbund, sitzt direkt am Korpusrand. Und die Mensur des Instruments, das zwischen 1680 und 1688 entstanden sein muß, mißt 74,1 Zentimeter – und das bei einer Halslänge von 36,2 Zentimetern.
Was Schrifttum und herausragende Namen um die Gitarre seit der Renaissance angeht, so steht ganz am Anfang Luis Miláns schon erwähntes Werk »El Maestro« (heute im Londoner British Museum archiviert). Seine 1536 abgeschlossene Arbeit gilt allgemein als die erste, die sich der Vihuela widmet, sozusagen als die spanische Reaktion auf die Schwemme an Lauten-Werken in Deutschland, Italien und Frankreich. Sie ist ganz auf den Anfänger ausgerichtet und dem portugiesischen König Juan (Johann) III. gewidmet, der Luis Milán dafür eine Pension ausstellte. Dieser unterweist in ***compas*** (dem Rhythmusspiel) und in ***mesura*** (den Noten-Werten) und gibt Tips für die korrekte Besaitung. So meint er beispielsweise, die Saiten sollten so hoch gestimmt werden, daß sie unmittelbar vor dem Zerreißen stehen – eine durchaus übliche Auffassung dieser Zeit.
Ein bedeutender Teil seiner Abhandlung ist der ***Tabulatur*** gewidmet, also einer Symbolschrift für Bundinstrumente, die in den unterschiedlichsten Varianten bis ins 18. Jahrhundert hinein gebräuchlich war und entfernt dem ähnelt, was wir heute als ***Griffbilder*** bezeichnen. Sie geben auch keine Notenhöhen an, sondern bezeichnen lediglich, wo der Spieler sie erlangen kann. Damals machte man die Saiten durch horizontale Linien kenntlich, während die Bünde durch Zahlen oder Buchstaben (heute: römische Zahlen) angezeigt sind. Bei Milán bezeichnet üblicherweise die oberste Linie auch den obersten, also höchsten Chor, während er die Notenwerte über die primas-Linie legt, zum Beispiel in seiner Tabulatur der »Pavana del Quinto y Sexto Tono«.

Im Jahre 1546 veröffentlicht Alonso Mudarra (* 1508, † 1580) seine »Tres Libros de Música en Cifras para Vihuela« (heute archiviert in der Madrider Nationalbibliothek), mit leichten Übungen zum ›Trainieren der Hände‹, während Miguel de Fuenllana 1554 in Sevilla seine »Orphenica Lyra« herausbringt, in der er mit »F« beziehungsweise »D« leichte beziehungsweise schwere Stücke markiert. 1547, in seiner in Valladolid erschienenen »Silva de Sirenas«, bietet dann Enriquez de Valderrábano (* um 1500, † um 1557) drei Schwierigkeitsgrade an, aufgeteilt in 33 »Fantasias«, Kontrapunkt für vier und fünf Stimmen, »Romances«, sogar Duette für zwei Vihuelen mit unterschiedlichen Stimmungen und dann auch wieder bestechend einfache, eingängige populäre Formen. In seinem Vorwort sagt er: *»Ich wollte meine Musik in cifras, um die Menschen das Spielen zu lehren und dadurch die Zahl der Anhänger zu erhöhen, die die Fähigkeit besitzen, auch größere Dinge vorzutragen oder solche von geringerer Schwierigkeit, so daß ein jeder das finden kann, was seiner Technik und seinen Fähigkeiten entspricht.«*

Legt Milán als erster schon Tempobestimmungen fest, so konzentriert sich Fuenllana vorwiegend auf die Sauberkeit des Spiels. Wirkliche Tabulaturprobleme aber ergeben sich dort, wo die Grenzen dieser Darstellungsweise bei polyphonen Strukturen erreicht werden. Soll zum Beispiel ein Akkord gegriffen werden, dessen Töne unterschiedlich lange anzuhalten sind (etwa mit einem über zwei Takte liegenbleibenden Baß), dann muß dies extra erläutert werden.

Keinerlei Verbindung zu Milán scheint der Komponist Luis de Narváez (* um 1500, † um 1551) in seinen »Seys Libros del Delfin de Música« (Valladolid, 1538; archiviert im Londoner British Museum) zu haben, obwohl es ansonsten üblich war, in seinen eigenen Werken den Vorgängern in angemessener Form Tribut zu zollen.

Bermudo berichtet von wahrer Artistik, als er den virtuosen höfischen Zeitvertreib des *»destemple«* erwähnt, das Verstimmen eines Chores zur eindrucksvolleren Demonstration der Fingerfertigkeit, worin der Saitenvirtuose Luis de Guzmán (* um 1500, † um 1550) offenbar absolut unschlagbar war. Ansonsten befleißigte sich die erlauchtigste Gitarristen-Zunft in auffälliger Weise des Studiums ausländischer Meister – flämischer, französischer und deutscher vor allem. So empfiehlt Narváez die Beschäftigung mit den Messen des burgundischen Komponisten Josquin Deprez (* um 1440, † um 1521); Mudarra schreibt ***Canciones***, die sich auffallend an italienische Madrigale anlehnen. Und Valderrábano beruft sich vor allem auf den französischen Komponisten Philippe Verdelot († vor 1552),

auf den Niederländer Nicolas Gombert (* nach 1490, † um 1556), den Flamen Adrian Willaert (* um 1480, † 1562) sowie auf Jakob Arcadelt (* um 1504, † 1568). Natürlich sind aber auch typisch spanische Motive wie die ***Villancicos*** und die ***Romances*** in Fülle vertreten.
Warum dennoch – trotz des Vorhandenseins so vielen Materials, solch blühender Instrumentenvielfalt und so vieler klangvoller Gitarristennamen – die Geschichte der Vihuela schon so bald ihrem Ende zustrebt, ist nicht leicht festzustellen. Zumindest hält das Argument früherer Musikhistoriker kaum stand, die Konkurrenz der aufkommenden Gitarre sei zu stark geworden. Eher schon scheint plausibel, daß die Laute in dieser Zeit ihre Hochkonjunktur weiter behaupten konnte, bis sie erst später, im 18. Jahrhundert, aufgrund ihrer Komplexität und Empfindlichkeit für lange Zeit aus der Hand gelegt wurde.
Anders als bei Bellow, Turnbull, Grunfeld, Nickel und den meisten anderen Autoren der Gitarrengeschichte soll hier die Historie der ***vierchörigen Gitarre*** nur kurz gestreift werden. Gewiß, dieses Instrument muß als Nachfolgerin der Vihuela betrachtet werden; andererseits aber steht ebenso fest, daß die fünfchörige, die eigentliche ***Barockgitarre***, die entschieden bedeutendere ist. Denn beide, Vihuela wie vierchörige Gitarre, erhalten mit ihr ein Erbfolge-Instrument, das immerhin bis in die zweite Hälfte des 18. Jahrhunderts eine Rolle spielen wird.
Das erste große Werk für den Vierchörer kommt, anders als zu erwarten, aus Frankreich. Dort nämlich veröffentlicht um 1550 der Lautenist und Komponist Guillaume de Morlaye (* um 1515, † um 1560) sein Sammelwerk »Tabulature de Guiterne où sont Chansons, Galliardes, Pavanes, Branles, Allemandes, Fantaisies«, und in den folgenden Jahren publiziert er drei weitere Lautenbücher, zu deren Herausgabe ihn immerhin ein königliches Dekret auf zehn Jahre ermächtigt. In Kooperation mit dem Pariser Buchdrucker Michel Fézandant ediert er dann außer sechs weiteren Lautenbänden auch noch vier eigene Tabulatursammlungen, die dann auch eine ganze Reihe eigener Kompositionen enthalten. Und der amerikanische Musikwissenschaftler Daniel Heartz, der die einzigen noch erhaltenen Exemplare der genannten »Morlaye-livres« in Sankt Gallen

ausfindig gemacht hat, betont die katalysatorische Wirkung dieser Arbeit, die sich im wesentlichen auf die vierchörige Gitarre bezieht, als er 1960 in einem Aufsatz schreibt: *»Mehr noch als die Laute ist die Gitarre sozusagen auf Tuchfühlung mit einigen vitalen und zeitlosen Strömungen unter der polierten und höfischen Oberfläche gegangen, mit der sich die Musik im 16. Jahrhundert zeigt.«*
Und selbst das Pléiaden-Haupt Pierre de Ronsard (* um 1524, † 1585), der Dichter von »Le Franciade« (1572) und wie alle meisterhaften Poeten mit exzeptionellem Gehör gesegnet, ergötzt sich an dem Vierchörer, wie er auf Morlayes »Premier Livre« zu sehen ist: *»Es ist der nachdenklichen Damen/Wohlgeneigtes Instrument:/Es ist den sehnsuchtsvollen Damen/Was ihre Liebe nennt.«*

Das ausgehende 16. Jahrhundert erlebt die musizierenden Spanier in tiefen Selbstzweifeln versunken. Sie können nicht recht begreifen, wie es kam, daß die Gitarre ihre heißgeliebte Vihuela verdrängen konnte, wo doch just auf letzterer ihrer Meinung nach die bei weitem anspruchsvollere Musik gespielt worden war, als auf dem ›Deppen-Instrument‹ Gitarre. Grund zu solch nationalen Lamentos mag ein Büchlein gewesen sein, das Ende des Jahrhunderts zum ersten Mal erschien und zweihundert Jahre lang in immer neuen Auflagen, Varianten und Kopien auf dem Markt blieb – Juan Carlos y Amats bereits erwähntes Werk »Guitarra Española de Cinco Órdenes« von 1596.
Amat, eigentlich Arzt, hatte seine Arbeit als reiner Aficionado niedergeschrieben, das heißt, spieltechnisch nicht unbedingt die erlesensten Ansprüche an seine Leserschaft gestellt; sein Ziel war, ihr klarzumachen, wie man eine Gitarre ordentlich zu stimmen hatte und wie man auf ihr gängiges ***rasgueado*** spielt. Er zeigt, wie alle natürlichen Akkorde samt den gängigen Moll-Akkorden gespielt werden müssen und erklärt, was er unter einem ***punto*** versteht: einen Akkord inklusive Baß, Alt und Sopran. Von den puntos, sagt er, gibt es alles in allem 24 (12 in Dur, 12 in moll), und dazu liefert er auch noch eine Übersicht, wie und wo jeweils Grundton, Terz und Quinte – der Stoff, aus dem der Dreiklang ist – gegriffen werden müssen. Außerdem bringt er ein raffiniert ausgeklügeltes Schaubild,

in dem er seine Akkorde mit Lagen und Fingeransätzen innerhalb des Quintenzirkels abbildet. Und zu guter Letzt erklärt er seinen Amateuren, wie und wo man diese Akkorde quer durch die damals gängigen Liedformen anzuwenden hatte.
Ob anspruchsvoll oder auch nicht – Amat, dessen Gitarre übrigens neun Saiten und fünf Chöre über vier Bünden aufweist, hat damit ein Buch geschrieben, das die gesamte Ära des Gitarren-Barock nachhaltig prägte.
Der Anfang des 17. Jahrhunderts brachte den Italienern (ganz Süditalien war zu dieser Zeit noch fest in spanischer Hand) eine regelrechte Welle der Begeisterung für das, was sie die ***Chitarra alle Spagnuola*** nannten, wovon eine beachtliche Zahl von Publikationen aus Rom, Mailand, Venedig bis hinunter nach Neapel zeugt. In jenen Tagen unterschieden die Italiener aber ihre Chitarra von dem spanischen Eroberer-Instrument, das sie reichlich aufmüpfig ***chitarriglia*** nannten, wobei sie nicht versäumten zu betonen, daß sie für ›ihre‹ Chitarra über echte Tabulaturen, die Spanier dagegen nur über Akkord-Notationen verfügt hätten. Doch gemach, das italienische Akkordsystem ähnelte dem von Amat auffällig, wie aus dem sogenannten italienischen Alphabet Girolamo Montesardos, dem ***alfabetto***, zu ersehen ist, nur daß man hier schlicht und ergreifend die spanische ›cifras‹ durch Großbuchstaben ersetzt hatte, um die Akkorde zu kodieren – ein System, das sich drolligerweise im Laufe der Zeit als so eindrucksvoll erwies, daß sogar Amat selbst in seinen späteren Auflagen davon Gebrauch machte.
Kurzum, zunächst war es die populäre Musik Italiens, die im 17. Jahrhundert dort die Gitarre zu Ehren brachte. Der unausbleibliche Effekt: Nach und nach blich das Interesse an dem akkordisch gespielten Instrument aus, gefordert wurde nun das Melodiespiel.
Der erste, der in Italien seine Konsequenz daraus zog und eine ***Mischtabulatur*** für das Akkord- wie das Melodiespiel einführte, war der Veronese Giovanni Paolo Foscarini. Sein »Primo, Secondo e Terzo Libro della Chitarra« (um 1629) öffnete dem Instrument nun auch die Türen zu den »besseren« Kreisen und Komponisten, die man gewiß nicht mehr dem rein populären Lager zurechnen konnte.

So folgt bis zur Mitte dieses Jahrhunderts eine ganze Reihe weiterer solcher Mischtabulaturen.
Doch erst die zweite Hälfte des 17. Jahrhunderts bringt uns die Namen der zweifellos berühmtesten Gitarristen Italiens dieser Zeit – vor allem Ludovico Roncalli, dessen »Capricci armonici sopra la Chitarra Spagnola« 1692 erschien, sowie Francesco Corbetta (*1615, †1681), der mit seiner ausgeprägten Reisefreudigkeit den Kurs der Gitarre für das ganze nächste Jahrhundert auch überall im Ausland wesentlich mitbestimmte, und vor allem in Paris und London regelrechte Gitarrenfieberphasen hervorrief – in königlichen Kreisen, versteht sich. Corbetta alias Francisque Corbett, in Pavia geboren, begann seine Karriere zunächst als Lehrer in seinem Heimatland, unterrichtete um 1639 in Bologna, um 1643 in Mantua und fünf Jahre später im Ausland, zunächst in Brüssel. In diesen Jahren legte er drei Gitarrenbücher vor, die »Scherzi Armonici« (1639), die »Varii Capricci per la Chitarra Spagnuola« (1643) und die »Varii Scherzi di Sonate per la Chitarra Spagnuola« (1648), die deutlich seine eigene Entwicklung vom ›Stripper‹ zum äußerst komplexen Virtuosen nachzeichnen.
Ab 1656 ist Corbetta in Frankreich und unterrichtet dort den Sonnenkönig mit solchem Erfolg, daß 1715 Pierre Bonnet (*1638, †1708) in seiner »Histoire de la Musique« schreiben kann: *»Es scheint mir Beweises genug zu sein von der Größe Seiner Majestät, wenn es heißt, Er habe nach nur achtzehn Monaten den Rang selbigen Gitarren-Maestros erlangt, welchen der Cardinal Mazarin mitgebracht von Italien her, Ihn dies Instrument zu lehren, welches in diesen Tagen so hoch in façon gewesen.«*
In Paris liefert Corbetta dem Jean-Baptiste Lully (*1632, †1687) für dessen Ballett »La Galanterie du Temps« (1656) ein Zwischenspiel, und der damals 18jährige König wirkt höchstselbst in dem Tanzstück mit – naturellement in der Hauptrolle. 1671, neun Jahre nach Corbettas Übersiedlung nach England, erscheint der 1. Teil seiner zweibändigen Sammlung »La Guitarre Royalle«. Ihn widmet er dem englischen König Karl II. (*1630, †1685), den 2. Teil 1674 Ludwig XIV. Letzterer übrigens – Bonnet mag das etwas einäugig gesehen haben – enthält leichteres Material als der erste, soll heißen:

rasgueado-betonte Piècen, die auch ein fleißiger König noch königlich zu spielen vermag.
Vor 1671 hatte Corbetta bereits Spanien besucht, woraufhin Gaspar Sanz ihn prompt zum *»Mejor de todos«* zum ›Besten von allen‹ kürte. Corbetta, der auch in Mantua am Hofe war und dem Erzherzog Leopold Wilhelm von Österreich aufgespielt hatte, starb in Paris. Sein Schüler Robert de Visée (* 1660, † um 1720) widmete ihm in einem »Tombeau« diese Zeilen: *»Hier ruht der Amphion unsrer Zeit,/Fransicque der zu uns kam von weit/Der die Gitarrn die Sprache lehrte/In der man einst l'Amour begehrte.«*
Visée, Protegé des Finanzministers Jean-Baptiste Colbert (* 1619, † 1683) wurde 1719 der Tutor des Sonnenkönigs, nachdem er Seiner Majestät bereits 1682 sein »Livre de Guitarre« gewidmet und vier Jahre darauf sein »Livre de Pièces pour la Guitarre« herausgebracht hatte – mit verschieden lang gehaltenen Gitarren-Suiten ganz *»im Gusto des unnachahmlichen Monsieur Lulli«*.
Die Arbeiten Corbettas und seiner Schüler, zu denen auch Remy Médard und vor allem Francois Campion (* 1680, † 1748) gehörten, werden allgemein als die Krönung der gesamten Entwicklung der Barockgitarre angesehen.
In England wie auch anderswo erwarb das Instrument sich inzwischen gewissermaßen im Absinken von den höfischen Höhen in bürgerliche Kreise wieder kräftig Breitenwirkung, seit erkannt war, daß es sehr wohl nicht nur im ›brushing way‹, sondern auch im ›pinching way‹ zu bedienen war. Nicola Matteis, der in Neapel geborene Komponist, der um 1672 in London als Lehrer wirkte, spricht in seiner Arbeit »The False Consonances of Musick or Instructions For The Playing of a True Base Upon The Guitarre« (1682) noch von der ***kittar***, wie überhaupt in England für das Instrument, das der Laute und der Cittern so kräftig Paroli bot, noch die verschiedensten Schreibungen galten, ***Gytarrh***, ***Gitar*** und ***guytar***: Indiz für eine bewegte Szene. Aus ihr jedenfalls entwickelt sich nach langer Zeit der Vergessenheit dort im 18. Jahrhundert die besagte ***English Guitar***, ein Instrument mit der Normalstimmung c, e, g, c′, e′, g′.
Wie Corbetta in London nachgewirkt hatte, so hatte auch der

flämische Gitarrist Francois le Cocq (auch Francois d'Arras genannt), der um die Wende des 17. zum 18. Jahrhundert lebte und spielte und vor 1729 als Geiger an der Brüsseler Hofkapelle tätig gewesen war, die Tradition Corbettas weitergetragen. Dazu kam, ebenfalls nun bereits im 18. Jahrhundert, eine weitere interessante Quelle – das sogenannte »Princes An's Book«, eine Sammlung von 124 nach Tonartengruppen geordneten Stücken. In französischer Tabulatur abgefaßt, enthält diese Sammlung die Visée-Suite Nr. 9 in d-moll ebenso wie eine große Zahl von Menuetten, Sarabanden, Gigues, Gavotten, aber auch solch seltsam klingende Formen wie ›Bobel‹, ›Palpie‹ oder ›Dority‹ mit nur wenig rasgueado.
In Deutschland ist die ***Quinterna*** seit Michael Praetorius im Ansehen gestiegen, und 70 Jahre nach dessen dreibändigem Werk »Syntagma musicum« (1615–19), ein Kompendium des Musikwissens seiner Zeit, veröffentlicht der Komponist, Sänger und Dichter Jakob Kremberg (* um 1650, † 1718), als er nach Aufenthalten in Leipzig, Schweden und Hamburg in London Mitglied der Königlichen Kapelle wird, seine »Musicalische Gemüthsergötzung...«, in der er Lieder mit Texten und austauschbaren Parts für Laute, ***Angélique*** oder auch Gitarre gesammelt hat. Die Gitarre notiert er in G-Stimmung nach französischer Tabulatur.

Wie in Frankreich, so kommen die besten Sammlungen für die Gitarre auch in Spanien erst im späten 17. Jahrhundert auf. Und hier gilt als der wichtigste Repräsentant des Instruments der ehemalige Organist Gaspar Sanz (* 1640, † 1710), der in Calanda geboren wurde, dann an der Universität zu Salamanca tätig war, auch als Theologe gelehrt zu haben scheint und später – inzwischen Professor der Musik – als Gitarrist für den Vizekönig von Aragonien, Juan José von Österreich, wirkte. Es heißt, Sanz habe sich seine Kenntnisse der Musik in Italien angeeignet.
Seine schon angesprochene »Instrucción de Música sobra la Guitarra Española«, 1674 erschienen, ist ein dreiteiliges Werk für die Gitarre in der Stimmung A, d, g, h, e' (die den heutigen ersten fünf Saiten entspricht), das sein gesamtes Repertoire von den »Sones de Palacio« bis zu seiner perfekten Handhabung des durchlaufenden Basses

umfaßt. Seine Tabulatur enthält das lateinische Alphabet zur Bezeichnung der Akkorde, außerdem entwickelte er je eine Tabulatur für Konsonanz- und für Dissonanzakkorde, die er dann noch mit Anweisungen für sogenannte ***Verzierungen*** versah. Auffällig ist, daß Sanz eine größere Zahl ausländischer Einführungen erwähnt und bedauern muß, daß solche – guten – in Spanien fehlten.
Eines der letzten spanischen Werke zur Gitarre im späten 17. Jahrhundert ist das »Poema harmonica« von Don Francisco Guerau (* um 1640, † nach 1700) aus dem Jahre 1694. Guerau war als Musiker in der Königlichen Kapelle am Hofe Karls II. (* 1661, † 1700) tätig, dem er sein Buch denn auch gewidmet hat. Vielleicht das Auffälligste daran ist die Behandlung des Themas der Körperhaltung, die bislang in der Literatur noch keine wesentliche Rolle gespielt hatte.
1714 erscheint dann das allerletzte spanische Werk in Tabulatur, das noch größere ausländische Einflüsse als alle seine Vorgänger verrät – Santiago de Murcias »Resumen de acompañar la Parte con la Guitarra«. Murcia war Lehrer von Königin Maria Luise von Savoyen (* 1688, † 1714) gewesen, der ersten Frau Philipps V. (* 1683, † 1746), und sein Buch enthält – in Zahlentabulatur – eine beachtliche Zahl von Tänzen und einige Suiten.
Die einzige österreichische Sammlung – aus dem heutigen Bad Aussee in der Steiermark (1958 wiederveröffentlicht unter dem Titel »Ausgewählte Werke der Ausseer Gitarrentabulatur des 18. Jahrhunderts« in »Musik alter Meister« Nr. 10) – enthält möglicherweise die früheste Behandlung des ***Tremolos*** in Kombination mit Montesardos Akkordalphabet: Eine Gruppe von vier Sechzehntelnoten, von denen die letzten drei Wiederholungen sind, die höher liegen als die Ausgangsnote.
Etwas zu viel an Nationalstolz mag dann doch eine Rolle bei denen gespielt haben, die dem Weimarer Geigenbauer Jakob August Otto (* 1760, † 1829) seit dem Jahre 1788 den Ruf zugeschanzt haben, der ›Erfinder‹ der ***sechssaitigen Gitarre*** gewesen zu sein. Experten wie Grunfeld und andere erklären die Unhaltbarkeit dieser Annahme mit der Tatsache, daß die deutsche Musikwelt des 18. Jahrhunderts bis über alle Ohren mit der Verarbeitung völlig anderer Impulse

beschäftigt war als ausgerechnet mit der Erfindung einer neuen Gitarre, die nun wirklich nicht zu den Musikmoden und Hauptinstrumenten der Zeit paßte – der italienischen Oper etwa, der aufkommenden Symphonie, zu Cembalo oder Flügel. Und als dann unser Instrument doch endlich – in den Rokoko-Salons – auftaucht, da *»hatte es ganz einfach den klingenden Charme einer exotischen Novität«,* wie Grunfeld meint. In Frankreich hingegen, wie die intimen Gesellschaftsstücke des Malers Antoine Watteau (*1684, †1721) zeigen, erlebt die Gitarre um die Mitte des 18. Jahrhunderts doch noch einmal eine kurze Blüte, und dies weniger aufgrund der Eintragung des Instruments in Denis Diderots (*1713, †1784) und Jean Le Rond d'Alemberts (*1717, †1783) berühmte »Encyclopédie« (1751–72), als vielmehr durch die Veröffentlichung von »Les Dons d'Apollon« (um 1760), des Komponisten Michel Corrette (*1709, †1795), der zwar verhältnismäßig einfache Notationsarten benutzt, aber die Verwendung des Violinschlüssels als brandneu darstellt und dazu erklärt, daß – wie bis heute – Gitarrenstimmen eine Oktave tiefer gespielt als notiert werden. Ade, Tabulatur also, willkommen, Notenschrift!
Niedergang hin, Niedergang her: Die wesentliche Bedeutung der Barockgitarre, nämlich Mittlerin gewesen zu sein zwischen rasgueado und punteado, ist ihr nicht abzusprechen – trotz mancher Kopflastigkeit zur einen oder zur anderen Seite. Dennoch hat sie dadurch einen wohlverdienten Platz in der Musikgeschichte, einen Platz zudem, an welchem sie sich jetzt zum ersten Male sozusagen, wie Turnbull meint, *»mit eigener Identität«* befindet.

Von der Klassik zur Moderne. Sechs Saiten behaupten sich. »O pfui, das E ist falsch, das G ist recht.« Wilhelm Shakespeare (Der Widerspenstigen Zähmung).

Das späte 18. Jahrhundert kennzeichnet nun die Phase der *»transitional guitar«* (Übergangs-Gitarre), wie Tom und Mary Anne Evans in ihrem Buch »Guitars – From The Renaissance To Rock« (1977) die Instrumente begrifflich zusammenfassen, an deren Entwicklungsende die uns vertraute sechssaitige Gitarre stehen wird.
Kurz vor 1780 muß sich, vermutlich im Süden des Landes, die Gitarre in Spanien etabliert haben. Zwei Werke zumindest lassen darauf schließen: Antonio Ballesteros' 1780 veröffentlichte Arbeit »Obra para la Guitarra de seis Órdenes« behandelt einen Typ der Sechschörigen, der mit Tielkes Hamburger Instrument nichts zu tun hatte, denn dessen Stimmung sah anders aus; der spanische ›Sechser‹ wird im wesentlichen wie unsere heutige Gitarre gestimmt (der neu hinzugekommene Baßchor ist oktavversetzt), wohingegen Tielkes Instrument in d, a, d′, f′, a′, d″ gestimmt ist.
Und noch 19 Jahre nach Ballesteros' Buch verstärkt dessen Landsmann Federico Moretti (* vor 1780, † 1838) mit seiner Abhandlung »Principios para tocar la Guitarra de seis Órdenes« die Vermutung, daß der direkte Vorläufer der modernen sechssaitigen Gitarre ein sechschöriges Instrument gewesen sein muß: *»Die Franzosen und Italiener benützten einzelne Saiten, um das Stimmen zu erleichtern«*, registriert der Verfasser und weist darauf hin, daß in jenen Ländern keine Sechschörigen gespielt würden. Die beiden Abhandlungen allerdings schlagen in Spanien noch nicht recht durch; noch weit über Aguados Werk »Escuela de Guitarra« (1825) hinaus bleibt auch im Stammland der Gitarrenneuerungen der Sechschörer kräftig ›en vogue‹, was um so erstaunlicher erscheint, als bereits 1790 ein Franzose namens Antoine Marcel Lemoine (* 1763, † 1817) in seiner »Nouvelle Méthode« für den Verzicht auf die Doppelbesaitung beachtliche Gründe anführt, wenn er schreibt: *»Mit dieser Methode*

(der chörigen) *ist sehr selten wirklich sauber zu spielen. Und weil der Klang der beiden Saiten* (der tiefen, oktavversetzten Chöre) *das Ohr so erreicht, daß die hohen Töne immer vor den tiefen vernommen werden, also wird auch nicht sauber gehöret... Außerdem... findet man auch nur selten Saiten für die unisonen g's und h's, die wahrhaftig gleichartig fabricirt sind...«*
Die Tatsache, daß Spanien sich dennoch erst so spät und zögernd von seinem ›Chörer‹ trennte, motivierte zahlreiche Instrumentenhistoriker zu der Annahme, daß der unmittelbare Entwicklungssprung der sechssaitigen sich über die fünfsaitige Gitarre vollzogen haben müsse – was simpler erscheint als es ist.
Ebenfalls in Paris, und zwar nach Lemoines Klage, erscheint 1801 ein Werk mit dem Titel »Principes Généraux de la Guitarre à Cinque et à Six Cordes et de la Lyre«, was die Annahme der Fünfer-Sechser-Evolution stützt (ein Instrument dieser Zeit mit nur fünf Wirbeln befindet sich heute im Londoner Victoria and Albert Museum). Und aus Deutschland kommt ein Bericht des schon erwähnten Gitarrenbauers Jacob August Otto, demzufolge die Herzogin Anna Amalia (* 1739, † 1807) im Jahre 1788 die Gitarre nach Weimar geholt und dem Herrn Otto erlauchtigst permittieret habe, Kopien dieses Instruments für mehrere hohe Herrschaften zu fertigen, die dann ihrerseits das Instrument in Leipzig, Dresden und Berlin einführten. Otto fügt hinzu, daß die Gitarre der Begründerin des ›Musenhofs‹ ursprünglich fünf Saiten gehabt und der Kapellmeister Naumann aus Dresden bei ihm eine mit zusätzlicher tiefer E-Saite geordert habe. Und erst seit eben dieser Bestellung, verbreitet Otto, sei *»die Sechssaitige«* in Deutschland salonfähig geworden, er selbst damit also der eigentliche Baumeister dieser Novität...
Nun, Naumann hat lange in Italien gelebt, und daher ist anzunehmen, daß er dort selbst lange vor Ottos Bauwerk mit Sechssaitern zu tun gehabt hatte. Buchner zeigt in seinem Bildband sogar eine Hulinźky, die sich heute in Prag befindet, sechs Saiten hat und bereits 1754 gebaut worden ist! Und: Es ist hinlänglich bekannt, daß zwischen 1785 und 1787 mehrere solcher Gitarren aus Frankreich, Italien und Österreich auftauchten. Und die Lyra-Gitarre, die ebenfalls aus dieser Zeit stammt, hat von Anfang an nicht mehr und nicht

weniger als sechs Saiten gehabt. Das heißt: Der Ursprung dieses Instruments liegt zwar nicht in Deutschland, mit Sicherheit jedoch außerhalb Spaniens.

Der amerikanische Musikwissenschaftler Thomas Heck hat in seiner Schrift »The Birth of The Classic Guitar...« (1929) die Hinzufügung der tiefen E-Saite folgendermaßen interpretiert: *»War dies nicht recht eigentlich das wenigste, was an Verbesserung notwendig war, um die Wurzeln I, IV und V auf den tiefen drei Saiten (und in den verschiedensten Tonarten) produzieren zu können, so daß andere Dreiklänge, Melodien oder Verzierungen auf den oberen dreien gespielt werden konnten? Das tiefe E ergab die doppelte Oktave zur hohen e'-Saite, und damit hatte die klassische Gitarre insgesamt eine Perfektion erreicht, die ihr das fünfsaitige Barock-Instrument über 200 Jahre lang verweigert hatte.«*

Ein schönes Beispiel für ein typisches Instrument dieser neuen Generation ist die Gitarre des Instrumentenmachers José Benedid von 1800. Ihre Decke ist ins Griffbrett hinein verlängert, und ihre Maximalbreite beträgt nur 28,7 Zentimeter – kaum mehr also, als bei traditionellen Fünfchörern üblich. Die Tiefe – von 9,7 bis 10,5 Zentimeter – reicht dagegen schon fast an die moderner Gitarren heran. Die Dekoration tendiert zur Schlichtheit mit streifiger Einlage im Rücken, unter dem Querriegel und in der Deckenverlängerung auf dem Griffbrett. Das Einlegemuster unter dem Querriegel ähnelt auffallend dem der berühmten José-Pagés-Gitarre (von 1798) im Victoria and Albert Museum. Wie sie hat auch die Benedid den Doppelring mit Perlmuttmuster um das Schalloch. Der 11. Bund sitzt am Korpus, und ebenfalls auffällig ist nun, daß immer mehr dazu übergegangen wird, die bis zum Schalloch führenden Bünde zur Chanterelle hin zu verkürzen, wobei der Hals beziehungsweise das Griffbrett noch immer plan mit der Decke liegt. Das Instrument hat auch nach wie vor die hölzernen Wirbel.

Das absolut bedeutendste Novum dieser Zeit allerdings ist die Aufgabe der einfachen inneren Querverstrebung im Korpus zugunsten dessen, was sich nun ›Fächer-Verstrebung‹ nennt. Bedauerlicherweise fehlt bis heute jeder literarische Hinweis auf den exakten Ursprung dieses neuen Prinzips, wenn auch davon ausgegangen

werden kann, daß es zuerst in spanischen Gitarren Anwendung fand, vermutlich in der Gegend des damaligen Bauzentrums Cadiz. Nur soviel sei schon hier zu dieser anatomischen Revolution gesagt, daß die älteren Querverrippungen nicht nur die Elastizität der Decke wesentlich gedämpft, sondern auch die Schallübertragung nach außen behindert haben. Das neue Fächersystem – weiteres Indiz für die Emanzipation der Gitarre von der Laute – gibt dem Instrument nicht mehr nur sehr viel mehr Stabilität, sondern erhält die Elastizität der Decke und übermittelt den Klang des Instruments bei weitem effektiver.
Inzwischen sind die Decken allgemein etwa um die zwei Millimeter dick; das Schalloch, längst offen, weist die charakteristische Ringverzierung auf; der Steg steht noch immer recht tief am Unterbügel – durchschnittlich 7 bis 9 Zentimeter von ihm entfernt –, damit die relativ lange Mensur zwischen 61 und 65 Zentimeter bei Gesamtlängen der Instrumente zwischen 89 und 95 Zentimeter beibehalten werden kann. Die Saiten führen durch kleine, meist rechteckige Löcher in beziehungsweise durch den Querriegel hindurch, eine Befestigungsart der Saiten, die den Vorteil hat, zwei unterschiedliche Saitenhöhen zuzulassen – je nachdem, ob der Spieler die Saite erst durch die Öffnung führt (vom Hals aus gesehen) und hintenherum über der Querriegelobersaite festmacht, oder ob er erst über den Riegel läuft und die Saite von hinten nach vorne durch die Löcher führt.
Die Taillierung ist noch nicht allzu kräftig ausgeprägt, die Korpusmaße liegen zwischen 19 und 21 Zentimeter am Oberbügel, zwischen 16 und 19 Zentimeter in der Taille und zwischen 23 und 26 Zentimeter am Unterbügel des Körpers. Noch immer können die Rücken sowohl rund als auch flach ausfallen, und noch sind sie zumeist in Rippenbauweise hergestellt.
Nach und nach verschwindet die geschnitzte Rosette, und der Querriegel ›rutscht‹ nach oben in die optische Mitte des breiten Korpusteils.
Der Übergang zum 19. Jahrhundert ist auch noch dadurch gekennzeichnet, daß das Griffbrett aufgeleimt, also ein separater Teil ist und bis zum Schalloch hinunterführt – mit dem Oktav-, also dem

12. Bund am Körperrand. Und immer mehr kommen jetzt auch die sogenannten Mechaniken auf, drehbare Stimmeinrichtungen, die aus dem Wirbelbrett, das im Anfang der sechssaitigen Gitarre häufig die Achterform des Korpus im kleinen zitierte, nun den Wirbelkasten entstehen lassen: Das Stimmen war die längste Zeit eine Tortur gewesen.

Trotz des hochgerückten Querriegels – jetzt häufig ›Knöpfchenriegel‹ genannt, durch den hindurch die Saitenenden (mit kleinen Schlußrollen oder -perlen) bis in die Decke hineingeführt und durch Zapfen festgesteckt werden (ein System, das den Saiten mehr schadet als nutzt) – schrumpfen die Mensuren kaum, sondern bleiben in einer Länge zwischen 63 und 64 Zentimeter konstant. Weiteres Novum ist ein kleiner, meist elfenbeinerner Steg (auch Sattel genannt), über den die Saite läuft, bevor sie in das Holz mündet. Vorteil: Der freischwingende Teil der Saite, die Mensur also, wird schärfer abgegrenzt und dadurch mehr Klangqualität erreicht.

Bleibt im Spanien des 19. Jahrhunderts neben der sechssaitigen immer noch die sechschörige und sogar die fünfchörige Gitarre in Gebrauch (letztere ist in Brasilien heute noch als ***viola*** außerordentlich beliebt, während man die Sechssaitige dort ***violão*** nennt), so mehren sich jetzt dennoch die Indizien für einen fortschreitenden Bruch mit der Tradition auf breiter Basis. Eine der schönsten Gitarren dieser Zeit stammt von Louis Panormo (* um 1774, † nach 1842), die der bereits erwähnten Pagés sehr ähnlich ist. Die Pagés, im Londoner Royal College of Music ausgestellt, weist ebenfalls schon Fächerverstrebung auf, und ihre Proportionen entsprechen denen der hochverehrten Panormo fast völlig. In Cadiz 1809 gebaut, mißt die Panormo 95 Zentimeter über alles, die Mensur steht auf 63 Zentimeter und hat die Korpusmaße 22,5–17,3–29 Zentimeter. Sie ist 8,7 bis 9,3 Zentimeter tief. Doch während diese Gitarre noch den Querriegel zeigt, der zwar ebenfalls Knöpfchen hat, aber die natürliche Kante des Riegels als ›Sattel‹ nutzt und zu beiden Seiten mit den beliebten ›Ausrufezeichen‹-Ornamenten besetzt ist, bleibt der Knöpfchenriegel der Pagés unverziert und verfügt über den separaten Elfenbeinsteg. Und: Während die Panormo noch den zum Körper hinfliehenden Halskopf hat, ist der der Pagés wie bei den

meisten modernen Konzertgitarren zum Hals hin kielartig ausgestellt.
In Frankreich führt um die Mitte des 19. Jahrhunderts René François Lacôte die Riege der besten Gitarrenbauer an. Er hat sich insbesondere um die (ausgesprochen eleganten) Mechaniken verdient gemacht, deren eigentliches Werk ins Holz versenkt ist, wodurch deren hinterständige Wirbel von vorne gar nicht mehr zu sehen sind. Lacôte ist es auch, der auf Fernando Sors Anregungen hin seine Instrumente verbessert, für den Komponisten eine Gitarre mit einer 7. (Bordun-)Saite und die ersten, heute ***scalloped fingerboards*** genannten, ausgeschalten Bundflächen baut. Von der Seite aus betrachtet sieht dabei der Bund zwischen den Bundstäben wie ein konkaver Bogen aus, über dem sich die Saite als Sehne spannt (1978 ließ sich John McLaughlin eine Gibson ES-335 mit ***scalloped frets*** bauen). Der Hamburger Gitarrist und Gitarrenbauer Hans Haider allerdings gibt einen profaneren Grund für diese Bauart an als McLaughlin und andere moderne Experimentatoren, die meinen, der Vorteil bestünde darin, daß dadurch nur leichtester Saitendruck vonnöten wäre und das ***bending*** [Ziehen] der Saite damit vertikal zum Hals statt wie gewöhnlich horizontal ausgeführt werden könne. Dagegen Haider: Solche Hälse wurden damals deshalb gebaut, weil sie vor allem von den feinen Damen der Gesellschaft gespielt wurden. Und die fürchteten nichts mehr als abgebrochene oder gesplitterte Fingernägel!)
Ab 1822 wird der Wiener Geigen- und Lautenmacher Georg Staufer gemeinsam mit seinem Kollegen Johann Anton Ertl nach weiteren Verbesserungen am Instrument fahnden. Resultat: Staufer hebt nicht nur das Griffbrett über das Niveau der Decke an, sondern entwickelt auch eine Legierung aus Messing, Kupfer, Silber und Arsen (wie sie Knopfmacher benutzen), um die noch relativ neuen festen Silber- oder Elfenbeinbünde durch haltbareres Material zu ersetzen.

Erst gegen Ende des Jahrhunderts kommen die bedauernswerten Spanier aus ihrer Baukrise heraus. Der Retter in der Not heißt Antonio de Torres Jurado (*1817, †1892), Gitarrenbauer und

Schöpfer bis heute als Maßstab und Quelle zu neuen Inspirationen geltender Instrumente.
Torres verfeinert das Fächerstreben-System, legt die Mensur ein für allemal auf 65 Zentimeter fest, vergrößert den Körper beträchtlich und verbreitert den Unterbügel, der mit dem Schalloch am oberen Ende und dem Querriegel in der Mitte den Hauptteil der schwingenden Fläche bildet, wobei der Oberbügel viel kleiner ist und einen Teil seiner Fläche an das Schalloch abgibt. Das Griffbrett wird aufgeleimt, da die Reduzierung auf Einzelsaiten einen schmaleren Hals erforderte, der nun nicht mehr stark genug war, alle Kräfte aufzufangen. Am Sattel ist das Griffbrett nun 5 Zentimeter breit, genug, um den Fingern die größtmögliche Freiheit zu erlauben – und das, wohlgemerkt, erst etwa hundert Jahre nach Einführung der sechsten Saite! Das aufgeleimte Griffbrett mit den nun völlig neuen Kräfteverhältnissen verlangte natürlich auch nach einer zusätzlichen Neukonstruktion des Halses: Er wird nicht mehr in einem Stück gefertigt, um Verziehungen zu verhindern, sondern aus einem Klotz hergestellt, der seinerseits aus mehreren Segmenten zusammengesetzt ist. Weiteres äußeres Kennzeichen seit Torres: Rosette und hinterständige Wirbel fehlen, Mechanik und schlichte Schallochverzierungen sind die neuen Merkmale.
Antonio Torres hat eine ganze Schule von Gitarrenbauern nach sich gezogen, darunter Vicente Arias (* um 1845, † 1912), Manuel Ramirez (* 1869, † 1920), Enrique García (* 1868, † 1922), Santos Hernandez (* 1873, † 1951), Domingo Esteso (* 1882, † 1937), Francisco Simplicio (* 1874, † 1932) und Marcelo Barbero (* 1904, † 1956). Auffallend ist die Ähnlichkeit all ihrer Instrumente, deren Decken zumeist aus feinporigen Fichtenhölzern gefertigt sind, manchmal eingedunkelt, um sie farblich dem Ton des Rosenholzes für die Rücken und Seiten anzugleichen. Hals und Mechanik sind größtenteils aus Zedernholz, das Griffbrett ist aus Ebenholz. Einziges Schmuckelement ist ein eher schlicht gehaltenes Mosaik um das Schalloch herum, auch hier und da noch zur Verzierung des Stegs genommen.
Torres als der eigentliche Begründer der modernen Fächerverstrebung, also der neuen Art der Deckenverleistung, bewies übrigens

den enormen Nutzen dieses Novums seinen Kritikern alter Schule auf höchst verblüffende Weise: Er baute eine mit diesem ***fan-strutting*** stabilisierte Gitarre aus – Pappmaché! Und weder erlitt das Instrument Schaden noch stand es klanglich seinen anderen Instrumenten wesentlich nach.
Erst in jüngster Zeit haben die Gitarrenbauer Robert Bouchet (* 1905) und José Ramirez III. (* 1930) die ***struts*** vom unteren Teil der Decke in den oberen hinein verlängert, womit sie das Klangvolumen und die Balance (Klangausgewogenheit) des Instruments noch erheblich verbessern konnten – zwei Aspekte, zu deren Optimierung seit 1946 auch die Einführung der Nylonsaiten beitrug, die entschieden gleichmäßiger gearbeitet sind als Darmsaiten und einen entsprechend klareren Ton haben. Heute kann im Studio am Mischpult ausgeglichen werden, was damals ›en nature‹ vom Spieler verlangt wurde: weder Baß-, Mitten-, noch Höhenlastigkeit. Folkpicker sorgen heute nach Belieben wiederum für Ent-Balancierung, wenn sie etwa den Baß betonen wollen (wie im Ragtime-›bum-tschik‹ oder im Wechselbaß der Countrymusik), durch den Gebrauch von Finger-, insbesondere Daumenplektren.
In unserer Zeit bauten und bauen Spanier wie Hernández y Aguado, Manuel Contreras, Ignazio Fleta (* 1897, † 1977) und andere auf diesem inzwischen außerordentlich hohen Standard immer weiter auf. Nur wenige Nichtspanier vermochten mitzuhalten, unter ihnen Hermann Hauser (* 1882, † 1952), Gerold Karl Hannabach, Reinhold Seiffert und Daniel Friederich, Jacob van de Geest, David Rubio (* 1934) und der vor allem durch Django Reinhardt berühmt gewordene Mario Maccaferri (* 1900), dessen für Reinhardt gebautes Instrument im Juni 1974 der amerikanische Country-Star Don Gibson (* 1928) erwarb. David Rubio ist vor allem durch seine Zusammenarbeit mit Julian Bream bekannt geworden.
Die letzte historische Rückschau vor dem Eintritt in unser bewegtes Jahrhundert beginnt mit dem Namen eines Zisterzienser-Mönchs – Padre Basilio (früher Miguel García genannt; * um 1800), der unter Experten als der eigentliche Wiederentdecker gitarristischen Bewußtseins in Spanien gilt. Vater Basilius, ehemals Organist, übte mit seiner Begeisterungsfähigkeit großen Einfluß auf Don Federico Mo-

retti (* vor 1780, † 1838) aus, der 1799 die vermutlich erste Sechssaiter-Studie vorlegte, die schon erwähnten »Principios«. Und noch im selben Jahr kann ein Gitarrenschüler des emsigen Padre, Fernando Ferrandière, seine wichtige Arbeit »Arte de tocar la Guitarra Española por Música« vorlegen. Doch das Dreigestirn Basilio–Moretti–Ferrandière wird von zwei Namen weit überstrahlt, deren Einfluß sich bald über ganz Europa erstrecken wird: Dionisio Aguado y García und Fernando Sor.
Fernando Sor (* 1778, † 1839) hatte die Arbeit Ferrandières gelesen und – soviel scheint gewiß – sechschörige Gitarre zu spielen begonnen, als er im Kloster von Monserrat das Studium von Harmonielehre, Kontrapunkt und Komposition aufnimmt. Mit 17 Jahren kehrt er nach Barcelona zurück, setzt dort unter Morettis Einfluß seine Studien fort und schließt 1797 die Arbeit an der Oper »Telémaco en la Isla de Calipso« ab, die auch kurz darauf uraufgeführt wird. Sor zieht nach Madrid, angelockt von der Musikbegeisterung am Hofe Karls IV. (* 1748, † 1819), wo der junge Mann Protegé der Herzogin von Alba wird, und man den Namen Luigi Boccherinis (* 1743, † 1805) in hohen Ehren hält, der in nicht weniger als zwölf Quintetten und sogar einer Symphonie seiner Begeisterung für die Gitarre recht ausgiebig Ausdruck verliehen hatte. Als Napoleon 1808 seinen Bruder Joseph (* 1768, † 1844) auf den spanischen Königsthron setzt, beschließt Sor, nach Frankreich zu gehen, wo er zwei Jahre in Paris bleibt und seine ersten, eigenen Gitarrenkompositionen publiziert. Dann zieht er nach London um und versetzt mit einer ganzen Reihe spektakulärer Konzerte das verwöhnte Publikum in helle Verzükkung. Wieder in Paris, schreibt er sein Ballett »Cendrillon« (1828), kommt durch dessen Erfolg zu Geld und kauft sich einen Kutschenplatz nach Moskau. In Petersburg läßt er sich ausgiebig feiern, schreibt noch eine Beerdigungsmusik für Zar Alexander I. (* 1777, † 1825) und kehrt dann via London wieder nach Paris zurück, wo er bis zu seinem Tode lebt.
In diese letzte Phase fällt die Zeit seiner berühmt gewordenen Freundschaft mit dem Gitarristenkollegen und Erfinder des ***Tripodions***, einer Art ›Gerüst‹ zum Auflegen der Gitarre, um sie von allen überflüssigen Berührungen mit Armen und Körper freizuhal-

ten – Dionisio Aguado y García (*1784, †1849). Ihrer beider Freundschaft hat Sor denn auch das Gitarrenduett »Los Dos Amigos« (opus 41) gewidmet. Während Sor die ihm verbleibende Zeit zum Komponieren und Unterrichten nutzt, geraten sich die beiden Freunde in einem einzigen Punkt dennoch kräftig in die Wolle – in der Frage nämlich, ob das Spiel mit oder ohne Fingernagel dem Vortrag förderlicher sei. Sor war der dezidierte Fingernagelgegner, Aguado hatte nach eigenem Bekenntnis *»immer meine Nägel benutzt«*, dann aber, wie er eingesteht, seinen Daumennagel abgeschnitten, nachdem er das Spiel des Freundes gehört hatte. Die ›Fingernagel-Kontroverse‹ ist berühmt geworden, der Gitarrist und Lehrer Emilio Pujol hat ihr 1960 gar eine ganze Schrift »El Dilemma del Sonido en la Guitarra« gewidmet, und keine historische Abhandlung zum Thema der Gitarre läßt diesen Aspekt aus.
Der zweite führende Virtuose neben Fernando Sor ist Mauro Giuliani; (*1781, †1829). In Bisceglie (Apulien) geboren, ist über sein Leben eigentlich erst seit seinem Eintreffen in Wien im Jahre 1806 genug bekannt. In Wien, das sich längst zu einem auch für die Gitarre wichtigen Musikzentrum entwickelt hat, gehört Giuliani zu den großen Idolen seiner Zeit. 1808 gibt er ein denkwürdiges Konzert, bei dem auch Beethoven unter den Zuhörern sitzt. Giuliani, Lehrer, Solist und Komponist, ehemals Cellist und Freund von Anton Diabelli (*1781, †1858), Louis Spohr (*1784, †1859) und Johann Nepomuk Hummel (*1778, †1837), bekommt 1819 Ärger mit der Wiener Polizei, die seinen Hausstand konfisziert, woraufhin er zunächst nach Venedig ›ausbüchst‹ und dann nach Rom weiterreist. Vermutlich aus Gesundheitsgründen wechselt er 1823 nach Neapel, wo er im selben Jahr ein Konzert auf der Lyra-Gitarre gibt.
Die Rolle Giulianis wirft viel Licht auf das zupfende Wiener Leben; hier hatte sich nach 1750 ein portugiesischer Abbé namens Antonio Costa (*1714, †um 1780) niedergelassen und für erlauchte Zirkel – unter den Hörern auch Christoph Willibald Gluck (*1714, †1787) – Gitarre gespielt und erste Breschen für das Instrument geschlagen: Um die Jahrhundertwende war die Gitarre in Wien keineswegs mehr ein Privileg der Oberschicht, sondern ein ungewöhnlich populäres Instrument geworden. So ist bekannt, daß Franz Schubert (*1797,

†1828) das Instrument sehr schätzte, und Gitarristennamen der Wiener Szene wie Leinhard von Call (*um 1768, †1815), Anton Diabelli oder Wenzeslaus Matiegka (*1773, †1830) waren in aller Munde. Und schon vor Giuliani spielt dort der Name des Gitarristen Simon Molitor (*1766, †1848) eine keineswegs zu unterschätzende Rolle.

Italien – Beispiel Giuliani – ließ seine zahlreichen zupfenden Propheten im eigenen Lande fast nichts gelten in dieser Zeit und mußte sie ziehen lassen – nach Wien, nach Paris und nach London vor allem, darunter Ferdinando Carulli (*1770, †1841) aus Neapel und Matteo Carcassi (*1792, †1853) aus Florenz. Beide ließen sich über kurz oder lang in Paris nieder, und auch Niccolò Paganini (*1782, †1840), der von sich sagte: *»Ich liebe den Klang der Gitarre. Wenn ich reise, ist sie meine ständige Begleiterin«*, schätzte Auslandsaufenthalte in Frankfurt, wo er 1829 mit dem Gitarrenbauer Franz Georg Brinkmann (*1799, †um 1845) und in Brüssel, wo er 1834 mit seinem Landsmann Marco Aurelio Zani de Ferranti (*1800, †1878) auftrat. Paganini hatte seine Gitarrenstudien aufgenommen, als er aus Gesundheitsgründen das Geigen lassen mußte, so daß viele seiner Kompositionen (opus 39 bis 77) Gitarrenparts enthalten, sowohl Solos als auch Duette, mal mit Geige, mal im Trio oder im Quartett, wobei er das Instrument im wesentlichen für Begleitfunktionen einsetzte. In Paris lieh ihm der französische Gitarrenbaumeister Grobert (*um 1794, †1869) aus Mirecourt – einem der damaligen Gitarrenbauzentren – ein Instrument, das der Italiener vor der Rückgabe signierte. Später bekam Hector Berlioz (*1803, †1869) die Gitarre in die Hand, signierte ebenfalls und überließ sie dem Pariser Konservatorium.

Berlioz übrigens, selbst Gitarrist, räsonierte wie so manch einer vor ihm auch, es sei ja *»beinahe unmöglich, gut für die Gitarre zu schreiben, wenn man das Instrument selbst nicht spielen kann«*. Und dann leuchtet er etwas die inzwischen doch insgesamt müde gewordene Gitarrenszene aus, als er sagt: *»Seitdem der Flügel in all den Häusern steht, in denen ansonsten kein musikalischer Geschmack vorhanden ist, ist die Gitarre nur wenig gespielt worden – außer in Spanien und Italien.«* Und fügt hinzu: *»Komponisten verwenden sie*

so gut wie nie in Kirchen, Theatern und Konzertsälen. Der Grund ist unzweifelhaft der, daß ihr Klang allzu zart ist, was auch ihr Zusammenspiel mit anderen Instrumenten kaum zuläßt. Dennoch sollte ihre Melancholie und ihr träumerischer Charakter zugänglicher gemacht werden.«
Dies mag auch erklären, warum weder Luigi Boccherini (*1743, †1805) noch Schubert als Gitarrenkomponisten sonderlich bekannt geworden sind – sie konnten das Instrument selbst nicht spielen und vermochten deshalb auch wenig virtuos Komponiertes für sie zu bieten. Hinzu kommt noch, daß es damals kaum theoretisches Material für die Gitarre gab, abgesehen allenfalls von den Arbeiten Carcassis oder Carullis »L'harmonie appliquée à la Guitarre« (1825; heute im British Museum), einer Abhandlung, die sich allerdings nur an den Amateur wendet und im wesentlichen das Studium von Akkorden und Arpeggien behandelt. Es ist (leider) in Sachen Gitarrenliteratur nicht mehr viel los in dieser Zeit; und das, was existiert, kokettiert mit der Oberflächlichkeit der Zeit – mit Flinkfingerei und Klischee auf Klischee; eine Arbeit liest sich wie die andere. Dennoch: Sor, Carcassi, Aguado und Napoleon Coste (*1806, †1883) – sie sind und bleiben die wichtigsten Wegweiser.
In England erscheint 1833 die erste Nummer des ersten ›Fan-Fachblatts‹ der Gitarrengeschichte – des »Giulianiad«, der folgendes feststellt: *»Der erfolgreiche Einzug der Gitarre in England hat vor vergleichsweise erst kurzer Zeit stattgefunden. Und seit dem Frieden von 1815* (Wiener Kongreß) *läßt sich sagen, daß nur wenige Leute mit ihrer vollen und komplexen Kraft vertraut geworden sind. Von dieser Zeit an läßt sich allerdings von keinem anderen Instrument sagen, daß es jemals einen vergleichbar rapiden Aufstieg in der öffentlichen Wertschätzung genossen hätte... Doch obwohl diese Meister sehr vieles erreicht haben, bleibt dennoch vieles zu tun. Giuliani, Carulli, Sor und andere verdiente Meister werden – um es freundlich auszudrücken – noch sehr mangelhaft verstanden.«*
Doch schon zuvor, im Jahre 1829, verdrehen Giuliani-Duos dem Londoner Konzertpublikum die Ohren, und im Sommer 1831 wird der französische Wunderknabe Jules Regondi (*1822, †1872) an der Themse stürmisch gefeiert – ein Jahr, nachdem George T. May seine

»Instructions for the Spanish Guitar« (1830) herausgegeben hat, ein Werk – wie kann es anders sein – von eher bescheidenem Zuschnitt. 1834 folgt dann Marziano Bruni mit seiner »Treatise on the Guitar«, einer Abhandlung, die nun endlich für einen anspruchsvolleren Umgang mit diesem Instrument plädiert und damit dem »Giulianiad«-Herausgeber Ferdinand Pelzer (* 1801, † 1860) sekundiert, der schon 1830 in seinen »Instructions for the Spanish Guitar« das generell bessere Spiel gefordert hatte. Pelzers Tochter Katharina die nachmalige, berühmt gewordene Madame Sidney Pratten (* 1821, † 1895), wird in den dreißiger Jahren des 19. Jahrhunderts Englands berühmteste Gitarren-Schwalbe und der absolute Modestar der London Society, in deren Herzen sie sich mit 15 Jahren spielt. 1875 verfaßt sie einen »Guitar Tutor«, der in den folgenden Jahren, auf hübsch populär getrimmt und heruntergekommen auf mieseste Plusmacherattitüde, in sage und schreibe zehn poppigen Bestsellerauflagen erscheint.
Doch Gott sei Dank: Mit Francisco de Asis Tárrega-Eixea (* 1852, † 1909) aus Valencia betritt in Spanien die große Figur des Neubeginns die abgeschlaffte Szene. Er hat am Madrider Konservatorium Klavier studiert, liebt aber die Gitarre mehr und wird alsbald zum Grundsteinsetzer moderner Gitarrenspieltechnik. Tárrega legt nun die Taille der Gitarre auf den linken, angehobenen Oberschenkel – Konsequenz aus den gewachsenen Dimensionen des Instruments – und führt den ***apoyando***-Schlag ein: Der kleine Finger der rechten Hand liegt nicht mehr wie festgeklebt auf Steg oder Decke wie noch bei Sor und Aguado, sondern gönnt der ganzen Hand freie Beweglichkeit, vertikal und horizontal zwischen ***ponticello*** (dem Anschlag zwischen Schalloch und Steg) und ***dolce*** (über dem Schalloch beziehungsweise zwischen ihm und dem Hals).
Die Wegnahme des 4. Fingers war jedoch auch aus gitarrenanatomischen Gründen nötig geworden. Schließlich liegt das Griffbrett längst über der Decke und die Saiten damit ebenfalls höher als früher, und die neuen Stege haben die Lage der Saiten insgesamt so verändert, daß der kleine Finger nur noch mit Mühe aufliegen kann, ohne automatisch die ganze rechte Hand mitzublockieren. Und wer möchte beim Spielen schon einen Krampf riskieren?

Tárrega jedenfalls reist zunächst nach Paris, dann nach London und dann wieder südwärts durch Italien nach Spanien zurück. Dort verfaßt er eher Leichtgewichtiges mit stark romantischem Einschlag, der sogar ins Sentimentale abzugleiten droht. Dennoch – seine »Recuerdos de la Alhambra« gelten als die wohl populärste Tremolo-Studie überhaupt, wenn es Tárregas Hauptverdienst auch ist, jede Menge Transkriptionen besorgt zu haben. Sogar Isaac Albéniz (* 1860, † 1909) mußte nach dem Anhören gestehen, seine eigenen Klavierstücke klängen auf der Gitarre wohl um etliches besser.

Tárregas Schüler sind Miguel Llobet (* 1878, † 1938) und Emilio Pujol (* 1886, † 1980) gewesen sowie – indirekt zwar – jener Virtuose, der die Gitarre für unser Jahrhundert wie kein anderer erschlossen hat, Andrés Segovia.

Hatte Tárrega noch vor allem Werke zeitgenössischer Komponisten bearbeitet, so übertrug Andrés Segovia auch weit ältere Kompositionen auf die moderne Gitarre – berühmt und immer gern genannt: Die »Chaconne« aus der zweiten Partita in d-moll für Violine solo von Johann Sebastian Bach. Nach Harvey Turnbull war *»Segovias Aufgabe zweifacher Natur – das Repertoire der Gitarre zu erweitern und es einem möglichst großen Publikum zugänglich zu machen, so daß das Ziel beider Bemühungen schließlich war, die Gitarre als ein letztlich durchweg respektiertes Instrument etabliert zu haben.«*

Andrés Segovia (* 1893) aus Linares beginnt seine musikalischen Studien in Granada, indem er – trotzig wider den Zeitgeist – bewußt andere Instrumente ignoriert, um sich ganz und gar der Gitarre zu widmen. Das Volk jedoch liebt Flamenco, und die Gitarristen um Segovia zürnten ihm, er treibe Schindluder mit dem Erbe Tárregas, wie auch aus dem Brief eines von Segovia der Spezies der ›Tárregophoren‹ zugeordneten Orthodoxen an einen gewissen Pater Corell in Valencia hervorgeht: *»... Er muß sich ›Segovia‹ genannt haben, um die Aufmerksamkeit der Leute zu erregen. Er hat ein geschmackloses Programm zusammengestellt, auch noch Seite an Seite mit den Transkriptionen unseres Meisters* (Tárrega), *in denen er sich unverzeihliche Freiheiten herausgenommen hat – er wagte sogar, eigene zu spielen! Seine Gelöstheit und seine Selbstsicherheit haben das Publikum natürlich geblendet, und nach anfänglicher Zurückhaltung hat es ihm dann* *ja auch seinen Applaus gegönnt. Aber das war kein spontaner Erfolg und schon gar kein berechtigter. Warum hat dieser junge Mann überhaupt das Gitarrenspiel gewählt? Er ist so weit davon entfernt, die geheiligte Schule unseres geliebten Tárrega zu begreifen! Schon auf den ersten Blick kann man erkennen, wie achtlos er seine Hände hält; und dann, wenn er hier und da in schwierigen Passagen schnelle Läufe zustande bekommt, dann nur aufgrund irgendeiner fehlbaren Intuition, jedenfalls nicht, weil er etwa die korrekten Regeln beherrschen würde. Das Schlimmste, lieber Pater, ist: Er zupft die Saiten mit seinen Fingernägeln!«*

Nun, der Autodidakt Segovia hat stets zu verstehen gegeben, daß Tárrega zweifelsohne die Gitarrentechnik erweitert habe; nur gebührt Segovia das Verdienst, dessen Technik verfeinert zu haben, und zwar ohne ketzerischen Bruch mit der Tradition. Ein Beispiel für viele: Mußte Tárrega sein rechtes Handgelenk noch auffällig stark verdrehen, um den Zeigefinger in einen angenäherten rechten Winkel zur Saite zu bekommen, so bringt die wesentlich entspanntere Handhaltung Segovias den 3. Finger schier mühelos in 90 Grad zur Decke. Und dank Segovia gibt es heute in Sachen ›Entweder-Nagel-oder-Kuppe‹ auch längst keine strikte Trennung der Schulen mehr: Segovia benutzt wahlweise Nagel oder Kuppe – wie es das jeweilige Stück verlangt.

Nach und nach durchquert Segovia Spanien und widerlegt Berlioz, indem er dort den verblüfften, zunächst noch skeptischen Autoritäten beweist, daß Riesensäle durchaus von einer Gitarre bis in die letzten Winkel hinein mit Schönklang gefüllt werden können.

Seine erste Auslandsreise führt ihn nach Südamerika, und sein Pariser Debüt findet 1924 statt. Unter den Zuhörern sitzt auch Manuel de Falla (* 1876, † 1946), der (für Miguel Llobet) das erste Gitarrenwerk des 20. Jahrhunderts verfaßt hat: »Homenaje pour le Tombeau de Claude Debussy« (1929), eine Hommage an jenen französischen Komponisten, der einst gesagt hatte, die Gitarre sei, sofern man gedächte, sie gut zu spielen, das am schwersten zu handhabende Instrument von allen. Ebenfalls im Pariser Parkett: die Komponisten Albert Roussell (* 1869, † 1937) und Vincent d'Indy (* 1851, † 1931).

Heute gibt es fast kein Land mehr, das Segovia nicht als ›Botschafter der Gitarre‹ bereist hätte. Und viele seiner Schüler – Klassiker wie etwa der junge Amerikaner Michael Lorimer oder sein Kollege Christopher Parkening, auch Jazzgitarristen wie der Fingerstyle-Jazzpionier Charlie Byrd – gehören heute selber zu den unumstrittenen Führern der anspruchsvollen ›Gitarristenfamilien‹.
Auch viele Komponisten fühlen sich erst durch Segovia motiviert, eigene Arbeiten für die Gitarre zu schreiben.
So bauen in Spanien insbesondere Joaquín Turina (*1882, †1949) und Federico Moreno Torroba (*1891) die Arbeiten de Fallas aus: Torrobas »Suite Castellano« (1926) und seine »Pièces Characteristiques« (1931) gehören heute ebenso zum Standardrepertoire wie Turinas »Fandanguillo« (1926), seine »Sonatina« (1935) und die im selben Jahr entstandene »Hommage à Tárrega«. Hier dominieren kraftvolle rhythmische Elemente, lebendige Melodien und sozusagen ›salonfähig‹ gemachte Flamenco-Elemente.
1932 trifft Segovia den Italiener Mario Castelnuovo-Tedesco (*1895, †1968). Er schickt dem neugierig gemachten Komponisten Sors »Variationen über ein Thema von Mozart« und ein Stück des Südamerikaners Manuel Ponce (*1882, †1948), die »Variations sur Folia de Espana et Fugue«, und prompt läßt sich der Italiener zu seiner eigenen Gitarrenmusik, den »Variationen« (opus 71) inspirieren, welchen mehrere andere Arbeiten folgen, bis 1938 das erste groß angelegte Gitarrenkonzert unseres Jahrhunderts entsteht – das »Concerto in D«. 1951 publiziert er sein »Quintett für Gitarre und Streicher«, und 1961 führt die von Segovia arrangierte Begegnung zwischen Castelnuovo-Tedesco und dem Gitarristenpaar Alexandre Lagoya (*1929), Ida Presti (*1924, †1967) zu ersten Arbeiten an Duo-Werken.
Aus Łódź (Polen) stammt Alexandre Tansman (*1897; seit 1938 französischer Staatsbürger), der 1951 mit seiner »Cavatina Suite« für Gitarre den ersten Preis der Musikakademie Chigiana in Siena gewinnt – derselben Akademie übrigens, an der Segovia regelmäßig, im Wechsel mit Santiago de Compostela in Spanien und Berkeley in Kalifornien, seine Kurse abhielt, zu denen Gitarristen aus fast allen Ländern der Welt gepilgert kamen.

Der wahrscheinlich populärste Gitarrenkomponist unseres Jahrhunderts ist Joaquín Rodrigo (* 1902), der mit seinem »Concierto di Aranjuez« – 1940 von dem Gitarristen Regino Sainz de la Maza (* 1908) in Madrid uraufgeführt – einen weltweiten ›Ohrwurm‹ geschaffen hat. 1954 widmete Rodrigo Segovia seine »Fantasía para un Gentilhombre«, die auf Sanz-Motiven basiert. *»Mein Ideal wäre«,* hatte Rodrigo das Unternehmen kommentiert, *»daß, wenn Sanz sie hören könnte, er zu mir sagen würde: Du, diese Komposition ist zwar nicht direkt von mir, aber erkennen tu' ich mich darin allemal!«*
Dem Romero-Quartett widmete er das »Concierto Andaluz« (1967), für Ángel und Pepe Romero schrieb er das »Concierto Madrigal« (1968) und für letzteren sein drittes Konzert für Solo-Gitarre und Orchester »Concierto para una Fiesta« (1981/82).
Es ist durchaus denkbar, daß Segovias früher Vorstoß nach Südamerika dort all jene Kräfte freizusetzen half, die für eine regelrechte ›Welle‹ des fruchtbaren Austausches zwischen beiden Kontinenten auf musikalischer Basis wirksam wurden. Manuel Ponce, Heitor Villa-Lobos (* 1887, † 1959), Agustine Barrios (* 1885, † 1944), Vicente Emilio Sojo (* 1887, † 1974), Antonio Lauro (* 1913) und viele andere Südamerikaner haben auf dem Gebiet der Gitarrenkomposition ganz wesentlich zur internationalen Repertoire-Bereicherung beigetragen. So hat zum Beispiel Ponce seine »Sonata Romantica« untertitelt: »Hommage à Franz Schubert qui aimait la guitarre«, und seine »Suite Antiqua« zitiert dermaßen viel barocken Sylvius Leopold Weiss, daß viele Experten zunächst tatsächlich meinten, was sie da hörten, sei von jenem gewesen. Segovia selbst trug aus bisher unerfindlichen Gründen noch zu diesem Verwirrspiel bei: durch falsche Komponistenangaben.

Das leidige Problem, selbst nicht Gitarre spielen zu können, hat der englische Komponist Stephen Dodgson (* 1924) so gelöst: *»Wie Rodrigo spiele auch ich dieses Instrument nicht. Tatsächlich aber würde eine direkte Konfrontation mit seiner formidablen Technik sehr wahrscheinlich eher hinderlich sein, als daß sie meinem sich immer mehr entwickelnden Gefühl für seine Reserven dienlich sein könnte. Meine Lehrzeit hat unter Julian Bream begonnen und hat sich unter*

John Williams fortgesetzt – eine dermaßen glückliche Kombination von Lehrern, wie sie sich wohl kein Komponist besser vorstellen könnte.«

Auch Benjamin Britten (* 1913, † 1976) hat sich bei dem Lautenisten/Gitarristen Julian Bream bedeutende Anregungen geholt. So legte er 1958 seine weltberühmt gewordenen »Songs from the Chinese« für Gitarre und Singstimme vor. 1963 widmete er Bream sein »Nocturnal«, das auf des großen Renaissance-Lautenisten John Dowlands »First Booke of Songs or Ayres of Four Partes« von 1597 basiert.

Mit Mauricio Kagel (* 1931), Karlheinz Stockhausen (* 1928), Hans-Werner Henze (* 1926), Goffredo Petrassi (* 1904) und Pierre Boulez (* 1925) kommt die Gitarre dann auch bei der Avantgarde zur Geltung. Bei ihr heißt das Stichwort Solo- und Ensemblespiel. Und so sagt Timothy Walker (* 1943) zu Boulez' 1959 geschriebenem Stück »Le Marteau sans Maître«: *»Ein phantastisches Werk und möglicherweise das schwierigste, das mir je unter die Finger gekommen ist... das ›Marteau‹... ist, was die rein physische Seite angeht, sehr verständnisvoll geschrieben, aber rhythmisch und dynamisch äußerst komplex. Auch wenn man selber gerade nichts zu spielen hat – man muß unablässig konzentriert bleiben, weil sonst das ganze Ensemble in Stücke geht. Und so etwas kann sehr leicht passieren.«*

Das klingt fast, als hätte hier ein Jazzgitarrist gesprochen... Timothy Walker hat seinerseits zwei Avantgarde-Landsleute angeregt, für sein Instrument zu schreiben – David Bedford (* 1937) und Peter Maxwell Davies (* 1934).

Nicht unerwähnt bleiben darf hier auch das »Guitar Concerto« (1958/59) von Malcolm Arnold (* 1921), der diese Komposition als »Elegie in memoriam Django Reinhardt«, des berühmten belgischen Zigeuners und ersten europäischen Jazzgitarristen von hohem Rang, der 1953 starb, verstanden wissen wollte – erstes ›gitarristisches Indiz‹ für vor allem intellektuell vollzogene Synthesen.

Verständlicherweise wäre die Liste der modernen Komponisten, die sich besonders der Gitarre angenommen haben, über Seiten hinweg verlängerbar. Erwähnt seien noch – einige für alle – der Spanier Miguel Ablóniz (* 1917) und der Kanadier Milton

Barnes (* 1931), der deutsche Gitarrist/Komponist Siegfried Behrend oder sein kubanischer Kollege Leo Brouwer; der Italiener Silvano Bussoti (* 1931) und sein Landsmann Bruno Maderna (* 1920, † 1973), der Engländer John Duarte (* 1919) und der Schweizer Frank Martin (* 1890, † 1975). Und, natürlich, immer wieder spanische und südamerikanische Namen: Salvador Bacarisse (* 1898, † 1963), Juan Blanco (* 1920), Manuel Palau Boix (* 1893, † 1967), Oscar Esplá Triay (* 1886, † 1976), Radamés Gnáttali (* 1906), Jeronimo Gimínez (* 1854, † 1923), auch Segovias Frau Paquita Mardiguera, dann auch Federico Mompou (* 1893), Maurice Ohana (* 1914), Antonio Ruiz-Pipó (* 1934) und Julio Sagreras (* 1879, † 1942), ganz zu schweigen von Segovia selbst, von Narciso Yepes oder Laurindo Almeida.

Heute, knapp zwanzig Jahre vor dem Wechsel ins dritte Jahrtausend, hat die Gitarre einen nie zuvor erlebten Höhepunkt in ihrer Entwicklung erreicht, hat den langen Weg vollendet, an dessen Schluß endlich jene Anerkennung steht, die ihr in den vergangenen Jahrhunderten von wechselnden Seiten immer wieder versagt worden ist. Freilich, bisher haben wir ›nur‹ den Werdegang der klassischen Gitarre bis in unser Jahrhundert hinein skizziert, ein Thema, auf das noch einmal zurückzukommen sein wird. Allerdings: Nur orthodoxe ›Gitarrologen‹ können heute noch sagen, daß das geschätzte Instrument in all den anderen, nichtklassischen Bereichen beleidigt, entwürdigt, vergewaltigt würde. Elitarismen solcher Art sollten allerdings heutzutage längst überholt sein. Längst ist die Gitarre auch in Jazz, Folk und Rock zu einem Instrument geworden, dessen sich auch die ›einseitig‹ ausgerichteten Klassik-Protagonisten heute nicht mehr zu schämen brauchen.

Die erspielte Freiheit. Flamenco ist nicht nur Tanz.

»Der Bolero ist in den dunkelsten Nächten an den verlassensten Orten zu hören.«
George Sand (Ein Winter auf Mallorca).

Die mitreißenden Rhythmen, das Feuer, die Ursprünglichkeit und die Exotik waren es, die George Sand (* 1804, † 1876) an der spanischen Folklore des vergangenen Jahrhunderts so faszinierten; Frédéric Chopin (* 1810, † 1849), der mit ihr 1838 den Winter auf Mallorca verbrachte, ging es – natürlich – nicht viel anders. *»Es gibt keinen Bauern ohne Gitarre«,* notiert die Sand 1842 in »Ein Winter auf Mallorca«, *»sie begleitet ihn immerzu.«* So etwas hatten die beiden noch nie zuvor erlebt. Und, angesteckt von der Begeisterung, folgen ihnen die Gustave Doré (* 1832, † 1883), Théophile Gautier (* 1811, † 1872), Alexandre Dumas d. Ä. (* 1802, † 1870), Jules Verne (* 1828, † 1905), Prosper Merimée (* 1803, † 1870) und Franz Liszt (* 1811, † 1886) hinüber ins Iberische. Und was sie dort sahen und hörten, nennt sich ***Flamenco*** und war ein wahres Rauschmittel, über dessen Namensherkunft noch immer allgemeine Ungereimtheit herrscht.

Meinten die einen, das Wort stamme von den Flamen, die dereinst den Habsburger Kaiser Karl V. (* 1500, † 1558) nach Spanien begleitet hatten, so spekulierten andere mit dem arabischen Erbe. Vom ›fliehenden Bauern‹, dem ›felag-mango‹, käme das Wort her, vielleicht aber auch vom ›fellah-mango‹, dem ›singenden Arbeiter‹. Dritte wiederum erkannten eine philologische Brücke im Unterweltjargon des andalusischen 18. Jahrhunderts, wo ein ›flamenco‹ ein ›Blender‹, ein ›Prahlhans‹, aber – vor allem – auch ein lodernder, heißblütiger junger Mann war. Die Flamme ›flama‹ – die steckte ja in dieser Musik, in der ebensoviel Erotik wie Trauer, ebensoviel Rebellion wie tief verwurzelte Geschichte steckte.

Andalusien, die südspanische Region, die unter anderem die Sierra Nevada und das Guadalquivirbecken einschließt, war die alte Heimat des Flamenco, der, noch unverfälscht durch Radio, Fernsehen oder Schallplatte, bei den oft familiären ***fiestas*** gesungen und gespielt wurde. Und wer weder sang noch spielte, beteiligte sich mit den ***palmas***, dem rhythmischen Händeklatschen an dieser Musik, die keinerlei schriftliche Überlieferung kannte. ***Cifras*** wurden zum großen Teil nicht gelesen, sie waren fest in Kopf und Herz notiert. ***Cante, baile*** und ***toque***, Gesang, Tanz und Gitarrenspiel, das war die Trias, in welcher der fast bis ins Mystische hinein inspirierte Darstellende oder Musiker ***duende*** empfing, den unbeschreiblichen ›Geist‹, mit dessen Hilfe er zur engsten vorstellbaren Kommunikation mit den Zuschauern und Hörern gelangen konnte.

Flamenco: Es war dies nicht nur eine bestimmte Art von Volksmusik, sondern zugleich auch ein Lebensstil, ein Lebensgefühl, eine Weltanschauung und eine durchaus höhere Art von Kunst, die damals aus den Dörfern kam.

Es muß all dies zusammen gewesen sein, was die vielen Künstler vom linken Seine-Ufer auf die Iberische Halbinsel zog, in das Land, in dem so viel getanzt, gesungen und musiziert wurde wie nirgends sonst in Europa, wo das Pianoforte immer mehr die Gitarre aus den Salons verdrängte. Doch im Süden dominierten Gitarren, das Tambourin und die Kastagnetten. Man spielte die ***bandurria***, eine flachrückige Mandolinenschwester, sowie Kombinationen von Baß- und Melodiegitarren wie den ***bajo de la uña***, einen achtsaitigen Baß mit großem Korpus und kurzem Hals, der mit einem Plektrum gespielt wurde, dem ***uña del perro***, dem ›Hunde-Nagel‹; da gab es den ***requinto***, eine kleine sechssaitige Gitarre, die eine Quinte höher als gewöhnlich gestimmt war, dann verschiedene, noch höher gestimmte Gitarren namens ***tiple, tible*** oder ***timple***, die auf Hawaii heute noch als ***tipple*** weiterleben – eine Art etwas zu groß geratener Ukulele. Und auch in Spanien gab es den ***charango***, einen gewölbten Fünfsaiter mit sehr hellem Klang, und den gewaltigen ***guitarrón***, eine Baßgitarre mit Bordunsaiten neben dem Hals. Mit Stahlsaiten wurde die ***octavilla***, ein sechs-, nicht achtsaitiges Gitarreninstrument bespannt, während die ***pajandri*** mit ihrem indischen Namensklang die eigentliche Gitarre der Zigeuner war. Und die nannten sie nach der indischen Manipuri-Laute meist auch ***sonauta***.

Auf ihr spielten diese Andalusier längst all das, was wir auch heute noch als ›typisch spanisch‹ heraushören würden, wenngleich der Flamenco keineswegs eine reine Zigeuner-Angelegenheit war, sondern eine Symbiose aus den ältesten Traditionen der Region Al-Andalus (›Land der Vandalen‹), die sich aus maurischen, byzantinischen, jüdischen und iberischen Elementen zusammensetzten. Die Wurzeln dieser Musik liegen im römischen Spanien, und erst seit ihrer Ankunft in Andalusien im 15. Jahrhundert, wo sie sich nach gut hundertjähriger Wanderschaft von Nordindien her über Westasien und Europa niedergelassen hatten, bestimmten die Zigeuner den weiteren Entwicklungsgang des Flamenco. Sie hatten diese Musik von den Juden und Mauren sozusagen ›in treue Hände‹ übergeben bekommen, als diese 1492 – als Ergebnis der Reconquista – nach fast acht Jahrhunderten Seßhaftigkeit von König Ferdinand (* 1452, † 1516) nebst Gattin Isabella I. (* 1451, † 1504) des Landes endgültig verwiesen worden waren. 1499 waren im Zuge der Inquisition die ersten Anti-Zigeunergesetze erlassen worden, die den Adressaten nicht nur auferlegten, sich feste Wohnstätten zu suchen, sondern auch deren vollkommenen Abmarsch in den Untergrund erzwangen; in eine solch totale Isolation nämlich, daß alle anderen europäischen Musikentwicklungen an der von ihnen übernommenen Überlieferung völlig vorbeigehen mußten: der ***cante gitano*** blieb unverfälscht, konserviert, aber auch unbehelligt.
Im Jahre 711 waren die Araber als Eroberer nach Spanien gekommen, und runde hundert Jahre später standen ihre Lieder in größter höfischer Blüte – vor allem unter der Regentschaft des Emirs Abd Al Rahman (* 792, † 852), der sich aus Bagdad den Dichter, Sänger und Komponisten Ziryab (* um 800) geholt hatte, der seinerseits aus Indien und Persien musikalische Systeme mitbrachte, die bereits enharmonische Techniken betonten, also mit Intervallen arbeiteten, die kleiner waren als der uns bekannte Halbtonschritt. Für Ziryab hatte die Musik therapeutische Qualität, und er fügte der Laute eine fünfte Saite hinzu, weil er meinte, die bestehenden vier Saiten als Symbole der Temperamente Zir (Galle), Mathna (Blut), Bam (Phlegma) und Methlath (Melancholie) benötigten in ihrer Mitte eine ›Seelen‹-Saite. So kam es zum ***cante jondo***, dem ›tiefen Gesang

der Seele‹, in dem die Sklavinnen im maurischen Málaga das Erbe des Ziryab weitertrugen.
Eine der ersten genaueren Beschreibungen der Zigeunermusik des 18. Jahrhunderts stammt von dem britischen Reisenden, Linguisten und Schriftsteller George Henry Borrow (* 1803, † 1881), der schon in England das Leben der Zigeuner erforscht hatte, als bis dahin wohl einziger deren Sprache perfekt sprach und unter den Zigeunern Spaniens vollstes Vertrauen genoß. In seiner Abhandlung »The Zincali« (1841) beschreibt er zum ersten Male eine Zigeunerhochzeit:
»... derweil schnippten die gitanas in der ihnen eigenen Art mit den Fingern, lauter noch als Kastagnetten, verrenkten ihre Gestalten in alle möglichen obszönen Stellungen und stießen Worte heraus, die wiederholt werden mußten und einem das Grausen beibrachten. In einer Ecke der Wohnstatt schlug derweil Sebastianillo, ein des Verbrechens beschuldigter Zigeuner aus Melilla, die Gitarre mit aller Kraft und erzeugte dämonische Klänge... und nahm in seinem Spiel in regelmäßigen Abständen die Zigeuner-Varianten des Gesanges auf...«
Borrow schildert knapp all die Elemente, aus denen der Flamenco im wesentlichen besteht: dem ***cante***, dem Gesang, dem ***baile***, dem Gitarrenspiel, und dem ***pitos***, dem Schnippen mit den Fingern. Und fünf, sechs Jahre später erlebte der russische Komponist Michail Iwanowitsch Glinka (* 1804, † 1857) ähnlich Faszinierendes, wie er, 1847 nach Granada gekommen, in seinen Aufzeichnungen »Aus meinem Leben« (um 1850) schreibt: *»Es schien, als hörten wir drei unterschiedliche Rhythmen, denn der Gesang ging für sich fort, die Gitarre ebenso, und die Tänzerin klatschte in die Hände und stampfte mit den Füßen, als hätte sie mit der Musik rein gar nichts zu schaffen...«*
Viele der einfacheren Flamenco-Liedformen waren Arbeitslieder, wie die ***serranas*** der Bergbewohner oder die ***cantes de trilla*** der Weizendrescher; es gab die ***nanas***, die die Mütter ihren einschlafenden Kindern und die ***carceleras***, die im Gefängnis die armen Sünder sich selber vorsangen. Und neben der frommen ***saeta*** unter anderem für die Jungfrau Maria wurden vor allem noch jene Liedformen gepflegt, die auf bestimmte Städte hinwiesen, aus denen sie kamen,

zum Beispiel die eigentlich untypischerweise eher fröhlichen ***sevillanas***, die ***granadinas*** und die ***malagueñas***, Tanzlieder also, die als regionale Varianten des ***fandango***, einer maurischen Hinterlassenschaft, zu verstehen sind.
Mit der Isolation hatte es jedoch ein Ende, als 1842 in Sevilla das erste ***Café cantante*** seine Pforten öffnete, ein regulärer Treffpunkt für zahlende Gäste und ausübende Musiker und Sänger. Und nach eher zögerndem Beginn wimmelte es zwanzig Jahre später in fast ganz Spanien bis nach Madrid und noch weiter nach Norden von solchen Cafés, deren Riesenerfolg das allgemeine musikalische Niveau immer weiter heben half. Zum Beispiel wurde durch die Mischung von ***cante gitano*** und ***cante andaluz*** das Repertoire der Sänger ganz wesentlich vergrößert.
Der Vorteil für die Gitarre war offenkundig. War sie nämlich bislang nur als reines Begleitinstrument gespielt worden, wie sogar noch Federico García Lorca (* 1898, † 1936) guthieß, als er meinte: *»sie bietet der Stimme die Grundlage und sollte ganz dem Willen des Sängers untergeordnet sein«*, so wagten erste couragierte Vorprescher, auch schon mal solistische Töne anzuschlagen. Lorca kennt aber auch Ausnahmen: *»Einige Gitarristen, wie der hinreißende Niño de Huelva, lassen sich forttragen von der Stimme ihres aufgewühlten Blutes, ohne jedoch von der reinen Linie abzuweichen und ohne die Absicht, ihre Virtuosität auszuspielen – denn genau sie sind die wahren Virtuosen.«*
Und gar nicht so viel später wird Ramón Montoya der ›neuen Freiheit‹ die unbestrittene Krone aufsetzen – als der erste große, vielleicht überhaupt der größte Flamenco-Solist, den die Café-Tradition hervorgebracht hat. Heute ist es – neben Pedro Soler und anderen – sein Neffe Carlos Montoya, der sich (freilich vergebens) bemüht, Ramóns Spiel zu noch größerer Vollkommenheit zu führen.
Dem Aufbruch aus der Isolation in die Cafés folgte dann die Popularisierung, zum Beispiel 1890 auf der Pariser Weltausstellung. Flamencogruppen durchquerten das Land, gastierten auf allen großen Theaterbühnen und trugen die Begeisterung für die ehemals verfemten Zigeunerweisen in die letzten Winkel Spaniens und in viele Teile der Welt. Heute denken wir etwa an La Singla (* 1948)

und ihre Truppe, damals war es die berühmte La Argentinita (* 1900, † 1945), die 1933 ganz New York in Bewegung brachte – und fast parallel mit ihr Carmen Amaya (* 1913, † 1963), die lange Jahre in Buenos Aires gelebt und dort gemeinsam mit dem Gitarristen Sabicas eine ***cante aflamencado*** namens ***colombianas*** perfektioniert hatte. Es waren insbesondere die Tourneen durch Südamerika, die diesen ***troupes*** mannigfaltige neue rhythmische und formale Anregungen einbrachten, ohne dem ***duende*** dabei einen Tort anzutun.
Zu den großen Gitarristen bis hinein in unser Jahrhundert zählen Javier Molina, Ramón Montoya, Manolo [Niño] de Huelva (* um 1892, † 1968) und Perico el del Lunar. Die Zeit danach wird zerdröhnt vom Kampfgetöse des Spanischen Bürgerkriegs und vom Schlachtenlärm des Zweiten Weltkriegs. Erst Ende der fünfziger Jahre wurde wieder neues Interesse am Flamenco möglich. Festivals in Córdoba, in Jerez und Málaga waren der Nährboden für eine neue Generation großer Gitarristen. Und es war die Schallplatte, die zum ersten Male in der Geschichte des Flamenco eine nichtschriftliche und dennoch authentische Überlieferung dieser Musik zuließ. Protagonist dieses Verfahrens war der Molina-Schüler Perico el del Lunar, der in einer »Antología del Cante Flamenco« (1952/53) eine Fülle von Material konserviert hat, das anderenfalls vermutlich restlos verlorengegangen wäre. Mit ihm gehörten dann Manuel Serrapi und der vor allem im Ausland berühmt gewordene Sabicas zu den ersten, die die Möglichkeiten der Schallplatte optimal zu nutzen lernten.
Zu des Gitarristen El Murcianos (eigentlich Francisco Rodriguez) Zeiten, der um 1795 geboren wurde und 1848 starb, in den Tagen Glinkas und Borrows also, war die Gitarrentechnik verständlicherweise noch relativ begrenzt. Die linke Hand tat verhältnismäßig wenig, und die Rechte arbeitete vor allem mit dem Daumen. Die beiden Grundbausteine des Spiels aber, ***rasgueado*** (andalusisch: ***rasgueo***) und ***falseta***, das Variationenspiel, charakterisierten diese Musik von Anfang an.
Der erste bedeutende Gitarrist aus der Zeit der Cafés cantantes war El Maestro Patiño (* um 1830, † 1900), der sich freilich – wie alle anderen seiner Zeit – noch auf die strikte Begleitung beschränkte,

womit dann wenig später Paco el Barbero (eigentlich Francisco Sánchez; *1840, †1910) Schluß machte, indem er einen neuartigen Stil entwickelte, der mehrere falsetas ineinander solistisch verwob. Um 1855 bis 1930 lebte Paco de Lucena (eigentlich Francisco Diaz) aus Córdoba, der als erster den klassischen Fingersatz in das Flamencospiel einführte und in dem legendären Café Silverio in Sevilla zum ersten regelrechten ›Superstar‹ des solistisch gespielten Flamenco wurde. Im selben Café, geführt von dem Sänger Silverio Franconetti (*um 1825, †1893), wuchs dann auch der Ruhm des Lucena-Nachfolgers Javier Molina (*um 1868, †1956) heran, der schon mit zwölf Jahren für Eltern und Geschwister das Haushaltsgeld hatte zusammenspielen müssen. Molina, der die Ursprünglichkeit seines Lehrers mit eigener, neuer Fingerfertigkeit genial verband, war es dann, der den größten Flamenco-Gitarristen aller Café-Zeiten, Ramón Montoya und dessen einzigen ›Rivalen‹, Niño Ricardo, die Saitentöne beibrachte.

Ramón Montoya (*1880, †1949) stammte aus Madrid und hatte sich schon als Fünfjähriger mit waghalsigen Pferderitten ohne Sattel sein Geld in einem Zirkus verdient und kurz darauf die lebenslange Liebe zur Gitarre entdeckt, als er auf der Straße einen Blinden dieses Instrument spielen hörte. Der spätere Niedergang der Cafés cantantes tat Ramóns Spiellaune und Verdienst allerdings keinen Abbruch. Man holte den Saitenzauberer zu privaten ***juergas*** und zu den berühmten Workshops von Santos Hernández in Madrids Villa Rosa an der Plaza Santa Ana und zu anderen ›Play-ins‹. Bedeutendste Innovationen Ramón Montoyas waren jede Menge neuer falsetas, abwechslungsreicherer Gebrauch der linken Hand (sehr deutlicher Einfluß der Klassikmeister Tárrega und Llobet), komplexere Arpeggios und ein nagelneues, trickreiches Tremolo mit vier Fingern: Daumen, Zeige-, Ring-, Mittel- und wieder Zeigefinger. Sein Tremolo wird noch heute gegriffen, weil es bei langsamerem Tempo des Baßdaumens ermöglicht, auf den höheren Saiten sehr *»viel zu machen«*. Darüber hinaus ist ihm zu verdanken, daß die Flamenco-Gitarre als Soloinstrument nun auch – seit seinem Riesenerfolg im Pariser Salle Pleyel 1936 – in die Konzertsäle der Welt gelangen konnte. Viele jüngere Gitarristen – wie zum Beispiel Pepe Martínez

(* 1910) oder Manuel Cano (* 1926; in dessen »Evocación de la Guitarra de Ramón Montoya«) haben ihm ihren Tribut gezollt.
Dennoch gibt es Gitarristen, die sich zu eher eigenen Wegen entschlossen. So blieb Perico el del Lunar (eigentlich Pedro del Valle; * 1894, † 1964) hartnäckig bei der alten, begrenzten Rechte-Hand-Technik; und der Zigeuner Diego del Gastor (eigentlich Diego Amaya Flores; * um 1906, † 1973) aus Morón kommentierte die neue Spielart, es sei *»schlecht, allzu fingerfertig zu sein und immer nur schnelle, leere Nichtse«* zu spielen.
Die Nachkriegszeit bestimmte dann Niño Ricardo (eigentlich Manuel Serrapi; * 1909, † 1972) aus Sevilla, der seine Lehrzeit als zweiter Gitarrist für Javier Molina verbracht hatte. *»Ricardo hat uns neue Akkorde gegeben, neue rhythmische Ideen und neue Harmonien«,* kommentiert Juan Martín heute das Verdienst seines Vorbilds, obgleich dieser, am heutigen Standard gemessen, im Grunde kein unbedingt virtuoser Spieler war. Denn wie viele seiner Kollegen zog auch er es vielmehr vor, gegen die allzu glänzenden ›Saitenknacker‹ zu schimpfen.
Sabicas (eigentlich Agustin Castellón; * 1913) kommt aus Pamplona, wo er schon als Achtjähriger auftrat. Kaum zehn Jahre alt geworden, holte er sich in Madrid die ersten Preise bei verschiedenen Wettbewerben und emigrierte 1937 wegen des Bürgerkrieges in die USA. 1940 bis 1967 lebte er in New York und kehrte erst nach Spanien zurück, als das Land ihm eine Goldmedaille für seine künstlerischen Verdienste verlieh. Sabicas ist, wie gesagt, im Ausland berühmter, während in Spanien Niño Ricardo am meisten geschätzt wird. In den USA allerdings konnte er Carlos Montoyas (* 1905) Beliebtheit nie ganz erreichen, obwohl dieser kaum Sabicas-Format gewonnen hat. Sabicas, im Auftreten immer schon etwas großspurig, nimmt für sich in Anspruch, der Sologitarre zum eigentlichen Durchbruch verholfen zu haben, wenn er sagt: *»Die anderen Gitarristen lachten über meine Idee, Flamenco solo zu spielen, aber neunzig Prozent aller Techniken, die heute im Flamencospiel üblich sind, stammen von mir.«*
Von beiden, Sabicas wie Ricardo, haben dann die jüngeren Meistergitarristen Paco de Lucía (eigentlich Francisco Sanchez Gomez;

*1947), ›Serranito‹ Victor Monge (*1942), Manolo Sanlúcar (*1944), Juan Serrano (*1937), Juan Martín und Paco Peña (*1942) profitiert. Paco Peña, der von sich sagte: *»Von vielen wurde ich immer noch als lieber und netter Begleit-Gitarrist angesehen. Von dem Image kam ich nicht los. Zumal in der damaligen Zeit jeder versuchte, sich… einen Namen zu machen«*, wanderte 1963 nach England aus und schaffte dort innerhalb von vier Jahren das, was ihm acht Jahre lang in seinem Heimatland nicht gelungen war. *»Flamenco-Musik«*, so sagte Peña einmal, *»ähnelt dem Jazz – sie ist genausowenig zu fesseln und ewig im Wechsel.«*
Ein so populärer südfranzösischer Zigeuner wie Manitas de Plata (*1921) wird jedoch von Flamencisten eher mitleidig als ein zügelloser, showsüchtiger Trickster mit Starallüren belächelt.

Der amerikanische Flamencist und Aficionado Rusel Ehrman hat 1979 von einer regelrechten ›new wave‹ unter Spaniens Gitarristen berichtet. Die meisten kommen zwar wiederum aus Andalusien, sie leben aber fast alle in Madrid, das heute das Dorado professioneller Flamencisten ist. Kein Wunder also, daß die metropolen Mischeinflüsse auch vor jüngeren Künstlern wie Paco de Lucía, Agustine Rios, Raimundo Amador oder Manolo Sanlúcar nicht haltgemacht haben: Sie alle haben die große Tradition der Ricardo und Montoya einfließen lassen in eine große Synthese, in der auch Pop-, Rock- und Jazzelemente nicht mehr fehlen. *»Er benutzt jede Menge lateinamerikanischer und Jazzharmonien und -akkorde«*, sagt Paco Peña über Paco de Lucía, *»aber er tut das höchst intelligent. Er sucht nach mehr Anregungen, bleibt aber immer im echten Idiom des Flamenco.«* So hat Paco de Lucía nicht nur mit seinem Bruder, dem Gitarristen Ramon de Algeciras (*1943), und einem Bassisten/Perkussionisten das berühmtgewordene »Entre Dos Aguas« eingespielt, eine Rumba-Improvisation, an die sich vor ihm kaum ein Flamenco-Gitarrist gewagt hätte, sondern auch 1980/81 weltweit beobachtete Tourneen mit den Jazzrock-Gitarristen Larry Coryell, Al DiMeola und John McLaughlin bestritten. Ebensolches Neuland betraten die Sängerin Lole Molina und ihr Mann, der Gitarrist Manuel Molina, die internationale Konzerte gaben, in denen die Sängerin statt alter

Textformen zeitgenössische Lyrikvorlagen verarbeitete, und Molina sich auch nicht scheute, zwischen akustischem und elektrischem Instrumentarium munter zu wechseln.

»Und wie im Blues, so begannen auch im Flamenco die Themen in dem Maße zu wachsen, in dem neue, kreative junge Gitarristen die Szene betraten«, schreibt Ehrman – nämlich Paco del Gastor (* 1944), Diegito de Moron, Isidro Sanlúcar, ›El Marote‹ Juan Maya (* 1944), Pedro Bacan, Paco Cepero (* 1944), Enrique Melchor oder eben ›Serranito‹ alias Victor Monge.

»Ich habe mit der Tradition gebrochen«, sagte Juan Martín, der 1945 in Malága geboren wurde und seit seinem überwältigenden Konzert in der Royal Festival Hall 1970 in London zu Hause ist, wo er unter anderen auch Rockmusikern wie Steve Howe oder Carlos Santana und Jazzern wie Ike Isaacs oder Barney Kessel, Martin Taylor oder Diz Disley interessiert zuhört. *»Dazu gehört schon was an Mut, stimmt. Aber es macht mir nicht das geringste aus, zuzugeben, daß ich gerne mal mit Herbie Hancock oder Chick Corea spielen würde.«*

Ähnlich sieht das der Sevillianer Gualberto García, ein Gitarrist, der von klein auf Flamenco spielte und 1970 mit seiner Gruppe Smash zum ersten Male in der Geschichte etwas zu bieten begann, was heute als Flamenco-Rock bezeichnet wird. Gualberto verweist auf die zeitweilige Kooperation von Joe Beck und Sabicas, auf Jimi Hendrix, Frank Zappa und Pink Floyd. *»Was den Rhythmus angeht, so lasse ich mich da auf keine sonderliche Vielfalt ein; aber in harmonischer Hinsicht folge ich nicht mehr der Tradition. Täte ich das doch, dann käme es mir vor, als hätte ich überhaupt nichts in Bewegung versetzt. Andererseits könnte man wohl tausend Jahre lang Flamenco machen und tausend Akkorde abändern und hätte trotzdem immer noch Flamenco, weil es um das Gefühl geht, das Flamenco ausmacht.«*

Ihm und vielen anderen Neuerern geht es um Symbiosen, wenn er hinzufügt: *»Heutzutage kann man in großen Konzerten in Spanien erleben, wie, sagen wir mal, José de la Tomas vor einem Rock-Publikum Flamenco singt... Sicher werden Sie doch von dem Konzert im Sommer 1980 gehört haben, bei dem in Barcelona* (der Flamenco-Sänger) *Camaron zusammen mit Jeff Beck und Weather*

Report und Stanley Clarke auftrat. Was ich damit meine ist, daß Flamenco eine Tradition hat, aber auch – und das ist viel wichtiger –, daß er eine Zukunft hat.«
Und ähnlich sehen das etwa in den USA der spanische Wahlamerikaner Agustine Rios und in der Bundesrepublik Deutschland El Duo Flamenco ebenso wie Manolo Lohnes. El Duo Flamenco, nicht zu verwechseln mit dem Hildesheimer »Duo Flamenco«, besteht aus dem Darmstädter Albrecht Pfohl und dem Aschaffenburger Georg Dill; sie halten sich ebensowenig an den strengen Katechismus der orthodoxen Flamencisten wie die jüngeren Spanier. Manolo Lohnes heißt eigentlich Hans-Herbert Lohnes (* 1943), kommt aus Freiburg und ist ein absoluter Flamenco-aficionado, der unter Spaniern so wohlgelitten ist wie unter Deutschen. Auch er hat sich seit Anfang der siebziger Jahre merklich vom orthodoxen ›puren‹ Flamenco-Konzept gelöst. Südamerikanische, elisabethanische und barocke französische Elemente gehören heute zu festen Bestandteilen seiner Gesamtauffassung, aus der auch schon mal ein ›verspanischtes‹ McCartney-»Yesterday« zu Ohren kommen kann.

All den virtuosen Pionieren einer Flamenco-Auffassung, nach der eben auch fremde Musikelemente integriert werden sollten, mag gemeinsam sein, was ein anderer amerikanischer Flamenco-Experte, Brook Zern, 1980 auf die Formel brachte: *»Die wirklich virtuose Ausgestaltung der Flamenco-Tradition fand ihre große Zuhörerschaft außerhalb Spaniens, wo die Menschen nicht auf dem Vorurteil aufbauten, daß die Flamenco-Gitarre im Grunde nichts mehr sei als ein Begleitinstrument.«*
Also: Keine Chance mehr den orthodoxen Puristen – was sich auch schon dadurch beweisen ließe, daß jüngere Flamencisten immer mehr von der altehrwürdigen ***blanca***, dem Instrument aus Zypressenholz mit Holzwirbeln und Nylonsaiten, zur ***negra*** konvertieren, der Nylonsaiten-Gitarre mit neuen Mechaniken und Korpusteilen aus Rosenholz oder Palisander.
Natürlich, im Spanien des späten 18. Jahrhunderts gab es noch keine Trennung von ›klassischen‹ und ›Flamenco‹-Gitarren. Sie alle hatten das Wirbelbrett, die Holzwirbel und hier und da schon rudimentäre

Fächerverstrebungen in noch relativ schmalen Körpern. Torres, der Pionier der modernen Klassikgitarre, gilt in den 1850er Jahren auch als Wegbereiter im Bau erster Flamenco-Modelle – gerade zu jener Zeit, in der die ersten Cafés cantantes sich den Instrumentalisten öffneten.

Die typische Torres-Flamenco ist nur unwesentlich kleiner als die klassische Schwester (durchschnittlich 24,7–20,6–33 Zentimeter bei 97 Zentimetern Länge und 65er Mensur mit Zargen von 8,5 bis 9,2 Zentimetern), hat noch das Wirbelbrett mit hinterständigen Holzwirbeln und einen Korpus, dessen Rücken und Seiten aus Zypresse gebaut sind. Die Saitenlage ist bei Torres niedriger als bei den klassischen Versionen, das Griffbrett – nicht mehr aus Elfenbein, sondern in voller Länge aus Rosenholz – ist schmaler: zwei Vorteile für das schnellere, leichtere Spiel. Der ***golpeador***, das Kunststoffschlagbrett, ist ebenfalls ein markantes Novum.

Gewichteinsparung ist hier alles. Denn der Gitarrist, der die Gitarre beim Spielen fast senkrecht auf den rechten Oberschenkel aufsetzt, ist an der perfekten Balancierbarkeit seines Instruments interessiert – das Wirbelbrett ist leichter als die moderne Mechanik, und die Zypresse, in sich schon leicht, kann extrem dünn gearbeitet werden und bietet jenen hellen, perkussiven Klang, der für den Flamenco so typisch ist. Daß solche Korpusse keinen lange stehenden Ton ***(sustain)*** produzieren, kommt dem Spieler durchaus entgegen: Schnelle Akkord- und Einzeltonfolgen kommen gläsern hart, klar und dabei doch brillant, ein Effekt, der sehr häufig noch gesteigert wird durch das Umlegen einer ***cejilla***, eines ***Kapotasters***, der die Mensur gleich einem nie ermüdenden Barré-Finger beliebig verkürzt und somit schnelle Akkordwechsel in bequemen, hohen Lagen mit allen vier Fingern ermöglicht.

Ins Gewicht fiel damals außerdem, daß der Flamencist im allgemeinen ein eher armer Mann war: Zypresse und Holzwirbel sind billiger als alles andere, denn das Holz wuchs im Lande und mußte nicht für teures Geld importiert werden.

Die Weiterentwicklung des Instruments vollzog sich dann im wesentlichen ähnlich der klassischen Gitarre: Der Korpus wuchs auch bei ihm, das ***bracing*** wurde Schritt für Schritt verfeinert, und nach und nach stellten immer mehr Gitarrenbauer auf die Mechaniken um, weil sie das genauere und vor allem haltbarere Stimmen leichter sicherstellen konnten.

Ein ungewöhnliches Instrument bot dann Gitarrenbauer Vicente Arias (* um 1860, † 1912) an: Er verarbeitete statt der Zypresse nun Ahornholz, das ebenso dünn gearbeitet werden kann, dabei aber einen etwas volleren, runderen Ton hat, ohne die ›klassische‹ Weichheit des Rosenholzes zu erreichen. Noch weiter gingen dann die Spieler selbst, die sich von ihren Baumeistern sogenannte ›Konzert-Flamenco-Gitarren‹ liefern ließen – Instrumente, die das Flamenco-Griffbrett, die Saitenlage und den golpeador mit dem klassischen Rosenholz- oder Palisanderkorpus und der Mechanik kombinierten. Resultat waren echte Zwitter, die klanglich exakt auf der Mitte zwischen beiden Typen liegen. Solche hybriden Varianten werden beispielsweise von Solisten wie Paco de Lucía und Manolo Sanlúcar bevorzugt.

Zu den wichtigsten Flamenco-Gitarrenbauern gehört neben Torres, Arias und Manuel Ramírez (* 1866, † 1916) Santos Hernández (* 1873, † 1942), ein Ramírez-Schüler, zu dessen Werkstatt in den zwanziger Jahren die größten Gitarristen gepilgert kamen und dessen Instrumente noch heute zu den besten der Welt gezählt werden. Die Produkte seines einzigen Rivalen, Domingo Esteso (* 1882, † 1937), waren im Ton durchwegs weicher und dadurch geeigneter für das Spiel der orthodoxen Instrumentalisten, der Gegner des pfeilschnellen ›Saitenknackens‹, denen es auf die starke emotionale Ausdruckskraft mehr ankommt als auf das Ausspielen von Virtuosität. Marcelo Barbero (* 1904, † 1955) war Schüler von José Ramírez II (* 1885, † 1957) und einige Zeit in Hernández' Werkstatt. Als Barbero starb, spielten die meisten der arrivierten Solo-Gitarristen seine Instrumente. Heute führt Manuel Reyes in Córdoba die Barbero/Hernández-Tradition mit viel Erfolg weiter. Und wie er, so bauen in Madrid auch die Brüder Conde und in Almería Gerundino Fernández wieder kompromißlos reine Flamenco-Modelle ohne klassische Anteile weiter.

Folklore dominiert. Die Gitarre in Lateinamerika.

»Komm wieder, sagte eine / Gitarre zu mir / in der Nähe von Rancagua, im / Herbst.«

Pablo Neruda (Ballade).

Durch die Spanier kam natürlich auch ihr Lieblingsinstrument, die Gitarre, mit über den Ozean nach Lateinamerika, und es kann wenig erstaunen, daß vieles in der Entwicklung hüben wie drüben parallel verlief, nur mit dem einen wesentlichen Unterschied, daß im heimatlichen Spanien die aristokratische Tradition immer dazu geneigt hatte, das klassische Instrument auf Kosten anderer zu dem werden zu lassen, was es schließlich wurde. In Südamerika dagegen haben unzählige Einflüsse von seiten der einheimischen Bevölkerung, vor allem der Indios, zu einer ganz erstaunlichen Vielzahl friedlich koexistierender Gitarrentypen und einer ebenso reich und vielfältig gedeihenden Folklore geführt.

Die lateinamerikanische Geschichte unseres Instruments beginnt mit den ersten Conquistadores. Hernán Cortés (* 1485, † 1527) war 1519 in Mexiko gelandet und hatte in seinem Gefolge auch einen ***toceador de vihuela*** namens Ortiz, über den nichts weiter bekannt ist. Trotz der mühseligen und entbehrungsreichen Reise – besser konnte es ein solcher Musiker wohl kaum gehabt haben: Sein Instrument wog nicht viel, war bequem zu transportieren, nahm zu Wasser wie zu Land wenig Platz weg, und man konnte ihm für die heimwehgeplagten spanischen Herren in sentimentalen Stunden einbrechender Dunkelheit liebe, vertraute höfische Töne entlocken. Die musikbegeisterten Indios, die solch sanfte, klagende Laute wie die der Vihuela noch nie zuvor gehört hatten, waren so fasziniert von dem Instrument, daß sie es schnellstens spielen lernen wollten. Und die schlaufüchsisch-brutalen Eroberer setzten fortan nicht nur Musketen ein: 1524 eröffnete die erste Missionsschule ihre Pforten und gab – Musikunterricht in Harfe, Orgel und Gitarre.

Fünfzig Jahre später hatte Mexico City (neben der indianischen Urbevölkerung) bereits 15 000 spanische Einwohner, die natürlich

auch in der neuen Heimat ihre Musik spielen und hören wollten, und zwar so, wie sie es von zu Hause gewöhnt waren. Und hierzu ließ man sich die bislang so schmerzlich vermißte heimische Literatur samt Musikern per Segelschiff herüberkommen, worunter sich wohl denn auch die Vihuelen-Bücher von Esteban Daza, Narváez und Fuenllana befanden. Zunächst wurde nichts geduldet, was auch nur im Anflug an ›heidnische‹ Indio-Folklore erinnern mochte – die Spanier unterdrückten alles, was ihnen nicht geheuer, dem christlichen Alleinvertretungsanspruch bedrohlich erschien, versuchten also, jedes Aufkeimen eingeborener Musikinitiative radikal auszumerzen und dienstverpflichteten die dortige Bevölkerung zum Vihuelen-Bau. Die Folge war, daß im 17. Jahrhundert das spanische Instrument außerordentlich weit verbreitet war und die Indios zunächst noch pflichtschuldigst das gesamte Repertoire höfischer spanischer Saitenmusik rauf- und runterspielten, bis sie – langsam, aber sicher – immer mehr eigene Elemente in diese ihnen eigentlich fremdgebliebene Musik einfließen lassen konnten.
Und infolge der Abwehr des politischen und kulturellen Hispanozentrismus entstand daraus eine Tonkunst, die stark und eigenständig genug war, um schließlich nicht mehr im Verborgenen gedeihen zu müssen. Hand in Hand mit der Akkulturation lief auch die Weiterentwicklung der Musik aus Synthesen. Sie war zum Kulturgut eines neuen Menschenschlages, der Mestizen – der ›ladinos‹ und ›mamelucos‹ – geworden, zu dem sich noch ein weiteres, ein drittes Element gesellte: Durch die afrikanischen Sklaven, die späteren Mulatten, die europäische Händler an den lateinamerikanischen Küsten absetzten, erhielt die ehedem europäische Musik nicht nur zahlreiche weitere Impulse, sondern es entstand auch allmählich eine Vielzahl neuer Musikformen.
Aus dem Jahre 1740 stammt eine »Tablatura de Vihuela«, die heute in der Biblioteca Nacional in Mexico City liegt und über 50 hauptsächlich populäre Tänze wie die ***folia*** oder die ***zarabanda***, aber auch neue Formen wie die ***cumbeas a cantos negros*** für ein Instrument enthält, das die schwarzen Sklaven ***zarambeques*** nannten.
Ausgehend von der europäischen Gitarre hatten im Laufe der Zeit die Indios und Mestizen Lateinamerikas eine beachtliche Zahl unter-

schiedlichster Gitarrenabkömmlinge entwickelt und zu beherrschen gelernt. Da gibt es beispielsweise die kubanische ***tres***, ein kleines, ausgesprochen einfaches Instrument mit drei Saiten. In Brasilien wird die ***violão*** und der ***cavaquinho*** gespielt. Der riesige ***guitarrón*** (in Brasilien ***violão-7-cordos***) sorgt wie bei den spanischen Zigeunern für die Baßbegleitung, die für die mexikanische Musik schier unentbehrlich ist. Ebenfalls aus Mexiko kommt die ***vihuelita***, ein etwa 45 Zentimeter langes, gedrungenes fünfsaitiges Instrument, dessen Korpusschale damals aus Schildkröten- oder Gürteltierpanzern gebaut war und dessen maximale Körpertiefe immerhin bis zu 18 Zentimeter reichte. Sie wurde in den ***mariachi***-Bands immer gemeinsam mit dem guitarrón gespielt und hatte die uns vertraute Gitarrenstimmung ohne E-Saite. Aus Vera Cruz kommt die Klein-Gitarre ***jarana*** oder ***jarocha***, die golpeado zwischen Griffbrettende und Schalloch gespielt wird und (mit einfach besetzten Flankenchören) A–d′d′–gg-hh–e′ gestimmt ist. Vor allem in Kolumbien, Venezuela, Argentinien und Kuba spielt man ***el tiple***, ein Instrument, das nicht zu verwechseln ist mit dem ähnlich genannten spanischen Zigeunerinstrument: Sie ist ein Zwölfsaiter mit je dreifach besetzten Chören in der Normalstimmung cCc,e′,Ee′,a′,Aa′,d′d′d′. Besonders in Ecuador, in Bolivien und Argentinien ist der ***charango*** zu hören, ein Winzling von etwa 58 Zentimeter Länge mit 33 Zentimeter Mensur und nur 20,5 Zentimeter Korpushöhe, dessen Körperschale grundsätzlich aus dem Panzer des Armadillo, eines Gürteltieres konstruiert wurde.
Richard D. Stover meint in seinem Aufsatz »Guitar in Latin America« (1975), es sei anzunehmen, daß Christoph Columbus die Vihuela direkt aus Portugal mitgebracht habe, da es bereits von 1502 eine Auskunft gäbe, dergemäß ein ***vihuelista*** mit seinem Spiel *»sein Pferd tanzen und springen lies«*. Und weiter sagt er, daß besonders in Mexiko eine Vielzahl kreolischen Instrumentariums angetroffen werden konnte – neben guitarrón und vihuelita auch eine kleine ***jarana*** für die ***jarocho***-Musik und dort insbesondere für Solo-Improvisationen; dann der ***bajo sexto*** mit sechs Chören in der Stimmung E, A, D, G, C, F, die in G-dur offen gespielte ***guitarra huapangera***, sowie ein Abkömmling des spanischen ***requinto***, der aus-

schließlich im ***picado***-Stil mit zwei Fingern (Wechselschlag) gespielt wurde.
Parallel zur Entstehung neuer kreolischer (Volks-)Musikformen erfolgte die Rezeption der europäischen Klassik durch die lateinamerikanische Oberschicht. Zum Beispiel kamen 1822 (aber auch schon früher) in der gerade eröffneten Musikakademie in Buenos Aires zwei Stücke von Carulli und eine Adaption für Gitarre von Haydn zur Aufführung; und noch im selben Jahr bezog dort der erste Gitarrenprofessor seinen Lehrstuhl.
Ein berühmt gewordener Protagonist für die Verbreitung der Gitarre in Lateinamerika war der aus Barcelona stammende Domingo Prat (* 1886, † 1944), der früh nach Buenos Aires umsiedelte und unablässig europäische Gitarristen ermutigte, nach Südamerika zu kommen. Er war es auch, der Miguel Llobet 1910 nach Argentinien einlud, und der Gast zeigte sich höchst überrascht über die glänzende Informiertheit seines Publikums. Und 1928, als Andrés Segovia das erste Mal Mexiko besuchte, existierte dort längst ein Repertoire für die klassische Gitarre, das sich allemal hören lassen und mit dem europäischen zeitgenössischen Material messen konnte, sowie aus Stücken bestand, die auf der Basis einheimischer Folklore verfaßt worden waren. 1933 führte dann der mexikanische Gitarrenprofessor Rafael Adame (* 1906) am Nationalkonservatorium sein eigenes »Concerto für Gitarre und Orchester« auf.
Unbestritten freilich muß bleiben, wie schon angedeutet, daß Andrés Segovia das große Verdienst gehört, vieles an südamerikanischer Musik auch in Europa zugänglich gemacht zu haben. Er hat Manuel Ponce in Mexiko und Heitor Villa-Lobos (* 1887, † 1959) in Brasilien zu Gitarrenkompositionen motiviert (eine Erschließungs- und Anregungsaufgabe, die heute vor allem der Gitarrist John Williams erfolgreich weiterführt), den Argentinier Gómez Crespo und den Venezolaner Vicente Emilio Sojo (* 1887, † 1974), den Sojo-Schüler Antonio Lauro (* 1917) und den paraguayischen Indianer Agustine Pio Barrios (A. Barrios-Mangoré; * 1885, † 1944) erschlossen und zu eigenen Arbeiten angeregt. Barrios übrigens war Schüler von Gustave Sosa Escalada, dem eigentlichen Klassik-Pionier in Paraguay.
Aus Argentinien kommen nicht nur die auch bei uns in Pop-

Hitparaden 1963 mit »Maria Elena« bekanntgewordenen Los Indios Tabajaras oder der große Jazzpionier Oscar Aleman (* 1905, † 1980), auch solche Gitarristen wie Atahualpa Yupanqui (* 1907), Hector Ayala, Adolfe Luna oder Julio Sagreras (* 1879, † um 1960) sind hier unter nicht nur pop- oder jazzorientierten Hörern zu Begriffen geworden. Neben dem jungen, aufstrebenden Gitarristen Ernesto Bitetti (* 1944) gilt der 1923 geborene Eduardo Falú als der Hauptexponent der argentinischen ›akademischen‹ Kreolengitarre. Über 200 Lieder für Solo- wie begleitende Gitarre hat Falú komponiert und über 20 Langspielplatten eingespielt. Seine Arbeiten – für ›unbescholtene‹ Hörer oft zunächst eher schwierig anmutend – basieren im wesentlichen auf den Folkloreformen seines Heimatlandes, des argentinischen Nordwestens.

Heitor Villa-Lobos' Name gilt vielen als das Synonym für die klassische Gitarre in Brasilien. Bezeichnend aber ist (und aus der Geschichte des Instruments in Lateinamerika heraus leichter verständlich), daß Gitarristen wie Luis Bonfa (* 1922), Baden Powell (* 1937) oder Antonio Carlos Jobim (* 1927) – auch Komponist –, der mit seinen raffinierten Akkordstrukturen der modernen Gitarre unschätzbare Anregungen gab, dann aber auch solche wie Sebastião Tapajós (* 1943) und vor allem auch Laurindo Almeida (* 1917) bei uns in erster Linie durch ihre Einspielungen folkloristischer oder jazziger Stücke bekannt geworden sind. Doch allen sind Boccherini oder Bach ebensowenig fremd wie Bossa, Pop oder Jazz. So nimmt zum Beispiel Almeida ganz zu Recht für sich in Anspruch, lange vor Jobim, Bonfa oder Charlie Byrd brasilianische Folklore-Elemente bewußt in nordamerikanische Musik eingebracht zu haben, nämlich bei dem Orchester-Leiter Stan Kenton (* 1912, † 1979): *»1947 war ich der einzige Gitarrist, der sogenannten Samba-Jazz und Klassik gleichermaßen spielen konnte.«* Erst 1980 hat Almeida, der 1949 seine zweisätzige Komposition »Lobiana« für Gitarre und Streicher schrieb, auf Platte vorgelegt, was er selber als *»Lebensaufgabe«* bezeichnet hat, sein »First Concerto For Guitar and Orchestra«.

In Venezuela wirkte, wie schon angemerkt, der Lauro-Lehrer Sojo, der mit seinen Bearbeitungen venezolanischer Folklore-Motive solche Gitarristen wie Raul Borges (* 1888, † 1967) und Rodrigo Riera,

aber auch den hauptsächlich klassisch spielenden Alirio Diaz (* 1923) nachhaltig geprägt hat.
Was Kuba anbelangt, so dürfte neben den Gitarristen/Komponisten Jesús Ortega und Natalio Galán der 1939 geborene Leo Brouwer heute als der wichtigste zeitgenössische heimische Komponist und Interpret gelten, der nicht nur ein exzellenter Spieler europäischer Klassik und Avantgarde ist, sondern auch meisterlicher Verfasser einer Großzahl durchweg faszinierender Arbeiten, darunter die Danza Characteristica« (1957) sowie ein groß angelegtes »Konzert für Gitarre und Orchester« (1972).
Ebenfalls die große Form wählte der Peruaner Raul García Zarate. Aus Uruguay kommt Betho Davezac (* 1938), aus El Salvador stammt der Instrumentalist, Komponist und Arzt Carlos Payet (* 1940), der bislang ein gutes halbes Dutzend Arbeiten verfaßt hat, die heute vor allem von jüngeren Gitarristenkollegen gerne aufgenommen werden. Unter diesen Arbeiten dürften seine »Dos Canciones Salvadorenas« zu den gelungensten und schönsten zählen. Auch er hat ein Gitarrenkonzert verfaßt und gegen Ende der siebziger Jahre seine Arbeit an einem »Konzert für zwei Gitarren« abgeschlossen.
Dies sind natürlich längst nicht alle Namen der heute wichtigen Komponisten und Interpreten aus Lateinamerika. Genannt seien noch Alfonso Broqua (* 1876, † 1947), Jorge Morel (* 1931), Turibio Santos (* 1943) und Manuel Lopez Ramos (* 1929), aber auch die Gitarristinnen María Luisa Anido (* 1907) und Irma Constanzo (* 1937), sodann José Martínez Oyanguren (* 1905), Carlos Barbosa-Lima (* 1944) sowie José Rey de la Torre (* 1917), Isiais Savio (* 1900, † 1977), Albert (* 1921) und Roland Valdes-Blain (* 1922), Oscar Caceres (* 1928), Abel Carlevaro (* 1918), Ricardo Fernandez Inaola (* 1949), Guillermo Fierens (* 1943), Dagoberto Linhares (* 1953), Eduardo Castañera (* 1956), Victor Pelligrini (* 1958) und der auch in Jazzkreisen (und dort vor allem als Spieler einer lautenförmigen Gitarre) hochgeschätzte Bola Sete (* 1928).

Vom Picado zum Picking. Die Anfänge in Nordamerika. »Ein Problem für viele Musiker ist, daß sie nie über ihre Technik hinausgehen. Je besser sie technisch werden, desto besser glauben sie als Gitarristen zu sein – was natürlich kompletter Schwachsinn ist...« Peter Lang (Guitar Player, April 1980).

So spricht kein Klassik-Verächter und kein Protagonist gitarristischer Schlamperei; er sagt nur etwas sehr Amerikanisches und kommt auch gleich zu einem einleuchtenden Schluß: *»Erst wenn Sie Ihr Medium transzendieren, haben Sie Kunst.«* Peter Lang (*1947), Six- und Twelve-string-Gitarrist aus dem amerikanischen Mittelwesten, gehört zu den bedeutendsten folk- und bluesorientierten ›finger-stylists‹ in den Vereinigten Staaten. Neben Jerry Silverman, John Fahey und Stefan Grossman ganz gewiß auch einer der emsigsten Erforscher der Gitarrengeschichte Nordamerikas, brachte Lang die spieltypische Bezeichnung auf den Punkt: *»Den Begriff ›classic American fingerstyle guitar‹ haben wir eigentlich erst seit recht kurzer Zeit. Ich habe über diesen Terminus mit John Fahey gesprochen. Jahrelang hat er statt dessen ›naive amerikanische Gitarre‹ dazu gesagt, in dem Sinne, in dem man das Wort auch auf jenen ursprünglich französischen Malstil anwandte, der von Künstlern gepflegt wurde, die keine formale Ausbildung hatten.«*
Es war der Übergang vom 18. zum 19. Jahrhundert, der den Beginn der Entwicklung zur klassischen ***fingerstyle***-Gitarre in Nordamerika kennzeichnete – laut Lang zunächst jene Zeit der »europäischen Salon-Gitarre«, als in Europa Ballesteros und Aguado ihre Unterweisungen publizierten, Benedid und Pagés ihre Gitarren bauten, Sor und Giuliani konzertierten und in der man, ganz nach europäischem Gusto und mit europäischen Instrumenten, ***picado*** spielte, also den Wechselschlag mit zwei Fingern.
Bis in die siebziger Jahre des 19. Jahrhunderts hinein praktizierte man diesen Spielstil, bis – ähnlich wie in der Alten Welt – die Gitarre

immer mehr aus den Salons verdrängt wurde: Das Klavier, insbesondere das aufkommende Ragtime-Piano, wie es Scott Joplin (* 1868, † 1917) mit seinem »The Entertainer« und viele andere zu spielen pflegten, hielt Einzug und verjagte die Gitarre dorthin, wo sie auch aus sehr praktischen Gründen willkommen war – aufs Land und in die Berge.

»In den Tagen der Kolonialzeit«, so Peter Lang, *»war die Gitarre so populär, weil keine Klaviere zu kriegen waren. Aber jeder konnte sich eine Gitarre leisten, es gab genügend davon, bequem zu tragen war sie obendrein«,* und Cowboys konnten sie sich wie eine Winchester an den Sattel hängen – später jedenfalls. Als sich aber die ersten Klavierhersteller in den USA etablierten, wurde es sehr schnell still um die Gitarre: Amerikas High-Society zog den sechs Saiten denn doch die 88 Tasten vor.

Auf dem Lande – ›in the country‹ – war das gottlob alles ganz anders. Denn wo sollte ein Farmer, ein Holzfäller, ein Minenkumpel oder ein Viehtreiber mit einem so sperrigen Ding wie einem Klavier auch hin? In den Kreisen, in denen man sichtbar schwitzte, sang man beim Rackern wie beim Blaumachen – und nicht ganz ohne Sehnsucht nach der guten Alten Welt – vor allem deren alte Lieder. Und weil man nun mal hauptsächlich Englisch sprach, waren es halt besonders die elisabethanischen Balladen nach der Art von »Foggy Dew« oder »Greensleeves«, zu denen zunächst noch die Dudelsäcke knörrten und die Gitarren klimperten. Es war die *»anglo-keltische Tradition, die von den frühesten Siedlern in die Neue Welt gebracht wurde«,* schreibt Douglas B. Green in seinem Aufsatz »The Guitar in Early Country Music« (1977), *»und deren Lieder wurden so gut wie kaum verändert. Die Rolle des Dudelsacks freilich übernahm nach und nach die Fiddle.«* Armer, unpraktischer Dudelsack: Schon Oswald von Wolkensteins Minnesängerkollegen haben dich zur Seite gepackt; die erzeugten Dudelsack-Klänge ja lieber und bequemer auf der Drehleier.

Und noch eine Verbindung zur ›alten‹ Seite des Ozeans existierte und begann die Musik der Siedlerpioniere zu prägen, als die Gitarre noch nicht einmal in Spurenelementen eine Rolle spielte: Die westafrikanischen Schwarzen nämlich, die auf Sklavenschiffen nicht nur nach Lateinamerika, sondern auch in die nördliche Neue Welt gebracht wurden, pflegten seit eh und je viele der Instrumente zu zupfen, wie sie schon die Araber kultiviert und wie sie sie von den portugiesischen Seefahrern in Afrika kennengelernt hatten, etwa den ***Rabekin*** (auch ***rabouquin***, ***Ramki***, ***Ramakienjo*** oder ***Raamakie***) und, natürlich, noch eines, und zwar ein sehr viel wichtigeres, über das Thomas Jefferson (* 1743, † 1826) in seinen »Notes On Virginia« (um 1772) notierte: *»Ihr eigentliches Instrument ist das Banjar, das sie aus Afrika mitgebracht hatten, das der Vater der Gitarre ist; seine Saiten entsprechen genau den vier tiefen der Gitarre.«* Doch hier irrt der spätere Präsident der Vereinigten Staaten von Amerika; es gilt allseits als erwiesen, daß die Gitarre und dieses andere Instrument – das ***Banjo*** nämlich – nicht direkt miteinander verwandt sind, sondern beide von der alten Laute abstammen. Banjos wurden aus Pferdehaar, Tierhaut oder -blasen oder auch aus Kürbissen zurechtgemacht, und kurz vor dem Sezessionskrieg (1861–1865) dem Fiddler der Banjoman zur Seite gegeben.

Und erst dann kam die Gitarre, sozusagen mit der Bahn, denn um die Jahrhundertwende machte der expandierende Bergbau neue, effizientere und modernere Transportmöglichkeiten notwendig, so daß mit Schienen, Schwellen und Dampfkesseln die Gitarren nun nicht etwa in den Händen weißer, sondern schwarzer Eisenbahnarbeiter in die Mountaineer-Camps hinaufgelangten. Und dort, hauptsächlich in Kentucky und Tennessee, waren es zunächst die Schwarzen, die den aus Europa importierten Picado-Stil übernahmen, ihn mit ihrem exzellenten Rhythmusgefühl ausstatteten und darüber den Gesang mit seiner immer wiederkehrenden traurigen Botschaft legten – den ***Blues*** nämlich, die in Worte und Klänge gefaßte Schwermut, Sklave zu sein. *»Die Schwarzen nahmen die fingerstyle-guitar-music auf und fügten ihre eigenen Einflüsse hinzu«*, sagt Lang, *»und an diesem Punkt hatten wir Blues und Ragtime.«*

Die Gitarre fand sich schnell im Blues zurecht. Einige Musiker griffen sie auf herkömmliche Weise, andere wieder spielten sie im ***slide***-Stil, indem sie das Instrument aufrecht hielten oder auf den Schoß legten. So erinnert sich beispielsweise der Fingerpicker Sam McGee (* 1894, † 1975) aus Franklin (Tennessee), daß ihm zwei

Eisenbahnarbeiter das Gitarrespielen beigebracht hätten, als sie auf ihren Durchreisen regelmäßig im Drugstore seines Vaters aufgekreuzt waren. Und ein farbiger Kentucky-Fiddler namens Arnold Schultz, ebenfalls im Hauptjob bei der Bahn, brachte vielen Weißen, darunter auch dem Bluegrass-Musiker Bill Monroe (*1911), den Blues bei und wie man ihn mit jener Musik verschmelzen konnte, die – nach der gleichnamigen Ebene im Staat Kentucky – ***Bluegrass*** genannt wird und eine ursprünglich regionale Country-Variante war. Monroe hatte Schultz häufig bei Square-Dance-Festen daheim in Rosine (Kentucky) auf der Gitarre begleitet. Und Schultz, selbst ein guter Gitarrist, lehrte dann einen jungen Weißen namens Mose Rager die schwarze Picado-Variante, eben das rhythmisierte, bluesige two-finger-picking. Und Rager gab das dann weiter an zwei der berühmtesten späteren Pickers überhaupt: an Ike Everly, den Vater der Everly Brothers, und an Merle Travis (*1917).
Musiker wie der ›Mississippi Blue Yodeler‹ Jimmy Rodgers (*1897, †1933) wie Jimmy Skinner (*1909, †1979), Riley Puckett (*1894, †1946) und Hank Williams (*1923, †1953) hatten allesamt ihr Spiel in der Schule von Schwarzen begonnen. So beruft sich Rodgers eisern auf intensive Blueseinflüsse, und Cliff Carlisle (*1904) spielte extrem bluesige akustische ***steelstring guitar*** auf eine Art, die ihn später zu einem der Haupteinflüsse für viele Steelers und vor allem ***Dobro***-Spieler in der Art eines Mike Auldridge (*1938) machen sollte.

Schmelztiegel USA: Im Südwesten war es – neben Europa und Nordwestafrika – noch ein dritter Einfluß, der die (Gitarren-)Musik der Vereinigten Staaten prägte – die spanischen Siedler. Sie hatten den vaqueros (also den Cowboy-Kollegen ›south of the border‹) die Gitarre und die Folklore ihrer alten Heimat gebracht. Die vaqueros nahmen die spanischen Impulse nicht nur gern auf, sie gaben sie auch gern weiter an die Cowboys nördlich der Grenze. Andererseits waren in Mexiko spanische Einflüsse und indianische Volkstraditionen längst so tiefe Symbiosen eingegangen (zum Beispiel in der Musik der ***mariachi***-Kapellen oder in den schier endlosen Folklore-Balladen, den ***corridos***) und damit längst so stabil, daß diese mittel-

amerikanische Musikkultur der Synthese leicht ihren Weg hinauffand nach New Mexico (Bundesstaat seit 1846), nach Arizona und in Teile von Colorado.
Erst um 1880 herum – der Viehhandel florierte prächtig – kristallisierte sich als ein bedeutender Typus der Country-music der eigentliche Cowboy-Song heraus, ein Lied oder ein begleitetes Gedicht, welches das Leben der Viehtreiber schildert und zu irischen oder englischen Melodien gesungen wurde, zu Melodien wohlgemerkt, die diese Cowboys noch alle parat hatten, weil sie ja selbst an der Ostküste aufgebrochen waren. Die Country-music im weitesten Sinne wurde zur Country-and-western-music.
Die Achtziger waren aber auch die Jahre, in denen viele der zum Teil sehr bekannten amerikanischen Gitarrenmanufakturen dem Druck der Verhältnisse entsprachen und der allzu zarten Gitarre mit herkömmlicher Besaitung die ***steelstring guitar*** entgegensetzten. Da gab es Instrumentenbauer wie etwa Friedrich Gretsch (*1856, †1895) aus Mannheim, Wilhelm Schultz (*um 1775, †um 1840) aus Hamburg, den Griechen A. Stathapoulo (*um 1890, †1956), den Sachsen Christian Friedrich Martin (*1796, †1873) oder den Sohn des Engländers John Gibson, denen ein Ziel gemeinsam war: robuste akustische Gitarren mit Stahlsaiten anzubieten und dazu auch noch für wenig Geld.
Wie gesagt – Schmelztiegel USA: Im Jahre 1898, als die USA Hawaii (Bundesstaat seit 1959) annektierten, kam dann noch ein vierter Einfluß hinzu, der aus der heutigen Country-music nicht wegzudenken ist. Denn alles, was aus dem neuen Territorium an ›news‹ aufs Festland herübergelangte, wurde sofort mit großer Begeisterung aufgenommen – also auch Elemente der polynesischen Musik, die, erstaunlicherweise völlig anders als die asiatische, in ihrem Verständnis von Ton, Akkord und Kadenz verblüffend ›westlich‹ anmutete und sich deshalb erst recht behend assimilieren ließ. Und so dauerte es auch nicht lange, bis herumziehende Vaudeville-Truppen die ***Ukulele*** und die ***Hawaii-Gitarre*** spielten. Die Begeisterung für dieses Neue schwappte jedoch gerade nur bis in die Berge des Mittelwestens hinein, wo die ländlichen Musiker – jene ›Hinterwäldler‹, die ›hillbillies‹ genannt wurden – den klagenden Laut der

Hawaii-Gitarre nur zu gern übernahmen – als willkommene Ergänzung zum slide-Spiel der Farbigen. Hillbilly (oder Hillbilly-music) nahm seinen Anfang.
Bedenkenswert ist, daß es auch die vaqueros waren, die um 1830 die Gitarre nach Hawaii brachten und sie nach ihrem Rückzug aufs Festland den ***paniolos***, den hawaiianischen Cowboys, überließen, ohne jegliche Spielanleitung.
Die paniolos stimmten sich darum die Instrumente auf ihre Weise zurecht, und was dabei herauskam, war das ***ki ho'alu*** (***slack key***, also ›schlaffe Stimmung‹), das einzige, was gitarrenspezifisch ›echt hawaiianisch‹ ist; alles andere läßt sich auch hier auf spanische beziehungsweise mexikanische Einflüsse zurückführen.
Zu den wichtigsten slack-key-Spielern gehören heute ›Auntie Alice‹ Namakelua (*1890), Keola Beamer, der »Keola Beamer's First Method For Hawaiian Slack Key Guitar« verfaßte, dessen Bruder Kapono Beamer, Raymond Kane, Gabby Pahinui, Ledward Kaapana, Fred Punahoa, Leland ›Atta‹ Isaacs sowie Melven Leed, Sonny Chillingworth und Larry Price. Chet Atkins hat Kwans populäres »Opihi Moemoe« ausprobiert, Ex-Herman's-Hermits Peter Noone (*1944) und Ry Cooder haben sich desgleichen für ki ho'alu stark gemacht, das heute, im Zuge zunehmenden hawaiianischen Traditionsbewußtseins, auch für die fünf-, sechs- und achtsaitige Ukulele sowie die Twelve-string-Gitarre erschlossen wird.
Das also die Ingredienzien für den ›melting pot‹, den Schmelztiegel nordamerikanischer Country-music, wie er Anno 1910 wallte und brodelte, kurze Zeit nur, bevor die frisch florierende Grammophon- und Schallplattenindustrie begann, die Maßstäbe immer höher zu schrauben und damit dem Gitarrenspiel immer interessantere Leistungen abzuverlangen. Das war die Zeit, in der die schwarzen Bootsleute auf den Mississippi-Raddampfern in ihrer kargen freien Zeit zur Gitarre griffen, in der die Gitarre in den Gotteshäusern der Südstaaten gegen Hörner und Trommeln ankämpfte, in der diesseits wie jenseits der Mason and Dixon Line (der 1763–67 markierten Grenze zwischen den früheren Kolonien Pennsylvania und Maryland, die vor dem Sezessionskrieg als Trennungslinie zwischen den sklavenhaltenden Südstaaten und den die Sklaverei verbietenden

Nordstaaten galt), die berühmten ***string bands*** zu Parties, Picknicks und in dance-halls aufspielten, wo des Abends Gitarren auf den Terrassen der Farms aufklangen und in der das Picking in Bars und Bordellen, in Bergarbeiterbuden und auf Bauernhöfen erscholl.
Längst gab es auf Schallplatten erfolgreiche Aufnahmen von beliebten ***fiddle-tunes***, als 1922 Nick Lucas (* 1897) mit »Pickin' The Guitar« und »Teasin' The Frets« die ersten Soli in der Gitarrengeschichte auf Platte spielte, gefolgt von Henry Whitter (* 1892, † 1941) mit seinem »Wreck On The Southern Old 97« von 1923. Und vier Jahre später fand RCA-Victor-Programmchef Ralph Peer, als er in Bristol (Tennessee) nach historischem Material für Aufnahmen forschte, die beiden einflußreichsten Gitarristen der Country-music-Geschichte gewissermaßen ›gleich um die Ecke‹ – Jimmy Rodgers und Maybelle Carter (* 1909, † 1978). Rodgers spielte zwar relativ einfach, dafür aber enorm suggestive blues-infizierte Läufe, die schon wenig später von so berühmten Rodgers-›Schülern‹ wie Ernest Tubb (* 1914), Hank Snow (* 1914), Bill Monroe (* 1911) und Jimmy Davis (* 1902) weiterentwickelt wurden. Die vitale Maybelle dagegen, das Zentrum der legendären Carter Family, hinzu kamen noch Sarah (* 1899, † 1979) und Alvin Pleasant alias A. P. Carter (* 1891, † 1960), überraschte die Gitarrenfreunde mit einer verblüffenden, noch nie dagewesenen Technik: Sie spielte die Melodie auf den tiefen Saiten, während sie mit dem ersten Finger den Rhythmus nach bester ***brushing***-Manier auf den hohen Saiten dazugab.
Wurde Maybelles Technik, vielleicht sogar aufgrund ihrer Vertracktheit, nicht sehr häufig übernommen und weitergeführt, so traf der Rodgers-Stil dafür um so mehr auf begeisterte Nachahmer. In erster Linie wurde er von einem jungen Mann aufgegriffen, dessen Name von Country-Fans und -Musikern heute in der ganzen Welt wie der eines Heiligen verehrt wird: Gene Autry (* 1907). Als der junge Telegraph aus Oklahoma 1929 im selben Jahr wie Charley Patton (* 1887, † 1934) seine ersten Schallplattenaufnahmen machte, konnten ihn noch nicht einmal die Insider von Jimmy Rodgers unterscheiden. Doch nur vier Jahre später – und damit wurde und blieb er bis heute der strahlendste Held unter den ›Singing Cowboys‹ des ***silver screen*** von Carl T. Sprague (* 1895, † 1975) und Ken

Maynard (* 1895, † 1973) bis zu Polly Bergen und Jimmy Wakeley (* 1914) – trat Gene zum ersten Mal in einem Film auf und präsentierte der ganzen kintoppnärrischen Nation seinen inzwischen ausgereiften Picking-Stil. Und nicht nur das: Seine Rolle als aufrechter Kämpfer für das Wahre, Gute und Schöne am und im amerikanischen Menschen verhalf der Gitarre quasi über Nacht zu landesweiter Wertschätzung als das wichtigste Zubehör, als Statussymbol des anständigen Kerls schlechthin. Dementsprechend verkauften Sears & Roebuck, das erste und einzige Versandhaus der Welt für gute und dabei preiswerte Gitarren und Zubehör, 1935 ihre Gene-Autry-›Rondup‹-Gitarre für 9 Dollar 75 Cents (mit Koffer für 1 Dollar 25 Cents mehr). Autry seinerseits machte die filmverrückte Öffentlichkeit mit amerikanischen Spitzengitarren jener Tage vertraut, etwa mit der Martin 00.42 (einer Autry-Spezialanfertigung), mit einer der ersten Gibson SJ-200 und mit der allerersten Martin D-45, einer der heute wohl berühmtesten Steelstrings der ganzen Welt.

Bob Dunn (* 1912), Gitarrist bei Milton Brown's Musical Brownies, die neben Bob Wills and His Texas Playboys als die erste der frühen Western-Swing-Gruppen gilt, spielte wie sein Kollege Floyd Tillman (* 1914) bei den Blue Ridge Playboys noch vor den Jazzgitarristen Eddie Durham und Charlie Christian bereits 1935 zum ersten Mal elektrisch verstärkte (Hawaii-)Gitarre und erzeugte somit als erster jene bläserähnlichen Klänge, die man – hauptsächlich im Jazz – fortan ›hot‹ nennen sollte.

Erste elektrische Klänge aus Standard-Gitarren allerdings, soviel ist zuzugeben, wurden erst später hörbar. Muryel Campbell von den Light Crust Doughboys und etwas später Eldon Shamblin von den Texas Playboys – sie waren die Pioniere der Standard-E-Gitarre in der Country-and-Western-music. Im selben Jahr, 1939, spielte dann Durham, der bereits vier Jahre damit herumexperimentiert hatte, zum ersten Mal in der Öffentlichkeit E-Jazz. Und noch im selben Jahr kam Gibson mit seiner ***single coil pickup***, der Gibson ES-150 auf den Markt, einem Instrument, das von seinen Spielern zärtlich *»Charlie Christian model«* genannt, also von Jazzern bevorzugt wurde und wird, während etwa noch Shamblin einen ***Pickup*** (Tonabnehmer) auf seine noch rein akustische Gibson Super 400 montierte.

Das Patent für Gitarre und Tonabnehmer hielt Gibson-Präsident Guy Hart seit dem 13. Juli 1937. Der CC-Pickup unterschied sich beträchtlich von heutigen Tonabnehmern: Die beiden Magnete waren in Reihe geschaltet, so daß immer nur ein Feld jedes Magneten die Drahtspule erregen konnte. Weiterhin typisch für seinen Sound waren die jeweilige Dicke ***(gauge)*** des Drahts und die Anzahl der Wicklungen, da der Tonabnehmer von Hand hergestellt wurde. Den CC-Pickup befestigte man von innen mit drei Schrauben an der Gitarrendecke, und durch Regulierung dieser Schrauben ließ sich der Abstand des Abnehmers zu den Saiten individuell verändern. Barney Kessel im Jazz- und Steve Howe von der Gruppe Yes im Rock-Bereich spielen am liebsten mit dem Christian-Pickup, Kessel zudem eine ***cutaway***-Variante der Christian-Gitarre.
Zu immer weiter wachsender Popularität verhalfen der Gitarre in den dreißiger Jahren auch viele Duo-Formationen, die nicht selten aus Brüdern bestanden. Bei den Monroe Brothers etwa legte Charlie Monroe (* 1903, † 1975) das Fundament zum Bluegrass mit seinem wummernden, treibenden Rhythmusspiel. Andere Duos bevorzugten vor allem die Kombination von Mandoline (Melodie) und Gitarre (***backup***, also Baß/Rhythmus) – wie die Blue Sky Boys, bestehend aus Bill (* 1917) und Earl Bolick (* 1919), Karl alias Karl Victor Davis (* 1905), Harty alias Hartford Connecticut Taylor (* 1905, † 1963), Mac alias Lester McFarland (* 1902) und Bob alias Robert Alexander Gardner (* 1897), die Callahan Brothers und The Louvon Brothers. Nur die Delmore Brothers boten eine bemerkenswerte Ausnahme: Rabon (* 1916, † 1952) spielte Melodie auf einer ***tenor guitar*** von Martin, während Alton Delmore (* 1908, † 1964) Rhythmus auf einer Standard-Gitarre spielte.
Experten legen das Ende dessen, was man locker ›old time country-music‹ nennt, auf das Jahr 1942 fest. Dies ist das Jahr, in dem die Elektrifizierung der Gitarre schon so weit durchgesetzt ist, daß das Instrument nun auch im Jazz in den Vordergrund rücken kann. George D. Hay, der Ex-Journalist, Jurist und Gründer der berühmten Grand Ole Opry am Sender WSM (1925), der sich noch 1940 geweigert hatte (»Jungs, bleibt auf der Erde«), Sam McGee, die Nashville-Teens Harold Bradley und Billy Bird sowie andere in

seiner schnell etablierten Show elektrisch spielen zu lassen, konnte sich mittlerweile dem Angriff aus der Steckdose – gefochten von Ernest Tubb, dem Bandleader Paul Howard und Chell Summey von Pee Wee King's Golden West Cowboys – nicht mehr erwehren. Er gab seinen Widerstand auf und so den Weg frei für eine ganz neue Generation von Country-Pickern.

Zur gleichen Zeit – es war Krieg in Europa – zogen viele Texaner, Oklahomians und andere nach Kalifornien, wo die Rüstungsindustrie gute Löhne versprach, und brachten in den ›Goldenen Staat‹ auch ihre Liebe für Texas Swing und Country-music mit. Und hier, an der Westcoast, begann eine Gruppe von Gitarristen, den Country-jazz-Stil ins Leben zu rufen, darunter etwa Jimmy Wyble (* 1922), der früher bei Bob Wills (* 1905, † 1975) und Spade Cooley (* 1910, † 1969) gespielt hatte, und Cameron Hill, der ebenfalls aus der Wills-Band kam, dann Johnny Weiss, Benny Garcia und die Brüder Dick und Charlie Morgan.

Aus dieser mittlerweile so faszinierend lebendigen, für Gitarristen so unerhört fruchtbaren Gesamtsituation erwachsen nun solche großen Country-Namen wie Merle Travis (* 1917), Chet Atkins (* 1924), Les Paul (* 1906), Hank Garland (* 1930) oder Carl Perkins (* 1932) auf seiten der elektrischen Gitarre.

Kein Geringerer als der tschechische Komponist der »Symphonie aus der Neuen Welt«, Antonín Dvořák (* 1841, † 1904) war es, der gegen Ende des vorigen Jahrhunderts während seines Amerika-Aufenthaltes als Kompositionslehrer recht kategorisch erklärte: *»Die Zukunft der Musik dieses Landes muß sich gründen auf das, was man Negermusik nennt.«* Bemerkenswert in diesem Zusammenhang, daß Dvořák als großer Bewunderer des amerikanischen Liederkomponisten Stephen Collins Foster (* 1826, † 1864) gilt, der so bekannte Lieder wie »Oh, Susanna!«, »My Old Kentucky Home« und »Jeannie With The Light Brown Hair« schrieb, die meisten für E. P. Christy, den Chef der seinerzeit berühmten Christy's Minstrels.

Ein ähnliches Licht muß – ungefähr hundert Jahre vorher – auch schon einem deutschen Komponisten, Oboisten und Bassisten namens Johann Christian Gottlieb Graupner (* 1767, † 1836) aufgegan-

gen sein. Der nämlich war während eines Oboen-Gastspielaufenthaltes in Charleston (North Carolina) dermaßen fasziniert von einer Gruppe Schwarzer gewesen, die zu Banjobegleitung gesungen hatte, daß er sich augenblicklich selber ein Banjo kaufte, zu der Farbigen gewaltigem Entzücken auf der Stelle von ihnen Lektionen einholte, nach Boston heimfuhr und dort ein Lied mit Banjobegleitung (»The Gay Negro Boy«) für ein Theaterstück schrieb, das »Oroonoko« hieß, 1799 im Federal Street Theater zu Boston uraufgeführt wurde und fortan als die erste ›minstrel show‹ galt. Es war in seinem Lied jener negride, ungeübten Ohren zerklüftet erscheinende Rhythmus, diese ›raggèd time‹ also, die möglicherweise jener Musikrichtung ihren Namen geben sollte, die als Ragtime Ende des 19. Jahrhunderts aufkam und ganz Nordamerika in Bann schlug. ›Classic ragtime‹ nannten es Scott Joplin und andere, um die Seriosität ihrer kompositorischen Unternehmungen zu betonen. Und dies waren in erster Linie Arbeiten für das Klavier, das – schon wieder mal – fast zum tödlichen Rivalen für unser Instrument geworden wäre.
Doch die musikliebende nordamerikanische Landbevölkerung hatte weder angenehme Wohnräumlichkeiten noch Klaviere gehabt und war darum gezwungen gewesen, die Joplin-Melodien auf ihr Instrumentarium zu übertragen, auf Tuba, Waschbrett, Banjo und – auf die Gitarre. Längst hatte die enorme Nachfrage nach diesem Instrument viele Gitarrenbauer – viele auch aus deutschen Landen – angelockt. Und am Mississippi wie in Memphis (Tennessee), in Durham (North Carolina) wie in Atlanta (Georgia) und anderswo befanden sich alsbald die Bluesgitarren-Zentren, in denen ›Frohnaturen‹ wie John Hurt (* 1895, † 1966) aus Mississippi oder Frank Stokes das typische ›bum-tschik‹ des Ragtime, also den ***alternating bass*** (Wechselbaß), in ihre Musik integrierten. *»Die musikalische Revolution brach aus«,* meint Gitarrist und Ragtime-Experte Stefan Grossman, *»als 1926 ein gewisser Blind Blake eine 78er aufnahm. Die A-Seite war eine langsame Nummer in C mit dem Titel ›Early Morning Blues‹, während die Rückseite ein Instrumental namens ›West Coast Blues‹ trug.«*
Blind Blake (* um 1890, † 1932) *»was raggin' the blues«,* wie man das so nannte; er hatte seine Blueswurzeln mit dem schnelleren Tempo

und der Synkope des Ragtime kombiniert und galt fortan als *»der Mann mit der Gitarre, die wie ein Piano klingt«*. Die Schallplatte verbreitete Blakes Musik über den gesamten nordamerikanischen Markt und beeinflußte weiße wie schwarze Musiker gleichermaßen. Die meisten hatten mit Blakes neuartiger Musik reichlich Probleme; denn sein tempoverdoppelter Wechselbaß führte fort von dem relativ einschränkenden ›bum-tschik‹ des Piano-Rag und machte daraus flottere, synkopierte, tanzbare Musik.
Big Bill Broonzy (*1898, †1958), Blind Willie McTell (*1901, †1960) und andere taten es dann aber doch ziemlich erfolgreich Blind Blake nach, derweil sich aus South Carolina eine zweite pickende Ragtime-Bewegung zu Gehör meldete. Dort waren Willie Walker und Blind Gary Davis (*1896, †1972) zwar ebenfalls von den (ständig mehr werdenden) Plattenaufnahmen des ersten Studio-Profis unter Nordamerikas Country-Pickern beeinflußt worden, jedoch ohne daß ihr Spiel deshalb reiner Blind-Blake-Abklatsch geblieben wäre. *»Sie etablierten die Ragtime-Gitarre noch fester und erweiterten deren Möglichkeiten mit einer Fülle neuer Ideen«,* sagt Grossman. Bedauerlicherweise nahm Walker nur zwei Stücke auf (sein »South Carolina Rag« liegt heute wieder vor), während Blind Gary – bekannter unter seinem späteren Berufsnamen Reverend [›Rev‹] Gary Davis – Walkers und seine eigenen Vorstellungen bis heute ungezählten Anhängern weitergeben konnte – darunter so hochgerühmten Spielern wie Blind Boy Fuller (*um 1908, †1941), Brownie McGhee (*1915), Ry Cooder (*1947), David Bromberg (*1946), Jerry Garcia (*1942), ja sogar Bob Dylan, bevor dieser – sehr zum Horror seiner damaligen Anhänger – zur elektrischen Gitarre griff. Sie alle erwarben sich die Kenntnisse seines Stils direkt beim ›Rev‹, entweder in dessen Wohnung in der Bronx oder während seiner zahlreichen Konzertreisen durch die gesamten USA. Kompositionen aus des Reverend Feder wie »Samson and Delilah«, der »Candy Man« und viele andere sind ungezählte Male von den verschiedensten Sängern oder Gruppen interpretiert worden – darunter etwa von Peter, Paul and Mary, von Dylan, von Sammy Davis jr., Tom Jones gar und natürlich auch von Ralph McTell (*1945), dessen eigener, britischer Picking-Stil längst seinen berech-

tigten Stellenwert hat. Das Reverend-Konzept in Kurzfassung: Keine Fixiertheit auf nur einen Stil, sondern auf ein ganzes Dutzend; die Kombination des eigenen Wechselbasses mit Blind Blakes Synkope und eine Fülle eigener Ideen dazu.

Wer heute freilich von ›fingerstyle‹, ›folk-‹ oder ›ragtime guitar‹ spricht, meint nicht mehr nur die Klassiker dieser Richtungen. So spielten sie zwar die großen Meister, doch erst früh in den sechziger Jahren, als eine völlig neue Generation von Gitarrespielern ein völlig neues Geschichtsbewußtsein zu entwickeln begann, machten sich einige wenige Interpreten daran, klassische Rags und anderes, bereits auf Platten oder in anderer Form existierendes Material (Klaviernotationen, ***Twelve-string-Banjo***-Transkriptionen und ähnliches) für ihr Instrument zu erschließen – darunter Dave Laibman (*1942), Dave van Ronk (*1936), John Fahey (*1936), Stefan Grossman (*1945). Knapp 20 Jahre später sprechen beispielsweise die Ragtime-Insider von der *»contemporary ragtime guitar«.* Und deren Interpreten sind, nicht nur mehr in den USA und England, sondern auch in Frankreich, den Niederlanden, der Bundesrepublik Deutschland und der DDR, in Österreich, in der Schweiz und in Italien fast schon ›Legion‹.

Und darum wird die fingerstyle-Gitarre – die der jüngeren Generation – später noch einmal unser Thema sein.

Blues black, Blues white. Gitarre und Gefühl verschmelzen. »Woke up this mornin' / Blues was round my bed. / Ate my breakfast / Blues was in my bread.« (Leadbelly).

›Blues‹ ist zunächst einmal keine musikalische Gattungsbezeichnung, sondern der Code für eine Gefühlslage, von der Gitarrist B. B. King beispielsweise meint, in die könne man auch geraten, wenn man gesund, glücklich und erfolgreich ist. *»Rote, Weiße, Schwarze, Braune, Gelbe – Reiche, Arme – wir alle haben den Blues«,* meint er und denkt dabei *»an meine Leute, die, die ich in Mississippi zurückgelassen habe, und an all die Leute in allen Mississippis«.*
Und ›in allen Mississippis‹ gibt es natürlich Menschen, die sich auf diese oder jene Weise musikalisch ausdrücken wollen, ergo auch Gitarristen – quer durch die Stilrichtungen. Ob Freddie Green, ob Charlie Christian, ob Merle Travis beim Country-Picking, ob in Rock 'n' Roll, Rock, Soul, Rhythm and Blues und so weiter: ›Blues‹ ist ein gewissermaßen omnipotentes Phänomen, ein seelisches Grundmotiv, dem auch der große Bluesforscher Paul Oliver in seinem Buch »Conversation With The Blues« (1965) nur induktiv beikommt – durch die Erhellung seiner Geschichte.
Aber den schwarzen Sklaven des 18. und 19. Jahrhunderts stand der Sinn nun mal nicht nach Geschichtsschreibung; das war ohnedies seit eh eine Sache der ›kultivierten‹ Weißen gewesen. Und so beginnt die systematische Erforschung des Phänomens Blues logischerweise auch erst in der Zeit der ersten Schallplatten Mitte der zwanziger Jahre des 20. Jahrhunderts. Und dieses runde schwarze Ding regt ja auch kräftig dazu an, denn es konserviert Authentizität und ›schreibt‹ damit selber immer auch ein kleines Stückchen Geschichte.
Es waren der ländliche Süden und speziell das Mississippi-Delta, die die typischen Grundformen des Blues hervorbrachten. Hier bestellten und säuberten Sklaven das Land und machten sich das knochenharte Malocherleben durch Liedformen etwas erträglicher, die seit

eh und je ein wesentlicher Bestandteil afrikanischer Tradition gewesen waren. Die ausgeprägteste dieser Formen war jenes Prinzip, das auch später im Jazz eine große Rolle spielen wird – ***call and response***, bei dem der Vorarbeiter eine Zeile singt und der Chor der Arbeiter eine Antwortzeile nachsetzt: »De niggertrader got me...«/ »Oh, hollow!...« Dabei ist Singen freilich nach unseren Begriffen wohl nicht das rechte Wort, denn von melodiöser Vielfalt konnte in diesen, meist sehr kurzen, dem Arbeitsrhythmus angepaßten Phrasen denn doch nicht die Rede sein, dafür aber von um so größerer rhythmischer Intensität.

Beim Cotton-Picking, dem Baumwollpflücken, war das anders; denn hier bearbeitete jeder für sich allein seine ›eigene‹ Schneise ohne Koordination mit dem Nachbarn, und da die Baumwolle sehr fest in ihrer Samenkapsel sitzt, war ein durchgehender und gruppenweise normierbarer Arbeitsrhythmus gar nicht zu erzeugen. Also sang der Sklave zu seinem eigenen Rhythmus, wobei es dem Zufall überlassen blieb, ob sein Arbeitstempo mit dem eines Leidensgenossen übereinstimmen mochte. *»Plötzlich begann da einer Klänge zu erzeugen, wie ich sie nie zuvor gehört«,* erinnerte sich 1885 ein gewisser Frederick Law Olmstead, *»ein langgezogener, lauter, irgendwie musikalischer Ruf, der anstieg und wieder abfiel und in Falsett ausbrach, daß seine Stimme in der kalten, frostigen Abendluft wie ein Signalhorn durch die Wälder scholl.«* Das war seine Melodie, seine spontane Erfindung, die, sobald beendet, vielleicht von diesem oder jenem aufgenommen und verändert wurde, dann von noch einem und noch einem, bis ein Chor daraus erwuchs.

Diese Rufe, ***hollers***, ***hoolies*** oder ***arhoolies*** genannt, verbreiteten sich von den Baumwollfeldern alsbald überall dorthin, wo Sklaven schuften mußten, auf die Farmen, auf andere Plantagen, kam zu den Tierhäuter-Teams und den Mühlenhelfern in den Wäldern. Als der Bahnbau begann, gaben die Bosse ihren Abteilungen durch hollers ihre Anweisungen. *»Jeder hollerte, aber niemand achtete weiter darauf... vielleicht konnte man sie schon Blues nennen, aber es waren einfach nur so Stegreifsachen«,* entsann sich einmal Muddy Waters dieser modalen Rufformen. *»Man erfand diese Songs, während man da voranmachte«,* sagte Howlin' Wolf (* 1910).

Psychologen der Universität von Iowa entwickelten schon 1924 eine Methode, die sie ›Phonophotographie‹ nannten, durch die sie in der Lage waren, Tonhöhen und Tondauern derart exakt graphisch umzusetzen, daß man schließlich an einer Kurve ablesen konnte, welcher Natur das Gehörte und Aufgezeichnete war. Würde beispielsweise der lang ausgehaltene Ton C (mit 258.6 Hertz) einer voll ausgebildeten Sängerin eine nahezu gerade Linie auf dieser Art von ›Stimm-EKG‹ erzeugen, so zeigte sich, daß der typische ***cornfield holler*** bei einem ungefähren Umfang von knappen zwei aufeinandergeschichteten Quinten (f bis c und c bis g) aus verblüffend zerklüfteten Bergen und Tälern von beachtlicher Steilheit eine einzige Verkettung extrem höhenunterschiedlicher Vibratopassagen ergab.

Es sei ein typisch afrikanisches Merkmal, daß sich diese Musik wie eine *»Folge von Sägezähnen«* ausnehme, bemerkte ein Reverend A. M. Jones dazu. Und hier, in diesen Tonhöhenschwankungen, meinen andere, sei auch die Wurzel der ***blue notes*** auszumachen.

Dominierten in fest koordinierten Arbeitsverbänden die Ruf-und-Antwort-Worksongs und andernorts die ***field hollers***, so tat dann das frühe religiöse Revival von baptistischer wie methodistischer Frömmigkeit in den Dörfern und kleinen Städten unter den Schwarzen das Seine zur immer stärkeren Emotionalisierung ihrer Musik – in Form der Spirituals und der Hymnen der Erweckungsbewegung, wie sie sich allmählich aus dem Erbe der über 6500 geistlichen Hymnen des englischen Methodistenpredigers und Autors Charles Wesley (* 1707, † 1788) herausbildeten. Mochte es der Kirche auch nicht recht passen, ihrer Gottesdienstmusik den Blues sozusagen als lieben Verwandten zur Seite gestellt zu bekommen, so sind beider wechselseitige Beziehung dennoch unbestreitbar. *»Damals, da hab' ich noch nicht Gitarre gespielt«*, sagte Son House (* 1902, † 1967), *»da hatte ich hauptsächlich in der Kirche zu tun.«* Und ganz gewiß geläufig dürfte der Bill-Haley-Elvis-Presley-Generation noch sein, daß eines ihrer Idole, Little Richard (eigentlich Richard Penniman; * 1935), nie ein Hehl daraus gemacht hat, das Singen als Mitglied im kommunalen Kirchenchor erlernt zu haben... Und gern wird auch der Name des schon erwähnten Reverend Gary Davis angeführt, wenn es um den bedeutenden Bereich des ›holy blues‹ geht, obschon der ›Rev‹ unumwunden zugab, zwar ein überzeugter Christ gewesen zu sein, draußen auf der Straße jedoch nur deshalb zu frommen Themen gegriffen zu haben, weil ihn die Behörden wegen des Singens rein weltlicher Balladen als blasphemischen Melodieschnorrer in den Knast gesteckt hätten.

Die Entfaltung des kirchlichen Lebens förderte im Blues-Süden neue soziale Bewegungen, und so wird auch verständlich, daß abseits der isolierten Plantagen und Farmen allmählich auch Kontakte zur Musik der Weißen entstanden und die Schwarzen in den siebziger und achtziger Jahren des 19. Jahrhunderts nun auch die weiße Tradition der Ballade zu assimilieren begannen. Britisch in der Form, schwarzamerikanisch im Inhalt waren denn auch die Songs wie die von dem Stahlschufter »John Henry« oder von »Billy Lyons and Stack o' Lee«, diesen beiden Kampfhähnen, die sich einer Frau wegen mit Projektilen perforierten oder – wohl neben »John Henry« und dem später in Skiffle-Kreisen zu »Staggerly« mutierten Meuchelsong am berühmtesten geworden – der Song von »Frankie and Albert«, in dem 1899 ein Mister Al Britt von einer Lady namens Frankie Baker abgeknallt wird (im Laufe der Jahre allerdings wurde aus Albert ein gewisser »Johnny«). Jedenfalls dauert es nicht lange, da ist das Zwölf-Takte-und-drei-Zeilen-Muster der alten Ballade zur Standardform des schwarzen Blues geworden.

Es ist der ***songster***, der nun, mit den Grundmaterialien einer immer autarker werdenden Musik gerüstet, zur tragenden Figur dieser Musik wird. Ein richtiger Profi ist er zwar noch nicht, aber er singt, textet zuweilen auch und spielt recht gut Gitarre, um sich selbst zu begleiten. Er erfreut sich eines beachtlichen lokalen Rufs und saugt seine Inspirationen aus allen zu Gebote stehenden Traditionen schwarzer Musik. Diese Songsters, die direkten Vorfahren etwa eines Mississippi John Hurt (*1894, †1966) aus Teoc (Mississippi) oder eines Mance Lipscomb (*1896) aus Navasota (Texas), sind gegen Ende des 19. Jahrhunderts diejenigen, die die Balladen populär gemacht und unsagbar viel für die Entwicklung des Blues getan haben. Sie singen religiöse Lieder, machen Tanzmusik und stimmen Blues wie Balladen an und vermitteln trotz stilistischer Vielfalt ihren

Hörern dennoch durchweg ein ganz bestimmtes Lebensgefühl, mit dem sich alle ihre Zuhörer identifizieren können: *»Wenn ich Blues sing', tu' ich das mit diesm großn Gefühl«*, sagt John Lee Hooker dazu. *»Ich mein'... also wenn du das Gefühl kriss, dann issn das nich' bloß, was dir passiert iss – es iss, was deine Vorfahrn und andern Leuten passiert iss.«*
Die Staaten Georgia, Louisiana, North und South Carolina sowie Texas erleben dann die Blüte des Blues. Von regionaler oder kommunaler Naturwüchsigkeit ist mittlerweile kaum noch etwas spürbar, denn der Songster wandert ›down the dirt road‹ und hat neben seiner geringen Habe vor allem die Songs vom Zwölf-Takte-Strophentyp in vier Vierteln, drei Ruf/Antwort-Sektionen und das Reimschema AAB dabei – und, natürlich, seine Gitarre. Blues gab es überall, wo es arme schwarze Kommunen gab, und die fand der Songster in Mississippi ebenso wie in den Ostküstenstaaten, im Süden Chicagos ebenso wie in Memphis' Beale Street.
Die Gitarre: Martin aus Deutschland und Gibson aus England bauten ja ihre Instrumente längst schon in der Neuen Welt; Sears & Roebuck verschickten ihre Paar-Dollar-Gitarren per Post; andere wieder versandten Gitarren zum Selberzusammenbauen (was es heute auch wieder gibt; in den USA die Firma Schecter, in der BRD die Firma Rocklinger). Und wer in Texas sang und spielte, war im übrigen nicht weit von Mexiko und neigte daher der großen Zwölfsaitigen zu. Denn mit dem Banjo, das sich zwar bequem so stimmen ließ, daß viel mit Leersaiten zu machen war, konnten die Blueser nicht viel anfangen. Es war zwar ordentlich laut, aber sein Ton war doch ›kurzatmig‹, bot eher das harte, kalte Stakkato einer Perkussionsmaschine als den warmen, stehenden, vollen Ton der Gitarre. Sie sollte eben nicht Kontrast, sondern Ergänzung zum Gesang bieten; sie vermochte noch am ehesten das Vibrato der hollers zu reflektieren und mit ***bendings***, dem Ziehen der Saite(n), blue notes, mit Bottlenecking oder Slidespiel das instrumental auszudrücken, was die Songsters stimmlich mitzuteilen hatten. Es kam ihnen, kurz gesagt, darauf an, daß das, was sie da selber produzierten und hörten, ihnen selbst auch gefiel: *»... einfach gehört und gelernt. Ohr-Musik«*, nannte Lipscomb das. Und gut

fünfzig Jahre später wird Riley B. King wieder von den ›Ohren‹ sprechen und zeigen, daß auch der elektrisch gespielte Blues noch immer *»aus dem Unterleib«* und nicht aus dem Schädel kommt...

Im Delta wimmelte es in den zwanziger Jahren regelrecht von Sänger/Gitarristen. Sie alle fühlten sich wie die Glieder einer großen Tramp-Familie, man sah sich mal hier, mal dort und zog dann wieder seiner Wege, tauschte Erfahrungen aus über Texte, Stile und Techniken und trug auf diese Weise lebhaft zur Vervielfältigung der musikalischen Ausdrucksformen bei.

Der erste regelrechte Profi der Bluesgeschichte des Mississippi-Deltas war Charley Patton (*um 1887, †1934) aus Edwards (Mississippi); doch bald zog seine Familie auf die berühmte Dockerey-Plantage im Sunflower County um Cleveland. Dort blieb Charley, bis er 34 war, also bis 1921. Er sang und spielte in der Umgebung, war als Allround-Entertainer beliebt und pflegte einen Gitarrenstil, in dem technisches Raffinement noch weit hinter rhythmischer Intensität zurückstand. Sein Bottlenecking diente ihm zur deutlicheren Abgrenzung von Melodie (oben) und Rhythmus (in den Bässen) und dazu, in höhere Lagen gelangen zu können, als das bei normaler Grifftechnik möglich war. Patton nahm nicht weniger als 23 Schallplatten auf und verblüffte seine Umwelt mit ungewohnten Themen: Er sang von lokalen Ereignissen, vertrauten Leuten und Orten und davon, daß er mal eine Nacht im Kittchen zubringen mußte (»High Sheriff Blues«) oder gar von dem schlimmen Mississippi-Hochwasser des Jahres 1927 (»High Water Everywhere«). Pattons Einfluß im Delta war beachtlich, und so beginnt mit ihm auch die Bluesgeschichte der großen Namen.

Auf der Dockerey-Plantage trifft er Willie Brown, der um 1900 in dem Städtchen Robinsville geboren wurde, und beide ziehen los, um gemeinsam Musik zu machen. Offenkundig ist Brown, ein ›Pattonianer‹, als Gitarrist mehrere Klassen besser als sein Mentor; er experimentiert mit verschiedenen Klangeffekten, setzt dazu noch kräftiger auf die rhythmische Qualität seines Spiels und wird durch vier Soli bekannt, von denen leider nur noch zwei erhalten geblieben sind – der »Future Blues« und der »M & O Blues«.

Um 1930 treffen die beiden Songsters Eddie ›Son‹ House, einen der Besten jener alten Blueser-Garde. 1964, beim Newport Folk Festival, war es der Auftritt des damals Zweiundsechzigjährigen, der ganz wesentlich zum Blues-Revival beigetragen hat, ein Revival wohlgemerkt, dessen Hauptkräfte keineswegs im Heimatland des Blues, sondern in Europa wirkten. House, dessen Vater und Onkel in lokalen Bands gespielt hatten, hatte wie so viele seiner Kollegen zunächst im Kirchenchor gesungen. Als später Twen lernt er dann in Mississippi Gitarre zu spielen und entscheidet sich schnell für die Musik als Profession. In Matson, unweit der Stadt Clarksdale hatte Son 1928 einen gewissen Willie Wilson kennengelernt und war beeindruckt von dessen Bottleneckspiel in »Hold up, Sally, Take Your Big Legs Offa Mine«. Ein Freund, Frank Hopkins, verkaufte ihm eine elend zugerichtete Gitarre für anderthalb Dollar. *»Er stimmte sie spanisch, um mir den Start zu erleichtern«*, erinnerte sich Son House, *»dann zeigte er mir ein paar Akkorde. Ich besorgte mir 'ne alte Buddel. Zerschnitt mir ein paarmal den Finger mit dem Versuch, sie so herzurichten, wie ich's bei ihm gesehen hatte. Ich war früher ja der Leader in unserem Chor, und da wurde diese alte Vokalmusik gesungen, weißt du, diese ›do-re-mis‹, also kam mir die Idee, die Gitarre genauso zu machen...«*
Als Patton und Brown ihn treffen, schlägt Patton ihn der Paramount vor. 1930 macht Eddie dann schon Aufnahmen mit Brown in Grafton (Wisconsin), Stücke wie »My Black Mama« und den »Dry Spell Blues«. Es bleibt still um ihn, bis ihn zwölf Jahre später der rührige Alan Lomax in Robinsville (Mississippi) wiederentdeckt, doch House macht nur noch sechs Jahre weiter, dann hört er, 1948, ganz auf, weil er keine Chancen mehr sieht, gegen den Vormarsch des urbanen Blues anzukommen. Erst Newport 1965 wird endlich sein eigentliches, beifallumtostes Comeback.
Son House spielt – eines der markantesten stilistischen Kennzeichen dieser Zeit – im Baß Rhythmus und in den Höhen Bottleneck. Die ***National Resonator-guitar*** wird seine Offenbarung: Der Klang des runden Aluminiumresonators und die hohe Saitenlage für das lapstyle Slide- bzw. Bottlenecking-Spiel sind für ihn ideal. Seine Lieblings-Tunings sind G und E mit gegriffenen (also nicht offenen)

Bässen. Das regelmäßige Metrum ist seine Sache allerdings nicht: Er versteht es nie, seine gesungenen Zeilenlängen dem Spiel anzupassen. Robert Johnson und später Muddy Waters (* 1915) sind stark vom Houseschen Bottlenecking geprägt. Waters, der 1943 nach Chicago kommt und der ständig wachsenden weißen Zuhörerschaft bald als ›Vater des Chicago Blues‹ gilt, hat House lange Zeit konzentriert beim Spielen beobachtet. *»Als ich nach Chicago kam, habe ich slide mit einem Bottleneck gespielt«*, sagt er, *»aber jetzt benutze ich einen Stahlzylinder. Ich benutze A- und D-Stimmungen und erhöhe die Saitenlage, damit ich besser slide spielen kann.«*
Robert Johnson (* 1914, † 1938) hatte seinerseits lange Zeit dem Spiel des Eddie House zugeschaut. Vermutlich in der Nähe von Robinsville geboren, war Johnson »noch ein kleiner Junge«, erinnert sich House an die ersten Bewunderungsbezeugungen des kleinen Robert, *»er spielte Mundharmonika und war darin ganz gut, aber er wollte unbedingt Gitarre spielen. Wenn wir* (House und Brown) *nachts auf den Tanzveranstaltungen spielten, rückte er von zu Hause aus, um zu uns zu kommen...«*
Johnson merkte sehr schnell, daß in seiner Zeit – Mitte der zwanziger Jahre –, wo man Blues nun zum ersten Mal auf Schallplatten festhalten konnte, hier eine Chance für ihn war, Geld zu verdienen und begann zu reisen, zunächst durch das ganze Delta, dann durch Texas, auch bis nach Memphis und Chicago, oft allein, dann und wann auch mit Kollegen. Es dauerte nicht lange, da hatte ihn ein Vertreter der American Record Company entdeckt und Don Law weiterempfohlen. Law, als Talent-Scout für sein Label Vocalion immer auf dem Ausguck nach neuen regionalen Künstlern, brachte Johnson nach San Antonio (Texas) und ließ ihn dort zwei Aufnahme-Sessions absolvieren, eine im November 1936, die zweite im Juni 1937.
Johnson hatte einen Riesenerfolg, und das, obwohl er seine Einflüsse – Son House, Willie Brown (* 1891), Lonnie Johnson (* um 1889, † 1970) und Skip James – keineswegs verleugnete. Es war kein reiner Eklektizismus, den er praktizierte, sondern deutlich eigenständige Musik, in der er viel über seinen eigenen Sex sang und dabei einen originellen Mississippi-Stil spielte, mit ***open tunings***,

Bottleneck und Fingerpicking. Neu waren – zum Beispiel im »Terraplane Blues« – seine rhythmischen Wechsel, da störte auch sein nicht gerade einfallsreiches Faible für das offene G nicht weiter. Er dämpfte viele Saiten zwecks rhythmischer Konzentration. Denn nichts, so dachte er, verwässere den ***Beat*** mehr als ein reiches ***Sustain*** (Halten des Tons). Und so begann man in ihm schnell den eigentlichen Verbindungsmann zwischen dem traditionellen Country Blues und dem modernen Blues zu sehen. Sunnyland Slim zum Beispiel hatte *»den ersten schnellen Blues bei Robert Johnson erlebt«*, und bei ihm taucht auch zum ersten Mal das Zauberwort vom ›walking the basses‹ auf.

Robert stirbt am 16. August 1938, als ihn eine Kugel aus dem Revolver eines Nebenbuhlers trifft. Überhaupt, wunderte sich Son House, sei ihm reichlich schleierhaft, wie Johnson es überhaupt zuwege gebracht habe, so lange am Leben zu bleiben, denn *»bei diesen Tanzfesten machte er sich ständig an die Mädchen heran und wollte sie aufs Kreuz legen, egal, wer nun dabei war, der Mann, der Freund oder sonstwer«.*

Muddy Waters, Johnny Shines (* 1915) und Elmore James (* 1918) sind dann am intensivsten von Johnson geprägt. So wurde James, der Roberts Techniken feinsinnig auf die elektrische Gitarre übertrug, zu einem der wichtigsten Beeinflusser des Chicago Blues nach 1945. Seine Erkennungsmelodie war Johnsons berühmtes »Dust My Broom«. Später dann, in den sechziger Jahren, intonierte die Gruppe Cream (mit Gitarrist Eric Clapton) Johnsons »Crossroad Blues«, und die Rolling Stones machten ihre Fans in aller Welt mit des Vorbilds »Broom«-Song und dessen »Love In Vain« bekannt.

Die Jahre 1927 bis 1930 markieren die erste große Periode der Blues-Plattenaufnahmen, in die sich hauptsächlich sieben Labels teilten: Vocalion, dann Okeh, Columbia, Victor und Paramount, Gennett und Brunswick. Für guten Absatz in den ländlichen Gegenden sorgten Vertreter dieser Firmen, die den Verkäufern der neuartigen Phonographen sozusagen auf dem Fuße folgten. Tom und Mary Ann Evans berichten von einer Reihe von Problemen, denen sich die Recording-Experten jener Grammophontage ausgesetzt sahen, unter anderem auch dem, daß Victor in New Orleans aufgrund des dortigen heißen und feuchten Klimas ein Mikrophon nach dem anderen einbüßte und aus lauter Verzweiflung auf altmodische Karbonmikrophone umstellte; allerdings bekam auch denen das schwüle Klima dermaßen schlecht, daß sie ständig brummten. Also packten die Victor-Leute ihre Mikrophone kurzerhand in Eis und holten sie dort erst heraus, wenn der Sänger/Gitarrist aufnahmebereit war.

Repertoiresorgen jedoch gab es keine. 1923 hatte Okeh damit begonnen, vielversprechende Blueser direkt vor Ort auszumachen und von Scouts in Atlanta und St. Louis aufnehmen zu lassen. Andere Firmen wiederum beschäftigten vor Ort ansässige Scouts, die ihrerseits die frisch entdeckten Talente zu Aufnahmen in die Großstädte schickten. So auch hatte die Paramount Charley Patton, Son House und Skip James entdeckt, die sie in den Jahren 1929 bis 1931 aufnahm.

Nehemiah [Skip] James (*1902, †1969), der seinen Spitznamen ›Skippy‹ bekam, weil er als Junge auf Parties ständig wie ein Hase in der Gegend herumzuhopsen pflegte, wurde als Sohn einer sehr frommen Familie in Bentonia (Mississippi) geboren und gehört zu den wenigen Songsters mit Oberschulausbildung. Seinen Lebensunterhalt verdiente er sich als junger Mann mit diversen Gelegenheitsjobs überall im Süden. So arbeitete er gerade in einer Sägemühle, als er den Pianisten Will Crabtree kennenlernte, der James' Talent schnell erkannte und seiner Entwicklung beachtlich voranhalf. Später dann begegnete er Little Brother Montgomery (*1907), dessen Stück »Special Rider Blues« er für die Gitarre umarbeitete.

1930 hörte ihn in Jackson der Paramount-Scout H. C. Spears, ein Jahr später schickte das Label ihn nach Norden, wo er in drei Tagen 26 Seiten aufnahm. Die Paramount aber hielt das Material aus unverständlichen Gründen zurück, bezahlte ihren Künstler unkorrekt und ging bankrott. Skip, enttäuscht von dem unglücklichen Auftakt seiner ›Plattenkarriere‹, nahm einen Job in der Kirche an, in Dallas (Texas).

Im Sommer 1974 erzählte Skip James in einem Gespräch mit Stefan Grossman Details über seine Spielweise: »...*Ich spiele am liebsten was von Skip, denn nur dann wird es fremdartig für die Leute, für die anderen Musiker sein. Für einige von ihnen ist es verwirrend, wenn du Moll und Dur vermischst. Die meisten Leute, die ich gehört habe, spielten in Normalstimmung C, einige andere in der spanischen ... Also hab' ich herumgefischt und diese Mollakkorde gefunden. Ich hab' schon Moll gespielt, bevor ich überhaupt so einigermaßen spielen konnte. Und Moll-Musik ist sowieso die schwierigste Angelegenheit der Welt.«*

Bei seinen Auftritten, originell genug, benutzte Skip im allgemeinen drei Gitarren, von denen eine normal, die zweite spanisch und die dritte ***cross-note*** gestimmt war, das heißt in e-moll, eine spezielle Stimmung, die, wie Grossman anmerkt, ausschließlich von James und Booker White benutzt wurde. Und diese *»Vermischung«* (Skip) der Tunings führte ihn dann auch zum cross-note-***Tuning*** e, h, e, G, H, E (von oben nach unten), wobei das moll-G im 1. Bund als gis (E-dur-Terz) gegriffen wurde. Außerdem betont James nicht ohne Stolz, daß er Plektren nicht nötig hätte, *»weil ich kräftige Nägel habe; und darum kann ich die Saiten berühren, ohne mit dem Fleisch meines Fingers anzuschlagen«*. Vom puren ›Strippen‹ hält er genausowenig (er nennt es *»rappin' and frailin'«*), sondern greift seine I–IV–V–I-Folgen allgemein mit Daumen und 1. und 2. Finger, wobei er die Melodie meistens unisono zum Gesang spielt (in Falsetto-Partien, einer im Blues sehr verbreiteten Singweise, sogar in Oktaven). Ausgedehntes Improvisieren und spektakuläre ***fill-ins*** waren seine Stärke nicht, ebensowenig wie die metrischen ›Holper‹ eines Patton oder Broonzy. Hier kam ihm gewiß die Fähigkeit des Klavierspielens zugute: Subtile Synkopen und komplexe rhythmische Strukturen runden sein Spiel ab. Stücke wie der »22-20 Blues«, wie »Cypress Grove« oder »Devil Got My Woman« zeigen den Spiel- und Falsettstil Skippy James' am deutlichsten.

Die Stadt Jackson, nicht weit entfernt von jener Plantage, die Will Dockerey 1895 eröffnet hatte und die bald zum Synonym für ein überaus kreatives Zentrum der Delta-Musik wurde, galt in dieser Zeit – den zwanziger und dreißiger Jahren – als ein wichtiger ›Knotenpunkt‹ für diverse Songsters von Format. Wie Skip James, so spielte und sang hier auch Tommy Johnson (*um 1898) auf seinem Weg nach Memphis; an sich schon ein guter Gitarrist,

spielten die Dockerey-Musiker eine nicht unwesentliche Rolle für die Entwicklung seines Stils zu einem der markantesten und individuellsten, die überhaupt je aus Mississippi gekommen sind. Er musizierte viel mit seinem – wie er schnurrbärtigen – Freund Ishman Bracey (* 1900), der für die Illinois Central Line als Wasserträger jobbte und später in Memphis für Victor einige nicht sonderlich erfolgreiche Aufnahmen machte. Tommy war jedoch der bei weitem bekanntere Partner dieses Gespanns, ein vollendeter Profi in Auftritt und Musizierweise, dessen walking bass, ganz nach Art der Pianisten, in faszinierender Weise den Landstraßentrott in seinem »Big Road Blues« zum Klingen brachte und viele jüngere Blueser zu Kopien dieses Stückes (und auch anderer, wie etwa »Maggie Campbell« oder dem »Cool Drink Of Water Blues«) inspirierte.
Mississippi war, wie sich denken läßt, nicht der einzige Ur-Blues-Staat. Texas etwa, Bundesstaat seit 1845, hatte schon bis 1850 so viele Baumwollsklaven in seinen Grenzen, daß fortan der berühmte Red River als die Grenze zwischen dem ›Texas der Sklaven‹ und dem ›Oklahoma der Freien‹ galt. Viel später, als auch in Texas die Sklaverei der traurigen Vergangenheit angehörte, überlebten immer noch viele Elemente jener Songs, die die Sklaven zwischen 1845 und 1850 mitgebracht hatten, darunter beispielsweise jene Variante des Call-and-Response, bei der der Chor seine ›Antwort‹ nicht mehr singt, sondern summt. Texas, das meint aber auch ein Bottlenekking, das auf höher gestimmten Gitarren als im Delta ausgeführt wird und damit längst nicht mehr so ›slacky‹ (träge) klingt. Der Texas-Blues ist eine insgesamt weniger komplexe, weniger ›schwere‹ Musik als im 250 Kilometer nördlich von New Orleans gelegenen Delta zwischen Yazoo und Mississippi.
Der assoziationsreichste Name unter den texanischen Bluesgitarristen ist der eines gewissen Mr. Walter Boyd, der gerade das Dreistaateneck von Texas, Arkansas und Oklahoma durchmaß, als Tommy Johnson im Delta spielte und Charley Patton als ungekrönter König des Mississippi-Blues gefeiert wurde. Boyd war auf dem Weg zu einem Tanzfest, in seiner Begleitung zwei Bekannte, die Gents Alex Griffin und Will Stafford. Und weil die Wege lang waren und die Reiserei beschwerlich, vertrieb man sich die Zeit mit allerlei

Gedöns und Geflachse: Griffin begann, Stafford wegen dessen Mädchen aufzuziehen. Undeutlich, ›verschwommen‹, zeigt der mentale Film dann, was weiter geschah: Boyd, selbst ein reichlich arroganter, rauhbeiniger Kumpel, ging dazwischen, Stafford zog, Boyd war schneller und jagte dem Gehänselten eine Kugel mitten in die Stirn. Am 13. Dezember 1917 wurde Walter Boyd, besser bekannt unter seinem korrekten Namen Huddie Leadbetter alias Leadbelly (* 1885, † 1949), wegen Mordes zu dreißig Jahren Jailhouse verurteilt und ein halbes Jahr später – er war wegen einer anderen Sache schon einmal ausgerissen – auf die Shaw State Prison Farm geschickt. Walter Boyd hatte er sich genannt, weil er nach seiner Flucht aus der Harrison chain-gang unerkannt bleiben wollte. Niemand aber bezweifelte sein Können als Songster, und niemand wagte dem selbstverpaßten Prädikat ›König der zwölfsaitigen Gitarrespieler aller Welt‹ auch nur mit einem Mucks Kritik entgegenzusetzen.

Huddie, drei Dutzend Meilen von Shreveport (Louisiana) unweit des Caddo-Sees geboren, erlernte die ersten Gitarrengriffe von den Oldtimern Jim Fagin und Bud Coleman und pflegte schon als rauflustiger Teeny immer seinen Colt im Gitarrenbeutel zu tragen. Der erst Sechzehnjährige wurde beneidet wegen seiner sexuellen Erfolge in Shreveports Rotlicht-Bezirk, und dort hörte er auch die ersten Barrelhouse-Pianisten mit ihren schwerhändigen Laufbässen. Leadbelly sang und spielte alles, was ihm zu Ohren kam, Cowboysongs, Balladen, Folksongs, Blues und Tanzmusik jeder Art. 1933, wegen des Stafford-Delikts längst im Angola-Staatsgefängnis, hörten ihn dort John Lomax (* 1875, † 1948) und dessen Sohn Alan (* 1915), die soeben begonnen hatten, für die Washingtoner Library of Congress ihre gewaltige Sammlung schwarzer amerikanischer Folk-music zu kompilieren. Die beiden Sammler/Historiker waren dermaßen von Leadbellys ungebrochener Arroganz und der Intensität seines Vortrags beeindruckt, daß sie beim Gouverneur um die vorzeitige Entlassung des Häftlings einkamen – mit Erfolg. 1934 war der stämmige, narbenzerfurchte Songster frei und wurde in Lomax' Obhut genommen, der ihn eine Zeitlang auch als Chauffeur beschäftigte.

Mit Sicherheit ist die weitverbreitete Ansicht falsch, daß es sich bei Leadbelly, wohl aufgrund seines ungewöhnlich breiten Repertoires, eher um einen Folksinger als einen Blueser handele. Sein größter Rivale immerhin, was das Singen und Spielen von Blues betrifft, war sein texanischer Kollege Blind Lemon Jefferson. Und man muß nur Songs wie sein berühmtes »Goodnight Irene« hören, um zu verstehen, daß seine Musik im wahrsten Wortsinn ›the blues‹ hat.
War, wie Lemon Jefferson, der blinde Songster im allgemeinen ein Straßensänger, so war für ihn und seinesgleichen die zwölfsaitige Gitarre aufgrund des größeren Volumens auch das geeignetere Instrument. Mit Leadbelly jedenfalls beginnt die ***Twelve-string*** eine wesentliche Rolle für den Blues zu spielen, auch wenn dieses Instrument einige Probleme aufwarf, die bei der Sechssaitigen unbekannt waren: Sie verstimmte sich sehr leicht, zudem war es in jenen Tagen außerordentlich schwierig, gute Saiten zu bekommen; und weil es insbesondere die oktavversetzten Chöre waren (also die drei baßseitigen), die besonders instabil waren, sahen sich die Gitarristen in Texas gezwungen, ihre Twelvestrings vom Texas-pitch wieder herunterzunehmen, was dann bei kräftigerem Anschlag häufig zu Ungenauigkeiten in der Tonhöhe führte. Der Capo(daster) bot nur bedingt Rettung: Zwar hielten sie die Höhe in den oberen, also den unisono gestimmten Chören, in den drei unteren aber mußten die unterschiedlichen Druckverhältnisse des Capo auf die Baß- beziehungsweise die ***treble***-Saiten derselben Chöre zwangsläufig zu Verstimmungen führen, so daß viele der Twelvestring-Bluesgitarristen darauf kamen, ihren Capo permanent auf dem 2. oder 3. Bund zu lassen und erst dann ihr Instrument voll durchzustimmen.
Filme mit Aufnahmen von Leadbelly überraschten die Bluesexperten insbesondere wegen seiner ungewöhnlich guten Linkehand-Technik, die ihm bald ungewohnte ***hammer-ons*** und ***pull-offs*** ermöglichten. Seinen Gesang begleitete er mit Unisonoläufen, hinzu kam ein konkurrenzlos schnelles Daumen-Picking, mit dem er die Laufbässe der Shreveporter Fannin-Street-Pianisten imitierte: *»So um 1904 oder 1903 ließen die Pianospieler die Bässe laufen. Du gehst da zu so 'nem Typen hin und sagst ihm, ›los, laß mal die Bässe für mich laufen‹ und gibst ihm 'n Drink oder so was«*, erinnerte er sich

auf dem Plattencover von »Leadbelly's Last Session« von 1948. *»Ich hab' Gitarre durch's Piano gelernt. Ich spiel' piano time, piano rhythms, das bin ich... aber dann schrieben die Schreiberlinge das auf und gaben der Sache ihren Namen: Boogie-Woogie...«*
Sein großer Mentor Blind Lemon Jefferson (* 1897, † 1939), etwa achtzig Meilen südlich von Dallas nahe Wortham (Texas) geboren, hatte schon als kleiner Junge für ein paar Cents an den Straßenecken gespielt. Im Zusammenhang mit einem anderen blinden Bluesgitarristen, dem zeitweiligen Partner von Blind Willie McTell, Blind Willie Johnson (* 1900, † 1949), schreibt Harald Thon in »Gitarre + Laute«: *»Als die Sozialversicherung gegen Beginn unseres Jahrhunderts in den Vereinigten Staaten noch in ihren Kinderschuhen steckte, bot sich Blinden zum Verdienst ihres Lebensunterhaltes nur eine äußerst dürftige Auswahl an Betätigungen. Eine Möglichkeit – neben dem Betteln – offerierte die Musik. Eine Liste der professionellen Country- und Bluesmusiker verdeutlicht, wie viele Blinde von dieser Chance Gebrauch machten... Viele herumreisende Schwarze, die ihr Augenlicht verloren hatten, bildeten bei ihrem Versuch, das Beste aus ihrer Lebenssituation zu machen, trotz ihres Handicaps eine bemerkenswerte geographische Unabhängigkeit aus. Blind Willie McTell etwa hatte in seinem Kopf ganze Stadtgrundrisse gespeichert, und Blind Blake bewältigte auch größere Strecken quer durchs Land allein. Wenn die Musiker mit Schicksalsgenossen zusammentrafen, taten sie sich für kurze oder längere Zeit zusammen, formierten ab und zu eine kleine Band, zogen gemeinsam weiter und gingen schließlich wieder ihre eigenen Wege.«*

Zeitweilig zusammenzuspielen war auch üblich zwischen Blinden und Kollegen, die als deren ›Augen‹ fungierten. Leadbelly beispielsweise hat Blind Lemon schon lange vor seiner Verhaftung kennengelernt und mit ihm auf dem Kiez von Dallas, in den Puffs von Silver City oder auf den Treppen zahlloser Bahnhöfe musiziert. Jefferson, Texaner wie Leadbelly (B. B. King: *»Geh in mein Hotelzimmer, und du findest 'ne Blind-Lemon-Kassette, die ich immer höre, wenn ich mich mal hinlege«*) und von 1917 an in Dallas' Bars und Bordellen tätig, hatte 1925 eine Testplatte aufgenommen und war im Jahr darauf von Paramount nach Chicago zu Aufnahmen geholt worden. Streng die exakten Notenwerte einzuhalten war auch seine Sache nicht, sein Gesang stand dem field holler recht nahe; in den ***Breaks*** zwischen den Strophen bot er raffinierte chromatische Läufe, unterlegte die relativ hohe Stimme mit ***down-scale-runs***, erprobte ständig neue Klangeffekte und hing selbst auch an den Laufbässen der Bierkneipenpianisten: Sein Einfluß ist Legende. Neben Leadbelly fühlen sich insbesondere Big Bill Broonzy, Muddy Waters, Lightnin' Hopkins (* 1912) und Frances ›Scrapper‹ Blackwell von ihm geprägt – und die weißen Countryspieler, die ihn damals in Dallas hörten. Sein breites Repertoire umfaßte alles, vom Gospelsong bis zum Spiellied der farbigen Kinder – Leadbelly wird diese thematische Breite übernehmen.

Blind Lemon war, wie es aussieht, auf Erfolg programmiert. 97 Songs nahm er für die Paramount auf, zwei für das Okeh-Label; sie und seine Auftritte brachten ihm dermaßen viel Geld, daß er sich – wie später in Europa Django Reinhardt – ein Automobil samt Chauffeur leisten konnte. Den Mammon gescheit anzulegen, war nicht sein Business. Mädchen und Alkohol waren ihm entschieden lieber. Am 28. April 1935, unmittelbar nach seiner letzten Aufnahme für Paramount, besuchte er eine Party, wo er einen durch eine Nierenentzündung verursachten Anfall erlitt. Aus nicht ganz klaren Gründen hatte er keinen Wagen mit, stapfte angeblich nach einem Streit mit Frances ›Scrapper‹ Blackwell auf eigene Faust los und erfror in der eisig kalten Nacht am Straßenrand.

Anders als in Mississippi und in Texas sah die Situation für die Blueser in den Oststaaten Georgia und den beiden Carolinas aus. Hier wurde inzwischen Tabak angebaut, was wesentlich lukrativer war als die Baumwolle im Süden und auch entschieden leichter zu bewerkstelligen. Wie in Jackson (Mississippi), in Dallas (Texas) und in Memphis (Tennessee), so hatten die in Chicago undin New York ansässigen Schallplattenfirmen mit dem Ehrgeiz, ›den Süden lückenlos dichtzumachen‹, auch Scouts nach Atlanta (Georgia) geschickt. Denn dieser Staat, mit seinem Tabak und seinen mittlerweile sattsam bekannten Erdnüssen, bot eine weit fruchtbarere Grundlage für den Blues als etwa Alabama oder Arkansas. Die waren allzu arm und unterentwickelt, um dem Blues den Sprung vom field holler in die Unterhaltungs- oder gar künstlerischen Zentren zu ermöglichen. Die Folge: Die wenigen begabten Musiker aus Alabama gingen hinüber nach Georgia, so zum Beispiel Barefoot Bill und Ed Bell aus Greenville in der Nähe von Montgomery. Barefoots eigenwilliger Gesang und sein ›eisenbahnähnliches‹ Gitarrenspiel (rhythmischer Wechsel von bass/treble–bass/treble...) sind die herausragenden Merkmale, obwohl bis heute noch nicht gesichert ist, ob er diese Qualitäten nicht erst in Atlanta entwickelt hat.

Der Georgia-Blues war (der Grund liegt in den erwähnten gänzlich anderen landwirtschaftlichen Bedingungen) verständlicherweise keine so existentielle Angelegenheit wie in Mississippi oder Texas. Hier lag der Akzent also weit mehr auf seinem Wert als Entertainment, und zudem war hier auch der kulturelle Austausch zwischen Schwarz und Weiß merklich intensiver: Wechselwirkungen zwischen schwarzem Blues und weißem Hillbilly sind unverkennbar; leicht einzusehen auch, daß Tanz- und Ragtime-Rhythmen hier mehr zählten als anderswo.

Das Zentrum des Georgia-Blues war Atlanta, eine Stadt, in der um die Jahrhundertwende etwas mehr als 35700 Schwarze gezählt wurden. 1910 waren es schon 16000 mehr, 1920 kamen noch einmal soviel dazu und 1930 überschritt die schwarze Einwohnerzahl dieser Stadt bereits die 90000. Atlantas Decatur Street und die Auburn Avenue waren damals und sind noch heute die Zentren der Schwarzen. Hier ließ der terroristische weiße Geheimbund Ku-Klux-Klan sie unter sich, verbrannte aber nicht weitab, auf dem Stone Mountain, seine Kreuze und schürte den Rassenhaß.

Joshua Barnes [Peg Leg] Howell (*1888, †um 1980) in Eatonton geboren, blieb auf der väterlichen Farm, bis er 16 war: Sein Schwager hatte ihm bei einem Streit eine Kugel ins Bein geschossen, das amputiert werden mußte. Als er 35 Jahre alt war, ging er nach Atlanta, um dort sein Geld als Gitarrist, Sänger und Verkäufer schwarz gebrannten Whiskys zu verdienen: Der ›moonshine whisky‹-Job brachte ihm 1925 zwölf Monate Knast ein. Zwischen 1926 und 1929 aber machte ›Peg Leg‹, wie er nun genannt wurde, für Columbia neun Aufnahmen, einen Teil davon mit Henry Williams an der zweiten Gitarre. Sein Instrument zu spielen hatte Peg Leg Howell schon 1909 gelernt: *»Hat nich' lange gedauert. Bin einfach ma' 'ne Nacht durch aufgeblieben und hab's mir selber gelernt«,* wie er das nicht unflott ausdrückte. In erster Linie ist Peg Legs Stellenwert darin zu sehen, daß auch er – ähnlich wie Tommy Johnson, Skip James oder Blind Lemon – den Übergang von den alten Arbeitsliedern und Balladen zum Blues symbolisiert.

Das, was dann später unter dem ›Georgia Sound‹ verstanden wurde, weist auf solche Spieler wie Robert (*1902, †1931) und Charlie Hicks (*1897, †um 1960), Willie Baker, James ›Kokomo‹ Arnold (*1901), Curly Weaver, Bumble Bee Slim (*1905), Buddy Moss (*1914) und, vor allen anderen zu nennen: Blind Blake und Blind Willie McTell. Die Mehrheit aller dieser Songsters hatte ursprünglich die verschiedensten ländlichen Stile nach Atlanta gebracht und in den Jahren nach dem Ersten Weltkrieg einen eigenen, lokalen Stil herausgearbeitet, dessen Hauptmerkmale einfache Bluestexte in lockerer Verknüpfung, durchgestrummte Twelvestrings (nur Howell und Blind Blake spielten sechssaitig), extrem magere Akkordwechsel und unregelmäßige Metren waren. Ausnahmen bestätigen auch hier wie stets die Regel: Glatter Drive und gelegentlich gar Vorstöße in den Fingerstyle-Bereich blieben Rarität.

Charlie Hicks und sein Bruder Robert alias ›Barbecue Bob‹ wuchsen auf einer Farm im Walton County auf. Bob starb, nur 29 Jahre alt, an Tuberkulose. In den zwanziger Jahren hatten sich beide ihr Geld mit dem Säubern von Windschutzscheiben verdient; ein Talent-Scout hörte sie, als sie nach der Wäscherei für Kunden musizierten. 1927, kurz vor seiner Umsiedlung nach New York, machte Bob noch Aufnahmen in Atlanta.

Gegen Ende der ›roaring twenties‹ hatte sich der Georgia Blues zu einer stark nuancierten, komplexeren Kunst entwickelt, eine Kunst, die mittlerweile vor allem von den raffinierten Fingerpicking-Techniken aus North und South Carolina profitierte. So zeigte sich der 1914 geborene Buddy Moss außerordentlich geprägt von den Carolina-Pickers Blind Boy Fuller (*um 1908, †1941) und Brownie McGhee (*1915), und Namen wie etwa Freddie McMullen und, vor allem, James ›Kokomo‹ Arnold stehen denn auch insbesonders für

diese neue Spielweise. Arnold, in Lovejoy (Georgia) geboren, trat noch 1930 als ›Gitfiddle Jim‹ auf und zog dann nach New York, wo er bis 1938 blieb.
Blind Blake und Blind Willie McTell führen konkurrenzlos die Reihe der Top-Georgianer an. Sie sind es, die mit ihrer unübertroffenen Gitarrentechnik die neue Ära der ragtimeorientierten Spielweise ausrufen (Blake sechs-, McTell zwölfsaitig).
Blake, den wir ja schon als den Mann kennengelernt haben, ›der die Gitarre wie ein Piano spielt‹, zog wie beinahe alle seine Ragtime-Kollegen die vorzeichenfreie Tonart C vor: Die klassischen Rags wie zum Beispiel »Boogaloo Down La Rue« waren in dieser Tonart leicht zu greifen, außerdem ließen sich auf den Baßsaiten so am einfachsten die vollmundigen Synkopen spielen, die für diese Musik, die von den Pianos der Scott Joplin, James Silvester Scott (*1886, †1938) oder Scott Hayden herkam, so wichtig waren. Blakes ›Griff-und-Zupf-Kiste‹ war schier unerschöpflich: Nicht nur galt er als der schnellste Fingerpicker seiner Zeit; er beherrschte die walking basses wie kein anderer, schüttelte seine Boogie-Woogie-Figuren locker aus dem Handgelenk, bot raffinierte ***cross rhythms*** und synkopierte Daumen- wie Drei-Finger-***picking rolls***. In solchen Tagen brachte auch Qualität noch Popularität mit sich: Blind Arthur Blake aus Tampa (Florida) arbeitete als einer der ersten Studio-Profis und wurde damit einer der ganz großen Beeinflusser im Ragtime-Bereich. Insgesamt 80 Aufnahmen hat Blake in der Zeit von 1926 bis 1932 gemacht.
Blind Willie McTell (*1898, †um 1960), einer der wenigen Gitarristen, die sich mit ihrem Instrument fast schadlos durch die Talsohle der großen Depression anfangs der dreißiger Jahre hindurchspielen konnten, war in Thomson in der Nähe von Augusta (Georgia) geboren worden und ist dann etwa fünfzig Meilen vor der Küste in Statesboro aufgewachsen. Der Absolvent einer New Yorker Blindenschule, der *»von Maine bis zur Mobile Bay«* gezogen sei, wie er sagte, scheint so gut wie nichts anderes als Musik im Kopf gehabt zu haben. Er spielte, wo es was zu spielen gab, im Zirkus, bei den ›medicine shows‹, in denen zwischen kunterbunten Unterhaltungsangeboten dubiose Tinkturenmixer ihre Waren feilboten, bei Tanz-

festen und in Studios. Fast 100 Aufnahmen stehen in seinem Spielbuch, eine beruhigende Zahl ist erhalten geblieben und immer wieder veröffentlicht worden. Dem Zugriff der Blueshistoriker entzog sich der clevere Willie deshalb so lange, weil er mit Hinz und Kunz Verträge zu machen pflegte und, um ja keinen Ärger zu bekommen, seine Pseudonyme wechselte wie andere Leute die Saiten: Mal war er Blind Sam, mal Pig'n'Whistle Red, mal hieß er Barrelhouse Sammy, Blind Sammy, Blind Samuel, mal auch The Country Boy oder auch Hot Shot Willie. Und das waren noch längst nicht alle Versteckspielnamen auf seiner Liste.

Blind Willie jedenfalls beherrschte die zwölfsaitige Gitarre, diese schwierige Geliebte, wie kein Zweiter. Natürlich war sie ideal zum Spielen pianoverwandter Rags, denn zum Greifen alternierender Bässe gegen volle, satte Melodien waren die E- bis D-Chöre besonders geeignet. Problematisch war die Twelvestring nur dann, wenn bei bestimmten, sehr schnellen Einsätzen das gesamte Dutzend Saiten nur noch in ein wummerndes und zirpendes ›muddle‹ (Kuddelmuddel) sich auswuchs, das vor allem durch die oktavversetzten unteren Chöre (und durch Verstimmungen, wenn ohne Capo gespielt wurde) hervorgerufen wurde.

McTell kannte alle diese Schwierigkeiten. Denn ihm war nicht nur an der Schnelligkeit um der Schnelligkeit willen gelegen, nicht an purer Artistik also, sondern sehr wohl auch an Stücken, in denen er größere Sensibilität beim Erkunden neuer Akkordstrukturen entwickeln konnte, mit Hilfe von ***vamps***, ***pull-offs***, hammer-ons und ähnlichem.

Mississippi, Texas, Georgia, die Carolinas – der Trend fort vom ländlichen zum urbanen Blues ›marschierte‹ auch in Tennessee, in Memphis zumal, einer Stadt, die als Knotenpunkt für ›Transitreisende‹ vom Süden hinauf nach Chicago (Illinois) höchste Bedeutung hatte. Wer hier ausstieg, um eine Reisepause einzulegen, war von Musik umzingelt, und das bereits seit den 1880er Jahren, seit ein italienischer Immigrant auf die Idee kam, daß sein Spielsalon noch besser laufen würde, wenn er ihn mit Honkytonk-Musikanten besetzte. Das Slum-Herz von Memphis, die berühmt-berüchtigte Beale Street, wo es kaum noch ungewöhnlich war, *»wenn von Zeit zu Zeit* *splitternackte Menschen mit durchschnittenen Kehlen aus den Fenstern flogen«*, wie Will Shade (* 1898) sich im Gespräch mit Paul Oliver erinnerte – diese Beale Street gedieh rasend schnell zum großen Magneten für reisende Musiker. Viele von ihnen spielten draußen auf der Straße, direkt vor den Türen der Bordelle und Kneipen – wie Sleepy John Estes (* 1904, † 1977), der 1929 an der Ecke neben seinem Mandolinen-Partner Yank Rachel (* 1908) die Gitarre spielte und dort von einem Victor-Scout entdeckt wurde. Drinnen in den Rotlicht-Stampen sorgten die String Bands für die begehrte Geräuschkulisse; Sängerinnen gab es etliche, Gitarristinnen kaum. Minnie Douglas McCoy, genannt Memphis Minnie (* 1900, † 1973), durfte sich 1933 das Lob ins Stammbuch schreiben, das Broonzy ihr zollte, als beide bei einem Wettbewerb aufgetreten waren: *»Sie kann eine Gitarre richtig Worte sprechen lassen, sie kann eine Gitarre zum Weinen, zum Stöhnen, zum Sprechen und zum Pfeifen des Blues bringen.«* Minnie war in Algiers (Louisiana) zur Welt gekommen, und als sie zwanzig war, überredete sie ein Columbia-Scout, Memphis zu verlassen und in Chicago zu arbeiten.

Ab Ende der zwanziger Jahre war der Blues für die meisten Musiker keine einträgliche Einnahmequelle mehr. Die allgemeine Riesenpleite der Weltwirtschaftskrise von 1929 veranlaßte die Plattenfirmen, ihre ›race lists‹ für fast alle schwarzen Künstler dichtzumachen; der Blues aber, der dann noch in den Kneipen gespielt wurde, verwandelte sich im Nu in einen Spiegel der sozialen Misere, oder aber er bekam eskapistische, in eine Scheinwelt fliehende Züge, um abzulenken von den Schwierigkeiten des Lebens jener Tage. Diese ›Softies‹ der Bluesszene, eben jene musikalischen Realitätsflüchtlinge, waren samt und sonders Städter. Sie hießen Lonnie Johnson, Scrapper Blackwell, auch Memphis Minnie gehörte dazu, Hudson Whittacker und Big Bill Broonzy.

Eine der mittlerweile etabliertesten Besetzungen war die Duo-Kombination von Piano und Gitarre. Die Pianisten waren in den Drop-ins zumeist fest angeheuert, die Gitarristen kamen und gingen wie die Zugvögel.

Der in Atlanta geborene Hudson Woodbridge-Whittacker (* 1900, † 1981) etwa, der seine Kindheit in Tampa (Florida), verbracht hatte und seitdem ›Tampa Red‹ hieß, wurde schon als Youngster mit dem Prädikat ›The Guitar Wizard‹ bedacht, ein As mit fließendem Stil in den Soli und einer womöglich unübertroffenen Bottleneck-Technik, die er souverän mit meisterhaftem Sustain gegen die sauber herausgefingerten Singlenote-Linien absetzte, ein Sound, der sich insbesondere im Duo mit Klavier ausnehmend gut machte und in Bars wie in Kirchen gleichermaßen prächtig ankam. In den Zwanzigern hatte er mit Blind Blake gespielt und Getrude ›Ma‹ Rainey (* 1886, † 1933) aus Columbus (Georgia) begleitet. Nach Ma Raineys Tod stellte er dann seine Hokum Jug Band zusammen. ›Hokum‹ war das Schlüsselwort für eine ständig beliebter werdende Erweiterung des String-Band-Stils, eine Art ›happy music‹ gegen die Unbilden der Zeit, mit viel swingendem Beat, viel Rag- und Tanzrhythmen.

Der nächste Name jener Tage ist der von Frances ›Scrapper‹ Blackwell (* 1904, † 1962), der irgendwo in North Carolina geboren wurde, hauptsächlich in Indianapolis (Indiana) lebte und dort auch den Pianisten LeRoy Carr (* um 1906, † 1935) traf, mit dem er dann in Saint Louis (Missouri), in Louisville (Kentucky), in Nashville (Tennessee) und anderswo auftrat. Saint Louis übrigens war die eigentliche Hochburg der Piano/Gitarre-Duos. Scrapper spielte am liebsten in A- und D-Dur und hin und wieder auch mal in E-Dur und galt insgesamt als ein Spitzenmann im Kombinieren von Fingerpicking-Singlelines und runden, satten Bluesläufen. Sein Kumpel LeRoy geriet dann eines Tages an miesen Schnaps und kam jämmerlich zu Tode. Vor lauter Kummer über den Verlust des Freundes begann Scrapper nun seinerseits kräftig zu trinken und hörte auf zu spielen. Erst 1958 wurde er wiederentdeckt, machte aber nur wenige Aufnahmen und trat nur noch einige Male auf. Sein Ende war kaum schlimmer als das seines alten Freundes Carr: 1962 wurde er in einer Seitenstraße in Indianapolis ermordet und konnte darum das große Blues-Revival, zu dem ja auch seine Wiederentdeckung beigetragen hatte, nicht mehr erleben. Sein Einfluß aber reicht sogar weit in den Jazzbereich hinein: Eddie Durham und sein berühmter Schüler Charlie Christian haben viel aus Scrappers Singlenote-Technik gelernt.

Mitte der dreißiger Jahre, Folge des allgemeinen wirtschaftlichen

Aufschwungs, fand eine weitgefächerte Reorganisation der Schallplattenfirmen statt, und nach einer ganzen Reihe von Fusionen und Übernahmen blieben schließlich als die bedeutendsten Blues-Labels bis 1945 Brunswick und Okeh, Vocalion und Victor/Bluebird übrig, die ersteren Töchter der American Record Company, die beiden anderen RCA-Töchter. 1934 war der Beginn für die eigentlichen ›Race-series‹, angeführt von der englisch-stämmigen Decca unter der US-Führung von J. Mayo Williams.

Die ›Oldtimers‹ des Country-Blues waren in den wirtschaftlichen Wirren der Depression größtenteils von der urbanen Bildfläche verschwunden und nach Süden zurückgedriftet, ihre Musik freilich blieb, dank der Konservierung auf Schallplatten, auch in den Städten am Leben. Dem Süden fehlten aber auch jetzt noch städtische Musikzentren größerer Zahl, in denen sich hätte Geld verdienen lassen, so daß nun, in der Zeit ökonomischer Erholung, viele Blueser doch wieder in den Norden zurückkamen – und mit ihnen viele neue Namen.

Arthur ›Big Boy‹ Crudup (* 1905) beispielsweise sang 1941 auf einer Straße in Chicago, als zwei Männer ihm zehn Dollar für einen Auftritt boten. Big Boy, im Glauben, es handele sich dabei um einen der üblichen ***Gigs*** für eine private Party, folgte den beiden in ein Haus, wo er Lester Melrose vorgestellt wurde, dem rührigen Förderer des Bluebird-Labels. Crudup wurde ein erfolgreicher Plattenkünstler und Songwriter für die RCA-race-artists-series, stilistisch verwurzelt im hollering der älteren Blueser, mit einer nicht sonderlich ausgefeilten Spieltechnik, dafür aber intensivem Rhythmus-Feeling in den langsameren Tempi.

1938 nahm Booker T. Washington (* 1909, † 1977), auch Bukka White genannt, zwei Stücke für Vocalion auf und ging kurz darauf als Gefangener auf die Parchman-Farm, weil er einen Mann erschossen haben sollte. 1940 kam er wieder frei und nahm sogleich weiter auf. Das Jahr auf der Farm hinterließ tiefe Spuren in Bukkas Musik. Beeinflußt von Charley Patton (* 1887, † 1934) – Bukka war in dessen Gegend aufgewachsen –, fehlte seinem Spiel allerdings die Vielfalt Pattons. Er spielte vorzugsweise Resonatorgitarren, viel Bottlenecking und das vertraute ›bum-tschik‹ im Wechselbaß, das

zusammen mit den slide gespielten Melodien fesselnde Effekte ergab, wenngleich er harmonisch nicht unbedingt auf dem neuesten Stand war.
Zusammen mit Big Joe Williams (*1903) und Tommy McLennan (*1908) sind Crudup und Bukka White sozusagen ›die letzten Mohikaner‹ der älteren Country-Blues-Garde.
Ein anderer Resonatorspieler war der in Wadesboro (South Carolina) geborene Blind Boy Fuller (*1903, †1940), der zwischen 1935 und 1940 für diverse Race-Labels aufnahm. Sein Fingerpicking schlug sofort an; erlernt hatte Fuller sein Spiel auf Country-Dances und in Ragtime-Zirkeln. Sein früher Stil war begrenzt und bestand im wesentlichen aus open tunings und einfachem Bottlenecking. Ganz wesentliche Beiträge zur Vervollkommnung seiner Technik leistete Reverend Gary Davis (*1896, †1972), der 1935 mit Fuller, Sonny Terry und George Washington alias Bull City Red, einem Albino, der Gitarre spielte und als ›Augen‹ fungierte, zusammenarbeitete. Davis' Spezialität war seine unübertroffene Daumen/1. Finger-Technik und seine Kunst, den Baß synkopiert gegen die Melodie laufen zu lassen. Als Gary Davis sich dann selbständig machte, schlossen sich Terry, Fuller und ›eyes‹ Bull City Red mit Brownie McGhee (*1915) zusammen, was zunächst zu Eifersüchteleien zwischen Fuller und seinem Gitarristen-Kollegen McGhee führte. Blind Boy stirbt dann 1940, McGhee macht erst einmal unter dem Pseudonym Blind Boy Fuller II weiter, bevor er sich mit Sonny Terry zu dem wohl berühmtesten Blues-Duo der Geschichte zusammenschließt und mit ihm nach New York übersiedelt.
New York war das Leib- und Magenspielzentrum der Bluesleute aus dem Südosten. Josh White (*1908, †1969), eine außerordentlich populäre Figur der dortigen Szene, war schon 1930 nach New York gekommen. Der Mann aus Greenville (South Carolina), der eine Zeitlang als ›eyes‹ für Blind Lemon und Blind Blake fungiert hatte, war natürlich auch ihr gelehriger Schüler gewesen. Und so zeichnet sich sein Gitarrenspiel denn auch vor allem durch deren fließende Leichtigkeit und Eleganz aus.
Insbesondere für die Songsters aus Mississippi wurde Anfang der vierziger Jahre Chicago das neue Paradies. Hier waren seit den

Zwanzigern jede Menge Hinterzimmerpinten, Bordelle, Bars und Kneipen entstanden, die gute Einnahmequellen für die ankommenden Musiker boten.

Lonnie Johnson spielte hier, und seit dem Ende der dreißiger Jahre gelangte hier – auch durch die Veröffentlichungen auf dem Chicagoer Label Bluebird – ein neuer Bluesstil zu enormer Popularität, der nun nicht mehr von solistisch arbeitenden Sänger/Gitarristen geprägt wurde, sondern von Gruppen. Was in Saint Louis mit den Piano-Gitarre-Kombinationen begonnen hatte, wuchs nun hier heran zu Besetzungen, die meistens ein Schlagzeug, oft zusätzlich noch Holz- und Blechbläser einbezogen, um der Publikumsforderung nach einem lauteren Sound entsprechen zu können.

Der Trend zur Gruppe bedeutete aber auch den Abschied vom Spielen ›aus der hohlen Hand‹, bedeutete den Zwang *»to play together real tight«*, zum strengen Arrangement, wie Johnny Shines (* 1915) das nannte. Einer der Hauptexponenten dieser neuen Richtung war Big Bill Broonzy (eigentlich William Lee Conley Broonzy; * 1893, † 1958), der in Scott (Mississippi) geboren wurde und bei seinen Auftritten auf unzähligen Hausparties viele der großen Spieler des alten Blues kennenlernte, darunter Blind Lemon Jefferson, Lonnie Johnson und Blind Blake. Big Bill, von früh auf gezwungen, ein unterhaltender ›man for all seasons‹ zu sein, um leben zu können, beherrschte Tanzweisen nach Art des »Saturday Night Rub« ebenso wie Ragtimes (»Guitar Rag«) und die unterschiedlichsten Bluesstile. Nach einem eher unglücklichen Plattenstart 1927, von dem nur sein »House Rent Stomp« überlebt hat, hatte er in den Dreißigern durchschlagenden Erfolg mit Gruppen, zu denen die Pianisten Georgia Tom (* 1904), Joshua Altheimer (* 1910, † 1940) und Black Bob, der Bläser Buster Bennett, der Banjomann Steel Smith und die Gitarristen Frank Brasswell, Louie Lasky und Bill Williams gehörten und die sich allesamt spezialisiert hatten auf den ›happy sound‹ des Hokum-Stils. Zwischen 1936 und 1942 nahm Broonzy dann fast 200 Stücke auf – ein Rekord für die Blueser dieser Zeit.

Broonzy, der erst Blues zu spielen begann, als er 1920 nach Chicago kam, hatte hier zunächst bei dem Banjoisten Papa Charlie Jackson

Gitarre zu spielen gelernt. Erst später gelangte er unter den Einfluß Blind Lemons, dessen Stil er auf einigen Aufnahmen bis zur Verwechselbarkeit imitiert hat, wenn auch sein Swing weit ausgeprägter war als der seines texanischen Mentors. Gedämpfte Töne auf den Baßsaiten und hammer-ons erinnerten zuweilen an die leichthändige Beherrschung des Instruments, die so typisch für Scrapper Blackwell war, während sein Gesang häufig an den von LeRoy Carr erinnerte. Nach Carrs Tod konzentrierte sich Big Bill auf den urbanen Folkblues, der nun eine viel größere Zuhörerschaft in seinen Bann zog, denn der Name Broonzys als höchst individueller Künstler war längst etabliert, und so verwundert es auch nicht, daß er und Carr mit zu den ersten Blueskünstlern gehört hatten, die nach dem Ende der Great Depression wieder produzierten und auftraten.
Als die USA 1941 in den Krieg eintreten, schränken die Schellack-Restriktionen die Aktivitäten der gesamten Phonobranche empfindlich ein. Dazu kommt im selben Jahr die wachsende Besorgnis darüber, wie der Vormarsch der Musikboxen sich auf die Existenz der Künstler auswirken mochte. Die Folge: ein Erlaß der Amerikanischen Musikerföderation, demgemäß die Künstler aus den Aufnahmestudios zu verbannen seien. Die ›race lists‹ der großen Firmen wurden zugeklappt, doch die damit neu entstandene Marktlücke für schwarze Musik ermutigte prompt kleine, unabhängige Labels (die sogenannten ›indies‹) zu eigenen Produktionen in kleinen Auflagen, für die nur kleine Mengen von Schellack (einem Harz aus Schildlaus-Exsudat) benötigt wurden.
Nach 1945 freilich wurde alles wieder ganz anders. Wie der Jazz, so trat nun auch der Blues in die neue Ära elektrischer Gitarren ein.

Durch den Zweiten Weltkrieg (1939–45) mit seinen ungeheuren Auswirkungen auf die sozialen und ökonomischen Strukturen auch der Vereinigten Staaten wurde auch die Entwicklung des Blues nachhaltig beeinflußt. Die Kriegswirtschaft (beispielsweise im Bereich der Schwerindustrie) brachte gewaltige Bevölkerungsbewegungen mit sich, und es sind diese Verschiebungen, die nun dem Blues als Regionalphänomen endgültig ein Ende machen. Beide, der schwarze Blues wie die weiße Country-music, sind nun keine Musikgattungen mehr, die in verschiedenen, begrenzten Gegenden verschiedene Varianten hervorbringen. Die Symbiose bahnt sich an: Der Blues der Nachkriegszeit ist so vielen unterschiedlichen und praktisch ausschließlich urbanen Einflüssen ausgesetzt wie nie zuvor. Aus dem Jazz, insbesondere aus dem Einflußbereich der Kansas City Jazz Bands, kam ein neuer Gesangstil herüber, aber auch das Tenorsaxophon erhielt hier neue solistische Aufgaben. Die texanischen Boogie-Woogie-Rhythmen wurden in einen intensiv ›pumpenden‹ Tanz-Beat eingebracht, und: Es kam die elektrische Gitarre. Denn nicht mehr der Solosänger mit seiner akustischen Steelstring war jetzt gefragt, sondern eben die Gruppe, die den gestiegenen Anforderungen der Großstädter nach deutlicherer Abbildung ihres Lebensstils besser entsprach. Nicht anders als im Jazz auch, wurde die elektrische Gitarre zu eben dem Gitarrentyp, der diesen neuen Anforderungen gewachsen war. Und auch ähnlich wie im Jazz, zum Beispiel bei Jimmy Wyble (* 1922) und Herb Ellis (* 1921), so brachten die Vorkriegs- und die Kriegsjahre mit ihrem Trend nach Westen auch für den Blues eine wesentliche Erweiterung der Landkarte mit sich.

In Linden (Texas) geboren, war Aaron ›T-Bone‹ Walker (* 1913) schon 1934 als Bluessänger nach Kalifornien gegangen, hatte in den vierziger Jahren einige Zeit mit dem Les Hite Orchestra getourt, aber abgesehen von dieser Zeitspanne rund zwanzig Jahre im Golden State gespielt. Als Sechzehnjähriger hatte er bereits unter dem Pseudonym Oak Cliff T-Bone einige Aufnahmen gemacht, als T-Bone Walker aber erst viel später weiterproduziert. Der Ex-Begleiter von Ma Rainey und ihrer Sangeskollegin Ida Cox (* 1889, † 1967) bildete zu Beginn der vierziger Jahre seine erste eigene Gruppe mit Piano, Baß und Schlagzeug, wenig später fügte er Tenorsax und Trompete hinzu und legte damit den Grundstein für den modernen Blues und dessen Derivate. Seine Bedeutung als elektrischer Gitarrist im Blues ist mit der Christians für den Jazz vergleichbar, wenngleich er sich meilenweit von der hornähnlichen Klangqualität der E-Jazzer entfernt hielt: Er liebte es, während des Spielens ausgiebig von seiner ***Volume-Kontrolle*** Gebrauch zu machen und betonte den Blues-Charakter durch viel bending und Fingervibrato.

»Er pflegte immer nur eine Saite zur Zeit zu spielen«, beschrieb Little Milton später Walkers Singleline-Stil, *»und die meisten der anderen Gitarrenspieler... machten Akkorde.«* Und es war eben dieser für den Blues völlig neue, erst durch die Verstärkung möglich gewordene Spielstil, der den Pionier der elektrischen Bluesgitarre auch zu einem wichtigen Impulsgeber für Jazzspieler wie die Brüder Oscar Fred (* 1916, † 1982) und Johnny Moore werden ließ. *»Als ich T-Bone Walker hörte, wie er die elektrische Gitarre spielte, da gab es für mich nichts – ich mußte auch eine haben«,* erinnert sich B. B. King stellvertretend für ungezählte andere Bluesspieler. Nicht genug damit: T-Bone alberte mit Vorliebe auf der Bühne herum, spielte seine Gibson mal zwischen den Beinen, mal über dem Kopf, galt allgemein als ein Musikclown, dessen drollige Einlagen zuweilen von seiner meisterhaften, außerordentlich seriösen Beherrschung der Gitarre ablenkten, andererseits aber Nachfahren wie Buddy Guy und Jimi Hendrix stark in ihrer showmanship beeinflußten.

Ansonsten sind Memphis (Tennessee) und, vor allem, Chicago (Illinois) die beiden großen Zentren des Nachkriegs-Blues. Musikalisch jedenfalls hatte sich für die Schwarzen einiges gebessert. Radiostationen wie WOKJ in Jackson (Mississippi) mit über 100 000 farbigen Hörern, wie WAOK in Atlanta (Georgia) oder WRMA in Montgomery (Alabama) mit einer halben Million pendelten sich auf den neuen Trend ein. Der Discjockey wurde zum Symbol des Mannes, der im Zentrum der ›black radios‹ saß. 1942 stellte sich dann schon WJLD Birmingham (Alabama), 1944 WHAT in Philadelphia (Pennsylvania) total auf die ›Interessenvertretung‹ der Schwarzen ein; WDIA in Memphis verfügte über eine schwarze Hörerschaft (und damit – als Privatfunk – über entsprechende ›sales power‹, Verkaufskraft also) von eineinviertel Millionen und nannte sich von 1948 an *»Amerikas einzige 50 000-Watt-Neger-Radiostation«*. Und wer sendet, muß auch Platten haben: Die Phonoindustrie wurde zum neuen Dorado farbiger Blueskünstler; neue Labels überall in den Staaten fingen die Talente der wandernden Schwarzen auf, egal, wohin man auch kam. Auch der weiße Discjockey Sam C. Phillips hatte sein Sun-Label ursprünglich für schwarze Blueser

gegründet und zu Beginn (1950) noch keine Ahnung von seinem zukünftigen (weißen) Superstar: Elvis Presley.
Ende der Vierziger treffen in Chicago viele Angehörige der älteren Blues-Generation ein, um hier, hauptsächlich vor Mississippi-Publikum, ihren Lebensunterhalt zu verdienen. Aber natürlich ziehen die Älteren im Trend auch jüngere Sänger/Gitarristen mit, darunter auch McKinley Morganfield alias Muddy Waters (*1915) aus Rolling Fork (Mississippi). Muddy, sämtliche Stücke der Charley Patton, Robert Johnson und Son House in den Ohren, sieht sich schon sehr schnell mit den geänderten Gegebenheiten konfrontiert: *»Hab' da in den Clubs gespielt. Und man kann in so'm Schnapsladen keine Acoustic spielen.«* In den fünfziger Jahren (er spielt seine weiße Telecaster mit Capo) gehört Muddy mit seinem zweiten Gitarristen, Pat Hare (*um 1928), zu den absoluten Stars der Chicagoer Szene. Sein spielerisches Markenzeichen ist ein rhythmisches Konzentrat, das die Blueswelt bis dato noch nicht vernommen hatte.
In dieser Zeit kommt noch ein Senior des Südens in die Blues-Stadt: Howlin' Wolf, eigentlich Chester Burnett (*1910) aus Aberdeen (Mississippi), der große Waters-Rivale, dessen ungehobelter Spielstil später unter den jungen weißen Bluesfreaks der Presley- und Nach-Presley-Generation viele Anhänger findet. Mit Elmore James (*1918), der gemeinsam mit seiner Gruppe, den Broomdusters, ebenfalls alten Blues in neuer Umgebung bietet, bekommt dann die Mississippi-Gitarre (Elmore wurde dort in dem Städtchen Durant geboren) einen weiteren neuen Akzent: James, ein beinahe unfaßbar guter walking-bass- und Bottleneck-Spieler, gilt allgemein als der erste, der das geliebte Bottlenecking auf den gerundeten Hals der E-Gitarre überträgt und seiner Musik damit einen im wahrsten Wortsinn unerhörten Drive und *»punch«* (Evans) verleiht.
Schon vor dem Krieg hatte Memphis, jener musikalische ›Knotenpunkt‹ in Tennessee, ein wesentlich breiteres Spektrum an Bluesstilen erleben können, eine Entwicklung, die sich hier auch nach dem Kriege fortsetzte und zu einer Synthese aus aggressivem Chicago-Sound und differenzierterem T-Bone-Sound heranreifte.

»Riley B. King ist der vorzüglichste Bluesgitarrist der Welt«, stellt Tom Wheeler, der Verfasser des »Guitar Book« (1978), lakonisch fest und fährt dort fort: *»Es gibt kaum einen Rock-, Pop- oder Bluesspieler, der ihm nicht irgend etwas verdankt, obschon aufgrund der Tatsache, daß große Teile seines Einflusses direkt von Rockstars assimiliert wurden, mehr als eine Handvoll von ihnen sich dieser Schuld kaum bewußt sein dürfte.«*
King (*1925) wurde nahe Itta Bena (Mississippi) unweit der Stadt Indianola geboren. Seine Eltern trennten sich früh, die Mutter starb, als Riley neun Jahre alt war. Er war Farmgehilfe, bis er 1934 zur Army eingezogen wurde und nach Camp Shelby in der Nähe von Hattiesburg (Mississippi) kam. Die erste Musik, die er hörte, klang in Kirchen auf, *»und das Singen und die Musik in den Kirchen, das war etwas, was ein kleiner Junge, sogar, wenn er schon in den Fünfzigern ist, niemals wieder vergessen kann«,* sagte er einmal.
Zu Hause bei den Eltern war Blues tabu; schließlich war Riley für sie in allererster Linie ein Spiritualsänger, und der Blues mit seinen oft nicht gerade pädagogisch empfehlenswerten, oft doppeldeutigen Texten gehörte in ein christliches Haus baptistischen Fundaments nun mal nicht hinein. Daß er sich die Gitarre zu seinem Lebensinstrument erkor, lag wiederum auch an der Kirche, denn der Pfarrer am Ort pflegte sich selber auf einer zu begleiten, und außerdem war es schließlich so, *»daß Gitarren einfach zu kriegen waren. In jedem Durchschnittshaushalt gab es eine Gitarre und eine Mundharmonika«,* sagt King, der sich sein Vornamen-Kürzel ›B. B.‹ in Memphis verdient hat, als man begann, den jungen Discjockey am Sender WDIA *»the boy from Beale Street«* und *»the blues boy«* zu nennen. Professionell zu spielen begann er aber noch daheim in Indianola, Mitte der vierziger Jahre, als street singer von Liedern, die die Passanten sich wünschten. 1949 kam dann der erste regulär bezahlte Job, in West Memphis im 16th Street Grill, dessen Chefin ihm zwölf Dollar pro Nacht, Unterkunft und Verpflegung zahlte. Damals war King 24 Jahre alt. Freunde brachten ihn darauf, es – wie andere Blueser – doch mal als Radio-Discjockey zu versuchen. Zum Sender kam er, zuerst allerdings als Sänger von WDIA-Werbespots für

Pepticon Tonic, dann aber bekam er den begehrten Discjockey-Job und moderierte als ›B. B.‹ seine Bluesprogramme.
Kontakt zu Muddy Waters, John Lee Hooker und den anderen gitarrespielenden Zeitgenossen habe er nicht gehabt, sagte King in einem Interview, *»ich hatte zwar ihre Platten, aber nun schau mal, sie hatten ja schon vor mir gespielt... ich hab' gepflügt, als sie gespielt haben.«* Jahrelang giggte B. B. King dann durch kleine, weitverstreute Clubs im Süden, angesteckt von dem, was ihm von Lonnie Johnson, Blind Lemon, Charlie Christian, Django Reinhardt(!) T-Bone Walker, Elmore James und anderen zu Ohren kam. Und er bekannte: *»Ganz am Anfang, da hätte mal einer kommen sollen und sagen müssen, ich könnte nicht singen. Also, wenn du mir damals gesagt hättest, ich könnte nicht singen, dann hätt's 'nen Mordskrach gegeben. Erst später fand ich 'raus, wie wenig ich in Wirklichkeit davon verstand, wie miserabel sich das eigentlich anhörte. Und dann fand ich 'raus, daß es mit meinem Gitarrespiel auch nicht gerade weit her war... und wenn ich so hätte spielen können wie sie* (Johnson, Jefferson, Reinhardt usw.), *dann hätt' ich das auch gemacht, aber ich hab' so'n Dickschädel, in den so manches einfach nicht 'reinwill, und meine Finger – die wolln auch nicht so.«*
»B. B. King singt, und dann singt Lucille«, hieß es vor Jahren im Kommentar eines einfühlsamen Kritikers. ›Lucille‹ – das ist heute das Synonym für alle Kingschen Gibson ES-355 TD-Gitarren, Stereo-Gitarren mit ***double-cutaway***: *»Ich liebe ihren Hals«*, sagte King schon im Dezember 1969, *»man kommt ganz leicht und blitzschnell in die höchste Lage«* (22. Bund). Die Legende freilich wuchert weiter, daß der Mann, der 1979 gar durch die Sowjetunion tourte, als Vierundzwanzigjähriger einen Job in einer Bar in Twist (Arkansas) hatte und Augenzeuge wurde, wie zwei Männer in Streit gerieten, sich zu prügeln begannen und dabei eine ›faßgroße‹ Kerosinlampe umstießen. Das ganze Haus stand sofort in Flammen, Gäste und Bewohner drängten panisch verängstigt ins Freie, nur der junge Gitarrist, der sich blitzartig bewußt wurde, daß er seine damalige 30-Dollar-Gitarre nicht würde ersetzen und damit auch nicht weiterarbeiten können, eilte zurück, rettete sein Instrument und erlitt dabei schwerste Verbrennungen. Kaum war der ›blues boy‹ wieder im

Freien, stürzte das Gemäuer zusammen und begrub die beiden Streithähne, über die King später erfuhr, daß ihr Streit eine Frau namens Lucille betroffen hätte. Seither – um sich daran zu erinnern, nie wieder *»so was Dummes zu unternehmen«*, wie er sagt – nennt er alle seine Gitarren nach jener umkämpften, feuergefährlichen Dame. Wie er zu allen seinen ›Lucilles‹ überhaupt eine äußerst persönliche Beziehung hat, was auch in seiner Reaktion auf die Feststellung, er spiele im Vergleich mit anderen elektrischen Bluesgitarristen relativ wenige Töne, deutlich wird: *»Ich habe das Gefühl, daß ich auch dann noch selbst singe, wenn ich nur spiele. Das mag der Grund dafür sein, daß ich nicht so viele Töne spiele wie manch anderer. Vielleicht ist das auch ein Grund dafür, daß das meiste an meiner Musik im Grunde sehr simpel ist – weil ich genauso singe. Wenn ich solo spiele, höre ich mich durch meine Gitarre singen...«*
In den fünfziger Jahren hatte King zunächst an die 300 Aufnahmen für kleine Labels wie Kent, Crown und Blue Horizon gemacht, allesamt regional ausgerichtete Hits, die ihm wenig Geld einbrachten, weil auch der Vertrieb dieser Platten eher bescheidenen Zuschnitts war. Dann ging er zu ABC/Paramount, wurde 1967 auf deren (heute nicht mehr existierendes) Bluesway-Label transferiert, doch der landesweite Durchbruch kam dann doch erst 1970 – mehr als zwanzig Jahre nach seinen allerersten Aufnahmen – mit dem Hit »The Thrill Is Gone«, ein mit modernstem Gerät und der offenbar noch immer unerläßlichen Streichergruppe aufgenommenes Stück, das den Gitarristen immer wieder veranlaßt, die Fetischisten ausgefuchster Studio-Technologie darauf hinzuweisen, daß sein eigener erster großer Rhythm-and-Blues-Hit, seine Bearbeitung des Lowell-Fulson-Songs »Three O'Clock Blues«, vom R.P.M. Label im YMCA von Memphis aufgenommen wurde und viele berühmtgewordene Bluesklassiker in Garagen oder mobilen Aufnahmeeinrichtungen entstanden sind.

Heute sagt King, mittlerweile Doktor honoris causa des Tougaloo College (Mississippi), der mittlerweile ein Bluesarchiv von rund 30000 Platten zusammengetragen hat, über die Veränderung des Verhältnisses der Schwarzen zum Blues: *»Wir haben immer mit schwarzen Menschen zu tun gehabt, die Blues mögen; aber wenn man* *versucht, sie in Kategorien zu fassen, dann waren wir diejenigen, die wie ich ganz unten waren, die die Drecksarbeit gemacht haben. Und dann gab es die Mittel- und die Oberschicht, wie wir das in Mississippi nannten. Die Menschen, die auf den Plantagen geackert haben, diese ganz gewöhnlichen Arbeiterklasse-Menschen – die haben verstanden. Die haben sich nie geschämt. Ungefähr neunzig Prozent von ihnen hatten am Anfang daran teil; sie wußten, was ich machte. Viele von ihnen konnten's sogar besser als ich selber. Aber da gab es halt noch die Mittelklasse. Ein paar von denen war mit uns ganz unten, aber die anderen, die spielten nur unsere Platten, aber wie gesagt, sie legten sie immer erst nach Mitternacht auf, verstehste? Die empfanden Blues als so'n bißchen Degradierendes, die schämten sich eben...«*

Barney Kessel und Kenny Burrell hört er wie seine Blues-Vorbilder, aber ebenso wenig, wie er sich etwa als Rhythmusgitarrist kompetent fühlt, spielt er wie sie: *»Es gibt Dinge, die sie spielen, die ich auch spielen würde, wenn ich es könnte.«* Aber *»statt die Sachen dann auch A, B, C, D zu spielen, würde ich sie vielleicht A, C, D, B spielen – also nicht einfach genau das gleiche, weil ich auch einfach glaube, daß es nur sehr, sehr wenige Leute gibt, die die selben Ideen identisch umsetzen können, wenn sie ihre eigenen Gefühle haben.«*

Tiefen zu hören, sagt er, bereitet ihm Probleme *(»meine Ohren sagen mir da wenig«)*, in den Höhen aber ist er firm. Und dies sei der Grund dafür, daß er seit 1958 ES-355-Gibson-Modelle spielt; denn weil dieses Instrument stereo spielbar ist, bevorzuge er die Höhen. Ende 1981 brachte Gibson ein allgemein erschwingliches Lucille-Modell auf den Markt, eine 355er-Variante mit einer Anzahl technischer und formaler Veränderungen wie einem Gibson TP-6-Saitenhalter, an dem man die Saiten individuell stimmen kann, und ohne f-Löcher, um die Feedbacks zu vermeiden (King hatte Handtücher in seine 355er gesteckt, um die Resonanz zu dämpfen). Vibrato-Hebel lehnt er ohnehin ab (womit Gibson-Experte Ian C. Bishop irrt, wenn er meint, etwa die ES-355 SV mit Maestro Vibrola sei ein Favorit Kings); er und (sein Vetter) Bukka White gelten als die ›Erfinder‹ des vertikal zum Hals mit der Greifhand gespielten Vibrato im Blues – etwas, das er vor allem von Django Reinhardt gelernt hat.

B.B. King ist der moderne Grundton der schwarzen Bluesgitarre. Und als der weiße (Blues-)Gitarrist Michael Bloomfield vor Jahren verdattert nach Vergleichen fischte und dann über Eric Claptons Spiel sagte, er spiele ja wie B.B. King, war damit natürlich nichts gemeint, was das schwarze Vorbild dem weißen Generationsgenossen gegenüber hätte abwerten sollen, im Gegenteil: King (*»B. B. ist jetzt der Blues-Boss«*, schrieb vor Jahren William Eyre) ist und bleibt Maßstab, auch wenn er selbst meint, sein (ebenfalls schwarzer) Kollege Albert King, jenes ›Unikum‹, das wie die Folkblues-Oma Libba Cotton (*1893) rechtshändig besaitete Gitarren in Linkshaltung spielt, sei wahrscheinlich der beste Bluesgitarrist.
Nun, Albert King (*1924), der in Indianola geboren wurde und zum ersten Mal in seinem Leben Bekanntschaft mit einer Gitarre machte, die so hoch hing, daß little Albert auf einen Stuhl steigen mußte: *»Ich kletterte 'rauf und klopfte dagegen. Klang gut!«* – dieser Albert King mit der bärenhaften Statur des Ex-Bulldozerfahrers brachte sich erst relativ spät dem Blues-Publikum zu Gehör. Am 1. Februar 1968 nämlich spielte er vor dem vorwiegend weißen Fillmore-Publikum in San Francisco als Anheizer für John Mayalls damalige Truppe und für Jimi Hendrix auf und erlebte dort seinen Durchbruch. Albert ist sehr stark von Blind Lemon Jefferson beeinflußt, und *»er spielt mit seinem Daumen; und er spielt horizontal, immer das Griffbrett 'rauf und 'runter statt vertikal«*, jubelte tief beeindruckt Mike Bloomfield, der durch Sam Lay, Ex-Albert-Drummer und in jenen Tagen Mitglied der Butterfield Blues Band, den weißen Gitarristen quasi mit der Nase auf seinen vormaligen Chef stieß: *»und wenn er sieben Bünde hätte marschieren müssen, dann hat er die Saiten eben über sieben Bünde gezogen!«*
Bis heute spielte Albert King ohne Plektrum, weil er, wie er sagt, kein Plektrum in seiner Hand festhalten kann. *»Früher, da hab' ich ja am Anfang auch mit einem gespielt, aber wenn ich dann gerade so ordentlich drin war, naja, dann segelte das Plektrum fröhlich quer durchs Haus. Ich sagte, scheiß der Hund drauf. Und seitdem spiele ich nur noch mit dem Daumenfleisch.«* Und Steve Cropper (*1943), der auf vielen Albert-Aufnahmen Rhythmusgitarre spielte, erklärte auch Alberts seltsam anmutendes cross-tuning: *»Er stimmte sich ein*

e-moll zurecht mit ganz unten einem tiefen C. Das ist so'n richtiger Schweinepriester-Baß, wie 'ne Tuba; aber soviel spielt er sie auch wieder nicht; das ist sowieso eine recht häufig übersehene Saite.«
Dritter, dem Blues-Publikum ebenfalls heiliger König, ist Freddie King (* 1934), der in Gilmer (Texas) geboren wurde. Erstaunlich genug, aber von den drei Kings war er für viele, wenn nicht gar für die meisten weißen Bluesgitarristen der erste, den sie hörten. Hochgespült von den ›twangy guitar‹-Klängen Duane Eddys (* 1938), der Ventures und anderer populärer Gruppen und Solisten, hatte Freddie das Glück, schon 1960 mit seinem Instrumental »Hideaway« einen Top-Hit in den Charts zu plazieren und so auf seine eigentliche Begabung aufmerksam zu machen – das Bluesspiel. Immerhin ließen es sich dann die weißen Gitarristen Clapton (»Hideaway«), Mick Taylor (»Driving Sideways«) und Peter Green (»The Stumble«) nicht nehmen, dem Erfinder dieser Stücke mit eigenen Versionen ihre Reverenz zu erweisen. Freddie hatte 1940 begonnen, Gitarre zu spielen; geht 1950, als er die Schule beendet hat, nach Chicago, weil er Muddy Waters sehen will, und wird dort von Waters' Gitarristen Jimmy Rodgers in die Geheimnisse guten Spielens eingeweiht. Und das hieß zunächst, das ***flatpick*** zu vergessen und technisch einen großen Schritt früher anzufangen: *»Ich hab' auch nie eins benutzt«*, sagte er, *»ich benutze ein Stahl-Fingerpick auf dem Zeigefinger und ein Daumenplektron aus Plastik. Jimmy Rodgers und Eddie Taylor brachten mir bei, wie man damit umgeht. Robert Jr. Lockwood kann sogar mit drei Fingern spielen.«* Später erhält er die Chance, auf Jimmy Rodgers' Comeback-LP »Gold Tailed Bird« (1973) mitzuwirken und gemeinsam mit J. J. Cale zu produzieren. Sein Alter und die Einflußmixtur aus Texas- und Chicago-Blues ließen es ihm leicht werden, insgesamt moderner zu spielen als viele seiner längst etablierten, aber auch orthodoxer spielenden Kollegen in Chicagos South Side; und dies ließ ihn bald zu einem der gefragtesten Kollegen der jüngeren Chicago-Blueser vom Schlage eines Otis Rush (* 1934) oder Magic Sam Maghett (* 1937, † 1969) werden: *»Wir gingen 'rum und hörten, was jeweils der andere so spielte; dann tauschten wir licks aus; ich, Otis, Magic Sam, Jody Williams«* (Co-Gitarrist von Howlin' Wolf). *»Ich hab' dann Luther Allison das*

Spielen beigebracht.« Seinen »Hideaway«-Erfolg, so gab King damals zu, habe er im Grunde von Hound Dog Taylor (*um 1910) abgeschaut und mit Magic Sam auf Vordermann gebracht. Von Taylors striktem Bottleneck-Spiel hielt King sich jedoch fern. Und Freddie sagte dazu: *»Meine Finger sind zu schwer; ich spiele zu hart. Ich wünschte, ich könnte slide spielen, aber es geht nicht.«*
Nun, ob B. B. King seinen Namensvetter Albert für den Größten und Besten hält, oder ob Mayalls Bluesbreakers sich Freddie widmen – sie alle, auch natürlich Buddy Guy, natürlich Fenton Robinson (*1938) und Jimmy Reed (*1925, †1976), Taj Mahal (*1944) und Eddie Taylor (*1924), auch Bo Diddley (*1928) und Luther Tucker (*1938), Robert Lockwood (*1915) und Hubert Sumlin (*1931), der beim American Folkblues Festival 1980/81 Lurrie Bell als ›zweiten Mann‹ vorstellte, ob Sonny Rhodes (*1940) oder die Überraschung des San Francisco Blues Festivals vom Herbst 1979, der faszinierende Mel Brown – sie alle sind heute ganz zweifellos ›giants in their own right‹. Die Jüngeren unter den Bluesern mögen sich auf T-Bone Walker oder Howlin' Wolf berufen; den Weg zum elektrischen Spiel aber, wie sie es heute beherrschen, hat ihnen jener ›spiritus rex‹ geebnet, bei dem sie auch heute noch anklopfen können: Riley B. King – egal, ob sie aus Texas kamen und an die Westküste zogen, ob sie aus dem Delta stammten und in Memphis oder massenhaft in Chicago Quartier bezogen oder ob sie der Stilistik des kommerziellen Rhythm-and-Blues-Idols Johnny ›Guitar‹ Watson (*1935) bis hinauf in die kaum weniger kommerziellen Gefilde des Tamla-Motown-Sounds folgen.

Das Blues-Revival der sechziger Jahre aber, auf dessen Wogen sogar auch ein B. B. King, ein Matt ›Guitar‹ Murphy (*1929) und all seine anderen Kollegen etwa der erfolgreichen American Folkblues Festivals erst zu weltweiter Anerkennung und Bewunderung emporgehoben wurden – das fing ganz woanders an.
Es begann nicht in den USA; nicht etwa durch die Musik der Chuck Berry, Bo Diddley, Fats Domino oder Elvis Presley – der einmal feststellte: *»ich fand auch die ganz tiefschwarzen Mississippi-Sänger toll, vor allem Big Bill Broonzy und Big Boy Crudup«* –, auch nicht

durch die in die großen Städte zurückgekehrten Südstaaten-Blueser, sie alle waren nicht die eigentlichen Beweger für das Blues-Revival zu Beginn der sechziger Jahre. Jerry Wexler, Chef der damals noch kleinen, aber zukunftsträchtigen Schallplattenfirma Atlantic, die sich auf schwarzen Rhythm and Blues konzentrierte, stellte damals fest, daß es ja die Weißen wären, die sich erfolgreicher als ihre Vorbilder mit ›Cover-Versionen‹, also umgekupferten Originalen schwarzer Blueskünstler im Showbusiness nach oben boxten.

Eigentlich begann es in England. Dort übernahmen zwar auch viele Musiker den Stoff, aus dem der Rock 'n' Roll samt seinen Vorläufern ist; an der Schwelle zu den Sechzigern wurde dort aber auch kräftig geskiffelt und gedixt. Chris Barber (* 1930), Monty Sunshine (* 1928), Ken Colyer (* 1928) und andere spielten eine entscheidende Rolle für die neuen Mischformen europäischen Zuschnitts, deren Rückbesinnung auf die Wurzeln des Blues vorgezeichnet schien. Und als 1962 die Beatles kamen, konstatierte B.B. King, da *»waren sie es, die den Leuten beibrachten, wieder zuzuhören. All das schien nun, sozusagen, wieder reimportiert zu werden, weil ich viele Beatles-Stücke hörte, die vorher hier von einigen Schwarzen aufgenommen worden waren. Und dann: Michael Bloomfield, Elvin Bishop, Eric Clapton und eine ganze Zahl anderer Jungs hatten mich gehört, auch Muddy Waters und viele andere. Deren Schüler fingen damals an, sie über ihre Spielweise auszufragen, und sie sagten denen, sie hätten mich gehört... Die jungen Weißen hatten es niemals nötig gehabt, sagen wir, sich minderwertig zu fühlen, wenn sie Blues hörten, weil sie ja nie durch all das hindurch mußten, durch das viele junge Schwarze mußten – also solche Dinge, die ihnen das Gefühl gaben, daß Blues sie im Grunde degradierte.«*

Die Rolling Stones, wie die Beatles aus bescheidenen sozialen Verhältnissen stammend, waren dann eigentlich die Kultgruppe, die ihre Fans gleichsam direkt mit den Ohren ihre Blueswurzeln wachsen hören ließen. *»Als ich das allererste Mal mit Brian* (Jones; * 1944, † 1969) *zusammenkam, da spielte er praktisch nichts anderes als Sachen von Elmore James«,* erinnert sich Stones-Gitarrist Keith Richard (* 1944). *»Einer versuchte den anderen mit seinen Gefühlen kleinzukriegen, weil wir alle ziemlich intensiv im elektrischen Chica-*

go-Blues drinsteckten... Brian steckte mehr in Elmore James, B.B. King und Howlin' Wolf.«
Dann kamen Eric Clapton und die Gruppen um John Mayall, Jeff Beck und Jimmy Page, der feststellte: *»Am Anfang waren es natürlich die üblichen Einflüsse: Scotty Moore, James Burton, Cliff Gallup (Gene Vincents Sologitarrist), ... bis ich dann anfing, Bluesgitarristen zu hören – Elmore James, B. B. King und solche Leute.«*
Alexis Korner (* 1928) sang und spielte als Weißer schwarzen Blues, ließ von akademischer Recherche nichts spüren und wurde zur Leitfigur einer neuen, jungen Generation von Bluesfans und Bluesspielern; und englische Folkgitarristen wie etwa Bert Jansch (* 1943) beriefen sich auf Skip James, Leadbelly und Big Bill Broonzy, gingen historisch also noch ein Stück weiter zurück. Der Blues kehrte – und B.B. King steht hier als autorisiertester Zeuge – ›auf Umwegen‹ zurück in seine Heimat Nordamerika.
»Es mag drollig erscheinen, daß die führenden Köpfe der zweiten Phase des wachsenden amerikanischen Rock and Roll Briten waren, aber diese Tatsache erweist sich wiederum als auch eminent logisch, wenn man bedenkt, wie die Wurzeln dieser britischen Künstler aussehen... Clapton mag zwar in Ripley, England, geboren sein, Ende des Zweiten Weltkriegs, aber Gitarre zu spielen hat er gelernt, indem er den Platten von Robert Johnson, Tampa Red, Blind Willie Johnson, Big Bill Broonzy, Blind Boy Fuller und später auch B. B. King lauschte – allesamt amerikanische Blueskünstler von Spitzenformat ... Licks von Elmore James und Mississippi John Hurt und anderen fanden ihren Weg in den Clapton-Sound, und er spielte das alles mit solcher Akkuratesse, technischer Virtuosität und musikalischer Einsicht, daß es das originale Ambiente bewahrte und zugleich jüngeren Zuhörern neue Welten erschloß«, merkte Jimmy Stewart 1979 im »Guitar Player« an und faßte damit zusammen, was die Wirkungskraft der englischen Bluesgitarristen für die amerikanische Szene ausmachte: die Unbefangenheit in der Quellenforschung nämlich, eine Unbefangenheit, die offenbar erst von jungen weißen Europäern demonstriert werden mußte, damit junge weiße Amerikaner sie auch für sich zu nutzen lernen konnten.
John Renbourn (* 1944), einer der Mitbegründer der Gruppe Pen-

tangle und enger Gitarrenpartner von Bert Jansch, läßt sich anhand seiner Biographie ausgezeichnet als englischer Acoustic-Repräsentant mit ›Blues-Effekt‹ illustrieren: In London geboren, geriet er als Dreizehnjähriger in den Bann der Singing Cowboys vom Schlage Roy Rogers'. Als er fünfzehn war, mit erst zwei Jahren Spielpraxis, amüsierte er sich und andere beim Skiffeln, geriet dann aber schon in den Einfluß von Big Bill Broonzy und trat in lokalen Clubs im Duo mit einem Twelvestringer auf. *»Und dann ging es los mit Rhythm-and-Blues-Manie und dem Blues-Boom«,* erinnert sich Renbourn. Er bleibt beim Blues, lernt Davy Graham kennen, einen Mayall-erfahrenen Rhythm-and-Blues-Gitarristen, spielt hie und da mal ein bißchen elektrisch; und erst durch die Begegnung mit der wirklich kreativen ›britischen‹ Spielweise Bert Janschs kann er sich vom Blues lösen, um 1967 mit diesem die Gruppe Pentangle zu gründen.

Einer von Johns engsten Freunden ist der amerikanische Wahl-Europäer Stefan Grossman (* 1945), der an dieser Stelle nur gestreift werden soll. Stefan ist mit fünfzehn Jahren Schüler von Reverend Gary Davis gewesen, den er, ganz der Pilger, dreimal wöchentlich von Brooklyn aus in der Claremont Avenue in der Bronx aufsuchte und durch den er ein akzeptiertes weißes Mitglied der sogenannten ›Blues Mafia‹ wurde. Diese ›Mafia‹ war ein Club von schwarzen Blueskünstlern und weißen, zumeist wissenschaftlich interessierten Blues-Freunden. Hier steigt der junge Grossman ernsthaft in die Bluesforschung ein und lernt durch die Gruppe solche Größen wie Son House, Fred McDowell (* um 1905), Skip James und andere noch persönlich kennen. Bemerkenswert aber muß hier auch erscheinen, daß der strikte amerikanische Akustikspieler 1967 nach England zieht, um mit Eric Clapton zusammenzuleben und dessen Spiel zu analysieren. Später freilich wird Stefan vor allem als Mitbegründer des Labels Kicking Mule und als unermüdlicher Förderer von Folkgitarristen in den USA, in England und sogar in den Niederlanden nicht mehr a priori im Blueszusammenhang genannt werden. Namen wie Steve Miller, wie Elvin Bishop, Johnny Winter oder John Paul Hammond (* 1942), wie Phoebe Snow (* 1952), Roy Buchanan (* 1936) und Steve Cropper (* 1942), Robben Ford

(* 1951) und Roy Bookbinder, wie Amos Sandford und Tommy Pomposello (* 1950) tauchen nun auf – die Großen der (hauptsächlich elektrisch gespielten) weißen Bluesgitarre.
Steve Miller (* 1944) aus Fort Worth (Texas), Klassenkamerad und später Gitarrenpartner von Boz Scaggs (* 1944) und mit einem Vater gesegnet, in dessen Pathologie-Praxis sich solch illustre Patienten wie T-Bone Walker und Red Norvo (* 1908) die Klinke in die Hand gaben und zu dessen Freunden Les Paul und Mary Ford (* 1924) gehörten, ist der ›guitariste par excellance‹ im angloamerikanischen Blues-Wirkungsfeld. Der studierte Literaturkomparatist zieht zunächst nach Chicago, um dort die weiße Bluesszene zu ergründen (Paul Butterfield & Co.), geht im Flower-Power-Sommer 1966 nach Kalifornien und erinnert sich heute dort der Chicago-Tage so: *»Wir* (die Goldberg-Miller-Blues-Band) *glaubten, genau das darzustellen und zu sein, was damals allgemein in den amerikanischen Bands vor sich ging.«*
Jimmy Reed, Little Walter (* 1930), Bo Diddley und Bobby Bland (* 1930) sind damals seine Haupteinflüsse, obschon auch Tal Farlow (* 1921) und Charles Mingus (* 1922, † 1979) zuweilen im elterlichen Hause zu Tische saßen. Die Steve Miller Band begleitet Chuck Berry (* 1931), über den er erzählt: *»Er reist immer allein, nur mit seiner Gitarre. Dann taucht er irgendwo auf und sagt: ›Tach, da bin ich. Das hier ist in D. Na, denn man los!‹ So war das.«* Steve spielt mit John Lee Hooker zusammen (auf »Endless Boogie«) und zieht den Albert dem B. B. King vor; er schätzt Otis Rush und Magic Sam und hört dann einen schönen Tages den Engländer Eric Clapton: *»... und das tat richtig weh, weil es genau das war, was ich immer machen wollte. Aber er hat seine ganze Zeit und seine ganze Arbeit da hineingesteckt und hat es entwickeln können, weil er objektiv war – wogegen ich subjektiv war. Das ist der Unterschied zwischen englischen und amerikanischen Musikern. Die Jungs in England setzen sich entspannt zurück, hören sich 26 Lead-Gitarristen an und holen sich ihre sieben Licks heraus, lernen sie und führen sie dir vor – und vergessen alles andere.«*
Objektiv, subjektiv, unbefangen oder befangen: Dise jedenfalls ist jene weiße amerikanische Befangenheit der ersten Blues-Revivalzeit

anfangs der sechziger Jahre, von der auch B. B. King sprach. Welch schlimmes Erwachen für die jungen, stolzen Amerikaner der Nachkriegsgeneration, daß sie – zähneknirschend wie Miller – eingestehen mußten: *»Einige Jahre lang wollte ich nur wie Eric Clapton spielen – er hatte völlig meinen Verstand, meine Seele und mein ganzes Denken okkupiert, aber ich konnte es einfach nicht.«* Und: *»Ich habe trotzdem eine Menge von Clapton gelernt, über den Ton, die Phrasierung, das Timing, die attack...«*
Johnny Winter (*1944) aus Beaumont (Texas), örtliches Schmuckstück unter den Blues- und Bluesrock-Gitarristen, hat sich vergleichbar entwickelt. Gitarrespieler seit seinem elften Lebensjahr, studierte er sich durch seine Plattensammlung mit allem, was es an Nachkriegs-Chicago-Blues gab, hindurch – Otis Rush, Howlin' Wolf, Sonny Boy Williamson (*1914, †1948), Muddy Waters und so weiter, las alles, was es gab über Waters, Robert Johnson, Son House, Leadbelly und Blind Lemon und kam schließlich, wie er bekannte, *»beim frühen Jeff Beck, bei Eric Clapton und dann bei John McLaughlin an«*. Ein schwarzer Discjockey/Gitarrist in Beaumont (Texas) namens Clarence Garlow hatte ihm die ersten Griffe auf der Gitarre beigebracht, ein Instrument, das er eigentlich nur deshalb gewählt hatte, weil Vater Winter seinem kleinen Sproß in nur drei knochentrockenen Sätzen sämtliche Ukulele-Flausen ausgetrieben hatte. Johnnys Kaninchen war gestorben, Großpapa Winter hatte dem Enkel zum Trost eine Ukulele mitgebracht. Und dann väterlicherseits das: *»Es gibt nur zwei große Ukulelespieler, mein Junge, nämlich Ukulele Ike und Arthur Godfrey. Du hast also ziemlich wenig Chancen, was auf der Ukulele zu werden. Versuch's lieber mit der Gitarre!«*
Später dann trifft er B. B. King, zeigt dem verdatterten Idol von unten zur Bühne hinauf die Mitgliedskarte seiner Musikergewerkschaft, um den Beale-Street-Boy weichzuwinken und bekommt schließlich nur deshalb die große Chance, beim King einzusteigen, weil das schwarze Publikum – immerhin 1500 Leute, brüllt: *»Ja, laß ihn 'ran!«* So etwas passierte, vermerkt Winter, *»noch lange bevor auch nur ein Weißer an jener Szene partizipieren wollte«*.
Das Glück, an einer Session mit B. B. King und Eric Clapton

teilnehmen zu können, und zwar in New Yorks Renommier-Café Au Go Go, hatte ein anderer junger weißer Bluesgitarrist, der Ex-Butterfield-Sideman Elvin Bishop, der stolz berichtete, daß er sogar Mike Bloomfield einiges habe zeigen können *(»er mir aber auch!«)*. Der Junge aus Tulsa (Oklahoma) hatte in Nashville Jimmy Reed gehört, daraufhin kurzerhand seine Sachen gepackt und war – wie kann es anders sein? – 1960 nach Chicago gegangen, wo er an der Universität ein Stipendium absaß. In der Uni-Mensa, wo sich Elvin zusätzlich ein paar Dollar verdiente, traf er junge Schwarze, die ihn in die Blues-Bars der South and West Side der Stadt mitschleppten, und durch sie kam es dann sehr schnell zu Sessions mit Magic Sam, Muddy Waters, Otis Rush und Buddy Guy, mit Junior Wells, Hound Dog Taylor (* 1916, † 1975), und dann eben auch mit B. B. und Eric. Mit diesen Referenzen schließlich war der Weg in den Butterfield/Bloomfield-Clan frei.

Paul Butterfield (* 1941) immerhin widerfuhr die Ehre, in Chicagos South Side anfangs der sechziger Jahre der erste weiße Harmonikaspieler gewesen zu sein, der als Schüler und Sideman von solchen schwarzen Bluesgrößen wie Waters oder Wolf akzeptiert wurde. 1965, mit der Gründung der Butterfield Blues Band, wurde dann auch der Name Michael Bloomfields emporgetragen. Kennengelernt hatte Mike den schlechten Sänger und superben Mundharmonikaspieler Paul durch Sessions mit Muddy Waters und anderen. Die love-affair mit der Blues Band dauerte zwei Jahre, und heute gilt der in Chicago geborene Michael Bloomfield (* 1942 oder 1943, † 1981) zweifellos als der weiße Grundton des Chicago-Blues schlechthin, als Lebzeit-Legende weitgefächerter Bedeutung für die nordamerikanische und damit gesamte westliche Gitarrenwelt im nichtklassischen und nichtjazzenden Bereich. Sein Stellenwert für den Blues wie auch für den Bluesrock entspricht dem B. B. Kings oder Albert Kings für die schwarze elektrische, dem Claptons für die europäische weiße Bluesgitarre oder dem Peter Langs, Guy van Dusers (* 1948) oder John Faheys (* 1939) für die Folkgitarre. *»Ich kenne nicht viele Leute in unserem Alter – nicht einmal schwarze Leute –, die Blues spielen oder sich für Blues interessieren. Wo sind denn die jungen Bluesleute? Freddie King ist tot. Magic Sam ist tot. Ich habe einige schwarze*

Freunde, die Musiklehrer und Folkloristen sind, und ich unterrichte sie. Kulturell gesehen ist das nahezu unheimlich, ein Jude bringt einem Schwarzen etwas über Blues bei. Ich wünsche mir, daß ich helfen kann, diese Formen am Leben zu erhalten, damit die Leute erfahren: So hat Amerika gespielt«, sagte er einmal über sich.
Der ›Jude, der einem Schwarzen etwas über Blues beibringt‹, starb aus bislang noch ungeklärten Ursachen in der Nacht zum Sonntag, dem 15. Februar 1981, oder auch am Sonntag. Autofahrer fanden den Gitarristen in seinem Wagen in San Francisco, neben sich ein geleertes Röhrchen mit ›downers‹, Beruhigungs- oder Schlaftabletten – ein Tod, der sich höchst makaber in Bloomfields resignierende Sätze einreiht. Die Tatsache, daß die Presse ihn mit dem Schluderprädikat ›Rockgitarrist‹ bedachte, sagt viel aus über den Eremiten Bloomfield, über einen Mann, der sich *»ohne Gitarre wie ein Dichter ohne Hände«* fühlte und der in beinahe jeder Hinsicht untypisch für die wachsende weiße Bluesszene war: Europäische Medien kennen, wenn überhaupt, seinen Namen besser als seine Verdienste.
»Ich weiß wirklich nichts über die großen Fehlentwicklungen heutiger Gitarren, weil ich dazu überhaupt keinen Kontakt mehr habe«, sagte er bereits 1971. Ihn interessierte längst nicht mehr der konsumorientierte Aspekt der Gitarren- und Zubehörindustrie, und die Bünde seiner Gitarre durften getrost Schweißflecken haben. Seine Akzente waren längst ganz andere. Und fern von daheim litt er hoffnungslos unter Schlaflosigkeit. Das ging soweit, daß Mike sich eines Tages in Stanfords Schlafklinik einfand, wo ein ganzer Troß siegesbewußter Ärzte versuchte, ihn zwei Wochen lang mit allen Tricks zum Schlafen zu bekommen – vergeblich. Nach vierzehn Tagen, die allenfalls hin und wieder durchsetzt waren von sogenannten hypnogogischen Stadien, verpaßten ihm die frustrierten Doktoren ein auf Lebenszeit gültiges Schlafmittelrezept. Daheim aber, auf seinem Berg in Mill Valley gegenüber der Golden Gate Bridge, schlief er stets wie ein Murmeltier – keine gerade ideale Disposition für einen Musiker, dessen Anhängerschaft Tournee auf Tournee erwartete. Mike blieb also, so gut es eben ging, vor Ort, unterrichtete Musikwissenschaft an der nahen Stanford University, war anerkannt als exzeptioneller Blues-Historiker, aber auch als ein Rechercheur, der unermüdlich in

der Geschichte des amerikanischen Folk-Erbes seit dem Bürgerkrieg schürfte und grub.

Mit seinen Soli auf der berühmten LP »Super Session« (1965) mit Keyboarder/Vokalist Al Kooper (*1944) und Gitarrist Stephen Stills (*1945) war er es, der Mitte der sechziger Jahre die schwarze Domäne elektrischen Bluesspiels durchbrach und fortan als einer der bedeutendsten, weil wegweisenden Superstars des Blues beziehungsweise des Bluesrock galt. Seine Arbeit in der Butterfield Band und seit 1967 mit seiner Gruppe Electric Flag half der weißen Bluesgitarre ungebremst voran. Er spielte mit, als Bob Dylan (*1941) beim Newport Folk Festival 1965 von der akustischen zur elektrischen Gitarre konvertierte und damit die politisch engagierte Jugend in der ganzen westlichen Welt vor den Kopf stieß, weil sie meinte, die akustische Gitarre sei ein Symbolträger ihrer Botschaft von Frieden und Freiheit. Bloomfield wurde mit seinen verschiedenen Alben und Tourneen einer der bedeutendsten (weißen) Mittler zwischen schwarzem und weißem Publikum; er spielte mit auf Dylans großem Song »Like A Rolling Stone« (1964) und auf dessen Album »Highway 61 Revisited« (1968). Doch während in den Sechzigern der Kult immer mehr gedieh, den Klang des elektrischen Instruments für kreischende, jaulende, blubbernde, kratzende Orgien mit ganzen Bergen bizarrer Effektzusatzgeräte heranzuzüchten, da blieb Bloomfield bei seinem Konzept des ›Anschließen-und-Losspielens‹, wie es die Jazzer von Graden und Chicagos Bluesleute seit eh praktizierten. Seine Raffinessen des Saitenziehens waren unter den Weißen unübertroffen, sein Interesse an mikrotonalen Möglichkeiten unbeugsam. Tom Wheeler sagte 1979 über ihn: *»Seine dynamische Plektrumattack, sein natürliches sustain, sein poetischer Klang und das klug eingesetzte Vibrato vereinten sich in seiner Kunst mit einer Eloquenz der Straße, und seine spontanen, doch stets mit Sinn und Verstand ausgerichteten Solos waren geladen mit jeder Menge Spannung/Lösung und call-and-response; und all das ließ sich bestens vergleichen mit den Besten der hochdramatischen Bluesschwergewichte vom Schlage Albert Kings.«*

Zu seinen Helden gehörten B.B. King und auch Ry Cooder, Willie Nelson (*1933) und *»bestimmte Lyriker und Romanciers«*, und doch

war er es selbst, der in seiner hohen Zeit des elektrischen Spiels mithalf, Millionen junger Gitarristen verrückt zu machen nach Fender Telecasters und Les Paul gold-tops wie sunbursts. Dennoch: Als ›amerikanischer Eric Clapton‹ mochte er sich nicht sehen, wie er meinte: *»Nein, nie. Clapton, dachte ich, jetzt haben wir endlich einen, hier ist ein Rock-Star. Junge, hat der gespielt. Und ich dachte, wenn ich doch bloß machen könnte, was er macht. Ich dachte, daß er den Blues so weit getrieben hätte, wie es überhaupt nur ging!«*
Clapton und Hendrix waren es, die ihn schließlich jedoch zu der Einsicht brachten, im Grunde eigentlich mit Rock so gut wie gar nichts zu tun zu haben: *»Ich las dann auch 'ne Menge darüber, aber es war nun mal nicht mein Ding.«* Die Folge für ihn war eine zunehmende Diskrepanz zwischen dem, als was er sich selbst und dem, als was sein Publikum ihn sah. Und verantwortlich macht er für diese Diskrepanz der Perspektiven vor allem das Schallplatten-Business. Als Beispiel nennt er eine Episode aus der Mitte der siebziger Jahre mit einer Gruppe namens KGB und die Rolle des Managements; das nämlich setzte sich eines Tages mit Mike und seinem Mitstreiter aus alten Tagen, dem Keyboarder Barry Goldberg, an einen Bürotisch und sprach: *»Jungs, laßt uns 'ne Supergroup zusammenbaun.«* Mehr nicht, nur das. Die kommerzielle Idee einer neuen Supergruppe war da, Bloomfields Appell an seine künstlerische Autonomie verhallte. Rick Grech, sagte das Management, sollte Baß, Carmine Appice (* 1944) Schlagzeug spielen. Mike ließ sich überreden, in diesem *»Kunstprodukt, diesem Dosenfleisch, diesem Plastik«* mitzuspielen; das Album dieser synthetischen Crew wurde – ohne Mike – in Los Angeles aufgenommen, das Band nach Sausalito geflogen, wo Bloomfield seine Parts aufspielte: *»Ich hab' sie* (die Parts) *›reintelefoniert‹.«*
Das Album von KGB erschien bei MCA. *»Ich schwöre, die könnten auch Schweinefürze verkaufen oder kopulierende Wale – ganz egal. Die verkaufen einfach alles erfolgreich. KGB verkaufte knapp eine halbe Million Platten – eine Un-Band!«*, meinte Bloomfield dazu.
In den letzten Jahren konzentrierte er sich – Beginn war sein Solo-Album »Analine« (1977) – auf das akustische Spiel. Und diese LP ist denn auch eine eindrucksvolle Hommage an die Großen des schwar-

zen Akustik-Blues, wie beispielsweise das Stück »Mr. Johnson and Mr. Dunn«, eine Widmung für Lonnie Johnson und Eddie Lang, der zeitweilig unter dem Namen Blind Willie Dunn spielte. *»Lonnie Johnson«*, weiß Blues-Historiker Bloomfield, *»spielte in vielen dieser Stücke eine äußerst ungewöhnliche neunsaitige Gitarre.«* Und von Mike ist auch zu erfahren, daß Blind Lemon Jeffersons Chauffeur in jener Frostnacht ›verschütt gegangen‹ war und Lemon deshalb starb: *»Es gibt eine Geschichte, nach der seine Gitarre an seiner rechten Hand festgefroren gewesen sein soll.«*
Blind Lemon gehört zu den frühesten und nachhaltigsten Einflüssen des Gitarristen: *»Er war wirklich ein großartiger Spieler, sehr schnell, sehr eigenwillig. Blind Lemon spielte ohne Beat – zu seiner Musik ließ sich nicht tanzen. Ich weiß eigentlich gar nicht, warum er so populär geworden ist.«*
Ähnlich wie für den Engländer und europäischen Bluespionier Jimmy Page (*»an der Musikhochschule konzentrierte ich mich auf Blues«*) gehörten auch für Mike Bloomfield zu den sehr frühen Einflüssen die Gitarristen Moore, Gallup und Burton. *»Diese Rockabilly-Phase war Spitze«*, sagte er, *»und ich liebte sie, aber dann fing ich auch schon an, ohne Ende B. B. King-Platten zu hören, endlos Magic Sam und Muddy Waters und Howlin' Wolf und so weiter, und ich dachte, oh mein Gott, das ist... das ist 'ne andere Welt, 'ne ganz andere Gegend, der Dschungel, die Großstadt. Und als ich dann herausfand, daß diese Jungs alle hier vor meiner Nase noch lebten und daß das einzige, was ich zu tun hatte, war, in eine U-Bahn zu steigen und sie mir anzuhören – ich konnte wirklich losgehn und sie sehen –, also, das schmiß mich richtig um.«*
Aus den ersten Clubbesuchen Aug in Aug mit den Idolen destillierten sich Erkenntnisse: *»Die Clubs hatten bis vier Uhr früh auf, und gearbeitet wurde in sieben Sets à 40 Minuten, eine tierische Ackerei.«* Das Publikum war durchweg schwarz. Wieviele Weiße? Einer, wenn's hochkam. Bloomfield brauchte nicht lange, da spielte er mit. Bessere Erfahrungen waren für einen jungen Weißen kaum zu sammeln: Mike jammte mit Waters, mit dem allgegenwärtigen Magic Sam Maghett, mit Junior Wells, Albert King und Freddie King, mit Little Walker, Chuck Berry und und und. Tommy

McLennan (›Guitar King‹) war da, Jazz Gillum – das ganze bluesende Chicago nahm sich *»den kleinen, fetten, jüdischen Bengel«* zu Herzen.

1970 dann, unmittelbar nach dem Auseinanderbrechen der Bloomfield-Gruppe Electric Flag, opferte der sensible Gitarrist seine Musikleidenschaft einer lebensgefährlichen Passion: Er ›schoß‹ sich Heroin. *»Sich Stoff zu schießen, das hat alles andere total unwichtig gemacht, null und nichtig, nolo contendre. Mein Spiel zerfiel in Stücke.«*

Es waren dann vor allem zwei Kollegen, die Bloomfield endgültig von seinem selbstmörderischen Trip ›herunterquatschten‹ – Terry Haggerty (* 1947) und Carlos Devadip Santana: *»Und die sagten zu mir, Mann, du solltest dich in Grund und Boden schämen, daß du an der Tür den Leuten auch noch Eintrittsgeld abluchst, nur weil sie dich sehen wollen, weil du ein ganz beschissener Witz bist, ein Lachsack. Wir haben von dir gelernt. Als Butterfield auftauchte, da sind wir nur gekommen, um dich zu hören. Wir haben dich geliebt, wir haben geliebt, was du gemacht hast... Wie kannst du sein, was du jetzt bist? Wie kannst du da draußen deinen Namen dranschreiben und Geld verlangen für dieses lächerliche Ausstellungsstück, das mal Bloomfield gewesen sein soll? Du bist ein Betrüger. Du kannst ja nicht mal mehr 'ne Gitarre halten! Dann haben sie sich hingesetzt und gesagt, so, nun hör' mal zu, wie wir spielen. Und sie spielten. Hag fing zu spielen an, und, oh, mein Gott, er war besser als ich es je war. Und von dem Augenblick an hab' ich mir geschworen: Nie wieder... Was für nette Menschen, was für Gentlemen. Das brachte mich zurück zur Gitarre.«*

Er fing sich, schwenkte nach und nach – mit beeinflußt von seinen Studien – in das Lager der akustischen Gitarristen über. Von Plektren hält er nun nichts mehr, wechselt zwischen Fingernagel und Fleisch, nur für den ***lap-style*** greift er notgedrungen zu Daumenplektren aus Plastik und Fingerplektren aus Metall. Und: Mike Bloomfield dürfte auch der einzige weiße Bluesgitarrist gewesen sein, der sein starkes bending dadurch zuwege bringt, daß er die gezogene Saite unter der Nachbarsaite hindurchzieht (Richtung tiefe E-Saite). Den gemeinsamen Nenner, den roten Faden seines gesamten musikalischen Spektrums, bringt Mike schließlich auf die Formel: *»Doch, es gibt da so etwas wie eine makrokosmische Integration, einen generellen künstlerischen Einfluß für mich. Im Grunde mag ich die einfachen Klangwelten. Ich habe gegenwärtig kein Interesse an überdrehtem elektrischen Kram; ich bewundere ihn zwar, aber er spricht nicht mein Inneres an. Ich liebe die einfacheren Dinge. Ich bin Musikologe aus Neigung. Ich habe meine Wurzeln in allen erdenklichen amerikanischen Musiken – Cajun, im Mexikanischen, in all den Jazzspielern hinauf bis zu Django Reinhardt, wie Teddy Bunn und Eddie Lang, plus all dem Blues, und ich hab' versucht, wie die Ink Spots oder wie Big Boy Crudup oder verschiedene Bluessänger zu klingen, die sich am Ende wie Presley anhörten.«*

Verschmelzer Bloomfield, Schmelztiegel Amerika. Noch ist der Verlust, den sein Tod der nordamerikanischen Gitarrenmusik gebracht hat, nicht auszumessen. Schon zu Lebzeiten Legende, ist er dennoch schon jetzt Musikgeschichte. Seine Konversion zur akustischen Gitarre schließlich hat entscheidend zu jener Tendenzwende beigetragen, die auch in anderen Musikbereichen dem unverstärkten Holzinstrument zu neuer Wertschätzung verhalf. Ein neues ästhetisches und geschichtliches Verständnis greift seit jenen Jahren Platz, das sehr explizit die Rückkehr zum ›reinen‹ Gitarrenspiel fordert. Und da ist es auch mit John McLaughlin, mit Paco de Lucía oder mit Mike Bloomfield noch lange nicht getan.

Der elektrische Saiten-Schlag. E-Gitarren setzen sich durch. »Charlie Christian – der hat mich wirklich umgekrempelt. Ich hatte ihn 1939 im Radio gehört, als er in der Gruppe von Benny Goodman spielte. Sein Sound, seine Wahl der Töne – er hatte eine solche saxophonähnliche Qualität...«
Tal Farlow.

Tal Farlow war 18 Jahre alt, als ihn das Singlenote-Spiel des farbigen Texaners Charlie Christian (*1916, †1942) aus Dallas ›wie der Schlag‹ traf. Und ihm, einem der ganz Großen unter den gitarrespielenden Jazzern bis heute, der aufgrund seiner überdurchschnittlich großen Hände wie Johnny Smith Akkorde zu greifen versteht, die kein anderer unter Amerikas Pionieren des modernen Jazz formen konnte, ihm ging es kaum anders als fast all den anderen Spielern jener Generation, die in den zwanziger Jahren geboren wurden. Wes Montgomery zum Beispiel hat berichtet, daß es eigentlich Christian war, der ihn 1943 überhaupt erst zur Gitarre gebracht hatte – und er war 19 Jahre alt, als er begann! Und Barney Kessel hat erzählt, wie er, gerade 17 geworden, 1940 Gelegenheit hatte, sein Idol Christian zu treffen und mit ihm zu spielen: »*... und das erste, das mir auffiel, war, daß der Pianist nicht im ›stride‹-Stil spielte, das heißt, er spielte nicht mehr das boom-chic, boom-chic – Baßnote, Akkord, Baßnote, Akkord – in der alten traditionellen Art. Mir gefiel auf Anhieb, was er machte; es schien zu fließen. Er benutzte eine Menge Akkorde mit beiden Händen, sehr nach der Art und Weise, die wir heute als ›Blockakkorde‹ oder locked hands kennen... Dann fragte ich Charlie, warum das Klavier so anders klang. Er sagte, man nenne das ›Arrangeur-Klavier‹, weil das Instrument so eingesetzt würde, als würde es wie eine ganze Saxophon-Sektion klingen – also so, als würde man die verschiedenen four- and five-part harmonies einer Saxophon-Sektion nehmen und sie* (Part für Part) *auf das Klavier übertragen.*«

Und wie für das Klavier, so stand zunächst das Saxophon im Jazz auch für die Gitarre Pate, und das betraf Charlies ***downstroke***-Technik mit dem Plektrum in Singlenote-Läufen ebenso wie seine Akkorde: *»Charlie spielte eigentlich nicht, was man unter Bop verstehen würde«*, sagte die Gitarristin Mary Osborne (* 1921), *»aber er hat neue Dinge mit übermäßigen und verminderten Akkorden gemacht und neue Ideen vorgestellt, die sehr viel mit dem zu tun hatten, was man später unter dem Begriff Bebop versammeln würde.«*
Daß Charlie Christian als der elektrische Pionier der Jazzgitarre gilt und nicht der Gitarrist, Posaunist und Arrangeur Eddie Durham (* 1906) aus San Marcos (Texas), der seit 1935 bereits mit Möglichkeiten elektrischer Verstärkung herumexperimentiert hatte und 1937 Christian für die neuen technischen Chancen begeisterte, liegt mit Sicherheit in der Tatsache begründet, daß die Mitgliedschaft in Benny Goodmans überaus populärer Gruppe den Zugang zum amerikanischen Massenpublikum ermöglicht hatte – dank der Fürsprache des Jazzpromoters John Hammond (* 1910). Jener war von der Jazzpianistin Mary Lou Williams (* 1910) auf das Gitarrespiel des jungen Christian aufmerksam gemacht worden, war begeistert gewesen und hatte sogleich seinen Schwager Goodman überredet, Christian zu engagieren: *»In meiner ganzen Laufbahn«*, erinnert sich Hammond später, *»bin ich nur wenigen Genies begegnet, Leuten wie Lester Young, Teddy Wilson, Louis Armstrong und Coleman Hawkins. Das sind wirklich nicht viele. Aber Charlie gehörte ganz offensichtlich dazu...«*
Doch nicht allein die vielgerühmten Goodman-Auftritte im New Yorker Pennsylvania Hotel waren es, die diesen Gitarristen zu einer der bedeutendsten Zentralfiguren des modernen Jazz machten. Leonard Feather beschrieb 1949 (Christian war bereits sieben Jahre zuvor in einem Staten-Island-Sanatorium an Tuberkulose gestorben), was sich damals allnächtlich sonst noch so tat: *»Jeden Abend nach seinem Job bei Benny* (im Juli 1939) *...nahm Charley* (sic!) *seinen Verstärker und sein Instrument hinüber in einen Raum im Hotel Cecil an der West 118th Street in Harlem. Henry Minton, ein Ex-Saxophonist, der als erster Neger den gesamten 802. Bezirk als Delegierter vertrat, hatte den heruntergekommenen, ungenutzten Ho-*

telraum in einen Club umgemodelt, Teddy Hill als Manager eingesetzt und ihn zu einem Haus der Offenen Tür gemacht für Musiker, für die dort ihre Jam-Sessions praktisch zu einer allnächtlichen Angelegenheit geworden waren.«

Und hier, im weltberühmten Minton's Playhouse, der ›Brutstätte‹ des Bebop, wurde Charlie Christian in den stundenlangen Sessions bis zum Morgengrauen zu einem der wesentlichen Mitpräger sogar solcher Musiker wie Dizzy Gillespie (* 1917), Thelonius Monk (* 1920, † 1982), sogar Charlie Parker (* 1920, † 1955) und vieler anderer großer Namen dieses neuen Jazz. Die Gitarre hatte sich endgültig aus ihrem Begleitghetto herausgespielt: Nun waren es die Hörner, die von der ›horn-like‹ gespielten Gitarre in einer Art rasanten feedback-Verfahrens zu lernen begannen. Und in der »down beat«-Ausgabe vom 1. Dezember 1939 schrieb Charlie Christian die denkwürdigen Zeilen: *»Wir haben Dutzende von Gitarristen in unserem Land – und ich meine gute Gitarristen –, die sich in ihr Schicksal ergeben haben, für nichts weiter als ein paar Kuchenkrümel oder einfach nichts weiter als ihren eigenen Spaß zu spielen, weil es für sie einfach keine Alternative gäbe, wenn sie ernsthaft weiterspielen wollten... Aber die Dämmerung einer neuen Ära bricht jetzt an für all diese vorzüglichen Gitarristen, die resigniert hatten, weil sie zwar ihre Seelen, nicht aber ihre Mägen sättigen konnten. Die elektrische Verstärkung bietet Gitarristen eine völlig neue Lebensperspektive.«*

Der vehemente Aufruf des jungen Farbigen, betitelt: *»Gitarristen, wacht auf und spielt! – Verkabelt den Klang, damit sie euch spielen hören«*, blieb nicht unbeantwortet. Nicht nur nahmen tatsächlich viele amerikanische Gitarristen den Appell zum Anlaß, selbstsicherer die Aufmerksamkeit auf sich zu ziehen; andere, die längst – also schon vor Christians Durchbruch 1939 – elektrisch gespielt hatten, wurden von der immer weniger skeptisch reagierenden Öffentlichkeit nun zunehmend leichter akzeptiert – nicht nur Allan Reuss (* 1915, † 1982), Floyd Smith (* 1917, † 1982) oder Georgie Barnes (* 1921, † 1977), die Christian in seinem Artikel erwähnt.

Einer von ihnen hieß Lester William Polsfuss, alias Les Paul (* 1916) aus Waukesha (Wisconsin), über den Ende der sechziger Jahre der Nestor der amerikanischen Jazzkritik, Ralph J. Gleason (* 1917,

†1975), schrieb: *»Niemand hat in der Geschichte der populären Musik einen größeren Einfluß auf den späteren Pop-Sound gehabt als Les Paul.«* So unterschiedliche Gitarristen wie Wes Montgomery, Mike Bloomfield, Pat Martino, Steve Howe, Jerry Hahn, James Burton, Link Wray, Peter Frampton und andere haben öffentlich zur Genüge kundgetan, daß es Les Paul gewesen ist, der ihrer eigenen Musik entscheidend auf den Weg geholfen hat.

Les war 13 Jahre alt, als er nicht nur seinen ersten eigenen Sender und seine erste Plattenaufnahmemaschine gebaut, sondern auch entdeckt hatte, daß sich sehr wohl auch über dem 3. Bund Gitarrenmusik machen läßt – dank Joe Wolverton, dem Gitarristen in einer Westerngruppe, die in Les Pauls Heimatstadt gastiert hatte. Wolverton feuerte seinen Sänger, nahm dafür den vielversprechenden Teeny in seine Band, und von da an ging es für jenen so steil aufwärts, daß er unter dem Bühnennamen Rhubarb Red gemeinsam mit Wolverton (alias Sunny Joe) schon als Neunzehnjähriger auf der Chicagoer Weltausstellung (1935) auftrat und einer völlig perplexen Öffentlichkeit zeigte, wie eine elektrische Gitarre klingt. Streitigkeiten über das E-Gitarrenspiel trennten die beiden dann; Paul arbeitete allein weiter und machte als Rhubarb Red Country-music, während er unter eigenem Namen nun auch Jazz spielte – vier, fünf Jahre vor Christians Durchbruch! 1936 legte er sein Pseudonym ab, jammte mit Künstlern wie Art Tatum (*1910, †1956), Roy Eldridge (*1911), Louis Armstrong (*1900, †1971) und Eddie South (*1904, †1962) und gründete sein erstes Trio mit Chet Atkins' (*1924) Bruder Jim (*1920) als Sänger/Rhythmusgitarrist und Ernie Newton am Baß. 1941, nach knapp drei Jahren bei Fred Waring, baute Les sein berühmtes ›Log‹, wahrscheinlich die erste ***solidbody***-Gitarre der Welt, ein 20×20 Zentimeter durchmessenes Stück Holz mit Tonabnehmer und Epiphone-Hals. Um dem Gerät das vertrauenerweckende Aussehen einer Gitarre zu geben, klappte er von beiden Seiten an das Holzstück Hälften eines Epiphone-Korpus' und bot diese Idee (vergeblich) bei Gibson an.

Nach Jobs in Ben Bernies Bigband, kurzen ***stints*** mit eigenem Trio bei Bing Crosby (*1904, †1977), Rudy Vallee und anderen, wurde der Gitarrist zur Army eingezogen und kam nach Hollywood, wo er

GI-Unterhaltung zu machen hatte. Dort, wieder mit eigenem Trio, begleitete er Jack Benny, die Andrew Sisters, Dinah Shore (* 1917) und Bing Crosby und fungierte unter Pseudonym als Aufnahmechef für das weltberühmte »Jazz At The Philharmonic«-Album von Verve (1946).

Es war Bing Crosby, der den Dreißigjährigen 1946 überredete, sein eigenes Studio zu bauen; und in diesem, in Les' Garage installierten Studio wurden dann Dinge verwirklicht, die bis dahin schlankweg als unmachbar galten, weil sie sich niemand erträumen konnte. So gebührt Les Paul der Ruhm, die Idee für das erste Achtspur-Tonbandgerät gehabt zu haben; ***close miking***, ***echo delay*** und ***multiple tracking*** (Übereinanderkopieren) fanden schon vor 1948 in seinem Garagenstudio statt, und auf einer selbstgebauten Aluminiumgitarre spielte er in diesem Jahr seine historischen Aufnahmen »Lover« und »Brazil« ein – bis zu zwanzigspurig! Der typische Les-Paul-Sound war geboren, ein Sound, der zum gewaltigsten Erfolg der amerikanischen Gitarrengeschichte seit 1949 wurde, als Paul die Sängerin Colleen Summers heiratete, ihr das Pseudonym Mary Ford verpaßte und mit der er bis zur Scheidung (1964) im Duo jede Menge Hits bastelte.

1950 hatte die Instrumentenhersteller-Branche in den USA den Höhepunkt ihrer Uneinigkeiten um die Produktion von solidbodies überwunden, Leo Fender (* 1909) hatte den Bann durchbrochen, und Gibson wandte sich endlich an Les Paul. Und im selben Jahr, in dem Ampex die erste, von Paul entwickelte Achtspur-Bandmaschine herausbrachte, stellte Gibson den Prototyp der erfolgreichsten nichtklassischen Gitarre der Welt vor: 1952 wurde das Jahr der ersten Gibson-solidbody Les Paul.

George Fullerton hatte für Fender bereits 1947 die Fender Broadcaster entwickelt, die im Jahr darauf als erste solidbody-Gitarre in Serienproduktion ging. Später allerdings mußte Fender seine Broadcaster dem nationalen Fernsehfimmel entsprechend in Telecaster umtaufen – die Gretsch Company hielt den Anspruch auf den Originalnamen. Bis heute sind an dem Instrument – außer der Einfügung eines ***truss-rod***, einer Metalleiste, die in einen Kanal an der Unterseite des Halses eingelassen wird und mit Hilfe eines

Schraubenschlüssels und einem kleinen Gewinde an der Sattelseite der Mechanik verstellbar ist und so verändert werden kann, daß eventuelle Verzugserscheinungen ***(warps)*** in der Halsebene ausgeglichen werden können –, bis heute also sind an diesem Instrument so gut wie keine Veränderungen vorgenommen worden. Die Telecaster, eine der beliebtesten Country- und Rockgitarren, wird – seltener Fall – sogar von einigen Jazzgitarristen gerne gespielt.
Der kanadische Jazzgitarrist Ed Bickert (* 1932) meinte 1979, auf diese ungewöhnliche Tatsache angesprochen: *»Die Telly liefert niemals Rückkopplungsprobleme und ist auf Reisen äußerst bequem zu handhaben und strapazierfähig.«*
1974 – Les Paul hatte vier Jahre lang ernste Probleme nach einer Ohrenverletzung gehabt – trat er zum ersten Male wieder öffentlich als Gitarrist auf und stellte bei diesem Konzert am College von Elgin (Illinois) seine neueste Erfindung vor – den Les Paulverizer, einen neuartigen, unterhalb des Stegs montierten Gitarrensynthesizer.
1976 trafen sich die beiden Gitarrenheroen Les Paul und Chester Burton Atkins zu einer von insgesamt zwei aufsehenerregenden LP-Sessions unter dem einprägsamen Motto »Chester and Lester«. Und es war dieses Gipfeltreffen zweier Gitarristen, was man zwar in den Jazzannalen im allgemeinen nicht zu finden pflegt, das aber deutlicher als nichts zuvor zeigte, welchen Stellenwert als Gitarrist neben Les Paul der 1924 in Luttrell (Tennessee) geborene Chet Atkins in Amerika und in der ganzen westlichen Welt hat. *»Obwohl Les Paul mit seinen technologischen Akrobatiken vieles für die Welt der Schallplatte in Bewegung setzte«,* schrieb Don Menn 1979 im »Guitar Player Magazine«, *»hat auch Chet Atkins wichtige Beiträge für die elektrische Gitarre auf Platte geliefert.«* Er hat wahrscheinlich sogar mehr für die Gitarre getan, als sich präzise auflisten ließe. Eine ganze Picking-Technik trägt als ›Atkins-Style‹ seinen Namen und ist die Weiterentwicklung jener Daumen- und Ein-, Zwei- und Dreifinger-Spielweise, die ihn bereits 1939 am Radio in Stücken seines Idols und Freundes Merle Travis (* 1917) fasziniert hatte. Auf »Chinatown, My Chinatown« (1956) präsentierte er einer ungläubig lauschenden Hörergemeinde die ersten künstlichen Flageoletts auf normal gespielter nichtklassischer Gitarre – ein Gimmick, der bis-

lang Domäne der Steelgitarristen gewesen war. 1955 schon hatte er den ersten ***Reverb*** eingesetzt (ein Gitarrenverstärker mit eingebautem Hall und Vibrato), 1956 das ***tremolo-tailpiece*** angewandt, ein mechanisches System, mit dem über einen zu ziehenden oder zu drückenden Hebel während des Spielens die angeschlagene Saite tonhöhenverändernd verkürzt beziehungsweise verlängert werden kann. Der erste Gitarrist, der überhaupt davon extremen und stilbildenden Gebrauch machte, war der ›Twangy‹-Gitarrist Duane Eddy. Nur drei Jahre später hat Atkins mit einem ***Wah-wah***-Effekt gespielt (ein Fußpedal, mit dem durch Ballen- oder Hackendruck von beliebigen Tönen Schwingungstäler beziehungsweise -gipfel gewissermaßen ›abgeschnitten‹ werden und so Töne erzeugt werden können, die einen ›gurgelnden‹ Klang haben, der mit dem Wort ›Wah-wah‹ lautnachahmend wohl noch am besten beschrieben ist). Etwa um 1959 experimentierte er mit einem ***octave doubler*** (Atkins: *»Mein unsichtbarer Baßmann«*) (ein Effektgerät, mit dem ermöglicht wird, daß ein einzelner angeschlagener Ton nach unten oktavverdoppelt werden kann, so daß sich ein Klangeffekt ergibt, der etwa an die tiefen drei Chöre moderner Twelve-strings erinnert) und probierte ***Fuzz-Boxes*** (Verzerrer) aus, obwohl er – doch eher die Verkörperung des amerikanischen Gitarrentraditionalisten – *»eigentlich gar nicht wußte, wozu das gut sein sollte«*, wie Atkins einmal sagte.
1957 wurde er von RCA-Vizepräsident Steve Sholes zu dessen administrativen Nachfolger berufen und 1968 RCA's Vize in Sachen Country-music. In dieser Position förderte Atkins Sänger wie Waylon Jennings (* 1937), Don Gibson (* 1928), den Nashville-Picker Jerry Reed (* 1937), den kanadischen Country- und Jazzgitarristen Lenny Breau (* 1941), Charlie Rich (* 1934), Hank Snow (* 1914) und viele, viele andere. Schon 1954 hatte er Sholes überredet, einen damals unbekannten jungen Mann namens Elvis Aaron Presley (* 1935, † 1977) aus Tupelo (Mississippi) unter Vertrag zu nehmen; er selbst spielte nicht nur bei vielen späteren Presley-Aufnahmen mit, sondern durch die ganzen fünfziger Jahre hindurch auf allen Aufnahmen der Everly Brothers ***lead***, was später dann zum Teil der Country- und Jazzman Hank Garland (* 1930) übernahm; er holte den Jazzvibraphonisten Gary Burton (* 1943) zur RCA und brachte

Paul McCartney (* 1942) dazu, das Stück »Walkin' In The Park«, das dessen Vater geschrieben hatte, aufzunehmen.
Der »New York Times« erklärte Atkins in einem Interview: *»Der Begriff ›Nashville Sound‹ ist nichts weiter als ein Promotion-Gag«*, um die allgemein gängige Vorstellung zu durchkreuzen, er sei der eigentliche Schöpfer dieses Sounds gewesen. Andererseits möchte er übermittelt wissen, *»daß Merle Travis und ich dieses Land gelehrt haben, wie man moderne fingerstyle guitar spielt und irgendwann auch mal dafür respektiert werden wollen«*.
In ärmlichsten Farmer-Verhältnissen aufgewachsen, hatte Chet als vier-, fünfjähriger Knirps Ukulele gespielt. Seine familiäre Umgebung war, wie er sagt, *»musikalisch, sonst gab's ja auch nichts anderes«*. In der Verwandtschaft gab es Musiker und Instrumentenbauer, und dann – angeregt von seinen Brüdern Lowell und Jim Atkins und von den wenigen damals elektrisch spielenden Gitarristen wie George Barnes, Carl Farr, Les Paul und Charlie Christian – begann er als Elfjähriger Gitarre zu spielen. Schon 1929, Bruder Jim spielte Rhythmus bei Les Paul, faszinierten den Fünfjährigen die vom großen Bruder heimgesandten neuesten Nachrichten aus der großen, bunten Musikerwelt. 1935 siedelte er mit dem – wieder mal geschiedenen – Vater nach Columbus (Georgia) um und spielte dort mit Vorliebe seine Gitarre auf dem Schulklo, *»um den guten Hall zu nutzen«*, wie Atkins sich augenzwinkernd erinnert. 1942, nunmehr 18 Jahre alt, gelangte er auf dem Umweg über die Bands von Bill Carlisle (* 1908) und Archie Campbell (* 1914) auf den Stuhl des Hausgitarristen der Radioband von WNOX Knoxville (Tennessee), auf dem er vier Jahre sitzenblieb. 1947 erschien seine erste Instrumentalaufnahme, »The Galloping Guitar«, ein Stück mit Folgen: Die hehre Grand Ole Opry beschloß endlich, entschieden mehr Instrumentals in ihrer Show zuzulassen.
1951 kam Chets erstes Album heraus, »Chet Atkins Plays Guitar«, das erste von knapp vier Dutzend LPs, die er sowohl mit elektrischer als auch mit Nylonstring-Akustik-Gitarren bespielte – Steelstrings, also akustisch gespielte ***flat tops***, waren seine Sache nicht; sie zerstörten ihm die Nägel.
Die Vielfältigkeit seines Repertoires – vom Jazz bis zur Klassik – hat

ihn zum Star ungezählter TV-Shows gemacht, und seine Auftritte (in der Bundesrepublik Deutschland war er das letzte Mal 1979) absolvierte er mit Solos, mit Duos mit seinem Stamm-Begleitgitarristen Paul Yandell (*1935), mal beim Newport Jazz Festival, mal mit Symphonie-Orchestern. Und außerdem arbeitet Atkins noch immer für die renommierte Gitarrenfirma Gretsch als Berater und Designer von Instrumenten wie dem Country Gentleman, der Super Chet und der Super Axe.

Weniger seine (eher sekundäre) Rolle als elektrischer Spieler (das war er erst seit etwa 1945), denn vielmehr seine Bedeutung als immens prägender Gitarrist überhaupt verleihen dem Namen Django Reinhardt einen ganz außergewöhnlichen Klang, obwohl der französische Kritiker André Hodeir im Mai 1963 in der Zeitschrift »Jazz Hot« ihn *»eher einen malerischen Zwischenfall als ein historisches Ereignis«* nannte. Dieser Europäer kann jedoch wie kein anderer nichtklassischer Gitarrist für sich verbuchen, unüberhörbar kraftvoll Einfluß auf die Entwicklung der Gitarre auch in den USA genommen zu haben: In Europa hat er mit Eddie South (*1904, †1962), Coleman Hawkins (*1904, †1969) und Benny Carter (*1907) gejammt und 1939 mit Duke Ellington (*1899, †1974) zusammengespielt. *»Von heute aus betrachtet«*, konzedierte ihm der Amerikaner Barney Kessel in einer speziellen Django-Ausgabe des »Guitar Player Magazine« von 1976, *»hält er immer noch die Position aufrecht, eine der wenigen wirklich individualistischen Stimmen auf der Gitarre zu sein, aber nicht unbedingt als das, was ich sonst ›hip jazz‹ nennen würde.«* Dennoch: 1946 hielt Duke Ellington es für durchaus angebracht, den Europäer zu einer spektakulären Tournee in die USA zu holen. Chet Atkins erzählt ausführlich, wie er als Siebzehn-, Achtzehnjähriger in einer Gruppe namens The Dixieland Swingsters spielte und Bekanntschaft mit Djangos Musik machte: *»Ich hatte beide, also auch Charlie Christian, noch nicht gehört. Unser Trompeter holte ein paar alte 78er von Django aus dem Schrank und legte sie auf, und ich war sehr beeindruckt, aber zu jener Zeit, glaube ich heute, auch noch nicht recht erfahren genug, alles zu verstehen, was ich da hörte... Später, als ich von der Gitarre etwas* *mehr Ahnung hatte, ging ich los und kaufte mir jede Menge seiner Platten und fing an, einige seiner Sachen zu kopieren. Und, natürlich, hörte ich zur selben Zeit dann auch Les Paul, der ja einer von Djangos ›Schülern‹ war...«*

Dazu Les Paul selbst: *Damals wie heute hatte und hat Django für mich einen Stellenwert wie Art Tatum, Lester Young und Coleman Hawkins... Und Oscar Peterson, der selber so großartig auf dem Klavier sein kann, spricht von Art Tatum ja auch noch immer als einem Größeren.«* Und weiter: *»Heute ist das mit Gitarristen im Superstar-Format eben so, daß der eine die Technik hat, aber nicht das feeling, daß der andere schnell, aber nicht langsam spielen kann, daß wieder einer langsam, aber niemals schnell ist und wieder noch ein anderer nie das Feuer von Django haben könnte. Reinhardt ist vielleicht der einzige, der das meiste von alledem in sich vereinigte.«*

Eine ansehnliche Zahl auch jüngerer Gitarristen sieht das keineswegs anders, wie vielleicht zu vermuten wäre. Django war für Jerry Hahn: *»Zeitlos, technisch brillant, unbeschreiblich – ein Meistergitarrist«,* für Larry Coryell hatte seine Musik und seine Spielweise *»etwas von einem Genie«;* Carlos Santana schwärmte, daß Reinhardts Musik ihm *»das faszinierende Spektrum sterblicher und göttlicher Höhen«* offenbare, derweil Al DiMeola *»glücklich«* ist, Djangos Einfluß immer weiter getragen zu sehen.

Auf die Welt kam Jean Baptiste ›Django‹ Reinhardt (* 1910, † 1953) im belgischen Liverchies in einem Wohnwagen als Kind einer Zigeunerfamilie. Als Junge hatte Django Banjo und dann Gitarrenbanjo gespielt, war als Elf-, Zwölfjähriger zur Gitarre gekommen und hatte als Neunzehnjähriger einen folgenschweren Unfall: Seine Mutter, Händlerin in Papierblumen, war offenbar in dem Wagen eingeschlafen, als Django nachts nach Hause kam und sich bei dem Versuch, ein Feuer zu löschen, das unter den Kunstblumen durch eine umgefallene Kerze verursacht worden war, die Sehnen des dritten und vierten Fingers seiner linken Hand durchbrannte, so daß beide in der Folge fast völlig gelähmt blieben. Dieser Unfall sollte seine eigene Karriere und die Geschichte der Sologitarre entscheidend mitprägen. So entwickelte Django beispielsweise eine Art von

cross fingering technique, bei der sein Mittelfinger manchmal über seinen Zeigefinger hinweg auf einen niedrigeren Bund oder eine niedrigere Saite wanderte.

Vom Dezember 1934 an bis zum Zweiten Weltkrieg als Kopf und Sologitarrist des legendären Quintet du Hot Club de France – die Gitarristen neben Django waren sein Bruder Joseph Reinhardt und Roger Chaput, Violine spielte Stephane Grappelli (* 1908), am Baß war Louis Vola – und dann in diversen anderen Besetzungen bis zu seinem Tode musizierte sich Django Reinhardt fest in die Geschichte unseres Instruments hinein. Vor allem Stephane Grappelli verdankt Djangos Nachwelt einen schier unerschöpflichen Vorrat an Anekdoten, von denen zumindest eine auch klassisch orientierte Gitarrenfreunde amüsieren dürfte.

So habe Django Reinhardt eines Abends auf einer Gala im selben Programm wie Andrés Segovia zu spielen gehabt, sei aber erst sehr spät und dann auch noch ohne Instrument aufgetaucht. Der Zigeuner habe sich deshalb eine Gitarre geliehen, ein bestechendes Impromptu gespielt und sei daraufhin von Meister Segovia angesprochen worden: *»Wo kann ich die Noten davon bekommen?«* Darauf Reinhardt: *Nirgendwo«,* und lachend, *»ich hab' das gerade eben komponiert.«* Wohl nur die privateren Django-Kenner damals wußten, daß der Gitarrist erst auf Grappellis Drängen hin trainiert hatte, schreiben zu lernen – seinen Namen.

Charlie Christian, Les Paul, Chet Atkins und Django Reinhardt: Quer durch die nichtklassischen Kategorien sind es im wesentlichen diese vier Gitarristen, die die Geschichte des Instruments über die fünfziger Jahre hinweg bis heute vor allem im populären Bereich entscheidend geprägt haben. Wie kaum jemand anders markieren sie den Beginn einer Entwicklung, die die zweite Hälfte unseres Jahrhunderts zu einer wahrhaftigen Ära der Gitarre werden lassen wird. Es wird dies eine Ära des Triumphs für ein einziges Instrument sein, aber auch eine Ära, deren Macher nach zwei grausamen Weltkriegen versessen auf ›Wiedergutmachung‹ an der Jugend und damit verantwortlich für die Verkultung eines Lebensabschnitts, allzu schnell vergessen lassen möchten, daß die Alten noch immer existieren, immer noch spielen. Es wird eine Ära sein, in der

zunehmend Kommerz, Konkurrenz, Showbusiness und damit oft nur die Kultivierung schillernder Oberflächen die bestimmenden Triebkräfte im Musikleben sein werden.
Diese Ära beginnt 1953, als in Fontainebleau Django Reinhardt an einer Gehirnblutung stirbt.

Jazzgitarristen. Die ältere Generation. »Jazzgitarre ist eine Lebensauffassung... Die Kunst der Jazzgitarre ist ein Spiel mit Entdeckungen, nicht mit Imitationen...«
Jimmy Stewart.

Es muß gerade dieses ›Spiel mit Entdeckungen‹, die Empfindung gähnender Langeweile kreativer Menschen an den ›Imitationen‹ sein, von denen hier der Allroundgitarrist Jimmy Stewart (*1937) spricht; und es muß schon etwas daran sein, wenn in der Oktoberausgabe von 1980 des renommierten US-Magazins »down beat«, jene seit 1936 regelmäßig erscheinende ›Bibel‹ aller Jazzer, in der Charlie Christian 1939 seinem Enthusiasmus über die noch sehr junge E-Gitarre freien Lauf ließ, 41 Jahre später von einer *»kräftigen Wiederbelebung der Jazzgitarre in diesem Jahrhundert«* die Rede ist. Rockgitarrenbassisten wie Jack Bruce (*1943) verkünden in dieser Dekade ihren Hang zum Jazzspiel; Jeff Beck ist auch eingefleischten Rockfans als hochgeschätzter Jazzmusiker noch immer lieb und teuer; allein zum Beispiel auf der Hamburger Jazzszene tummelten sich im Frühherbst 1980 innerhalb von nur fünf, sechs Wochen in den Klubs, Kneipen, Studios und Konzertsälen neben Poppern wie den Shadows und Klassikern wie Guillermo Fierens Spieler wie Kenny Burrell, der Österreicher Karl Ratzer, John Scofield, das hispanoangloamerikanische Trio McLaughlin/DiMeola/de Lucía; Coryell kam mit Chet Baker, Eric Gale mit Paul Simon, Barry Finnegan mit den Crusaders; der Finne Jukka Tolonen spielte am selben Tag wie Freddie Green mit Basie; der Deutsche Hans Haider tritt auf, dann der Holländer Jan Akkerman, der Akustiker John Abercrombie, und bei Dave Grisman hat der folk-jazzige Mark O'Connor den Wunder-Picker Tony Rice abgelöst. Keine ›self-fulfilling prophecy‹, wie bei journalistischen Trendkonstrukteuren gern üblich, macht sich hier breit, sondern da ist eine Entwicklung zu erkennen, von der im Sommer 1977 schon Barney Kessel sagte: *»Heute fangen mehr Gitarristen denn je an, sich für Jazz zu interessie-*

ren. Junge Gitarrespieler, die ihre Hintergründe in Rock, Folk, Pop, Disco oder was auch immer haben, wenden sich dem Jazz zu, um ihre Erziehung, ihre Bildung zu vertiefen – weil es ihnen Spaß macht, oder weil sie spüren, daß da etwas im Jazz steckt, das herausfordernd und lohnenswert ist.« Und nur zwei Jahre zuvor schrieb Leonard Feather in der Einleitung zu »Jazz Gitarrists« (1975), daß *»das Zeitalter der Elektronik die Plektruminstrumente in Höhen emporkatapultiert hat, die nie vorauszusehen waren, auch nicht in den Tagen, als die noch einfache Verstärkung dringend benötigte Hilfe bot. Es mag als Ironie erscheinen, daß noch vor wenigen Jahren zahlreiche Bandleader angesichts wachsender ökonomischer Probleme beschlossen haben, daß die Gitarre das wohl verschleißbarste Instrument sei. Heute ist die Situation diametral anders – daß nämlich die Gitarre längst zu einem wahrhaftigen Symbol einer ganzen Musikergeneration geworden ist.«*

Wie wahr. Wie wahr auch für den Jazz. Und wenn man sich als Jazzinteressierter durch die inzwischen schon allein zu diesem Thema vorliegende Literatur durchstöbert, durch die kaum noch überschaubare Zahl der Gitarristen von, sagen wir, den Bluesanfängen der 1890er Jahre der Broonzy, Leadbelly, Blind Willie McTell, über die Dixie-Banjo-Gitarrenklänge der Bud Scott und Johnny St. Cyr (*1890, †1966); dann Snoozer Quinn (*1906, †1952), Eddie Lang und Lonnie Johnson, über Kansas City, Swing, Bebop, Cool und Westcoast Jazz bis hin zu dem, was man heute zur Avantgarde und den free-form-Experimenten der Derek Bailey, James ›Blood‹ Ulmer, Fred Frith oder Henry Kaiser zählt oder staunend zur Kenntnis nimmt, daß im Herbst 1980 anläßlich des Würzburger Treffens der Deutschen Phono-Akademie der 10000-Mark-Preisträger Bireli Lagrene (*1967) erst 13 Jahre alt und schon ein respektabler Jazzgitarrist ist – dann wird der Jazzgitarre-Bereich doch erkennbar als nicht minder komplex denn das gesamte Rock-Genre von Scotty Moore bis zu den Spät-Hendrix-Ambitionen eines, sagen wir, Frank Marino. Was Wunder auch: Der Jazz, alles andere als an Moden oder Tagesgeschäft interessiert, ist auch ein respektierliches Stück älter und altert dennoch nicht. Und eine fast schon liebenswert pedantisch an der totalen Erschließung ihrer eigenen Historie interessierte, auf zuweilen erschreckenden Perfektionismus ausgerichtete Schallplattenindustrie tut seit einiger Zeit alles nur Erdenkliche, den Jazzinteressierten und Gitarrenfan sozusagen aller Fragen entkleidet an seinen Stereo-Set zu lassen.

Wir haben bereits ›jede Menge‹ Reinhardt- und Charlie-Christian- wie auch Lang-, Dick McDonough- und George Barnes-Aufnahmen zur Verfügung und damit im Grunde den Zeitraum vom ausgehenden Chicago- bis zum anbrechenden Kansas City Jazz anfangs der dreißiger Jahre recht gut abgedeckt vorliegen. Dann legte das immer rührige Label Blue Note Anfang der siebziger Jahre innerhalb seiner »Decades of Jazz«-Serie Aufnahmen vor, die besonders die große New Yorker Zeit der dreißiger und vierziger Jahre in den Rillen hatten: Floyd Smith spielte bei Andy Kirk, Teddy Bunn wurde von den Spirts of Rhythm an die Rampe geholt; Jimmy Shirley (* 1913) hatte sein eigenes Trio an der Seventh Avenue, und die Duos von Carl Kress und Dick McDonough wie auch Al Casey, natürlich Eddie Condon, Freddie Green, selbstverständlich immer wieder Eddie Lang oder auch Eddie Durham – sie alle gehören eben zu den großartigen Pionieren der Jazzgitarre. Und Django wurde vom Duke geholt, derweil Christian nun bei Goodman saß.

Die Zeit des Minton's Playhouse, des berühmten Lokals in der 118. Straße von New York (Harlem), wurde die Blüte des Swing und des Bebop, und das war die Zeit, in der die Keime dessen, was in unserem heutigen Verständnis allgemein als ›modern jazz‹ bezeichnet wird, allenthalben aufzubrechen begannen. Casey war bei Fats Waller (* 1904, † 1943); Allan Reuss, den Barney Kessel neben Bus Etri zu den großen Unterschätzten dieser Jahre rechnet, spielte erst bei Goodman und dann bei Jack Teagarden (* 1905, † 1964); und so wie zehn Jahre zuvor Banjoisten scharenweise zur Gitarre ›überliefen‹, so wechselten nun – dank Durham und Christian vor allem – wiederum ganze Scharen akustisch spielender Gitarristen zur elektrisch gespielten ›Axt‹. Musiker wie etwa Carl Kress, George van Eps und andere sahen sich sozusagen ›über Nacht‹ befreit von dem Zwang, in den wie Pilze sprießenden Big Bands der ›thirties‹ ihre ewig nur rhythmusorientierte und damit untergeordnete Rolle zu

spielen, und Namen wie Carmen Mastren oder Oscar Aleman (ein Argentinier, der wie die meisten seiner schwarzen wie weißen nordamerikanischen Kollegen von Reinhardts europäischen Impulsen total unabhängige Jazzauffassungen darstellte), wie auch George Barnes und Les Paul treten nun mehr und mehr in den Vordergrund – die beiden Letztgenannten übrigens so wenig von Christian beeinflußt, wie es 99 Prozent ihrer Kollegen um so mehr waren: Paul kam von Django, Barnes von den Blechbläsern seiner Zeit her.
Typisch auch für diese Zeit, daß eine ansehnliche Zahl von nach und nach immer bekannter werdenden Jazzgitarristen zunächst in bekannten Gruppen – also kleineren Besetzungen – die idealen Plattformen zur Ausgestaltung ihrer Fähigkeiten finden. So sind es beispielsweise erst Oscar Moore, später Irving Ashby und dann John Collins, die nacheinander als Mitglieder des Nat ›King‹ Cole Trios bekannt werden als eingeschworene Christian-Nachfolger. Aber natürlich sind sie lange nicht die einzigen Christian-Getreuen, die in diesen Jahren von sich reden machen. Einer lenkt 1944, gerade 21 Jahre alt, und damit der ›Benjamin‹ unter den Genannten, auf ganz besondere Weise die Aufmerksamkeit der Szene auf sich: Barney Kessel. Sein Idol Christian, mit dem er sich noch kurz vor dessen Tode angefreundet hatte, war zwei Jahre zuvor gestorben, und nun war seinem Schüler das Glück beschieden, in Norman Granz' (* 1918), des auch heute noch äußerst aktiven Jazzpromoters (Jazz At The Philharmonic, Pablo-Label) berühmtem Jazzfilm »Jammin' The Blues« (1944) als einziger weißer Musiker mitwirken zu dürfen – eine Ehre, die nicht einmal der Gitarristin Mary Osborne zuteil wurde, die genau wie Kessel der Freundschaft mit Goodmans Wunderkind wertvolle Anregungen zu verdanken hatte. Es war wohl in allererster Linie dieser Film, der den stark bluesbeeinflußten Twen aus Oklahoma mit dem einzigartigen Feeling für Swing und ›groove‹ in den Augen und Ohren der Zeitzeugen zu Charlie Christians ›wahrem Nachfolger‹ werden ließ. Das Leserpublikum von »down beat« kürte ihn fünf Jahre hintereinander zur Nummer eins unter den Jazzgitarristen – allerdings erst von 1956 an, als Nachfolger von Allan Reuss (1944), Oscar Moore (1945–48), Billy Bauer (1949–50), Les Paul (1952–53) und Johnny Smith (1954–55).

So sind es denn auch die fünfziger Jahre und in ihnen insbesondere die Übergänge vom Bebop an der Ostküste zum nun ›modern‹ genannten Jazz der Westküste, die jene unerhört vielfältige Generation von Jazzgitarristen hervorbringen, welche von den meisten jungen Jazzmusikern auch heute noch als die ihrer stilistischen ›Väter‹ apostrophiert wird.
Überall in den USA, also nicht mehr nur im New York der Nach-Swing-Ära, tauchen nun Namen auf, die heute aus den Annalen des Jazz nicht mehr wegzudenken sind. Von Tal Farlow muß ab jetzt die Rede sein, von Jimmy Raney, von Sal Salvador (»Jazz an einem Sommerabend«), Mundell Lowe, Jim Hall, Billy Bauer, von Howard Roberts und Kenny Burrell, Johnny Smith, Chuck Wayne und vielen anderen. Und wieder sind es die kleinen Combos, in denen sich viele von ihnen nach oben spielten. Farlow etwa von Red Norvo (* 1908), Herb Ellis und Kessel bei Oscar Peterson (* 1925), Jim Hall bei Chico Hamilton (* 1921) und Jimmy Guiffre (* 1921), um nur einige zu nennen. Billy Bauer deutet im Trio mit Lennie Tristano (* 1919) und Lee Konitz (* 1927) auf die Grundzüge dessen, was dann als Cool Jazz eigentlich zur Brücke nach Westen wird: Der Westcoast Jazz, stilistisch keineswegs mehr so festlegbar wie noch der Bebop, wird von wenigen Aufnahmen abgesehen Jazz von Weißen. Hier in Kalifornien – »Go west, young man!« –, zwischen San Francisco und Los Angeles, ziehen diverse wirtschaftliche Verlockungen (zum Beispiel Studioarbeit für Film und Fernsehen) unzählige Gitarristen von überall her an. Und die pendeln zum Teil hin und her zwischen der Vierviertel-Akkordarbeit, die sie auf akustischen ***f-hole-arch-tops*** etwa in den großen orchestralen Besetzungen des ›progressive jazz‹ leisten müssen, und den Singlenote-Läufen auf ihren elektrisch verstärkbaren Instrumenten. Viele unter ihnen, fasziniert von der neuartigen Möglichkeit, dank des Tonabnehmers mühelos ihre Einzeltonläufe hörbar machen zu können, ›vergessen‹ nach und nach, daß sie ihr Instrument sehr wohl auch akustisch, also mehrstimmig, im Solo einsetzen können; sie nehmen die Forderung, ›like a horn‹ klingen und phrasieren zu sollen, dermaßen ernst, daß sie ihre ***runs*** bald gänzlich nach den Vorbildern etwa Lester Youngs oder Charlie Parkers gestalten – horizontal

spielend, nicht vertikal oder, im Sinne der heute erstrebenswerten Kombination von Melodielauf und Akkord, diagonal. Vergleicht man beispielsweise die frühesten Aufnahmen Kessels mit denen, die von 1956 an im ›Poll Winers‹-Trio entstehen, dann fällt deutlich auf, wie der Mann aus Oklahoma mehr und mehr vom linearen Spiel im Sinne Christians abweicht und sich von der reinen Orientierung an der Bläserphrasierung hinwendet zu einer Technik, die er selbst in einem Gespräch in Hamburg (1973) *»piano-like«* nannte: Kann der Pianist mit seinen zwei gleichwertigen Händen naturgemäß Akkord und Melodie zugleich spielen (überlagern), so schaltet Kessel nun – hier beeinflußt von George van Eps – gewissermaßen ›ersatzweise‹ Akkord und Singlenote in Reihe, spielt sozusagen die ›linke Klavierhand‹ vor der ›rechten‹. Dies ist denn auch bis heute Kessels stilistisches, enorm vorwärtstreibendes ›Westcoast‹-Hauptmerkmal geblieben. Es war diese seine Entdeckung, daß die Gitarre durchaus wie ein ›tragbares Orchester‹ spielbar ist, die die seinerzeit völlig neuartige Trio-Formation Gitarre/Baß/Schlagzeug erst ermöglicht hat, eine Besetzung, die heute Standard ist. Und runde 25 Jahre nach dieser wichtigen Entdeckung ist das diagonale Spiel für unzählige Gitarristen im Jazz gang und gäbe. Das meint auch der kanadische Gitarrist Ed Bickert, wenn er 1980 sagt: *»Anfang der fünfziger Jahre hörte ich mir viele Gitarristen an: Barney Kessel, Kenny Burrell, Jimmy Raney... Es schien damals einfach jede Menge davon zu geben. Im Laufe der Jahre aber versuchte ich dann, davon abzukommen, mir ständig nur Gitarristen anzuhören, weil man allzu schnell in eine ihrer Stilarten hineinschliddern kann. Meine heutige Spielweise ist wahrscheinlich mehr etwas Zusammengesetztes. Was das Akkordspiel betrifft, so haben mich* (Pianisten wie) *Herbie Hancock und Bill Evans sehr beeindruckt.«*

Die Abkehr von reinem Einzeltonspiel treibt daneben aber auch fast verblüffende Blüten – die Rückkehr nämlich zum akustischen Spiel in Reinkultur. *»1947 war ich der einzige Gitarrist, der den sogenannten Samba-Jazz einerseits und klassische Musik andererseits spielen konnte«,* erinnert sich der Brasilianer Laurindo Almeida, der noch 1939/40 Django Reinhardt in Paris gehört hatte und 1947 in die USA umsiedelte, wo er zunächst bei Stan Kenton (* 1912, † 1979) spielte.

Drei Jahre später, 1950, entschloß sich Charlie Byrd aus Virginia, der damals 25 Jahre alt und damit acht Jahre jünger als Almeida war, zum Studium der klassischen Gitarre. Und wenig später hatte Byrd, der auf die Empfehlung des klassischen und Jazzgitarristen Bill Harris hin in Washington bei Sophocles Papas (* 1893; emigrierte 1914 aus Griechenland in die USA) und in Siena bei Segovia studiert hatte, seinen unverkennbaren ›nylonstring-jazz‹ kreiert. 1961 von einer vom US-Außenministerium gesponsorten Südamerika-Tournee – im Trio mit Keter Betts (* 1928) am Baß und Bertell Knox (* 1927) am Schlagzeug – zurückgekehrt, legte er ein Jahr später die berühmtgewordene Quartett-LP »Jazz/Samba« (1962) vor und erzielte mit seiner Auswahl von Kompositionen solch damals schon populärer Brasilianer wie Antonio Carlos Jobim und João Gilberto (* 1931) weit größere kommerzielle Erfolge als Laurindo Almeida, der im Quartett – hinzu kam noch der Saxophonist/Flötist Bud Shank (* 1926) – unter dem Gruppennamen »Brasilliance« schon etwas früher ähnliche Fusionsmusik vorgeführt hatte. Und es war eben der Erfolg dessen, was man fortan Bossa Nova nannte, der die Aufmerksamkeit der nordamerikanischen Jazzwelt eigentlich zum ersten Mal ernsthaft auf einen fremden Kulturraum lenkte – eben Südamerika – und damit auch auf Gitarristen wie Luiz Bonfa, Bola Sete und etwa seit Mitte der sechziger Jahre auch auf Baden Powell wie dann ja auch Sebastião Tapajós.

Die sechziger Jahre kennzeichnen aber auch einen beinahe erschreckenden Rückgang des Interesses am Jazz ganz allgemein. Der gewaltige Kommerzerfolg populärer Gruppen wie zum Beispiel der Beatles, Rolling Stones und The Who zwang viele Jazzgitarristen zum Umdenken. *»Als der frühe Rock 'n' Roll kam, war ich soweit, das Handtuch zu werfen«*, entsinnt sich sogar der relativ junge Bickert, *»weil mir das Ganze so schrecklich war und mich völlig aussteigen ließ.«* Mundell Lowe verschwand in den Hollywood-Studios und schrieb Musik für TV-Serien wie »Hawaii 5-0« und »Eddies Vater«; Almeida komponierte die Soundtracks zu Filmen wie »Der alte Mann und das Meer« (1958), »Funny Girl« (1968) und später »Der Pate« (1972). Kaum einer der Gitarristen damals, die nicht in den Studios um ihr Überleben zu kämpfen begannen, wie ein nur

flüchtiger Blick in die später noch folgenden Kurzbiographien beweist.
Die Vielfalt der Techniken und Stile, in der sich die Jazzgitarre in diesen Jahren dennoch bewegte, erklang gewissermaßen ›hinter verschlossener Tür‹; kaum einer der großen Namen dieser Zeit, die von der Studioarbeit nicht doch auch kräftig profitiert haben. Da gab es die Nach-Christianer wie Kessel, Farlow, Burrell, auch Grant Green, den intellektuellen Gitarrenlyriker Jim Hall; Countryjazzer wie Ellis oder Jimmy Wyble, die Rhythmiker vom Format des Basie-Sozius Freddie Green, die Fingerstiljazzer wie Byrd, Sete oder Bonfa, die Akkordpoeten vom Schlage Johnny Smiths (»Moonlight in Vermont«), die seven-stringers wie van Eps oder Bucky Pizzarelli. Viele litten unter der kommerziellen Pop-Übermacht, andere arrangierten sich mit ihr, wieder andere stiegen aus oder pausierten.
Einer allerdings, der farbige John Leslie ›Wes‹ Montgomery, gab der Jazzgitarre schon im Februar 1960 neue Impulse und feierte in den acht Jahren bis zu seinem Tod (1968) schier unglaubliche Triumphe, auch kommerzielle. Sein Stil, mit dem Fleisch des Daumens statt mit einem Plektrum intoniert *(»beim Üben mit dem pick in der Garage meiner Eltern war's den Nachbarn immer zu laut«)*, war revolutionär: Der notenunkundige, doch mit einem eminenten auditiven Gedächtnis begnadete Wes spielte Singlenotelinien, steigerte sie durch wahnwitzige Oktavläufe und entwickelte eine Technik des blockakkordischen Solospiels, wie sie die Jazzszene noch nie auf einer Gitarre gehört hatte.
Mit Sicherheit war es auch die Sanftheit des Daumenklangs, der weiche Fluß seiner Melodielinien, die Wes Montgomery wie keinen anderen Jazzgitarristen auch für den Kommerz interessant machten. Ein Beispiel für die sogar noch postume Vermarktung seines Spiels, inhaltlich noch relativ ›harmlos‹, mag sein Album »Willow Weep For Me« sein, das, Anfang 1966 zum ersten Mal erschienen, zunächst eine reine Quartettplatte war, ein Live-Mitschnitt aus dem New Yorker Half Note. Nach seinem Tode stellte sich die Plattenfirma Verve auf den anhaltenden Montgomery-Boom ein und packte auf vier dieser Live-Aufnahmen noch von Claus Ogerman arrangierte Bläsersätze, regelrechte kommerzträchtige Weichmacher.

Wie jeder Pionier seiner Zunft, so ermutigte auch Montgomery, nach Gunther Schuller Hauptexponent der Indiana-Renaissance, eine stattliche Zahl jüngerer Gitarristen zur Übernahme beziehungsweise Fortführung seiner stilistischen Vorgaben. Die beiden wichtigsten Namen: George Benson und Pat Martino.
Es sind dann die siebziger Jahre, die die Widerstandsfähigkeit des Jazz gegenüber dem weltweiten Boom des Rock, Rhythm and Blues, des kommerziellen Soul und anderen populären Strömungen aufs beste demonstrieren. Mittlerweile steht nicht nur der großartige Aufbruch einer neuen, jungen Gitarristengeneration bevor, deren Kennzeichen in vielen Teilen die Verschmelzung verschiedener jazzfremder Stile mit Jazz sein wird, sondern auch die großen Musiker der Jazzgitarre in den fünfziger und sechziger Jahren, vor allem Kessel, Ellis, Raney, Burrell, van Eps, Roberts, Hall, Grant Green, auch Mary Osborne, Lowe, Farlow verlassen nun wieder die Katakomben der Studios, gehen in kleine Clubs und große Säle; Nicht-Amerikaner wie die Ungarn Attila Zoller, Gabor Szabó und – leider nur für kurze Zeit – der Zigeuner und virtuose Ex-Geiger Elek Bacsik (* 1926), in Holland Jean ›Toots‹ Thielemans und der Deutsche Eddy Marron, der in Burma geborene Engländer Ike Isaacs, zu Unrecht fast vergessene Musiker wie Billy Butler, Irving Ashby, Billy Mackel (* um 1920) und der Belgier René Thomas (* 1927, † 1975), Chuck Wayne und Johnny Smith wie Sal Salvador – sie alle sind wieder zu hören, sei es bei Live-Auftritten oder durch Wiederveröffentlichungen älterer Aufnahmen; sogar Sacha Distel (* 1933) kommt in der einen oder anderen Fernsehshow wieder einmal zum Auffrischen alter Jazzgitarre-Zeiten; Avantgarde- oder free-form-Spieler ziehen eine ganze Schule junger, enorm kreativer Experimentatoren nach sich.
Und wie die Fünfziger ihre Heroen hatten, die sechziger Jahre wesentlich von Wes Montgomery bestimmt waren, so finden die Siebziger schon gleich am Anfang ihren Meister, einen Meister der Jazzgitarre, der – 1929 in New Brunswick (New Jersey) geboren – eigentlich Joseph Anthony Jacobi Passalaqua heißt und als Joe Pass zum ersten Mal anfangs der Sechziger aufhorchen läßt: Damals sitzt der seit 1949 rauschgiftsüchtige Gitarrist auf eigenen Wunsch in dem

Jazzmusiker vorbehaltenen Therapiezentrum Synanon, nimmt dort gemeinsam mit anderen Patienten die legendär gewordene LP »Sounds of Synanon« (1962) auf und wird binnen kürzester Zeit zum neuen Jubelstar der Jazzkritik. Nach drei Jahren verläßt er Synanon vollständig geheilt, wird sofort begehrter Gitarrist in kalifornischen Top-Bands und geht 1968 in die Studios, aus denen ihn Norman Granz 1973 herausbettelt. Der Promoter nimmt ihn unter Vertrag, und seitdem produziert Pass in allen nur denkbaren Pablo-Konstellationen und liefert Solo-LP auf Solo-LP ab. Pass' eminente Bedeutung für die Mainstream-Gitarre der siebziger Jahre (in den Achtzigern, so läßt sich ansatzweise erkennen, dürften der Pass-Landsmann Cal Collins und der in Mainz lebende Tscheche Juraj Galan seinen Kurs nicht nur fortsetzen, sondern ausbauen) hat ihm von mancher Seite die Prädikate ›Tatum der Gitarre‹ und ›Virtuose der Jazzgitarre‹ eingebracht, berechtigte Wertungen, wenn man hört, wie er es versteht, das solistische Spiel in orchestraler Weise – also mit überlagertem walking bass, Harmonien und Melodiepart – vorzuführen, ganz abgesehen von seiner enormen Schnelligkeit.

Während eines Roundtables, den das »Guitar Player Magazine« im Sommer 1972 für Barney Kessel, Herb Ellis, Joe Pass und Howard Roberts veranstaltet hat, ging es um die Verkäuflichkeit von Jazzplatten. Ellis: *»Ich möchte mal eine kleine Voraussage wagen, daß nämlich Jazz wieder verkäuflich wird. Und das in der Hauptsache, weil die kids das, was sie so hören, einfach satt haben. Viele von denen kommen, um Joe und mich zu hören und wollen wissen, was wir machen, sie wollen uns Fragen zur Gitarre stellen, die Gitarre studieren. Da existiert wirklich ein neues Interesse.«* Darauf antwortete Pass: *»All die Jahre meiner Spielpraxis hindurch – und ich denke, das gilt für euch genauso –, da durchläuft man eigentlich die gesamte Tradition der Gitarre, inklusive eines bestimmten Betrags auch an klassischer Musik. Es gibt nun mal eine traditionelle, eine historische Leitlinie. Und dann kommt man an den Punkt, der für unser Land spezifisch ist, ich meine zu unserer Kunstform der Improvisation. Andere, die jetzt kommen und unseren Weg einschlagen, müssen jetzt einfach den gleichen Prozeß durchlaufen, ob sie das nun genauso*

machen wie wir oder auch nicht. Aber eins bleibt ihnen in keinem Falle erspart – dieselbe Literatur, die gleichen Erfahrungen, die gleichen seelischen und geistigen Prozesse, die gleichen Weiß-ich-was.«
Und Kessel ergänzt: »*Wir sind heute an einem Punkt angelangt, wo wir bisher noch nie innerhalb der Musik waren. Musiker sind Denker, sie sind Leute mit Musik im Kopf, die die Gitarre als Ausdrucksmittel für ihre Gedanken und ihre Biographie nutzen. Wir stecken mitten in einer evolutionär erstaunlich hochentwickelten Phase.«*
In der Tat, seit knapp zehn Jahren erweist sich Herb Ellis' ›kleine Voraussage‹ als bestätigt, zehn Jahre nach diesen Überlegungen besteht keinerlei Grund mehr zur Besorgnis. Alle nur denkbaren Jazz- und Mischstile koexistieren friedlich, befruchten sich – zugegebenermaßen nicht immer zum besten – gegenseitig, und die Plattenmacher baldowern immer neue Kombinationen von ›jazz guitar greats‹ aus, um dem passionierten Schallplattensammler das Leben reichlich schwer und den Beutel reichlich leicht zu machen – Ellis mit Byrd, Pass mit Ellis, Ellis mit Remo Palmier, Vater Raney mit Attila Zoller oder Sohn Raney, Ellis mit Kessel, Freddie Green mit Ellis, Coryell mit Catherine, Khan mit Coryell, Collins mit Ellis, Almeida mit Byrd und so weiter und so fort.
Mail-Order-Schallplattenversender bieten nicht nur alte Les-Paul-Platten oder gar die rare »Synanon« an, Lang, Mottola, Kress oder McDonough, sondern buchstäblich alles und jeden, was und wen man sich zu diesem Thema vorstellen kann.

Und nun, um dem Dilemma der Stoffülle wenigstens etwas beizukommen, eine Kurzübersicht über die wohl bedeutendsten Jazzgitarristen der älteren Generation, ohne Charlie Christian, Les Paul und Django Reinhardt, die schon vorher ausführlich behandelt wurden:
Oscar Aleman (* 1905, † 1980) aus Argentinien: 1925 jazzorientiertes Duo (Los Lubos) mit dem Gitarristen Gaston Bueno. 1932 zu Josephine Baker (* 1906, † 1975) nach Paris. Zusammenarbeit mit dem Geiger Svend Asmussen (* 1916). Seit 1941 kaum noch jazzaktiv. Ausnahme: 1968 bei Duke Ellington in Buenos Aires.
Laurindo Almeida (* 1917) aus San Paolo (Brasilien): Kommt durch

Django Reinhardt zum Jazz. Anfang der vierziger Jahre Radioarbeit, ab 1947 nach Parisbesuch in den USA. Filmmusik. Mitglied der Orchester von Stan Kenton und Pete Rugelo. 1953/54 Leiter des Quartetts Brasilliance. Ungefähr 20 Solo-Alben bis 1981. 1963/64 Tournee mit dem Modern Jazz Quartet. In den siebziger Jahren im Quartett L. A. 4. Erhielt zehn Grammys; Verfasser von Lehrbüchern. 1980 erscheint nach zehnjähriger Arbeit sein erstes großangelegtes Konzert für Gitarre und Orchester.

Irving Ashby (* 1920) aus Somerville (Massachusetts): Kommt 1938 zu Lionel Hampton. Schlechter Notenleser. Seine Bearbeitung von Rachmaninoffs »Präludium« in cis-moll bringt ihm 1935 ein Stipendium am New England Conservatory in Boston ein. Freund Charlie Christians. Ab 1946 im Nat ›King‹ Cole Trio; 1952 bei Oscar Peterson. Stilistisch auf Christian/Kessel-Linie.

Dave [Michael] Barbour (* 1912, † 1965) aus New York: 1934 in der Band des Trompeters Wingy Manone (* 1904), 1935/36 Mitglied der Red Norvo Band. Arbeitet mit dem Pianisten und Bandleader Teddy Wilson, Louis Armstrong, der Sängerin Mildred Bailey (* 1907, † 1951) und anderen. Bis 1944 beim Goodman Orchestra. 1943 Heirat mit der Sängerin Peggy Lee (* 1922). Scheidung 1952 und Ende der Karriere.

Danny [Daniel] Barker (* 1909) aus New Orleans (Louisiana): Spielt in den Zwanzigern Ragtime bei dem Trompeter Lee Collins (* 1901). 1930 in New York bei dem Klarinettisten Albert Nicholas (* 1900) und dem Pianisten James P. Johnson (* 1891, † 1955). 1938 in der Big Band des Saxophonisten Benny Carter (* 1907), dann zu dem Sänger und Bandleader Cab Calloway (* 1907). 1946 Backup-Gruppe für seine Frau Lu Barker. In den fünfziger Jahren wieder Banjo. Seit Mitte der sechziger Jahre Vorträge und Vorlesungen über New Orleans. Arbeitete auch für Jazz-Zeitschriften.

Everett Barksdale (* 1910) aus Detroit (Michigan): Von 1932 an fast zehn Jahre bei dem Jazzgeiger Eddie South (* 1904, † 1962). In den Vierzigern bei Benny Carter und Funkarbeit beim CBS-Sender. 1946–56 im Trio des Pianisten Art Tatum (* 1910, † 1956). Später beim Sender ABC in New York und Studioarbeit, unter anderem für Sammy Davis jr. (* 1925) und die Sängerin Lena Horne (* 1917).

George Barnes (* 1921, † 1977) aus Chicago Heights (Illinois): Mit sechzehn bei Armstrong and Goodman. Beeinflußt von Lonnie Johnson und Django Reinhardt. Schon als Siebzehnjähriger im Stab der Rundfunkstation NBC in Chicago. 1942 Militär; davor Aufnahmen mit Broonzy, Blind John Davis und anderen. 1951 zur Decca. Gefragtester Sideman jener Zeit, so von Frank Sinatra (* 1925) und Bing Crosby (* 1904, † 1977). Berühmte Duos mit dem Gitarristen Carl Kress bis zu dessen Tod (1965), dann mit Bucky Pizzarelli. Zuletzt zahlreiche Aufnahmen mit dem Kornettisten Ruby Braff (* 1927).
Billy [William Henry] Bauer (* 1915) aus New York: Ex-Banjoist. In den dreißiger Jahren Gitarre bei dem Klarinettisten und Bandleader Jerry Wald (* 1919), 1944–46 bei Woody Herman (* 1913), Sessions mit Benny Goodman, Begegnung mit Lennie Tristano, dann mit diesem und Lee Konitz berühmte Trio-Arbeit. Leitet 1961–63 eine Band; unterrichtet und hat eigenen Musikverlag.
Billy [William Frederick] Bean (* 1933) aus Philadelphia: Kommt 1956 zu dem Saxophonisten und Bandleader Charlie Ventura (* 1916), geht 1958 nach Kalifornien, dort (freiberuflich) bei den Flötisten/Klarinettisten Paul Horn (* 1930), Buddy Collette (* 1921), Buddy de Franco (* 1923). Bedeutsame Duo-Aufnahmen mit dem Gitarristen John Pisano.
Skeeter [Clifton] Best (* 1914) aus Kinston (North Carolina): 1940 im Earl Hines Orchestra, dann zu Slim Marshall. Nach der Navy-Zeit ab 1945 in diversen Gruppen; 1951/52 auf Japan- und Südkorea-Tournee mit dem Bassisten und Cellisten Oscar Pettiford (* 1922, † 1960) und dem Schlagzeuger Kenny Clarke.
Ed[ward Isaac] Bickert (* 1932) aus Hochfield, Manitoba (Kanada): Mit 20 Jahren Profi in Toronto. Dort Arbeit beim Funk und mit Rob McConnells Boss Brass. Spielt dann in Torontos berühmtem Bourbon Street Club unter anderem mit Red Norvo, dem Trompeter Chet Baker (* 1929), dem Saxophonisten Paul Desmond (* 1924, † 1978), dem Vibraphonisten Milt Jackson (* 1923). Später eigenes Trio. Auch Solo-Aufnahmen. 1976, beim Monterey Jazz Festival, Auftritt mit Paul Desmond.
Luiz [Floriano] Bonfa (* 1922) aus Rio de Janeiro (Brasilien):

Schrieb die Musik zum Film »Orpheo Negro« (1958). Studium der klassischen Gitarre bei Isaias Savio. Entdeckt Neigung zur populären Musik um 1946. Geht 1958 in die USA (Beginn der Bossa-Nova-Welle). Kommt Ende der Fünfziger zum Jazz; berühmte Aufnahmen mit dem Saxophonisten Stan Getz (*1927), desgleichen mit seiner Frau, der Sängerin Maria Toledo. Heute an der Westküste sehr gefragt für Film, TV und Studioarbeit sowie als Komponist und Interpret.

Teddy [Theodore Leroy] Brunn (*1909) aus Freeport, Long Island (New York): In den Dreißigern Mitglied der Gruppe Spirits of Rhythm. Kaum Soli, dennoch von großem Einfluß auf die Swing-Gitarristen. Vertritt anderthalb Jahre Fred Guy bei Ellington. 1944 eigene Gruppe, die Waves of Rhythm. Einer der bedeutendsten traditionellen Gitarristen. Zusammenarbeit mit dem Klarinettisten Johnny Dodds (*1892, †1940) und dem Klarinettisten und Saxophonisten Mezz Mezzrow (*1899, †1972). Mitte der Fünfziger unter anderem bei dem Sänger und Saxophonisten Louis Jordan (*1908), dann Solist in einer Rock 'n' Roll-Gruppe. Aktiv bis 1970.

Kenny [Kenneth Earl] Burrell (*1931) aus Detroit (Michigan): Schüler der Detroiter Miller Highschool. Mitschüler waren Pianist Tommy Flanagan (*1930), Milt Jackson, Saxophonist Pepper Adams (*1930), Flötist und Saxophonist Yusef Lateef (*1921). Besondere Einflüsse durch Charlie Christian und Oscar Moore. 1948 bei dem Trompeter Dizzy Gillespie (*1917). 1955 Nachfolger von Herb Ellis im Peterson Trio. Umzug nach New York, dann zu dem Pianisten Hampton Hawes (*1928), dem Saxophonisten Frank Foster (*1928), dem Trompeter Thad Jones (*1923). Eigene Gruppen; am Broadway Theater. 1957 zu Benny Goodman, davor (1952/53) Klassik-Studium und Praxis/Theorie-Vertiefung an der Wayne University. Star des (leider inzwischen geschlossenen) New Yorker Jazzclubs »The Guitar«. 1968–71 »down-beat«-Poll Winner. Heute Tourneen (auch durch Europa), Club- und Studioarbeit, Unterricht. Duke Ellingtons Gitarren-Favorit.

Billy [William] Butler (*1924) aus Philadelphia (Pennsylvania): Seit 1940 Profi (bei den Three Tones). Beeinflußt von Lang und van Eps, Christian, Barnes und Moore. Nach dem Militär in diversen Gruppen. 1955–63 bei dem Pianisten Bill Doggett (* 1916). Der Pop-Hit »Honky Tonk« (1956) bringt ihm den Durchbruch. Früher als Blues-Gitarrist geschätzt, liegt ihm heute der Jazz weit näher. Arbeitet in New York (Studio, Broadway).

Charlie [Charles L.] Byrd (* 1925) aus Suffolk (Virginia): Anfänge mit Tanzmusik. Militär, Army Show Band. In Paris Sessions mit Django Reinhardt, 1945–50 in New York als Plektrumgitarrist. Gitarrist Bill Harris regt ihn zur Klassik an. Studium bei Sophocles Papas, Theorie bei Thomas Simmons, 1954 bei Segovia in Siena. 1959 bei Woody Herman (Tournee nach England und Saudi-Arabien). Verbindet nun Klassik und Jazz, gründet Trio und erzielt den internationalen Durchbruch mit seinem fingerstyle jazz. 1961 Südamerika-Tournee. Verarbeitet Samba-Einflüsse; macht 1962 mit Stan Getz das »Jazz/Samba«-Album. 1965 Auftritt im Weißen Haus vor Präsident Johnson. Zahlreiche Jazz Polls (1963 des »down beat«). In letzter Zeit neben eigenen Aufnahmen auch Zusammenarbeit mit Herb Ellis und Barney Kessel in den ›Great Guitars‹. Eröffnet 1980 in Washington mit Charlie's Georgetown ein neues, sein zweites Jazzlokal.

Al [Albert Aloysius] Casey (* 1915) aus Louisville (Kentucky): Unterschätzter Beeinflusser der unverstärkten Plektrumgitarre (Akkord- und Melodiespiel). Seit 1930 in New York. Bei dem Pianisten Fats Waller (* 1904, † 1943) von 1932–43. 1938–45 bei dem Pianisten Teddy Wilson (* 1912). Eigenes Trio und (1947) stints bei Armstrong. 1949 Konversion zum Rock 'n' Roll (King Curtis) und zur solidbody electric. In den Siebzigern Rückkehr zum Jazz und akustischer Plektrumarbeit.

Pierre Cavalli (* 1928) aus Zürich: Ex-Violinist. Seit 1953 in Paris. In der Bundesrepublik Deutschland durch Auftritte in NDR-Jazz-Workshops und mit dem Pianisten Friedrich Gulda (* 1930) bekannt. Zusammenarbeit auch mit dem Trompeter Quincy Jones (* 1933) und dem Pianisten Michel Legrand (* 1930). Zur Zeit in ganz Europa tätig als Sideman (zum Beispiel für Stephane Grappelli) und in Studios.

John [Elbert] Collins (* 1913) aus Montgomery (Alabama): 1932–35 Studium bei seiner Mutter, der Pianistin Georgia Graham, dann zu

Art Tatum und 1936–40 zu dem Trompeter Roy Eldridge (* 1911). Nach dem Militär (1946–48) bei dem Bassisten Slam Stewart (* 1914), dann bei dem Pianisten Billy Taylor (* 1921). Ashby empfiehlt ihn 1951 Nat ›King‹ Cole (* 1917, † 1965), in dessen Band er bis 1965 in auffallend untergeordneter Position war. Bis 1971 im Quartett des Sängers und Pianisten Bobby Troup (* 1918). Sideman von Sammy Davis jr., Frank Sinatra und Nancy Wilson (* 1937).

Eddie [Albert Edwin] Condon (* 1904, † 1973) aus Goodland (Indiana): Vielseitiger Jazzorganisator, Gruppenleiter, Buchautor; spielte (als Ex-Banjomann) viersaitige Gitarren. Beschränkte sich auf reines Rhythmusspiel.

Bill [William] de Arango (* 1921) aus Cleveland (Ohio): Profi seit 1939; 1944 in New York bei dem Saxophonisten Ben Webster (* 1909, † 1973), dann eigene Gruppen, u. a. mit dem Vibraphonisten Terry Gibbs (* 1924). Lebt seit 1954 zurückgezogen in Cleveland; dort ein eigenes Musikgeschäft; spielt in lokalen Clubs. Zählt zur Avantgarde der Bebop-Solisten.

Eddie [Edward Lorenzo] Duran (* 1925) aus San Francisco (Kalifornien): Ex-Pianist. Begann 1937 (hauptsächlich als Autodidakt) mit der Gitarre. Spielte mit Charlie Parker, Stan Getz, Red Norvo und dem Pianisten George Shearing (* 1919).

Eddie Durham (* 1906) aus San Marcos (Texas): Experimentiert als erster mit elektrischer Tonabnahme. 1938 bei Count Basies Kansas City Six berühmte E-Gitarrensoli. Bringt Floyd Smith zum E-Gitarrespiel.

Herb[ert Mitchell] Ellis (* 1921) aus Farmerville bei Dallas (Texas): Lernt am North Texas State College den Klarinettisten und Saxophonisten Jimmy Giuffre (* 1921), den Bassisten und Cellisten Harry Babasin (* 1921) sowie den Trompeter und Arrangeur Gene Roland (* 1921) kennen. Zunächst stark blues- und countrybeeinflußt. 1944 bei dem Altsaxophonisten Glen Gray (* 1906, † 1963), 1945–48 bei Jimmy Dorsey. Dann eigene Band, The Softwinds. Als Barney Kessels Nachfolger 1953–58 bei Oscar Peterson; dann bis 1962 bei Ella Fitzgerald. Lebt heute in Hollywood. Zahllose Plattenaufnahmen. Studio- und TV-Aktivitäten (Steve Allen Show). Seit Gründung des Concord-Labels (1974) wieder jazzaktiv, auch als Mitglied der ›Great Guitars‹ (zusammen mit Barney Kessel und Charlie Byrd).

Bus [Anthony] Etri (* 1917, † 1941) aus New York: Durchbruch 1938 in der Band des Saxophonisten Charlie Barnet (* 1913). Enorme Singlenote-Technik. Starb bei einem Autounfall.

Tal [Talmadge Holt] Farlow (* 1921) aus Greensboro (North Carolina): Profi seit 1943; lernt Christians Soli Note für Note. Im Hauptberuf Schildermaler. Zusammenarbeit mit dem Klarinettisten Buddy De Franco (* 1923) und Red Norvo (1950–53), der seine Technik entscheidend prägt: Ungewöhnlich komplexe Akkordik aufgrund übergroßer Reichweiten, sehr schnelle Läufe. Gibson baut ihm ein Instrument nach seinen Spezifikationen mit einem 2,54 Zentimeter kürzeren Griffbrett. Entwickelt überraschende, perkussive Rhythmus-Spieltechniken, indem er Akkorde spielt und zugleich Saiten wie Korpus mit den Fingern schlägt. Zahlreiche Aufnahmen in den Fünfzigern. 1968 Teilnahme am Newport Jazz Festival. Malt noch heute Werbeschilder, nimmt wieder auf und spielt in Clubs.

Slim [Bulee] Gaillard (* 1916) aus Detroit (Michigan): Ende der dreißiger Jahre Duo mit Slam Stewart (Slim and Slam); Aufnahmen mit Charlie Parker und Dizzy Gillespie. Schrieb 1938 gemeinsam mit Stewart den berühmten »Flat Foot Floogie«. Außer einem Auftritt mit Stewart 1970 in Monterey keine Jazzgitarre mehr, sondern Piano, Show, Gesang, Kabarett.

Joseph Barry Galbraith (* 1919) aus Pittsburgh (Pennsylvania): Autodidakt. Nach Engagements bei Red Norvo und Teddy Powell (1941/42) Durchbruch in der Claude Thornhill Band. 1947–70 hauptsächlich für die New Yorker Sender NBC und CBS tätig. Sideman auf Hunderten von Platten, darunter mit Stan Kenton, Peggy Lee, Benny Goodman, Tony Bennett und Ella Fitzgerald. Ein Rückenleiden beschränkt ihn heute auf Lehrtätigkeiten.

Dick [Richard Joseph] Garcia (* 1931) aus New York: 1950 sowie 1955/56 bei dem Klarinettisten Tony Scott (* 1921), später u.a. bei George Shearing. Heute freiberuflich in New York.

Hank Garland (* 1930) aus Cowpens, Spartanburg (South Carolina): In den Vierzigern in der Paul Howard Band. In erster Linie als Country-Gitarrist bekannt. Spielt 1960 sein erstes und einziges ›reines‹ Jazz-Album ein (»Jazz Winds From A New Direction«); kurz darauf schwerer Autounfall, der ihn zur Aufgabe der Musik zwingt.

Arv[in Charles] Garrison (* 1922, † 1960) aus Toledo (Ohio): 1941 eigene Band und bis 1948 an beiden Küsten tätig. 1946 Heirat mit der Bassistin Vivien Garry und Rückzug ins Privatleben.

Jimmy [James Pasco] Gourley jr. (* 1926) aus Saint Louis (Missouri): 1941 Sessions mit dem Saxophonisten Lee Konitz (* 1927). 1944–46 Musik in einer Navy Band. 1948 Nachfolger von Jimmy Raney bei Jay Burkhart. Seit dieser Zeit starker Raney-Einfluß. Zusammenarbeit mit den Saxophonisten Sonny Stitt (* 1924) und Gene Ammons (* 1925) sowie der Sängerin Anita O'Day (* 1919); 1951–54 in Europa mit dem Pianisten und Bandleader Henri Renaud (* 1925); hier auch Aufnahmen mit dem Saxophonisten Zoot Sims (* 1925), dem Posaunisten Bob Brookmeyer (* 1929), dem Trompeter Clifford Brown (* 1930, † 1956) und Lee Konitz. 1956 Rückkehr in die USA, 1957 in Paris. 1959–65 Stammgitarrist im dortigen Blue Note Jazzclub bei dem Schlagzeuger Kenny Clarke (* 1914). Danach eigenes Quartett; 1970–72 eigener Club auf den Kanarischen Inseln, dann wieder Paris.

Freddie [Frederick William] Green (* 1911) aus Charleston (South Carolina): Beginnt als Zwölfjähriger mit Selbstunterricht. Kommt 1937 zu Count Basies Orchester. Absoluter ›König‹ der Rhythmusgitarre (unverstärkte Plektrumgitarre). Nie ein Singlenote-Solo, nie elektrisch gespielt. Arbeitet später mit Lester Young, Lionel Hampton, Benny Goodman zusammen. In den späten Siebzigern Aufnahmen im Quartett mit Herb Ellis für Concord.

Grant Green (* 1931, † 1979) aus Saint Louis (Missouri): Spielt (schon als Kind) Boogie Woogie und Rock 'n' Roll. Kommt, von Charlie Parker und Lester Young (* 1909, † 1959) beeinflußt, zum Jazz. Geht Mitte der fünfziger Jahre nach New York; arbeitet dort mit dem Saxophonisten Lou Donaldson (* 1926), der ihn dem Blue Note-Label empfiehlt. Als Charlie-Christian-Erbe gefeiert. Aufnahmen mit dem Organisten Jimmy Smith (* 1925), dem Saxophonisten Stanley Turrentine (* 1934) und dem Keyboardspieler Herbie Hancock (* 1940). Später für CTI in großen, kommerzielleren Besetzungen.

Tiny [Lloyd] Grimes (* 1917) aus Newport News (Virginia): Kommt von Schlagzeug und Klavier zur viersaitigen Gitarre. Spielt elektrisch. 1941 zu Art Tatum, 1944 eigene Band, die Rocking Highlanders. Tritt ab 1948 in Cleveland, ab 1955 in Philadelphia auf. In den Sechzigern wieder regelmäßige Auftritte in New York. Nach Gastspielen mit Milt Buckner besonders in Frankreich beliebt. Dort (1968 und 1970) auch mit dem Pianisten Jay McShann (* 1909). Heute besonders an der Ostküste als Solist und Rhythmusmann gefragt.

Marty Grosz (* 1930) aus Berlin: Sohn von George Grosz (* 1893, † 1959). Kommt 1933 in die USA. Ab 1942 Interesse am Chicago-Stil. 1954 nach dem Militär nach Chicago; spielt dort zunächst Banjo. Experimentiert mit diversen (open) tunings, u. a. einer Art banjo tuning (mit der Stimmung B^b,F,c,g,h,d), ähnlich dem von Carl Kress. Der Durchbruch gelingt ihm mit dem Soprano Summit (1974). Danach Umzug nach New York. Seit kurzem Duo-Arbeit mit dem Gitarristen Wayne Wright. Spielt strikt akustische archtop.

Fred [Frederick] Guy (* 1899, † 1971) aus Burkeville (Georgia): Zunächst Banjoist; spielt seit 1933 Gitarre; 1926–1947 bei Duke Ellington und wie F. Green ausschließlich Rhythmiker. (Seit Guys Weggang verzichtete Ellington auf die Gitarre.) Wird in Chicago Geschäftsführer eines Ballroom. Begeht mit 72 Jahren Selbstmord.

Jim [James Stanley] Hall (* 1930) aus Buffalo (New York): Von Charlie Christian ebenso beeinflußt wie von Django Reinhardt. 1954 Examen am Cleveland Institute of Music. Zieht 1955 nach Los Angeles. 1958 holt ihn der Schlagzeuger Chico Hamilton (* 1921) und 1959 Jimmy Giuffre in sein berühmtes schlagzeugloses Trio. 1960 mit Ella Fitzgerald und Roy Eldridge in Südamerika; 1960/61 Duo mit Lee Konitz; 1961/62 mit Sonny Rollins; 1962–64 Duo mit Art Farmer. Duos auch mit den Bassisten Ron Carter (* 1937) und Red Mitchell (* 1927). Gilt als der ›poetischste‹ und zugleich kühl-intellektuellste moderne Spieler überhaupt.

Bill [Willie] Harris (* 1925) aus Nashville (North Carolina): Beginnt als Plektrumspieler und versucht als solcher auch Klassik zu interpretieren. Studiert in Washington bei Sophocles Papas klassische

Gitarre, besucht daneben die Columbia School of Music, ist in Jazz-Bands tätig und erteilt Unterricht. 1950 Begleiter des Rhythm-and-Blues-Vokalensembles The Clovers. Wird von dem Gitarristen Mickey Baker (* 1925) zu seiner ersten Nylonsaiten-Aufnahme (1956) überredet, die die erste ihrer Art ist. Von starkem Einfluß auf Charlie Byrd. Lehrt nach eigener Unterrichtsmethode (»The Harris Touch«).

Al[ton Reynolds] Hendrickson (* 1920) aus Eastland (Texas): Heute einer der meistbeschäftigten Studiogitarristen. Schon früh bei Artie Shaw und Benny Goodman, dann auch bei Woody Herman und dem Trompeter und Arrangeur Neal Hefti (* 1922). 1962 mit Dizzy Gillespie und dem Schlagzeuger Louis Bellson (* 1924) auf dem Monterey Jazz Festival; Mitwirkung in den Multi-Gitarrenformationen ›Guitars, Inc.‹ und ›Guitars Unlimited‹. Bei Nat ›King‹ Cole, Quincy Jones, Peggy Lee, Frank Sinatra, Benny Carter, dem Komponisten und Arrangeur Nelson Riddle (* 1921) und dem Pianisten Lalo Schifrin (* 1932).

Ike [Isaac] Isaacs (* 1919) in Rangun (Birma): Einer der bedeutendsten Gitarristen außerhalb der USA, die unverstärkte Plektrumgitarre spielen. TV- und Studioarbeit, wöchentliche Auftritte in London. Zieht 1946 nach London und entschließt sich zur Profilaufbahn. Durchbruch im BBC-Programm ›Guitar Club‹. Kurze Tätigkeit bei dem Posaunisten und Bandleader Ted Heath (* 1900, † 1969). 1975 zu Stephane Grappelli. In letzter Zeit Aufsehen durch Duos mit dem englischen Gitarristen Martin Taylor (* 1956).

Lonnie [Alonzo] Johnson (* 1889, † 1970) aus New Orleans (Louisiana): Gewinnt 1925 einen Blueswettbewerb in Saint Louis. Erste Aufnahmen; die berühmtesten dieser Jahre im Duo mit Eddie Lang, aber auch bei Duke Ellington und Louis Armstrong. Zusammenarbeit mit dem Klarinettisten Jimmy Noone (* 1895, † 1944) und Johnny Dodds (* 1892, † 1940). 1940 zur E-Gitarre, von da an Karriereabstieg. 1968 nochmals bei Duke Ellington in New York und Tourneen im Rahmen des American Folk Blues Festival.

Barney Kessel (* 1923) aus Muskogee (Oklahoma): Mit 14 Jahren als einziger Weißer in schwarzen Bands. Besucht 1939 Charlie Christian. 1942 in Hollywood; dort erst Tellerwäscher, dann (1943) im

Chico Marx Orchestra. Danach in Los Angeles; hier Topgitarrist beim Rundfunk. 1944 als einziger Weißer in dem Film »Jammin' the Blues«. Kommt 1945 zu dem Saxophonisten Charlie Barnet (* 1913), dann zu Artie Shaw und Benny Goodman sowie zu Hal McIntyre (* 1914, † 1959). Nach 1947 zu Charlie Parker. 1952/53 auf Tournee mit Oscar Peterson. 1968 Teilnahme am Newport Jazz Festival. Spielt in Clubs und auf Tourneen mit den ›Great Guitars‹ und in anderen Trios. Verfasser des Standard-Lehrbuches »The Guitar« (1967). Lehrtätigkeiten. Feste Kolumne in »Guitar Player Magazine«. In den Siebzigern ›Botschafter des Jazz‹ des US-Außenministeriums und als solcher auch in Ost-Europa.

Carl Kress (* 1907, † 1965) aus Newark (New Jersey): 1926 bei Paul Whiteman (* 1890, † 1967). 1927 Aufnahmen mit dem Kornettisten Bix Beiderbecke (* 1903, † 1931) und dem Saxophonisten Frankie Trumbauer (* 1901, † 1956). In den frühen Dreißigern führender amerikanischer Rundfunk-Studiomusiker. Berühmte Duos mit Eddie Lang (1932) und Dick McDonough (1934). Miteigentümer des New Yorker Onyx Club. Meisterhaftes Akkordspiel bei ungewöhnlicher Gitarrenstimmung (B^b, F, C, g, a', d'). Bis zu seinem Tode (auf der Bühne) neues Duo mit George Barnes.

Nappy [Hilton Napoleon] Lamare (* 1907) aus New Orleans (Louisiana): Ex-Banjoist. New-Orleans-Stil u. a. bei dem Schlagzeuger Monk Hazel (* 1903, † 1968). 1930 in New York bei dem Schlagzeuger Ben Pollack (* 1903), 1935 zu dem Sänger und Bandleader Bob Crosby (* 1913). Geht 1942 nach Hollywood; dort eigene Gruppen. 1948 zu Jimmy Dorsey. Seit den fünfziger Jahren hauptsächlich Studioarbeit, zum Beispiel Soundtracks für Disney-Filme. Dann eigene Gruppe in Disneyland (Anaheim, Kalifornien).

Eddie Lang, eigentlich Salvatore Massaro (* 1904, † 1933) aus Philadelphia (Pennsylvania): Lebenslange Freundschaft mit dem Jazzgeiger Joe Venuti (* 1904, † 1978). Ab 1924 professionell bei Red McKenzies (* 1907, † 1948) Mound City Blue Blowers. Eigentlicher Pionier des Singlenote-Spiels. Veranlaßt Banjoisten, reihenweise zur Gitarre zu wechseln. 1926 »Stringing The Blues«, dann zu Red Nichols, wieder zu Venuti, dann zu Bix Beiderbecke und Bessie Smith. Berühmte Duos mit Lonnie Johnson unter dem Pseudonym

Blind Willie Dunn. 1929 mit Joe Venuti zum Orchester Paul Whiteman (* 1890, † 1967). Freundschaft mit Bing Crosby. Wird dessen fulltime-Begleitgitarrist. Stirbt tragisch an den Folgen einer Mandelentzündung.

[James] Mundell Lowe (* 1922) aus Laurel (Missouri): Kommt 1939 nach Nashville; spielt dort in Pee Wee Kings (* 1914) Grand Ole Opry Show; dann nach Louisiana und Mississippi. Trifft 1943 (beim Militär) den Jazzkritiker und Produzenten John Hammond (* 1910), der ihn 1945 zu Ray McKinley bringt. 1947 zu Mary Lou Williams in New York, dann zu Red Norvo. 1950–64 bei der National Broadcasting Company (NBC) in New York. Ab 1965 in Kalifornien. Schreibt für Film, Funk und Fernsehen. Lehrtätigkeiten. 1974 Europatournee mit der Sängerin Betty Bennett (* 1926). 1975 bei dem Saxophonisten Richie Kamuca (* 1930, † 1976).

Ivor Mairants (* 1908) aus Rypin (Polen): Mit 20 Jahren als Profi in England. Gilt dort als die Gitarrenautorität schlechthin. Unter anderen in den Orchestern von Ted Heath (* 1900, † 1969), Mantovani (* 1927, † 1982) und Bert Ambrose (* 1897). Unterrichtet 1950–60 in London. Verfasser von Jazz-, Klassik- und Flamencokompositionen; auch Lehrbücher. Besitzer eines Musikgeschäfts in London.

Jack [Wilton] Marshall (* 1921, † 1973) aus El Dorado (Kansas): Von Django Reinhardt beeinflußt. Spielt seit 1938 elektrisch, aber weiterhin auch akustisch. Trifft auf Oscar Moore, vertritt ihn bei Nat ›King‹ Cole. Auch bei Art Tatum. 1940–42 Hausgitarrist bei Metro Goldwyn Mayer (MGM). 1946 Ingenieur. Wird danach Profimusiker. Wieder zu MGM. Beginnt mit klassischer Gitarre. Verfaßt über 300 Fernseh- und Filmmusiken sowie ein Gitarrenkonzert für seinen Cousin Christopher Parkening. Hauptinitiator der berühmten Gitarrennächte im Jazzclub Dontés (Los Angeles).

Carmen [Nicholas] Mastren (* 1913, † 1981) aus Cohoes (New York): Spielt Gitarre seit 1931; um 1935 zu dem Trompeter Wingy Manone (* 1904), dann zu Tommy Dorsey; 1941 zu dem Klarinettisten Joe Marsala (* 1907). Bis 1943 bei der Rundfunkgesellschaft NBC. In der Air Force bei Glenn Miller (* 1904, † 1944). 1946 wieder Studioarbeit.

Dick [Richard] McDonough (*1904, †1938) aus New York: Gehört mit Eddie Lang und Lonnie Johnson zu den Großen der vorelektrischen Gitarrenära. Berühmte Duos mit Carl Kress in den dreißiger Jahren.
Wes [John Leslie] Montgomery (*1925, †1968) aus Indianapolis (Indiana): Bruder des Vibraphonisten Buddy (*1930) und des Bassisten Monk Montgomery (*1921, †1982). Beginnt mit 19 Jahren Gitarre zu spielen; kann nach nur sechs Monaten Charlie Christians Solos auswendig, obwohl ohne Notenkenntnisse. Bis 1959 lokale Größe in Indianapolis. Wird von dem Saxophonisten Julian Cannonball Adderley (*1928, †1975) entdeckt. Tritt im selben Jahr den Mastersounds seiner Brüder bei; danach Trioarbeit (Orgel und Schlagzeug. 1965/66 im Trio des Pianisten Wynton Kelly (*1931). 1968 mit seinem Quintett Teilnehmer am Berkeley Jazz Festival. Von 1960 bis zu seinem Tode der erfolgreichste und revolutionärste Gitarrist (wohl nicht nur) der sechziger Jahre. Weltweite Tourneen.
Oscar [Fred] Moore (*1916, †1982) aus Austin (Texas): Mit achtzehn Profigitarrist. Mit 21 Jahren Mitglied im Nat ›King‹ Cole Trio. Wird allgemein unterschätzt, weil er fast gleichzeitig mit Charlie Christian die Gitarrenszene betrat. Ab 1949 in Los Angeles mit seinem Bruder Johnny bei den Three Blazers. Mitwirkung auch an Pop-Produktionen und gelegentliche Jazzaufnahmen.
Mary Osborne (*1921) aus Bismarck (North Dakota): Einzige Frau unter den älteren Jazzgitarristen. Beeinflußt von Eddie Lang, Dick McDonough, Django Reinhardt und später von Charlie Christian. Letzterer inspirierte sie zur E-Gitarre. Zunächst bei Winifred McDonald, dann in New York bei der Pianistin Mary Lou Williams (*1910) und Dick Stabile. In Chicago Funk- und Clubarbeit. Kommt 1944 durch Leonard Feather nach New Orleans. In Philadelphia bei dem Saxophonisten Coleman Hawkins (*1904, †1969). Heiratet 1946 den Trompeter Ralph Scaffidi. Ab 1949 vielgefragte freie Gitarristin. 1962–67 Klassikstudium bei Albert Valdes Blain. 1968 Umzug der fünfköpfigen Familie nach Kalifornien. Dort mit festem Quartett. Unterrichtet dort und vertieft ihr Klassikspiel.
Remo Palmier, eigentlich Remo Palmieri (*1923) aus New York:

Spielt seit 1942 hauptberuflich. Gilt zu seiner Zeit als einer der progressivsten Ostküsten- und Nach-Christian-Gitarristen. 1943 zu Coleman Hawkins, 1944 zu Red Norvo. Mit eigener Gruppe Backup für die Sängerinnen Billie Holiday (*1915, †1959) und Mildred Bailey (*1907, †1951). 1945 Aufnahmen mit Dizzy Gillespie und dem Klarinettisten Barney Bigard (*1906), dann zur Rundfunkgesellschaft CBS nach New York. Spielt bis 1972 keinen Jazz mehr; freischaffend mit eigenem Quartett, u. a. mit dem Pianisten Hank Jones und dem Trompeter Bobby Hackett (*1915). 1974 bei Benny Goodman.

Joe Pass, eigentlich Joseph Anthony Jacobi Passalaqua (*1929) aus New Brunswick (New Jersey): Beginnt das Gitarrespiel als Neunjähriger; erste Auftritte mit 14 Jahren. Geht dann nach New York; spielt dort Bebop. Wird drogenabhängig. 1949–60 ungeregeltes Leben; Gefängnisstrafen. 1960–63 in der Heilklinik Synanon (Santa Monica). Danach Durchbruch mit der LP »Sounds of Synanon«. In Los Angeles freies Jobben und Studios. 1968 zu Norman Granz; Pablo-Vertrag. Seitdem zahlreiche LPs als Leader, Sideman und Solist. Sein orchestrales, außergewöhnlich virtuoses Spiel macht ihn zu einem der wenigen großen Gitarristen ›aller Zeiten‹.

John Pisano (*1931) aus New York: Beginnt mit 14 Jahren; 1952–55 in der USAF-Band; dort Entschluß zum Profi. Paul Horn empfiehlt ihn ins Chico Hamilton Quintett (bis 1958). Zieht nach Los Angeles. Spielt 1958 die berühmten Duos mit Billy Bean ein. Später zu Peggy Lee; bleibt dort bis etwa 1965. Dann bis 1969 bei Herb Alpert (*1935). Zusammenarbeit mit Burt Bacharach (*1928) und Sergio Mendes' (*1941) Orchester Brasil '66. In den Siebzigern Kooperation mit den Gitarristen Lee Ritenour und Tony Rizzi; dann wieder Backup für Peggy Lee.

Bucky [John] Pizzarelli (*1926) aus Paterson (New Jersey): Zunächst Rhythmusgitarrist. Armeedienst; 1952 Rückkehr nach Paterson. Arbeitet bei der NBC, daneben auch in Clubs und Studios. 1955–57 mit den Three Sins auf Tour. Trifft dabei auf George Barnes. Dann wieder Studioarbeit mit den Gitarristen Al Caiola (*1920), Lowe (*1922) und Tony Mottola (*1918). Hört 1967 George van Eps' siebensaitiges Spiel. Während er umlernt, erneute

Verbindung zu Barnes nach Carl Kress' Tod. 1970–74 zu Benny Goodman. Viele Sologastspiele auf der Sevenstring.
Joe [Joseph] Puma (* 1927) aus New York: Zunächst Flugzeugmechaniker. Autodidakt. Profi seit 1948. Bis 1953 u. a. bei Artie Shaw und dem Vibraphonisten Don Eliot (* 1926) sowie bei dem Schlagzeuger Louis Bellson (* 1924). 1954–56 bei Peggy Lee. Leitet 1957 eine eigene Band. 1958 bei Lee Konitz und dem Dick Hyman Trio; 1959 zum Dick Katz Quartet. Bevorzugt kleine Besetzungen; 1960 zu Morgana King (* 1930). Heute trotz schwacher Gesundheit zahlreiche Jobs in und um New York, insbesondere als Duo-Partner des Gitarristen Chuck Wayne.
Snoozer [Edwin McIntosh] Quinn (* 1906, † 1952) aus McComb (Mississippi): Dank seines Freundes, des Kornettisten Johnny Wiggs (* 1899), gibt es Aufnahmen, die Wiggs mit ihm machte, als Quinn 1950 im Krankenhaus war. Schon als Teenager Profi in diversen Gruppen; 1925 eigene Band. Bis 1928 in und um New Orleans tätig. Beiderbecke/Trumbauer empfehlen ihn Paul Whiteman; in dessen Orchester bis 1929. Seitdem krank und nur noch sporadisch tätig.
Jimmy [James Elbert] Raney (* 1927) aus Louisville (Kentucky): Studiert mit 13 Jahren bei dem Jazzgitarristen Hayden Causey, der ihn auf Charlie Christian bringt. Wird mit 15 Jahren Profi. 1944 bei dem Klarinettisten Jerry Wald (* 1919) in New York. Hört Art Tatum, Charlie Parker und Dizzy Gillespie. Bis 1948 in verschiedenen Gruppen, dann zu Woody Herman. Zieht 1949 an die Ostküste, in die Nähe der Gitarristen Tal Farlow und Sal Salvador. Gut ein Jahr bei Artie Shaw und dem Vibraphonisten Terry Gibbs (* 1924). Stan Getz holt ihn dann in sein Quartett. 1953 zu Red Norvo und Tourneen mit Billie Holiday. 1954/55 für viele Kritiker weltbester Jazzgitarrist. 1954–60 im Trio des Saxophonisten Jimmy Lyons in New York. Zahlreiche Aufnahmen unter eigenem Namen und mit Stan Getz, Bob Brookmeyer, Kenny Burrell und Jim Hall. Plötzlich Zweifel an der eigenen Qualität als Jazzgitarrist. Beginnt ein Cellostudium und Kompositionslehre. Spielt jedoch weiter, u. a. bei Anita O'Day. 1964–72 Jazzabstinenz. In letzter Zeit Aufnahmen mit dem Pianisten Al Haig (* 1923) sowie dem Gitarristen Attila Zoller und seinem Sohn Doug Raney. Liebt weite, verästelte Singlenote-Li-

nien, mit denen er Gitarristen wie Joe Puma und René Thomas beeinflußt hat.
Allan Reuss (*1915) aus New York: Studiert Gitarre bei George van Eps. Einer der großen amerikanischen Rhythmusgitarristen. Van Eps empfiehlt ihn Benny Goodman, in dessen Orchester Reuss 1934–38 spielt; dann bis 1940 bei Jack Teagarden. 1941/42 bei Tommy Dorsey, 1943 zurück zu Goodman. Sein berühmtes »Pickin' for Patsy« (1939) zeigt ihn als Akkord- und Einzeltonmeister der McDonough-Linie. Arbeitet heute frei und lehrt auch.
Tony [Trefoni] Rizzi (*1923) aus Los Angeles (Kalifornien): Ursprünglich Geiger und Trompeter. Nach dem Militär u.a. bei Les Brown (*1912). Dann insbesondere bei der NBC, für Fernsehen und Film tätig. Bedeutung heute hauptsächlich durch seine Gründung der Gruppe Five Guitars, mit denen er zum großen Teil arrangierte Originalsätze Charlie Christians spielt.
Howard [Mancel] Roberts (*1929) aus Phoenix (Arizona): Horace Hutchett verschafft dem Zwölfjährigen Zugang zu allen Gitarrenstilarten. Während des Krieges Jobs in und um Phoenix, Arizona. Kommt 1950 nach Los Angeles; wird dort schnell einer der Top-Studiogitarristen. Vom fingersnapping am Anfang von Peggy Lees »Fever« (1958) über den Rhythmusgitarrenpart auf Duane Eddys »Because They're Young« (1960) bis hin zu zahlreichen eigenen Jazz-LPs wirkte er – ähnlich in der Bundesrepublik Deutschland Siegfried Schwab – auf Tausenden von Aufnahmen mit. Schrieb eine stattliche Zahl gefragter Lehrbücher und hält Gitarrenseminare ab. Gehört zu den Mitinitiatoren der Donté-Guitar Night.
Johnny [John Alexander Saint] St. Cyr (*1890, †1966) aus New Orleans (Louisiana): Spielte hauptsächlich Rhythmus und ist im wesentlichen als Banjoist hervorgetreten. Schon früh bei Louis Armstrong, Kid Ory (*1886, †1973) und Jelly Roll Morton (*1885, †1941). Geht 1923 nach Chicago zu Joe King Oliver (*1885, †1938). Kehrt 1929 nach New Orleans zurück, hört dann auf zu spielen. Greift erst in den fünfziger Jahren wieder zur Gitarre, u.a. in der New Orleans Creole Jazz Band. Ausnahmslos Akkordspieler. Stirbt in Los Angeles an Leukämie.
Sal Salvador (*1925) aus Monson (Massachusetts): Seit 1945 Gitar-

renprofi. Mundell Lowe empfiehlt ihn 1949 als Hausgitarrist an die Radio City Music Hall Band in New York. Danach auf Tournee, u. a. mit Terry Gibbs (* 1924), Eddie Best und The Dardanelles. Um 1952 Quartett mit James Mundell Lowe. Begleiter der Vokalisten Marlene Dietrich (* 1901), Frankie Lane (* 1913), Rosemary Clooney (* 1928). Löst 1952 Laurindo Almeida bei Stan Kenton ab. 1954 eigene Gruppe mit dem Pianisten Eddie Costa (* 1930, † 1962). Erfolg beim Newport Festival 1958 und kurze Zeit mit eigener Big Band. Lebt heute an der Ostküste, wo er neben seiner verlegerischen Arbeit ein Duo mit Gitarrist Allen Hanlon (* 1918) unterhält.

Bola Sete, eigentlich Djalma de Andrada (* 1928) aus Rio de Janeiro (Brasilien): Studium der Musiktheorie und Harmonielehre am Nationalkonservatorium seiner Geburtsstadt. Wirkt bis 1960 in Folkloregruppen und am Rundfunk. Geht dann in die USA. Dizzy Gillespie holt ihn 1962 zum Monterey Jazz Festival und nimmt mit ihm auf. 1963–66 im Trio mit dem Pianisten Vince Guaraldi (* 1928); dann Radio-, Fernseh- und Filmarbeit. Mit eigener Gruppe (seit 1966) große Erfolge. 1971 eigenes Quartett. Heute mehr Soloarbeit. Spielt neben der Nylonstring-Gitarre eine selbst entworfene ›lutar‹, eine lautenförmige Gitarre. Gehört zu den schillerndsten, zum Teil gar mystifizierten Vermittlern südamerikanischer Musik für den Jazz.

Floyd Smith (* 1917, † 1982) aus Saint Louis (Missouri): Ex-Banjoist. 1939 gelingt ihm bei Andy Kirk der nationale Durchbruch. Spielt im selben Jahr auf der E-Gitarre den berühmtgewordenen »Floyd's Guitar Blues«, mit dem auch er dem Instrument zur baldigen Anerkennung verhilft. Nach seiner Militärzeit 1945/46 wieder zu Kirk. Dann eigenes Trio in Chicago und Sessions, u. a. mit dem Organisten/Pianisten Wild Bill Davis (* 1918). Nimmt 1972 für das Raritätenlabel Black and Blues eine LP mit Wild Bill Davis und dem Schlagzeuger Chris Columbus (* 1903) auf, die auch eine modifiziertere Version des »Guitar Blues« enthält.

Johnny Smith, eigentlich John Henry Smith jr. (* 1922) aus Birmingham (Alabama): Autodidakt. Multi-Instrumentalist und einer der bedeutendsten Jazzgitarristen. U. a. durch A. Segovia und D. Reinhardt beeinflußt. 1939 erste Profi-Erfahrungen mit der Country-and

Western-Gruppe The Fenton Brothers. 1940/41 eigenes Trio; anschließend beim Militär. 1947–53 Mitarbeiter der NBC in New York. Jazz-Durchbruch in den Fünfzigern mit eigener Gruppe (1953–60). Seine Interpretation der Ballade »Moonlight in Vermont« wurde zum Klassiker im Sinne des Cool Jazz. Seine außergewöhnliche Reichweite der Greifhand ermöglicht ihm, statt des sonst üblichen ***dropped-tone-system*** vertikale Akkorde in Klaviernotation zu spielen. Lebt seit den Sechzigern zurückgezogen in Colorado Springs, wo er ein Musikgeschäft hat und auch (selten) unterrichtet. Verfasser von Gitarrelehrbüchern.

Les Spann, eigentlich Leslie L. Spann jr. (* 1932) aus Pine Bluff (Arkansas): Studiert 1950–56 Musikerziehung und Flöte an der Tennessee State University in Nashville. Kommt 1957 nach New York zu dem Pianisten Phineas Newborn (* 1931), 1958 zu Dizzy Gillespie. 1959 Welttournee mit Quincy Jones.

Jean ›Toots‹ Thielemans (* 1922) aus Brüssel: Auch bekannt als Mundharmonikaspieler und Jazzpfeifer. Einer der bemerkenswertesten europäischen Jazzgitarristen. Kommt 1941 durch Django Reinhardt zum Jazz. Spielt 1944 in Clubs der US Army; übersiedelt nach erfolgreicher Tournee mit Benny Goodman 1951 in die USA. 1953–59 im Quintett von George Shearing. In den Sechzigern Studioarbeit. 1969 bei Quincy Jones (»Guitar Odyssey«). Macht 1972 mit eigener Gruppe eine Tournee durch die Sowjetunion. Spielt u. a. mit dem Pianisten Bill Evans (* 1929, † 1980), dem Bassisten Ray Brown sowie den Gitarristen Philip Catherine und Wim Overgaauw. Ähnlich wie der Bassist Slam Stewart (* 1914) summt und pfeift er gern unisono zu seinen Gitarrenläufen. Berühmteste Kompositionen: »Bluesette« und »Sesame Street«.

René Thomas (* 1927, † 1975) aus Lüttich: Beginnt den Selbstunterricht auf der Gitarre mit zehn Jahren. Arbeitet danach bei verschiedenen Gruppen in Belgien und Frankreich; hier u. a. mit dem Trompeter Chet Baker. Wandert 1958 nach Kanada aus. Aufnahmen u. a. mit Sonny Rollins. 1969–72 auf Tournee mit Stan Getz.

George van Eps, eigentlich George Abel van Eps (* 1911) aus Plainfield (New Jersey): Von vielen als ›Vater‹ der modernen Plektrumgitarre angesehen. Beginnt das Gitarrespiel mit 14 Jahren.

1935/36 und 1939–41 bei Ray Noble nach Jobs bei Smith Ballew (1929–31), Benny Goodman (1934/35) u.a.; 1945–55 Rundfunk und Studioarbeit. Bis 1961 begehrter Sideman. Pausiert bis 1964 und arbeitet in einem Laden für Modellbau. Heute halbprofessionell als Gitarrenlehrer tätig. Gibt ab und an Solo-Recitals auf einem ›Abkömmling‹ jener elektro-akustischen siebensaitigen Gitarre, wie er sie 1939 entwickelt hat.

Chuck Wayne, eigentlich Charles Jagelka (*1923) aus New York: Spielt zunächst Mandoline und Balalaika (Vater war Tscheche); Liftboy. Kommt zur Gitarre, weil der Mandolinenhals verzogen war. 1941 erste Profi-Auftritte als Gitarrist u.a. bei dem Pianisten Clarence Profit (*1912, †1944) und Nat Jaffe (*1918, †1945). Militärzeit 1942/43; 1944 beginnt seine Karriere als Top-Jazzgitarrist; 1944–46 bei dem Klarinettisten Joe Marsala (*1907), dann bei Woody Herman und George Shearing (1949–52); dann zu Tony Bennett (bis 1957); 1957–59 Leiter eigener Combos in New York. Anschließend zur CBS; Studioarbeit. 1973 Rückkehr ins Jazzlager im Duo mit Joe Puma. Spielt auch klassische Gitarre.

Jimmy Wyble (*1922) aus Houston (Texas): Spielt seit seinem 13. Lebensjahr Gitarre; zunächst Country-music, dann durch Django Reinhardt und Charlie Christian zum Jazz. Nach zwei Radio-Jahren 1944 zu Bob Wills. Geht nach Los Angeles; dort totaler Umschwung zum Jazzspiel. Etabliert sich schnell in den Studios Hollywoods. 1956–64 bei Red Norvo. Einstieg im Orchester Benny Goodmans. Seit 1965 freiberuflich in Los-Angeles-Studios tätig. Spielte ebenfalls in Tony Rizzis Gruppe Five Guitars.

Attila [Cornelius] Zoller (*1927) aus Visegrád (Ungarn): Gehört mit den Gitarristen Elek Bácsik (*1926) und Gabor Szabó (*1936) zu den wichtigen ungarischen Jazzgitarristen. Ex-Violinist wie Bácsik. Kommt mit 18 Jahren nach Budapest. 1947 als Gitarrist tätig. Geht 1948 nach Wien. 1954 in die Bundesrepublik Deutschland. Spielt hier u.a. mit der Pianistin Jutta Hipp (*1925), dem Saxophonisten Hans Koller (*1921) und dem Posaunisten Albert Mangelsdorff (*1928). Übersiedelt 1959 in die USA. Erhält auf Empfehlung Jim Halls und John Lewis' ein Stipendium der Lenox School of Jazz in Massachusetts. 1960 zu Chico Hamilton, 1962 zu Herbie Mann; 1965 eigenes Quartett in New York. Spielt bis Ende der siebziger Jahre eine von ihm entworfene Framus AZ-10 und experimentiert mit Vorliebe mit Mischungen aus ungarischer Folklore, Avantgarde, aber auch Rockelementen. Schrieb die Musik zu den Filmen »Das Brot der frühen Jahre« (1961) und »Katz und Maus« (1966). Verfasser einer »Anleitung zur Improvisation für Gitarre«.

»Die Geschichte des Jazz«, schreibt Duke Ellington in seinen Erinnerungen »Music Is My Mistress« (1973), *»ist eine lange Liste von Namen.«* Denn *»als der Sound immer attraktiver wurde, da begannen die Leute im Publikum zu begreifen, daß die, die ihn produzierten, Leute waren, die da an ihren Instrumenten saßen oder standen. Und alsbald ging ihnen auf, daß, da sie nun mal Leute waren, sie also auch Namen haben mußten.«*
So sind mit den vorangestellten Biographien zugleich auch all die Elemente genannt, aus denen das Fundament dessen besteht, auf dem in heutiger Zeit die jüngeren Gitarristen aufbauen: Blues, Country-music, Swing, Bebop, Cool Jazz, Modern Jazz. Der gesamte Bereich des Mainstream Jazz könnte im gitarristischen Zusammenhang mit diesen Namen, ordnet man sie chronologisch, umrissen werden.

Rock Around The Clock. Die Gitarre in der Rockmusik. »Keine verminderten Quinten oder so was...«

Frank Beecher.

»Crazy, Man, Crazy«, »Rock Around The Clock«, »Shake, Rattle And Roll« – so nannte ein kringellockiger Siebenundzwanzigjähriger seine ersten Stücke des Jahres 1953, nachdem kurz zuvor ein amerikanischer Discjockey namens Alan Freed das Wort ›Rock 'n' Roll‹ für jene Musik geprägt hatte, die zum ersten Mal erfolgreich versuchte, Elemente der Country-music, des Rhythm and Blues und des Boogie-Woogie unter einen musikalischen Hut zu kriegen. Sam Phillips, ein junger Studio-Ingenieur aus Memphis (Tennessee), der anfangs der Fünfziger sein berühmtgewordenes Sun-Label gegründet hatte, weil er wußte, daß so kurz nach dem Ende des Zweiten Weltkrieges insbesondere die Jugend des Landes nagelneue und durchaus kräftige Ansprüche stellen würde, war eben noch händeringend herumgelaufen und hatte gegreint: *»Wenn ich doch bloß 'nen weißen Typen finden würd', der den Neger-Sound draufhat, dann könnt' ich locker 'ne Milliarde Dollars machen.«*
Und dann, wie aus heiterem Himmel, war dieser Bill Haley (* 1927, † 1981) aufgetaucht, ein versierter Saitenkämpe aus dem Country-Lager, der seine Gruppe, die Saddlemen, flink und symbolträchtig in The Comets umgetauft und sich einen Gitarrespieler namens Frank Beecher (* 1921) dazugeholt hatte. *»Der war vielleicht drollig«*, erinnert sich jener später, *»aber bei unserer allerersten Plattenaufnahme kam es zu so einem ad-lib-Gitarrensolo, und ich fing an und spielte was mit ziemlich starkem Jazz-Feeling. Kaum hatte ich die ersten vier Takte runter, da hörten alle auf. Haley meinte, er würde nicht eine einzige Platte verkaufen, wenn ich so weiterspielen würde. Ich sollte man schön bei Dur-Tonleitern bleiben...«*
Einfach sollte alles sein, immer schön ›four-to-the-bar‹, wie man das nennt, hübsch in die Knie gehen, auf den Oma-Baß oben draufsteigen, bis die Decke wegfliegt und auf der Bühne dann Note für Note

alles so wie auf der Platte und umgekehrt natürlich auch: *»Man muß das eben so machen. Wenn sie's von der Aufnahme her kennen, dann erwarten die Leute das auch auf der Bühne. Darum kommen die ja schließlich«,* bekennt Frank Beecher.

Also gut. Haley war Phillips' ›weißer Neger‹, und was der da so machte, das nannten die braven Leute von Memphis ›sündige Musik‹. Und dann war da noch so einer, ein Boy namens Elvis Aaron Presley (*1935, †1977) aus Tupelo (Mississippi), war dort Platzanweiser im Kino und Lkw-Fahrer gewesen, konnte kaum seinen Namen schreiben und hatte im Sommer 1953 als Geburtstagsgeschenk für seine Mom das Ink-Spots-Stück »My Happiness« und die Countryschnulze »That's When Your Heartaches Begin« für vier Dollar aufgenommen. Phillips war dabeigewesen, seines Urteils nicht ganz sicher, hatte dann den Gitarristen Scotty Moore an die Strippe geholt und etwa gesagt: Junge, hör dir den mal an und sag mir, was du von ihm hältst! Am Sonntag drauf ging Elvis zu Scotty Moore, beide dattelten sich quer durch Country, Rhythm and Blues und Pop, und am Ende – Scotty hat das später berichtet – sagte Sam in besagtem, epochemachenden Telefonat zu Scotty: *»Ist ja auch schnurz. Bring diesen Presley mit ins Studio, und wir hören mal, wie er sich so auf Band macht.«*

Zu dieser Zeit hatte Moore eine Fender gespielt, war dann auf eine größere Les Paul, die ES-295, und dann auf die große Super 400 umgestiegen, *»und seitdem spiele ich nur noch Super 400er«.*

Ist der in Humboldt (Tennessee) geborene Scotty Moore (*1933) auch der so ziemlich einzige Gitarrist des guten, alten Rock 'n' Roll, der mit einem vollakustischen Instrument über pick-up und Echo-Sonic-Verstärker spielte, so gilt er doch als der eigentliche Pionier der Rock 'n' Roll-Gitarre, der mit seinen unvergeßlichen Soli in »Don't Be Cruel« (1956), in »Hound Dog« (1956) und »Heartbreak Hotel« (1956) unzähligen damals blutjungen Zupfern die Impulse gab, die ihnen die ansonsten reichlich müde dahinplätschernde populäre Musikszene vorenthielt. Und viele dieser Moore-Nachfahren gehören heute, obschon die meisten unter ihnen seltsamerweise seinen Namen zu unterdrücken scheinen, selber zu den Großen der Rockgitarre.

James Burton (* 1939) aus Shreveport (Louisiana), der Scotty Moore 1970 bei Elvis Presley ablöste, nachdem er zuvor fast 13 Jahre mit dem in Teaned (New Jersey) geborenen Ricky Nelson (* 1940) Musik gemacht hatte, bekennt sich unter allen Rock 'n' Roll-Pionieren wohl am deutlichsten zu seinen eigenen Einflüssen, die von Chet Atkins und Les Paul über Hank Williams bis zu Chuck Berry und Bo Diddley reichen: *»Und da habe ich einfach Country und Rhythm and Blues zusammengeschmissen und dachte plötzlich, naja, eigentlich hast du mit dieser Mischung doch alle Musikstile beisammen. Man kann ja wohl verschiedene Stile hernehmen und sie unter einer Kategorie zusammenfassen. Oder anders gesagt, man kann sie auch alle zusammennehmen, und was dabei dann herauskommt, ist, was ich middle-of-the-road nennen würde. Man nimmt einfach Rhythm and Blues und Country und ein bißchen Jazz und Rock/Folk, und alles zusammen gehört dann in diese Middle-of-the-Road-Kiste.«*

Wie kaum je ein anderer symbolisiert Burton den amerikanischen ›Schmelztiegel‹ in musikalischer Hinsicht: *»Ich höre in meinem Kopf dermaßen viele Dinge auf einmal, daß ich völlig sauer werde, weil ich beim Solospiel nicht alle zusammen spielen kann.«*

Solche Sorgen hat der vierte unter den Begleit/Sologitarristen der frühen Rock-Tage nie gehabt. Denn Carl Perkins (* 1932), der in Tiptonville (Tennessee) geboren wurde und 1955 seinen Vertrag bei Sam Phillips' Sun Records unterschrieb, kam ganz aus der Opry-Tradition der Ernest Tubb (* 1914) und Bill Monroe (* 1911), die er hier und da mit Bluesgitarre-licks eines John Westbrook versetzte. Die Grand Ole Opry, jene gigantische, 1925 ins Leben gerufene Live Radio Show, das Mekka aller Country-Freunde in Nashville (Tennessee), bildete dabei den entscheidenden Hintergrund für alle, die sich damals bei Phillips die Klinke in die Hand gaben – für Johnny Cash (* 1932) wie für Jerry Lee Lewis (* 1935), für Charlie Rich (* 1934) wie eben auch für Elvis Presley und Carl Perkins, der einmal sagte: *»Elvis und ich redeten dauernd darüber, wie er in Tennessee aufgewachsen ist und ich in Arkansas und daß jeder von uns die alten Neger-Balladen so gerne sang wie die neuen Opry-Sachen. Die erste Sun-Platte, die Elvis herausbrachte, war seine Version von*

›Blue Moon Of Kentucky‹, das im Original vom Bluegrass-König Bill Monroe selbst stammte. Das einzige, was wir an Presleys Fassung geändert haben, war, daß wir Rock-Beat dazugaben und Elvis die Wörter schneller und abgehackter singen mußte. Es war eine Mischung aus schwarzem Rhythmus und weißer Countrymusik, und die hat den Weg geebnet für die Entwicklung des Rock 'n' Roll.«

Inzwischen – man schreibt 1955 – erlebt der junge Rock 'n' Roll einen ersten immensen Aufschwung. Die Gitarrenfirma Fender hat vom Erscheinungsjahr der Telecaster (1948) bis zu diesem Jahr nicht weniger als 10000 dieser Instrumente verkauft; die 45er-Single löst endgültig die alte 78er-Platte ab und erzeugt einen Boom in Musikboxen, bei Sendern, Händlern und Endverbrauchern. Und so klein, pflegeleicht und durabel diese neue, flexible schwarze Scheibe nun war, so wuchsen auch Wettbewerb und Neuigkeitshunger bei Discjockeys und Plattenmachern. Unzählige rockende Gruppen und musikalische Eintagsfliegen tauchten auf, und Ellas McDaniel alias Bo Diddley (* 1928) ist der erste Sänger und Instrumentalist, der seine spezialangefertigten, durchweg exotisch anmutenden Gitarrengebilde so tief hängt, daß phallokratische Assoziationen, sehr zum Verdruß puritanischer Eltern, nicht ausbleiben können. Ansonsten ist dies die Zeit eines mittelständisch durchaus satten, wohlhabenden Amerika, in dem Präsident Dwight D. Eisenhower (* 1890, † 1969) per Hubschrauber zum Golfen fliegt, Joseph McCarthy (* 1909, † 1957) im ganzen Land zur Kommunistenhatz blasen läßt und – weitab von der aufbegehrenden, von drei James-Dean-Filmen wachgerüttelten Jugend – Perry Como (* 1912), Rosemary Clooney und Patti Page (* 1927) die musikalische Landschaft bestimmen. Noch hat Amerikas Jugend ihre speziellen Kulturheroen wie Little Richard, Bo Diddley, Carl Perkins, Gene Vincent und ›Elvis the Pelvis‹ nicht so recht auf der Reihe, da tritt Charles ›Chuck‹ Berry (* 1931), damals 28 Jahre alt, auf den Plan, watschelt fürbaß wie eine Stockente, singt »Maybelline« und spielt kurze Intros und Solopassagen, die aus aufgebrochenen Akkorden bestehen, sich ständig wiederholen und bis heute zu den wichtigsten Zwei-Ton-Figuren und Singlenote-Phrasen des Rock 'n' Roll gehören, nach Möglichkeit gegentaktig gespielt werden, und immer schön geradeaus auf der soliden Basis stampfender Boogie-Woogie-Rhythmen: Ein Klassiker des Rock 'n' Roll also, welcher der Entwicklung der Gitarre in dieser Musik zwischen 1955 und 1959 vielleicht noch mehr voranhilft als die reinen Singlenote-Soli von Scotty Moore oder Frank Beecher.

»Während der fünfziger Jahre«, sagte Frank Zappa im Januar 1977, *»war es so gut wie unmöglich, ein echtes Gitarrensolo auf Rock- oder Rhythm and Blues-Singles zu finden – normalerweise nur das Oink-Oink-Quietsch-Tenorsax-Syndrom, das das Vakuum zwischen der bridge und der dritten Strophe auszufüllen hatte. Wenn schon mal eine Gitarre zu hören war (und das normalerweise nur auf den Blues- und Country-Sachen, die ich damals gesammelt habe), dann hatte ihre Funktion reichlich wenig zu tun mit der heute üblichen Sammelei pathetischer licks-Auskotzerei und trockeneisähnlicher Stereo-Typifikationen.«*

Und selbst die Gitarre wurde im frühen Rock 'n' Roll hauptsächlich wie das Oink-Oink-Saxophon genutzt: als Füller und zur Abwechslung, die im übrigen ja auch dringend nötig war. Denn was es zu jener Zeit so an Instrumentals gab, das erschöpfte sich im drögen Zwölf-Takte-Blues wie zum Beispiel in Bill Doggetts (* 1916) »Honky Tonk« oder Bill Justis' (* 1926) »Raunchy«.

Das wurde, Anno 1958, ganz anders. Ein junger, schüchterner Zwanzigjähriger, in New York geboren und in Phoenix (Arizona) aufgewachsen, spielte plötzlich Melodie, und zwar nach einem Rezept, das Gitarrist Al Casey – nicht zu verwechseln mit dem Jazzgitarristen Al Casey (* 1915) – und Produzent Lee Hazlewood (* 1929) ausbaldowert hatten: nur auf den Baßsaiten seiner wunderschönen Gretsch-***hollowbody***, versetzt mit gerade der richtigen Portion Hall und Vibrato. Duane Eddy (* 1938) hieß dieser Neuerer, und noch im Jahr 1958 erkletterten sich allein vier seiner Titel, »Movin 'n' Groovin'«, »Rebel 'Rouser«, »Ramrod« und »Cannonball«, hohe Plätze in den amerikanischen Offizial-Charts. 1959 folgte er mit »Forty Miles Of Bad Road« der Elvis-Position 1 auf dem Fuße, und ein Jahr später hatte er – eine Sensation – in den Charts sogar Presley und Sinatra hinter sich gelassen. Bis heute hat Duane Eddy alles in allem über 63 Millionen Platten weltweit verkauft – ein einmaliger Rekord für einen Pop-Gitarristen der letzten zwanzig Jahre.

»Naja«, sagte er einmal, *»sich zusammenreißen, das ist schon zum Teil eine bewußte Anstrengung. Wie in ›You Are My Sunshine‹. Da war ich dermaßen versucht, ein paar fills zu spielen und hier und da noch was an meinem Solo zu machen, aber ich habe mich trotzdem zurückgehalten, weil es manchmal effektiver ist, ein Loch zu lassen, als es unbedingt auszufüllen. Alle sagen: Oh, Manometer, ich kann den fill genau hören, aber der macht ihn gar nicht! Es erregt ihre Aufmerksamkeit ...«*

Das ist – Count Basies Rhythmusgitarrist Freddie Green müßten die Ohren klingeln – freilich eine Erkenntnis, die die Jazzmusiker seit der Swing-Ära allenthalben praktizierten. Was Eddy betrifft, der als erster auch von dem ***Bigsby-Tremolo-Arm*** exzessiv Gebrauch und die tiefen negativen Vibrati zu einem seiner Markenzeichen machte, er kommt ganz und gar aus dem Einflußfeld von Atkins' Countrymusic und Blues, und Repräsentanten beider Lager erschöpfen sich nicht in leeren Floskeln, wenn sie dem ›Twangy-Man‹ Eddy ihre Reverenz erweisen – so John und Tom Fogerty von Creedence Clearwater Revival oder gar B. B. King.

Duane hatte in Arizona zunächst in einer reinen Country-Gruppe gespielt, *»und da mußten wir immer die Top-Ten-Hits für eine lokale TV-Show spielen. Aber live wollten die Leute immer was Schnelleres, und so wurde das automatisch so was wie Rockabilly«*, erinnert er sich.

Doch das Problem aller Pioniere war auch seines (»Wir hatten ja nichts, worauf wir aufbauen konnten«). Doch der Erfolg des Gespanns Eddy–Hazlewood–Casey hat sich ausgezahlt. Heute tritt der Gitarrist längst wieder auf, mit einer Guild Duane Eddy mit Bigsby-Tremolo, Master-Volume- und Volume/Tone-Kontrolle für jeden der beiden DeArmond-Pickups, einem Stramp-Verstärker mit JBL-***speakers***, Gretsch Chet-Atkins-Saiten ***medium rare***, sehr kleinen ***flatpicks*** und für manche Stücke (»Trambone«, »Cannonball Rag«) einem Daumenplektrum ...

Einen Monat nach Erscheinen des Eddy-Debütstücks »Movin 'n' Groovin'«, im April 1958, betrat ein weiterer Solist die Spielfläche:

Link Wray (* 1929) aus Fort Bragg, North Carolina. Einige Jahre älter als Eddy, war er beeinflußt von Gitarristen wie Johnny Smith, Grady Martin (* 1929), von Hank Williams und – wie kann es anders sein – Les Paul und Chet Atkins. Eine Les Paul spielte er denn auch damals, schon seit 1953, und seinen ›rumpelnden‹ Sound verdankte er einem Premier-Verstärker, der seinerzeit der einzige war, der über einen eingebauten Tremolo-Effekt verfügte. *»Er hatte einen großen 15-inch-*(38 Zentimeter)*-speaker und zwei kleine sechs-inch-Hochtöner an den Seiten«,* erklärte Wray. *»Und meinen eigenen Fuzz hab ich mir dadurch verschafft, daß ich lauter kleine Löcher in die Lautsprecher gepiekt hab.«* Sein Trumpf-Stück des Jahres 1958 hieß stilecht »Rumble«, gefolgt im Jahr darauf von »Raw-Hide«; der echte Durchbruch aber blieb ihm versagt: Eddys ›Twangy‹-Sound, Ben DeMottoes ›Rebel‹-Schreie im Hintergrund, Larry Knechtels Klavier und Jim Horns markante Sax-Soli zwischen den Baßsaiten-Parts hielten den Originalitäts-Bonus fest, so fest, daß später Don Wilson (* 1937) und Bob Bogle (* 1937), zwei Gitarristen der nachmaligen Supererfolgsgruppe The Ventures, *»mir selber gesagt haben, daß sie Gitarre zu spielen gelernt haben, indem sie meine Stücke von den Platten nachgespielt haben«.*

Die Ventures hatten sich nicht nur mit ihrem »Walk, Don't Run« (1960) bis 1967 ein Business-Imperium zusammengespielt, das mit dem Verkauf von Schallplatten, Gitarren, Lehrmaterial und Zubehör über ein Stammkapital von 25 Millionen Dollar verfügte.

Die Lust am solistischen Spiel nun auch in Standard-Gruppenbesetzungen (Leadgitarre, Rhythmusgitarre, Elektrobaß und Schlagzeug) erfaßte Ende 1957 auch einen Engländer aus Newcastle namens Hank B. Marvin (* 1941), der sein fünfsaitiges Banjo beiseitegelegt, sich dann eine betagte amerikanische Vega-Gitarre verschafft hatte und gemeinsam mit dem Rhythmusgitarristen Bruce Welch (* 1941) aus Sussex nach London ging. Dort gründeten die beiden gemeinsam mit dem Bassisten Jet Harris (* 1942) und dem in London geborenen Schlagzeuger Tony Meeham (* 1940) die Gruppe The Drifters, bekamen juristischen Ärger mit den amerikanischen Original-Drifters und tauften sich – als Begleitband des Soft-Sängers Cliff Richard

(* 1940) – in The Shadows um. Brian Bennett (* 1940) kam dann für Meeham, Brian Locking (* 1941) und später John Rostill (* 1942) für Jet Harris in die Gruppe, und als 1960 ihr Stück »Apache« herauskam, war Europas erste instrumentale Gitarrengruppe geboren und auf Anhieb in England die neue Nummer eins.
Sieben Monate nach ihrer »Apache«-Veröffentlichung in der Alten Welt zog der Skandinavier Jørgen Ingman mit dem gleichen, mit ***dubbing***-Effekten aufgemotzten Titel nach und erreichte in den USA einen erstaunlichen zweiten Platz in den Hitparaden: In den USA, seltsam genug, waren die Shadows allenfalls als Cliff Richards Backup-Gruppe akzeptiert. Der Atlantik, so mußte es scheinen, war gerade noch für ›seetüchtige‹ Skandinavier überbrückbar, aber dann auch wieder nicht für alle: Die Spotniks, Instrumentalgruppe des schwedischen Gitarristen Bo Winberg, die mit ihrer rasanten Version des »Orange Blossom Special« von 1964 neue Virtuositätsmaßstäbe (ohne Ingmansche Studiotricks) setzte, kamen dort auch nicht an; Roy Clark (* 1933) blieb dort der unbestrittene Top-Interpret des Countrystandards. Die Spotniks fehlen, fast unverständlicherweise, in den allermeisten amerikanischen Rockchroniken; doch die Gruppe produziert bis heute ungebrochen weiter. So hat sich 1977 Bo Winberg mit seinem ›Ur‹-Bassisten Björn Thelin und dem Drummer Michael Milefors ins Studio gesetzt und mit den technischen Mitteln von heute praktisch alle Gruppenhits von »Amapola« bis »Johnny Guitar« neu eingespielt.
»Das Instrumentalstück markiert den Beginn einer weit ernsthafteren Einstellung unter jungen Rock 'n' Roll-Musikern zur elektrischen Gitarre«, schreiben Tom und Mary Ann Evans, *»denn wo sie zuvor in erster Linie angesehen worden war als ein Begleitinstrument für einen Sänger, da lenkte ihre nun völlig neuartige, herausragende Position um so stärker die Aufmerksamkeit auf den Klang des Instruments, und es wurden begrenzte Versuche unternommen, ihre ganz spezifischen Eigenschaften auszunutzen: Sowohl Duane Eddy, als auch Hank Marvin haben beispielsweise völlig neuartig und einfallsreich Gebrauch vom Tremolo-Arm gemacht.«*
›Ihre ganz speziellen Eigenschaften‹ und ein ›Tremolo-Arm‹? Was sich da zunächst wie ein immanenter Widerspruch ausnimmt, ist zu

Beginn der sechziger Jahre eine fast schon selbstverständliche Einheit. Eine Gitarre ist nichts mehr ohne den Amp und die Pickups, und für Eddy, Marvin und all die anderen schnell gedeihenden Talente gehört der Bigsby-Arm wie selbstverständlich dazu. Der wird erst später von den meisten guitar buffs wieder abgeschafft, als klar wird, daß das bending der Saite, also das stufenlose Ziehen nach oben, auch ohne ihn sehr gut funktioniert. Das haben die Blueser wie B. B. King und Buddy Guy sowie die anderen Kings, Albert und Freddie, längst gezeigt. Den Arm zu drücken, die Saite nach unten zu ›benden‹ – das gehört den Sechzigern und dann doch eher in den Bereich der gefälligen Weichmacher und nicht in die neue Zeit der *»scream power«* (Mick Jagger) – mit ein paar Ausnahmen freilich, die entweder den ***Scruggs-tuner*** am Banjo schon immer von Country und Bluegrass her mochten oder die einfach die klanglichen Möglichkeiten der E-Gitarre bis zum äußersten ausnutzen wollten. Von einer dieser Ausnahmen wird schon bald zu reden sein.
Anfang 1964 brachten die ›Liddypooler‹ Beatles, diese britische Ungeheuerlichkeit, die die Branche entzückte und Millionen Cromwell-Nachfahren aus Angst um ihre elterlichen Erziehungsprinzipien (wie zehn Jahre vorher Elvis' Bartkoteletten) in schiere Panik versetzte, ihr »I Want To Hold Your Hand« heraus und verkauften die Single binnen zehn Tagen eine Million mal. *»Wir hatten es einfach satt«*, erinnerte sich Paul McCartney (* 1942) später, *»immer nur stupide zwölf Takte zu strippen.«* Und was mit diesem noch eher harmlos klingenden Satz begonnen hatte, endete mit einer ausgeklügelten, alle nur erdenklichen Studiotechniken optimal nutzenden Mods-Musik, vor der sogar Igor Strawinsky (* 1882, † 1971) den Hut zog.
Die Schirmherren am anderen Ende der Parteien, die sich an den Stränden zu Margate und Torquay ihre ideologischen Schlachten lieferten, waren die ganz aus der amerikanischen Bluestradition kommenden Rolling Stones, sozusagen die Rockers der neuen Musik. England, so erkannte man zerknirscht jenseits des Atlantik, war nun endgültig angesagt, Amerika hatte sich, so schien es, erschöpft im Klischee, wie es das Business befahl. Und was für die Stones galt, traf beinahe ironischerweise für fast alle jungen britischen Gitarri-

sten zu, soweit sie nicht von der eigenen, reichen folkloristischen Tradition absorbiert waren: Sie waren um etliches vertrauter mit dem Bluesspiel als ihre amerikanischen Kollegen. *»Und dann«*, erinnert sich Stones-Gitarrist Keith Richard (* 1943), *»fing ich an, dahin zu kommen, wo ja eigentlich alles herkommt. Erst mal Broonzy. Er und Josh White, so hieß das damals, seien praktisch die einzigen noch lebenden Bluesspieler, die noch aktiv wären. Also, dann woll'n wir mal; dachte, das kann doch irgendwie nicht hinhaun. Und so hab' ich dann angefangen, Robert Johnson und all diese Typen aufzutun...«*

Seine ›andere Hälfte‹, so Richard, lauschte weiterhin dem, was es gab – Rock 'n' Roll eben, Chuck Berry und ›saying yeah, yeah‹ – das also, was frisch aus Liverpool gekommen war, von den Ufern des Mersey. Aber ganz oben stand für die meisten Gitarristen doch der Blues eines Howlin' Wolf, John Lee Hooker oder Muddy Waters. Und ihre Schulen waren, beinah auch eine Ironie der Musikgeschichte, die von weißen Vermittlern – etwa Alexis Korners und John Mayalls in Europa und in den USA vor allem des unermüdlichen Michael Bloomfield. Erst Robin Trower (* 1945), der britische Wahrer Hendrixschen Erbes, wird sich deutlich zu B. B. King bekennen – und nach ihm viele andere Landsleute ebenfalls.

Beim Tremolo-Arm freilich blieb es nicht. Der war sozusagen ›vorsätzlich‹ für das Instrument entwickelt worden, um dessen klangliche Möglichkeiten zu erweitern. Andere Klangbereicherungen fielen den Rockgitarristen eher zufällig in die Finger. Zum Beispiel das ***feedback***, jenes Rückkopplungsphänomen, das bislang die Spieler von ***hollowbody-arch-tops*** eher vergrätzt als erfreut hatte. *»Mein Grund für die Forderung einer solidbody-Gitarre war stets der gewesen, daß bei ihr die Saiten größere sustaining power hätten... und ungewollte Resonanzen eliminiert werden könnten, ohne daß tatsächlich ein Klangkörper eine Rolle spielen würde«*, sagte Les Paul zu seinem ***Log***. Das Problem bestand eben darin, daß elektrisch verstärkte arch-tops im voll aufgedrehten Zustand so gut wie immer ›feedbackten‹.

Der Engländer Jeff Beck, der 1965 Eric Clapton bei den Yardbirds ablöste, erinnert sich noch sehr genau, wie der Rückkopplungseffekt

nun plötzlich – und rein zufällig – ein Herzenswunsch der Rockgitarristen wurde. Beck hatte von John Mans alias Walker (* 1943) eine Exquire für 75 Dollar erstanden, spielte über einen Vox AC-30 und benutzte als einzigen Zusatzeffekt eine ***Fuzzbox***, aber: *»Die Verstärker in diesen kleinen Clubs waren ständig zu schwach und bis zum Anschlag aufgedreht und pfiffen unablässig. Mein Amp pfiff ewig! Und ich trat ihn und donnerte drauf 'rum, und ein paar Röhren gingen zu Bruch, und so spielte ich meistens über einen Verstärker, bei dem gerade noch die Endröhre arbeitete. Und das ergab ständig feedback, und da dachte ich, naja gut, dann machste eben aus der Not 'ne Tugend, statt ständig dagegen anzugehn. Es war einfach schwachsinnig, einen Akkord spielen zu wollen, weil da ja doch immer nur ›rrrrrr‹ 'rauskam. Dann bin ich auf einen größeren Amp umgestiegen, und da passierte nichts dergleichen, und plötzlich vermißte ich's... Es war richtig schrecklich. Also dachte ich, das Ideale wäre ein richtig schönes, sattes feedback, aber eben ein kontrollierbares feedback.«*
Das kontrollierbare Manipulieren des Gitarrenklangs also war das neue Anliegen; das gewissermaßen konzeptionelle Abgehen vom ›Normalklang‹ erwies sich zunehmend als beinah logische Folge der Elektrifizierung. Und zudem hatte allerspätestens mit dem Erscheinen der Beatles die Langspielplatte die Single abgelöst und den Solisten der Szene endlich das Korsett des Drei-Minuten-Taktes abgenommen. ›Stretching out‹, hieß die Devise, die die Rockmusiker nun von den erfahrenen Musikern des Jazz der ›after hours sessions‹ übernehmen konnten – das zeitlich fast ungebundene Spiel und damit die Möglichkeit, alles herzugeben, was in ihnen steckte, stellte neue Anforderungen: Ganze Konzerte konnten mitgeschnitten werden, und die Gitarristen mußten sich in dieser noch ungewohnten, neuen *»Wissenschaft im Dienste des Kommerz«* (Zappa) immer wieder Neues an Gags und Gimmicks und technischen Überraschungen einfallen lassen, um konkurrenzfähig zu bleiben.
Eric Clapton (* 1945), der den britischen Fans in den Zeilen ihrer Mauer-Graffiti schlichtweg als ›Gott‹, bescheidener und zärtlich als ›Old Slowhand‹ galt, erkannte nach 1968, dem Jahr der Auflösung der Gruppe Cream mit dem Schlagzeuger Ginger Baker (* 1939) und dem Bassisten Jack Bruce (* 1943), schnell die Schattenseiten der

neuen LP-Situation. Ohnehin dem kommerzgesteuerten, von Singles kontrollierten Hitparaden-Kult abhold, hatte das Clapton-Trio in den gut zwei Jahren seines Bestehens einen Spielstil kultiviert, der, noch weit über ein an sich durchaus respektables l'art-pour-l'art-Prinzip hinaus *(»Vergiß den Zweck, vergiß den Text, mach' einfach nur Musik«)*, schnell in dreißigminütigen Aneinanderreihungen von Klischees immer weiter absackte – in Klischees, die über jene die Amerikaner kräftig verblüffende Assimilation farbiger Blueser bedauerlicherweise kaum noch hinauskam. Denn, so meinte Eric Clapton 1976, *»manchmal kam einfach nichts anderes mehr dabei heraus, als daß du jeden lick, den du drauf hattest, weggespielt hast, noch bevor der ganze Set vorüber war, und dann bist du natürlich angeschmiert, weil du dich einfach nur noch immer und immer weiter wiederholen kannst. Und darum liegt mir heute viel mehr am Song selbst und an der Präsentation der eigentlichen Musik. Ich glaube, daß dieses Jamming, es sei denn, es steht ein ganz bestimmter Zweck dahinter, eigentlich eine ganz schöne Zeitverschwendung ist.«*

Neun Jahre zuvor war es Frank Zappa (*1940) aus Baltimore (Maryland), der – wie Steve Hackett (*1950) in England wenig später – mit seinen Mothers of Invention die Konsequenz aus der Jamming-Monotonie von Cream zog und mit seinem Album »Absolutely Free« (1967) begann, dem Titel der LP genau entgegengesetzt, für den Rock der sechziger Jahre völlig neue, sprich: streng konzeptionelle Wege aufzuzeigen. Von Igor Strawinsky, Edgar Varese sowie John Cage geprägter Klang-Skulptor, schockte Zappa, wie Siegfried Schmidt-Joos und Barry Graves im »Rock-Lexikon« (1973) schreiben, nicht nur als Bürgerschreck auf Klo-Posters *»mit elektronisch erzeugten Kreischtönen, wirren Geräuschcollagen und verzerrten Tonbandklängen, ließ Free-Jazz-Chorusse improvisieren und parodierte den sentimentalen Rock 'n' Roll der fünfziger Jahre«*.

Zappa, der auf seinem Debüt-Album »Freak-Out« von 1966 nur eine Gibson ES-5 Switchmaster (eine der schönsten Jazzgitarren von Gibson übrigens) spielte, die er über einen ›einfachen‹ Fender Deluxe-***Amp*** (Verstärker) schickte, war zur Zeit seines »Free«-Albums bereits ein raffinierter Tüftler. So baute er in seine Gitarren Vorverstärker ***(Preamps)*** ein, ließ sich spezielle Klangregler bauen, mit denen er beide Pickups ***out-of-phase*** schalten konnte, und kam wohl als einziger Gitarrist des Rock auf die Idee, sich bei einer seiner Strats einen Barcus-Berry-Pickup in den Hals einsetzen zu lassen: *»Weil ich soviel mit der linken Hand mache, und mit dem kommen die Töne viel schneller raus.«* So begann er beispielsweise, nur eine oder zwei Saiten mit der Rechten zu spielen und mit der Linken fünf oder sechs Saiten zu drücken, um dadurch die ***action*** ziemlich niedrig zu halten oder mit dem Plektrum eine Saite über dem Griffbrett im selben Augenblick anzuschlagen, in dem er sie drückte, was Zappa mit *»das gibt so 'ne Art von bulgarischem Dudelsack-Sound«* kommentierte.

1976 nahm er in seiner Wohnung eine ziemlich ramponierte Fender Strat von der Wand. *»Ihr Hals war fast zersplittert, der Korpus total verkohlt und die Pickups voller Brandblasen«,* meinte Zappa und brachte sie zu dem renommierten amerikanischen Gitarrenbauer und -restaurator Rex Bogue in San Gabriel (Kalifornien) und ließ sich das Instrument wieder herrichten. Er hatte sie von Gerry Stickells in Miami überlassen bekommen, montierte den Vibrato-Arm ab, den Barcus-Berry ein und hegt nun das renovierte Stück wie seine Augäpfel.

Der Grund? Nun, Stickells, der Spender, war einer der Road-Manager des wohl weltbesten Rockgitarristen – James Marshall Hendrix (* 1942, † 1970) aus Seattle (Washington), genannt ›Jimi‹.

»Was er für die Gitarre geleistet hat«, sagt Gitarrist Phil Upchurch (* 1941), *»ist so wichtig wie es die Verdienste von Charlie Christian, Wes Montgomery und Johnny Smith sind, um nur einige zu nennen.«* Und Larry Coryell meint: *»Jimi war sehr darauf bedacht, immer sauber gestimmt zu bleiben. Er war bis dahin wohl das schier unfaßbarste Naturtalent. Er konnte zwar die wirkliche Fortschrittlichkeit der musikalischen Formen seiner Schöpfungen nicht rational bezeichnen, aber so etwas hatte er auch nicht nötig – das bleibt halt den Akademikern überlassen. Soweit ich weiß, hatte er keine klassische und auch sonst keinerlei formale Ausbildung gehabt, und doch hatte er eine Begabung, die man mit der von Strawinsky oder Berg vergleichen könnte. Oder auch wieder nicht: Es gibt und gab nun mal niemanden wie Jimi Hendrix.«*

Bauteile einer elektrischen Gitarre (Fender Stratocaster)

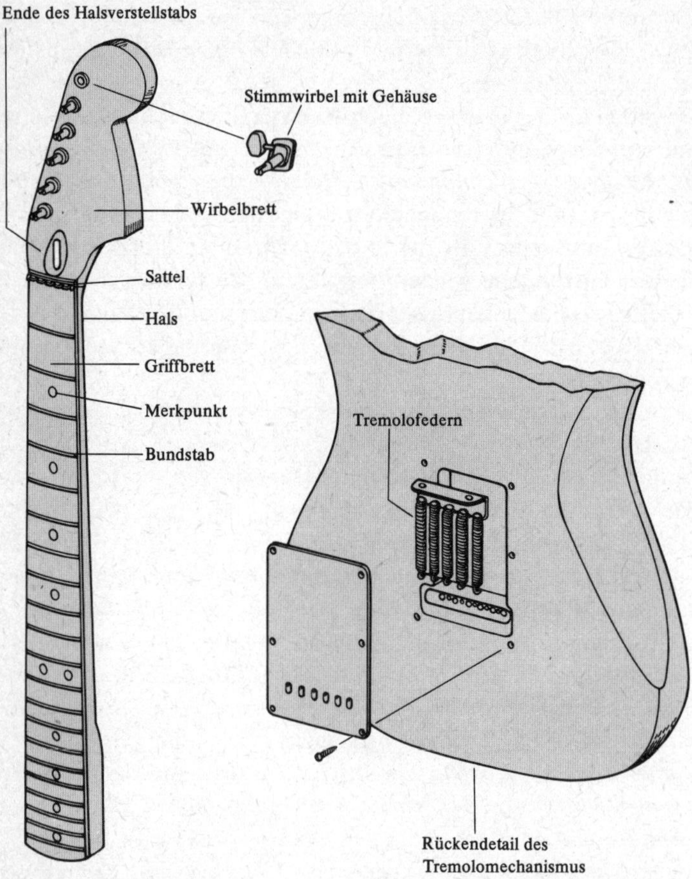

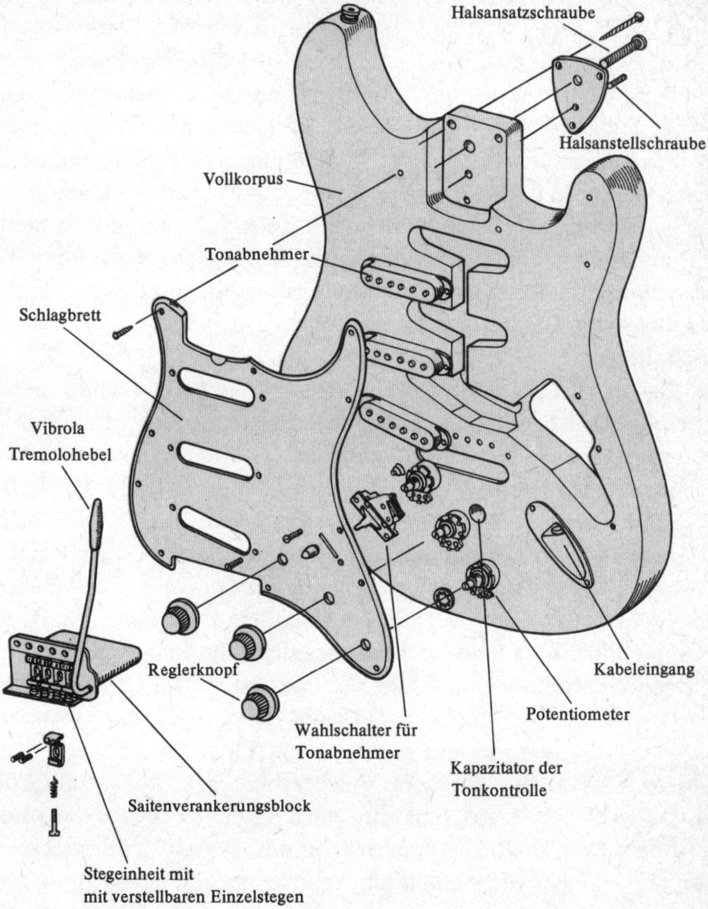
Halsansatzschraube
Halsanstellschraube
Vollkorpus
Tonabnehmer
Schlagbrett
Vibrola
Tremolohebel
Reglerknopf
Kabeleingang
Potentiometer
Wahlschalter für
Tonabnehmer
Kapazitator der
Tonkontrolle
Saitenverankerungsblock
Stegeinheit mit
mit verstellbaren Einzelstegen

Und Mike Bloomfield ruft ihm nach: *»Er war eine lebende Lektion für all das, was ich hätte werden wollen oder sollen und nicht geworden bin.«*
Hendrix, aufgewachsen in den musikalischen Einflußsphären der Charlie Christian, Billy Butler, Muddy Waters, Charlie Mingus und Roland Kirk – mit letzterem jammte er dereinst in Londons Jazz-Tempel Ronnie Scott's Club–, bekam als Zwölfjähriger seine erste Gitarre, weil der Vater nicht mehr mit ansehen mochte, wie sein Sprößling ständig auf einem »Besenstiel herumzupfte« und deshalb sein Saxophon für eine acoustic in Zahlung gab. Jimi spielte dann zwischen Seattle und Vancouver für fünfzig Cents die Stunde *»plus Coke und Hamburger satt«* in diversen Rockgruppen, ging als Siebzehnjähriger zu den Fallschirmjägern, brach sich bei seinem 26. Sprung einen Fuß und die Wirbelsäule an, wurde aus diesem Grund vorzeitig entlassen und wandte sich fortan ganz seiner musikalischen Beschäftigung zu.
1965, als er zu King Curtis alias Curtis Ousley (*1934) stieß, hatte James Hendrix bereits gute zwei Jahre Profierfahrung gesammelt – unter anderem bei Ike (*1931) und Tina Turner (*1939), bei Little Richard, James Brown (*1929), Wilson Pickett (*1941), bei B.B. King und den Isley Brothers. *»Ihm war's egal, ob er zweiter oder dritter Mann in der Gruppe war«,* erinnert sich Bassist Chuck Rainey (*1940), *»für ihn war die Hauptsache, daß er überhaupt zum Spielen kam.«* Noch 1965 stellte Jimi Hendrix seine erste eigene Band zusammen, die Blue Flames; dann engagierte ihn John Hammond jr. als Lead-Gitarrist, und in dieser Position – der erste Durchbruch – hörte ihn 1966 der Ex-Animals-Bassist Bryan (›Chas‹) Chandler (*1948). Der besorgte ihm ruckzuck ein Flugticket, Papiere und Geld und setzte ihn mit dem Versprechen: *»Da kannst du Eric Clapton treffen«,* in ein Flugzeug nach London. In der Themse-Metropole angekommen, änderte ›Jimmy‹ James Hendrix seinen Vornamen in ein orthographisch Sperrigeres »Jimi« um und rief sogleich den Vater daheim an: *»Du, Pa, die machen hier aus mir 'n Star.«* Promoter Chas Chandler klinkte ihn mit Noel Redding (*1945) am Baß und dem Drummer Mitch Mitchell (*1946) zusammen; die Jimi Hendrix Experience (JHE) war geboren, eine Super-

group, die binnen weniger Monate zum Geheimtip der europäischen Szene gedieh.
Die weiteren Stationen der Hendrix-Vita sind allenthalben Grundgut der Rockmusik-Bildung: Monterey Festival Juni 1967; Jimis brennende weiße Strat; im selben Jahr gemeinsam mit der Teenies-Band The Monkees (aus der sich später der bemerkenswerte Gitarrist Michael Nesmith [* 1942] emporspielte), eine zweite US-Tour, die für die JHE zum Fiasko wurde: Hendrix' Spielweise traf die jungen Leute allzu unvorbereitet; Rückkehr nach England; 1968/69 wieder Amerika und hoffnungslos überfüllte Stehhallenkonzerte; als ›guitarists' guitarist‹ Sessions unter anderem mit den Gitarristen Johnny Winter, John McLaughlin und Stephen Stills, aber auch mit strikten Jazzern vom Schlage Roland Kirks; Ende 1968 der langsame Auflösungsprozeß der Experience und Jimis Wunsch, mit der Band of Gypsies zu spielen (speziell mit dem Schlagzeuger Buddy Miles [* 1944] und dem Bassisten Billy Cox); Pläne zu Vorbesprechungen mit dem Jazz-Big Band-Leader Gil Evans (* 1911) zu einer LP »The Gil Evans Orchestra Plays The Music Of Jimi Hendrix«; Auftritt im New Yorker Fillmore East und einzige LP in der Wunschbesetzung mit Miles/Cox; Gerüchte einer Experience-Neuauflage 1970; im Sommer und Herbst des Jahres Tour mit Mitch Mitchell und Billy Cox und im August Auftritt beim Isle of Wight Festival nach schlafloser Nacht: In New York hatte der Gitarrist sein eigenes, vor allem für eigene Experimente vorgesehene Electric Lady Studio eröffnet; am 18. September 1970 Einlieferung in das St. Mary Abbots Hospital in Kensington, London. Der Pathologe Prof. Dr. Donald Teare diagnostizierte »Tod durch Inhalation von Erbrochenem nach Barbiturat-Vergiftung«; Selbstmord-Gerüchte; der von Schlaftabletten und Jet-lag erschöpfte Hendrix hatte deutsche Schlaftabletten eingenommen und deren angemessene Dosierung nicht gekannt; Beerdigung am 1. Oktober auf dem Greenwood Cemetery in Seattle (Washington); Trauergäste waren auch Johnny Winter und Miles Davis.
Gewiß, auch Pete Townshend (* 1945) aus Chiswick, Lead-Gitarrist der englischen Kultgruppe The Who, die 1965 in »My Generation« ihren ersten Erfolg hatte, ließ dutzendweise Gitarren auf der Bühne in

Flammen aufgehen; unter anderem auch in dem Antonioni-Film »Blow up« (1965). Pete erinnert sich: *Ich muß so an die zwei- oder dreitausend Gitarren gekauft haben... Aber ich bin auch ein Meister der Übertreibung. Meine Freunde nennen das den Townshend-Faktor... teil einfach alles durch zehn.«*

Tom und Mary Evans erklären diesen Destruktionsgestus als Bestandteil eines gänzlich neuen Gesamtkonzepts der Rockgitarristik Mitte der sechziger Jahre: *»Klangmanipulation, Verzerrung und Vorstellungen physischer Gewaltanwendung wiesen auf eine neue Konzeption der Gitarre...* (sie) *wurde das Herz eines Klangsystems, in dem künstlich induzierte Geräusche so legitim wurden wie musikalische Noten es seit eh und je waren.«* Townshends Gitarrenkaputtwerferei sei demzufolge nicht nur als rein visuelles Spektakel, sondern als Mittel zum musikalischen Zweck zu sehen: *»Er* (Townshend) *war äußerst selbstbewußt in seiner Auffassung vom Rock als einer legitimen Kunstform.«* Immerhin war der Engländer längst vertraut mit Charlie Parker wie auch mit Bach und Vivaldi, studierte Orchestrierung und Kontrapunkt und experimentierte mit Tonbandgeräten. Kagel, Stockhausen, Cage & Co.: Sie, die Avantgardisten der E-Musik, hatten ja längst den Faktor ›Geräusch‹ zum Bestandteil ihrer kompositorischen Arbeit gemacht und ihren Vorträgen durch auffällige optische Happenings zum Charakter schockierender Mixed-Media-Shows verholfen. *»Wir gestatten unseren Instrumenten ganz einfach nicht, uns an der Ausführung dessen zu hindern, was wir wollen«,* erklärte Townshend. *»Wir zerstückeln unsere Instrumente, zerreißen unsere Klamotten und zerknallen einfach alles. Die Kosten machen uns kein Kopfzerbrechen; das wäre was, das zwischen uns und unserer Musik stehen würde... Also: Ich habe keine Liebesaffäre mit 'ner Gitarre, ich polier' sie nicht nach jedem Auftritt; ich* spiele *das verdammte Ding.«*

Das tut er in der Tat, und er tut dies gut, am liebsten im Kontext eines *»power trio«,* bestehend aus Gitarre, Baß und Schlagzeug, in dem Townshend seine harmonischen wie rhythmischen, stark akkordischen Vorstellungen durch sein Showman-Auftreten zu intensivieren sucht. Typisch ist denn für ihn auch seine Vorliebe, mit möglichst offenen Saiten zu spielen, um kräftige Ostinato-Figuren zu

erzielen, über die er Dreiklänge legen kann, die *»impressionistisches Harmoniegefühl implizieren«*, wie einmal der amerikanische Gitarrist Jimmy Stewart (* 1937) sagte.
Nun pflegen auch Joe Pass oder Barney Kessel ihre Gitarren nicht ständig mit dem Läppchen auf Hochglanz zu bringen; auch Hendrix tat das nicht. Dennoch konstatierte dereinst das Magazin »Newsweek«: Jimi *»liebte seine Gitarre mit der Leidenschaft eines Casanova«* – ein Satz, der diesmal nicht als Journalistenschnack abzutun ist, wenn man sich erinnert, wie Hendrix seine Instrumente (auf der Bühne vor allem weiße Serien-Strats) behandelte. *»In den Händen geringerer Musiker«*, stellt Don Menn jedenfalls fest, *»dürfte das alles vor allem als Anhäufung bloßer Gimmicks erscheinen. In Jimi Hendrix' Händen dagegen werden diese Techniken zu wertvollen Werkzeugen seines Handwerks – so notwendig für ihn wie für Segovia die gepflegten Nägel oder das Dämpfen mit der rechten Hand für Atkins.«*
Hendrix selbst hielt wenig davon, über seine verschiedenen Techniken schriftlich oder in anderer Form detailliert Auskunft zu geben. Das war nun mal seine Sache nicht; er war ein Praktiker der Rockmusik, der wie gesagt vom akademischen Ansatz partout nichts hielt und wohl auch nicht die rechte Wellenlänge dafür besaß. Musikalischer Instinkt und Intuition waren seine treibenden Kräfte. Und so mußte es wenigen Freunden, einigen Bekannten und manchen fachkundigen Beobachtern überlassen bleiben, diese Techniken, zumindest einige von ihnen, genauer unter die Lupe zu nehmen.
Weder Jess Hansen (* 1954), der Begründer des Jimi-Hendrix-Archivs in Seattle (Washington), noch Eric Barrett, des Gitarristen equipment manager, können definitiv sagen, ob Jimi nun die Gitarre, wenn er sie dicht an seinen Mund hielt, tatsächlich mit den Zähnen oder nur mit den Lippen spielte – eine Frage, die wohl so manchen Hendrix-Fan noch heute bewegt, für den die Fotos und Posters mit der weißen Stratocaster an dem dunklen Antlitz unvergeßlich sind. Zwar hat Hendrix selbst einmal gesagt, die Idee, mit den Zähnen zu spielen, sei ihm *»in einer Stadt in Tennessee gekommen. Da unten, da* mußt *du einfach mit den Zähnen spielen, wenn du*

nicht erschossen werden willst. Da unten liegen überall auf den Bühnen ganze Batterien von Zähnen herum.« Und Chuck Rainey, sein Baßmann, sagte später, Jimi habe die Saiten mit seiner Zunge angerissen, eine Möglichkeit, die deshalb durchaus plausibel erscheint, weil Jimis Amp-Kontrollen ständig auf ›full power‹ standen und es deshalb nur einer winzigen Anschlagskraft bedurfte, das voll aufgeregelte Instrument zum Klingen zu bringen. Mit dieser Stellung der Kontrollen war es ihm beispielsweise auch sehr leicht möglich, minutenlang sehr laut zu spielen, ohne dabei auch nur einmal die Plektronhand zu bemühen; allein der Druck der Fingerkuppen seiner Griffbretthand reichte vollkommen aus. So etwas kann ein Manitas de Plata natürlich mit seinem leichten, auf geringsten Druck ansprechenden Instrument auch, nur eben nicht beliebig lange, was erst möglich wird, wenn man die Rückkopplung so nutzt, daß sie bestimmte Töne zu theoretisch unendlichem sustain anregt.

Und was die gitarrenverbrennende ›Destruktion als Musik‹ angeht, so sollte deutlich gemacht sein, daß hier der Brite Peter Townshend erhebliche Vorarbeit geleistet hat. Der war nämlich schon auf der Ealing Art School jener neuen ästhetischen Kunstkategorie der (Selbst-)Zerstörung begegnet, einer auf die Musik und das sie betreffende Gesamtgeschehen übertragenen Variante jener ›musikkritischen‹ Happenings, wie sie in den Sechzigern allerorten inszeniert wurden, als man etwa ausgewachsene Konzertflügel aus beträchtlicher Höhe auf die Straße krachen ließ, die Instrumentenwracks mit Holzwolle füllte und sich königlich darüber freute, wenn – mit recht weit hergeholter Zielsetzung Brechtscher Verfremdungseffekte – der zusätzlich noch kurz und klein gehackte Torso ›sich selbst verbrannte‹ und das Ganze dann auch noch auf Zelluloid festgehalten wurde.

Nur hat eben Hendrix diese Destruktionsorgien bewußt auch ›musikalisch‹ verstanden und zu nutzen gewußt, indem er hier das Geräusch eines splitternden Halses, da das chaotische Jaulen eines Tonabnehmers, der das Abwickeln seiner eigenen Windungen grotesk verstärkt, oder dort den wummernden Riß einer Saite fest in den musikalischen Ablauf integrierte.

Ein weiterer wichtiger Aspekt Hendrixscher Technik war die totale

Nutzung des Tremolo-Arms. Denn weit über die ursprünglich vorgesehene Anwendbarkeit des Vibrato-Hebels hinaus brachte Jimi es fertig, durch das mühsame Verbiegen des Arms von Hand (manchmal stundenlang, wenn die Strats neu waren) negative wie positive Veränderungen der Lagen bis zu Terzintervallen herauszutreiben. Außerdem bog er den Metallstab in horizontaler Ebene zur Gitarrenquerachse so weit herüber, daß er mit dem Kunststoffgriff des Arms bequem auf die Saiten tippen konnte. Zuweilen bediente er den Tremolo-Arm mit seiner Greifhand (bei ihm als Linkshänder der rechten!) und spielte mit der linken an den Kontrollen des Instruments herum; oder er schlug die Saite überhaupt nicht erst an, sondern bewegte den Arm und drehte dabei gleichzeitig an den Mechaniken oder schlug heftig von hinten gegen den Gitarrenhals.

Ähnlich wie Tal Farlow und Johnny Smith im Jazz, so gilt Jimi Hendrix für die Gitarre im Rock als der Mann mit den größten Händen – und den kräftigsten dazu. Eric Barrett erinnert sich, daß sein Chef es schaffte, auf einem E-Baß die erste Saite quer über das ganze Griffbrett zu ziehen. Auch seinen Daumen vermochte Jimi in überdurchschnittlicher Manier für das Akkordspiel einzusetzen: Wenn er ihn nach vorn brachte, konnte er mühelos damit sämtliche sechs Saiten zugleich abdecken; er benutzte ihn meistens aber nur für die tiefen drei. 1975 erzählte Mike Bloomfield, wie Hendrix *»oben einen e-moll-Dreiklang und mit dem Daumen zugleich auf den tiefen drei Saiten in D-dur spielen konnte... Es war für ihn keine große Sache, Melodie zu spielen – er wollte spielen wie ein Orchester. Das ist eigentlich, worum es in seiner Musik geht – es ist nicht einfach lead guitar, es ist orchestrale Gitarre, wie Segovia, Chet Atkins, Wilburn Burchette, Ry Cooder und George van Eps sie spielen.«*

Dabei setzte er den Daumen häufig nicht nur vertikal, sondern etwa im Sinne eines walking bass auch horizontal ein. Sicherheit beim Daumen-vorn-Spiel verlieh er der Greifhand dadurch, daß er sie mit dem kleinen Finger hinter dem Hals sozusagen ›feststellte‹.

Slide spielte der Gitarrist nie in herkömmlicher Weise mit einem ***slide-bar*** (einem Metallzylinder beziehungsweise einem Bottleneck aus Glas), sondern entweder mit seinem großen Ring an der Linken, oder indem er den Mikrophonständer nahm und auf dem Griffbrett entlangführte, oder indem er den Hals über die Kanten seiner Lautsprecherboxen führte beziehungsweise mit dem Ellbogen über die Saiten rieb.

Herrscht auch bis heute noch Unklarheit darüber, ob Hendrix dann und wann open tunings einsetzte, so steht doch fest, daß er die Angewohnheit hatte, sein Instrument mitten im Stück umzustimmen. Er hatte absolutes Gehör, galt – wie schon gesagt – als fanatischer ›Saubermann‹ des Stimmens, setzte dennoch aber solche ***retunings*** ein, um zusätzliche vibratoähnliche Effekte zu erzielen oder andere, die nur mit extrem ***slacky*** gestimmter Saite zu erreichen waren. Scruggs-tuner, wie ihn der deutsche Gitarrist Siegfried Schwab sich an seine L5CES für die tiefe E-Saite gebaut hat, kannte Hendrix offenbar nicht, oder ihn ließ der damit erreichbare Umfang nach unten kalt.

Da die Kontrollen an seinem Amp stets voll aufgedreht waren, kontrollierte Hendrix Volumen und Tonfarbe ausschließlich über die Regler auf dem Instrument. Hierfür kam ihm seine Linkshändigkeit gelegen, denn da er grundsätzlich umgespannte Rechtshänder-Gitarren spielte, hatte er die Kontrollen sozusagen ›unterm Arm‹ oder vielmehr direkt unter dem Handballen, und das ermöglichte ihm zugleich zu spielen und die Kontrollen zu verändern. Zusätzlich machte er sich noch den ***toggle switch*** (Kippschalter) auf besondere Weise nutzbar, um zum Beispiel blitzschnell vom sanften Flageolett umzupolen auf rasend schnelle ›MG-Garben-Effekte‹: Er warf den switch herum, drehte an den Verstärkerkontrollen oder schaltete den ***stand-by*** (Bereitschaftsschalter) am Amp wahnsinnig schnell an und aus. Oft beließ Jimi den toggle auch in der Mittelposition, die beide Pickups aktiviert hält, und nahm das hintere Abdeckbrett ganz heraus, so daß er während des Spielens an Saiten und Federn ziehen und sie dann wieder in ihre Normalstellung zurückspringen lassen konnte.

Auch in der ›Behandlung‹ des Halses unterschied der Mann aus Seattle sich beachtlich von anderen Gitarristen. So klopfte er etwa leicht mit den Knöcheln an die Halsrückseite und wanderte dabei die volle Länge des Halses entlang, um auf diese Weise Flageoletts zu induzieren. Oder aber er schlug grob an den Halsrücken, um noch gänzlich andere Klänge herauszuholen. Ein anderes ***neck-playing*** bestand, ähnlich wie bei manchen Sinti-Gitarristen üblich, darin, den ganzen Hals heftig vor und zurück zu reißen, um auf diese Weise Vibrato-Effekte zu erzielen, die anders nicht möglich waren. Es kam vor, berichten Menn und Barrett, daß Jimi den nur mit drei Schrauben befestigten Gitarrenhals dermaßen grob zog und preßte, daß der sich völlig vom Korpus seiner Strat löste, so daß Saitenverstimmungen entstanden, *»mit denen wohl nur jemand wie Jimi fertig werden konnte«.*

Im elektronischen Bereich gab es – und hier mag Hendrix gewissermaßen als einer für viele stehen – praktisch nichts, was er nicht mit fast kindlichem Spieltrieb einerseits und außerordentlich präzisem Sinn für dessen Anwendbarkeiten andererseits ausprobiert hätte. Auch hier muß man in ihm einen gitarrespielenden, bedeutend intuitionsreichen ›Erfinder‹ und Entdecker sehen, der in der Lage war, tatsächlich jeden Sound beliebig wiederherzustellen, den er irgendwann einmal entweder im Studio oder live kreiert hatte. Dies betrifft die Kombinationen von Effektpedalen beispielsweise ebenso wie bestimmte Kombinationen von elektronischer Klangfärbung und spielerischem Know-how. So gehörte in seine ›Trickkiste‹ beispielsweise auch die Fähigkeit, auf zwei Saiten feedback zu halten und dabei mit dem Ring an seiner linken Hand die ganze Gitarre in gewaltige Eigenschwingung zu versetzen; letzteres erreichte er häufig dadurch, daß er mit der Hüfte kräftig nach vorne gegen den Gitarrenboden stieß. Andererseits bereitete es ihm auch keinerlei Probleme, mit einem Zwei- oder Dreisaiten-Akkord eine Rückkopplung zu erzielen, den Akkord – stets mit feedback – ständig zu verändern und gleichzeitig auf den übrigen Saiten munter lead zu spielen – eine Begabung, die damals zahllose Gitarristenkollegen immer wieder die Frage stellen ließ, wer denn hier oder da die beiden anderen Gitarristen auf der Platte seien und warum man die nicht auf dem Cover abgebildet habe.

Hendrix – also auch ein Pionier der Gitarre, der modernen Rockgitarre nämlich und des außergewöhnlich präzise, wenn auch wohl vor allem intuitiv gewählten und zusammengestellten Zubehörs. Wer heute die Seiten der zahlreichen Musikfachblätter nur flüchtig durchblättert, wird sich kaum um die Feststellung herumdrücken können, daß eine ständig wachsende Zubehörindustrie das eigentliche Zentrum, die Gitarre nämlich, anscheinend immer mehr verdrängt. Der Konkurrenzdruck innerhalb dieses längst zum perfekten Showbiz gediehenen Geschäfts macht offenbar ständig neue ›Perfektionierungen‹ notwendig, macht die Schraube immer länger und länger und führt zu schier babylonischen Auftürmungen von Gerätschaften, die (allein schon optisch) den Menschen mit seiner kleinen Gitarre buchstäblich ›verschwinden‹ lassen. Zumindest wirkt das auf manch kritischen Beobachter so: Hier hat sich, auf dem Weg in eine wirklich nur bedingt zu rechtfertigende Gigantomanie, eine Industrie verselbständigt, deren durchaus suggestive Verlockungen darin bestehen, weniger begabten Instrumentalisten ständig neue und vielfältige technische Handhaben zu vermitteln, um durch das Ausspielen von Effekt auf Effekt spielerisches Unvermögen, Frustrationen oder Konzeptlosigkeiten immer publikumswirksamer kaschieren zu können.

Aber natürlich, es gibt sie dennoch, die Großen der Rockgitarre, auch nach Hendrix, auch ›neben dem Gott‹ Clapton: Duane Allman, Elvin Bishop, Ritchie Blackmore (*1945), Jorma Kaukonen (*1942), J. J. Cale (*1939), Larry Carlton (*1948), Robben Ford (*1951), Rory Gallagher (*1949) oder Jerry Garcia, Steve Hackett (*1950), Paul Kantner (*1943), Steve Howe (*1947). Alvin Lee (*1944) zählt natürlich zu ihnen, Ace Frehley (*1951), Jim Messina (*1947), Trevor Rabin (*1955) und Steve Miller (*1944), Mike Oldfield (*1953), Jimmy Page (*1944), Todd Rundgren (*1949) und Neil Schon (*1955), Joe Wealsh, Steve Winwood (*1948) und Johnny Winter. In Großbritannien, schon angedeutet, ist es beispielsweise Robin Trower (*1945), in der Bundesrepublik Deutschland war es bis 1980/81, vom Stirnband bis zum feedback-Trick, Uli Roth, die beide außerordentlich ›gründlich‹ und dennoch individuell beeindruckend das Hendrix-Erbe bis in unsere Tage weitergetragen und ausgefeilt haben.

Toy Caldwell (*1948) spielt seinen Southern Rock; Robert Fripp (*1947) ist couragiert genug, seine Musik auf einem Barhocker sitzend anzubieten, weil er so bequemer und besser spielen kann;

Mike Oldfield, Emmylou Harris (*1949), John Sebastian (*1944) und Steve Stills (*1945), der große Instrumentensammler neben Howe, pflegen das Idiom des Folk Rock; der hollowbody-Spieler Ted Nugent (*1949) entfesselt voluminöse Schwermetall-Gewitter; Frank Marino (*1955) und John Renzetti (*1941) spielen mit den Mitteln der siebziger und achtziger Jahre den Rock 'n' Roll der Fünfziger, und die elektrischen Gitarren-Gefechte zwischen Carlos Santana und John McLaughlin gehören mit zum Besten, was die verhältnismäßig ›unelektrisch‹, besser: unelektronisch gespielte Rockgitarre aufzuweisen hat, ebenso, wie vielleicht David Gilmours (*1944) Solos bei Pink Floyd zu dem, sagen wir, Poetischsten gehören, was klug, ökonomisch abgewogen und feinsinnig präsentierte Rockmusik bislang bieten konnte.

Die ›Neuerer‹ und die ›Weiterentwickler‹ also sind es, die die eher knappe Riege der Meistergitarristen des Rock bestimmen, nicht die Epigonen, die von einem oft eher unkundigen, schnell begeisterungsfähigen und zufriedenzustellenden, nach immer neuen ›Helden‹ hungernden Publikum gefeiert werden. *»Nein, wirklich, ich spiele nicht besonders«,* sagt etwa Roy Buchanan (*1936) ohne Koketterie, sondern mit der Abgeklärtheit des klugen Musikers. *»Ich spiele einfach nur, was ich fühle und was andere Leute entweder übersehen haben oder dessen sie sich geschämt hätten.«* Er sei auch nie ein umwerfender Jazzgitarrist gewesen, ergänzt er, aber was er vom und über den Jazz gelernt hätte, hätte ihm sehr geholfen. Mit zehn Jahren hörte Roy Barney Kessel, Jimmy Nolan und später auch B.B. King, Wayne Bennett und Roy Nichols. *»Ich liebte alle diese alten Blues-Jungs«,* bekannte der leidenschaftliche Telecaster-Spieler 1976. Und trotz seines Hangs zur bescheidenen Untertreibung hat er mit der Transplantation des sogenannten ***circle picking*** als Vermittler für die Rockmusik Möglichkeiten des noch schnelleren Plektronspiels erschlossen. Einer der wenigen, und wohl auch der prominenteste Lehrer des circle picking ist der Gitarrist Frank Mullin in Washington. Roy Buchanan meint, man brauche so um die zwei, drei Jahre, bis man es könne; aber erst mal müsse man lernen, das Plektron anzuwinkeln: *»Zum Beispiel müßte, wenn man sich die Decke der Gitarre als eine Uhr vorstellt, bei der die Saiten zwischen*

der Zwölf und der Sechs aufgespannt sind, das Plektron so geneigt sein, daß es eine gedachte Linie zwischen der Zwei und der Acht beschreiben würde. Man schlägt die Saite mit einer Kante des Plektrums an, stellt aber fest, daß beim Zurückkommen im up-stroke man mit der entgegengesetzten Saite anschlägt. Also wird das Plektrum wieder umgedreht, und man beschreibt mit ihm eine Kreisbewegung im Uhrzeigersinn oder in entgegengesetzter Richtung. Auf diese Weise bleibt das Plektrum immer im gleichen Winkel zur Saite, beschreibt um sie herum aber eine kreisförmige Bewegung.«
Und die ermöglicht sehr schnelle Stakkati. *»Trotzdem«*, sagt Buchanan, *»habe ich mich nie für einen schnellen Gitarristen gehalten. Ich schummle viel. Aber ein Weg, schneller zu werden, ist der, sich ein Filzplektrum und ein akustisches Instrument mit hoher Saitenlage und schweren Saiten zu besorgen. Wenn man dann wieder zur E-Gitarre greift, merkt man sehr schnell, was es gebracht hat.«*

Es ist ein neues, gewissermaßen ›enthärtetes‹ Verhältnis zum Sound der elektrischen Gitarre, das diese ›Nachfahren‹ der Rock-Generation von Hendrix, Townshend, Jeff Beck und Led Zeppelins Jimmy Page bestimmt, zu einem Sound nämlich, der den klaren, sauberen Gitarrenton vorzieht und nicht mehr dem exzessiven Gebrauch von Effektpedalen und wundersamen Boxes frönen will. Musiker wie James Taylor (*1948), Stephen Stills, Paul Simon (*1941), Mike Oldfield oder andere Folkrocker wie Robbie Robertson (*1944) verkörpern nun zunehmend die Desillusioniertheit in bezug auch auf die politischen Hoffnungen der endsechziger Jahre mit all ihren hoffnungsvollen studentischen Initiativen und einer Jugendkultur, die, konfrontiert mit Konsumterror und dem ›imperialistischen‹ Vietnamkrieg, hin und her pendelt zwischen Haight Ashburys Blumenvolk und drogendunstiger ›flower power‹, den Traumbildern des Sergeant Pepper und den elektrifizierten, zornigen Mammutfestivals.
Sie entdecken, wie zum Beispiel Boz Scaggs (*1944), die akustische Gitarre für sich neu und beginnen immer mehr, beide Instrumenttypen gleichberechtigt abwechselnd zu spielen.
Das neue Interesse für akustische Gitarren ließ die Hörfähigkeit

zarterer Nuancen sich rapide entwickeln, formulierte aber auch die Ansprüche an das elektrische Instrument neu und forderte, wie gesagt, den klaren, glockenartigen (›bell-like‹) Klang der Gitarre.
Das Slidespiel erfuhr, jetzt auch in Rockmusikkreisen, eine kräftige Konjunktur; denn die Lust am akustischen Spiel hatte neben dem neuen Interesse an Folkimpulsen auch die Hinwendung zum Blues zur Folge (wie die berühmtgewordene Supersession mit Mike Bloomfield und Al Kooper Mitte der Sechziger epochemachend demonstrierte). Duane Allman (*1946, †1971), slide-Pionier des Rock, verkörperte die neue Entwicklung vortrefflich; als Duane, ehemals Schüler des Gitarristen Jim Sheppley, der kommerziell ausgerichteten ›Top-Fourty‹-Themen bis zum Halse überdrüssig 1966 nach Kalifornien ging, begann er sich auch schon für das akustische Spiel zu interessieren, insbesondere für arpeggio-picking und Dobro-Spiel. *»Schittkram, Mann, das is' ja gut, jaja, aber ich kann das auch«,* kommentierte er damals Hendrix' Debüt-Album, spielte Jimis Chorusse nach einer guten halben Stunde Konzentration leichthändig herunter und schrieb kurz darauf seinen »Statesboro-Blues«, zu dem ihn das Folkways-Album »Country Blues« angeregt hatte. Und hier in Kalifornien, nach den eher unglücklichen Unternehmungen der Gruppen Allman Joys (1965) und Hourglass (1967), hörte er dann zum ersten Mal bewußt das slide-Spiel von Ry Cooder, dem omnipotenten Gitarrenethnologen. *»Das ist meine Kiste«,* erinnerte er sich an seine Reaktion, *»also besorgte ich mir'n Flaschenhals und blieb ungefähr für drei Wochen zu Hause.«* Als die Klausur beendet war, hatte er die Telecaster beiseitegestellt, spielte jetzt eine Gibson Heritage und eine National-Steel-Dobro und für das Bottlenecking-Rocken mit Strom eine 1957er Gold Top Les Paul. *»Er liebte B. B. King, Albert King, T-Bone Walker, Slim Harpo und Eric Clapton. Wir diskutierten viel über Eric, und Duane meinte, daß Eric der einzige ausländische Spieler war, der es richtig draufhatte. Nein, da gab es noch jemanden – den Kanadier Robbie Robertson* (*1944). *Duane stellte Robbie mit an die Spitze«*, erinnerte sich 1973 der Chef von Atlantic Records, Jerry Wexler, und ergänzt, daß Allmans andere große Liebe den Delta-Bluesgitarristen Robert

Johnson und Blind Willie Johnson galt – eine Liebe, die er mit Delaney Bramlett (* 1939) teilte, was zu eindrucksvollen Duos auf akustischen Instrumenten führte. Heute dürfte Dick Betts (* 1943) der von Allmans slide-Spiel mit am stärksten geprägte Gitarrist sein: Auch er benutzt für sein Spiel eine leere Coricidin-Tablettenflasche, hat sie allerdings am liebsten auf dem Mittel-, nicht wie Allman auf dem Ringfinger.

Allman aber spielte auch exzellenten Bossa Nova und Jazz, meinte Wexler, *»jedenfalls wenn man danach verlangte, und wenn er jammte, demonstrierte er immer sicheres Bop-Gefühl; außerdem hatte er eine irrsinnige Countrygitarre drauf, so à la Hank Garland oder Chet Atkins, wenn ihm gerade mal danach war«.*

Diese Assimilation verschiedenster Stile, beziehungsweise auch deren Beherrschung, kennzeichnet nun viele dieser neuen, sozusagen Post-Hendrixschen Gitarristen. Allmans Sessionarbeit auf der LP »Layla« (1970) von Derek and the Dominoes, einer Clapton-Gruppe, hat genau in diesem Sinne Geschichte gemacht und den jungen Mann aus Nashville mit dieser Arbeit gar zum großartigen Impulsgeber für ›Old Slowhand‹ aus England.

Unterschiedliche Stile zu verarbeiten und ausgewogen zwischen akustischer und elektrischer Gitarre zu wechseln – das sind die neuen Tugenden der späten sechziger Jahre, und sie sind es heute noch, Tugenden, wie sie etwa von Carlos Santana, aber auch David Bromberg (* 1946) oder neuerdings sogar von Gitarristen wie dem Kanadier Robert Piltch von Blood Sweat & Tears beziehungsweise dem Gastgitarristen der Crusaders, Barry Finnegan, demonstriert werden. Wie im Fall Allmans, so erfährt die Wahl der Harmonien jetzt weitgehend die neuen Impulse als außerordentlich fruchtbare Erweiterung der Möglichkeiten. Als ein *»Symbol für alles Neue, sich Verändernde und Veränderbare, aber auch alles Rebellische in Amerika«,* erkannte 1978 der Soziologe Charles Reich den Greatful-Dead-Guru Jerry Garcia (* 1942). Vielseitig sei kaum das richtige Wort, meinte Garcia damals zu seinem Stil, der eine Mischform war aus urbanem Blues, mid-tempo-Rock, Folkballaden, Country-and-Western, Bluegrass, Traditionals, frühem Rock ’n’ Roll, aber auch – Jazz. Garcia hatte Country-Rock bei den New Riders Of The Purple

Sage und dann Jazz mit dem Gitarristen Howard Wales, pedal steel und Five-string-Banjo gespielt.
Der Wechsel in die siebziger Jahre mit ihren schier unüberschaubaren Rockstilen – Siegfried Schmidt-Joos datiert den Beginn für diese Art der Ausfächerung in Bob Dylans historisch gewordener ›Konversion‹ von der Folk- zur elektrischen Gitarre bei dessen Auftritt beim Newport Folk Festival von 1965 – und impliziert ihn mit Namen wie ›Psychedelic Rock‹, wie Jesse Ed Davis' ›Blues Rock‹, wie ›Folkrock‹, sogar ›Raga Rock‹, Don Everlys (*1937) ›Pop Rock‹, wie Todd Rundgrens (*1949) ›Techno-Rock‹ und natürlich der ›Hard-Rock‹ mündet dann, wenn man es strikt vom Gitarren-Standpunkt aus betrachtet, in eine Cross-over-Form, die sich als die langlebigste von allen genannten herausgestellt und vor allem durch die schon genannten Blood Sweat & Tears, durch Electric Flag, Chicago, die Free Spirits und The Flock populär gemacht wird. Bei Electric Flag etwa trafen sich Bloomfield und der Ex-Hendrix-Drummer Buddy Miles – Hoshal Wright spielte hier hauptsächlich Rhythmusgitarre; Fred Glickstein sang und spielte Gitarre bei Flock; Terry Kath (*1946) war bei Chicago der Gitarrenmann, und Gründer der Free Spirits war Larry Coryell. Und der sagte 1974: *»Ich glaube, daß Rockmusik mit ihren Ein-Akkord-, Zwei-Akkord-Songs die Leute einfach zum Heulen langweilt, obwohl sie in den Clubs in ihren guten, alten Tagen eine dolle Sache war. Der Jazz aber geht über die eigentliche Musik hinaus – er ist eine Art von Aufklärung. Es gibt zwar durchaus eine ganze Zahl vor allem unterhaltsamer Jazzmusiker…, aber das eigentliche Anliegen des Jazz ist mehr. Die ganze Welt marschierte durch eine gigantische Drogengeschichte und hat dann darauf reagiert und kam da wieder raus, und jetzt sieht sie sich um nach etwas, was innerhalb der Musik aufklärerische Wirkungen haben könnte… Ich hab' den Eindruck, daß Leute aus Chick-Corea- oder-McLaughlin-Konzerten kommen und sagen werden: Manometer, das war ja irre. Wir sollten nach Hause gehn und das noch mal durchchecken. Es besteht ein Riesenunterschied zwischen Auftreten und schöpferischer Ambition… Das war es, was Cream so groß gemacht hat – sie waren bekannt als eine Pop-Rock-Gruppe, aber sie waren eben kreativ… Als Cream auftauchte, wie-*

derholte sich Eric nicht, wiederholte sich Jack nicht, nur Ginger, der mußte sich zwangsläufig hier und da wiederholen. Aber alle drei waren kreativ. Und darum waren sie ihrer Zeit enorm voraus.«
Ältere Semester als der damals einunddreißigjährige Coryell gehen den Aspekt der Jazz- und Rockfusion dagegen völlig anders, weit kritischer an, zum Beispiel Barney Kessel, der schon 1970 auf die Frage, ob in den vergangenen dreißig Jahren elektrisch verstärkten Spiels das Gitarrespielen besser geworden sei, sehr entschieden reagierte: *»Top-Gitarristen haben sich nicht qualitativ verbessert. Aber quantitativ gibt es heute mehr gute Gitarristen als je zuvor... Ich glaube nicht, daß es zu irgendeinem x-beliebigen Zeitpunkt mehr als nur eine Handvoll echter Innovatoren (also nicht nur Extrapolatoren) gibt. Eine Mixtur aus Chet Atkins und Wes Montgomery nenne ich ja auch keinen neuen Gitarrenstil oder einen neuen Approach. So was ist keine Innovation, das ist Extrapolation.«*
Andererseits schließt Kessel sich nicht dem wohl vielen brüskierend klingenden Kurzurteil seines Jazzgitarre-Kollegen Howard Roberts an, Jazz-licks im Rock klängen kontextfremd. Denn laut Kessel läge zwar ein Problem darin, daß der Rock ein Gefühl gleicher Achtelnoten vermittle, der Jazz dagegen entweder eines von gepunkteter Achtel mit angeschlossener Sechzehntel oder eines von Achteltriolen, was im Endergebnis wie gegen den Strich gebürstet klingen müßte. Andererseits aber habe alle Musik Melodie, Rhythmus und Harmonie. Rock biete Rhythmen in großer Vielfalt, der Jazz verfüge nur über einige wenige Beats. Die Stärke des Rhythmus im Jazz allerdings liege nicht in seiner Vielfalt, sondern in seiner Feinheit, Intensität und in seinem ***groove***. Die Musiken könnten vermischt werden, aber das dürfe dann ja kein Schubladenprodukt, sondern müsse dann etwas wirklich Erfühltes sein. Es ginge nicht an, daß es geldorientiert ausfiele, um musikalisch als tauglich angesehen werden zu können; aber möglicherweise könne solch eine Mischform dennoch ein kommerzieller Erfolg werden.
Vergleicht man Rockgitarristen-Biographien, dann fällt auf, daß es in erster Linie die Amerikaner sind, die immer wieder von Jazzeinflüssen sprechen, während ihre englischen Kollegen fast ausschließlich – Ausnahmen bestätigen die Regel – Blueswurzeln angeben.

Carlos Santana etwa nennt John Coltrane als dominanten Einfluß; Chicagos Terry Kath beruft sich unter anderem auf Johnny Smith und George Benson; Steve Howe, Gitarrist der Gruppe Yes, ein Engländer, kam nicht nur durch Frank Beecher, Les Paul und die Shadows zur Gitarre, sondern auch durch die berühmten Poll-Winners-Alben des Trios Kessel/Ray Brown/Shelly Manne. J. Geils hörte auf dem College Miles Davis, Gerry Mulligan und Cannonball Adderley; John Abercrombie ist im Jazz zu Hause wie im Rock, ohne jemals Blues gespielt zu haben; der Holländer Jan Akkerman hörte neben Clapton und Coryell vor allem Django Reinhardt, Tal Farlow, Bola Sete; Tommy Bolin (* 1951, † 1976) fühlte sich durch den Jazzflötisten Jeremy Steig angesprochen, und auch J. J. Cale wurde Anfang der Sechziger von Barney Kessel beeinflußt. Denny Dias, das Unikum der Rock 'n' Roll-Szene, das meistens im Sitzen spielt, nie die Saiten zieht, die Gitarre ›wie ein Klavier‹ klingen läßt und wohl von allen Genannten am intensivsten vom Jazz beeinflußt sein dürfte, hat bei Steely Dan gespielt und beruft sich außer auf Jim Hall auf Billy Bauer, Lester Young, Miles Davis und Charlie Parker.

Die Namensliste ließe sich fast beliebig fortsetzen. Gitarristen jedoch wie John McLaughlin, Bill Connors, Pat Metheny, Al DiMeola und Coryell, aber auch George Benson, in der Bundesrepublik Deutschland Volker Kriegel, Toto Blanke, Peter Finger oder Roland Bankel, der Österreicher Karl Ratzer und sein Landsmann Harry Pepl, dann auch Pierre Dørge, Lee Ritenour und die Synthesizer-Gitarristen Randy Roos und Steve Ruggerey – sie alle stehen, und mit ihnen unzählige andere, heute für jene Fusionsmusik, die allerspätestens seit Miles Davis' Album »Bitches Brew« (1970) als ›Jazzrock‹ verbreitet ist, eine musikalische Kunstform, in der es gelungen ist, gleichsam Hendrix und Kessel zu einer oft erstaunlich homogenen Einheit zu verschmelzen. Hier wird Jazz gespielt mit den Möglichkeiten, die die elektrisierte Gitarre liefert; hier wird Rock gespielt mit den reichen harmonisch-rhythmischen Möglichkeiten des Jazz; beide Stile haben hier ein Feld gefunden, sich gegenseitig zu stimulieren und orthodoxe Puristen zu verstören: Die herkömmlichen Kategorien sind eingeschmolzen worden. Auch Pat Martinos Spiel kann das aufs beste demonstrieren, Larry Carlton (* 1948),

Harvey Mandel (*1945) können das, zum Teil auch Jerry Hahn (*1940), der Franzose Christian Escoudé, der Tscheche Radim Hladik, Joe Beck, Allan Holdsworth (*1948), John Tropea (*1946), Eric Gale, Jay Berliner (*1940) oder Phil Upchurch.
Bietet seit dem Ende der sechziger Jahre der Schritt in den Jazzrock vielen Gitarristen aus dem Jazzlager nun eine konkrete Möglichkeit, aus der durch den unaufhaltsamen Siegeszug des Rock verursachten wirtschaftlichen Misere herauszukommen (eine Misere, die oft nur durch knochenharte Studioarbeit zu überwinden war), so wächst nun gleichzeitig die Wertschätzung für das akustische Spiel kräftigst mit. Zum Teil sind es die auch durch das neue politische Bewußtsein dieser Jahre in den Vordergrund breiten Publikumsinteresses gelangten vocalists/guitarists wie Joan Baez (*1941), Bob Dylan (*1941), Donovan (*1946) und vielen anderen Solo-Interpreten; zum anderen Teil ist es das aufblühende Interesse an der amerikanischen Musiktradition selbst, wie es von Gitarristen wie John Fahey, Jerry Silverman, Dave van Ronk, Peter Lang, Stefan Grossman und vielen anderen verkörpert wurde und wird. Sie alle vielleicht – von Dylan abgesehen – haben den Überdruß an der allzu häufig Destruktivität signalisierenden, überzüchteten Technologisierung des Spiels gemeinsam. Es waren Gitarristen wie Leo Kottke und Robbie Basho (*1940), die den elektrischen Rockspielern den Vorwurf nicht ersparen konnten, daß es ein Irrtum sei, zu glauben, pure Technik böte bereits Kunst. Der Zuspruch, den die zahllosen kleinen, ausschließlich der akustischen Gitarre gewidmeten Labels von Kicking Mule in den USA bis zu Stockfisch, Pläne und Pastels in der Bundesrepublik Deutschland erfahren, kennzeichnet einen unübersehbaren Trend der Interessenverschiebung hin zur akustischen Musik.
Die eigentlichen Leidtragenden der Rockentwicklung aber waren die Jazzgitarristen. *»Die Plattenfirmen haben uns allesamt kaltgestellt«,* sagte Mundell Lowe, *»denn sie haben einfach aufgehört, im Bereich der Promotion etwas für Jazzgitarristen zu tun und haben damit die LPs einfach kaputtgemacht... Resultat: Heute finden Jazzgitarristen kaum noch einen Platz zum Arbeiten. Es gibt allenfalls noch ein paar Clubs, in denen man spielen kann, aber die Platten sind out.«*
Nun, diese deprimierte Aussage stammt aus dem Jahre 1972, und

seitdem hat sich – besonders auch in Europa – eine ganze Menge zum Guten gewendet. Das Interesse für die Jazzgitarre hat innerhalb dieser letzten neun, zehn Jahre einen noch nie dagewesenen Aufschwung genommen, der nicht zuletzt aufgrund der Tatsache zustande kam, daß mittlerweile auch seitens des Publikums eine bemerkenswerte Müdigkeit am Jazzrock und anderen Mischformen Platz gegriffen hat. Tendenzwende also. Die Disco-Musik, dieses *»Plastizid«* (Rolf Enoch), hat auch qualifizierte Rockmusiker mehr und mehr an die Peripherie gedrängt und das Feld der zum Teil sehr jungen, finanziell heute ausgesprochen gut gestellten, aber bemerkenswert kritiklosen Käufergeneration überlassen. Der längst agonierende Disco-Kult, mit seinen abgedroschenen Baßfiguren und ständig wiederkehrenden, artifiziell klingenden Gitarrenakkorden, hat die Blechbläser weit nach vorne gezogen, wie es vor Jahren schon die kommerzielle Soulmusik zu tun pflegte; die Rockmusik registriert Ermüdungserscheinungen aufgrund scheinbar total ausgeschöpfter Möglichkeiten.
Aber seit den achtziger Jahren, da Gitarristen, die vom Jazz herkamen und lange Jazzrock spielten, wieder – wie Coryell, wie McLaughlin und so viele andere – zum Jazz zurückkehren, wo Labels wie das kalifornische Concord und das skandinavische SteepleChase gestandenen Jazzgitarre-Meistern eine neue Heimstatt bieten, wo in der Bundesrepublik Deutschland nicht nur die Jazzclubs enorme Zuläufe registrieren können, sich Kenny Burrell, Pat Metheny, Attila Zoller, Jimmy Raney und Al DiMeola sozusagen die Klinken in die Hand geben – da scheint es mehr als angebracht, sich dem Thema der Jazzgitarre noch ausführlicher zuzuwenden.

Die Alten werden überspielt. Die jüngeren Jazzgitarristen. »...dann hörte ich Tal Farlow – meinen ersten weißen amerikanischen Gitarristen. Er hat mich wirklich umgeworfen, weil er seiner Zeit so voraus war – oder vielleicht, weil er in seiner Zeit gerade richtig war.«
John McLaughlin.

Der Engländer John McLaughlin (* 1942) aus Kirk Sandall in der Nähe von Doncaster in Yorkshire sagte das bereits 1956, gerade 14 Jahre alt. Heute ist er eine Kultfigur, die die Kraft, Sicherheit, Virtuosität und Originalität eines großen Teils einer ganzen Generation von Jazzgitarristen symbolisiert – die Generation der Jungen. *»Als ich zwanzig, einundzwanzig war«,* sagt er bündig, *»hatte ich Coltrane vollkommen drauf.«*
»Ich schätze Keith Jarrett«, meinte 1980 der Senior Tal Farlow, *»er spielt viele Ravel-ähnliche Harmonien. Ich höre nicht sonderlich viele Gitarristen; die beklemmen mich irgendwie. Es gibt einfach zu viele gute Spieler heutzutage.«*
Die Jungen schätzen die Alten, und die Alten schätzen die Jungen, ob sie sie nun beim Namen nennen oder nicht. McLaughlin hatte von seinem Guru Sri Chinmoy gelernt, die Musik als eine evolutionäre Sache anzusehen: als ein fließendes Kontinuum, einen Fluß; und sein, McLaughlins, Ziel ist es nicht etwa, ihn zu durchqueren, sondern in ihm mitzuschwimmen, Teil eben dieses Flusses zu werden. »My Goal's Beyond« (1971) hieß eines seiner Alben, ›Mein Ziel liegt dahinter‹: *»Wenn eine neue Ära kommt«,* sinnierte er 1978, *»muß eine alte sterben.«* Das klingt nur in Skeptikerohren wie eine pseudochristliche Rechtfertigung für eine opportunistische Grundhaltung; in Wirklichkeit erfaßt der Satz das Wesen musikalischer Evolution. Die Jungen brachen ja auch gar nicht mit dem Erbe der Älteren, schon gar nicht im Jazz, sondern sie fügten deren Verdienste in musikalische Synthesen ein.

Das Stichwort hier hieß dementsprechend auch ›Fusion‹, die Verschmelzung mehrerer Stile; Jazzrock, Rockjazz, Ragajazz, »Jazz/Blues Fusion« (John Mayall) und anderes kam auf; Clapton und George Harrison jammten angejazzten Bluesrock – kurzum, die Rockmusik in Reinkultur, wie sie, sagen wir, noch von Joe Walsh oder Alvin Lee von Ten Years After gepflegt wurde, stand zur Ablösung bereit: Larry Carlton, schon erwähnt, wob mehr und mehr Jazzelemente in seine rockigen Improvisationen ein, und während beispielsweise auf »Spaces« (1970) McLaughlin im Duo mit Larry Coryell noch Django huldigte, kündeten schon wenig später die Gitarrengefechte von Carlos Santana und McLaughlin von neuer Denkungsart: Die verschiedenen Musiken profitierten kraftvoll voneinander, und schließlich war aus den Stücken der Pat Metheny, Bill Conners, Al DiMeola oder Lee Ritenour ein ›new wave‹ zu destillieren, die sich jedweder Kategorisierung entzog.
Es sei ihm auch egal, wie diese oder jene Musik bezeichnet würde; Hauptsache für ihn sei, daß man sie höre, meinte McLaughlin schon 1972. Fünf Jahre später *»wollte ich wieder zurück zu Jazz und E-Gitarre«,* entsann er sich der letzten Shakti-Zeit, ging, angeregt von Miles Davis, wieder auf *»Volumen und Elektrizität«,* und weitere ein, zwei Jahre später widmete er sich erneut der akustischen Kunst, demonstrierte gleichwohl wieder die Abneigung gegen Schubladen und Scheuklappen: Mit Larry Coryell und dann Al DiMeola begab er sich in Dialoge mit dem Flamenco Paco de Lucías.
Auch insofern ist die Vita des Engländers typisch für einen weiten Bereich der neuen Gitarrenmusik der siebziger und achtziger Jahre. Sie charakterisiert jenen Zweig musikalischer Entwicklung, der nicht mehr ausschließlich der Bestätigung des Mainstream-Fundaments frönt, obwohl auch sie eine bedeutende Rolle spielt, wie man sehen wird, man denke nur an Joe Diorio (*1936), Terry Smith (*1945), Louis Stewart (*1944) oder Cal Collins (*1933).
Zu Hause in Yorkshire hörte Johnny McLaughlin zunächst klassische Musik. Seine Mutter war Violinistin gewesen und hatte den Sprößling früh zu Klavier- und Geigenunterricht angeregt. Schon in dieser Zeit stößt er auf amerikanische Blueskünstler wie Big Bill Broonzy und Leadbelly, und als er elf ist, kann er bereits einige

Akkorde zupfen, die ihm seine drei Brüder beigebracht haben. Der Dreizehnjährige fängt an, sich für Flamenco und Klassik zu interessieren, ein Jahr später entdeckt er Django Reinhardt und Stephane Grappelli. Mit sechzehn steigt er in diversen regionalen Jazzbands ein und macht die Bekanntschaft mit der Musik von Charlie Parker, Tal Farlow, Charlie Mingus und Art Blakey. Die Begegnung mit den modalen Hardbop-Improvisationen des Trompeters Miles Davis wird zum Drehpunkt seiner Entwicklung, die Alben »Milestones« (1959) und »Kind Of Blue« (1959) werden zum Schlüsselerlebnis. Coltrane kommt wenig später hinzu.

1963, John ist einundzwanzig, geht er zur Graham Bond Organization, jener Gruppe, bei der zunächst Jack Bruce Baß und Ginger Baker Schlagzeug spielten. Daneben jobbt er in Brian Augers Quintett. Graham Bond (* 1940, † 1974) konfrontiert den bis dahin von religiösen Fragestellungen unbehelligt gebliebenen Freund mit Okkultismus-Literatur und veranlaßt den jungen, aufgeschlossenen Gitarristen zum Eintritt in Londons Theosophische Gesellschaft, die ihn ihrerseits zum Studium verschiedener östlicher Philosophen anregt. John beginnt mit Yoga, lauscht der Sitar Shankars intensiver und beginnt sich ganz auf die geheimnisvollen Komplexitäten indischer Musik zu konzentrieren. Dabei entdeckt er die ***Wina***, eine Verwandte der Sitar, und vermutet alsbald, daß die europäische sechssaitige Gitarre wohl kaum dem Fluß Coltranescher und Davisscher Chorusse gewachsen sein kann.

1967 hört er »Miles Davis At Carnegie Hall«, eine Longplay, auf der Tony Williams am Schlagzeug sitzt, und ist ›total hin‹. Um 1968 teilt er sich in London eine Bude mit Jazzbassist Dave Holland (* 1946), einen durch und durch avantgardistischen Freund und Mitstreiter des Drummers Jack DeJohnette (* 1942). Holland fliegt in die Staaten zu Aufnahmen mit Miles und Tony und berichtet dort begeistert von dem englischen Wundergitarristen. Dann jettet auch DeJohnette hinüber, im Gepäck den Mitschnitt einer Session, die er in London mit McLaughlin und Holland improvisiert hatte. Er spielt Tony Williams (* 1945) das Band vor, holt im November 1968 den Engländer in die USA, der nur 48 Stunden nach seiner Landung bereits mit Miles Davis im Plattenstudio sitzt.

Williams und McLaughlin gründen dann gemeinsam mit dem Organisten Larry Young (* 1940) die Gruppe Lifetime, und der Gitarrist engagiert sich dermaßen für das Supertrio, daß er ohne Zögern die Einladung zu einem festen Platz in Miles Davis' Band ablehnt. Mitte der siebziger Jahre rundet Bassist Jack Bruce die Gruppe zum Quartett auf, dann schließt John sich dem Guru Sri Chinmoy an und erhält von ihm den Namen Mahavishnu (aus ›maha‹ = ›Schöpfer‹ und ›vis(h)nu‹ = ›Bewahrer‹), ein Kompositum, das sehr wohl auch McLaughlins musikalisches Wertsystem charakterisiert. Schon im Sommer 1970 nimmt er mit dem Drummer Billy Cobham (* 1944) und Geiger Jerry Goodman (* 1943) »My Goal's Beyond« auf, dann kommen Keyboarder Jan Hammer (* 1942) und Rick Laird (* 1941) am Baß dazu. Die neue Gruppe nennt sich Mahavishnu Orchestra und nimmt die LP »The Inner Mounting Flame« auf, ein Album, das insbesondere in Gitarristenkreisen erheblich Furore macht. Solche mystischen, gleichwohl hochenergetischen Jazzklänge waren neu und die Ratlosigkeit der Ismen-Spezialisten komplett. Weitere Alben folgen, und 1973 spielt McLaughlin/Mahavishnu mit Carlos (Devadip) Santana die epochemachende LP »Love Devotion Surrender« ein. Spannungen im Orchestra führen zum Ende der Kooperative, dann formiert John seine Band unter gleichem Namen – nun mit dem Geiger Jean-Luc Ponty (* 1942) – noch einmal neu.
Mit ihr nimmt der Gitarrist zwei LPs auf, »Apocalypse« (1974) und »Visions Of The Emerald Beyond« (1974); das Wort ›beyond‹ signalisiert weiterhin die Linie, immer weiter nach vorn stoßen zu wollen; außerdem wirkt McLaughlin auf den Miles-Davis-LPs »In A Silent Way« (1969) und der berühmt gewordenen »Bitches Brew« (1970) mit. 1973 begegnet er dem indischen Geiger L. Shankar, und sehr schnell sind die beiden Freunde. Der Tablaspieler Zakir Hussain, der Shankar-Onkel R. Raghavan auf der ***mridangam*** (einem indischen Trommel-Typ) und der Multiinstrumentalist T. H. Vinayakram bilden dann die Gruppe Shakti, als die Verpflichtungen für das Mahavishnu Orchestra nach Erscheinen der LP »Inner Worlds« (1974) auslaufen. Mit Shakti spielt der Gitarrist zwischen 1975 und 1977 drei Alben ein. Ein Jahr später, 1978, kommt »Johnny McLaughlin Electric Guitarist« heraus, eine tour d'horizon durch

sein bisheriges elektrisches Schaffen, auf der er alle seine wichtigen Besetzungen noch einmal Revue passieren läßt. In dieser Zeit tritt er auch mit einem Tourensemble namens One Truth Band auf.
Heute hat der Mahavishnu den weißen Anzug des Chinmoy-Jüngers längst wieder abgelegt, den eigenen Namen wieder angenommen, ist – sozusagen – wieder etwas ›weltlicher‹ geworden und beschränkt seine religiöse Komponente im wesentlichen auf die Innenwelt. Elektrisches und akustisches Spiel halten sich bei ihm nun in etwa die Waage, beide Disziplinen faszinieren ihn. Spezielle Konstruktionen – eine elektrische Gibson ES-345 mit ***scalloped frets*** und seine sagenumwobene Gibson ***drone-string acoustic*** – haben wesentlich zur Erweiterung gitarristischer Möglichkeiten in technischer wie musikalischer Hinsicht beigetragen. Ein Musiker habe die Pflicht, sagte John einmal, seine Musikerkollegen mit Inspirationen zu versorgen. Diese Pflicht hat er schon heute allemal erfüllt – wie Charlie Christian, wie Django Reinhardt, wie Barney Kessel, Wes Montgomery oder auch Jimi Hendrix und – selbstverständlich – Segovia. *»Musiker sind für Leute da, die nicht zuhören können«*, sinnierte er 1972, *»und dazu, daß sie das Zuhören lehren können.«*

Wer die Gelegenheit hatte, McLaughlin im Rahmen der ›Acoustic Guitar Evening‹-Tourneen der letzten Jahre zu erleben, dessen Augen werden im Solo-Teil des Konzertabends bestimmt über das merkwürdig klingende und aussehende Instrument ›gestolpert‹ sein, das der Engländer eingesetzt hat – seine ›drone-string guitar‹, ein dreizehnsaitiges ›Wunderding‹, ein Unikum unter den akustischen Gitarren, dessen Bau McLaughlin selbst angeregt hatte.
Die Ungewöhnlichkeit dieses Instruments läßt es angebracht erscheinen, mit seiner detaillierteren Beschreibung ein Beispiel für anatomische Instrumentenbeschreibungen überhaupt zu geben.
Gebaut wurde die Gitarre als Resultat einer langen Folge von Experimenten von Abraham Wechter, einem Instrumentenbauer bei Gibson. Dieser berichtet, daß die ***drone-strings*** (drone = ein durch ein ganzes Musikstück hindurch tönender [Grund-]Ton) ganz allein Johns Idee war, eine Idee freilich, die ihm gewiß durch seine Erfahrungen mit Sitar und Wina zugefallen ist: Sieben Saiten – wenn

man so will Bordunsaiten –, die individuell stimmbar sind, führen diagonal unter den sechs Normalsaiten hindurch, und zwar direkt über dem Schalloch. Ursprünglich wollte McLaughlin dieses Konzept auf einer ***arch-top*** realisiert sehen, dann aber kam man aus einleuchtenden Gründen doch auf eine ***flat-top***-Gitarre: Wie auch hätte man die Diagonalsaiten flach genug über eine gewölbte Decke legen können? Immerhin ging es ja um die Einführung eines Novums, das darin bestehen sollte, daß im Unterschied zu herkömmlichen westlichen Borduninstrumenten nun die Normalsaiten zugleich mit den freischwingenden Saiten spielbar sein sollten.
1974/75 begann der Gitarrist sich mit Gibsons Forschungsdirektor, dem Jazzgitarristen Bruce Bolen (* 1945) und dem Gibson-Ingenieur James Beals zu beraten. Das Resultat waren fünf Prototypen, die alle auch ***scalloped fretboards*** hatten – Griffbretter, bei denen der Bereich zwischen den Bundstäben in konkaven Halbkreisen ausgeschält ist. Die drei ersten Modelle verließen die Fabrik nie, die beiden anderen hatten die drone-strings. Die erste drone-string guitar wurde an McLaughlin Ende 1976 ausgeliefert. Er spielte sie dann auch auf der Shakti-LP. Es ist ein Instrument mit dem Korpus einer Gibson-J-200 mit Ahorn-Boden und -zargen, dessen Unterbügel innen in der üblichen Gibson-Art des Doppel-X verstrebt und dessen oberer Teil mit einem Paar Kompressionsstreben versehen ist, d. h. mit Holzstreifen, die, eben mit der Decke, auf beiden Seiten des Schallochs von einem drone-string-Steg zum anderen verlaufen. Ein Satz ***heavy gauge***, also maximal knapp 0,6 Millimeter dicke Phosphorbronze-Saiten, wurde für die ***drones*** gewählt. Das Instrument wies zunächst keinerlei elektronische Ausstattung auf; erst später wurde je ein akustischer Pickup beziehungsweise ***Transducer*** unter dem Normalsteg und unter dem Sieben-Saiten-Steg im Oberbügel montiert.
Das Instrument, mit dem McLaughlin dann zwischen 1979 und 1981 im Rahmen der schon erwähnten Akustik-Tourneen auftrat, kam im Juni 1978 in seine Hände – eine verfeinerte Version des Prototyps, wiederum eine modifizierte Gibson-J-200, die nun aber mit einfachem ***Cutaway*** versehen und nicht mehr aus Ahorn, sondern aus ostindischem Rosenholz gefertigt war. Für die Radialverstrebung

unter der Decke hatte ein Mann gesorgt, der schon seit einigen Jahren als Wissenschaftler in Gitarrenbauerkreisen von sich reden macht – Michael Kasha, Professor für Molekularbiologie und -physik an der Florida State University zu Tallahassee.
War die Decke des Vorläufermodells noch aus europäischer Fichte, so bestand die des neuen Instruments nun aus der nordamerikanischen Sitkafichte. Und um dem Gitarristen besseres Drücken und Ziehen der hohen Saiten zu ermöglichen, war der Hals nun gegenüber dem der normalen J-200 etwas verbreitert worden. Unter jedem Steg hat diese neue Gitarre nun einen Transducer, und alle drei wurden von einer kleinen Verteilerbox aus auf dem Hinterklotz verkabelt. Die Box ist stereo eingerichtet: Ein Output koordiniert die Signale der beiden Dronen-Pickups, der zweite gehört zum Normalsteg-Pickup. Ein Kabel führt im Inneren zu einem Frap FS-200 Vorverstärker.
Die drones und die damit verbundenen anatomischen Probleme müssen für den Instrumentenbauer die pikantesten Herausforderungen geboten haben, wenn man bedenkt, daß nicht nur die Saiten so angelegt sein mußten, daß sie den Zugang zu den Normalsaiten nicht behindern konnten; auch mußte das System der Verstrebungen ausreichende Stabilität liefern, den Zug von alles in allem 13 Saiten aushalten zu können und außerdem elastisch genug zu sein, jede Interferenz mit den Schwingungen der Decke zu vermeiden. Kein harmloses Kunststück also, wenn man sich klarmacht, daß der Zug der Normalsaiten schon allein 40,8 Kilogramm (= 0,8 Zentner) beträgt und die relativ schweren ***Dronen*** einen zusätzlichen Zug von sage und schreibe 90,7 Kilogramm, also mehr als 1,8 Zentnern liefern! Wechters Geistesblitz: Ein Strebennetzwerk, das um einen Stützblock aus geschichtetem (laminiertem) Mahagoni im Körperinneren gelegt ist. Das Mahagonistück beherbergt den ***headblock*** (Vorderklotz oder auch Oberklotz), der im Korpusinneren ein zusätzliches Verbindungsstück zwischen Hals und Körper darstellt; dieses berührt den Boden, dann wird es breiter und zugleich immer flacher und verläuft unter der Decke entlang bis hinein in den linken oberen Teil des Körpers.
Der baßseitige ***Dronensteg*** (Stimmsteg) besteht aus einem wappen-

förmigen Stück Ebenholz, das nicht, wie normalerweise üblich, auf die Decke aufgeleimt, sondern in ein Loch im schmalen linken Deckenteil eingesetzt wurde, so daß dieser Steg tatsächlich plan mit der Decke einliegt! Diese flache Steglage war allerdings notwendig, um die sieben Dronensaiten hindernisfrei unter den Standardsaiten hindurchführen zu können.

Um die Stimmwirbel – Klavierwirbel mit größerem Durchmesser für stärkere Saiten, nicht mehr die normalen Zitherwirbel – zu verstärken, wurde ein rechteckiges (0,63 Zentimeter starkes) kreuzgeschichtetes Stück Ahornfurnier in eine Aussparung des inneren Mahagoni-Stützblocks eingesetzt. Der Wirbelblock ist ein wenig größer als die von den Wirbeln selbst eingenommene Fläche, und nachdem die Löcher für die Wirbel ausgebohrt waren, wurde der Ebenholzsteg so in den Wirbelblock eingesetzt, daß er diesen vollkommen verdeckt. Zusätzlich wurde – allerdings erst später – eine rostfreie Stahlplatte darübergedeckt, um Kratzspuren der Saitenenden im Holz zu vermeiden. Der Schlitz für den Sattel befindet sich direkt vor dem Wirbelblock und reicht durch das Ebenholz hindurch knapp 0,95 Zentimeter in den Innenblock hinein. Der Sattel selbst, ein einfaches gerades Stück mit Kerben für die Saiten, besteht aus einer 0,95 Zentimeter breiten Schichtung von zwei Lagen Ebenholz und einer Lage Elfenbein dazwischen. Die ebenhölzernen Seitenstücke des Sattels liegen mit dem Steg gleichauf, während das elfenbeinerne Mittelstück (also der Teil, über den die Saiten de facto laufen) etwas höher heraussteht. Insgesamt steht der Steg 1,5 Millimeter höher als der Sattel. Einer der Transducer ist in eine rechteckige Aussparung an der Sattelunterseite eingepaßt, d.h. nicht geleimt oder geschraubt, sondern einfach hineingedrückt worden – um Fremdmaterialien und deren möglichen Einfluß auf die Klangübertragung zu vermeiden. Seitlich wird der Tonabnehmer durch die Sattelfüße aus laminiertem Rosenholz in Lage gehalten, das Pickup-Kabel läuft durch eine Aussparung in einem der Füße, durch einen ausgedrillten Kanal im Vorderklotz und weiter am Innenrand des Korpus entlang zur Verteilerbox im Hinterklotz.

Der andere Dronensaiten-Steg ist in den rechten Oberbügel eingesetzt, und ein 1,27 Zentimeter starkes Stabilisatorstück aus Mahagoni ist unter der Decke angebracht, wo es auf der gedachten Verlängerung der Dronensaiten-Mittelachse (zwischen der dritten und fünften Saite) bis zu der Stelle verläuft, an der sich Decke und Zargen treffen. Eine kleine laminierte Stütze ist innen am Rand aufgeleimt und verläuft von Decke zu Boden, wobei sie direkt unter dem Mahagoni-Deckenbalken in den Körper hinein verbreitert wurde. Um die Saiten mit ihren kleinen Röllchen verankern zu können, wurde ein Stück Ahorn-Sperrholz unter das Mahagonistück geleimt; diese Stützungskombination ergibt die Form eines liegenden U, dessen Fuß unmittelbar am Innenrand des Zargens anliegt.

Je eine Kompressionsstrebe verläuft an beiden Seiten des Schallochs vorbei von einem Dronensteg zum anderen. Das Griffbrett, wie gesagt, ist von Bund zu Bund ausgeschält; seine Minimalhöhe in den ›Wellentälern‹ beträgt 0,16 Zentimeter. Der Hals stammt von einer Gibson Citation und mußte nach einem Unfall durch einen streifig gemaserten Ahorn-Hals ersetzt werden. Das Halsende auf dem Korpus schließt parallel zu den Dronen ab.

Ein in seinem Innenleben so ungewöhnlich konstruiertes Gitarreninstrument sollte, so waren sich McLaughlin und Abraham Wechter einig, außer der verblüffenden Bordun-Optik auch sonst äußerlich entsprechend repräsentativ sein. So wurde die Schalloch-Verzierung mit dem Perlmutt der Seeohren, einer Meeresschneckenart, und Zelluloid zusammengesetzt, wobei letzteres auch zur Verzierung der Griffbrettflanken verwendet wurde. Eigentlich ein Gegner solch künstlicher Materialien, entschied Ästhet Wechter sich dennoch dafür, weil die Forderung auf eine weiße Ausschmückung lautete und das Zelluloid auch noch *»ein reizvolles, gemasertes Aussehen«* habe. Außerdem wurde ein Ebenholzstück in die Decke unmittelbar hinter dem Hinterklotz eingelegt und durch eine nach innen eingelegte Schicht Fichtenholz verstärkt.

Abraham Wechter über sein Werk: *»Das Design ist extrem effektiv, allerdings ist die Gitarre ungewöhnlich schwer zu spielen – sie verlangt unbeschreiblich gute Technik. Der kleinste Fingerdruck verändert die Tonhöhe der Saite, so daß, wenn man beispielsweise zu einem großen Akkord kommt, man den Druck gerade richtig halten muß – es gibt kein Griffbrett, was einen bremst.«*

Nun wäre es vermessen, anzunehmen, mit einer einigermaßen ausführlichen Behandlung des Themas McLaughlin (von seiner Rex-Bogue-Doppelhals-Gitarre ganz zu schweigen) sei, frei nach dem Motto des Einer-für-Alle, das Thema dieses Kapitels zumindest ›ausreichend‹ behandelt. Das wäre nun freilich ungefähr so, als wollte man Christian und Montgomery hernehmen und an ihren Beispielen darstellen: Seht her, das ist die Jazzgitarristik der Senioren! Pars pro toto – eines für alle, damit läßt sich hier also überhaupt nichts machen, hier genausowenig wie in allen anderen Musikbereichen, in denen die Gitarre eine Rolle spielt. Der Zwang zum Anreißen bleibt dennoch. Es geht um Akzente.

War, wie zu sehen war, das Gros der älteren Jazzgitarristen durchaus noch reduzierbar auf ›Pfahlwurzeln‹ wie Christian oder Reinhardt, Blues-, Western-, Swing- oder Countrystile, so folgt die weitere Entwicklung in der Tat ganz den Gesetzen einer Evolution mit entschieden mehr Komponenten. Die eine große Strömung, der Mainstream, verzweigt sich neben dem Hauptbett in schier unzählige, kaum noch benennbare weitere Arme, und nur wenig weiter weg entsteht ein wahres Gerinnsel aus Aktionen und Interaktionen, ein bizarres System aus Synthesen, für welches das wesentlichste Element, die Improvisation, dennoch stets gemeinsame Basis bleibt. *»Es ist schon ein besonderes Instrument«*, hat Red Norvo vom Vibraphon gesagt, *»weil es die Neigung hat, charakteristische Merkmale derer anzunehmen, die es spielen. Manchmal nimmt das Instrument selber die Persönlichkeit an, es wird sie. Und es ist besonders, weil Vibraphonisten eine ganz schön enge Bruderschaft sind. Gitarristen sind ganz genauso.«* Es ist egal, was sie spielen, solange ihnen die gemeinsame Basis der Improvisation bleibt; sie können Mainstream spielen oder free, Ragas oder Bluegrass.

»Da die indische Musik in der Hauptsache eine Kunst der Improvisation darstellt, ist es für den Ausführenden von absolut untergeordneter Bedeutung, ob die erste und alle folgenden Aufführungen eines Musikstücks buchstäblich gleich ausfallen. Worauf es ankommt, ist, daß er sämtliche Gesetze und Regelungen der rāga beachtet, ein engmaschig gewobenes Rahmensystem mehr oder minder ›wichtiger‹ Töne und Phrasen, innerhalb dessen vom Ausführenden erwartet

wird, daß er seine Kunstfertigkeit durch äußerst geschicktes Improvisieren unter Beweis stellt«, schreibt beispielsweise Walter Kaufmann in »Musical Notations Of The Orient« (1967) und erfaßt damit das Wesen einer Musik, die lange erheblichen Einfluß auf den Jazz hatte und deren Erforschung sich neben McLaughlin auch andere Gitarristen, wie zum Teil Larry Coryell, recht intensiv auch ›Devadip‹ Santana, Eddy Marron in Holland oder der Ethnojazzer Wilburn Burchette (* 1939) und viele andere gewidmet haben. Dennis Budimir (* 1938) war 24 Jahre alt, als er sich 1962 mit dem indischen ›Sitar-Segovia‹ Ravi Shankar denkwürdige und raffinierte Saitenduelle lieferte. Und John Coltrane, so berichtet Joachim Ernst Berendt, habe dem Waldhornisten/Komponisten David Amram (* 1930) schon 1956 erzählt, daß er sich die Improvisationsprinzipien der indischen Ragas zum Vorbild erkoren hatte.

»Er brachte einige Kassetten (mit indischer Musik) *mit, als er mich das erste Mal besuchte«,* erinnerte sich 1973 Santana an McLaughlin, *»und damals kam mir die indische Musik vor wie ein Ozean, der zu groß ist, als daß man ihn durchqueren könnte... So ging mir das (auch) mit John Coltranes Musik. Die ist so schwer, das ist, als quäle man sich mit einem zu schweren Essen herum. Aber nach 'ner Zeit bekam ich Hunger drauf... Ich bin echt hungrig... ich erwarte einfach diese Aufrichtigkeit, diese Überzeugung (wie in der indischen Musik)... Aber was ich wirklich damit meine, ist, daß mein geistiger Meister, Guru Sri Chinmoy, John* (McLaughlin) *und Alice Coltrane mich wirklich wahnsinnig glücklich machen, Mann.«*

Andere Jazzgattungen – wenn dieses Wort gestattet ist – weisen naturgemäß solche religiös fundierte Verpflichtetheit nicht auf. Es ist auch keineswegs so gewesen, daß das Publikum dieser neuen und neu›artigen‹ Kultfiguren des neuen Jazz ihnen massenhaft in die Arme ihrer Gurus gefolgt wäre. Nur spürte es sehr genau, daß hier eine Musik aus den Gitarren kam, die eben – als religiöse Botschaft ausgesandt – gänzlich neuen Impulsen folgte und, Beispiel »Love Devotion...«, dem Publikum völlig neue (nach innen gekehrte) Hörerlebnisse brachte.

All das reflektierte ganz bewußte Abkehrungen von einer Außenwelt, mit der sich in jenen Jahren allenfalls nur noch durch Konflikte verkehren ließ. Bindungsängste, Kommunikationsverlust und Sprachlosigkeit: Die für die Jüngeren gänzlich neue Wendung in die Inhibition, in eine Art ›neuer Innerlichkeit‹ ohne Schmus und Schmonzes, brach zeitgeistgemäß auch einer neuen Jazzauffassung Bahn: Einerseits begannen Rockfans nun auch in bestimmten Jazzstilen eine neue Heimat zu entdecken, andererseits veränderte sich – zu guten Teilen – im Zuge der Fusionsfreudigkeit, der Freude am Abreißen musikalischer Grenzen also, das Spielverhalten merklich, und wiederum andere lasen aus der neuen Entwicklung neue Trends zum alten »Cool« Jazz heraus, zu Impressionismus und Romantizismus, zum unbegleiteten Solo, zur akustischen Musik im Sinne auch eines neuen Bewußtseins für die Historizität des Jazz – also auch zum Dialog mit den älteren Gitarristen. Zahlreiche Mehr-Gitarrenbesetzungen bezeugen das.

»Unsere Wege trennten sich beim Rock 'n' Roll«, erinnert sich Gitarrist Frank Haggerty (* 1918) an einen Generationskonflikt, wie er typischer kaum sein kann. Vater Frank, schon als Teenager Gastgitarrist bei Jimmy Dorsey (* 1904, † 1957) und später fest bei Turk Murphy (* 1915), Kid Ory (* 1886, † 1973) und anderen Oldtimern, hatte seinen Sohn Terry Haggerty (* 1947) schlichtweg abgeschrieben. Denn: Terry spielte auch Gitarre, fühlte sich beeinflußt von Kessel, Roberts, Pass und B. B. King und beschrieb 1975 sein Spiel als *»so ziemlich in der Mitte zwischen Joe Walsh und John McLaughlin«.* Das empfand Vater Haggerty als ›links‹ und schmollte. Heute sieht der Sologitarrist Terry Haggerty der kalifornischen Gruppe Sons Of Champlin gar Larry Carlton und John Abercrombie als seine Favoriten an. Denn: *»Sie ähneln mir in dem Sinne, in dem auch sie noch keine ›fertigen‹ Gitarristen sind; da gibt es noch viele rauhe Kanten; aber ihre Ideen sind einfach so gut.«* Die Ideen, die kreative Komponente. Nun, der Vater, der sich einerseits von Christian und Reinhardt beeinflußt fühlt, andererseits aber dennoch meint, von ihnen nicht eigentlich etwas Sachliches über das Spielen von Jazz gelernt zu haben(!), mußte dann auch seine Ansicht über den vermeintlich danebengeratenen Sproß revidieren. Denn *»da kamen dauernd die Leute an und meinten, ›Oho, dieser Terry Haggerty, der spielt vielleicht was weg, toll!‹, naja, und ich sagte dann notgedrungen*

immer, ›Tja, ist ja wohl logisch, oder?!‹ Aber im Grunde meines Herzens dachte ich ja doch, er würde auch nur so wie all diese anderen Rockgitarristen spielen. Aber als wir es dann doch mal fertigbrachten, uns zusammenzusetzen und zu spielen, da hat er mir Angst bis runter in den Stietz eingejagt! Der zeigte seinem Alten Herrn tatsächlich, daß sich da draußen irgendwas abspielte... Die kids heute, die passen wirklich auf, die hören wirklich richtig zu. Wenn ich diese Dixieland-Konzerte habe, dann sind die Zuhörer meistens fifty-fifty jung und alt gemischt. Aber wenn die kids dann ankommen und mich fragen, wie man nun eigentlich Jazz spielt, dann weiß ich nicht, was ich denen sagen soll.«

Eine andere reizvolle Vater-Sohn-Konstellation bilden Jimmy und Doug Raney (*1957). Als Doug mit 13 Jahren Gitarre zu spielen begann, mitten im Tonstrudel von Jeff Beck, Jimi Hendrix und Eric Clapton, da ging ihm beim Beobachten der flinken Vater-Finger auf, *»wie völlig unterschiedlich seine Spielweise von der war, die ich damals praktizierte«*. Weil der Teenager jedoch kein Geld hatte, um sich Platten zu kaufen, nutzte er die häufige Abwesenheit des Vaters zum Anhören von Jimmys Plattensammlung. Und so war er denn daheim in New York anfangs *»vor allem von den technischen Aspekten fasziniert – den langen Melodielinien, den rhythmischen Strukturen, den schnell wechselnden Akkordfolgen. Ich glaube schon, daß die meisten jungen Jazzmusiker erst mal mit Schallplatten anfangen. Es war tatsächlich so – bis ich im letzten Jahr (1976) zum ersten Mal mit meinem Vater spielte, hatte ich ihn praktisch nur auf Platte gehört.«*

Schon recht bald steigt dann Raney jr. – wie einst der Senior – bei Al Haig (*1923) ein, lernt dadurch mehr und mehr *(»Er ist klassisch trainiert, spielt echtes East-Side-Klavier und war natürlich einer von Charlie Parkers Lieblingspianisten.«)*. Anfang 1977 spielt er dann zum ersten Mal öffentlich mit seinem Alten Herrn! *»Was meine Einflüsse angeht«*, bekannte Doug Raney, *»so zählen außer meinem Vater Jim Hall, Tal Farlow, Wes Montgomery dazu. Aber ich versuche doch, nicht allzu vielen Gitarristen zuzuhören. Es ist schwer, Jazz auf der Gitarre zu phrasieren, und was die dynamische Seite angeht, glaube ich, kann man sehr viel lernen von, sagen wir, einigen der* *großen Saxophonisten oder Pianisten. Charlie Parker und Bud Powell, ich bin mit deren Musik durchaus noch nicht ›fertig‹, Coltrane, Sonny Stitt, Rollins. Sie sind diejenigen, die ich am meisten gehört habe.«*

1980, zu ihrer ersten reinen Duo-LP, schrieb der eine über den anderen: *»Bis zu diesem Zeitpunkt hat sein Spiel eine stilistische Reife und expressive Subtilität erreicht, die ihn* (Doug) *ganz vorne unter die heutigen jungen Gitarristen einreiht. Aber damit das hier nicht als väterliche Bevorzugung ausgelegt wird, möchte ich noch anfügen, daß dies ja auch die Meinung der meisten anderen ist, die die Gelegenheit hatten, ihn in letzter Zeit zu hören.«* Und Doug: *»Mal vom Familiären abgesehen, die Gelegenheit, mit einem Mann dieser Statur spielen zu können – regelrecht beängstigend! Als wir im Bradley's zusammen gearbeitet haben (einer meiner ersten echten Jobs), da wollte ich jeden Abend am liebsten schnell wieder nach Hause... Ich glaube, ich habe mich durch die Erfahrungen dort etwas verbessert... nehme an, daß es Vor- und Nachteile mit sich bringt, der Sohn eines solch großartigen Künstlers zu sein. Viele haben mir in dieser Richtung Fragen gestellt... Nur scheint mir das reichlich unwichtig, zumal es die Musik selbst weder interessanter noch uninteressanter machen kann.«*

Terry Haggerty als der Jazzrock spielende Sohn eines Dixie-Gitarristen einerseits, Doug Raney als der Bestätiger des väterlichen Fundaments andererseits – beider Söhne Wurzeln hießen nicht mehr Christian oder Reinhardt, sondern typischerweise Beck und Hendrix. Zwischen beiden aber spannt sich beinah die gesamte Bandbreite des jüngeren elektrischen und halbakustischen Jazzgitarrespiels. *»Als ich zehn oder zwölf war, war ich sowohl von Jazz-, als auch von Rock- und Bluesgitarristen beeinflußt; hauptsächlich waren das Wes Montgomery und Jeff Beck, Jimi Hendrix und Eric Clapton, als er mit Cream auftauchte«*, erinnerte sich 1980 Lee Ritenour (* 1952). Und was die Jazzrock-Seite des Spektrums angeht, so scheint dieser Gitarrist als das wohl jüngste Wunder an Professionalität und stilistischer Vielseitigkeit anerkannt werden zu müssen – ein typisches Kind der Beatles-Generation *(»Sie sind unübertroffen«).* Heute einer der gesuchtesten Studio-Profis überhaupt, studierte er als früher Teen auf Barney Kessels Empfehlung hin bei Duke Miller,

dann an der USC und bei dem Klassikgitarristen Christopher Parkening (* 1947): *»Zu der Zeit, als ich bei Chris zu studieren begann, waren wir beide auf einem so hohen Level, daß wir kein einziges Lehrbuch anzusehen brauchten. Segovia war unser ›Lehrbuch‹.«*
Dann geriet er bei Sergio Mendes (* 1941) unter den Einfluß des brasilianischen Gitarristen Oscar Neves, spielte Rock und lernte bei Howard Roberts (* 1929) und Joe Pass *(»Der ist der Chef der Bebop-Gitarre«).* Lee, der vorzugsweise – wie ein anderer Studio- und Jazzrock-Professional, Larry Carlton – eine Gibson ES-335 spielt, erklärt das Hineinwachsen in die Fusion so: *»Irgendwie haben das Rockelement, mit dem ich natürlich aufgewachsen bin, und der Jazz, den ich durch Howard Roberts und Joe Pass ... aufgesogen habe, sich so vermischt, daß daraus eine Synthese entstand, die mir zu einem ganz persönlichen Ausdruck meiner selbst zu werden schien.«*

Sei es nun durch die Gebote der Studioarbeit und/oder durch die ausgeglichene Neigung zu Rock, Jazz, Pop oder gar Klassik, Sessions mit Aretha Franklin (* 1942) und Leo Sayer (* 1948) hier, Soundtracks wie zu »Saturday Night Fever« da, mal Aufnahmen mit Paul Anka (* 1941) und Simon und Garfunkel, mal Parkening-Reminiszenzen – der junge Ritenour hatte damals noch oft zwischen der rockgemäßen ES-335 und einer typischen Jazzgitarre vom Typ Gibson L-5 zu wechseln (die Super 400 war ihm schlicht *»zu groß«*). Spielte er, was natürlich ist, früher auf der *»fetten ollen Akustik«* schwerere, dickere Saiten und auf seiner ES-335 dünnere Rocksaiten, so benutzt er heute auf beiden Gitarrentypen gleichstarke Saiten. Dies, meint er nun, habe verstärkt geholfen, ihn zu seinem eigenen Stil der Synthese zu bringen: *»... es war eben so, daß ich, wenn ich die L-5 mit schwereren Saiten spielte, automatisch Jazzgitarre à la Montgomery oder Pass spielte, und wenn ich die Rockgitarre nahm, wurde es halt Rock. Jetzt aber kann ich die gleichen Dinge mit meiner linken Hand auf beiden Instrumenten machen. Die Konsequenz war, daß mehr und mehr mein eigener Sound dabei herauskam.«*

Und 1980, in einem Interview mit Michael Henkels, kam er darauf erneut zurück: *»... wenn du ein guter Studiomusiker sein willst, dann ist dein erstes Ziel, daß du fähig wirst, in jede Haut zu schlüpfen, dich* *völlig unter- oder einordnen zu können. Und ich war ganz schön stolz darauf, daß ich das konnte. Ich konnte eine harte Rock 'n' Roll-Session mit Pink Floyd machen, mich einmal rumdrehn und mit Sonny Rollins arbeiten oder eine Klassikplatte mit Michel Legrand aufnehmen oder all so was...«*

Flexibilität zwischen den Stilen und Genres, Wertlegung auf »persönlichen Ausdruck«, die Absage an unreflektierte Übernahmen bewährter Überlieferung: Insofern repräsentiert Lee Ritenour das Ethos fast der gesamten Generation junger Jazzgitarristen. Ihr ist jede Dogmatisierung, jedes sture Festhalten an Kategorien fremd geworden. Viele beherrschen das akustische Instrument nun wie das elektrische (Abercrombie, Stewart, Coryell, DiMeola) sowie die Studioarbeit ganz nach Art des Meisters Tommy Tedesco; sie unterrichten, publizieren, komponieren, arrangieren und empfinden nichts Ehrenrühriges dabei, hier Jazz, da Klassik und dort Rock zu spielen und zwischen Fingerstyle und Plektrum zu wechseln.

Und so, wie der einzelne den Pluralismus der Stile immer wieder für sich betont (*»Der hoffnungsvolle Jazzmusiker der siebziger Jahre ist gezwungen, sich beinah nur noch auf sich selber zu verlassen«*, schreibt Leonard Feather in »The Pleasures of Jazz« [1976]), so erweist sich auch das Gesamtspektrum dessen, was man übergreifend Jazz nennt, so wie er heute gespielt wird, als so reich wie nie. Da gibt es den Jazzrock, wie ihn beispielsweise Steve Khan (*1947), Jerry Hahn (*1940), Eric Gale, Evert Brettschneider, Daryl Stuermer (*1953) oder Michael Gregory Jackson (*1953) intonieren; den Countryjazz nach Art des Jimmy Bryant (*1925, †1980), den ursprünglich klassisch inspirierten Jazz etwa eines Earl Klugh (*1953); das sogenannte Jazz-Grass eines Slim Richey und, natürlich, Tony Rice (*1950), den akustischen Fusion-Jazz, wie ihn zum Beispiel das Duo von Bruce Johnson und Rodney Jones aufführt, den Fingerstyle-Jazz der Post-Byrdianer vom Schlage Michael Howells (*1943) oder Paul Chasmans wie den stark bluesinspirierten Jazz eines Buddy Guy (*1936), Fred Grant oder Jimmy Johnson (*1935) oder den raren Jazz, wie ihn der wohl virtuoseste Wundermann unter den Akkordmelodikern, Ted Greene, vorführt. Sonny Sharrock (*1940), Ryo Kawasaki (*1947), Terje Rypdal (*1947), Toto Blanke (*1937) und seit einiger Zeit auch der Zwölfsaitenvirtuose Pat Martino (* 1944) wie auch der Holländer Jan Akkerman (* 1946) kultivierten das experimentelle, hochtechnisierte, elektrifizierte Synthie-Ende dessen, was man gerade noch als modernen Jazz bezeichnen kann. Da macht seit 1980 der schwarze Hüne James ›Blood‹ Ulmer als Begründer einer ›punk-jazz-Bewegung‹, der ›no wave‹, von sich reden. Und natürlich gibt es da auch die gerade in der Bundesrepublik Deutschland so außerordentlich beliebten Gitarristen wie Pat Metheny (* 1954), John Abercrombie, Bill Connors (* 1949) und Mick Goodrick (* 1945).

Der Engländer Derek Bailey (* 1932) führt dann die Riege der Gitarristen an, die – versammelt unter den eher vagen Begriffen ›free form‹ und Avantgarde – die klanglichen Möglichkeiten ohne wesentliche Zuhilfenahmen elektronischer Mittel ganz vom Instrument her in Bereiche vorangetrieben haben, die oft nur noch Geräuschcharakter aufweisen und der völlig freien Improvisation und Klanggestaltung huldigen und damit auch die letzten greifbaren Kriterien zur Beurteilbarkeit der Musik nach herkömmlichen Größen über Bord geworfen haben – Roger Smith, Fred Frith, Henry Kaiser (* 1943), Akira Iijima, Keith Rowe und Chip Handy, Peter Cusack, Davey Williams und Eugene Chadbourne (* 1956).

Peter Michael Hamel (* 1947), Musiker, Musikhistoriker und -analytiker schreibt in »Durch Musik zum Selbst« (1976), die gesamte Entwicklung gleichsam charakterisierend: *»In den sechziger Jahren bildeten sich in Europa und Amerika eine ganze Reihe solcher Gruppen, die mehr und mehr die Kategorien der musikalischen Stilrichtungen auflösten. Die kreative Zeit der Popmusik ermöglichte die schrittweise Annäherung von Jazz, Avantgarde, Rock, elektronischer Musik und der Folklore der Welt. Der ... Jazz, dessen Hauptbestandteil ohnehin die Improvisation, das freie eigenschöpferische Ausgestalten eines vorgegebenen Musters gewesen ist, und der als Musik der farbigen Amerikaner schon immer eine natürliche Beziehung zur akustischen Selbsterfahrung besaß, öffnete sich mehr und mehr den Strömungen der Welt.«*

Wieder also, und nun auch – durch Anregungen aus vor allem

ostasiatischen Kulturräumen – Nicht-Jazzmusiken, gilt der Faktor der Improvisation als bedeutendstes Element der neuen Musik, denn – so Hamel – *»gerade der improvisatorische Prozeß führte viele junge Musiker in den letzten Jahren zu einer tieferen Selbsterfahrung und war der erste Schritt auf dem Wege zur musikalischen Integration«*. Was in diesem Zusammenhang mit Improvisation gemeint ist, bedeutet wohlgemerkt nun nicht mehr das Variieren über einem vorgegebenen Harmonienschema, sondern das völlig freie »Phantasieren« (Hamel), die sogenannte intuitive Improvisation – Rückkehr zur »elementaren Musik«.

Und der inhaltlichen Vielfalt entspricht die geographische heute. Ob Akira Iijima, Takeshi Terauchi oder Ryo Kawasaki in Japan, das akustische Stahlsaiten-Duo Steve Eliovson und Johnny Fourie in Südafrika, Ludek Hulán, Vladimor Tomek und der schon erwähnte Radim Hladik in der Tschechoslowakei, aus Ungarn Gabor Szabó (* 1936, † 1982) oder Elek Bacsik, die Italiener Angelo Arienti und Lino Patruno; ob in Skandinavien Jukka Tolonen, Terje Rypdal, Jane Schaffer, Ole Molin (* 1936), Rune Gustafsson, wie das norwegische Duo von Knut Vaernes und Jon Eberson oder in Belgien und Frankreich die Brüder Boulou (* 1951) und Elios Ferré (* 1955), Philip Catherine, Marc Fosset, Christian Escoudé und Pierre Dørge, Philippe Petit oder auch Philippe Caillat, in Holland Wim Overgaauw, Harry Sacksioni (* 1950) und Jan Akkerman, in Kanada der Ragtime-Kultivierer Jim McLennan, Lorne Lofsky (* 1954) oder der moderne Sonny Greenwich (* 1936); die Österreicher Harry Pepl und Karl Ratzer; in Großbritannien Frank Evans (* 1936), Terry Smith, Martin Taylor, Judd Proctor, Jack Wilkins (* 1944) und Louis Stewart (* 1944), Franco et l'OK Jazz in Zaire oder der Schweizer Oskar Klein (* 1930) – im Bereich der Mainstream-Derivate, wenn man die verschiedenen Strömungen für die hier Genannten einmal so apostrophieren darf, sind die Amerikaner längst nicht mehr die alleinigen Herren der Szene. Schon 1966 habe John Lewis (* 1920), der Chef der MJQ, konstatiert, daß das Gravitationszentrum für neue Jazztalente sich nach Europa zu verschieben im Begriff sei, schreibt Feather. Das gilt sehr gewiß für ausgedehnte Bereiche des neuen Jazz. Was jedoch den breiten Hauptstrom des Mainstream

Jazz angeht, so bleiben für ihn die Amerikaner sehr wohl die unangefochtenen Protagonisten.

Und in welchem Maße der Mainstream noch immer weiter ausgestaltet, intensiviert, vertieft und damit auch erneuert werden kann, das beweisen beispielsweise die Arbeit und ungewöhnliche Karriere eines Mannes, der zwar ›schon‹ 1933 geboren wurde, von seiner Jazzbiographie her dennoch sehr wohl als ein ›Junger‹ betrachtet werden muß – Calvin Collins.

Als er fünf Jahre alt war, spielte Cal erstaunten Zeitgenossen bereits flotte Weisen auf der Mandoline vor, und – man möchte es kaum glauben – erst 40 Jahre später, also 1978, lernte ihn eine breitere Öffentlichkeit kennen und schätzen – wieder einmal dank Benny Goodman, dem unentwegten Gitarristen-Förderer von Eddie Lang bis John ›Bucky‹ Pizzarelli; der hatte Collins 1976 in Cincinnati gehört und – als neuen Rhythmus-Mann – sofort engagiert. Cal blieb bis 1979 beim King of Swing. *»Als ich bei ihm anfing, absolvierten wir so um die fünf Konzerte pro Monat. Meistens stiegen wir nachmittags in ein Flugzeug, spielten am Abend und kamen am nächsten Tag zurück. Das waren dann alles so 24- bis 30-Stunden-Trips, und ich fand das ganz angenehm so«,* sagt der von Neigung und bisheriger Vita her eher ›seßhafte‹ Gitarrist, der sich bei Goodman überraschend in der Rolle des akustischen Spielers fand: *»Benny haßt nun mal alle Elektronik«,* sagt er, *»er mag ja noch nicht mal Mikrophone. Da hab' ich ihm gesagt, in Ordnung, dann bring' ich eben einfach mal meine klassische Garcia mit... Unser Soundman verpaßte mir dann ein Mike ganz nah am Schalloch, und ich fing zu spielen an. Der Klang war wirklich hübsch; Benny und ich gingen prompt ordentlich drauf ab, und darum hab' ich dort halt meistens die Klassische benutzt.«*

Dann, als Cal Collins mit Benny Goodman beim 1977er Concord Festival spielte, baute der Drummer Jake Hanna (* 1931) für ihn eine folgenreiche Brücke zum Chef des Concord-Labels, Carl Jefferson, einem wahrhaften Jazzgitarre-Aficionado, und im Handumdrehen war Collins Concord-Künstler und damit im selben ›Stall‹ wie die Elite: *»Da gab es kein Papier oder so was. Carl sagt's dir halt, schüttelt dir die Hand, und fertig ist die Laube.«* Schon zwei Jahre später, 1979, fand der Gitarrist sich dermaßen großer Nachfrage

sowohl als Sideman wie als Front-Mann ausgesetzt, daß er sich gezwungen sah, den Job bei Goodman an den Nagel zu hängen. Inzwischen hat Cal Collins sich nicht nur als Leader eigener Studiogruppen durchgesetzt. Als 1980 sein Solo-Album »By Myself« herauskam, eingespielt auf einer Benedetto Cremona archtop electric/acoustic, die Phil Edwards, Concords Recordings-Ingenieur, sowohl über den Verstärker, als auch akustisch über zwei hochempfindliche ›pencil mikes‹ in den f-Löchern aufnahm, da jubelte Jim Crockett, der »Guitar-Player«- und »Frets«-Herausgeber und ausgesprochene Jazzgitarren-Freund: *»Die Solo-Gitarre, und zwar vom anspruchsvollsten Format der Welt, könnte nicht in bessere Hände gelangt sein.«*
Niemand hätte, so sah es doch aus, nach den zahlreichen Demonstrationen wahrhaft meisterlich gespielter Mainstream-Sologitarre, wie sie Joe Pass auf seinen Pablo-Alben und 1981 Alexej Kusnetzow (* 1941) auf seiner Debüt-LP »The Blue Coral« bot, noch an Steigerungsmöglichkeiten geglaubt. Collins aber *»punktet quasi ›mit links‹ den großen Guru der orchestral gespielten Jazzgitarre... vollkommen aus«*, hieß es in einer Rezension der LP im Oktober 1980, der *»unerschütterliche König vertikalen Solospiels«* käme wohl um die Anerkennung dieses neuen Meisters der Solo-Jazzgitarre nicht herum.
Wachablösung? Nun, betrachtet man sich die musikalische Entwicklungsgeschichte zum Beispiel dieses Saitenzauberers etwas genauer, dann könnte daraus extrapolierbar sein, wie die neue Entwicklungsrichtung der ›pur‹ gespielten Mainstream-Gitarre aussehen mag.
Little Calvin, einst stolzer Besitzer einer ihm von den Großeltern geschenkten Sears Roy Rogers acoustic, spielte zunächst nichts anderes als Country-musik. 1944, er war eben elf Jahre alt geworden, begann ihn die Musik Nat ›King‹ Coles zu faszinieren – und mit jenem die ganze Riege der damals bedeutenden Jazzpianisten, wie George Shearing, Art Tatum und Fats Waller. *»Ich habe versucht, deren Blockakkorde auf der Gitarre zu imitieren«*, umreißt Cat Collins die so früh eingeschlagene Richtung, *»ich verwandte meine gesamte Zeit darauf, diesen Akkorden nachzujagen und sie zu etwas zusammenzubringen, das mir dann auch gefiel.«*
Mittlerweile ganz dem Jazz erlegen, schaffte er sich eine Sears **hollow-**

body electric an, jobbte in diversen regionalen Gruppen und profitierte von seinem Gedächtnis: *»Wenn ich andere Musiker, sogar auch Klavierspieler hörte, konnte ich mir alle solche Fingersätze und Noten fast exakt optisch vorstellen, die ich auf der Gitarre nicht kriegen konnte. Vielleicht ist es ja mein Glück, daß ich etwas nur ein- oder zweimal durchhören muß, um es komplett nachspielen zu können.«*

Der Teenager hört dann auch Freddie Green, John Collins und Irving Ashby und lernt, die Beziehung der Gitarre zu anderen Instrumenten innerhalb rhythmischer Kontexte besser zu verstehen. Seine neue Gibson ES-5 verbessert sein Jazzspiel erheblich *(»ihr Hals war schmaler, die Saitenlage besser…«)*; und mit sechzehn Jahren packt ihn dann plötzlich ganz bewußt das Travis-Picking, das ihm ja aus der Country-music geläufig war: *»Es klappte ganz gut, aber«*, erinnert er sich, *»ich benutzte nur meinen Daumen und den ersten Finger der rechten Hand. Ich wußte einfach nicht so richtig genau, wie ich mit dieser fingerstyle-Angelegenheit zu Werke gehen sollte. Also baute ich mir selbst eine Methode, bei der ich dann das Plektrum normal hielt und dazu noch die Flächen meiner Fingernägel benutzte, so daß es darauf hinauslief, daß ich – bildlich gesprochen – fünf Plektren in der Hand hatte und von den sechs verfügbaren Stimmen fünf spielen konnte. Später hab' ich dann down-strokes und up-strokes dazuentwickelt, aber ich mußte hart 'ran, weil ich mir ständig meine Nägel wegriß.«*

Dann – Cal spielte weiter in kleineren Combos – beobachtete er Gitarristen wie Wes Montgomery, wenn sie zu Gast in seiner Gegend waren. 1955 zog er nach Hamilton (Ohio), nördlich von Cincinnati, ging in ein Trio und spielte Swing im Benny-Goodman-Stil. 1957, mit 24 Jahren also, wurde er Studioprofi, trat des Nachts in Jazzclubs auf, unterrichtete in Musikgeschäften und bildete daheim seine Theoriekenntnisse weiter.

Es sind also die Klaviertechniken, die intensive Beschäftigung mit dem Rhythmusspiel und die Ausarbeitung eines eigenen Fingerstils, die Calvin Collins dann zur Weltspitze verholfen haben: *»Viele Jahre lang habe ich versucht, meinen eigenen Stil möglichst klaviermäßig und immer noch pianistischer zu gestalten, so daß ich die Einzellinien* *spielen und mich dazu selber begleiten konnte. Indem ich Plektrum und Nägel benutzte, funktionierte das auch: Ich kann einige Blockakkorde spielen, dann einige schnelle Läufe, und in den letzten Jahren hab' ich mir angewöhnt, den dritten Finger meiner rechten Hand im up-stroke auf der ersten Saite zu benutzen. Wenn also die Melodielinie in der hohen E-Saite liegt, dann setze ich den dritten Finger ein, weil er einen anderen, helleren Klang erzeugt als das Plektron. In gewisser Weise war das, als würde ich eine Art eigenen, manuellen Equalizer einsetzen...«*

Lenny Breau (*1941), Tony Favazzo, Grant Geissman (*1953), dann die einzige junge Gitarristin von Rang neben Emily Remler, Monette Sudler (*1952), der Gillespie-Gitarrist Al Gafa (*1941) und Gerry Mulligans Ex-Sideman John Scofield (*1951) wie auch Edward Kennedy Ellington II (*1946; ein Duke-Enkel, Sohn von Mercer Ellington), Mike Elliott (*1941), Joe Diorio (*1936) und seit kürzester Zeit Sangeeta (eigentlich Michael Berardi), auch John Tropea (*1946), Joe Cinderella und in Kanada Nelson Symonds: Auch sie und mit ihnen viele andere noch weniger bekannte Namen gehören zu den Mitgestaltern der Mainstream-Szene von heute. Viele von ihnen freilich teilen das Los mit den meisten der schon zuvor erwähnten Gitarristen, indem sie alle bei weitem nicht die Popularität erlangt haben, die die Gitarrenidole der offenkundig weit mediengerechteren Rockmusik genießen dürfen. *»Wenn der Rundfunk überhaupt erst einmal den Jazz als Teil des kulturellen Geschehens anerkennen würde, als die echte Kunstform Amerikas – was bis heute nicht geschehen ist–, dann wäre damit auch das pädagogische Potential erheblich größer«*, hatte John McLaughlin 1978 gesagt und damit selbst auf die Situation hingewiesen, und das als ein Gitarrist, wohlgemerkt, dem man eigentlich kaum Opposition zum Rock vorwerfen kann.

Einer aber hat es verstanden, so ziemlich alle Maßstäbe zu sprengen: George Benson (*1943) aus Pittsburgh (Pennsylvania), ein Meister ingeniöser Selbstdarstellung, aber auch stilistischer Vielfalt auf der bewährten Basis Christianscher Läufe und Montgomeryscher Oktaven: *»Die Jungs heute versuchen immer noch, seine* (Christians) *Läufe zu spielen«*, sagte er schon 1974 recht selbstbewußt, *»aber sie* *können einfach sein feeling nicht herausholen. Ich hatte immer gute Ohren für Musik, also hab' ich nicht nur Christians Läufe aufgenommen, sondern auch alles andere, was ich an Musik hörte und mochte.«* Gleichwohl: *»Auch heute noch renne ich los, um andere Gitarristen zu hören. Zum Beispiel liebe ich Pat Martino und Joe Pass. Und Barney Kessel ist auch so phantastisch.«* Balladen möchte er spielen können wie ein Pianist, das könne er bislang noch nicht so wie *»klassische Gitarristen und George van Eps und – natürlich – Almeida«.* Und daß die Kritiker keine Ahnung haben und Santana wie Clapton mehr Rezensionsraum gönnen als Pat Martino, das verstünde er nicht. Das verstand er damals noch nicht.

Schon zwei Jahre später sprengte Benson mit seinem Album »Breezin'« (1976) jeden erdenklichen Jazz-Rekord: 1978 war die LP zwei Millionen mal, 1979 schon drei Millionen mal verkauft. Seine – von ihm selbst gesungene – Version von Leon Russels »The Masquerade«, der einzige Vokaltrack auf »Breezin«, wurde Top-Single 1976 und das »Theme from Good King Bad« zum besten Rhythm-and-Blues-Stück des Jahres gekürt. Benson heimste drei Grammy-Preise (eine Art ›Platten-Oscar‹) ein – alles 1976 –, wurde die Nummer eins unter den Jazzgitarristen im »Guitar Player«-Leserpoll, errang die gleichen Ehren in »Playboy«, »down beat« und »Rolling Stone« und wurde in »Billboard« und »Cashbox« gleich auch noch zum besten Jazzmusiker des Jahres erklärt. 1977 errang er mit der nächsten LP »In Flight« fast all die Auszeichnungen aufs neue, das Album wurde wieder drei Millionen mal verkauft (wie dann auch 1978 »Weekend in L. A.«); Präsident Carter lud ihn zum Spiel, und die Gitarrenfirma Ibanez – ein Traumziel für George, das sich damit überreich erfüllte – brachte zwei spezielle George-Benson-Modelle heraus, die kleine archtop GB-10 und ihre größere Schwester, die GB-20. Es gibt kaum etwas, was an künstlerischer Anerkennung und ökonomischem Erfolg noch zu wünschen übrig bliebe – wahrhaft ein Jazz-Sonderfall. Im November 1980 widmet »down beat« dem Gitarristen mit der Goldenen Nase gleich mehrere Seiten, überschrieben mit: »George Benson Puts On His Dancing Shoes«. Anlaß war dessen Album »Give Me The Night«, eine Produktion von Quincy Jones

und die Verpackung bewährter Benson-Ingredienzien in das Gewand erfolgsträchtiger Tanzmusik.
Wie dem auch sei, Benson, der im musikalischen Selbstwertgefühl – ganz wie der studiogeprägte Lee Ritenour und seine Kollegen – keine qualitativen Unterschiede zwischen Pop, Rhythm and Blues und Jazz macht und dennoch in der ersten Dekade seiner Gitarrenpraxis nichts anderes als Jazz spielte, trat schon als Achtjähriger in Nachtclubs auf und spielte wunderkindlich Ukulele, sang und tanzte. 1954 begann er mit dem systematischen Studium der Gitarre, leitete als 17jähriger seine eigene Rhythm-and-Blues-Band, spielte Rock 'n' Roll und wandte sich dann unter dem Höreindruck von Charlie Parker, Grant Green, Wes und Hank Garland ganz schnell dem Jazz zu. 1962 landete er bei dem Organisten/Komponisten Jack McDuff (* 1926), spielte dort drei Jahre und lernte durch ihn jede Menge großer Jazzer kennen. 1970 holte Creed Taylor (* 1929), der bis zu dessen Tode 1968 Wes Montgomery zu kommerziellem Erfolg geformt hatte, den jungen Wes-Fan in sein eben gegründetes CTI-Label, doch erst ab 1976 kam der ganz große Durchbruch. Denn unzufrieden mit Taylors dirigistischer Methode, Mannen wie Material für seine gigantomanischen Besetzungen selbst auszuwählen, wechselte der Freiheitssucher Benson zu Warner Brothers und damit zu dem Produzenten Tommy LiPuma. »Breezin'« folgte auf dem Fuße, und Bensons alter Freund, der Chicagoer Studiogitarrenveteran Phil Upchurch, war mit von der Partie, wie früher schon etwa auf »Bad Benson« (1975): Das berühmtgewordene neue »Take Five«-Arrangement ist eine Philsche Kopfgeburt. Es war Miles Davis, der den jungen Mann zu der Erkenntnis brachte, daß der Ehrgeiz, ›hip‹, modisch ›in‹ sein zu wollen, ein falscher war, als er Benson mahnte: *»Hey, Mann, sei bloß nicht so ›hip‹. Lern' lieber, anständig zu leben und dein Geld zu verdienen.«* Es war der Elitarismus vieler Jazzmusiker, Bensons eingeschlossen, *»der es uns unmöglich machte, Rockleute als Künstler anzuerkennen... An dem Tag, an dem ich mich zu einer erfolgreichen Karriere zu entschließen begann, da hörte ich auf, das Spiel anderer Typen an ihrem technischen Niveau zu be- oder verurteilen«*, gestand George 1979 ein, und kann seitdem, so scheint es zumindest, dem allenthalben geäußerten Vorwurf, sich restlos zu

verkaufen, souverän begegnen: *»Das passiert jedem Jazzkünstler, der irgendwann mal was Großes zustande gebracht hat. Das haben die mit Nat King Cole gemacht, mit George Shearing und Erroll Garner. Und, na klar, die haben das auch mit Wes Montgomery gemacht. Es hat ihm fast das Herz gebrochen. Ich lache solche Leute einfach aus, wenn sie mir solche Vorwürfe machen, denn ich halte das für ignorantes Benehmen; aber wenn mir jemand wirklich mit schwerem Geschütz kommt, dann sage ich: Mann, auf was für 'nem Planeten lebst du denn eigentlich? Wo ist denn die Traumwelt geblieben, die wir als Kinder hatten und die uns glauben gemacht hat, daß das, was wir machten, dermaßen viel Bedeutung hätte, daß wir es beschützen müßten und unsere Kinder und Frauen und unser eigenes Land am besten auch noch dafür opfern, daß wir irgendwas beweisen wollen?... Jazz – die Leute wissen ja noch nicht einmal, was Jazz eigentlich ist... Man wird nicht mal zwei Leute finden, die (übereinstimmend) erklären könnten, was Jazz nun ist. Jedesmal, wenn ich es versuche, verheddere ich mich in lauter wertlosen Klischees. Allerdings, ich assoziiere Jazz mit 4/4-Takt, aber wenn du das ein paar anderen Jazzmusikern so sagst, dann meinen die, daß du ein Rad abhast. Einige Leute sagen, Jazz sei Kreativität, aber ich sage, daß, wenn das stimmt, dann auch jeder Rockspieler von denen, die ich kenne, auch ein Jazzkünstler sein muß, weil er mit Sicherheit allerhand Kreativität besitzt. Mit deren Kreativität ist wirklich alles im Lot. Es gibt vielleicht 90 verschiedene Vorstellungen davon, was Musik nun eigentlich sei, und damit meine ich nur erst mal die von prominenten Spielern, von den Legenden. Also: Was machen wir denn anderes, als daß wir etwas schützen wollen, von dem wir nicht mal wissen, was es ist?«*

Nun, wenn Benson recht hat, dann brauchen auch die Jazzfreunde – und damit auch die Freunde der Jazzgitarre – sich um den weiteren historischen Fortgang des Jazz keinerlei Sorgen zu machen. Solange sie noch Fragen an ihre Musik und ihre Instrumente stellen können – stellen wollen, solange wird der Punkt auch nicht erreicht sein, an dem ›wirklich nichts mehr geht‹. Die Evolution der Jazzgitarre ereignet sich in ihren Interpreten: John McLaughlins Fluß fließt weiter.

Die Spielmacher im Hintergrund. Rhythmusgitarristen und Studiomusiker. »Und plötzlich war ich achtzehn bis zwanzig Stunden im Studio, ununterbrochen, und mußte den anderen die Pizzas und Hamburgers 'ranholen und all so was…«
Howard Roberts.
»Ich hab' doch schließlich die beste Rhythmusgruppe der Welt!«
William ›Count‹ Basie.

Mit diesem Prädikat für seine Rhythmusgruppe soll Basie dereinst auf die Frage geantwortet haben, warum er wohl seine linke Hand beim Klavierspiel stets so zaghaft aufzusetzen pflege. Gemeint hatte er mit seiner tiefschürfenden Antwort damit drei Leute, die Legende wurden: Walter Page (* 1900, † 1957) am Kontrabaß, Jo Jones (* 1911) am Schlagzeug und – Frederick William ›Freddie‹ Green (* 1911) an der Gitarre. Beinahe ein Mann der ersten Basie-Stunde und heute der letzte Getreue und Überlebende der ›alten Garde‹, ist Green so kregel wie eh und je, und schon so mancher eingeschworene Jazzfan hat im Laufe der Jahrzehnte verblüfft festgestellt, daß Freddie zwar nicht zu hören sei, wenn er seine Vierviertel ›strippe‹, daß dem swingenden Wagen des ›Count‹ sehr wohl aber der Zusammenbruch dräue, wenn Fred mal einen Break habe. Das sei ungefähr so wie mit einem Linienrichter beim Fußball, meditierte Philip Elwood 1975 auf dem Covertext zu der LP »Rhythm Willie«: *»Jeder weiß, daß er da ist, weil er etwas für die Integrität der Leute auf dem Felde tut, aber nicht, weil er Punkte mit eigenen Solovorstellungen machen will.«*
Nun hat im Englischen das Wort ›Integrität‹ neben der Bedeutung ›Zusammenhalt‹ immer auch noch die Unterklänge von ›Unversehrtheit‹ und ›Echtheit‹. Insofern muß ein Mann, der es fertigbringt, sein Leben zwar der Gitarre zu verschreiben, dennoch aber

nie der Verlockung zum Solospiel zu erliegen, zweifellos ein integrer Typ sein, ein ›echter‹, jemand, der die verschiedenen Wertigkeiten des Jobs genauestens kennt, mit denen er zu tun hat, und dennoch nicht klagt. Wozu auch? Green – obwohl er sich ja in dem Stück »Dinah« auf der Platte »Pee Wee Russell's Rhythm Makers 1938« ganze sechzehn Takte Rhythmus-Solo herausgenommen hat, gilt heute ganz allgemein als der letzte Überlebende jener Generation verschworener Rhythmiker, die dereinst vom gestrippten Banjo auf die Gitarre umgestiegen waren. Das trifft ebenso für Johnny St. Cyr zu wie für – sagen wir – George van Eps, der, vom Banjo kommend, die 1939 ausgetüftelte erste Sevenstring sehr stark rhythmisch einzusetzen pflegte; das trifft für Fred Guy zu wie beispielsweise auch Carl Kress und viele andere, die in ihren Duos vornehmlich oder strikt Rhythmus ***(backup)*** spielten.

Zur LP »Rhythm Willie« – Green im Team mit Herb Ellis plus Ray Brown am Baß, Ross Tompkins (* 1938) am Piano und Jake Hanna (* 1931) am Schlagzeug – schreibt Phil Elwood: *»Als mir Carl Jefferson die Bänder dieser Platte vorspielte, da habe ich das Gefühl gehabt, mir sei der Zugang zum innersten Heiligtum des Jazz offenbart worden.«* Denn *»diese Platte... gestattet dem Hörer nicht nur aufs beste, erstklassige Sololinien zu hören, sondern auch die Entdekkung, wie eine Rhythmusgruppe eigentlich arbeitet.«* Freddie Green also, heute über 70 Jahre alt und stets mit dem einwärts gerichteten Blick des Stoikers am Werke, als einer der Hüter des swingenden Grals.

Green, seit 1937 bei Basie, hat wie so viele seiner Zunft nie elektrisch und auch nie Cutaways gespielt; auf ein sehr winziges Accessoire aber mag (beziehungsweise kann) auch er bis heute nicht verzichten: das Plektrum. ***Flatpicking*** ist der Terminus, der das Spiel mit einem normalerweise zwischen Daumen und gekrümmten Zeigefinger gehaltenen ›Blättchen‹ bezeichnet – im Unterschied zum ***Fingerpicking*** oder zu dessen Spielarten, die in verschiedensten Kombinationen von Daumen- und Fingerplektren praktiziert werden. Aber so leicht das Flatpicking für den (praxisfernen) Betrachter auch aussehen mag, die Kenner des Stoffes, aus dem das Backup-Spiel ist, sehen das anders, wie beispielsweise der Gitarrist Bob

Baxter: »*Seltsam genug*«, sagt er, »*aber der schwierigste Klang, den es beim Flatpicking zu meistern gilt, ist nicht etwa das ›verrückte Zeug‹. Raketenschnelle Läufe, betäubende Notenkaskaden und blitzblanke Riffs, die die Massen auf die Beine bringen, können praktisch von jedem gehandhabt werden, der ein genügend elastisches Plektrum und ein gerüttelt Maß Spielpraxis in den Fingern hat. Der schwierige Sound hingegen ist das leise, wohlklingende, rhythmische und körperreiche brush-Backup.*« Seine Devise: »*Lausche den Aufnahmen von Doc Watson, Jack Elliot und Clarence White, um das Beste zu entdecken. Sei geschmackvoll, nicht laut!*« Ein Tip, der an aufstrebende Rock- oder Heavy-Metal-Freaks adressiert, keineswegs arrogant wirkt, wenn man bedenkt, daß es mittlerweile eine altbekannte Tatsache ist, daß die großen Singlenote-Zauberer der populären Musik meist dann die ganz großen Schwierigkeiten bekommen, wenn von ihnen verlangt wird, einfaches, ganz solides Backup zu spielen. Bob Baxter meint die Ursache zu kennen: »*Die meisten Flatpicker produzieren einen Begleitsound, der sich eher anhört, als kratze einer mit einem Stahlnagel für einen Groschen auf den Saiten herum. Genau das ist der Grund dafür, daß die meisten Spieler meinen, maschinengewehrschnelle Läufe und verwirrende Breaks seien das Größte. Und sollte dann wirklich einmal ein weicher Sound benötigt werden, dann muß ein extradünnes Plektrum mit der Stabilität eines Dreschflegels her. Sozusagen ›Donovan aus der Vakuumdose‹.*«

In jedem Fall – das Plektrum ist Dreh- und Angelpunkt der Backup-Kunst, und zwar nicht das dünne, sondern das mittelstarke bis dicke: Das dünne Plektrum stört das gleichbleibende Gefühl für den Kontakt mit der Saite und erschwert aufgrund seiner Elastizität, das korrekte Tempo aufrechtzuerhalten. Es ist die Leichtigkeit, die am souveränen Rhythmusspiel stets wieder aufs neue verblüfft, eine Leichtigkeit, die der korrekten Behandlung des Plektrums entspringt: Hier ist nicht, wie bei so vielen Rock-Singlenotern üblich, der feste Druck zwischen Daumen und gekrümmtem ersten Finger auf nahezu die gesamte Fläche des Blättchens obligatorisch, sondern das ständige Abrollenlassen mäßigen Drucks von der Flächenmitte zum hinteren (also den Saiten abgewandten) Ende des Plektrums, so daß die Spitze ständig frei beweglich und trotz rechtwinkligen Kontaktes mit der Saite der direkte Anschlag stets weich bleibt. Der Druck auf das hintere Plektrenende garantiert ausreichenden Halt und verhindert zudem riskante größerflächige Verschwitzungen, das gefürchtete ›Aquaplaning‹ transpirationsgeneigter Schwerarbeiter. Dazu kommt dann noch beim downstroke wie beim upstroke (die sich beide im wesentlichen nur auf die oberen vier Saiten konzentrieren) etwas mehr Bewegung aus dem Unterarm als aus dem Handgelenk, was insbesondere heute noch beim Spiel Freddie Greens zu beobachten ist – und die wichtigsten Voraussetzungen sind erfüllt...

Erst 1972 begann Edward Ellington II (* 1946), Gitarre zu spielen. Das mag in bezug auf den Enkel des großen Duke zwar als eine erstaunliche Tatsache erscheinen, viel erstaunlicher aber ist, daß Edward kaum mehr als zwei Jahre Praxis auf dem Instrument hatte (er war bis dahin Elektroingenieur bei der RCA gewesen), als er kurz nach des Großvaters Tod am 24. Mai 1974 schon in dessen vollständig erneuertes, von seinem Vater Mercer geleitetes Orchester geholt wurde – als der zweite Gitarrist seit Freddy Guy (der 1947 ausgestiegen war) in der über fünfzigjährigen Geschichte der Ellington-Orchester! Hauptsächlich beeinflußt von Gitarristen wie Joe Pass, Kenny Burrell, Mark French und Bill Harris (* 1925), sagte Edward 1977 in einem Gespräch Typisches für das Ethos der Rhythmusgitarristen: *»Ja, ich habe zwar zwei Solos, eins in ›Happy-Go-Lucky Local‹ und eins in ›C-Jam Blues‹, aber im wesentlichen bleibe ich beim Rhythmusspiel. Und damit hab' ich alle Hände voll zu tun, weil ich zusehen muß, wie ich mich in die Band einpassen kann wegen der vielen voicings, die man zu kennen hatte. Viele Leute sagen, sie können mich nicht hören, aber schließlich kann ich ja im Orchester auch nicht so sehr laut spielen. Also müßte eigentlich der Verstärker noch ein Mikrophon kriegen, oder aber er müßte ganz nach vorne. Aber das Ganze muß ja irgendwie passen. Wenn du geradeaus und ohne Schnörkel Rhythmus spielen willst, dann ist es eben das beste, du setzt dich einfach hin, genau wie es Freddie Green und Joe Pass tun, um unverstärkt oder aber sehr leise zu spielen. Freddie Green hat halt dieses Faß von Gitarre und legt es sich einfach fast auf den Schoß, und jeder kann ihn hören, ganz egal, wo er sitzt...«*

Den Komplex, möglicherweise vom Publikum nicht gehört zu werden, hat allenfalls ein Greenhorn, und zwar entweder, weil dieses Greenhorn mit seiner Backup-Rolle im Grunde gar nicht einverstanden ist, oder aber, weil es noch zu unerfahren ist, als daß es bereits verstünde, wie man leise und doch hörbar spielt. Ellington über Freddie Green: *»Ich weiß nicht, wie er das macht, aber ich nehme an, es hat einfach damit zu tun, daß er weiß, was er tut.«*

»Er holte einfach einen schönen Sound aus seiner akustischen Gitarre, und man konnte ihn hören; er hatte viel Kraft – man konnte seine Gegenwart körperlich spüren«, erinnerte sich Barney Kessel 1977 an Allan Reuss (* 1915), der zwar – etwa in Benny Goodmans »If I Could Be With You« oder später in vielen Jack-Teagarden-Stücken wie beispielsweise dem berühmtgewordenen »Pickin' For Patsy« – auch Solos spielte, dessen eindeutige Stärke aber das Backup-Spiel war. Denn *»in jenen Tagen hieß die Hauptfunktion für die Bands, für Leute zu spielen, die tanzen wollten, und Allan bereicherte die Rhythmussektion ganz entscheidend. Kein Mensch hat perfektes Zeitgefühl – wir alle schleppen oder beschleunigen etwas –, aber innerhalb dieser grundsätzlichen Unvollkommenheit war es Reuss, der ein wirklich großartiges Zeitgefühl hatte.«* Und abschließend: *»Wenn ich an die großen Rhythmusgitarristen der dreißiger und vierziger Jahre denke, dann fallen mir vor allem drei ein: Freddie Green bei Count Basie, Herb Ellis in seiner frühen Zeit, als er noch bei Jimmy Dorsey spielte, und eben Allan Reuss. Der hatte wirklich einen großartigen Sinn für die Richtungnahmen und Wertvorstellungen, mit denen er ja auch viele Leute beeinflußt hat – ganz besonders durch seine Art und Weise der Akkordwahl und -technik. Genau wie van Eps und Ellis, so spielte auch er nicht alle sechs Saiten für die Akkorde durch; seine Fingersätze mit nur drei oder vier Saiten konnten lauter sein als die sechssaitigen Akkorde.«*

Green, Ellis, Reuss. Später, als Ellis zu Oscar Peterson kam, spielte er ja auch (und teilweise haarsträubend schnelle) Backups, die er oft noch damit anreicherte, daß er beim downstroke (ähnlich wie Tal Farlow, Elek Bacsik und einige andere) oder chorusweise sogar gänzlich ohne Kontakt zu den Saiten perkussive Effekte mit Daumen und erstem und zweitem Finger auf dem Schlagbrett erzeugte:

Das Backup-Spiel im Trio war natürlich nur noch zum Teil mit der Akkordarbeit in den Dance Bands zu vergleichen. Die gute Schule der Dance Bands aber blieb ›drin‹ – das Backup-Spiel nutzt das Griffbrett total aus, dank einer Fülle von Akkordumkehrungen und zwischengeschalteter Akkorde (Christians Nullakkorde!), einer Fülle, mit der – laut Barney Kessel über Bus Etri – *»nicht einfach weggestrippt, sondern mit der sein Spiel tatsächlich zu einem höchst kohärenten Bestandteil der Rhythmusgruppe wurde«*.
Fand ›Rhythm Willie‹ von seinen frühesten Tagen an auch jede Menge Anerkennung unter Nicht-Gitarristen, so war das bei Eddie Condon (*1904, †1973), wohl dem besten weißen Backupper aller Zeiten, nicht so ganz der Fall. Nur Insider halten zu Gnaden, sein Name sei ein Synonym für die Gitarre seiner Zeit geworden. Andere Jazzfreunde und -historiker haben in ihm immer eher ›nur‹ den Promoter, Organisator und Jazzpionier gesehen als den Gitarrespieler, ohne den die Geschichte des Rhythmusspiels jedoch schlicht und einfach grob unvollständig ist. Denn als Eddie Condon siebenundsechzigjährig starb, da wußte die Jazzwelt allenthalben mehr darüber, daß er auf der ersten Jazz-Longplay der Geschichte mitgewirkt und mit der ersten gemischtrassigen Jazzgruppe Aufnahmen gemacht hatte, der Produzent des ersten schwarzen Jazzkonzerts in der Carnegie Hall, Gastgeber der ersten TV-Jazzshow und Teilnehmer beim 1. Newport Jazz Festival (1955) sowie im ersten Konzert dabei war, das jazzige und klassisch-symphonische Klänge mischte.
Kein Wunder, denn Condon, der viersaitige Tenorgitarren spielte und zeit seines Lebens vor elektrifizierten Klängen zurückschreckte, war es vollkommen zufrieden, ein reiner Rhythmusmann und sonst gar nichts zu sein. So zeugt es nicht eben von großem Sachverstand, wenn Peter Köhler im deutschen »Jazz Podium« vom November 1979 *»den Verdacht nicht los* (wird), *daß es wohl nur Bequemlichkeit war, vom 4saitigen Banjo auf eine ebenfalls 4saitige Gitarre umzuwechseln«*.
Nun spielt ja auch Tiny Grimes (*1917) seit Anno Tobak viersaitig, nur würde der kaum zu solchen Beurteilungen verführen, da er ja stets die solistische Fakultät des Gitarrespiels besetzt hielt, eine hochgradig schwierige Angelegenheit für einen Mann, der vom

viersaitigen Banjo kam. Das wird gesehen – und natürlich auch, daß, wie Tiny noch 1981, nicht ohne Stolz darauf verweisen konnte, sogar Charlie Christian hin und wieder auf einer von Grimes' Viersaitigen gespielt hatte.

Und sogar Herb Ellis hat gesagt, er beschränke sich im Zusammenspiel mit einem Bassisten ganz bewußt auf die oberen vier Saiten, da ja der Baß ohnehin die tiefen Regionen abdecke. Hier bestätigt die Ausnahme ebenfalls die Regel: Einem allzu höhenflugkranken Baßmann, der wohl auch nicht zuviel vom Vierviertel-walking-bass-Spiel gehalten haben muß, soll Barney Kessel nach dem ersten Set am Bühnenrand den denkwürdigen Satz ›verpaßt‹ haben: *»Ich glaube, wir beide brauchen einen Bassisten.«*

Stimmt Tiny Grimes seine vier Saiten wie die oberen vier einer sechssaitigen Gitarre, so blieb Condon, der nach eigener Aussage durch Eddie Langs Popularisierung des Instruments vom Banjo auf die Gitarre umstieg, beim (›Langhals‹-)Banjo-Tuning in Eddie-Peabody-Manier, etwas, das für einen Chicago-style-Musiker aber auch nichts Ungewöhnliches war. Die Gibson Company hatte sich auf den Trend eingestellt und, wie der Rhythmusgitarrist und Condon-Schwager Paul Smith sich erinnerte, Eddie *»einige Gitarren gebaut; aber außer ihm gab es noch viele Leute, die 4saitige Gitarre in Ukulele- oder Banjostimmung spielten«*. Im übrigen habe Condon keinerlei Interesse gehabt, vom Publikum gehört zu werden. *»Er wollte nur, daß die Mitglieder der Band* (ihn) *hören konnten«*, sagt Smith und fügt noch hinzu, Condon habe immer gemeint, seine Aufgabe bestünde hauptsächlich darin, den Bandmitgliedern ›drive‹ zu liefern.

Köhler zitiert in seinem Aufsatz Joachim Ernst Berendt aus dem Jahre 1953, demgemäß Condon *»neben Mezz Mezzrow der harmonisch unsicherste Jazzmusiker«* sei, wogegen 1975 Paul Smith Eddie Condons Stil beschrieb als eine Kombination interessanter und sehr komplexer Akkordstrukturen sowie einer Art Trommelrhythmus: *»Er spielte regelrecht Schlagzeug auf der Gitarre.«* Umstritten oder völlig unbesungen – die ›Linienrichter‹ unter den Gitarristen gehören wohl genauso zur ›Familie‹ wie ihre solistisch arbeitenden Kollegen. Denn es gab Zeiten – man erinnere sich der frühen

Geschichte des Gitarrenduos–, da beide Parts, der Singleline- wie der Rhythm-Part, als eine untrennbare Einheit betrachtet wurden. Rockmusiker wissen das heute genau, wenn sie in der klassischen Rock 'n' Roll-Besetzung mit Leadgitarre, Rhythmusgitarre, E-Baß und Drums spielen.

Wie so vielen Backup-Gitarristen, so geht es in sehr ähnlicher Weise den Studio- und Sessionshandwerkern: Sie sind sozusagen ›guitarists' guitarists‹, die Gitarristen der Gitarristen. Draußen kennt sie niemand, jedenfalls die meisten nicht, doch jeder hört sie – auf Schallplatten hinter dem Helden versteckt, aber unentbehrlich für ihn, im Fernsehen zur besten Krimi-Serienzeit, in Werbespots zuhauf, in Kinofilmen oder auch im Radio. Sie spielen, wie Howard Roberts (* 1929), Rhythmus bei Duane Eddy, picken, wie Hank Garland (* 1930), heiße Licks bei Elvis Presley oder versorgen, wie Tommy Tedesco (* 1930) in der TV-Serie »Holocaust«, Musikpassagen mit passenden Klängen.

Lee Ritenour pflegt gern den Döntje zu erzählen, in dem ein hoffnungsfroher Junggitarrist Barney Kessel fragt, was man tun müsse, um ins Studio zu kommen. *»Erst mal brauchst du einen Parkplatz«,* antwortet der Meister.

Kessels Jokus trifft den Kern, denn Amerikas Studioszene ist gewaltig, ständig am Wachsen, unablässig Veränderungen unterworfen und allenfalls für den Experten überschaubar. Los Angeles braucht beispielsweise doppelt so viele Gitarristen für Plattenaufnahmen wie New York und ungefähr zehnmal so viele für Film und Fernsehen. Dafür wimmelt es im ›Apple‹ und in Chicago weit heftiger im Bereich der ›jingles‹, der berühmt-berüchtigten Commercials. Der Name Nashville spricht für sich selbst; Seattle, Philadelphia, Dallas und andere Städte zeigen Zuwachstrends.

Sind es im Mittelwesten, also in Chicago, hauptsächlich solche Studiogitarristen wie Ron Steele (* 1936) (der ›Marlboro‹-Gitarrist mit dem Thema aus »Die glorreichen Sieben«), Bobby Thomas (* 1948), der für Ford-Autos, McDonald's und so weiter spielt, so wie Pat Ferreri (* 1940), für United Airlines, Kentucky Fried Chikken, Bruce Gaitsch (* 1954) (»Sunkist et al!«), Byron Gregory (* 1954) (»...things go better with Coke!«) und Bob Roberts

(* 1935), der Jazzexperte mit Jobs für Mel Torme, Louis Prima, Tony Bennett und andere, so klingen die New Yorker Studionamen manchem Gitarrenfreund zum Teil schon geläufiger – David Spinozza (* 1949), Jay Berliner (* 1937), Eric Weissberg (* 1939) oder Bob Rose (* 1944), die Spezialisten für Platten- und Werbespotaufnahmen. Andere New Yorker Profis saßen oder sitzen in den Orchestergräben der großen Broadway-Theater, so zum Beispiel George Davis (* 1938) in dem Musical »Chorus Line«, Billy Butler (* 1924), der großartige Jazz-Senior, in »Hair« oder Dan Carter in »Oh, Calcutta!«. Wer kennt die Klänge, nennt die Namen? Andere wieder, Lee Ritenour, Howard Roberts, Sal diTroia (* 1941) oder Don Anone (* 1920), sind auch ›draußen im Lande‹ keine Unbekannten, aber ihnen geht es wie anderen vom Schlage Barney Kessels, oder Larry Coryells, wie Jerry McGee (* 1938) dem Rocker, oder Ben Benay (* 1940), der Steely Dan assistiert, oder auch wie dem Engländer Big Jim Sullivan (* 1941), der bei Tom Jones (* 1940) mitgearbeitet hat: Sie alle kennt man aus ihrer ›Öffentlichkeitsarbeit‹, ihren eigenen Platten oder Konzerten oder, Beispiel Eric Gale (* 1938), durch ihre Mitwirkung bei kommerziell erfolgreichen Auftritten anderer. Die Kurzbiographien der älteren Jazzgitarristen haben ja gezeigt, daß kaum einer ohne die harte Arbeit in den Studios seinem Instrument als Profi hätte treu bleiben können. Nur – unwichtig, wie das nun im einzelnen aussieht – die echten Studio-Fulltimer sind die unbekannten Malocher. *»Im Plattenbereich haben wir normalerweise drei ›Schichten‹ zu je drei bis vier Stunden«,* schilderte das Howard Roberts 1975, *»aber es gab Zeiten, in denen vier bis fünf solcher Studio-Dates ganz normal waren, während des Pop/Rock-Booms von Mitte der fünfziger Jahre an bis etwa 1970.«*

Einer, der wie heute kaum ein anderer davon ein Lied spielen kann, ist Tommy Tedesco, der Doyen in der Hochburg aller Studio-Profis, Los Angeles, älterer Kollege solch bekannter Gitarristen wie ›Mr. 335‹ Larry Carlton, Tim May (* 1954) oder Jon Kurnick und solch unbekannter wie Thom Rotella, Dan Sawyer, Mitch Holder oder Joe DiBlasi oder auch des Carlton-Beeinflussers Louis Shelton. Hier arbeitet auch oft Lee Ritenour neben Dennis Budimir (* 1938), Bob Bain neben Howard Roberts, und in Los Angeles sammelten

auch Barney Kessel, Al Hendrickson und Allan Reuss ihre großen Studioerfahrungen während der fünfziger Jahre.
Tedesco, seit über 25 Jahren die unumstrittene Nummer eins der Studioszene in L. A., bringt heute im Schnitt pro Jahr nicht weniger als eine Million Dollar heim und findet dennoch Zeit, an Hollywoods Guitar Institute of Technology (GIT) und für Yamahas örtliche Musikschule zu unterrichten, eine eigene Jazzgruppe in Ventura bei Los Angeles zu leiten, eigene Platten aufzunehmen, Kolumnen in Fachzeitschriften und – wie erst 1980 – ein Lehrbuch zu schreiben. Er sieht eher aus wie ein gemütvoller Mittfünfziger mit Kneipenkonzession, kaum wie jemand, dessen Lobeshymnen die gitarristische Welt nur in den höchsten Tönen singt. *»Einer der besten, wenn nicht sogar der beste Studiogitarrist der Welt«,* nannte ihn Joe Pass. Larry Carlton, der selbst immerhin bei Paul Anka (* 1941) und Joni Mitchell (* 1943) auf Plattenproduktionen mitwirkte, hält ihn für *»einen Genius und einen Gentleman – das Nonplusultra dessen, was ein Studiospieler sein sollte«.* Lee Ritenour findet: *»Immer wenn ich mit Tommy zusammenarbeite, bringt er mir wieder etwas bei.«* Herb Ellis meint, daß *»als Studiogitarrist Tommy als der beste gelten muß, mit dem ich je zusammengearbeitet habe... Seine technische Beherrschung des Instruments grenzt ziemlich sicher an Perfektion.«* Es sind die Besten ihres Fachs, die den Meister seines Fachs da ehren. Nur, was ist sein Fach?
›Spiel einfach wie Tommy Tedesco‹, heißt der gängige Schnack unter den L. A.-Studiogitarristen. Nur, was das zu bedeuten habe, kann der ›Segovia der Studios‹, wie DiBlasi Tedesco nannte, selbst nicht sagen, wenn er bekennt: *»Weil mein Beruf immer darin bestanden hat, wie jemand anderes zu klingen, wußte ich nach einer Weile selbst nicht mehr, wer ich als Musiker eigentlich war. Ich hatte keine Identität.«* Davon mögen vielleicht einige der Alben zeugen, die Tedesco in den sechziger Jahren aufgenommen hat; zwischen 1978 und 1980 aber entstanden LPs, die ihn nicht nur als souveränen Jazzmusiker ausweisen, sondern auch als einen Künstler, der auf allen Gitarrentypen gleichermaßen zu Hause ist. Er beherrscht nicht nur das gesamte Mainstream-Abc oder das Vokabular eines Herbie Hancock wie eines Louis Bonfa, sondern er komponiert auch selbst

und lieferte 1980 auch gleich noch eine LP mit solistischer Nylon-string-Gitarre (»Alone At Last«) ab.
Nur, Tragik des Studio-Anonymus, sein Name taucht nie in irgendwelchen ›Polls‹, den gedruckten Skalen öffentlicher Wertschätzung auf. *»Jay Graydon verdient sich im Jahr fast eine Viertelmillion, weil er auf Platten mitspielt, aber gewählt wird er nie. Dasselbe mit Dennis Budimir«*, sagt Tommy Tedesco. Aber *»Tommy Garrett ist immer wieder in den ›Playboy‹-Gewinnerlisten unter ›Jazzgitarre‹ aufgetaucht, obwohl ich der Gitarrespieler auf seinem Album mit den Fifty Guitars war...«* Und: *»Wenn ihr einen Poll haben wollt, gut, kein Problem; dann trommle ich eben 15 Gitarristen zusammen und sage: ›Wer ist hierin der Beste, wer darin?‹ Und dann entdeckt ihr, daß von den 15 Jungs einer der Beste in dieser Sparte ist, aber nur Vierter in jener oder sogar nur Zwölfter in noch einer.«*
Es ist aber auch die Bescheidenheit des anonymen Studioarbeiters, die ihn daran hindert, sich damit zu brüsten, in allen oder zumindest den meisten Stil-Straßen der oberste Hansdampf zu sein. Lee Ritenour gar erinnert sich, daß während einer Studiosession der unzweifelhaft reifere, erfahrene und souveräne Tedesco sich zu seinem Pult hinüberbeugte, Ritenours Notenbuch nahm, die Aufschrift ›Gitarre II‹ vom Etikett strich und durch ›Gitarre I‹ ersetzte. Und heute kämpft der Mann, der die Soundtracks für solche bekannten TV-Serien wie »Kojak«, »Rockford« und »Drei Engel für Charlie« mitbespielt hat, in seinen Seminaren gegen den wachsenden Trend unter den jüngeren Studiogitarristen an, Kameradschaft durch die Lust am Ausstechen von Kollegen zu ersetzen. Denn die Folge der neuen Haltung schadet der Sache: *»Da bricht immerzu das totale Chaos aus.«*
Tommy Tedesco hat unter anderem Frank Sinatra begleitet, Frank Zappa, Doris Day (* 1924), Joan Baez und die Beach Boys, doch zu bestimmten Rockalben ruft man die Tedescos alter Schule heute dennoch nicht mehr, weil, wie Tommy 1980 meinte, *»die Auftraggeber nur an solche Leute denken, die gerade ganz heiß in der Rockszene sind«*, und ansonsten *»ist mir völlig egal, welche Namen da heute aufgezählt werden, denn in vier Jahren werden wir sehen, daß in den Plattenaufnahmezirkeln wieder völlig andere Namen regieren. Da*

herrscht halt ständig Fluktuation. Aber in der Studioarbeit wie etwa im Bereich des Films, da kann sich niemand solche Wechsel erlauben, wenn es auf haarige Parts ankommt, und darum bleiben die Filmspieler ein bißchen länger dran. Ich will damit nicht sagen, daß diese jungen Leute etwa nicht qualifiziert wären – das sind sie durchaus –, aber sie werden geholt, um ihr ganz spezielles Ding abzuliefern.«

Eines der ›Geheimnisse‹ der Studio-Profis, besser: das A und O ihrer Arbeit, ist die Fähigkeit, im Vom-Blatt-Spielen perfekt zu sein. *»Man muß versiert sein im Lesen von Violin- und von Baßschlüsseln«,* verkündete 1979 lässig Lee Ritenour (*1952). *»Zwar kann es hin und wieder vorkommen, daß ein Gitarrist, der nicht lesen kann, im Studio Erfolg hat. Das sind dann aber für gewöhnlich nur Spezialisten und zahlenmäßig sehr wenige...«* Ein Jahr später erinnerte sich Tommy Tedesco an eine Begebenheit, die sich Jahre zuvor zugetragen hatte: *»Einmal sprachen Lee Ritenour und ich über das Spielen vom Blatt, also brüll' ich rauf zum Baßmann: ›Leihst du mir mal deinen Part?‹ Dann sag' ich: ›Okay Lee, also woll'n wir mal vom Blatt spielen. Fertig? One, two...‹ Da sagt er: ›Aber das ist ja 'n Baßschlüssel!‹ Und ich: ›Na ja, willst du denn das Zeug, wie wir's immer kriegen? Nein? Also lesen wir mal was, das es in sich hat.‹«*

Tedesco vergleicht die Kenntnis der Noten beziehungsweise der Töne auf dem Griffbrett, der Tempobezeichnungen und der Notenwerte mit den Fähigkeiten einer guten Sekretärin, blind zu schreiben: *»Oder haben Sie schon mal eine Sekretärin gesehen, bei der das so geht: ›Huch, meine Güte, wo ist denn hier bloß das ›A‹?‹«*

Und wenn zutrifft, was manch einsichtiger Chef von seiner Sekretärin zu vermelden pflegt, daß seine Arbeit ohne ihre flinken Finger allenfalls noch 45 Prozent wert wäre, dann paßt, was Tedesco sagt, genau: *»Das heißt Gitarre. So sollte ein Gitarrist sein – genau wie eine Sekretärin.«*

Die ›Sekretäre‹ der Gitarre sind die Studio-Profis, aber auch die ›Linienrichter‹ der Rhythmusgitarre. Ohne sie gibt es eben kein fertiges Produkt. Daß der Kunde nur dieses sieht oder hört, liegt nun freilich in der Einstellung zum Hergestellten: Wie die Fertigung von Platten vor sich geht, interessiert ihn in der Regel nicht.

Apropos ›Sekretärin‹: Wer von den ›Endverbrauchern‹ hat schon eine Ahnung von ›Nashville-Steno‹, wie es Ray Edenton (* 1926) und seine Country-Kollegen beherrschen, und könnte nach folgender Anweisung Kenny Rogers' Lied »Lucille« begleiten?

3 x)

Intro	1	1	1	1	
	1	1	1	1	
	1	1	1	1	
	1	1	5	5	
	2–	2–	5	5	
	2–	5	1	1	
	1	1	1	1	
	1	1	4	4	
	5	5	5	5	
1st Verse	[5	5	5	1	1]
Other Verses	[5	5	1	1]	
Chorus	1	1	4	4	
	4	4	4	4	
	4	4	4	4	
	4	4	1	1	
	5	5	1	1	
Modulate up a	[1	1]			

whole step after 1st chorus
(Intro V V C; Mod V C C Fade)

Duos, Trios, Quartette. Die Mehrgitarren-Besetzungen. »Wir dachten wie ein Gitarrist.« Bucky Pizzarelli.

Und wie er heute fließt, der McLaughlinsche Fluß jazzgitarristischer Evolution, und nicht nur für einzelne Spieler im gebündelten Licht der Punktscheinwerfer! Kurz angeführt wurden ja bereits die akustischen Gipfeltreffen von McLaughlin, Paco de Lucía und Larry Coryell beziehungsweise Al DiMeola, die Ende der siebziger, anfangs der achtziger Jahre Hunderttausende von Fans anzogen und auf eher leise, nuancenreiche Art und Weise demonstrierten, was heute im schubladenfeindlichen Jazz- und Fusionsbereich weit weg von der Vergottung einzelner Superstars geboten werden kann. Und beinah zur selben Zeit zogen unter dem Prädikat ›Great Guitars‹ die drei älteren Gitarrenmeister Charlie Byrd, Herb Ellis und Barney Kessel durch die Lande und lieferten einen swingenden Rundumschlag der Mainstream-Gitarre.

Diese beiden Dreierformationen stecken sozusagen den Rahmen ab für das heute real Machbare im Bereich der lebendigen, ausdrucksstarken Mehrgitarren-Besetzungen des Jazz, der mittlerweile über fünfzig Jahre an Mehrgitarren-Historie assimiliert hat. Und das bedeutet in allererster Linie runde fünfzig Jahre Jazzgitarre-Duos.

Einleuchtenderweise waren es zu Beginn unseres Jahrhunderts zunächst einmal Blues und Country-musik, die sich die Lust am gitarristischen Dialog zunutze machten, denn in beiden war das Instrument naturgemäß ›zu Hause‹, es war das Instrument dieser Gattungen, die portable Band, das Piano am Sattelknauf, Alternative zum Banjo wie dessen Nachfolgerin. Und so stammten denn auch die ersten akustisch aufgezeichneten Duos von solchen Blues-Teams wie Big Bill Broonzy und Frank Brasswell, von Memphis Minnie (* 1900, † 1973) und Joe McCoy, Willie Walker und Sam Brooks, Frank Stokes und Dan Sane, Charley Patton (* 1887, † 1934) und Willie Brown (* 1891). Gegen Ende der zwanziger Jahre klinkte sich Roy Harvey dann und wann aus des Banjoisten Charlie Pooles

(* 1892, † 1931) North Carolina Ramblers aus und tat sich abwechselnd mit Leonard Copeland und Jessie Johnson zusammen, um Symbiosen aus der weißen Salongitarren-Musik der Jahrhundertwende mit Bluestechniken der schwarzen Spieler zu erkunden, während dann die dreißiger und frühen vierziger Jahre von den Brüdern Alton (* 1908, † 1964) und Rabon Delmore (* 1916, † 1952) bestimmt waren, die mit ihren Kombinationen von Tenor- und Standardgitarren den Horizont für die Country-Picker jener Zeit absteckten.

Dann betraten Merle Travis und Les Paul die Szene und etwas später der dezidierte Travis-Jünger Chet Atkins *(»Ich hörte Merle zum ersten Mal, als ich fünfzehn war. Vom bloßen Hören konnte ich mir nicht vorstellen, was zum Teufel der da machte... Ich sah Merle erst mit zwanzig oder einundzwanzig«),* und heute gehören Chets Duos mit Travis, mit Les Paul, mit Jerry Reed, Lenny Breau, seinem ›ständigen Begleiter‹ Paul Yandell (* 1935) und schließlich mit Marcel Dadi (* 1952) zur absoluten Spitze virtuoser Country/Pop-Musik für zwei Gitarren – abgesehen vielleicht von David Grisman/Tony Rice oder Grisman/O'Connor, der jungen Garde des Jazzgrass und der ›Dawg‹-Musik.

Die wohl berühmteste ›Ehe‹ von Blues und frühem Popjazz, die zugleich den eigentlichen Beginn der Jazzduo-Geschichte markiert, wird Ende der zwanziger Jahre geschlossen. Der Italoamerikaner Eddie Lang (* 1904, † 1933), der alle anderen überstrahlende Star der Gitarre in den zwanziger und dreißiger Jahren, der bei Joe Venuti, Bix Beiderbecke und Paul Whiteman gespielt, unzählige Vokalisten begleitet und als erster demonstriert hatte, daß eine zartbesaitete Gitarre durchaus auch solistisch gehandhabt werden kann, tut sich 1928 und 1929 mit dem schwarzen Bluesspieler Lonnie Johnson (* 1894, † 1972) aus New Orleans zusammen, der stärker als alle anderen Kollegen Jazzelemente in seinem Spiel integrierte und deshalb die Kritiker jener Tage Lügen strafte, die da herumunkten, es sei ja wohl ein echtes Ding der Unmöglichkeit, einen schwarzen mit einem weißen Gitarrenspieler friedlich und musikalisch wertvoll unter einen Hut zu kriegen. Ganz im Gegenteil! Denn Eddie Lang, eigentlich Salvatore Massaro, war ungefähr so stark von europäi-

schen Einflüssen geprägt wie Johnson vom Jazz der Schwarzen. Also: Nicht der Jazzer Lang, sondern der Blueser Johnson war es, den Louis Armstrong sich 1927–29 als Sideman in seine Formation geholt hatte – vor Duke Ellington, der alsbald auf die gleiche Idee kam, und zwar aus rein musikalischen, keineswegs rassischen Überlegungen. Und gleichsam, um der Bluestradition des schwarzen Freundes seine Reverenz zu erweisen, nimmt Lang nun, als er sich mit Johnson auf die Duo-Arbeit einigt, ein reichlich schwarz klingendes Pseudonym an und nennt sich Blind Willie Dunn.
Ähnlich wie in den Country-music- und Blues-Duos waren auch in der Lang/Johnson-Crew die Rollen bis auf wenige Ausnahmen klar definiert: Lang, der ohne zu maulen des Kollegen größere Autorität in Blues-Dingen anerkannte, trat bewußt zurück und beschränkte sich weitgehend auf das Backup-Spiel mit Rhythmus, begleitenden Läufen, deutlich akzentuierten Baßfiguren und originellen Akzentverschiebungen, derweil Lonnie zumeist seine Soli auf einer Gitarre spielte, deren obere drei Saiten nach Art von Twelvestrings verdoppelt waren. In den wenigen Fällen, in denen Lang solistisch in den Vordergrund trat, hielt Johnson seine Begleitung ganz bewußt elementar: *»Eddie konnte seine Rhythmus- und Baßparts wie ein Pianist auslegen«,* meinte Lonnie viel später, er *»war der beste Gitarrist, den ich 1928 und 1929 gehört habe. Ich glaube, er konnte alles spielen, was ihm gerade in den Sinn kam.«*
1932 betritt mit Carl Kress (* 1907, † 1965) ein Mann die Duo-Szene, der bis zu seinem Tode sehr wahrscheinlich mehr als irgendein anderer für die Zweigitarren-Formation gewirkt hat. In dem einzigen Jahr, in dem er mit Eddie Lang bis zu dessen Tod zusammenspielt, treiben diese beiden die Entwicklung des Jazzgitarre-Duos voran, als wären es zehn Jahre gewesen: Denn während die Lang/Johnson-Stücke vorwiegend locker arrangierter Blues waren, in denen Lang hauptsächlich als Begleiter fungierte, sind jetzt die Lang/Kress-Duette durchstrukturierte Kompositionen, in denen Lang nun zeigen kann, was er vom Solospiel, also entspannten Singlenote-Exkursionen versteht. Kress, als ehemaliger Banjoist, gilt bald schon als einer der Akkordmelodie-Pioniere und bleibt bis heute anerkannt als einer der ganz großen Rhythmusgitarristen. Er stimmt

seine Gitarre in den oberen vier Saiten nach Banjoart a, d, g, c und in den Bässen F und B, so daß er den Tonumfang seines Instruments um eine verminderte Quinte erweitern kann.
Leider gibt es von den beiden nur zwei Aufnahmen, »Feeling My Way« und »Pickin' My Way«. Das erste Stück, ein melodiöses medium-tempo-Arrangement, wird von Lang im kraftvoll angeschlagenen Flamencostil eingeleitet, und nachdem die gesamte Zweivierteltkadenz ausgelegt ist, betont Kress die unterlegten Harmonien, indem er vor jedem Akkordanschlag eine Baßnote spielt, ganz nach Art des ›bum-tschik‹-Stride-Pianos. Es folgt ein Akkordsolo von Kress, während Lang ihn mit Baßfiguren, Singlenote-Läufen und Arpeggios unterstützt – verkehrte Welt, sozusagen.
»Pickin'« ist ein schnelles Stück, in dem Kress zugunsten eines hämmernden Vierviertel-Rhythmus auf den Stride-Baß verzichtet und dadurch äußerst viel Bewegung in sein akkordisches Spiel bringt, so daß er sich vielen Akkorden auf chromatische Weise nähern kann. Nach Langs Vorstellung des Themas spielt Kress ein swingendes Akkordsolo, dem Lang eine Baßlinie unterlegt. Wie groß Langs Einfluß war, läßt sich leicht erkennen, wenn man das Stück »High Flyer Stomp« von 1937 hört – eine Bearbeitung von »Pickin' My Way« der Western-Swing-Gruppe High Flyers.
Mit der 1934 beginnenden Zusammenarbeit von Carl Kress mit Dick McDonough (* 1904, † 1938) erfährt das Zweigitarren-Konzept einen weiteren Aufschwung, von dem vier Aufnahmen der beiden zeugen. McDonough, Experte im abwechselnden Spielen von Singlenotes und ***double-stops*** (zwei Saiten zugleich angerissen), absolviert alle Melodie-Solos in diesen Duetten, von denen immerhin drei Kress/McDonough-Originale sind; das vierte Stück ist eine Version von »Heat Wave« des Komponisten Irving Berlin (* 1888). Allen vier Stücken gemeinsam ist ihre größere strukturelle, harmonische und rhythmische Komplexität gegenüber den Arbeiten des Teams von Kress und Lang. Tempiwechsel, Modulationen und Rubato-Interludien nutzen die Möglichkeiten der Gitarre optimaler aus, als es die früheren, locker arrangierten Bluesmotive oder Improvisationen über andere Standardharmonien ermöglichten. So bieten die beiden nun Synkopen, die an die Arrangements von Big Bands erinnern,

indem sie three- und four-part-harmonies, straff organisierte Sätze spielen, wie sie später im Bereich des Gruppengesangs (und hier auch unter dem Terminus des ***close harmony singing***) durch Gruppen wie die Modernaires, die Hi-Lo's!, die Four Freshmen, die Double Six de Paris oder die King's Singers – und im Rock 'n' Roll gar von den Beach Boys (»In My Room«, »Betsy«) – populär werden und wie sie, so jedenfalls, unmöglich auf nur einer einzigen Gitarre gespielt werden könnten. Ihr »Chicken A La Swing« demonstriert diese Techniken – das Spielen von double-stops oder Dreiklängen auf der einen und von Singlenote-Linien auf der zweiten Gitarre – aufs beste. Die vier Stücke, die außerdem zu den beliebtesten Beispielen für erstklassiges Akkord-Leadspiel zählen, sind später transkribiert und bei Robbins Music veröffentlicht worden, wobei die Kress-Parts derart redigiert wurden, daß sie auch aus der Standardstimmung gespielt werden konnten. Für das ruhige, impressionistisch anmutende »Danzon«, in dem Kress seine Akkorde über die offenen F- und c- und später d-Saiten legt, muß die fünfte Saite in diesen Arrangements um einen Ganzton angehoben werden.
1937, dem letzten Jahr der Kress/McDonough-Kooperative, nehmen dann John Cali und Tony Gottuso (* 1917) sechs Duette auf, die zwar nicht so sensibel arrangiert sind wie die von Kress/McDonough, dennoch aber als Beispiele auch höchst origineller Lang-Style-Singlelines gelten können, die herzhaft gegen temperamentvolle Akkordsolos kontrastiert werden. Die Bearbeitung von Larry Clintons (* 1909) Big Band-Hit »A Study In Brown« und die Cali-Komposition »Hittin' On All Six« gelten allgemein als die eindrucksvollsten Aufnahmen der zwei. Drei Stücke, neben »Brown« und »Hittin'« noch »Satan Takes A Holiday«, sind – wie die Kress/McDonough-Titel und Lang/Johnsons »Hot Fingers« – auf dem Album »Pioneers Of The Jazz Guitar« zu hören, die drei anderen, »Swinging Guitars«, der spanisch inspirierte nichtjazzige »Bolero« und die griechisch-folkloristische Reminiszenz »Violetta«, sind bedauerlicherweise nur auf alten 78er Platten erschienen.
1938 stirbt McDonough an einer durch Alkoholismus begünstigten Lungenentzündung während der Arbeit in den NBC-Studios und veranlaßt den trauernden Freund und Kollegen Carl Kress, dem

Andenken seines Partners das dreiteilige Gitarrensolo »Afterthoughts« zu widmen. Doch Carls Duo-Sucht bringt ihn noch im selben Jahr auf ein einundzwanzigjähriges Studio-Greenhorn namens Tony Mottola (* 1918), der sich zu dieser Zeit als Hausgitarrist bei CBS seinen Lebensunterhalt verdient. Tony war ihm bereits bekannt, denn hin und wieder war dieser für McDonough eingesprungen, wenn jener aufgrund eigener Studioverpflichtungen bei NBC nicht seinen angestammten Duoplatz einnehmen konnte. *»Natürlich war ich begeistert, daß er mich fragte«*, entsann sich Tony dieser Einladung, *»und ich sagte sofort zu.«* Glücklicherweise sind die Kress/Mottola-Aufnahmen – auf der LP »Fun On The Frets« – erhalten geblieben. 1941 vom Radio aufgezeichnet, sind sie alles in allem etwas leichter gehalten als die Kress/McDonough-Einspielungen, enthalten dennoch aber eine beachtliche Portion Humor, wie die Stücke »Blond On The Loose« und »Sarong Number« zeigen. Die stilistische Bandbreite auf diesen zehn Stücken reicht von schnellen Swingnummern wie »Squeeze Box Swing« über das sanft exotische »Sarong« bis zur walzernden »Serenade«, und faszinierend ist es, beim Hören festzustellen, daß Mottola zwar das Gros der Soli hat, Kress aber als erfahrener und älterer Partner trotzdem stets die deutlich dominante Kraft bleibt. Alle Ingredienzien der Kress/McDonough-Zusammenarbeit finden sich auch hier wieder – three-part-harmonies und Tempiwechsel, balladenhafte Zwischenspiele und jede Menge Modulationen. Tony spielt fast ausnahmslos Single-note-Läufe, deren »Schärfe« in durchaus reizvollem Kontrast zu der relaxten Rhythmusarbeit von Kress steht. Immerhin scheinen die beiden ihre Arbeit so genossen zu haben, daß sie einige der Titel 1947 noch einmal aufnahmen, nun allerdings mit Klarinette, Baß und Schlagzeug.

1942 werden dann die Transkripte veröffentlicht, die Carmen Nicholas Mastren (* 1913, † 1981) und sein englischer Kollege Albert Harris gespielt, aber nicht auf Platte aufgenommen haben. Mastren, erfahrener Tommy-Dorsey-Sideman, verstand sich bestens auf Harmonien und Stimmführung, auf Schreiben und Komposition, und so bot das Gespann Mastren/Harris raffinierte four- und jetzt sogar auch ***five-part-harmonies***, die sie durch Überlagerungen von Dreiklängen und double-stops erzeugten. In den siebziger Jahren – Hommage an die beiden – nahmen Marty Grosz (* 1930) und Wayne Wright auf ihrer LP »Let The Fingers Do The Walking« (1977) das Mastren/Harris-Stück »Lament In E« auf, dessen Harmoniewechsel kräftig an Bix Beiderbeckes Klaviermusik erinnert.

Wenig tut sich dann auf dem Gebiet des Gitarren-Duos zwischen 1947 und dem Beginn der sechziger Jahre, wenn man von einem kurzen Zwischenspiel Bucky Pizzarellis mit Tony Mottola absieht. Der um sich greifende Rock 'n' Roll mit seinen Rhythmus- und Leadgitarren-Besetzungen treibt die Jazzgitarristen scharenweise in die Studios, der unaufhaltsame Aufstieg der elektrischen Gitarre bremst die Weiterentwicklung akustischer Duos ziemlich schlagartig. Und die Tatsache, daß bisher die leisen, weil ja unverstärkten Jazzgitarre-Duos ausschließlich (und gezwungenermaßen) in Radio- und Plattenstudios praktiziert hatten, mußte sich im anbrechenden Zeitalter des ›live‹-Kults auf Dauer unausweichlich als schweres Handicap erweisen.

Das wurde alles anders, als Carl Kress sich 1961 mit George Barnes zusammentat, einem der ersten Gitarristen nach Eddie Durham und Charlie Christian, der sich der E-Gitarre zugewandt hatte. Trotzdem, zu dieser Zeit gehörte George, damals 39 Jahre alt, noch immer zu den großen unterschätzten Assen des Jazz. Kress paukte Barnes quasi über Nacht aus dem Ghetto der Studios heraus und ließ den neuen Partner endlich zur Genüge demonstrieren, was da so alles in ihm steckte an schier unbegrenztem Einfallsreichtum als Melodiker und an totaler Beherrschung des Instruments.

Die Kress/Barnes-Union war die erste seit den Tagen Langs und Johnsons, die nun wieder voll improvisierte Chorusse spielte, und es war die erste, die elektrische Gitarren einsetzte. Typisch waren voll durcharrangierte Themen-Chorusse, dann ein oder zwei improvisierte Barnes-Chorusse, ein Kress-Akkordsolo, zu dem dann Barnes eine gedämpfte Baßlinie spielte und dann wieder das gemeinsame Thema.

Es war die Übernahme des elektrischen Instruments in das Jazzgitarre-Duo, das den Musikern nun endlich auch Live-Vorträge gestattete, die von den Besuchern der Clubs und Konzerthallen begeistert aufgenommen wurden. Vier Alben haben die beiden immerhin gemeinsam aufgenommen, darunter eines mit dem Tenorsaxophonisten Bud Freeman (* 1906) und ein ***play-along***-(Mitspiel-)Album, »Ten Duets For Two Guitars«, das dem interessierten Gitarristen zu Hause die Möglichkeit gab, George Barnes' Arrangements über Kress' erstklassiger Rhythmusarbeit nachzuspielen.

Vier Jahre nach Carl Kress' Infarkttod (1965) während eines Duo-Auftritts in Reno (Nevada) tat sich George Barnes mit dem vielbeschäftigten Studio-Profi Bucky Pizzarelli (* 1926) zu einer Kooperative zusammen, die drei Jahre währte. Bucky hatte eben seine erste Sevenstring-Gitarre erworben und suchte emsig nach Gelegenheiten, das neuartige Ding in der Öffentlichkeit ins rechte Licht zu rücken. Ziemlich logisch natürlich, daß die zusätzliche siebente Saite, eine Oktave unter der A-Saite, ein zugkräftiges Argument für den Einsatz im Duo bieten mußte, und in der neuen Verbindung verzichtete Bucky zumeist auf das Plektrumspiel und entwickelte dabei einen originellen Fingerpicking-Stil, den er nur gelegentlich aufgab, um per Plektrum für swingende Akkordgänge im Kress/McDonough-Stil zu sorgen. Der prallvolle Terminkalender mit Club-Jobs noch und noch ließ den einen für den anderen sehr schnell zu einer Art ›alter ego‹ herangedeihen, und ihr leider nur einziges Album, »Guitars Pure And Honest« (1970), ist ein ungewöhnliches Dokument dafür, wie perfekt zwei wesensmäßig doch so unterschiedliche Charaktere sich aufeinander einzuspielen vermögen. *»Wir haben nie was aufgeschrieben«*, erinnerte sich 1978 Pizzarelli, *»wir haben sogar getrennt geübt, weil wir tagsüber so eingespannt waren. Ich übte die Akkorde für einen Song, und George arbeitete an seiner Melodie. Dann, wenn ich ein Solo hatte, spielte ich das normalerweise in Akkorden, zu denen George die Baßlinie lieferte. Und wenn er Singlestring-Solos machte, spielte ich hinter ihm die Akkorde. Und wenn er dann und wann mal auf die Idee kam, irgendso 'nen ulkigen Schlenker an einen Schluß dranzuhängen, dann versuchte ich ihn auf der Stelle zu imitieren. Je mehr wir spielten, desto vertrauter wurden wir mit unserem Repertoire und der Spielauffassung des Partners. Wir hatten so einige Hundert Stücke in unserem Repertoire, aber durch drei Jahre allnächtlichen Zusammenspiels*

wurden wir damit dermaßen vertraut, daß wir wie ein Gitarrist dachten.«
Pizzarelli verließ das Duo 1972 und machte den Platz frei für Art Ryerson, einen Kollegen aus dem Sevenstring-Fach, dessen Spezialität brandheiße Akkordsolos und zuweilen sogar ganze Akkordpassagen in Flageolett waren, wie sie heute besonders Lenny Breau beherrscht. Leider hat diese Formation keine Platte hinterlassen. Wer freilich auf Sevenstring-Kaskaden in höchster Brillanz aus ist, dürfte an der Einspielung »2 × 7 = Pizzarelli« (1980) mit Bucky und Sohn John Pizzarelli (* 1961) beziehungsweise auf der LP »Green Guitar Blues« (1972; mit Tochter Mary Pizzarelli) mit Sicherheit Gefallen finden.
Mit dem Ende der Barnes/Pizzarelli-Verbindung kam das Ende der swingorientierten Gitarrenduos und mit ihm auch die Ablösung des regelmäßigen Vierviertel-Rhythmusspiels durch das pianohafte ***comping***, das im allgemeinen synkopierte, punktuelle Setzen von nur einem oder auch zwei Akkorden oder aufgebrochenen Akkorden unter eine Melodielinie, das der Methode ähnelt, wie sie beim akkordischen Stützen eines Baßsolos praktiziert wird. Und: Hatten bis zu diesem Zeitpunkt die Duo-Gitarristen mit voll durchkonstruierten, komplexen Arrangements gearbeitet, so zogen die neuen Gitarristen aus der jüngeren Bop-Tradition es nun vor, mit einem Minimum an arrangierter Vorgabe ein Maximum an improvisatorischen Freiräumen herauszuspielen.
Es war das 1972 gegründete Duo von Joe Puma (* 1927) und Chuck Wayne (* 1923), das als erstes die Türen in die neue Richtung aufstieß und mit seiner Konzeption länger als jedes andere Duo zusammenblieb – respektable fünfeinhalb Jahre. Mehrere Newport-Festival-Auftritte und das faszinierende Album »Interactions« (1973) fallen neben Aberhunderten von Jazzclub-Konzerten in diese Zeitspanne; das Repertoire umfaßte alles vom Jazzstandard über den Popsong bis zu Kostproben elektrisch zelebrierter Gitarrenklassik. *»Natürlich gibt es einige Dinge, über die wir uns erst einmal einig werden müssen«*, sagt Joe Puma 1974 zu der Arbeit dieses Duos. *»Erst mal das Thema, und dann vielleicht einige Akkordwechsel, um es zu verzieren. Nicht, daß das dann eine eiserne Verpflichtung*

darstellen muß, aber der Bequemlichkeit halber haben wir immer ein, zwei Sachen notiert. Dann, wenn wir das einige Male durchgegangen sind, legen wir das geschriebene Material beiseite, wenn wir sicher sind, daß wir's im Kopf haben.« Und Chuck Wayne ergänzt: *»Wir hören stets und ständig aufeinander; auch wenn wir uns unabhängig voneinander ausbreiten, sind wir uns doch immer bewußt, was der andere spielt, so daß wir immer in der Lage sind, die Gedankengänge beider zusammenzubringen. Dazu muß man wohl ein ziemlich erfahrener Spieler sein, ich meine in dem Sinne, daß man seine Harmonien kennt, Fähigkeiten für das Solospiel hat und außerdem auch noch die Baßlinien beherrscht.«*

Und noch etwas ist jetzt neu – das ›simultane Improvisieren‹, das gleichzeitige Spielen von Einzellinien, das häufig den dramaturgischen Kulminationspunkt in der Entwicklung des Duo-Stücks darstellt.

Dennoch: Es ist nicht die stilistische Symbiose zweier Gitarristen, die in den meisten Fällen das Gitarren-Duo zur Feinschmeckerei im Jazz macht, sondern ›the difference that counts‹ – der sattsam bekannte ›kleine‹ Unterschied, wie er beispielsweise zwischen 1972 und 1974 von den Veteranen Herb Ellis und Joe Pass (»Two For The Road«) in Clubs, bei Festivals und auf immerhin drei Alben vorgetragen wurde. Swingstandards, Blues, Bossas und Bop-Titel bestimmten das Repertoire der beiden, die zwar – etwa auf dem schier unfaßbar schnellen, kochendheißen »Seven, Come Eleven« auf der gleichnamigen LP – auch wie Puma/Wayne der Dramatik des Stücks durch rasante Simultan-Improvisation reichlich Auftrieb verschaffen, dennoch aber mit ihrer Entente zwei stilistisch äußerst unterschiedliche Konzepte unter ein Dach gebracht haben. Es ist interessant zu hören, wie Herb, der zuletzt auf der LP »Poor Butterfly« (1977) ja auch mit Barney Kessel und auf »Interplay« (1980) mit Cal Collins Duos spielte, den Unterschied im Zusammenspiel mit Joe beziehungsweise Barney charakterisiert, wenn er sagt: *»Sie beide sind großartige Spieler, was aber in sich noch keine Garantie dafür sein muß, daß das Endprodukt des Zusammenspiels mit irgend jemandem automatisch genauso großartig ausfallen muß. Es bedeutet nicht notwendigerweise, daß es den gewissen Funken oder diese* *gewisse vollkommene Essenz haben muß. Trotzdem habe ich das Gefühl, daß ich Glück hatte, weil ich das mit Joe wie auch mit Barney erlebt habe. Was den Unterschied zwischen den beiden angeht, so legen Joe und ich etwas mehr Wert auf das interplay, also das Spielen zur gleichen Zeit. Wir konnten zwei improvisierte Linien spielen, und was dabei herauskam, hörte sich an, als ob irgend jemand die ganze Nacht aufgeblieben ist und alles haarklein aufgeschrieben hat... Das machen Barney und ich wohl auch, aber ich meine, daß unsere Stärken woanders liegen. Weil wir beide den gleichen Hintergrund haben, kann es schon mal passieren, daß wir am Ende das gleiche spielen. Es ist unglaublich: Wir fangen an und spielen unsere Linien, die parallel verlaufen oder gegeneinander oder sich kreuzen, und nach einer Weile spielen wir praktisch die gleiche Phrase. Also, während Joe und ich unser Ding so bringen, müssen Barney und ich den arrangierten Teil unseres Repertoires in irgendeiner Weise ausarbeiten... Die Teile, die ich mit Barney spiele, sind mehr arrangiert als das, was Joe und ich spielen. Barney und ich betonen mehr das straight playing, bei dem ich ihn unterstütze und er Jazz macht, dann stützt er mich, und ich mache geradeaus Jazz. Es ist heißer, gerader Ab-durch-die-Mitte-Jazz.«*

Überraschend genug muß angesichts dieser 1978 getroffenen Charakterisierung erscheinen, daß bereits 1967 bei dem legendär gewordenen Guitar Workshop anläßlich der Berliner Jazztage Barney Kessel mit einem Gitarristen duettierte, der stilistisch von ihm ganz gewiß meilenweit entfernter ist als Joe Pass – mit Jim Hall nämlich, dem coolen Gitarren-Poeten; und daß ausgerechnet diesen beiden so grundverschiedenen Künstlern raffiniert ineinander verwobene Simultan-Improvisationen gelangen.

Die siebziger Jahre sind dann gekennzeichnet vom Beginn einer nie dagewesenen Blüte des Jazzgitarre-Duos in allen nur erdenklichen Spielarten. Gut zehn Jahre nach dem überraschenden Zusammenschluß des strikten Akustikers Charlie Byrd mit Herb Ellis für deren LP »Guitar/Guitar« (1963), erwies sich Letzterer, der wie die meisten der großen Jazzpicker nun für das Concord-Label von Carl Jefferson aufnahm, als der wohl rührigste Organisator immer neuer

Duo-Konstellationen, deren Hauptnenner – anders als im Zusammenspiel Herbs mit Joe Pass – doch wieder die Auflösung der symbiotischen Befreiung zugunsten der Trennung in Lead und Rhythmus war. Am deutlichsten wurde die Rückkehr zu dieser Rollenverteilung, als Ellis sich mit dem Doyen der Rhythmiker, dem Count-Basie-Begleiter der ersten Stunde, Freddie Green, für die LP »Rhythm Willie« (1975) zusammentat und dann Remo Palmier (* 1923) für das Album »Wildflower« (1978) aus den Studios holte und ihm damit den Weg zu seinem ersten Album unter eigenem Namen öffnete – nach mehr als dreißig Jahren Sideman-Praxis bei Nat Jaffe (* 1918, † 1945), Charlie Barnet (* 1913), Jack Teagarden, Billie Holiday, Coleman Hawkins, Charlie ›Bird‹ Parker und Dizzy Gillespie!
Zwanzig Jahre nach den denkwürdigen Duo-Einspielungen John Pisanos (* 1931) mit Billy Bean (* 1933) waren es Ende der siebziger Jahre neben diesen Ellis-Konfigurationen vor allem die Duos von Marty Grosz/Wayne Wright oder etwa der beiden eine ganze Altersgeneration voneinander entfernten Engländer Ike Isaacs (* 1919) und Martin Taylor (* 1956), die – ob nun von Christian oder Reinhardt herkommend – das verteilte Rollenkonzept Rhythmus/Lead ebenfalls pflegten, etwas, das in der Konstellation Jimmy Raney und Sohn Doug schier undenkbar wäre, zumal Chef wie Sprößling gleichermaßen ganz aus der Einflußsphäre der Bop-Bläser stammen und deshalb dem Singlestring-Lead und damit dem interplay, dem simultanen Improvisieren eindeutig den Vorzug geben. Gleiches gilt für die noch sehr junge Zusammenarbeit zwischen Raney sen. und Attila Zoller, die sich 1980 mit der LP »Jim & I« vorstellten.
Das Duo von Grosz und Wright nun, seit 1976 aktiv, ist nicht nur deshalb so attraktiv, weil Marty mit der Stimmung B, F, c, g, h, d eine interessante Kress-Variante etabliert hat, sondern weil mit diesem Duo ein neuer Trend auch von älteren Pickern bestätigt wurde, ein Trend nämlich, der unter dem griffigen Signum des ›Zurück-zur-Natur‹ fortan eine ganz neue Generation im Team spielender junger Picker anregen sollte, die kaum noch mit der Elle solider Mainstream-Abläufe zu messen sind. Es waren vor allem die Kooperationen des Zwölfsaiters Ralph Towner (* 1940) mit dem

Sechssaiter John Abercrombie (* 1944), die nun gänzlich neue Wege wiesen – nicht nur, was ihre musikalischen Strukturen betraf, sondern auch in bezug auf eine Vielzahl tonaler Färbungen in der Instrumentation, wie sie bis dahin akustischen Spielern verschlossen geblieben waren. Und hatte John McLaughlin gemeinsam mit Larry Coryell auf des letzteren frühem Album »Spaces« (1971) noch deutlich eine Hommage auf den großen Django ausgebracht (gleichwohl doch schon mit dem seither weltbekannten Markenzeichen einer Stakkato-Technik, die so blitzschnell mit ihren hammer-ons und pull-offs auf akustischen Stahlsaitengitarren noch nie praktiziert worden war – jedenfalls nicht im Jazzbereich), so brachen sich in den folgenden Zweigitarren-Besetzungen – beispielsweise Coryell/Steve Khan und später Coryell/Catherine – immer deutlicher zunehmend innovative Konzeptionen Bahn, die manche Kritiker Mitte der sechziger Jahre nicht einmal so unberechtigterweise zu dem Prädikat ›impressionistisch‹ greifen ließen. Es ging diesen Musikern immer mehr darum, *»Musik zu spielen, wie sie für Gitarren-Duos eigentlich nicht ›normal‹ ist«*, wie Steve Khan das ausdrückte. *»Ich entdeckte«*, ergänzte Larry Coryell 1978, *»daß zwei Gitarren besser sind als eine, und die Dialoge wie auch die Orchestrierung sind bei zwei Gitarren weit effektiver als bei vielen anderen Instrumenten.«* Und nochmals Khan: *»Als wir anfingen, spielte Larry den größeren Teil der Solos und ich die Begleitung. Aber das glich sich dann bald aus«*, wie beider LP »Two For The Road« (1977) ganz ohne Anspielung auf den Ellis/Pass-Titel aufs beste demonstriert: Synchrones Improvisieren, Ausgewogenheit der Funktionen, Einflüsse auch aus anderen Musikgattungen und, vor allem, ein möglichst großer emotionaler Gehalt sind mittlerweile die Prioritäten.

Ganz demonstrativ nannten 1977 die beiden jungen schwarzen Amerikaner Rodney Jones und Bruce Johnson ihr Debütalbum »The Liberation Of The Contemporary Jazz Guitar«, eine wahrhafte ›tour de force‹ auf zwei betont akustisch gespielten archtops. *»Der Sinn dieses Albums, von unserem Standpunkt aus betrachtet, ist der, die traditionellen Konzeptionen modernen Jazzgitarre-Spiels zu befreien und zu innovieren«*, schreiben die beiden zu ihrer Platte. *»Das soll freilich nicht heißen, daß die Formen, denen gegenwärtig von der*

Mehrheit zeitgenössischer Jazzgitarristen Ausdruck verliehen wird, nicht doch auch ihren spezifischen Wert hätten und nicht (auch von uns) anerkannt würden. Aber unser Versuch hier auf diesem Ausflug ist der, die für uns gültige Realität anderen darzustellen – nicht etwa als eine Art ultimativer, endgültiger Realität, sondern als eine zusätzliche Kraft, der zumindest die ungeteilte Aufmerksamkeit kritischer Ohren und eine Chance gegönnt sein sollte, von anderen so aufgenommen zu werden, daß sich ihnen etwas von der Freude mitteilen mag, die wir bei ihrer Schaffung empfunden haben.«

Es ist denn auch im wesentlichen die zweite Hälfte des 20. Jahrhunderts, die das – hauptsächlich akustische – Duo zu einer nie gekannten Blüte und Vielfalt in stilistischer wie auch geographischer Hinsicht bringt – logische Parallele zu den jüngeren und jüngsten Entwicklungen der Solo-Jazzgitarre.
In Frankreich beispielsweise sind es die Duos der Brüder Boulou (* 1951) und Elios Ferré (* 1953) und von Vincent Le Masne mit Bertrand Porquet, die die Spanne von Reinhardt bis zum zeitgenössischen Jazz abgreifen; in Norwegen sind es die beiden elektrisch wie akustisch spielenden Jazzer Jon Eberson (* 1953) und Knut Vaernes (* 1954), die sich ebenso zu Tal Farlow und John McLaughlin wie zu Bill Connors und John Abercrombie bekennen. In Südafrika präsentiert das Duo von Steve Eliovson und Johnny Fourie seine Jazzkünste auf akustischem Instrumentarium; im Südwesten der Bundesrepublik sind es Heiner Franz und Ernst Vöster, die *»der profilneurotischen Versuchung* (widerstehen), *aus dem Duett ein Duell zu machen, keiner hätte es auch nötig, dem anderen den Rang abzulaufen, jeder verfügt über eine grundsolide Technik, beherrscht Single-Note-Linien, runde Akkorde, Flageoletts und Montgomery-Oktaven gleichermaßen«*, wie Peter Michael Bitz im »Jazz Podium« vom Juli 1980 schrieb. Aus Köln kommen Thomas Müller-Pering (* 1958) und Ansgar Krause (* 1956), die – beide Schüler des in Aachen lehrenden japanischen Gitarren-Professors Tadashi Sasaki (* 1943) – aus *»Mangel an brauchbarer Originalliteratur«* gern schon mal ein Jazzrock-Original der holländischen Gruppe Focus in klassisch anmutende Gefilde verpflanzen. In der DDR setzt sich zuweilen der ehemali-

ge Expreß-Gitarrist Uwe Kropinski (* 1952) mit dem Prager Gitarristen Rudolf Dašek (* 1938) zu Jazz-Duos zusammen. Und seit über drei Jahren sorgen hierzulande der klassisch wie südamerikanisch ausgebildete Peter Horton (* 1941) und sein Duo-Partner Siegfried Schwab (* 1940) mit ihrem ›Guitarrissimo‹-Konzept zwischen Klassik, Jazz und exotischer Folklore für volle Säle und begeisterte Kritiken. Nicht weniger positiv begegnet Publikum und Presse dem jungen akustischen Jazzrock-Gespann von Martin Kolbe (* 1957) und Ralph Illenberger (* 1956) wie dem Jazzduo Callas von Joachim ›Jo‹ Rickfelder (* 1955) und Uwe Ziegler (* 1958). Und im Herbst 1980 entdeckte nach Coryell nun auch Meister McLaughlin frankophile Züge, als er sich mit Christian Escoudé, dem gallischen Senkrechtstarter unter den neueren Gitarristen, zum bilateralen Saitenschlag zusammenschloß.

Über 50 Jahre ist es her, seit Eddie Lang sich mit Lonnie Johnson zusammentat, um den »Two Tone Stomp« zu spielen. Und wieder einmal war der Jazz der Vater jener Dinge, die später auch zu solchen Duo-Duellen führten, in denen McLaughlin mit Carlos Santana oder George Harrison mit Eric Clapton und viele, viele andere Gitarrenbesetzungen auch im nicht mehr strikt jazzorientierten Spiel die engen Rollenfunktionen ablösten: Die Rock- und Folk-Duos sind heute Legion. Und längst, auch in den neueren Flamenco-Formationen, gilt hierarchische Beschränkung nichts, der befreite Dialog gleichwertiger Partner aber alles. Die völlig frei improvisierende Avantgarde, wie sie beispielsweise der Brite Fred Frith und der Amerikaner Henry Kaiser auf ihrer Duo-LP »With Friends Like These« (1980) darstellten, beweist das an einem Endpunkt der Entwicklung, wie sie sich heute, ganz im Geiste der achtziger Jahre zeigt – als Lust, auch die letzten Überbleibsel von Regelsystemen und Grenzen zu negieren.

Im Jazz – mit mehr als zwei Gitarren – ist das schon haariger und ungefähr so wie mit drei guten Freunden – einer könnte doch mal leicht der Dumme sein. Zumindest war dies lange Zeit eine weitverbreitete, fast unausrottbare Ansicht gewesen. Denn nichts ist zwar einleuchtender, als mehrere Bläser zusammenzustellen und zum Beispiel ***four-part-harmonies*** für einen Bläser-Summit zu spielen;

problematisch aber war es schließlich häufig schon für nur zwei Gitarristen mit ausgeprägtem Ego, sich, ungeschützt durch eine alles zusammenhaltende Rhythmusgruppe, zu koordinieren. Wie also sollte das mit noch mehr als zwei Gitarren gehen? Natürlich, schon in Djangos Hot Club lieferten zwei Maccaferris konzentrierten Rhythmus für eine Solo-Maccaferri, aber so funktionierte das ja auch, denn da wußte jeder von vornherein, wer da den Ton angab.
Zu wirklichem Rang und Namen gedieh das moderne Jazzgitarre-Trio denn auch eigentlich erst in den letzten Jahren, das heißt genau seit 1974, als der australische Promoter und Jazzfreak Kim Bonythan die blitzblanke Erleuchtung nach Concord in Kalifornien kabelte, man solle doch mal probieren, drei Leute unter einen musikalischen Hut zu bekommen, die es bisher – im Dreier jedenfalls – noch nie miteinander probiert hatten: Charlie Byrd, Herb Ellis, Barney Kessel. Neu und in jeder Hinsicht überraschend an der Gründung dieser Tournee- und Aufnahme-Crew der »Great Guitars« waren freilich nicht mehr die auskoppelbaren Duos, sondern die Trios dieser, von Ellis/Kessel abgesehen, so ungleichen Brüder im Jazzgeist, bei denen einer plektrumlos auf einer akustischen Ovation gegen zwei ausgefuchste Christianer anspielte und das auch heute noch mit Verve tut.
»Wir drei respektieren uns eben«, sagt Herb, *»und teilen ein intensives feeling für alles, was swingt.«* Und Barney ergänzt, es sei letztlich auch die langjährige Erfahrung jedes einzelnen, die es ihnen problemlos gestatten würde, buchstäblich alles zu dritt zu spielen, was ihnen gerade in den Sinn käme – Standards zum allergrößten Teil.
»Was besonders gut am Trio ist«, lobte Ellis 1974, *»ist die Tatsache, daß sich ein Solist total auf seinen Chorus konzentrieren kann, anstatt sich den Kopf darüber zermartern zu müssen, wie er so in den Schluß hineinkommt, daß er den fehlenden Part der Harmonien absättigen kann. So kommen einfach die beiden anderen Jungs 'rein und übernehmen gemeinsam den Ensemble-Part, während der Solomann nichts anderes zu tun hat, als an sein Solo zu denken. Ein anderer Vorteil besteht darin, daß Charlie bequem zwei Parts übernehmen kann, weil er Fingerstyle spielt, während Barney und ich die beiden anderen Einzelparts spielen, damit wir four-part-harmony bekommen.«*

Ökonomie ist hier alles. Denn zwar *»spielen wir bestimmte ausgearbeitete Intros, Interludien und Schlüsse, aber es ist nichts geplant, was die Länge eines Solos betrifft. Das hängt einzig und allein von der jeweiligen Stimmung ab. Vielleicht habe ich mal Lust, nur einen Chorus zu machen, vielleicht auch mal drei. Vier Chorusse sind für mich das Höchste der Gefühle. Danach möchte ich ein anderes Stück in einer anderen Stimmung haben«,* fährt Ellis fort und gibt damit eine Art »Programm« aus für alle Trio-Besetzungen – wie die schon erwähnten Akustik-Gipfel McLaughlin/Coryell/de Lucía beziehungsweise McLaughlin/DiMeola/de Lucía – bis zu der LP »Tributaries« von 1979, auf der wiederum Larry Coryell als Mehr-Gitarren-Förderer hervortrat, indem er zwei so unterschiedliche Musiker wie Joe Beck und John Scofield um sich scharte, um reinen Trio-Jazz, ohne Rhythmusgruppe, zu bieten. Die ›Great Guitars‹ spielen mit Joe Byrd (*1933) am Baß und John Rae (*1934) beziehungsweise Wayne Philips oder Jimmy Smith (*1938) am Schlagzeug, wobei Coryell zwischen sechs- und zwölfsaitigen Ovations wechselt, Beck und Scofield jedoch ausschließlich sechssaitige Ovations spielen.
Weit unbekannter hierzulande als die Besetzungen, von denen bisher die Rede war, sind die Mammut-Meetings mit mehr als drei Gitarren, also vor allem Quartette und Quintette. Für sie gilt fast nichts mehr, was an Richtlinien für Duos oder Trios noch verbindlich war, denn weder läßt sich, bei vollausgefahrener, geballter Gitarren-Power, in ihnen mit herkömmlichen Rhythmus/Lead-Verteilungen noch mit simultan gebrachten Singlelines arbeiten, ohne das Risiko hoffnungsloser Ton-Kuddelmuddelei heraufzubeschwören.
Das bekannteste Gitarren-Quartett, das sich um 1977 mit seiner LP »The Guitar Session« einer erstaunten Öffentlichkeit vorstellte, waren die »Guitars Unlimited« mit Jay Berliner (*1940), Richard Resnicoff, Jean ›Toots‹ Thielemans und Gene Bertoncini (*1937). Jay und Gene wechselten zwischen akustischen und elektrischen Instrumenten, ›Toots‹ und Dick blieben konsequent elektrisch, und die ganze Gitarrenmannschaft wurde, um von vornherein jeder Gefahr womöglich aufkommender Monotonie begegnen zu können, nicht nur von Schlagzeug (Richard Pratt), Baß (George Duvivier; *1920) und Piano (Roland Hanna; *1932), sondern zusätzlich noch

von den Bläsern Frank Wess (* 1922), Seldon Powell (* 1928), Mario Riveria und Joe Newman (* 1922) verstärkt.

Gitarren-Tutti gibt es bei den ›Gitarren mit unbeschränkter Haftung‹ denn auch so gut wie nie; Gitarren-Chases, von Bläserchorussen unterbrochene Alleingänge, lockern auf, das Zusammenspiel bleibt zumeist auf nicht mehr als zwei Gitarren begrenzt, so daß zwar fast ständig alle vier Gitarristen im Aufnahmeraum zusammensitzen, die erspielten Effekte aber über von Bläsern und Rhythmusgruppe unterlegte Duo-Gänge selten hinauskommen. Dies war die eine Lösung, die freilich genaugenommen ›nicht ganz stilecht‹ war.

Anders alle anderen mir bekannten Mehr-als-drei-Gitarren-Vereinigungen: Schon auf frühen Aufnahmen der four-part-harmonies-Sänger, The Four Freshmen (über die Stan Kenton sagte: *»Die klingen genau wie die Band... nein, die sind die Band!«*) hatte – man möge sich das Album »The Four Freshmen And Five Guitars« (1959) mal anhören – Jack Marshall mit strengen improvisationslosen Arrangements einen dichten gitarristischen Klangteppich unter den Gesang der vier Freshmen gewoben nach einer Art und Weise, die der Allround-Studio-King Al Caiola (* 1920) 1978 so beschrieb: *»Was wir hier* (auf dem Caiola-Album »Guitars, Guitars, Guitars« aus den frühen sechziger Jahren) *taten, war das, was ich immer die gute, alte Bratkartoffelmasche des Arrangierens genannt habe.«* Genau wie es dereinst schon Jack Marshall (* 1921, † 1973) praktiziert hatte, nahm sich auch Caiola gemeinsam mit seinen fünf Mitstreitern Tony Mottola, Don Arnone, Allan Hanlon (* 1918), Artie Ryerson und Al Cassamente *»die originalen Orchestrierungen vor, die von den berühmten Dance Bands früher gespielt worden waren, und schrieben sie ganz für Gitarren um. So hatten wir dann eine Gitarren-Saxophon-Section, eine Gitarren-Posaunen-Section und so weiter. Alle Parts waren, wie gesagt, für Gitarren umgeschrieben, aber... so, daß sie wie die Originalinstrumente klingen sollten. Dann nahmen wir Section für Section auf: Erst nahmen wir also die sogenannte Sax-Section mit fünf Gitarren auf, dann kamen die anderen Bläsersätze dran... Als wir die Sax-Parts machten, dämpften wir unsere Gitarren ab, um diesen typischen warmen Sound zu kriegen. Dann wurde*

Rhythmus dazugegeben, das Ganze überdubbt, und was am Schluß 'rauskam, klang wirklich ganz toll...«

In dieser Zeit übrigens – Al Caiola war United Artists verpflichtet – nahm er *»für RCA Camden die gesamte ›Living Guitar‹-Serie auf, für die ich meinen typischen E-Gitarrensound einsetzte; und hin und wieder benutzten wir sogar fünf elektrische und vier spanische Gitarren«.*

1974, immerhin ein Dutzend Jahre nach Al Caiolas numerischen Attacken gitarrensüchtiger Hypertrophie, machte auf dem Barclay-Label der französische Gitarrist Pierre Laurent mit seinem Gitarrenensemble von insgesamt vier, zuweilen fünf Instrumenten kurzzeitig in seinem Heimatland heftig Furore, als er ganz nach Art der Amerikaner auf seiner LP »Django's Dream« (1974) notengetreu dem belgischen Idol huldigte – mit Rhythmusgruppe. Ein Jahr später, wiederum der französischen Wertschätzung für die Gitarre zu Ehren, taten sich zufälligerweise auch unter dem Namen ›Guitars Unlimited‹ die Gitarristen François Lemaguer, Pierre Cullaz, Raymond Giminez, Victor Apicella und Tony Rallo zusammen, suchten sich eine hochkarätige Rhythmusgruppe dazu und lieferten auf vier LP-Seiten 28 Stücke ab, von denen das längste gerade knapp viereinhalb Minuten dauert. Die Kürze der Stücke, jede Menge Jazzstandards, leuchtet jedem ein, der wie Herb Ellis kein Interesse für chorusgeile Geschwätzigkeit hat: Solche Besetzungen klingen noch schneller ermüdend als die höchstens vier Chorusse von einer ›Great Guitar‹. Aber sie alle, Laurent & Co. wie die französischen ›Guitars Unlimited‹ sowie die japanische ›Super Guitar Fusion‹, hatten freilich gelernt von einem Mann, der bereits 1946 die Courage gehabt hatte, fünf Gitarristen vor ein Orchester – das von Earle Spencer – zu setzen und mit dieser elefantösen Gemeinde »Five Guitars In Flight« für das Tops-Label aufzunehmen – nämlich gemeinsam mit Barney Kessel, Arv Garison (* 1922, † 1960), Irving Ashby (* 1920) und Gene Sargent.

War im Titel dieses Albums bereits die Anspielung auf Charlie Christians Stück »Solo Flight« nicht zu überhören, so packte den Initiator dieses spektakulären Gitarrenvierers mit Steuermann, Tony Rizzi (* 1923), doch erst 1972 die ganz große Lust, sich beinah

Ton für Ton (und wieder zusammen mit vier Kollegen) des Christian-Œuvres anzunehmen. Das Resultat hieß gute drei Jahre später »Tony Rizzi's Five Guitars Plus Four Play Charlie Christian« (1976) und beschäftigte vor einer vierköpfigen Begleitgruppe neben Tony selbst die Gitarristen Tim May (* 1954) und Grant Geissman (* 1953) sowie Jimmy Wyble (* 1922) und Mike Rosati. Rizzis einziges Problem: Aus den eigentlichen Christian-Solos, die ja zuweilen nicht mehr als nur einen einzigen Chorus umfaßten, vollwertige Stücke zu basteln durch Hinzufügung raffiniert ausbaldowerter eigener Ergänzungen, die in jedem Fall alle Christian-Essentials enthalten mußten, um den Charakter der Originalpartien nicht zu pervertieren. *»Ich dachte, diese Solos waren an sich schon dermaßen stark, daß ich sie in jedem Falle zunächst mal übernehmen wollte«*, kommentierte Rizzi sein Vorgehen. *»Also notierte und arrangierte ich seinen Chorus voll aus und brachte ihn in 32 Takte. Ich hab' mich da ziemlich reingekniet, die zweiten 16 Takte unbedingt wie Charlie und keinesfalls wie Tony Rizzi klingen zu lassen.«* Und durchaus selbstkritisch: *»Ich weiß ganz genau, daß eine Komposition aus einem Guß sein muß, wenn sie eine geschlossene Einheit bilden soll; sie muß innere Bezüge, Verwandtschaften haben. Eine Möglichkeit, die zu bekommen, ist die Phantasie. Sagen wir mal, wir haben eine thematische Entwicklung von nur zwei Takten. Also kannst du diese beiden Takte beim Weiterschreiben variieren, ohne daß du die originalen Ausgangstakte aus dem Ohr verlierst. Indem ich dann also 16 Takte an Charlies Solos anfügte, versicherte ich mich immer wieder, daß man beim Hören meiner Intervalle ganz leicht Rückschlüsse zu Charlies ersten beiden Takten ziehen kann. Ich habe also nicht einfach nur abgekupfert, was er gemacht hat, sondern versucht, es wie eine natürliche Entwicklung wirken zu lassen...«*
Tony Rizzis Unternehmung in allen Ehren; doch was der Rezensent Don Menn schon im Juli 1976 an Tony Rizzis Experimenten bemerkte, das dürfte auch zweifellos einem ganz allgemeinen Eindruck beim Hören der Platte entsprechen – Leblosigkeit: *»Ein kleiner Verlust: Da alle Gitarren gleichwertig abgemischt wurden, fehlt jener so vertraute, plötzliche Schock, der sich von einer Sologitarre wie der Christians dann einstellt, wenn sie mit all ihren vertrauten und wun-*

derbar improvisierten Linien durch eine ganze Klangwand anderer Instrumente hindurchbricht.«

Erstaunlich daher, daß die japanische Vier-Gitarrenbesetzung ›Super Guitar Fusion‹ mit Shoji Yokouchi, Sadanori Nakamure, Toru Konishi und Takao Naoi plus Rhythmusgruppe eine Lösung gefunden hat, die der amerikanischen an Lebendigkeit allemal das Wasser reichen kann. Ihr Rezept: die Themen im Marshall-Sound, also vierstimmigen ***close-harmony***-Arrangement, die Chorusse aber von zumeist jeweils nur einer Gitarre ausgeführt, und zwar improvisiert.

Gerade dieser ›kleine Verlust‹ aber macht die Grenzen der zu großen Gitarrenbesetzungen deutlich. Denn wo sich drei Gitarren noch lange nicht in ihrer höchst lebendigen Spontaneität behindern, da zwingen die Mammutgruppen vor allem die freie Expressivität ins Prokrustesbett des starren, notwendigen Arrangements, der Reglementierung, die zwingend ist, um Unübersichtlichkeit, Gedränge und womöglich aufflackernde Mini-Positionskämpfe zu vermeiden. Experimente mit ganzen Gitarren-Orchestern – es hat sie vielfach gegeben – haben Zielsetzungen wie diese ad absurdum geführt. Von Jazz konnte hier wahrhaftig nicht mehr die Rede sein.

Was 1979 dem First Nashville Guitar Quartet mit Chet Atkins, der klassisch orientierten Kanadierin Liona Boyd (*1952), ihrem amerikanischen Kollegen John Knowles und dem Folk wie Klassik praktizierenden John Pell im unbegleiteten Gitarrenquartett gelang, nämlich verschiedene Gitarristen aus verschiedenen Musikstilen zu einem homogenen Ganzen zusammenzubringen, muß nicht notwendigerweise auch einem Jazzgitarren-Quartett oder gar -Quintett glücken. Vieles, was in anderen Gitarrenmusiken angebracht und notwendig ist, um sie erst lebendig zu machen, das strenge Arrangement etwa oder die totale Abkehr von der Improvisation, das führt in den Jazzgitarre-Mehrbesetzungen oft fast zwangsläufig zu jenen ›kleinen Verlusten‹, an deren Ende dann der Verlust des Ganzen stehen muß – des Jazz.

Elektrisches ist nun verpönt. Das Akustikgitarren-Revival. »Ich entdeckte, daß ich mit Nylonsaiten eine Menge Dinge machen konnte, die mit Stahlsaiten nicht möglich gewesen wären. Der Grund für die Wahl der Flamencogitarre statt einer klassischen ist der, daß sie ein Folkinstrument ist.«
Richard ›Duck‹ Baker.

›Duck‹ Baker (* 1949) ist gewiß ein Sonderling, was seine Vorliebe betrifft – Swing und Modern Jazz, querbeet alles von Jelly Roll Morton bis zu Dollar Brand auf ausgerechnet einem Flamencoinstrument zu spielen. *»Ich möchte noch heute am liebsten Dinge à la Eric Dolphy auf der Gitarre machen«,* gestand er 1980, *»sogar Dinge, die noch abstrakter sind. Ich denke, daß man, wenn man sich nicht dorthin begibt und wenn man keine Fehler dabei macht, tja, daß man dann auch keine Courage hat.«* Nun, ›Ente‹ Baker hat den Mut. Sein spanisches ›Hauptschätzchen‹ nennt er Lois, andererseits ist er nicht Purist genug, um nicht auch Doris zu bespielen – eine Martin steelstring acoustic.
Das mag einer von zahllosen Belegen sein für jenen weltweiten Trend zum akustischen Spiel, das nicht bestimmte Saitenarten diskriminiert, wohl aber von Klangumwandlungen in elektrische, sprich: synthetische, Impulse partout nichts wissen will.
Bleibt man zunächst noch in den nichtklassischen Gefilden, dann drängt sich förmlich noch einmal der triumphale Erfolg jener ›akustischen Gitarren-Gipfelkonferenz‹ auf, die, abgehalten von John McLaughlin, Al DiMeola und Paco de Lucía, 1980 und 1981 in Nordamerika und Europa Hunderttausende begeisterte. Vom »Guitar Player« im März 1981 nach ihrer am 5. Dezember 1980 in San Francisco abgeschlossenen (Live-LP »Friday Night in San Francisco«) ersten Tournee zum Roundtable-Talk gebeten, kam die Troika schnell zu den Essentials, die die neue große Lust am akustischen Spielen und Hören bestimmen: *»Man kann eine Elektrische nicht so*

spielen wie wir die Akustischen«, sagt etwa ›Alberto‹ (de Lucías Name für DiMeola). *»Du kannst zwischen Rhythmus- und Leadspiel auf einer akustischen Gitarre sehr bequem wechseln, nicht aber auf einer elektrischen. Es ist einfacher, ein Gespräch auf akustischer Basis zu führen.«* Ergänzung McLaughlins: *»Genau das ist der Punkt – die akustische Gitarre kann ganz einfach zuhören.«* Und darauf de Lucía: *»Diese Tour ist ein Siegeszug der akustischen Gitarre.«* Und wenn hier vom Siegeszug die Rede ist, dann meint das den des allenfalls über Mikrophone oder akustisch übertragende Transducers gespielten Instruments – im Falle dieses Trios sowohl der Stahlsaiten- (DiMeola auf Ovation Legend) als auch der Nylonsaitengitarre (McLaughlin auf Ovation Classic, de Lucía auf seiner Madrider Hermanos Conde).

Freilich, der Siegeszug akustischer Gitarrenmusik ist, bei aller Wertschätzung, nicht erst das singuläre Verdienst dieses relativ ›jungen‹ Trios. Schon anfangs der siebziger Jahre fielen in diesem Zusammenhang Namen wie Cat Stevens (* 1948), wie Crosby/Stills/Nash/Young, James Taylor (* 1948) oder Carole King (* 1943), was den weiten Bereich der Rockmusik betraf. Bei Country-Rock-Auftritten der Gruppe Poco, so wurde damals behaglich registriert, hätten nicht weniger als neun akustische Gitarren auf der Bühne gestanden. Und der gebürtige Engländer Bruce Bolen (* 1944), selbst ein angesehener Jazzgitarrist und im Hauptberuf Marketing-Manager der Gibson Company, führte schon vor zehn Jahren die plötzliche Überflutung der Szene mit akustischen ***flat-tops*** auf starke Country-Einflüsse und die Präferenzen der ›second-generation folk music‹ zurück. *»Wie ist dieser Trend entstanden?«* fragte im Sommer 1972 der amerikanische Musikjournalist John LaBella und gab gleich selber einer im Kern soziologischen Begründung Ausdruck: *»Vielleicht liegt die Antwort auf diese Frage in einer Gesellschaft der Veränderungen und damit auch in veränderten Auswirkungen auf musikalische Trends. Die Ära lauter Rockmusik brach in den späten fünfziger und sechziger Jahren an, als unser Land im großen und ganzen in einem Zustand der Ruhe war. Heute, mit einer inflationären Wirtschaft, mit dem Druck des* (Vietnam-) *Krieges und inneren Unruhen, ist aus einer beträchtlichen Zahl von Musikern eine Gruppe aufrichtiger Sozialkritiker geworden,*

die in der akustischen Gitarre das geeignete Mittel erkennt, ihre Botschaft wirkungsvoll vermitteln zu können.«
Was nichts anderes meint, als daß in jenen Jahre des Protestes das Instrument vorderhand als Begleit- und nicht als Soloinstrument Verwendung fand. Dies war die Zeit von Pete Seeger (* 1919), Arlo Guthrie (* 1947), Judy Collins (* 1939), Bob Dylan (* 1941) und Joan Baez (* 1941), von Ramblin' Jack Elliott (* 1931) und Phil Ochs (* 1940, † 1976) und vielen anderen. Typisch für das polarisationsfreudige Klima jener Jahre, daß Arlo Guthrie, dessen zur Gitarre begleitete Texte stets vom aktuellen politischen Motiv *»zur allgemeingültigen moralischen Forderung«* (Guthrie über Guthrie) führen sollten, vom Kollegen Phil Ochs (›Kipling der Neuen Linken‹) dachte: *»Er war ein gutes Beispiel für jemanden, der seine politische Aktion nicht in ihre moralische Applikation übersetzen konnte.«* Aussagen wie diese kennzeichnen eine amerikanische Perspektive, die von Woodstock (1969) reicht bis zum No-Nukes-Konzert (1979), wo über 100 000 junge Menschen mit musikalischer Unterstützung gegen Atomkraft protestierten.
Vergleicht man Biographien heute in den USA populärer Akustiker, dann fällt auf, daß viele von ihnen durch das unverstärkte Begleitspiel dazu angeregt wurden, nach Wegen ins akustische Solospiel zu fahnden. Andere hatte der vielstimmige Protest der jungen weißen Landsleute schnurstraks in die kundigen Arme und Hände der älteren schwarzen Blueser getrieben, während wieder andere Gitarristen schon weit vor ihnen und total unabhängig von aktuellen politischen Strömungen der sechziger Jahre in Nordamerikas Folklore-Geschichte geforscht und sich zur Aufgabe erkoren hatten, nach einer nationalen Evolution zu fahnden. Ihnen ging es um die ›living tradition‹ – um eine lebendige Tradition, an deren Erhaltung und Weiterwirken sie nun selbst als Kinder des 20. Jahrhunderts aktiv mitarbeiten konnten. Man denkt an Musiker wie John Fahey, Jerry Silverman, an Peter Lang, Robbie Basho, Leo Kottke, Dave van Ronk, Stefan Grossman – die eigentlichen Protagonisten des Akustik-Movements. Ihre Namen signalisieren eine Art Renaissance vor allem der acoustic steelstring seit Kriegsende, als die elektrische Gitarre ja nicht nur den Bluesern in Chicago jede Menge neuer

Möglichkeiten bot. John Fahey (*1939) kann für sich in Anspruch nehmen, der erste gewesen zu sein, der in der akustisch-solistischen Einöde der frühen Sechziger begann, aufbauend auf ›Altem‹ nach neuen Möglichkeiten zu suchen – wobei dieses ›Alte‹ für ihn ebenso indische Raga wie Gregorianischen Choral mitbedeutete. Er war es, der den Begriff der ›naiven amerikanischen Gitarre‹ geprägt hatte und zu einer lose definierbaren Schule führte.

Mit 13 Jahren hatte John auf einer Sears & Roebuck für 17 Dollar begonnen, *»die Mädels im Park wuschig zu machen«*. Der Youngster aus Takoma Park (Maryland) hörte Sam McGee (*1894, †1975) und endlos Bluegrass, als Zwanzigjähriger gründete er sein Takoma-Label; Michelangelo Antonioni (*1912) schätzte Johns Spiel dermaßen, daß er den Twen nach Rom einfliegen ließ: Fahey sollte die Partitur für Antonionis Film »Zabriski Point« (1970) bearbeiten – mit Erfolg. Dann zog es den selbsternannten ›existentialistischen Gitarristen‹ in den Blues-Süden, und 1971 schrieb Bob Groom in »The Blues Revival«, daß Fahey sich vor zehn Jahren aufgemacht habe, *»zu beweisen, daß ein junger weißer Bluesgitarrist... gut genug spielen konnte, um mit einem schwarzen Bluesmann verwechselt werden zu können«*. Ein Jahr vor Grooms Buch erschien Johns Magisterarbeit über Charley Patton (*1887, †1934) als eine der ersten wissenschaftlichen Studien über einen einzelnen schwarzen Blueskünstler.

Und doch die Politik. Denn ausgerechnet als die amerikanische Bürgerrechtsbewegung zu Beginn der Sechziger ihre schweren militanten Rückschläge erfuhr, betrieb der Gitarrist in den Südstaaten seine Forschungen: *»Ich war ein paarmal da unten im Gefängnis, ja. Weiße Polizei hielt uns häufig an, wenn wir in schwarzen Gegenden waren, und fragte uns, was wir da zu suchen hätten.«* Dann machte er Skip James (*1902, †1969) in einem Friseurladen in Bentonia (Mississippi) ausfindig, schrieb ins Blaue hinein einen Brief an *»Booker White, Old Blues Singer, Aberdeen, Mississippi«*, weil White 1940 eine Plattenseite mit dem Titel »Aberdeen, Mississippi« aufgenommen hatte, und erwischte sein zweites Quellenforschungsobjekt schließlich in Memphis – eine weiße Pioniertat in jenen Jahren, in denen rechte Falken wie George Wallace und Barry Goldwater allzuviel Einfluß haben konnten. Die erwachende Folkszene der frühen Sechziger interessierte Fahey jedoch nicht; ihn faszinierten die Möglichkeiten des Wiederentdeckens von Vorläufern. Heute – mit knapp zwanzig Alben in zwanzig Jahren, einem Sack voller dropped und open tunings, souveräner slide-Technik und guter musikalischer Allgemeinbildung – versteht er seine durchkomponierten Arbeiten am liebsten als ›Suiten‹ oder gar ›Symphonien‹. So stellt etwa sein »Stomping Tonight On The Pennsylvania/Alabama Border« auf der LP »Death Chants, Breakdowns and Military Waltzes« (1969) eine höchst subtil angelegte Collage dar aus Elementen der 6. Symphonie des englischen Komponisten Ralph Vaughan Williams (* 1882, † 1958), Motivschnipseln von Skip James, Gregorianischem »Deus Irae« und Hillbilly-Allusionen. John Fahey – eine lebende, spielende musikalische Enzyklopädie, die Martins, Bozos und hawaiianische Kona-Gitarren zu un-erhörten Klängen bewegt.

Takomas Fahnenträger neben John Fahey (der übrigens seine schwarzen Vorlieben zuweilen hinter dem Pseudonym ›Blind Joe Death‹ hervorlugen ließ) sind Leo Kottke, der frühe Robbie Basho und Peter Lang. Doch wohl eher zufälligerweise hält auch Leo Kottke Ralph Vaughan Williams für seinen ›ernsten‹ Lieblingskomponisten. Kottke aber spielte, meinte 1977 Jim Crockett im »Guitar Player Magazine« *»Bach... wie Buddy Holly, Beethoven wie Burl Ives. Dazwischen kommen dann Arbeiten von Musikern aus tatsächlich jedem denkbaren Genre: Protestsänger Pete Seeger, Twelvestring-Spieler Fred Gerlach, Klarinettist Jimmy Guiffre wie Musiken aus all den verstreuten Gegenden Amerikas, in denen Kottke je gelebt hat«*, also aus Georgia (wo Kottke 1945 in Athens geboren wurde), Oklahoma, Wyoming, Virginia, Michigan, Missouri oder Minnesota. Und wußte die amerikanische Öffentlichkeit anfangs der siebziger Jahre noch nichts Rechtes an Definitionen für den jungen Mann zu stricken – außer: ›am Rande des Kommerz angesiedelter, autodidaktischer Gitarrespieler‹, ›Pop-Virtuose‹, so möchten die Kritiker von ehedem ihn heute lieber unter ›Amerikas klassischen Gitarristen‹ ausgelobt wissen. Und Tom Murtha vom »Minneapolis Star« erging sich wortklingelnd im eitlen Rezensenten-Himmel: *»Kottkes*

Finger berühren irgendwie stets die implizite Logik des Gitarrengriffbretts. Seine unvorhersehbaren Melodien extrahieren dem Instrument eine Wahrheit, von der jeder Gitarrist zwar immer gewußt hat, daß es sie gibt, aber nie vermochte, sie für sich zu formulieren. Die Töne verharren im Geiste und kehren erst dann zum Hörer zurück, wenn er sie am wenigsten erwartet.«

Solch blumige Hudelei ist dem Twelvestring-Praktiker Kottke fremd. Wenn er spricht, spricht er über Musik und über Gitarren, und das mit der Gelöstheit des Könners. So benutzt er beispielsweise als slide eine Flasche Almaden Mountain Red Tafelweins. *»Aber trink den Wein bloß nicht. Biete ihn nicht mal deiner Gitarre an – die würde ihn auch nicht mögen. Die meisten dieser kalifornischen Rotweine sind nur deshalb so gut, weil sie alle in den gleichen Flaschen stecken. Dieses lange grüne Ding. Ein bißchen leichtgewichtig, denn eigentlich glaube ich, daß es einer Gitarre besser bekommt, wenn man mit etwas schwererem Bottleneck arbeitet.«*

Und auch sonst ist er ein Mann, der vor lauter Engagement für sein Instrument nicht aus der zurückhaltenden Rolle des Ratgebers herauskam: *»Sieh zu, daß du die Saitenknöpfchen so tief wie nur möglich in den Steg gedrückt bekommst. Das erspart dir einige ungewünschte Dissonanzen und gibt dir mehr Spielraum...«* Und: *»Das Beste, was man mit einer Gitarre tun kann, speziell mit einer zwölfsaitigen, ist, sie ein paar Jahre lang wie ein Berserker zu spielen. Wenn sie vielleicht auch nicht klingt, wenn man sie gerade neu hat – nach einigen Jahren schwerster Bearbeitung, merkwürdigerweise, wird sie's tun.«* Und noch konkreter: *»Sobald es Probleme gibt, was den Sound angeht, der aus deiner Gitarre kommt – und mit Zwölfsaitigen gibt's jede Menge –, kannst du mit einem albernen Stück Papier allerhand erreichen. Du kannst es zum Beispiel innen am Schalloch mit Tesafilm festkleben. Oder du nimmst ein großes Stück Papier und klebst es oben direkt vor dem Steg auf die Decke, so daß es ins Loch hineinflattern kann. Da entstehen ganz eigenartige Klänge... es verändert tatsächlich die stehende Wellenform: Wenn man verschiedene Bereiche des Schallochs abdeckt, entstehen entsprechend verschiedene Klänge.«*

Slide zu spielen brachte ihm John Fahey bei, der dem Twelvestringer demonstrierte, daß die Benutzung eines Bottleneck durchaus keine Domäne der Blueser sein mußte. Blues ist Kottkes Sache ohnehin nicht, und das Element der Improvisation wird von ihm genauso gemieden wie von Fahey: *»Erstens, weil ich dafür nicht begabt genug bin und zweitens, weil ich selbst davon nicht gern soviel höre.«* Und einleuchtenderweise vermeidet der Bozo-Experte Singlenotes, weil er meint, mit mehreren Noten läßt sich – speziell auf der Twelve-string – *»so viel mehr sagen«*. Dafür aber schätzt er den E-Akkord am meisten und findet, daß die D-, G- und H-Saiten *»hübsch und fruchtbar«* seien. Und außerdem sucht er nach übermäßigen Akkorden, die nicht klingen *»wie schalgewordener Gin mit Tonic und dieses ganze Zeug, was ich am Jazz nicht leiden kann, wenn er Cocktails mixt«*. Dennoch – trotz all solcher für ihn so kennzeichnenden griffigen Statements –, exakt einzuordnen ist er nicht, wenngleich er der nordamerikanischen Folkmusik wohl am nächsten steht: *»Ich ziehe es vor, meine eigenen neuen Stile zu erforschen statt die, die schon längst ›abgehakt‹ sind.«*

So oder so ähnlich könnte auch der wohl Exotischste dieser drei, Robbie Basho (* 1940), gesprochen haben, dessen Stil eine schier unfaßbare Symbiose aus klassischen, folkloristischen, aus Blues- und Flamenco-Elementen ist, aber auch aus den Ergebnissen von Forschungen, die ihn mit der Musik nordamerikanischer Indianer wie auch mit hinduistischen, japanischen und chinesischen Tonfolgen vertraut werden ließen. Robbie meditiert tagtäglich, kleidet sich vorzugsweise in exotische Gewänder, spricht von ›Hopi-Ragas‹, Navajos und dem Sitaristen Nikhil Banerjee: *»Der Spaß, den der Musiker hat, befähigt ihn, das in sein Spiel einzubringen, was ihm sein Geist sagt. Das ist im Grunde das Glück der östlichen Schule. Auch nur einen kleinen Teil einzubringen, vermittelt schon ein großes Gefühl. Sie tun das in westlicher Musik, im Jazz nämlich, auch... Das Ganze ist im wesentlichen eine Sache der Konzentration. Kannst du das Bild malen, das du dir vorstellst?«*

Auch für Basho war John Fahey ein wichtiger Anreger, der den früheren Flamencofan zur Stahlsaiten-Gitarre brachte. Heute wechselt er zwischen einer sechssaitigen Wyman und einer über hundert Jahre alten mexikanischen Zwölfsaitigen und verblüfft seine Anhän-

ger und Schüler immer wieder durch unorthodoxe Ideen und Praktiken. So schrieb er der kanadischen Stadt Vancouver eine »Twelve-string-Symphonie«, die »Lost Lagoon Suite«, in der er Faheys double-thumbing benutzt und schottische Elemente mit japanischen und hinduistischen mixt.
Eidotter, meint er nebenbei, seien das eigentlich probate Mittel zur Stärkung von Fingernägeln; und wenn er die Konzertbühne betritt, reibt er sich zunächst kräftig die Nase, denn: *»So kann ich das Öl auf meine Fingerspitzen bekommen, damit sie besser rutschen. Ich hab' Olivenöl und Safranöl ausprobiert, aber das funktioniert nicht. Womit es klappt, das ist das Kokosnußöl, wie es die Hindus benutzen, allerdings macht es sie für die Gitarre doch etwas zu rutschig. Das Fett auf der Nase ist gerade richtig.«*
Gilt Robbie Basho sozusagen als der Guru der ›ethnologischen Schule‹, so gebührt Dave van Ronk (*1936) aus Brooklyn nach wie vor der Titel ›Fingerpicking-Gründer des Blues- und Ragtime-Revival‹. Aufgewachsen mit einem ausgeprägten Faible für Kansas City, New Orleans und Chicago Jazz, entwickelte van Ronk (Kosename: ›Gitarren-Falstaff‹) parallel dazu eine für seine erste große Zeit – die frühen fünfziger Jahre – und für junge weiße Amerikaner eigentlich ungewöhnliche Faszination für schwarze Bluesküntler wie Furry Lewis (*1893), Mississippi John Hurt (*1894, †1966) und Josh White. Mit zwölf Jahren begann er Ukulele zu spielen, wechselte sehr bald zur viersaitigen Gitarre und zum Tenorbanjo, und auf beiden übte er sich zunächst kräftig im Vierviertel-Rhythmusschrubben nach Art seiner Oldtime-Idole. Doch schon früh in den Fünfzigern begegnete er dem Oldtime-Gitarristen Tom Paley (*1928) von den New Lost City Ramblers und erkannte prompt die Möglichkeiten des Fingerpicking: *»Anfangs glaubte ich, daß sich der Daumen der rechten Hand unabhängig bewegt. Das tut er nicht. Er bewegt sich in Koordination mit dem Zeige- und/oder dem Mittelfinger. Meine erste irrige Idee, eine, die mir reichlich Frustrationen eingebracht hat, war die, zu meinen, daß einerseits der Daumen die Baßsaiten abwechselnd anschlägt und die Melodie einfach mit den Fingern dazugelegt wird. Das stimmt aber nicht. Es geht um einen durch und durch koordinierten Effekt zwischen allen drei Fingern.«*

Dann, ebenfalls am Washington Square, war es der omnipräsente Reverend Gary Davis, der dem jungen Gitarrespieler die harmonischen Reize des Ragtime erschloß: *»Man fängt da in einer Tonart an und moduliert dann, glaube ich, eine Quarte nach oben. Also wenn man in A anfängt, führt das dann nach D, und wenn man in C anfängt, dann hilft nur noch der Liebe Gott, weil das F bedeutet. F ist aber zum Fingerpicking eine ganz vermaledeite Tonart, weil sie keine offenen Saiten für die Bässe bietet.«* Und so werden die eher ungewöhnlichen Ragtime-Tonarten Daves Hobby: *»Jeder, der sich an ›Maple Leaf Rag‹ versucht hat, hat's in C gespielt. Ich hatte aber Gary gehört, wie er sich's in A zusammenspielte. Da hab' ich nur gesagt: ›So haut's hin. Das ist es.‹«* Wie er überhaupt der Ansicht ist, daß die hoffnungsvollen Folkgitarristen von heute bedauerlicherweise an Second-hand-Vorbildern orientiert sind, die schon zu den Ablegern der zweiten oder dritten Generation gehören und gar nicht mehr vertraut sind mit den originalen Quellen: *»Statt ihren ›Candy Man‹ vom Reverend Davis zu lernen, lernen sie ihn von mir, obwohl in Garys viel mehr Facetten stecken als in meiner Version.«*
In New Yorks Café Bizarre trifft er die Sängerin und Gitarristin Odetta (* 1930), von der Dave geradezu begeistert war: *»Wenn sie gesagt hätte, ich sollte von der Brooklyn Bridge springen – ich hätt's gemacht«;* dann folgen In-Group-Jahre in der Greenwich-Village-Folkszene in der Gesellschaft von Bob Dylan, Tom Paxton, Joni Mitchell und sogar auch zeitweilig Johnny Cash, und 1963 gründet er mit Danny Kalb, Sam Charters und Banjoist Artie Rose die Dave van Ronk's Ragtime Jug Stompers; er nimmt Lieder von Joni Mitchell und Kurt Weill (* 1900, † 1950) in sein Repertoire auf, wirkt aus Geldnot in einer Rockgruppe, den Hudson Dusters, mit und verläßt die Band schnell wieder. Er will Solo-Mann sein, ein Songster, der alles von Jelly Roll Morton über Brownie McGhee bis zu Woody Guthrie spielt. Seine Passion für das Fingerspiel bleibt bestehen, obwohl die Anfänge auf einer Gretsch f-hole arch-top mit schweren Jazzsaiten eher mühselig waren: *»Als wenn du das Transatlantikkabel runterdrücken sollst.«* Dann kommt eine Gibson J-45, dann die J-200 und heute fühlt er sich am wohlsten mit einer Guild F-50, die er mit weichen Bozo-Saiten spielt.

Und wenn Dave auch in erster Linie als eminenter Verteidiger der Kunst der ›Alten‹ angesehen werden muß, so spricht er doch von einer ganzen Reihe von Fingerpickern, die erst in den siebziger Jahren die Bühne betraten, in höchsten Lobestönen. Am liebsten sind ihm zwei andere ›vans‹ – der holländische Ragtimer Ton van Bergeyk (* 1956) und der amerikanische ›stride‹-Gitarrist Guy van Duser (* 1948), über die Dave van Ronk sagt: *»Sie geben mir das Gefühl der Inkompetenz.«*
Ein ähnlich offenes Verhältnis zu den ›Jungen‹ wie van Ronk, wenn auch andere musikalische Wurzeln als er, hat Dan Crary (* 1939) aus Kansas City, der 1954 von seinen Eltern eine Gibson J-200 bekam, 1957 das Abitur machte, in Chicago Theologie zu studieren begann und zunehmend traditoneller Folkmusik lauschte, die Konzerte Pete Seegers und der Weavers besuchte – Fred Hellerman spielte Gitarre, Seeger hatte die Gruppe gerade für immer verlassen – und von 1960 an, er war wieder daheim in Kansas, außer für seine Gitarre fast ausschließlich fürs Studium lebte, das er mit Jobs in Musikläden und als Rundfunksprecher finanzierte; heute Doktor der Theologie, Professor für Rhetorik und Kommunikationswissenschaft an der California State University ist erwomöglich *der* jüngere und seriöseste Exponent der neueren flatpicking school. Dan, den die Musikpassion mit fünf Jahren anwandelte, als seine Mutter ihn in ein Konzert Fritz Kreislers (* 1875, † 1965) mitnahm, fand sich in den frühen Sechzigern in der gleichen Situation wie seine gitarristischen Generationsgenossen: Er wollte solistisch arbeiten, aber es gab kaum nennenswertes acoustic lead playing, an dem man sich hätte orientieren können. Flatpicking, das Steelstring-Spiel mit dem Blättchen-Plektrum (im Unterschied zu Daumen- und Fingerplektren), meint hier das country- und bluegrassorientierte Spiel, wie es einstmals die Carters, Jimmy Rodgers oder Doc Watson zu praktizieren pflegten, was im Falle Watsons insbesondere die Interpretation von fiddle-, also schneller Singlenote-Musik auf der Gitarre bedeutet.
Auf Doc Watson beruft sich Crary, ebenso auf Norman Blake (* 1938), aber durchaus auch auf Einflüsse der Gitarristen/Sänger-Bewegung der sechziger Jahre, insbesondere José Feliciano und in Europa auf den Iren Paul Brady (* 1942) und den ›unglaublichen‹

Schotten Dick Gaughan (*1948). Das Interesse am Transponieren von fiddle-Stücken nach Art Byron Berlines (*1944), der Bluegrass Boys, Tommy Jacksons (*1926) oder Curley Fox' (*1910) auf die Gitarre steht für Crary, der längere Zeit mit Berliner zusammengearbeitet hat, offenkundig im Vordergrund.

Als Dan Crary, längst auch angesteckt von dem Rhythmus/Plektrum-Leadspiel des Gespanns Lester Flatt (*1914, †1979) und Earl Scruggs (*1924), von seiner Gibson J-200 auf eine der Bluegrassmusik angemessenere Martin D-28 umsattelt, arbeitet er bereits in der Bluegrass Alliance, wo ihn Lonnie Pierce endgültig für die Fiddlemusik begeistert.

»Und er fing an«, erinnert sich Dan 1980 an Lonnie, *»Stücke à la ›Forky Deer‹ und ›The Dusty Miller‹ zu spielen, und plötzlich ging's mir auf: Das hier – also hier passiert wirklich Schwergewichtsmusik! Er brachte mir 'ne Menge bei darüber, was es an Musik für die Fiddle gab... Und das lieferte mir wenigstens eine Richtung für mein eigenes Spielen, die unschätzbar einflußreich gewesen ist.«*

Wie anderen auch, so hat ihm das frisch erwachte Interesse für die Fiddle dann auch den Einstieg in die Beschäftigung mit der irischen Folklore leichtgemacht: *»Ich habe verstärkte Hoffnungen, doch noch ein Album mit irischen Stücken zu machen, und ich möchte dafür ein paar waschechte, richtig lebendige irische Musiker haben. Ich möchte es mit Pfeifen, Fiddle,* (der irischen Trommel) *bodhrán und allem, was so dazugehört, aufnehmen.«*

Dan Crary benutzt – Sakrileg für Klassikgitarristen – zwar auch den Daumen der Greifhand, stützt dafür aber seine Rechte nicht mit dem kleinen Finger auf dem Schlagbrett auf, sondern ›verankert‹ das Handgelenk auf dem Steg, hält das Blättchen mit Daumen und zwei Fingern und beläßt den dritten und vierten Finger in der Handfläche: *»Ich berühre die Gitarrendecke nicht.«*

Ein akademischer Kollege besonderer Art ist Jerry Silverman (*1931), Sohn englisch-russischer Eltern aus New York City, der mehr Gitarrenbücher mit erheblicher Schrittmacherwirkung verfaßt, als Platten eingespielt hat. Seine Doktorarbeit schrieb er für die New York University 1955 mit dem Titel: »The Blues Guitar«. 1958 veröffentlichte er »Folk Blues«, sein erstes Buch. Und heute gilt

Silverman als der Forscher/Autor/Gitarrist schlechthin: *»Man muß eine folkorientierte Person in der einen Gehirnhälfte und ein akademisch trainierter Musikologe in der anderen sein«*, sagt er ohne jede Arroganz. Und: *»Mir ging auf, daß es ein enormes Plus war, Gitarrenmusik im Baßschlüssel lesen zu können. Anders ausgedrückt: Wenn Gitarristen ein Blatt mit Klaviermusik in die Hand nehmen und sehen, was sich in der linken Hand abspielt und dann jene Läufe auf die Baßläufe der Gitarre übertragen, dann sind sie sehr gut dran, wenn es darum geht, eigene Arrangements zu schaffen. Wie auch immer – Leute, die Klavierarrangements schreiben können, sind in jedem Falle trainierte Musiker. Man mag vielleicht nicht immer mit ihrer Wahl der Akkorde oder ihren stilistischen Tendenzen einverstanden sein, aber dennoch haben sie musikalisch allerhand zu sagen«*, entsinnt sich Jerry der Vorteile, die ihm das Studium von Harmonielehre, Kontrapunkt und Orchestrierung bot.

Doch mit dem akademisch soliden Grundstein und der Forschungsarbeit für seine Dissertation im Berufsgepäck sollte Silverman das eher betrübliche Aha-Erlebnis zuteil werden, daß es nämlich in Nordamerika und England so gut wie kein gedrucktes Material zum Thema des Blues gab und – verblüffend genug – daß die meisten erhältlichen Informationen ausgerechnet von deutschen und französischen Musikwissenschaftlern erstellt worden waren. Hier sah Jerry Silverman denn auch seine große Aufgabe – die Erschließung der eigenen Folkblues-Tradition durch die Veröffentlichung von Transkriptionen: *»Das Problem aber bei der Notation von Folkmusik – insbesondere von Blues – besteht ja darin, daß man der mündlichen Überlieferung in gewisser Weise Gewalt antut. Denn hier hat man es ja mit Musik zu tun, die von irgend jemandem singenderweise kreiert wurde, so daß womöglich, wenn sie das nächste Mal gesungen wurde, etwas völlig anderes herauskam als beim ersten Mal. Und wenn man etwas aufschreibt, dann friert man es auf der gedruckten Seite ein und erzeugt damit vielleicht mehr Gewicht, als wirklich da ist.«*

Sein Kollege Dave Laibman (* 1942) kennt diese Sorgen auch. Dave, aus New York, drückte sich dereinst genau wie Dave van Ronk und so viele andere sonntags auf dem Washington Square im Village herum, um dort den Gitarrespielern Löcher in die Bäuche zu fragen.

Das Singen ließ er ganz schnell sein, als er die niederschmetternde Entdeckung machte, daß nicht nur er selbst seine Stimme zum Steinerweichen schrecklich fand. So wurde der Ragtime seine große Liebe. Im englischen Oxford, wo er für ein Jahr studierte, traf Dave den Pianisten Keith Matthews, der ihn zu ersten Ragtime-Transkriptionen für Gitarre anregte. Und in einem Pub, etwa 70 Meilen von London entfernt, traf er dann einen norwegischen Seemann, der Klarinette spielte – vom Blatt. Als die Kneipe schloß, gingen die beiden zu dem norwegischen Schiff zurück und jammten dort stundenlang: *»Das eigentlich Überraschende an der Sache* (daß Laibmann vom Klarinettisten-Blatt spielte) *war ja, daß Gitarre und Klarinette genau die gleiche notierte Reichweite haben. Der tiefste Ton auf beiden Instrumenten ist das E.«*
Mit seinem Cousin, dem Gitarristen Eric ›Rick‹ Schoenberg (* 1946), beginnt Dave dann 1966 auf Anregung van Ronks im Duo zu spielen. *»Dieser sah«,* erinnert sich Laibman 1976, *»daß ich eine Menge Probleme mit einigen Solos hatte und schlug darum vor, daß ich mir die Arbeit mit jemandem teilen sollte... So fing das mit meinem Cousin Rick an, und wir verwarfen von Anfang an die alte Rollenverteilung von Rhythmus hie und Melodie da. Beide Gitarren hatten integrierte Jobs.«* Die Begegnung mit des Stockhausen-Schülers Joshua Rifkins (* 1944) Piano-Rag-Interpretationen (er hat zum Beispiel das Gesamtwerk von Scott Joplin eingespielt) bringt Dave und Rick dann vollends auf den Kurs, Gitarrentranskriptionen von Piano-Rags zu schaffen – was, laut Laibman, wieder die guten, alten Probleme aufwirft: *»Also, Gitarre und Klavier sind schon sehr unterschiedliche Instrumente. Das Klavier bietet nun mal einfach Möglichkeiten, die der Gitarre verschlossen bleiben müssen. Darum lassen wir aber auch die Hände von den ›pianistischsten‹ Rags, also solchen, die einfach aufgrund besonderer Effekte unmittelbar vom Klavier abhängig sind. Ist doch klar, daß wir solche Dinge nicht machen können – also zum Beispiel etwas eine Oktave höher zu wiederholen und dann noch eine Oktave höher und immer noch eine Oktave höher.«*
Tanskriptionsprobleme kennt jeder Gitarrist, der Traditionen erschließen will. Ob nun Segovia einen mexikanischen Folksong sei-

nen Möglichkeiten anpaßt, ob Yepes mit der Zehnsaitigen glaubt, Lautenoriginalen halbwegs gerecht werden zu können oder aber, ob die jüngeren Amerikaner des fingerstyle revival Fiddle- oder Klavierstücke auf ihre Instrumente überschreiben – was an Adaptionen, an Transkriptionen entsteht, muß wohl als folkloristische Kunst ›in its own right‹ betrachtet werden: Diese Stücke stehen ganz und gar auf ihren eigenen Beinen und bedürfen keineswegs der ständigen Referenzierung. Sie sind die besagte ›living tradition‹, und ihre Interpreten sind namentlich kaum noch zu überblicken. Die Protagonisten sind, hoffentlich, größtenteils genannt, jeder von ihnen repräsentiert im akustischen Bereich eine bestimmte Richtung zwischen Folk und Jazz, Bluegrass und speziellen Mischformen.
Zwei Gitarristen verdienen dennoch größere Aufmerksamkeit, will man sich nicht selbst der fahrlässigen Lückenhaftigkeit zeihen. Denn beide haben auch, jeder auf seine Art, erheblichen Anteil an der Weiterentwicklung des akustischen Spiels – der eine, Jody Stecher, weil er durch sein Interesse an allerlei exotischem Instrumentarium die Möglichkeiten im Folkbereich entschieden erweitert hat, der andere, Guy van Duser, weil er heute angesehen werden muß als wahrscheinlich *der* junge Schrittmacher für die Nylonstringgitarre vom frühen Folk bis hin zum Swing – ein Novum, denn es gibt nicht sehr viele Amerikaner, die sich auf dem weiten Feld der Folkmusik solistisch auf gutstrings auszudrücken pflegen, sieht man von gelegentlichen Ausflügen eines Steve Hancoff, Jackie King, Michael Gulezian oder des Exotik-Puzzlers und Gitarrenbauers Wilburne Burchette (*1939) einmal ab. Das fingerstyle playing von Dale Miller, Dick Fegy, Artie und Happy Traum, das des Duos Dudley Murphy und Adam Granger, aber auch das eines Steve Goodman (*1949) oder David Bromberg (*1946), der sich Ende 1980 mit allerhand Trara aus der gitarristischen Öffentlichkeit zurückzog, um sich ganz dem Studium der Geige zu widmen, wird zu gut und gerne 90 bis 95 Prozent auf Stahlsaiten ausgeführt. Ansonsten hält man sich bei der Konzertgitarre im großen und ganzen an die Faust- und Fingerregeln des klassischen Spiels. Und das ist eine (vergleichsweise) leise Kunst, die jedenfalls nur in sehr seltenen Fällen der folkloristischen Gesangsbegleitung dient.

Nun, Guy van Duser, 1948 in New York geboren, gilt seit spätestens 1971 als der einsame Spielmacher dessen, was er selbst – in Anlehnung an den stride-Stil nach Art von Pianisten wie Fats Waller (* 1904, † 1943) oder James P. Johnson (* 1891, † 1955) – ›stride guitar‹ nennt: *»... eben etwas nach Art dieses Piano-Stils... der innerhalb formalisierter Umgebungen ziemlich festgelegte Solos hat, oder, auf der anderen Seite, etwas wie Teddy Wilsons* (* 1912) *Stil eine improvisierte Melodie über ein System von swingenden Baßseptimen zu legen.«* Mit elf Jahren begann der Sohn einer studierten, praktizierenden Konzertpianistin und eines passiven Big-Band-Fans Gitarre zu spielen, damals noch mit dem Plektrum, bis er 1962 Chet Atkins' LP »Finger-Style Guitar« hört, die ihm Rätsel aufgibt. Dann sieht er ihn im Fernsehen, wirft das Plektrum fort und schuftet drei Wochen lang an der Koordination beider Hände: *»Mein größtes Problem waren die Baßnoten: Ich entdeckte, daß er seine Linie hielt, indem er seinen Daumen unablässig vor und zurück bewegte«,* erinnert sich Guy an Chets Technik. Dann geraten George van Eps, Howard Roberts und Merle Travis in seinen Hörbereich, und im Banne der Beatlemania greift er kurzzeitig zur E-Gitarre, die er allerdings nur mit Daumenplektrum spielt. Rhythmusgitarrist in Guys damaliger Band war Craig Anderton, heute ein emsig publizierender Experte in der Gitarrenelektronik. Parallel dazu arbeitete der junge van Duser in einer Gruppe mit Drums und Bläsern, in der er auf seiner Gitarre Rhythmus-, Solo- und Baßaufgaben zugleich zu erfüllen hatte.

Am Oberlin College in Ohio studiert er Kunst und Graphik, kämpft dort vergeblich um die Installierung eines Gitarrenkurses und begnügt sich deshalb mit drei Jahren äußerst nützlicher Theorie- und Harmonielehre-Lektionen. Er lernt Eric (›Rick‹) Schoenberg kennen, der ihn mit Ragtime-Arrangements, aber auch Dixie- und irischen Fiddlestücken vertraut macht und dabei klarstellt: *»Ein Pianist im vierten oder fünften Studienjahr sollte es schaffen, sich durch etwas wie Scott Joplins ›Maple Leaf Rag‹ zu kämpfen, und zwar ohne große Probleme; aber bei der Gitarre spricht man dann davon, daß alle Finger beider Hände gebraucht zu werden hätten. Und damit ist das Stück ein ausgewachsenes klassisches Gitarren-*

stück, wenn man es richtig angehen will.« Guy spielt längst die Konzertgitarre, benutzt allerdings schon mal den linken Daumen für eine Baßnote und setzt auch den kleinen Finger der rechten Hand ein, wenn's kompliziert wird. Gitarrist Peter Kairo, der van Duser für seine regionale Ragtime-Radioshow herangeholt hat, überredet den Nylon-Picker zur Teilnahme am ersten (und einzigen) Gitarren-Festival in New Hampshire (1971). 70 Gitarristen sollen jeweils acht Minuten lang vortragen, was immer sie wollen; Guy begreift flink, daß der Ragtime-Trip voll ausgebucht ist und entschließt sich spontan, etwas zu liefern, was bisher noch kein Mensch gehört hat: ein eigenes, kurz zuvor fertiggestelltes Arrangement von John Philip Sousas (*1854, †1932) Hymne »Stars and Stripes Forever«. Er gewinnt den ersten Preis, was nicht verwundert: Der junge Intellektuelle mit der Gitarre hatte Sousas Arbeit bis aufs i-Tüpfelchen transponiert, es fehlte nichts, nicht mal die kontrapunktisch verwobene Piccoloflöten-Stimme. Auf seiner Debüt-LP »Finger-Style Guitar« (1976) bot Guy den Titel dann nochmals als krönenden Abschluß des Platteneinstands – allerdings als Live-Mitschnitt, um Unkenrufe zu parieren, die meinten, die »Stars« kämen unmöglich aus nur einer Gitarre. Schon vor Erscheinen des Albums hatte ein pfiffiger van-Duser-Schüler einen Bandmitschnitt des Stücks stibitzt und ihn erst dem Gitarristen John Knowles vorgeführt, der dann seinerseits damit zu Chet Atkins sauste. Prompt holte dieser den jungen Wahl-Bostoner nach Nashville und präsentierte seinen neuen Schützling stolz all den Männern, die zu van Dusers Idolen gehörten: *»Denen hab' ich einfach alle meine Märsche vorgespielt«,* erinnert sich jener. Später – ein Vorbild wird zum Bewunderer – führte Chet Atkins die van-Duser-Kompositionen auf und Jerry Reed (*1937) spielte sie gar mit fünf Gitarren ein.

Jody Stecher (*1946) gilt als der Innovator, der die Folkgitarre mit schier unglaublichen neuen Impulsen versorgt hat, ihr den Hals gewissermaßen gen Osten drehte: *»Wenn ich spiele«,* sagt der Mann aus Brooklyn 1980, der wie so viele junge Leute zuerst auf dem Washington Square Gitarre gespielt hat, *»dann beschreite ich stets die feine Linie zwischen Intuition und Planung, und beide scheinen sich immer zugleich einzustellen. Ich kann zwar erklären, was ich tue,* *aber das ist nicht der dominierende Teil meines Bewußtseins, während ich es tue. Ich versuche meinen Schülern zu zeigen, daß der Teil in ihnen, der denkt, nicht identisch ist mit dem Teil, der spielt.«* Für ihn ist das Entscheidende, das alle Musik mit der ihr eigenen Wirkungskraft versieht, vergleichbar dem indischen Konzept des rasa. *»Rasa«*, sagt Jody, *»ist das, was einer Raga das Leben einhaucht... Essenz, Gefühl, Seele.«*

Jody, wohl der Hauptexponent jener traditionsorientierten Musikfreunde, die im Norden Kaliforniens, in Oregon und dem Staat Washington wirken, ist ein Ex-Mitglied der New York Ramblers, zu deren Mitgliedern zu verschiedenen Zeiten unter anderem die Gitarristen Eric Thompson und Jon Scholle, der Fiddler Gene Lowinger und Amerikas Mandolinen-Idol David ›Dawg‹ Grisman (*1945) gehörten. Stechers Spezialität war die mountain style music, dann kam Bluegrass hinzu, eine Passion, zu der ihn vermutlich der Greenbriar-Mandolinist Frank Wakefield (*1934) gebracht hatte. Damit nicht genug: Jody Stecher nahm an Impulsen auf, was ihm unterkam – die Musik der Bahamas, Cajun, Mexikanisches wie Irisches und nord- wie südamerikanische Indianermusik. Er studierte in New York bei Ravi Shankar Sitar, in Kalifornien bei dem indischen Eklektiker Ali Akbar Khan und später längere Zeit bei dem Inder Z. M. Dagar, der ihn in die Geheimnisse einer Baß-Sarod (dem Sursringar) einweihte. Daneben spielt Stecher diverse Fiddles, die er von dem Gitarristen/Multiinstrumentalisten/Sänger David Bromberg (*1946) bekommen hat, dann einen Oud aus Damaskus, die Sarod, sein altes, über hundert Jahre altes Gatcomb fretless Banjo, dann eine Martin 1-21 (*»Die ›1‹ kennzeichnet eine Martin, die eine Nummer kleiner ist als normal* [= *›0‹*]«, erläutert er), die er 1960 für lumpige zwölf Dollar erstand, und schließlich eine höchst ungewöhnliche Gitarre aus der Wunderwerkstatt von Peter Biffin und Greg Smallman in Wentworth, Australien: Das Instrument hat einen handgeschnittenen Rosenholzrücken, gewölbte Rosenholzseiten und eine Zedernholzdecke sowie zwei kleine Schallöcher in Höhe des Griffbrettendes. In der Tat ist Jody Stecher ein Allroudinstrumentalist, dessen Herz für den Orient schlägt; dennoch aber wird er in erster Linie als Gitarrist gesehen, und zwar als ein in jeder

Bauteile einer akustischen Gitarre (Martin D-28)

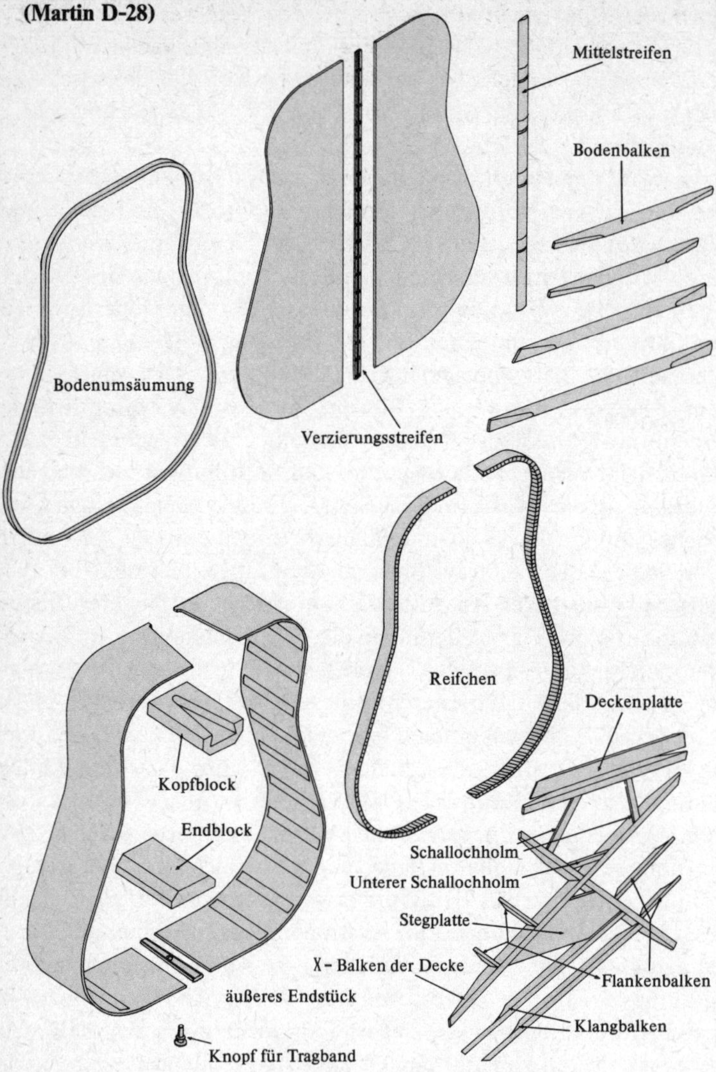

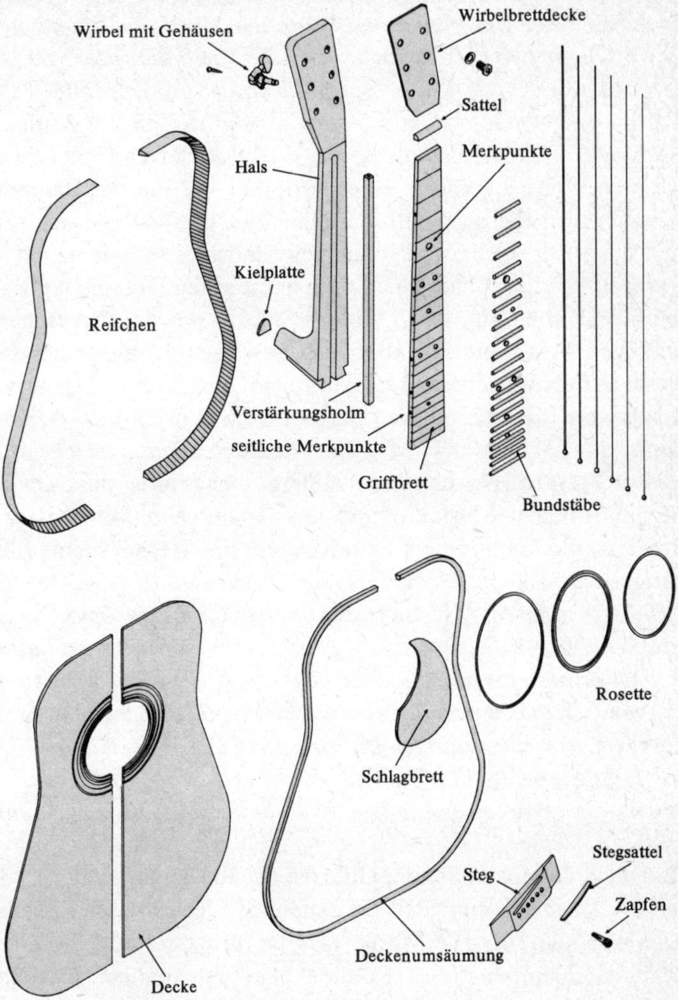
Wirbel mit Gehäusen
Wirbelbrettdecke
Sattel
Merkpunkte
Hals
Kielplatte
Reifchen
Verstärkungsholm
seitliche Merkpunkte
Griffbrett
Bundstäbe
Rosette
Schlagbrett
Stegsattel
Steg
Zapfen
Deckenumsäumung
Decke

Hinsicht reichlich unorthodoxer: In New York lachte sich die Greenwich-Village-Clique kaputt über seine ›schräge‹ Art, das Flatpick zu halten – mit Daumen und drei(!) Fingern; außerdem *»benutze ich das runde Ende des Plektrums. Wenn ich Mandoline spiele, nehme ich ein sehr schweres Plektrum, wenn die Mandoline nicht gerade zu zart gebaut ist. Auf der Gitarre spiele ich braune tränenförmige Fenderpicks... ich glaube, sie sind anders als die weißen...«* Verleugnet sein Dreieranschlag also die große Tradition der Doc Watson oder Clarence White zugunsten eines härteren, wie ihn der Banjomann Don Reno (* 1927) aus South Carolina drauf hat, so wirkt sein derzeitiger Hauptjob nicht weniger ungewöhnlich: Zusammen mit dem Sitaristen Krishna Bhatt spielt er im akustischen Duo nicht etwa nur ›Indisches‹, sondern Musik, die von Stücken aus den Apalachen bis zu Tänzen aus Osteuropa, aber auch Ragtime oder ein Indianerlied, das sie auf Cajun getrimmt haben, reicht. Sein Lehrer Dagar wollte damals von dieser Duo-Idee partout kein Wort hören *(»Indische Musik ist indische Musik, westliche Musikarten sind westliche Musikarten«)*. Freilich: Krishna hat Training. Der Sitarist aus Jaipur hat mit nahöstlichen Musikern und mit japanischen Modern-Jazzern musiziert und kann in dem Duo-Konzept mit Stecher nichts Ehrenrühriges entdecken: *»Meine Intention ist, die Reinheit der Musik und des Stils zu wahren. Viel zu oft bekommen die Leute Angst, wenn es Fusionen gibt. Vielleicht haben sie recht, weil die wenigsten Fusionen wirklich erfolgreich waren. Aber bevor geurteilt wird, wäre es doch notwendig, sich erst einmal zu öffnen und der Musik zuzuhören. Und außerdem ist keines unserer Instrumente wirklich ›traditionell‹ oder ›original‹. Sie beide sind Ergebnisse von, sagen wir, Austauschphänomenen. Die Wurzeln verlaufen überallhin. Alles ist angenommen worden.«*

Wie David Grisman oder der Gitarrist David Nichtern hat auch Jody Stecher längst erkannt, daß die Annahme der mittsechziger Jahre falsch war, alle indische Musik sei ›free form‹, sei eine Gestalt des spontanen Komponierens. Resultat der Fehlannahme von damals war das Experimentieren mit der totalen Aufgabe von Regeln im Sinne des freien Spiels, wie es etwa Derek Bailey versteht, der in seinem Buch »Improvisation« (1980) sagt: *»Alle Improvisation ereig-*

net sich stets in Beziehung zu Bekanntem, ganz gleich, ob das Bekannte nun traditioneller Natur ist oder erst kürzlich erworben wurde. Der einzige wirkliche Unterschied besteht in den Möglichkeiten, in der freien Improvisation das bereits Bekannte zu erneuern oder zu ändern, um so eine Offenheit zu provozieren, die per definitionem in der idiomatischen Improvisation nicht möglich ist.«

Und trotz der besagten Fehlauffassung der sechziger Jahre, meint Jody Stecher, sei das freie Spiel *»eine Technik, die ich heute noch empfehlen kann – einfach loszuspielen, ohne der Qualität des Klangs allzuviel Aufmerksamkeit zu schenken. Natürlich gilt das nicht fürs Auftreten draußen. Man muß das sehen als ein zeitweilig probates Mittel der Selbstbefreiung, aber auch der Befreiung, der Lösung der Hände. Aber ich wiederhole – ein zeitweiliges.«*

Die Publikations-Plattform der allermeisten Gitarristen dieses Genres sind nur in seltenen Fällen die ›arrivierten‹, großen Plattenfirmen. Die sorgen, wenn überhaupt, allenfalls durch Lizenzverträge für die Distribution der Platten, weil die unzähligen Mini-Labels kaum die ökonomischen Möglichkeiten eines Eigenvertriebs besitzen oder in Anspruch nehmen wollen. Wer sich beispielsweise das jährlich erscheinende »Musikmarkt Branchen-Handbuch« anschaut, findet unter der zweiten Rubrik ›Tonträger-Labels‹ für viele kleine Firmen deren große Lizenzpartner – für viele andere, allzu spezialisierte, freilich auch wieder nicht. Vergeblich wird man in dieser deutschen Publikation wie auch in anderen zur Verfügung stehenden Quellen danach suchen, wer in der Bundesrepublik Deutschland etwa das Label Kicking Mule des seit 1968 in Rom lebenden US-Gitarristen Stefan Grossman vertreibt; wer Takoma, John Faheys Label, vertreibt; wer Windham Hill vertreibt, das Label des Gitarristen William Ackerman. Vergeblich wird man das Label des Fingerstilisten Paul Chasman, Rose Records, suchen. Sie heißen Grass Mountain Records und Yazoo, Blue Goose und Alligator, Sky Records und Satyam, Ridge Runner und Inner City, Adelphie und Double J Productions (das Label der zupfenden Brüder Jim und Jesse McReynolds) und so weiter, und so fort. Nicht einmal Insider können da noch mithalten. Denn viele dieser winzigen, im großen und ganzen betont auf idealistischer Basis arbeitenden Labels funktionieren wiederum nur – wenn sie sich keinen Vertriebspartner leisten können oder wollen – auf Postversandbasis. Zwei- oder Drei-Mann-Firmen sind das, die auf eigene Kosten begrenzte Stückzahlen von Platten pressen lassen und die die Kenntnis der jeweiligen Anschriften erfordern. Die, freilich, werden in aller Regel in den Fachblättern beziehungsweise ihren Rezensions-Rubriken mitgeliefert; und soweit dies möglich ist, soll das auch hier in der angeschlossenen ausgewählten Diskographie geschehen.

Blues, Ragtime, Bluegrass, Newgrass, ethnische und diverse exotische Stilformen, Folk- und Country-music, Jazz- und freie Formen: Von der Wiederbelebung alter bis zur Entdeckung neuer Musikformen für die akustische Gitarre (›stride‹ – oder ›jazzgrass‹-Gitarre als Beispiele) ist, zumindest seit den Jugendbewegungen der sechziger Jahre, für schier jede Spiel-Art des Instruments großes Interesse vertreten. Gerade das akustische Instrument, so will es scheinen, hat sich in den heutigen USA weitgehend von den ursprünglich politisch motivierten Aufgaben gelöst und ist gar zu einem Ausdrucksmittel ›neuer Innerlichkeit‹ geworden.

Ein junger Amerikaner aus Palo Alto (Kalifornien) liefert ein prägnantes Beispiel sowohl für eben diese neue musikalische Richtungnahme, als auch dafür, wie ein kleines Spezialisten-Label erfolgreich funktionieren kann, ohne sich prostituieren zu müssen. William Ackerman (* 1950), dessen rein instrumentales Steelstring-Spiel ein Kritiker des Magazins »Texas Jazz« vor drei Jahren mit dem eindrucksvollen Wort »Gitarren-Impressionismus« zu umschreiben suchte, hat Gefallen an diesem Begriff gefunden, wie er 1980 zu verstehen gab: *»Das klingt zwar ein bißchen überzogen, aber um ehrlich zu sein, ich finde schon, daß das die beste Umschreibung ist... Denn was ich spiele, ist im Grunde eine nahezu visuelle dramatische Sache: akustische Gitarre, und zwar rein instrumental. Viele Leute, die es hören, aber nichts von den unterschiedlichsten Gitarrendisziplinen wissen, sehen es als eine Form klassischer Musik an, was ich nicht tue. Was Robbie Basho schon vor x Jahren wollte, das war, eine Definition zu finden für eine klassische Disziplin der Steelstring-Gitarre, die ja immer ein Folkinstrument gewesen ist, und ich glaube, daß das eben ein Teil der Disziplin ist, mit der wir es zu tun haben,*

eben zu versuchen, eine klassische Disziplin für die Steelstring-Gitarre zu entwickeln.«
Nach Meinung der Kritik ist Ackermans Spiel eine Mischung aus folkloristischer Poesie, Bluegrass-Intensität und klassischer Verfeinerung. Pat Metheny, mit dem William befreundet ist, hat ihn einmal beschrieben als *»irgendwo zwischen Leo Kottke und Ralph Towner, und dennoch ist er kein bloßer Adept. Was mich an ihm am meisten beeindruckt, ist seine Originalität«.* Will, der zwischen einer exeptionell klingenden Guild F 212 Twelve-string und sechssaitigen Spezialanfertigungen wechselt und wie die meisten Sologitarristen, die primär von Folkmusik-Wurzeln aus arbeiten, seine ersten Einflüsse den großen Innovatoren des Genres, John Fahey und Robbie Basho zuschreibt, verdankt die ›pure Schönheit seiner Platten‹ nicht nur seinem Interesse an ausgeklügelten open tunings und einem ausgeprägten Sinn für gefühlsstarke Melodien (der Kritiker Dan Forte meint: *»ein Romantizismus, der bei keinem anderen akustischen Gitarreninstrumentalisten zu finden sein dürfte«),* sondern auch einer digitalen Aufnahme-Technik: *»Wir versuchen qualitativ hochwertige audiophile Sachen zu machen«,* bekennt der ehemalige Zimmermann, der unter die Plattenmacher fiel, *»und diese neue Sony-Ausrüstung bringt uns da enorm weiter. Aufgrund der Natur der Klanganalysen und des verwendeten Materials gibt es absolut kein Bandrauschen mehr, was immer ein Problem bei den Multi-Track-Aufnahmen war, die wir früher gemacht haben.«*
›Früher‹ – das meint das Jahr 1975. Damals überzeugten ihn Freunde und Helfer, aus seinem Hobby eine LP herauszuholen, sein Debütalbum »The Search For The Turtle's Navel« (the turtle, die Schildkröte, ist John Faheys selbstverordneter Spitzname). *»Ursprünglich fing das mit ›Turtle‹ so nach Art dieser Subskriptionssachen an«,* erinnert sich Ackerman daran, *»also, daß die Leute mir eben pro Kopf fünf Dollar gaben und dafür mein Versprechen bekamen, daß es dafür ein Album geben würde, wenn ich genug Geld zusammen hätte, um es zu machen. Am Anfang drehte sich die Frage noch darum, ob man sechzig oder hundert Stück pressen sollte, dann wurden es schon zweihundertfünfzig und am Ende fünfhundert für die erste Auflage.«*

Das Album kam per Schneeballsystem schnell ins Gerede; aus den Pressungen für die Freunde wurde im Nu ein Postversand; erst ein, dann drei Buchläden in Palo Alto boten »Turtle« zusätzlich an, und schließlich kamen sympathisierende unabhängige Distributoren hinzu, darunter Rhythm Research in Denver (Colorado) und Rounder Records in Boston (Massachusetts) – wie dann auch in der Bundesrepublik Deutschland Fred Christmanns norddeutsches Ein-Mann-Label Pastels, das Ackermans gesamte Windham-Hill-Gitarrenproduktionen in deutschen Landen vertreibt.

Als ein Jahr nach »Turtle« das zweite Album »It Takes A Year« herauskam, hatte William sein Label gegründet, aus Sympathie drei nichtinstrumentale LPs einer Sängerin und einer Rockgruppe publiziert, doch der Hauptakzent blieb auf der Gitarre. Sein Freund Alex DeGrassi (* 1950), stilistisch wie physiognomisch ein naher Ackerman-Verwandter, stellte sich mit zwei faszinierenden LPs vor: »Turning: Turning Back« (1978), dann »Slow Circle« (1980), und wie es das Schicksal manchmal so freundlich richtet, erschien auf dem sechsten Album des jungen Labels Windham Hill kein Geringerer als das alte Ackerman-und-DeGrassi-Vorbild: Robbie Basho.

Doch nun zurück ins dichte Country-and-Western- und Bluegrass-Milieu und zu der Frage, was wohl so unterschiedliche Musiker wie Tut Taylor (* 1923), Hoyt Axton, Rusty Young (* 1946), James Burton, Duane Allman, Dick Betts (* 1943), Steve Howe (* 1947), Bob Dylan, die Rolling Stones, Taj Mahal, Johnny Winter und Josh Graves (* 1928) wie Mike Auldrige (* 1938) gemeinsam haben könnten? Nun – die einen sind Country-Experten, und die anderen sind Beispiele dafür, daß seit den späten Sechzigern Country-and-Western-Musik immer mehr an Bedeutung auch in Rockzirkeln gewann.

Das all diese Namen verbindende Wort heißt ›Dobro‹ oder ›Sho-Bro‹, also die ***Resonatorgitarre*** oder ***resophonic guitar***: *»Dobros Designs dominierten den Markt in solchem Maße, daß der Firmenname bald zum Synonym für das Instrument ganz allgemein wurde, so wie Coke, Scotch Tape oder Kleenex«*, bringt Tom Wheeler das in seinem »Guitar Book« griffig auf eine Formel.

Die ***Dobro*** ist gitarrenförmig, entweder ganz aus Metall oder aus

Holz und ihr Hauptmerkmal ein großer runder konischer Resonator aus Metall, der den größeren Teil des Gitarrenkorpus fast ausfüllt. Das Prinzip hinter diesen Instrumenten besteht nach Wheeler darin, daß *»die akustischen Möglichkeiten einer konventionellen Gitarre durch Resonatoren gesteigert werden können..., die durch die Vibration der Saite in Bewegungen versetzt werden. Diese kegelförmigen Resonatoren wirkten in gewisser Weise genau wie Lautsprecher und hatten einen flexiblen Rand, der lautsprecherähnliche Vor- und Zurückoszillationen gestattete.«*

Im Juli 1976 drückte der Gitarrist/Autor Bob Baxter das in seiner »Guitar Player«-Kolumne »Easy Guitar Notebook« noch populärer aus, als er schrieb: *»Da die Dobro nun mal ein sehr spezielles Instrument ist, ist sie auch keines für jedermann. Entweder mag man ihren Klang oder nicht. Mir jedenfalls bereitet ihr metallischer Funky-Ton beim Spielen sehr viel Freude. Blues klingt bluesiger, und Bottleneck-Stücke scheinen regelrecht für die Ahorn-Hartholz- oder Ganzmetallkorpusse gemacht zu sein.«* Dobros, die – wie dereinst von La Launi, Sol Hoopii oder Coo West – auf hawaiianische Weise ***lap-Stil*** (auf dem Schoß liegend) oder aber nach Bluegrass-Manier horizontal wie eine Trommel umgehängt gespielt werden, sind normalerweise mit einem rechteckigen Halsquerschnitt versehen, um die Mehr-Spannung von slide-guitar-Saiten zu tragen. Konventionell gehaltene Dobros haben die üblichen runden Halsquerschnitte. Die Ganzmetall-Instrumente überraschen anfangs zumeist durch ihr beachtliches Gewicht, aber sie klingen besonders »funky«. Handgravuren im Metall zeigen für gewöhnlich fein ziselierte Motive von Segelbooten, Palmen oder ähnlich romantisierenden Freizeit-Symbolen.

Die Geschichte der Dobros beginnt gegen Ende 1925, als die drei Brüder John, Rudolph und Emil (Ed) Dopera (* 1905), tschechische US-Einwanderer, die ursprünglich Dopyera hießen, bereits seit drei, vier Jahren Banjos gebaut hatten, und, weil ihr Familienname für Amerikaner zu schwer auszusprechen war, ihr kleines Unternehmen in Los Angeles zur National String Instruments Corporation machten. 1928 stieg John Dopera aus dem gut florierenden Geschäft – innerhalb eines Jahres erst drei, dann zweiundzwanzig Mann Beleg-

schaft – aus. Rudy folgte ihm, dann zog auch Ed nach, der eigentliche Urheber des Resonatorprinzips für die Gitarre. Die Trennung von National war unmittelbar nach dem Erscheinen des ersten dieser neuartigen Instrumente erfolgt, und wenige Jahre später (Ed Dopera meint, im Herbst 1934, der Gitarrologe Wheeler meint, 1931 oder 1932) fusionieren National und der Drei-Brüder-Verein ***Dobro*** (aus ***Do***pera ***Bro***thers); man siedelt um nach Chicago und nennt sich National Dobro; später entsteht daraus die Firma Valco, ein Unternehmen, das nun geführt wird von Vic Smith, Al Frost und einem weiteren Dopera-Brother, Louis Dopera. Valco hört kurz nach Kriegsbeginn mit der Produktion dieser Instrumente auf (das Metall wird für die Rüstungsindustrie benötigt), und erst 1961 werden wieder ›echte‹ Dobros hergestellt.
Das Jahr 1928 war aber auch für die Weiterentwicklung des Instruments von großer Bedeutung: *»Als wir ausstiegen, da haben wir uns zusammengesetzt und angefangen, am Instrument eine Verbesserung vorzunehmen, die wir schon bei National im Auge hatten«,* erinnert sich Ed Dopera, *»wir haben den Steg vom Korpus heruntergenommen und aus den drei gleich großen Metallresonatoren einen großen gemacht.«*
Gemeinsam mit Shot Jackson und Beecher ›Brother Oswald‹ Kirby (* 1911) bildet Burkette Graves, ›Uncle Josh‹ oder ›Buck‹ genannt, jene Trias, die nach Cliff Carlisles (* 1904) Dobrospiel bei Jimmy Rodgers und dem kurzen Aufflackern von Interesse in hawaiianischen Kreisen während der dreißiger Jahre die resophonische Gitarre wieder aus der Vergessenheit holte und das Interesse an ihr bis in die Sechziger hinein im Kern wachhielt.
Josh Graves, 1928 in Maryville (Tennessee) geboren, gilt unter diesen dreien freilich als der eigentliche Neuerer, der es schaffte, wie Earl Scruggs auf dem Banjo, eine virtuose Drei-Finger-Technik des schnellen Wechselschlags auf der Dobro zu entwickeln, die vorher unbekannt war beziehungsweise als unmachbar galt – die berühmte three-finger roll. Und seit dem neu erwachenden Interesse am Dobrospiel im Zuge des Folk-Revivals seit dem Anfang der Sechziger wird Onkel Josh die eigentliche Vaterrolle für die junge Garde der Dobroisten zugesprochen – eben aufgrund seiner Technik, aber

auch seiner unermüdlichen Förderung jüngerer Talente wegen, die seinen Stil zur Basis eigener Entwicklungen machten. Der Grad seiner Popularität in Folk- und Country-Kreisen mag ablesbar sein an der Tatsache, daß die Original Musical Instrument Company (OMI), deren Stammbaum mit den Doperas beginnt, ganz nach Art vieler anderer Firmen ihr Holzkorpusmodell 60DS mit dem Kosenamen ›Uncle Josh‹-Modell versah. Witzigerweise geriet der Mann, der mit neun Jahren Gitarre zu spielen begann und schon wenig später durch das Hören von Carlisle/Rodgers zum feurigen Dobro-Liebhaber wurde, ins Licht der Öffentlichkeit, weil 1955 Earl Scruggs einen – Bassisten brauchte. Danach blieb er vierzehn Jahre Dobro-Mann bei Scruggs und Lester Flatt (* 1914, † 1979).
»Er spielte, was ich ›Trödel-Dobro‹ nennen würde«, meint Josh von seinem Inspirator Cliff Carlisle, *»immer Licks, so mal hier 'nen Blueslick und mal da einen. Füller, aber nicht viel Melodie.«* Der Weg zu dem Gespann Flatt & Scruggs hatte Graves zunächst über die Fiddler Henry Buchner und Esco Hankins zu Wilma Lee (* 1921) und Stoney Cooper (* 1918, † 1977) geführt, einem Country-Duo, wie es im Buche steht. In diesem Singer/Fiddler-Duo, das auf montain-style spezialisiert war, so erinnert sich Josh 1977, hat er erst einmal *»nur slides und fills gespielt«* und dann das Zwei-Finger-Picking von Oswald Kirby übernommen. Schon 1949 empfand er Oswalds Technik als ermüdend, traf im selben Jahr Earl Scruggs und war von dessen Drei-Finger-Technik hingerissen: *»Denn wenn man Bluegrass spielt, braucht man diesen roll; die Musik ist so schnell, daß man keine ordentlichen slides mehr mit dem Zwei-Finger-System hinkriegt.«*
In die Riege derer, die – wie David Bromberg, Charlie Waller und Vassar Clements (* 1928) – erst in den fünfziger Jahren ihre musikalischen und Dobro-Vorstellungen zu formulieren begannen, gehört Mike Auldrige (* 1938) aus Kensington (Maryland), dicht vor den Toren der Stadt Washington, der kurz und bündig sagt: *»Buck Graves – Buck war mein erster und mein einziger Einfluß.«* Was sich erstaunlich anhört, wenn man bedenkt, daß ein Onkel Mike Auldriges, Ellsworth Cozzens, zeitweilig beim ›Blue Yodeler‹ Jim Rodgers Dobro gespielt hat: *»Ulkig, ja, aber ich hab mich um diese Platten*

auch erst zu kümmern begonnen, als ich selber schon einige Jahre Dobro spielte.« Was Auldrige so fesselte, war die Tatsache, daß die Dobro den slide-Klang bewahrte, ohne eine purelektrische Gitarre zu sein und – daß nicht etwa »Uncle Ellsworth« der erste Dobroist in der Reihe derer war, die Mikes Spezialisierung auf das Instrument geprägt haben, sondern *»viel früher«* Josh Graves. Mit 13 Jahren begann Mike normale Gitarre zu spielen, schon wenig später fügte er ihr ein im Scruggs-Stil gespieltes Banjo hinzu, aber als er dann Graves' Soli bei Wilma Lee und Stoney Cooper hörte, brauchte er doch erst einmal einige Wochen geduldigen Einhörens, bis es bei ihm ›hakte‹: Er begann nach einer Dobro zu fahnden, eine keineswegs leichte Sache Mitte der fünfziger Jahre – die letzten Dobros waren bereits 1939 gebaut worden.
Als Behelf kam ihm dann eine National Steelguitar mit Metallkorpus in die Hände, die ihm aber schon sehr schnell nicht mehr behagte. Mike stieg bei Scruggs & Flatt ein, schrieb direkt an Josh Graves, erhielt Antwort und konnte sich kurz danach bei Graves eine echte Dobro abholen. 1969 kam Mike in die Band von Bill Emerson (* 1938) und Cliff Waldron, trat 1972 mit den Country Gentlemen in der Grand Old Opry auf, und gilt heute, unter anderem als Mitglied der Gruppe Seldom Scene, als der jüngere Dobro-Maestro schlechthin. Seine Lieblingsstimmung ist das offene G, die er fast ausschließlich benutzt; er meint, die Ähnlichkeit dieser Stimmung mit der des Banjos sei ideal für Bluegrassmusik. Und mit welch ausgefeilter, ausgereifter Technik Mike Auldrige das Dobrospiel beherrscht, wird auch daran ablesbar, daß er wie kein anderer – auch Josh Graves nicht – über eine wahrhaft verblüffende Flageolett-Technik verfügt, die ›chimes‹, wie seine Anhänger das nennen, ›das Gebimmel‹. Denn da die Dobro mit einem ***bar***, einem meist metallenen Stab oder Riegel gespielt wird, bewahren auch alle nachfolgenden Töne die Natur des Flageolett. Diese sliding harmonics sind einzigartig und offenbar von anderen, technisch durchaus auch versierten Dobroisten, nicht zu erzielen.
»Das Problem«, sagt Mike, *»liegt darin, daß man* (weil die Dobro liegt) *nicht die Handfläche sehen kann und darum auch nicht genau weiß, wo genau nun der Punkt ist, der getroffen werden muß. Aber*

man weiß, daß dieser Punkt genau zwölf Bünde vom bar entfernt ist. Und statt nun auf Verdacht zwölf Bünde zu schätzen, sollte der Daumen zur Orientierung genommen werden. Der Abstand zwischen dem Zupfpunkt des Daumens und dem Antipp-Punkt der Handfläche bleibt immer gleich, egal, welcher Ton gespielt wird. Präge dir die Daumenposition in bezug zum Griffbrett für jede Position des bar ein. Wenn du dich erst einmal daran gewöhnt hast, wo der Daumen hingehört, wird die konstante Spanne zwischen Daumen und Handfläche sozusagen automatisch die Handfläche an dem korrekten Teilungspunkt absetzen. Präge dir ein, wo der Daumen hingehört, wenn du den bar bewegst. Das erspart viel Raterei.«

Seit einigen Jahren gibt es ein Wort für einen Musikstil, welches ›Dawg‹ lautet und ursprünglich der Spitzname eines Mandolinisten war – für David Grisman. Dieser neue Musikstil unterscheidet sich jedoch wesentlich von den meisten anderen im akustischen Bereich, denn er ist eine Mischform, die, wenn man sie zum ersten Mal hört, auch Laien ob ihrer makellosen Organik beeindruckt und in keinem einzigen Augenblick die in anderen Fusionsformen häufig auftauchende Frage aufwirft, zu welchem der Fusionsteile nun diese oder jene Passage gehört oder hintendiert. Bei der ›Dawg‹-Musik stellt sich das Problem der Anorganik nicht. ›Dawg‹, häufig auch als Jazzgrass bezeichnet, ist ein Genre, das seine Impulse sowohl aus den Wurzeln des Bluegrass zieht als auch aus dem Jazz der späten vierziger Jahre, wie ihn die kleinen Besetzungen zu spielen pflegten. Das Ganze ist eine rein akustische Angelegenheit, gewöhnlicherweise für Fiddle, Mandoline, Kontrabaß und Gitarre, und eine richtige Tummel- und Spielwiese für jede Menge Talente. Und wer von ›Dawg‹ oder Jazzgrass spricht, denkt neben Grisman sogleich an Slim Richey, Mark O'Connor (*1957), Phil Rosenthal (*1948) und vor allem an die inspirierteste, die unumstrittene ›Führerfigur‹ in diesem Bereich – Tony Rice (*1951) aus Danville (Virginia).

Anthony (›Tony‹) Rice hat bewiesen, daß die akustische Gitarre, die sonst immer wieder an dem Problem ihrer Lautstärke krankte, in einer schlagzeuglosen Gruppe sowohl das rhythmische Zentrum, als auch eine dominante Solokraft sein kann, ohne etwas von der Qualität und dem Nuancenreichtum des Gitarristen opfern zu müssen. Und es ist Tonys ›Powerplay‹, das der string band eine weitere Neuerung ermöglicht hat und die er den modernen Jazzern der Sechziger abgeschaut zu haben scheint – der ›circle of sound‹. Es war der Schlagzeuger Elvin Jones (*1927), der damals im Quartett John Coltranes den Beat eines Stückes zu dem Rahmen machte, innerhalb dessen unterschiedliche Zeitwerte so gegeneinandergespielt werden, daß sie einen Kreislauf rhythmischer Spannungen erzeugten und damit den Drive vorangegangener Jazzstile ablösten.

Tony Rice übernahm gewissermaßen Elvin Jones' Konzeption für die Grisman-Band. Der Two-Step-Baß war bereits durch den jazzigen walking bass abgelöst worden, und Tony, sich bewußt, daß ein swingender Laufbaß viel mehr harmonische und rhythmische Möglichkeiten für die anderen Spieler bot als der gute, alte Ump-ta-ump-ta-Baß, verwandelte die lineare Natur des herkömmlichen Bluegrass in ein einziges Bündel von ›Handlungssträngen‹. Das Resultat: ein völlig neues Spektrum harmonischer und dynamischer Möglichkeiten. Dennoch kommen zahlreiche Tony-Rice-Techniken direkt aus dem Bluegrass, etwa das Faible, seine Solos in den unteren Registern anzufangen, seine hammer-ons wie auch seine Legato-Spielweise (die ***slurs***). Die Mitglieder des Grisman-Quintetts und einige wenige andere Musiker, wie etwa Richard Greene und der Mandolinist/Fiddler Sam Bush (*1953) werden als die einzigen Praktizierer des wohl einzigen Jazzstils angesehen, der auf weißer musikalischer Tradition gründet.

Haupteinfluß war und ist Clarence White (*1944, †1977), den der neunjährige Tony in Los Angeles traf und dem er dann die Gitarren von Gig zu Gig schleppte. Und nur wenig später begann Tony ganz bewußt, die Flatpicking-Techniken seines Vorbilds weiterzuentwikkeln. Mit vierzehn hatte er in Los Angeles eine Gruppe mit seinen Brüdern Larry und Ronnie Rice, die Haphazards; 1970 holte Sam Bush ihn in seine Blues Alliance nach North Carolina, und schon ein Jahr später trat Tony in die Gruppe New South ein.

Sein Nachfolger in der Grisman-Gruppe wurde 1978 der junge High-School-Absolvent Mark O'Connor, ein akustischer Flatpicker, stilistisch zwischen Doc Watson und Django Reinhardt, der sich 1980 mit seinem ersten eigenen Album (»Markology«) vorstellte – einer tour de force stilistischer Vielfalt, die die gesamte Strecke zwischen Blues, Bluegrass und Kammerjazz ausmißt. Und das ist eben ›Dawg‹.

Wer sich mit dem akustischen Folkspiel beschäftigt, wird bald feststellen, daß sich Frauen seiner mehr als jedes anderen Gitarrenstils angenommen haben. Zunächst mag man noch an Joan Baez oder Joni Mitchell denken, an Alice Stuart (* 1942) oder die ›große alte Dame‹ des Folkblues, die die Gitarre hält und bespannt wie Albert King: Elizabeth (›Libba‹) Cotton (* 1893); doch wird man allgemein, wenn man von den Genannten spricht, immer zuerst an ihre Reputation als Vokalistinnen denken und erst dann, wenn es um das Instrumentale geht, an so manchen ›kleinen Unterschied‹. Denn noch heute steht fest (das mag sich ändern), und keine Frau würde da zur Zeit protestieren, daß den großen Gitarristen keine ›gleichwertigen‹ Gitarristinnen an die Seite gestellt werden können: *»Es gibt in der Tat keine weiblichen Entsprechungen für Atkins, Clapton, Segovia oder DiMeola«,* schrieb 1977 Charlotte Ackerley in einem Aufsatz zum Thema »Frauen und Gitarre« im »Guitar Player«.
Charlotte Ackerley ist Journalistin, TV-Nachrichtenproduzentin und eine ehemalige Gitarrenlehrerin am Community Music Center in San Francisco, die es gereizt hat, dieses Thema näher auszuleuchten, weil es bis dato von den Männern geflissentlich umgangen wurde. Und ein Jahr nach Erscheinen ihres Aufsatzes brachte das Kicking-Mule-Label eine bemerkenswerte LP akustischer Gitarrenmusik unter dem Titel »Women's Guitar Workshop« heraus – mit Musik von Lynn Clayton aus Sussex, England, Janet Smith aus Berkeley (Kalifornien), Margo Random, einer Amerikanerin in England, Gil Burns aus Liverpool und Wendy Grossman (mit Stefan nicht verwandt). Maggie Holland schrieb zu dieser LP den Covertext; sie ist Mitglied der Folkgruppe Hot Vultures und weiß daher, wovon sie spricht: *»Die Beschaffenheit der reproduzierenden Organe des Musikers scheint ein merkwürdiges Kriterium für die Auswahl der Komponenten solch einer Anthologie zu sein! Aber das bedeutet nicht, daß es etwa keinen Unterschied in der Spielweise weiblicher und*

männlicher Gitarrenspieler gäbe... Die Wurzeln der Unterschiede sind offenkundig; sie beinhalten physische Dinge wie die Größe und Stärke von Armen und Händen, sowie soziale und erzieherische Bedingungen.«

Charlotte Ackerley bestätigt das und sagt: *»Nach Aussage von Dr. Theodor Hettinger am deutschen Max-Planck-Institut ergibt sich aus Studien von vier Muskelgruppen – Unterarmbeugern und -streckern, Fingerbeugern, Fingeranziehmuskeln und Handbeugern – für Frauen ein Kräfteverhältnis von 55 Prozent bis 75 Prozent von dem der Männer, obwohl diese Unterschiede bei Jungen und Mädchen unter zehn Jahren noch nicht existieren.«* Und dann spezieller: *»Die Unterarmkraft spielt für das Gitarrespiel eine wesentliche Rolle, da die Greifhand festen Druck ausüben muß, und zwar mit gebeugtem Handgelenk. Das Anwinkeln des Gelenkes reduziert die Greifkraft um etwa 13 Prozent, und die Muskeln im Handgelenk und Unterarm werden etwas stärker belastet als beim Spiel mit steifem Handgelenk; daraus resultiert, daß die Kräftedifferenz von bis zu 45 Prozent im weiblichen Unterarm einige Frauen bis unter die Minimalschwelle der erforderlichen Kraft bringt, die aufgebracht werden muß, um von Männern entworfene, von Männern gebaute und von Männern erprobte Instrumente spielen zu können. Hinzu kommt, daß dieser Kräftemangel nicht einfach durch Hand- und Gelenkübungen wegtrainiert werden kann, weil der Mangel des männlichen Hormons Testosteron die Frauen daran hindert, ihre Muskeln wachsen und damit an Kraft zunehmen zu lassen. Sogar unter idealen Bedingungen können Frauen, die sich rigorosem Training unterziehen, ihre Handkraft nur etwa um ein Prozent pro Woche steigern, während Männer* (durch Training) *bis zu 50 Prozent mehr Kraft gewinnen können.«*

So sind es in vielen Fällen zum Beispiel die mühsam zu greifenden Barré-Akkorde, die Frauen von vornherein einschüchtern und gar nicht erst zur Gitarre greifen lassen, obwohl eigentlich hinlänglich bekannt sein müßte, daß solche Probleme im allgemeinen nur dem Anfänger zu schaffen machen.

Charlotte Ackerley stellte bei ihren Untersuchungen noch gänzlich andere physiologische Handicaps fest, denen manche Frauen unterworfen sein können, so etwa, daß körperliche Veränderungen wäh-

rend der Schwangerschaft begleitet sind von zunehmender Empfindlichkeit der Brüste, was zu Problemen bei der normalen Gitarrenhaltung führen kann. Eine der befragten Gitarristinnen gab gar an, daß sie nach Einnahme der Antibaby-Pille und der daraus resultierenden Größenzunahme ihrer Brüste gezwungen war, eine völlig neue Instrumentenhaltung auszutüfteln. Verbreiteter noch als diese relativ seltenen ›Fälle‹ sind Einflüsse des Menstruationszyklus auf die Planung und Durchführung von Konzerten: *»Ich entdeckte«,* berichtete ihr eine Musikerin, *»daß ich meine Konzerte so legte, daß ich am ersten Tag meiner Periode nicht aufzutreten brauchte.«* Hatte Carl von Ott anfangs dieses Jahrhunderts zwar festgestellt, daß von direkten Auswirkungen der Periode auf Energie, Fingerfertigkeit, Kraft und geistige Aktivität der Frau nicht die Rede sein könne, so haben mittlerweile Psychologen doch herausgefunden, daß kurz vor und während der Periode die Neigungen zu Ängsten, Depressionen und generellem physischen Unwohlsein beträchtlich zunehmen.
Trotz der absolut ›konkurrenzfähigen‹ instrumentalen Leistungen wie sie etwa die elektrischen Jazzgitarristinnen Mary Osborne (* 1921), Monette Sudler (* 1949) und Emily Remler (* 1957) demonstriert haben, herrscht die stereotype Vorstellung vor, daß Frauen die Gitarre meist nur als Begleitinstrument nutzen, weil sie sich dabei auf nicht mehr als non-melodisches Spielen, auf leicht zu greifende offene Akkorde und so weiter konzentrieren müßten. ›Schuld‹ an diesem Vorurteil haben viele dieser Gitarristinnen durchaus selbst: Sie tun genau das, was von ihnen erwartet wird und versuchen gar nicht erst, begrenzte Erwartungen an ihre gitarristischen Fähigkeiten zu durchbrechen: *»Männliche Studenten«,* weiß ein Lehrer an der Family Light Music in Sausalito (Kalifornien), *»sind weit mehr an instrumentalen Formen wie Jazz- und Leadgitarre interessiert.«* Und ein Kollege ergänzt: *»Einige meiner Schülerinnen hatten überhaupt nicht registriert, daß es so etwas wie Leadgitarre gibt.«* Wobei durchaus einkalkuliert werden darf, daß der männliche Ehrgeiz, Leadgitarre zu spielen, häufig dem Ehrgeiz entspricht, ›vorn‹, ›der Erste‹, ›der Boß‹, ›der Anführer‹ sein zu wollen – ein Relikt konservativer Konditionierung in Elternhaus, Schule und Beruf. Gerade in der Rockmusik, in der bedauerlicherweise auch die

Frauen nach den Gesetzen der Appetizer-Industrie unverhohlen an die (sexuellen) Konsumbedürfnisse appellieren, wird ja das von Männern gespielte Instrument noch immer recht deutlich als Phallussymbol verfremdet, zum Beispiel durch Umhängen der Gitarre in Hüfthöhe, durch übertriebene horizontale Bewegung der Greifhand am Hals. Charlotte Ackerley gibt ein sehr treffendes Beispiel für den ungebeugten männlichen Chauvinismus in der Gitarrenwelt: So habe Janet Smith, die Berkeley-Gitarristin des Kicking-Mule-Albums, die selbst unterrichtet und beträchtliche Studioerfahrung hat (und die Transkription von Doc Watsons »Black Mountain Rag«-Version besorgte), erleben müssen, daß ein Recording-Ingenieur des Takoma-Labels die Bandspur eines Mitgitarristen von Janet nur deshalb nach vorn gezogen habe, weil er nicht einsehen mochte, daß Janet ihr eigenes Solo spielen konnte und wollte.
Reaktionen auf die von Männern dominierte Plattenszene gibt es mittlerweile allemal. So haben sich vor einigen Jahren schon in Los Angeles das Frauen-Label Olivia Records und in New York die Wise Women Enterprises etabliert. Sagt Olivia-Pressefrau Ginny Berson: *»Im übrigen ist es ja auch so, daß die Art und Weise, in der sie* (die Frauen) *präsentiert wurden, also ihr Image, von männlichen Promotern und PR-Leuten abhängig war... Fanny und einige andere zeigen jetzt, daß eine Gitarristin sich diesen* (männlichen) *Forderungen gar nicht anpassen muß – also, daß sie schlank sein muß, irgendwie aussehen, langes Haar haben muß, vorzugsweise blondes, oder was auch immer. Das ändert sich jetzt.«*
Gitarristinnen wie Meg Christian, Peggy (›Lady Bo‹) Melone, wie Wendy Waldman oder Alice Stuart demonstrieren das, und so machen es auch Folkblues-Stars wie Phoebe Snow (*1950) oder Bonnie Raitt (*1949), Blueskünstlerinnen wie Jerene Jackson, seit eh und je Odetta, die Engländerin Jo-Ann Kelly oder im Rock Nancy Wilson (*1954) und Joan Armatrading (*1950).

Doch wenn es eigentlich noch um die akustische Szene geht, nun zumindest einen kurzen Blick zurück nach Europa: England, wie kann es anders sein, spielt im Bereich der Steelstring, der akustischen Folkgitarre, dort die dominierende Rolle, und das seit Ende der fünfziger Jahre vor allem durch den Protagonisten diese Szene, Davey Graham, einem unermüdlichen Erforscher auch nordafrikanischer und orientalischer Musikformen. Jazz hörte er ebenso wie Blues und indische Ragas, und als 1962 sein jazzbeeinflußtes und mit Englands Bluesmentor Alexis Korner eingespieltes Stück »Angie« erschien, war das Fundament gegossen für ein komplettes Folk-Movement in ganz Großbritannien. Nicht seine eigene, ›coole‹ und kalkulierte Interpretation von »Angie« war es, die populär wurde, sondern die eines Schotten, der 1962 nach London gekommen war: Bert Jansch (* 1943). In Glasgow geboren und *der* Davey-Graham-Schüler überhaupt, schrieb er meist eigenes, berief sich aber auch immer wieder auf traditionelle Motive, Vorbilder im Blues und ein gerüttelt Maß an Jazzeinflüssen. Jansch schraubte nach und nach seine vokalen Aktivitäten immer weiter zurück und verhalf dem akustischen Instrument damit noch eindringlicher als Davey Graham zur Emanzipation als vollwertiges Soloinstrument – sein Debütalbum »Bert Jansch« (1965) wurde zum echten Meilenstein in der Entwicklung zeitgenössischer Folkmusik. Und nur wenige Monate nach dem Erscheinen dieser Schrittmacher-Platte betrat ein weiterer Saitenzauberer die Szene; der Londoner John Renbourn (* 1944). 1964 war er nach Aufenthalten im Torquai-Gebiet und in Guildford wieder nach London gekommen, ein Mann, der tiefer im Blues steckte als Jansch und der dennoch mit Letzterem die Liebe zum Jazz teilte. Den hatte er, kaum in der Metropole angelangt, kennengelernt, und als seine erste LP »John Renbourn« 1966 herauskam, bot sie auch einige Duo-Stücke mit Bert. Die wohl fruchtbarste Kooperative zweier Folkpicker in England hatte begonnen und führte unvermeidlich zu dem Duo-Album »Bert & John« (1966), einem Paradebeispiel für den Rapport zwischen zwei gleichwertigen Gitarristen, das Jazz-, Blues-, zeitgenössische Folkstücke sowie einen im Idiom mittelalterlicher Liedkunst angesiedelten Song enthielt. Diese Platte sollte der *»geistige Geburtsort von The Pentangle«* (R. J. Bater) werden, der weltberühmten Folkjazz-Gruppe mit der Sängerin Jacqui McShee, dem Perkussionisten Terry Cox, Danny Thompson am Baß sowie den beiden Pickern Bert und John.

Während nun The Pentangle zwischen mittelalterlichen Wendungen, »folk-baroque« und swingendem Jazz neue Gruppen-Wege erkundete, begannen Britanniens Gitarrentalente fast pilzartig aus dem musikalischen Boden zu wachsen: Donovan, der 1946 in Glasgow geboren und auf Donovan Philip Leitch getauft wurde, die sanfte Kultfigur der nach Europa überschwappenden Flower-Power-Bewegung, demonstrierte auf seiner vollklingenden Zamaitis acoustic pieksauberes Flat- und Fingerpicking-Begleitspiel zu melodiösen, meist nachdenklichen Songs. Mike Cooper, der bis zum Erscheinen seiner ersten LP »Oh Really?« (1969) fast ausschließlich Blues gespielt hatte, war wohl der erste bedeutende Dobro-Mann in England, der lap-style-bottlenecking praktizierte. Heute hat er sich von seinem sehr eigenwilligen Blueskonzept gelöst und schreibt, ganz ›songster‹, seine eigenen Lieder. Dem Blues haben sich auch die schon erwähnte Jo-Ann Kelly und ihr Bruder Dave Kelly verschrieben, und zwar vor allem dem ländlichen Blues des amerikanischen Südens, während Ralph McTell (* 1945) einerseits mit seinem Instrument als Begleiter eigener Songs den Folkströmungen seiner Zeit fingerpickenderweise folgte, andererseits aber auch als Englands Ragtime-Pionier angesehen werden muß. In Paris hatte ihn ein amerikanischer Pianist in die Geheimnisse des Ragtime-Spiels eingeweiht; und auf seinem ersten Album »Eight Frames A Second« (1968) lieferte Ralph denn auch die ersten Fingerbrecher-Arrangements dieses Genres, z. B. Blind Blakes »Too Tight Drag«, eine eigene Rag-Version des »Hesitation Blues« und eine eigene Hommage an seinen Helden, Blind Arthur Blake (* um 1890, † 1931). Genauso pingelig, wie Ralph McTell an seine Ragtimes herangeht, sind dessen Kollegen John James (* 1948) aus Wales und Stefan Grossman. James' Spiel unterscheidet sich allerdings von dem McTells darin, daß er sich bei seinen Rags enger an die Pianosätze der zwanziger Jahre hält und nicht an Gitarrenvorbilder nach Art der Blake oder Fuller – eine Neigung, die Grossman, der auf der Grundlage ausgiebiger Forschungsarbeiten auch diverse Bluesstile beherrscht, mit John James teilt: das nicht gar so rhythmisch konzentrierte, kontrapunktisch angelegte Spiel mit ›boom-chic‹- oder Laufbaß und Melodiepart. Ralph dagegen zieht das chord fingering vor, er greift also einen bestimmten Akkord, destilliert aus ihm die

(Wechsel-)Baßnoten und konstruiert eine Melodie, indem er sie aus den im Akkord vorgegebenen oder in nächster Nachbarschaft auf dem Griffbrett liegenden Tönen bildet.
Martin Carthy (* 1941) aus der südenglischen Stadt Hatfield betrat die Sechzigerszene als Interpret hauptsächlich traditioneller englischer Folkstücke und als Begleiter des eigenen Gesangs, dessen Raffinesse ihresgleichen sucht. Er spielt Fingerstil und hat für die instrumentale Interpretation alter Folkloremotive eine höchst eigenwillige Daumen- und Zeigefingertechnik entwickelt, indem er beide Finger alternierend einsetzt. Als Englands open-tunings-Spezialist gilt Michael Chapman, der auf der Fylde, der Martin D-18 und der Gibson J-200 einen Sound spielt, der fast schon zwischen Rock 'n' Roll und Blues liegt und ab und an indische Allusionen hörbar macht. Gelegentlich auch Bottlenecker, aber auch Fingerstilist, dämpft Michael den bewußt hämmernd-monoton gehaltenen Baß ab und kontrastiert ihn gegen ungewohnt ›wilde‹ Melodien.
Schottische Folklore bietet heute hauptsächlich Robin Williamson (* 1943); sein jüngerer Landsmann Davey Arthur klaute – laut Selbstaussage – *»hier ein bißchen und da ein bißchen«* und sieht seine Vorliebe bei irischen Anregern. Irland schließlich fasziniert auch den in Washington geborenen Swingjazz-Fingerstilisten Duck Baker (* 1949), der seine amerikanischen Einflüsse in seiner Wahlheimat verarbeitet: *»Joseph Spence* (* 1910) *ist mein Favorit unter den lebenden Gitarristen«,* sagte er 1980 und erzählte dann eine Episode aus London: *»... Und Lonnie Johnson war ein absolut niederschmetternder Gitarrespieler. Es gibt einfach keine Erklärung für die Art, wie er spielte! Kürzlich versuchte Stefan* (Grossman) *herauszufinden, wie Lonnie Johnson seine Solos eingespielt hat, und Stefan hatte das Band da und spielte es mit halber Geschwindigkeit. Ton van Bergeyk und ich waren gerade bei ihm und versuchten, ihm zu helfen. Was am Ende dabei herauskam, war, daß Stefan ein hübsches Instrumental beisammen hatte, das er mit halber Geschwindigkeit spielte!«*
George Furey (* 1951), der jüngste der vier Furey Brothers, kommt aus Dublin und bevorzugt im Duo mit Bruder Paul (* 1948) zumeist

die Folklore Irlands – wie auch die Brüder Tich und Dave Richardson von den Boys of the Lough.
Seltsamerweise bietet Kanada in Sachen akustischer Gitarre mehr Fragezeichen als Fakten. Sogar Stefan Grossman, als emsiger Rechercheur in dieser Angelegenheit doch wohl über allen Zweifel erhaben, hat dabei einige Schwierigkeiten.
Jim McLennan, ein junger Kanadier aus Edmonton, den Grossman auf der LP »Novelty Guitar Instrumentals« vorstellte, kommt eigentlich vom Ragtime her, heute sucht er nach neuen, eigenen Wegen und schreibt die meisten seiner Stücke selbst. Jim tritt häufig im Duo mit seinem Landsmann Bob Evans auf, einem Fingerstilisten, der auch als Gitarrenlehrer tätig ist. Mehr scheint zur Zeit, was den ›Acoustic Set‹ angeht, von dort nicht herüberzudringen. Mehr über die britische Szene allerdings bietet beispielsweise das Doppelalbum »Guitar Workshop« (1973), auf dem die wohl interessanteste jüngere Gruppe britischer Akustiker zu hören ist, darunter Simon Boswell (*1953), Chris Hardy (*1947), Pete Berryman, Steve Tilston (*1950) und Philip John Lee (*1944), Davey Murrell (*1952) und Mike Rodgers, sowie die Duos von John und Mike Rodgers sowie Graeme Taylor und Mark Warner.
Was die französischen Gitarren-Akustiker angeht, so denke man nicht nur an die beiden Django-verschriebenen Brüder Boulou und Elios Ferré, an den Folkpicker Pierre Bensusan (*1957), an Philippe Petit oder den Steelstring-Jazzer Christian Escoudé, sondern vor allen anderen an Marcel Dadi (*1952), einen Einwanderer aus Sousse in Tunesien, den Stefan Grossman einmal *»Frankreichs Antwort auf Chet, Merle und Doc«* nannte.
»Gerade hatte ich mich mit der Vorstellung abgefunden, daß es in Frankreich wohl niemanden geben würde, der je von mir oder meinem Spielstil gehört haben dürfte. Doch Marcel Dadi widerlegt diese Vorstellung vollkommen. Er spielt viele Dinge, die ich schon vor langer Zeit vergessen habe und – natürlich – viele Dinge, deren Urheber er ist. Kurzum, er ist ein feiner Gitarrist, und ich nehme mit aufrichtiger Dankbarkeit all die Dinge zur Kenntnis, die er unternommen hat, um meinen Namen bekannter zu machen«, schrieb Chet Atkins auf die Hülle zu der LP »Dadi's Guitar«. In der Tat: Mit

Marcel hat Westeuropa einen Country-, Folk- und Bluegrass-Virtuosen, dessen technischer Standard von keinem anderen Gitarristen auf dieser Seite des Atlantik geteilt wird. Und der ›Country Gentleman‹ Chester Atkins wird sich über kurz oder lang damit abfinden müssen, daß Marcel Dadi gerade dort wieder Lebendigkeit hineinzuspielen versteht, wo Chet zum Opfer eines verkrusteten amerikanischen Kommerzialismus geworden ist.
Begonnen hatte Marcel als Zehnjähriger auf einer 20-Dollar-Gitarre, elektrisch, und zwar laut Selbstaussage *»natürlich wie Hank Marvin!«* Nach den Shadows beeinflußten ihn die Beatles, dann die Rolling Stones, dann verboten ihm die Eltern, weiterzuspielen, weil er in sämtlichen Schulfächern ›absackte‹: *»Schluß jetzt mit diesen Gruppen und der Elektrischen!«* erinnert er sich des Verdikts seiner Eltern, und das folgende Jahr bestand gezwungenermaßen aus Pauken, Pauken, nochmals Pauken. Fünf Jahre später hört Marcel durch einen plattensammelnden Freund zum ersten Mal von Chet Atkins. Als er eben einundzwanzig geworden ist, legt er seine erste Langspielplatte vor, »The Guitar Of Dadi«. Heute spielt Marcel, der inzwischen auch das Ragtime-Spiel eines Dave Laibman schätzen gelernt hat und seine Karriere auf einer Gibson G-50 begann, bei seinen Auftritten durchweg Ovations (die Classic, die Folklore, die Legend, die Country Artist, die Kaman Adamas und das Dadi-Modell); und wenn er elektrisch spielt, benutzt er eine Jacobacci und eine Strat, eine Favino Dobro und eine Twelve-string-Yamaki, eine Del Vecchio, eine Gibson J-45 und schließlich eine Martin D-18.
Daß Dadi, trotz seines missionsreichen Werbens für Chet Atkins, in Frankreich mehr Platten verkauft als der stilistische Vater, verwundert nur die Amerikaner, was der Franzose wie folgt kommentiert: *»Das ist keineswegs so merkwürdig, weil Chet ja auch einiges sehr Kommerzielles spielt. Er spielt Stücke, die jeder kennt und macht einfach Arrangements draus. Er packt ein Schlagzeug und jede Menge anderer Sachen hinter oder vor sich. In Frankreich ist man auf solche Art von Musik einfach nicht eingerichtet. Weil Leute, die an Gitarrenmusik interessiert sind, auch hören wollen, wie einer spielt.«*
Steht Marcel Dadi heute fast weltweit im Rampenlicht, so führt der Holländer Ton van Bergeyk eher das Leben eines Eremiten. Öffent-

liche Auftritte gehören für den hauptberuflichen Computer-Spezialisten aus Den Haag zu den seltenen Ereignissen; es heißt, sie machten ihn allzu nervös. Wenn er spielt, spielt er für Freunde oder sammelt – im Durchschnitt anderthalb Jahre lang – neues Material für eine neue eigene Platte. Ursprünglich, meint Stefan Grossman, der ihn auch entdeckte, *»der womöglich beste Blind-Blake-Imitator, den ich je gehört habe«*, spielt Ton van Bergeyk neben seinem ›Hauptfach‹ Ragtime ebenso gern in den Stilen Chet Atkins', Mississippi John Hurts oder Eddie Langs. Seine Platten (auf Kicking Mule) haben in jedem Falle neue akustische kontinentale Standards gesetzt – wie die niederländische Akustikszene überhaupt erstaunlich reich ist. Der sicherlich bekannteste niederländische Gitarrist dürfte der Ex-Hermann-van-Veen-Sideman Harry Sacksioni (*1950) sein, ein fast ausschließlich akustisch orientierter Sechs- oder Zwölfsaitenspieler, der sowohl für seine Debüt-LP »Harry Sacksioni, Gitarre« (1976) als auch das Nachfolge-Album »Fenster« (1977) je eine Goldene Schallplatte (für 250000 verkaufte Exemplare) erhielt. Harry, ein sensibler, introvertierter Grübler, dem Tourneen zu schaffen machen, tendiert stark zur Ballade, nicht zum technischen Exhibitionismus, zu Schönklang vor allem und zu intensiv emotionalem Gehalt, wozu ihm häufig recht ungewöhnliche Besetzungen verhelfen – etwa im Duo mit Piccoloflöte oder (da spielt er dann eine akustische Tama mit Bill-Lawrence-Transducer) mit Banjo, Tuba und zwei Tenorsaxophonisten. Er spielt klassische Contreras ebenso gerne wie die Bozo-Twelve-string, bietet gar, in dem Stück »Menuett für einen Ertrinkenden« auf der LP »Das Doppelleben von Holle Feinmann« (1980), ein Begleitquintett für seine Kopie einer Vendeli-Laute von 1592 auf, das aus Tenor- beziehungsweise Sopranblockflöte, Horn, Posaune, Baßklarinette und Kontrabaß besteht.

Ist dies schon originell, so schießt Tons und Harrys Landsmann Leo Wijnkamp jr. nach seinem Kicking-Mule-Einstand (»Rags To Riches«, 1971) mit seinem zweiten Album »The Return of Dr. Hackenbush« (1979) ganz gewiß den ›Vogel ab‹ mit seinem Mischkonzept aus Ragtime, Anregungen von impressionistischen Komponisten und eigenen Einfällen voller Humor und Raffinesse.

Im Nachbarland Belgien ist es Philip Catherine (*1942), der –

zumindest noch in den sechziger Jahren – die belgische Akustik-Stellung hielt. Heute ein Gitarrist, der wie sein holländischer Kollege Jan Akkerman (*1946) viel mit neuen elektronischen Klangmöglichkeiten experimentiert, beschränkte er sich für die Duo-Arbeit mit Larry Coryell auf das Ovation-Steelstring-Spiel und hat das akustische Instrument, wie Coryell auch, besonders eindrucksvoll auf der LP »Young Django« (1980) mit Stephane Grappelli, Violine, und Niels-Henning Ørsted-Pedersen (*1946) am Baß, eingesetzt. In London geboren, wuchs der Django- und René-Thomas-Fan in Belgien, dem Heimatland seines Vaters, auf und spielte dort als Siebzehn-, Achtzehnjähriger mit den Jazzgruppen von Fats Sadi (*1926) und Jack Sels. Seine erste Longplay unter eigenem Namen, die »Guitars« (1975), zeigt vortrefflich, über welche Bandbreiten Philip verfügt und daß er auch als passionierter Anhänger der Jazzrock-Bewegung seit Anfang der siebziger Jahre den Bezug zum akustischen Spiel nie wirklich verloren hat.
Und Japan, mit seiner hochentwickelten Gitarren-Technologie? Schallplatten wie Ryo Kawasakis (*1947) »Nature's Revenge« (1978) oder die Arbeiten Kazumi Watanabes (*1953) haben gezeigt, daß auch andere Jazz- beziehungsweise Fusionspieler immer wieder daran erinnern möchten, daß die akustische Stahlsaiten- oder die klassische Nylonsaiten-Gitarre ebenso Platz im instrumentalen Repertoire hat wie das kommerziell ›geläufigere‹ elektrische Instrument. Von einem Japaner immerhin, der nicht der strikten Klassik zuzuordnen ist, obwohl er – wie Ryo – eine klassische Ausbildung hat, wissen manche Raritäten-Sucher inzwischen, daß er konsequent beide nichtelektrischen Typen spielt und sie vorbildlich beherrscht – Takeshi Kobayashi, Studio-Profi und professioneller Gitarrenlehrer in Tokio. 1980 legte er sein LP-Debüt für akustische Sologitarre vor (»Yunta«), ein Album, das auf der ersten Seite Stücke im besten amerikanischen Flatpicking-Stil, aber auch in slide-Technik und zusammen mit Mandoline und Baß oder mit Baß und Ukulele bietet, während die zweite Seite vor allem deshalb hörenswert ist, weil ihre Stücke mehrheitlich aus der japanischen Pentatonik entwickelt sind. Takeshi spielt sogar auch einmal eine siebensaitige klassische Gitarre und liefert eindringliche, mysteriöse Improvisationen mit Einzel-

tonläufen, drone-Effekten, Arpeggios und zuweilen überdubbten Tönen, die hin und wieder hallig oder als Echos kommen.
Auffällig bei vielen der erwähnten jüngeren Akustiker ist immer wieder ihre direkte oder indirekte Bezugnahme zur klassischen Musik oder, wie bei den Amerikanern, eine ausgeprägte Sehnsucht nach Schaffung einer eigenen klassischen Tradition. Was wäre wohl auch weniger verständlich, wo doch so vieles – nehmen wir nur den von ihnen so geschätzten englischen Komponisten Vaughan Williams oder auch Belá Bartók als Beispiele – aus der Folklore kam, was dann, gesellschaftlich akzeptiert, zu ›klassischer‹ Musik wurde? Kreuzwirkungen, Dialoge, Symbiosen: John Williams, der australische Segovia-Schüler, versucht sich heute auch im elektrischen Spiel; Leo Brouwer, der kubanische Gitarrist/Komponist hat Beatles-Stükke so arrangiert, daß sie sogar – erstaunliche Entwicklung des alten Mannes – Segovias Zustimmung fanden, der heute sagt, er habe nichts mehr gegen solche Unternehmungen, solange sie gut wären, kontrapunktisch angelegte Arrangements, die die Ressourcen und die Technik des klassischen Instruments nutzten. Carlos Montoya, ein Traditionalist bis in die Fingerspitzen, hat sich schon vor Jahr und Tag in ein Jazztrio gewagt; Julian Bream huldigt Django Reinhardt, Ángel Romero spielte mit George Shearing und Shelly Manne Claude Bollings (*1930) »Konzert für klassische Gitarre und Jazzklavier« ein, und Leo Wijnkamp jr. paraphrasiert Impressionisten und Kurt Weill. Nein, besonders die Jüngeren unter den Gitarristen sind längst nicht mehr die orthodoxen Kämpfer für ihre jeweilige, ›unantastbare‹ Kategorie. Saitensprünge sind erlaubt – auch in der Klassik.

Segovias Erben. Die jungen Klassiker. »Klassische Musik und klassische Gitarre waren für mich irgendwas für ältere Leute, also Lebwohl, Gitarre! Ich hörte auf Klassik zu spielen und versuchte mich an der elektrischen Gitarre. Aber das war entsetzlich. Und dann beschloß ich, wieder zu ihr zurückzukehren...« Manuel Barrueco.

Er hat gut daran getan. Denn die klassische Gitarristenwelt spricht von dem Kubaner und Wahlamerikaner Manuel Barrueco (* 1952), nur noch im Superlativ. Als im Dezember 1978 Pepe Romero gemeinsam mit Terry Gaschen, einem Klassikgitarristen aus Houston (Texas), zu Aufnahmen nach London kam, kannte noch niemand den bärtigen kubanischen Kollegen.
Barrueco, Absolvent des Conservatorio Esteban Salas und Schüler von Manuel Puig und Aaron Shearer (* 1919), hatte 1974 als erster Gitarrist überhaupt den Concert Artists Guild Award gewonnen und war sogleich in der Carnegie Recital Hall aufgetreten. *»Mr. Barrueco ist die Verkörperung einer wohlverdienten Erfolgsstory«*, eröffnete damals Allan Hughes von der »New York Times« prompt das Defilee der Huldigungen. New Yorks Musikfreunde standen nach dem Debüt mit Werken von Bach, Villa-Lobos, Albéniz, Brindle und Leo Brouwer schier kopf.
Das Beispiel Barruecos ist typisch für eine ganz neue Generation klassischer Gitarristen, eine Generation zumal, die die Emanzipationsrangeleien für ihr Instrument (wie einst Segovia gegenüber den Tárrega-Fanatikern) nicht mehr auszutragen hatte, weil es im wesentlichen gar nichts mehr auszutragen gab – dank Segovia, aber auch dank der vielzähligen populären Folklore- und Jazzströmungen. Und das nun neu erwachende Interesse am akustischen Instrument beinhaltet fast logischerweise eine Neubesinnung auf die Möglichkeiten, die das klassische Instrument bot und bietet und somit auch eine Neuorientierung. Und, wie schon früher angedeutet: Es

war auch die Entelitarisierung klassischer Disziplinen, die vorurteilsfreie Öffnung auch für andere Musikgattungen, die der neuen, üppigen Blüte konzertanten Gitarrenspiels die fruchtbare Grundlage boten. So war Barrueco beispielsweise *»immer ein Bewunderer der Beatles«*, wie er selbst bekennt; Julian Bream kam über Django Reinhardt zum klassischen Instrument; Jim Knowles und Liona Boyd geben sich ganz ohne kategoriale Skrupel ein Stelldichein im eher folkloristischen First Nashville Guitar Quartet, und John Williams – Stammgast in Londoner Jazzclubs – greift auf der Suche nach neuen Wegen in seiner Fusionsgruppe Sky heute gern auch zur E-Gitarre, ohne deshalb Sorgen um seinen wahrlich guten Ruf als klassischer Meister haben zu müssen.
Schon als eben erst Zwanzigjähriger, noch ausschließlich klassisch spielender Gitarrist habe Williams, so der Kritiker Allan Kozinn, über eine *»bereits saubere, polierte Technik«* und *»einen durch und durch modern interpretierenden Ansatz bar allen romantischen Subjektivismus des Segovia-Stils verfügt«*. Solche Äußerungen in bezug auf den Altmeister aus Linares wären vor zehn Jahren als Schandmaulerei abqualifiziert worden; heute sind sie nicht selten zu vernehmen. Vorüber sind die Zeiten, in denen dem Primas der Gitarre dieses Jahrhunderts nur kritiklos Idolatrie entgegengebracht wurde. Es wäre auch keinesfalls verwunderlich, wenn Segovia in mancherlei Aspekten des Instruments dem forschen, selbstbewußten Zugriff neuerer Entwicklungen nicht mehr so federleicht zu folgen imstande wäre. Gefragt zum Beispiel, was er von Narciso Yepes' zehnsaitigem Spiel halte, grummelte der große Greis in einem Interview aus dem Jahre 1980, die Gitarre sei *»absolut komplett mit sechs Saiten. Es gibt überhaupt keinen Grund, noch andere hinzuzufügen, weil man, wenn man etwas in einer schwierigen Tonart spielen will, ganz einfach die E- und A-Saiten herunterstimmen kann. Und die Balance zwischen den höchsten und den tiefsten Tönen auf der Gitarre ist nun mal deutlich ausgeprägt. Es gibt also keinerlei Grund für Extrasaiten.«*
Seltsamerweise spricht der in England geborene Spanier Carlos Bonell (* 1949) dem Maestro hier doch allzu flexibel das Wort, wenn er meint, er habe *»das dumme Gefühl in den Knochen, daß die zehnsaitige Gitarre es nicht recht schaffen wird. Nicht nur die Gitarre,*

alle Instrumente haben etwas entsetzlich Konservatives an sich, und wenn sie erst einmal in einer bestimmten Weise etabliert (worden) *sind, dann lassen sie sich nicht mehr so schnell ändern.«* Ob dies nicht auch für manche Gitarristen zutreffen könnte, mag dahingestellt bleiben. Bonell jedenfalls scheut sich wiederum auch nicht, recht breitenwirksam darauf zu verweisen, daß ihn Jimi Hendrix für die Rockmusik zu interessieren begann und er Wes Montgomery und auch Django Reinhardt ganz außerordentlich zu schätzen wisse.

Zwischen diesen extremen Positionen spannt sich heute das gesamte Spektrum der großen jüngeren und jungen Gitarrenkünstler und -künstlerinnen. Sind Segovia und Yepes nur eine Generation auseinander, so stehen Segovia und Bonell zueinander wie Enkel und Großvater. Bonell, konservativer als sein Lehrer, war Schüler von John Williams, und Williams war einst Schüler von Segovia. Die musikalische Erbfolge funktioniert, die ›Segovia-Pyramide‹ steht festgefügt, doch ähnlich wie dereinst Segovia den unantastbaren Tárrega anging und gegen den Willen seiner Anhänger für das neue Jahrhundert zurechtfingerte, so tun dies auch heute nicht wenige Gitarristen mit Segovia selbst. Erhellendes zu diesem Thema schrieb der amerikanische Gitarrist, Pädagoge und Notenverleger Richard D. Stover unter der Überschrift »Karriere mit der klassischen Gitarre – Alternativen zur Segovia-Tradition«. So weist der Dozent an der University of California zu Santa Cruz unter anderem darauf hin, daß die Unterrichtspläne der Universitäten, die Gründungen zahlreicher Gitarrenstiftungen und -verbände wie auch die Existenz seriöser Magazine, die in internationalem Rahmen exklusiv dem klassischen Instrument gewidmet sind, recht eindeutig dem neuen, unlängst noch ungewohnten pro-klassischen Trend Rechnung tragen. Doch *»bevor wir uns ganz und gar im gegenseitigen Schulterklopfen dafür verlieren, daß unser Instrument ›wirklich voll da‹ ist«*, mahnte Stover 1978, *»sollten wir uns darauf besinnen, daß vieles an dieser Entwicklung und diesem Wachstum im Grunde ein Phänomen ist, das nicht mehr als die letzten zehn bis fünfzehn Jahre umspannt. Bis in die 1960er Jahre hinein wurde die klassische Gitarre des zwanzigsten Jahrhunderts im allgemeinen mit nur einem einzigen Mann assoziiert: Andrés Segovia.«*

Und tatsächlich war es noch bis in die jüngste Zeit so, daß viele Gitarrologen meinten, die eigentliche, als ›klassisch‹ bezeichnete Gitarre sei exklusiv jene, wie Segovia sie spiele und daß ein Gitarrist wie etwa der Argentinier Jorge Morel (* 1931), wenn er mit allen Ingredienzien Segoviascher Technik ein Gershwin-Stück interpretiere, schlechterdings nicht klassisch, sondern – allenfalls – populäre Konzert-Gitarre spiele.

Dieses Lamento orthodoxer Segovianer ist engstirnig, egozentrisch und darüber hinaus historisch unhaltbar. Denn nach Stover ist *»die Geschichte der Gitarre eine Erbfolge von Gitarristen durch die Jahrhunderte hindurch, in denen ein jeder von ihnen innerhalb der vorherrschenden ästhetischen und kulturellen Wertvorstellungen seine eigenen Richtungen einschlug. Und warum sollte dieser Prozeß nun plötzlich mit Segovia enden?«*

Nicht was, sondern wie gespielt wird, liefert das wesentliche Kriterium dafür, ob ein Gitarrist, der moderne Techniken in polyphoner Weise einsetzt, als ›klassischer‹ Gitarrist eingeschätzt werden darf oder nicht. So also kann eine brasilianische Samba, von Luiz Bonfa intoniert, durchaus »klassisch« gespielt sein, denn *»wo steht geschrieben, daß das Repertoire im wesentlichen europäisch zu sein hätte?«* Eine Frage, die Almeida und Tapajos gleichermaßen stellen könnten. Denn solch restriktive Sicht würde ja bedeuten, als repertoiregerecht nur all das zu akzeptieren, was von der Renaissance bis zur Gegenwart unter Einbezug der erweiterten Transkriptionsweisen, wie sie Tárrega und Llobet entwickelt haben, an Gitarrenmusik entstanden ist. Und ob sie nun Ponce oder Castelnuovo-Tedesco, Turina oder Rodrigo heißen – der Löwenanteil der von diesen Komponisten speziell für die Gitarre verfaßten Werke bezog Andrés Segovia direkt ein – indem diese Komponisten für ihn schrieben – und entstand im wesentlichen zwischen 1918 und 1939. Doch wer heute fünfundvierzig, fünfzig Jahre zurückblickt, wird letztlich doch nur das feststellen können, was für jede andere geschichtliche Periode auch zutrifft: Daß die in ihr entstandene Musik das ästhetische, intellektuelle und auch politische Klima der jeweiligen Gegenwart ausdrückt.

Ganz außer Zweifel freilich steht, daß es Segovias unschätzbares

Verdienst war, durch die Ausgrabung und Neuschöpfung von Arbeiten ›seriöser‹ Autoren dem Instrument zur *»Würde verholfen«* zu haben (Segovia über Segovia). Trotzdem sieht die Segovianerin Maria Livia São Marcos (* 1942) diesen Zeitpunkt dagegen erst jetzt für gekommen. Denn auch außer Zweifel steht, daß Segovias eiserne, durchaus elitaristische Auffassung dessen, was ›würdevoll‹ und ›seriös‹ sei oder zu sein habe, dazu beigetragen hat, daß vieles an Musik dem Instrument verschlossen bleiben mußte, was bei undogmatischerer Sicht, sozusagen ohne des Meisters ›Vorzensur‹, durchaus in den allgemeinen ›klassischen‹ Rahmen gepaßt hätte – beinah alles, was aus Südamerika und vieles auch, was aus den angloamerikanischen Räumen kommt, wie überhaupt sehr viel Folkloristisches aus zahllosen Ländern oder Kulturräumen.
Mit Gewißheit allerdings kann die vorherrschende Ansicht übernommen werden, daß der Engländer Julian Bream und der Australier John Williams die beiden Hauptexponenten der neueren und neuen meisterhaften Spielweise sind, die zwar auf Segovia aufbaut, ihn dann aber sozusagen in die zweite Hälfte unseres Jahrhunderts hinein weitergeführt hat.
Francisco Tárrega gab dereinst ein freches Bonmot zum besten, das deutlicher kaum zeigen kann, wie ›schief‹ ein Meister orthodoxen Zuschnitts liegen kann. *»Eine Gitarre in den Händen eines Engländers«,* lästerte er, *»ist ja fast Blasphemie.«* Nun, Tárrega hatte nie Gelegenheit gehabt, Harvey Hope, Nigel North oder James Tyler (* 1940) zu hören, geschweige denn einen Briten vom Format Julian Breams. Auch hier nahm Segovia Korrekturen vor. Julian Bream (* 1933) spielte dem Maestro bereits 1947 als Dreizehnjähriger nach einem Konzert in London vor, machte das gleiche noch einmal ein Jahr später, versagte dann aber beim dritten Mal, denn der damals Fünfzehnjährige war dermaßen voller Erwartungsängste, daß er sein Instrument vergaß – in der Bahn. Segovia ermutigte den Teenager, bei der Sache zu bleiben und die Gitarre zu seinem Hauptberuf zu machen. Julian war erst vierzehn Jahre alt, als sein Vater starb, und so hielt er sich dann mit Gitarrenunterricht und kleineren Konzerten über Wasser, um, wie Bream selbst sagte, *»Leib und Seele zusammenzuhalten«.* Als Sechzehnjähriger – er hatte seinen Studienplatz

am Royal College of Music seit einem Jahr und belegte in Ermangelung eines Gitarrenkurses Klavier, Harmonielehre und Komposition – gab er ein höchst erfolgreiches Benefizkonzert in eigener Sache, dessen größter ideeller Gewinn eine Zehn-Pfund-Note war – gestiftet von Andrés Segovia. Schon in diese frühe Zeit fiel, daß Bream Lautentranskriptionen entdeckte, die von Lautenmanuskripten des 16. und 17. Jahrhunderts für das Klavier angefertigt worden waren. Er retranskribierte sie für die Gitarre und spielte die Arbeiten in verschiedenen Radio-Programmen, bis ein Cembalobauer ihm eines Tages die einleuchtende Frage stellte, warum er denn nicht gleich Laute gespielt habe. Doch Bream besaß keine. Der freundliche Cembalobauer durchstreifte die Museen, verschaffte sich Röntgenaufnahmen diverser Lauten und baute dem jungen Mann ein selbstentworfenes Instrument aus Kiefern- und Platanenholz (Bream spielte es in seinen Konzerten über zehn Jahre). Der stolze Lautenbesitzer forschte dann systematisch nach alten Manuskripten und entdeckte bei seiner Suche Stoffe, die teilweise über 300 Jahre alt waren. Anfangs der fünfziger Jahre zahlte sich sein Forscher- und Transkriptionsdrang aus: Bream hatte sich eine beachtliche Mikrofilmbibliothek mit Lautentranskriptionen zugelegt, konzertierte mit Gitarre und Laute, trat in Funk und Fernsehen auf und konstatierte mit Befriedigung, daß die Vorurteile gegen die klassische Gitarre in England wohl am Schwinden seien. 1953 mußte er zum Militär, wo er im Musikcorps seinen Dienst schob, als Gitarrist in einer Tanzmusikkapelle und als Cellist in einer Streichergruppe. Nebenher hörte er (sein Vater war einst nebenberuflicher Jazzmusiker gewesen) weiter Django, Charlie Christian, Tal Farlow und Charlie Parker und nutzte jeden Urlaub von der Truppe, um auch im europäischen Ausland zu konzertieren. 1955, er trug wieder Zivil, machte er in Wien seine ersten Platten, drei Jahre darauf ging er zu RCA Victor, dem Label, dem er bis heute treu geblieben ist. Ebenfalls 1958 erlebte er auf seiner ersten Nordamerika-Tournee seine bis dahin größten Triumphe. Heute hat der Künstler rund 30 Amerika-Tourneen hinter sich, eine Sammlung von weit über 5000 alten Lautenkompositionen beisammen und einen Jahresplan, der es ihm seit rund zehn Jahren gestattet, statt 70 Konzerten pro Jahr nur noch

rund 50 zu geben. Benjamin Britten, William Turner Walton (*1902) und andere Komponisten haben eigens für ihn geschrieben, und Tag für Tag bringt die Post ihm neue Kompositionssendungen zur gefälligen Prüfung. *»Ich habe ganze Schubladen voller Arbeiten, die ich kein zweites Mal anschaue«*, meint Bream und setzt hinzu: *»Abgesehen von den Komponisten, die ich heute spiele, gibt es keinen lebenden Gitarrenkomponisten, dessen Arbeiten ich schätze. Grob gesagt – es gab und gibt keinen mehr seit Villa-Lobos.«* Vom Fachsimpeln hält der passionierte Rosenzüchter wenig. Immerhin: *»Elektrogitarren interessieren mich zur Zeit nicht, aber wer weiß, vielleicht werden sie's ja mal.«* Ansonsten langweilen ihn technische Debatten, denn schließlich sei *»das große Geheimnis der elisabethanischen Musik gewesen, daß sie dazu da war, Freude zu machen. Die Elisabethaner wollten einfach Spaß an ihrer Musik haben.«*
Fünf Jahre nach seinem englischen Kollegen, 1952 also, spielte John Williams (*1941) dem Maestro Segovia vor und wurde prompt in dessen Meisterklasse nach Siena in Italien eingeladen. Während der fünfziger Jahre und dann nochmals 1961 und 1962 im spanischen Santiago de Compostela als ›senior student‹ nahm er an diesen jeweils einmonatigen Spitzenkursen teil. Außerdem studierte er von 1956 bis 1959 am Londoner Royal College of Music, schloß mit allen Ehren ab und kehrte ein Jahr später wieder ans College zurück, um dort ein Gitarrenlehrprogramm einzurichten. In diese Zeit fallen auch neben beträchtlichen Konzertaktivitäten in England erste Tourneen durch die Sowjetunion, Japan und die USA. Bis etwa 1970 reiste er regelmäßig, dann beschnitt er seine Konzertunternehmungen drastisch, um seiner Familie nahe sein zu können: *»Man kann einen Menschen nicht kennenlernen, wenn man mit ihm nicht auch einige Zeit verbringt... Die Musikwelt ist voll von Leuten mit fünfzig Bekanntschaften in zwanzig Städten, die sie zweimal im Jahr sehen. Das scheint mir nicht die richtige Lebensart.«*
Williams, in Melbourne geboren, hatte durch seinen Vater, den aus England nach Australien ausgewanderten Gitarristen und Arrangeur Len Williams (1952 Rückkehr nach England) erste Bekanntschaft mit dem Instrument gemacht und schon kurz nach Kriegsende seine Liebe zum klassischen Spiel entdeckt. Der Sechsjährige erarbeitete

sich unter Anleitung seines Vaters täglich eine halbe Stunde Material von Sor, Carcassi, Giuliani, dann die Kuhnau-Suite und kleinere Stücke von Visée. Als Zehnjähriger, nun schon in London, übte er zwei, drei Stunden pro Tag: *»Eines erinnere ich noch ganz besonders, nämlich, daß ich in dieser Zeit damit begann, ganze Bücher durchzuarbeiten, die Aguado-Methode zum Beispiel oder die Segovia-Ausgabe der zwanzig Sor-Studien, statt mich nur auf spezielle Etüden zu konzentrieren. Ich machte das so all diese Lehrjahre hindurch, und ich glaube, daß mir das sehr bei der Entwicklung meiner Fähigkeit vom Blatt zu spielen half.«*

Williams trifft bei den ersten Segovia-Kursen den Gitarristen Alirio Diaz (* 1923), der dem Siena-Neuling kräftig unter die Arme greift. *»Seit dieser Zeit sind wir dicke Freunde«*, sagt John Williams über seine Beziehung zu dem achtzehn Jahre älteren Venezolaner; und seine Segovia-Erfahrungen umreißt er so: *»Er unterrichtet aus Inspiration und anhand von Beispielen und nicht nach sehr strikten Reglementierungen. Es ist da wohl mehr das, glaube ich, was man aus der gesamten Atmosphäre ziehen kann, die durch einen großen Meister erzeugt wird, der von talentierten Schülern umlagert ist.«*

Segovia taufte seinen jungen Studiosus den ›Prinzen der Gitarre‹; und der Prinz selbst hält *»jenes Jahr für eine besonders wertvolle Erfahrung, in dem ich jeden Samstagmorgen bei Stephen Dodgson Harmonielehre studierte – obwohl ich bezweifle, daß er mich je als seinen Schüler ansehen würde«*. Der Komponist Stephen Dodgson (* 1924) hatte ja seinerseits gesagt: *»Meine Lehrzeit hat unter Julian Bream begonnen und hat sich unter John Williams fortgesetzt.«*

John Williams, gemessen an seinen derzeitigen Aktivitäten, ist mit Sicherheit die schillerndste, gleichwohl faszinierendste Persönlichkeit der jüngeren Gitarristenszene zwischen E- und U-Musik (was immer diese Rubrizierungen auch heute noch aussagen mögen). Einerseits bot er auf seiner Australien-Tournee (1980) Stücke von Batchelar (* um 1610, † um 1680) und von John Dowland, weil er diese speziellen Lautenkompositionen zu den *»gitarristischsten Stükken dieser Literatur«* zählt, andererseits findet er aber, daß sehr viele Arbeiten Dowlands *»der Farbe der Gitarre gar nicht stehen«*.

Bachs Lautenkompositionen hält er *»nicht für Lautenmusik. Er* *schrieb sie zwar für Laute, aber die Dynamik der Musik und des Klangs sind für mich nicht Laute«.* Denn *»wenn sie mit der physischen und emotionalen Kraft vorgetragen werden würden, die meiner Ansicht nach der Natur dieser Musik entsprächen, dann würden, um es mal grob auszudrücken, die Saiten der Laute losklappern – sogar Gitarrensaiten klirren manchmal, wenn man Bach spielt«.* In diesem Punkt könnte er womöglich leicht in Kontroversen mit Narciso Yepes (der Bachs Lautenwerk auf einer Laute einspielte) und erst recht mit seinem alter ego Julian Bream geraten, nicht aber, wo es etwa um die Bewertung der »Folias Variations« von Manuel Ponce geht, eines Werkes, das Andrés Segovia an diverse Komponisten zu verschicken pflegte – als Beispiel guten, zeitgenössischen Schreibens. *»Ich weiß nicht recht«,* meint Williams dazu, *»ich war an sich immer der Ansicht, daß sie ein wunderbares Musikstück sind, aber vielleicht sind sie auch eins, das im kommerziellen Sinn doch etwas schwierig ist. Es enthält wunderschöne Passagen, aber es ist halt ganz anders als Albéniz, Barrios oder Bach, weil ihm einfach dieser populäre Touch fehlt.«* Ansonsten zählt er zu den großen Gitarrearbeiten moderner und Avantgarde-Komponisten Brittens »Nocturnal« (1963) und Goffredo Petrassis (* 1904) »Nunc«, über das er sagt, es sei *»eines der größten modernen Stücke, die für die Gitarre geschrieben wurden«.* Stephen Dodgsons Arbeiten gehören selbstverständlich dazu wie auch die Kompositionen von Patrick Gowers (* 1936). Eines der jüngsten Gowers-Werke hat den Titel »Rhapsody For Guitar, Electric Guitars And Organ«, das bereits von Williams eingespielt wurde.

Und dann äußert er sich zur modernen Repertoire-Auffassung, wie sie von Segovia gewiß nicht mehr geteilt wird, wenn er sagt: *»Aber nein, es gibt noch jede Menge Musik* (für Gitarre), *die darauf wartet, aufgenommen zu werden... Ich glaube, daß einer der größten Irrtümer im Zusammenhang mit der klassischen Gitarre in der Ansicht besteht, es sei schwierig, (noch) Repertoire zu finden. Dann wird immer nach dem großen Repertoire geschielt, das es für Klavier und Violine gibt, aber es ist nun mal eine Tatsache, daß die Gitarre dieses Repertoire nicht hat und daß dagegen nichts zu machen ist... Nein, im Grunde glaube ich sogar, daß dieser Mangel an Repertoire eine der* *ganz großen Stärken der Gitarre ist. Weil die Gitarre statt dessen aufgrund ihrer überall auszumachenden historischen Wurzeln ein bei weitem größeres Repertoire ob ihrer weit größeren Adaptionsfähigkeit an die Musik besitzt, die überall um uns her geschieht, als jedes andere Instrument.«*

Das folgende, 1980 vorgetragene Argument verdeutlicht Williams' kritisches Beispiel eines Gitarristen, der *»bei der Kammermusik des 19. Jahrhunderts bleiben will und dem Repertoire, das die Bach-Suiten enthält, dann ein bißchen was von Albéniz und vielleicht noch ein oder zwei Meisterwerke von Britten – wenn er das unter Musik versteht, dann ist es wahr, dann wird er allerhand Probleme kriegen. Aber in der Welt geschieht nun mal sehr viel mehr als nur das... Für jemanden, der bereit ist, sich umzuschauen, ist das Repertoire – sowohl das Standard- als auch das Nicht-so-Standard-Repertoire – absolut unfaßbar und endlos.«*

Gewiß, Puristen möchte diese Sicht schon vergrätzen. Gleichwohl aber trifft Williams wieder einmal den wesentlichen Punkt, der für viele Gitarristen seiner Generation immer entschiedener Priorität erhält – die Aufhebung der Kategoriengrenzen zugunsten einer Perspektive, die auch das als kunstwürdig erachten kann, dem sie vorher verschlossen begegnete. Williams, der ebenso gern den Bach-Schüler Rudolf Straube (* 1717, † 1785) oder den paraguayanischen Komponisten Agustin Barrios (* 1885, † 1944) (ein)spielt wie neue Werke von Mikis Theodorakis (* 1925), Leo Brouwer, André Previn (* 1929) oder Malcolm Arnold (* 1921), hat das konsequent wie kein anderer vorgemacht, als er, gesichert in dem Ruf, neben Bream der Spitzenkandidat für die Segovia-Erbschaft zu sein, 1971 eine LP veröffentlichte, die »Changes« hieß und in der Tat jede Menge Wechsel signalisierte: Segovias Prinz war damit ausgezogen, die Puristen vom Fach das Fürchten zu lehren. »Changes« nämlich war ein Album, das weit vom Pfad orthodoxer Tugenden abwich und sich nicht scheute, klassische Stücke zu bieten, denen moderne Orchestrierungen unterlegt waren; halb angerockte Stücke aus der Feder des Komponisten/Arrangeurs Stanley Myers; konzertante Versionen aber auch von Joni Mitchell, den Beatles und Django Reinhardt. Myers »Cavatina« übrigens wurde Jahre später zum

Soundtrack des Films »Die durch die Hölle gehen« (1979) von Michael Cimino erkoren. Zwei Jahre nach »Changes« überraschte Williams, der sich längst auch äußerlich vom dickbrillenrandigen Muster-Spießer zum locker-eleganten Weltbürger gewandelt hatte, die Fachwelt wiederum: Was er nun bot, war die LP »The Height Below« (1973), auf der er neben der Konzertgitarre nun auch zum ersten Mal elektrisch spielte, unterstützt von Koto, Tabla, Orgel, Flöte, Viola und Percussion. In Londons Jazz-Mekka Ronnie Scott's Club war John schon seit 1969 häufig zu Gast, und so war denn auch diese Einspielung im Kern eine Ehrenbezeugung vor der Ausdruckswelt des progressiven Jazz. 1976 erschien »Best Frieds«, eine Duo-LP, auf der Williams mit seiner Konzertgitarre die Jazzsängerin Cleo Laine (* 1927), die Frau des Jazzmusikers/Bigbandschefs/Komponisten Johnny Dankworth (* 1927), begleitete. 1978 brachte er in Kooperation mit Stanley Myers die LP »Travelling« heraus, mit Arbeiten von Myers und einigen Bach-Stücken, unter die Williams zuweilen discoähnliche Rhythmen legte.
Frucht aller dieser Experimente ist Williams' mittlerweile außerordentlich erfolgreiche Gruppe Sky. 1979 als feste Formation gegründet, legte die Gruppe im selben Jahr ihr Einstandsalbum »Sky« und 1980 das Doppelalbum »Sky 2« vor, das prompt die kommerziellen englischen Hitparaden erklomm, ebenso wie eine ausgekoppelte Single – eine angerockte Version von Bachs »Toccata und Fuge d-moll«. *»Sky ist aber nun mal keine Rockgruppe«,* meint Williams, *»sondern einfach eine Mischung aus lauter verschiedenen Sachen. Aber es stimmt auch, daß ich dazu tendiere, mich von Pedalen und Effekten freizuhalten, weil das nun mal nicht mein Thema ist, und wenn ich so etwas benutzen würde, wäre das bestimmt nicht der beste Beitrag, den ich für die Gruppe leisten könnte. Was ich bei Sky am besten kann, das ist, entweder akustisch zu spielen oder aber elektrisch mit akustischer Technik... Als wir das erste Mal aufnahmen, brachte ich tatsächlich die Gitarre mit ins Studio, die ich für mein klassisches Spiel benutze, eine 1972er Fleta... Aber ulkigerweise paßte der Klang der Fleta, obwohl er so schön ist, überhaupt nicht zu den anderen Instrumenten. Und auch, weil die Ovation verstärkt ist, hat man in den Leads mehr Flexibilität: Man kann einen graphischen*

EQ benutzen oder einen phase shifter oder einen Chorus-Effekt. Bei der Fleta mußte man solche Sachen nachher im Mix dazubasteln, was zu einem doch allzu mechanischen Klangbild tendiert hat. Außerdem, mal ganz abgesehen von der Elektronik, die Ovation ist eine extrem gut entworfene und ausgeglichen klingende akustische Gitarre, sehr schön verarbeitet und absolut ausgewogen und in jeder Note verläßlich – was insgesamt mehr ist, als man von den meisten spanischen Gitarren sagen kann.«

Williams würde sogar diese transducer-verstärkte Ovation classic (mit Nylonsaiten also) spielen, wenn er ein Rodrigo-Konzert mit sehr großem Orchester *(»mit 80 Leuten statt 40 wie bei Kammerorchester-Besetzung«)* zu absolvieren hätte. Und *»wenn da zum Beispiel ein junger Gitarrist käme«,* begründet John eine der Missionen von Sky, *»der die akustische Gitarre liebt und der Spaß daran hat, Tonleitern zu üben und korrekt zu lernen, um sich eine gute Technik und einen schönen Klang zu erarbeiten, dann kann Sky zeigen, daß dieser Spieler oder irgendein anderer keinen Grund hat, die Hoffnung zu verlieren, daß er oder sie da unten im Pub Freunde verlieren könnte, nur weil er oder sie zu Hause sitzen und ein Bach-Menuett büffeln muß. Die Welt der Musik teilt sich eben in all diese Dinge – es liegt nur an den Werten, mit denen wir aufgewachsen sind, die uns sagen: ›Jack wird Freitag abend seine Elektrische mit in den Club oder die Disco nehmen und jede Menge Spaß haben; aber der arme Bill muß zu Hause seine Sor-Etüden ackern, weil das für ihn nötig ist, wenn er schöne Klänge zusammenbringen will.‹«*

Unter Frankreichs jüngerer klassischer Gitarristengarde – Michel Dintrich, Michel Sadanowski, Jean-Maurice Mourat, Blas Sanchez, dem Aubin-Schüler Alain Miteran und dem Korsen François Tomasi, stellt Jean-Pierre Jumez (* 1943) gewissermaßen die konsequente ›Verlängerung‹ der Williams-Vorstellung dar, wonach der Mangel an klassischem Repertoire durch die Anpassungsfähigkeit des polyglotten Instruments kompensiert werden könne. Jumez, jahrelang vom französischen Außenministerium als Musikbotschafter seines Landes in die ganze Welt gesandt – in die USA, nach Lateinamerika, in die UdSSR, nach Vietnam, Kambodscha, Sambia, Laos, nach

Madagaskar und Fidschi–, hat nicht nur für die enorme Wertschätzung des klassischen Instruments in der ganzen Welt viel getan, sondern auch eine beträchtliche Zahl zeitgenössischer Komponisten zum Schreiben für die Gitarre angeregt. In Ecuador entdeckte er eine Komposition über Inka-Themen (»Elegie et Dance«) aus der Feder Carlos Bonillas, eines Musikprofessors am Konservatorium zu Quito. Während seines Aufenthaltes als Student und zugleich Lehrer am Santa-Cecilia-Konservatorium in Rom sprang er für einen unpäßlichen Harfenisten ein. Die Komponistin des modernen Kammerwerks, die Amerikanerin Barbara Kolb, war dermaßen angetan von der Transplantation des Harfenparts auf Jumez' Gitarre, daß sie für den jungen Franzosen gleich mehrere Gitarren-Solostücke schrieb. Daneben ist Jumez stolzer Besitzer der Kopie einer bislang unaufgeführten Komposition von Heitor Villa-Lobos (die »Introduktion zum Chorus«), welche, für kleines Ensemble verfaßt, für die Gitarre die überraschende Anweisung *con microphone* enthält – eine Aufforderung von ›höchster Stelle‹ sozusagen, das Instrument verstärkt zu spielen. Und Jean Bizet schrieb ihm »Triangles«, eine Arbeit mit höchst seltsamen Vorzeichen: Kreuze haben nur einen Querstrich, und die b's sind spiegelbildlich notiert. Das Werk für Solo-Gitarre kennzeichnet damit Anweisungen zum Spielen von Vierteltönen, die vom Gitarristen verlangen, daß er, selten genug im klassischen Bereich, die Saiten seitwärts (wie beim bending in Blues, Jazz und Rock) zieht, und zwar entweder auf dem normalen Bund, der von der entsprechenden Note angezeigt ist, oder bei den b's auf dem darunter, und zwar gerade soviel, daß er einen Viertelton über oder unter der geschriebenen Note trifft.
Den afrikanischen Kontinent besucht Jean-Pierre Jumez am liebsten, nicht nur, weil dort die Begeisterung für die klassische Gitarre besonders ausgeprägt sei, sondern auch, weil er eine besondere Vorliebe für die afrikanische Musik hegt, mit der er so vertraut werden möchte, daß er deren Elemente am Ende in formal strenge Kompositionen integrieren kann – ganz so, wie Bartók mit der ungarischen und Villa-Lobos mit der brasilianischen Musik verfuhren. Andererseits reizt es ihn ebenso, innerhalb des großen Anteils an modernen Werken in seinem Repertoire immer wieder die ele-

mentaren Gitarrentechniken zu erweitern. So hat er beispielsweise Villa-Lobos' »Legende von der Amazone« (1917), im Original gesetzt für Violine, Viola und Violoncello, für die Gitarre transkribiert, an verschiedenen Stellen des Griffbretts die aus dem Flamenco vertrauten Schnarr-Effekte eingesetzt und sie mit Noten in unterschiedlichen Tonhöhen so kombiniert, daß das Ganze sich anhört wie ein kleines Perkussions-Ensemble.

Erst recht verständlich, wenn ein Kubaner wie der Emilio-Pujol-Schüler und -Assistent, Hector García, ein offenes Ohr hat für folkloristische Einflüsse. García, in Havanna geboren und von 1954 bis 1960 Fakultätsmitglied an Kubas Konservatorium, ging nach Castros Sieg über das Batistaregime 1960 in die USA, nahm auf deren Seite im April 1961 an der Schweinebucht-Offensive teil, saß bis 1963 in kubanischen Gefängnissen und kehrte dann in die USA zurück, wo er nach einer Konzertreihe in New York und Los Angeles einen Lehrauftrag an der Universität von Albuquerque annahm. 1967 rief ihn die Universität von New Mexico auf den eben erst eingerichteten Lehrstuhl für klassische Gitarre, und seit 1969 assistierte García dann seinem Lehrer Pujol regelmäßig in den Sommersemesterferien im nordspanischen Lérida. *»Als ich anfing«,* erinnert er sich, *»spielte ich populäre Gitarre, aber nicht Jazz oder Rock 'n' Roll, sondern Rumbas und die lateinamerikanischen Rhythmen der Eingeborenen.«*

Heute ausschließlich Klassikinterpret, wird García besonders gern von jazz- oder rockorientierten ›Umschülern‹ aufgesucht, denen er stets von Anfang an deutlich zu machen pflegt, daß ihre speziellen Spielerfahrungen der neugewählten Disziplin durchaus zuträglich seien. Nur, meint er, müsse ihre Erfahrung völlig anders appliziert und ihnen von vornherein eine Änderung der Handhaltung beigebracht werden. Zwar gibt er jenen Lehrern recht, die meinen: *»Studiert erst die Klassik – dann wird auch eure Popularmusik besser«;* doch unabhängig davon, was immer seine Schüler letztlich zu spielen im Sinn haben, sei nach seinem Verständnis das ›Talent‹ von übergeordneter Bedeutung und Studium wie harte Arbeit nichts anderes als die Herausarbeitung dieses Talents.

Hector Garcías Landsmann, der in Gibara geborene Llobet-Schüler

Rey de la Torre (*1917), der ähnlich wie Jean-Pierre Jumez eine ganze Reihe faszinierender Arbeiten für sein Instrument initiiert hat, etwa Carlos Chavez' (*1899, †1978) »Three Pieces For The Guitar« von 1969, aber auch Werke anderer Moderner wie Julian Orbón, Enrique Ubieta, Joaquín Nin-Culmell oder José Ardevol, demonstriert ähnliche ›kategoriale‹ Offenheit und erinnert damit fast an den vierundzwanzig Jahre jüngeren Williams: *»Tárregas kultureller Enkel«* (Torre über Torre) sieht die Zukunft des Instruments nicht ausschließlich im klassischen, sondern *»vielleicht sogar noch mehr im populären Bereich gestärkt und gesichert, überall dort, wo gute Musiker ihr Instrument lieben und verstehen«;* und diese Wertschätzung der Gitarre entdeckt er durchaus auch im Jazz, im Jazzrock gar, im Country-and-Western und in der Folkmusik.

Der im italienischen Livorno geborene Absolvent der Academia Chigiana zu Siena, Oscar Ghiglia (*1938), ist als Segovia-Schüler (dies war er nicht weniger als fünfzehn Jahre lang) neben dem Amerikaner Eliot Fisk der möglicherweise orthodoxeste, dogmatischste Gitarrist der jüngeren Segovia-Schule. Vierzehnjährig begann Ghiglia Gitarre zu spielen und widmete sich ein Jahr später dem ernsthaften Studium des klassischen Instruments. Der Sohn einer Pianistin und eines Malers, der während Segovias Abwesenheit in Siena von Alirio Diaz (*1923) unterwiesen wurde, folgte Segovia 1964 nach Berkeley (Kalifornien): *»Ich unterrichtete dort nicht, sondern erledigte kleinere Arbeiten wie zum Beispiel das Abhören der Studenten, bevor Segovia eintraf.«* Neben dem Maestro und Diaz schätzt er als Pädagogen insbesondere Miguel Ablóniz (*1917) und den Tárrega-Schüler Pujol und hält seinen Kommilitonen aus Siena-Zeiten, José Tomás (*1934), für *»einen phantastischen Lehrer, vielleicht sogar für einen der besten«.* Der Ramirez-Verehrer Ghiglia konzertierte unter anderem in Europa, Japan, in den USA sowie Australien und meint über seinen größten Lehrer: *»Segovia füttert einem das Wissen nicht mit dem Löffel ein und vermittelt es dennoch, wenn man Augen hat und Ohren zu hören und all die anderen Sinne, um zu begreifen, wie man sich der Gitarre zu nähern hat. Das ist denn auch die Art und Weise zu verstehen, was er zu sagen hat: Imitiert ihn,* *um alles richtig zu machen, aber versucht dabei auch herauszufinden, warum es so ist.«*

1978, fünfzig Jahre nach seinem ersten Auftritt in den USA, fragte Allan Kozinn den Maestro, welcher der jüngeren Gitarristen seiner Ansicht nach die Segovia-Tradition am besten weitertrüge. *»Alle«*, wich Segovia zunächst diplomatisch aus, um dann zu präzisieren: *»Bream immer – obwohl er sich mehr der Laute zugewandt zu haben scheint. Williams ist wunderbar; ich schätze ihn sehr. Christopher Parkening spielt sehr gut. Das gleiche gilt für Eliot Fisk. Und natürlich gibt es noch Michael Lorimer, für den Torroba ein Konzert geschrieben hat* (die ›Dialogues For Guitar And Orchestra‹). *Lorimer rief nach der amerikanischen Premiere des Werks an und berichtete, daß alle Musiker und Kritiker es mochten.«*

Nun, Eliot Fisk (* 1954) steht als Amerikaner fast allein gegen die Front derer, die in Segovia einen Mann sehen, der entgegen dem Trend der Zeit, ›sachlicher‹, also vorlagengetreuer zu spielen, seinem romantisierenden, subjektivistischen Konzept eisern treu geblieben ist. Eliot kommt aus Philadelphia, brachte sich von seinem siebten bis zum zwölften Lebensjahr das Gitarrespielen selbst bei und kam dann zu seinem ersten Lehrer, William Viola. In Aspen (Colorado) gerät der Teenager dann unter die Fittiche Oscar Ghiglias, wird dann dessen Assistent und gewinnt 1973 ein Stipendium, mit dem er Schüler von Alirio Diaz in Alberta (Kanada) wird. 1977 – er hat nun auch bedeutsame Lektionen von dem Cembalisten und Scarlatti-Experten Ralph Kirkpatrick (* 1911) in Yale erhalten – erspielt er sich den ersten Yale-Magister im Fach Gitarre überhaupt und wird kurz danach Leiter der dortigen Gitarren-Sektion. Sein Konzertrepertoire wechselt bewußt zwischen alten und neuen Stoffen. So spielt er etwa zunächst eine eigene Transkription eines Mozart-Divertimentos (im Original für zwei Klarinetten und Fagott, aus dem KV 439b von 1783), dann stellt er eine nagelneue Avantgarde-Komposition des Yale-Kollegen Robert Beaser, die »Canti Notturni« vor, schließt fünf Scarlatti-Sonaten an, spielt nach der Pause die Violinen-, nicht etwa die Lautenfassung der Bachschen »Partita in E«, dann Brittens »Nocturnal« (op. 70 von 1963) und schließlich vier Etüden von Villa-Lobos. Er sei *»einer der ausgezeichnetsten*

Künstler dieses Instruments«, lobte ihn Segovia, *»und wenn ich ›Künstler‹ sage, dann meine ich damit das Ergebnis aus der Perfektion technischer Fähigkeiten und reiner musikalischer Expressivität«*. Bream und Diaz haben sich ähnlich über den jungen Mann aus Pennsylvania geäußert; Segovias Lob reiner musikalischer Expressivität freilich kommt nicht von ungefähr. *»Einige Leute sind der Auffassung, daß das, was auf der* (gedruckten) *Seite steht, dir eine ganze Menge sagt; andere wieder meinen das zwar auch, finden aber, daß es auch vieles ungesagt läßt«*, philosophiert Fisk, der meistens eine von Frank Haselbacher in Connecticut gebaute Augustine-Gitarre von 1972 spielt, und fährt fort: *»Was mich angeht, so denke ich, daß jede Notation – auch die spezifischste – per se beträchtlich unvollkommen ist und daß es einer Menge an Vorstellungskraft und Phantasie bedarf, um alle diese Pünktchen und Striche zum Leben zu erwecken. Darum auch bin ich ein so großer Segovia-Fan. Stilistisch sind er und ich fast totale Gegensätze. Sein Spiel ist durch und durch häretisch, aber weil wir es seit fünfzig Jahren um uns haben, haben wir es anerkannt als eine eigene Norm. Er nimmt die Musik her und verbiegt sie nach allen Regeln der Kunst. Aber gerade darum ist er so einprägsam – er hat eben den Mut, das zu tun. Er ist wirklich einer der revolutionärsten Musiker, die es gibt.«*

1979 auf seinen zweiten Prinzen, Christopher Parkening, angesprochen, sprach der spanische Gitarren-Patriarch Prophetisches: *»Die Zukunft der Gitarre ist absolut gesichert. Meine Schüler tragen nicht nur mein Erbe weiter, sondern sie schaffen sich auch ihre eigene Tradition.«* Nun, Christopher Parkening (* 1947), der amerikanische Repräsentant einer durchaus selbstbewußten jungen Gitarristen-Generation, versucht, seine Schüler von sich unabhängig zu machen: *»Weil ich wie Segovia glaube, daß alle großen Künstler im Grunde Autodidakten sind... Die Offenbarung von Klang und großer Musikalität – Segovia ganz nah spielen zu hören und dann seinen Kommentaren zu lauschen –, das war, was mich in seinem Unterricht so fasziniert hat... Segovias Klassen beschäftigen sich primär mit Fingersätzen und mit der musikalischen Interpretation. Er geht davon aus, daß man die Technik durch und durch beherrscht, bevor man zu ihm studieren kommt.«*

Ihm wie vielen seiner Kollegen – Ghiglia etwa, George Sakellariou (* 1944), Guillermo Fierens (* 1943) und anderen – vermittelten die Segovia-Meisterklassen also den letzten Schliff, den ›Prinzen‹ noch brauchen.

Dennoch repräsentiert Amerikas junge Gitarrenautorität nicht die Segovia-Auffassung subjektiv aufgeladenen Spiels. Sein Cousin, der Jazz- und Studiogitarrist, Komponist und Arrangeur Jack Marshall (* 1921, † 1973) hatte den damals Elfjährigen zur Gitarre angeregt und energisch auf die Klassik gepocht, obwohl Parkening in jener Zeit viel mehr Populäres im Sinn hatte. *»Er sagte mir, daß ich, wenn ich mir erst mal durch das Studium der klassischen Gitarre eine gute Technik erarbeitet hätte, später dann viel leichter auch in andere Stile würde hineingehen können.«* Ein Wort, das auch von Charlie Byrd stammen könnte, ebenfalls einem Siena-Absolventen. Damals noch in seiner Geburtsstadt Los Angeles, begann Christopher, der innerhalb eines Jahres von einer Goya-Gitarre auf ein Instrument von Miguel Rodriguez wechselte, seine formale Ausbildung bei Celedonio Romero (* 1917) und dessen ältestem Sohn Pepe Romero (* 1944). Sie dauerte vier Jahre. Als Dreizehnjähriger gab er dann seinen ersten Konzertabend – mit der Bachschen »Chaconne« (nach Segovias Transkription). Der gelungene Dreizehn-Minuten-Vortrag in der California Young Musicians Foundation erregte das einhellige Lob der Jury, zu deren Mitgliedern niemand Geringerer als der Geiger Jascha Heifetz (* 1901), der Cellist und spätere Parkening-Lehrer Gregor Piatigorsky (* 1903, † 1976) und der Komponist Mario Castelnuovo-Tedesco (* 1895, † 1968) gehörten. Kurz danach führte Parkening des Letzteren »Concerto in D« auf, was eine Reihe von Auftritten mit den Los Angeles Philharmonikern nach sich zog. Durch die Vermittlung Castelnuovo-Tedescos kam der Achtzehnjährige dann zu Segovia, an dessen Kursen Christopher fünf Jahre lang teilnahm. 1966 absolvierte er die Weltpremiere von Castelnuovo-Tedescos »Concerto in C für Gitarre und Orchester« und ging dann nach Santiago de Compostela. Mit neunzehn Jahren machte er seine erste Schallplatte. Mittlerweile liegt ein knappes Dutzend LPs von ihm vor und als Frucht seiner Lehrtätigkeit an der Montana State University in Bozeman unter

anderem ein Lehrbuch, das seit 1972 weit über eine viertelmillionmal verkauft wurde.
Zu den wichtigsten Arbeiten, die von ernsthaften Studenten der Gitarre beherrscht werden sollten, zählt der Pädagoge Parkening spontan Bachs »Chaconne«, die »Estudio Brillante« von Tárrega, dann die erste Studie von Villa-Lobos und *»beliebige Stücke mit einer Anzahl schneller Läufe«*, wie die »Gigue« von Ponce im Weiss-Stil oder Rodrigos »Aranjuez«-Konzert, *»das eine exzellente Studie für die rechte Hand ist«*. Überhaupt, meint er, halte er es für besser, *»an einer spezifischen Rechte- oder Linke-Hand-Technik zu arbeiten, indem man sich ein Musikstück vornimmt, das einem Spaß macht, statt sich mit einer Studie herumzuschlagen, die einen überhaupt nicht inspiriert«*.
Michael Lorimer (*1946) war der erste amerikanische Klassikgitarrist, der 1975 auf Einladung der Sowjetregierung eine Tournee durch die UdSSR unternahm. Er spielt in Europa und daheim und tourte 1981 erfolgreich durch Israel. Oscar Ghiglia nahm Lorimers Transkription der »Fantasia« von John Dowland und Segovia seine Bearbeitung von Albéniz' »Capricho Catalan« auf Platten auf. Seit siebzehn Jahren schon unterrichtet der passionierte Erschließer neuer Repertoire-Quellen an San Franciscos Konservatorium und schloß 1981 einen einjährigen Lehrauftrag als außerordentlicher Professor im Fachbereich Klassische Gitarre an der Universität von North Carolina in Wilmington ab. Und die mittlerweile fünfzehn Ausgaben umfassenden »Michael Lorimer Editions« (141 Kearny Street, San Francisco, CA 94108, USA) enthalten Neu- und Erst-Transkriptionen wie zum Beispiel von John Dowland und dem Barock-Cembalisten Johann Froberger (*1616, †1667), von François Couperin (*1668, †1733), dem Lautenisten Sylvius Leopold Weiss (*1686, †1750) und natürlich Bach (darunter alle Cello-Suiten!).
»...sie schaffen sich auch ihre eigene Tradition«, hatte Segovia von seinen ehemaligen Schützlingen gesagt, was für den jungen Gitarren-Professor aus Los Angeles mehr Geltung haben dürfte als für die allermeisten seiner amerikanischen Kollegen. So hat Lorimer beispielsweise klassische Piano-Rags weit authentischer übertragen und

damit weit mehr an harmonischen Details bewahrt als alle boom-chic-Gitarristen in den letzten zehn oder mehr Jahren. Zehnjährig kam Michael zur Gitarre, angeregt durch Harfen- und Banjomusik und eine Segovia-LP, die der Vater eines Tages heimbrachte. Schon bald wurde Guy Horn sein Lehrer, und sogar die langen Busfahrten zur und von der Schule nutzte Michael zum Üben aus. Das Studium bei Horn endete, als er vierzehn war; die Segovia-Schülerin Dorothy de Goede stellte den sechzehnjährigen Lorimer ihrem Lehrer vor, und der Maestro lud den jungen Mann sogleich nach Siena ein. Dort und in Santiago de Compostela blieb er dem Meister sieben Jahre lang treu und gab in dieser Zeit schon durchschnittlich dreißig Konzerte pro Jahr. 1970 vermittelte Segovia Lorimer an seinen damaligen Manager, Sol Hurok, und in dieser Zeit begann Michael schon selbst, Meisterklassen zu unterrichten.

Ende der sechziger Jahre wurde Lorimer unzufrieden mit der Barockmusik, wenn er sie auf der ›normalen‹ klassischen Gitarre intonierte: *»Ich hatte schon lange Barockmusik gehört, wie der Cembalist Gustav Leonhardt* (* 1928) *sie darbot, und die Barockgitarrenmusik, wie ich sie auf der Klassischen spielte, klang überhaupt nicht so wie die, die in derselben historischen Periode der Cembalomusik geschrieben worden war.«* Um 1970 spielt er zum ersten Mal auf dem Barockinstrument des Gitarristen/Lautenisten Robert W. Strizich und läßt sich wenig später von dem Holländer Nico van der Waals eine Voboam-Kopie bauen. Van der Waals' Vorlage: die [Jean] Voboam für eine der Töchter Louis XIV.

Lorimer zum Unterschied der Spieltechnik von Barockgitarre und Renaissance-Laute: *»Die Lauten- und Vihuelenmusik des sechzehnten Jahrhunderts war sehr kontrapunktisch, wogegen die Musik des siebzehnten Jahrhunderts für die Barockgitarre sehr akkordisch ist, mit sehr viel strumming wie heute bei der Folkgitarre. Während der Stil sich weiterentwickelte, kamen gezupfte Einzeltöne hinzu, und so entstand dann eine sehr differenzierte Mischung aus Zupfen und Durchschlagen. In den de Visée-Büchern, die zwischen 1682 und 1686 publiziert wurden, ist alles Durchschlagen und Zupfen genau identifiziert, und zwar mit den patterns der rechten Hand... Die Stimmung, wie sie de Visée benutzt, ist ja eine einspringende Stimmung, die von* *der Anlage her mit der des fünfsaitigen Banjos verglichen werden kann, wo auch die hohen Töne auf einer Seite und die tiefen Töne in der Mitte sind... Statt mehrere Noten auf einer Saite zu spielen und dann zu einer anderen zu gehen, ermöglicht diese Stimmung, jede Note auf einer anderen Saite zu spielen, was eine ganz gewöhnliche Sache ist, wenn man Tonleitern auf der Barockgitarre spielt.«*

Lorimer, der bei Segovia noch eine Hermann Hauser, dann eine José Ramirez spielte und heute mit der Van der Waals und einer Miguel Rodriguez konzertiert, hat in seiner Edition von Bachs Präludium, Fuge und Allegro außerdem den barocküblichen style brisé vorgestellt, einen Spielstil, der mit gebrochenen Akkorden arbeitet und *»seinen Höhepunkt im siebzehnten Jahrhundert hatte«* (Lorimer): *»Er bietet Möglichkeiten, den Klang dadurch zu bereichern, daß man die Akkorde über mehrere Stimmen ausspinnt, statt sie blockartig einzusetzen* (wie z. B. Wes Montgomery im Jazz). *Statt also den Akkord in einer Linie zu greifen, greife ich die Akkorde über verschiedene Saiten. Zum Beispiel, wenn ich die Töne H, D und G habe, dann spiele ich jede Note auf einer anderen Saite – der dritten, zweiten und ersten –, statt zwei Noten auf der zweiten und eine auf der ersten Saite anzuschlagen...«*

Als Pädagoge hat Michael Lorimer zur allgemeinen Situation der klassischen Gitarre heute höchst Bemerkenswertes mitzuteilen, wenn er sagt: *»Oh, das Niveau der besten Spieler in meinen kürzlich gegebenen Kursen ist besser als es damals in den Segovia-Klassen war. Das Niveau des Gitarrenspiels ist in den letzten Jahren tatsächlich gestiegen.«*

Das Niveau wohl, oft aber nicht der Rahmen seiner Präsentation. *»Bis ins elisabethanische Zeitalter hinein waren Gitarren* (die ja zur Familie der Lauten gehören) *die beliebtesten Haus-Instrumente«* – mit solch bemerkenswerter Erkenntnis etwa wird beispielsweise der Leser des Hüllentextes zu einer Platte bedacht, die 1976/77 bei Teldec erschien und einen jungen südafrikanischen Gitarristen vorstellte, den weißen Südafrikaner und Wahl-Briten Timothy Walker (* 1943). »Timothy Walker spielt barocke Gitarrenmusik«, heißt sein deutsches Debüt-Album und täuscht im LP-Titel den Leser nicht weniger: Walker spielt hier nämlich ausschließlich Transkriptionen.

So spricht auch der Chefredakteur und Herausgeber des deutschen Magazins »Gitarre + Laute«, Peter Päffgen, in seiner Rezension dieser Platte recht kritische Worte, wenn er sagt, die LP enthalte *»Gitarrenmusik im eigentlichen Sinne... überhaupt nicht«*. Zumindest wird hier wieder einmal die Transkription per se zum Stiefkind guten Repertoires gemacht, und das in erster Linie hier wohl auch deshalb, weil, so Päffgen, Walkers Interpretation brav – nicht sonderlich aufregend sei, *»aber auch nicht abstrus oder falsch«*. Dennoch: Gelobt wird das letzte Drittel der Platte, denn es liefert *»für Gitarristen Ungewohntes: ein paar Stücke aus dem Notenbüchlein der Anna Magdalena Bach, ein Andante aus einem Concerto grosso von Vivaldi und ähnliches«*, womit denn doch auch der Repertoire-Bereicherung zugestimmt wird. Wie dem auch sei, Tim Walker, in Durban (Republik Südafrika) als Sohn englischer Eltern geboren, begann als Zwölfjähriger Gitarre zu spielen; und als Narciso Yepes während seiner ersten Südafrika-Tournee den jungen Mann spielen hörte, lud er ihn spontan nach Madrid zum Unterricht ein. Zwei Jahre blieb Walker bei Yepes, hatte zwischenzeitlich auch Gelegenheit, in Nizza von Ida Presti (* 1924, † 1967) und Alexandre Lagoya (* 1929) zu profitieren und siedelte 1970 nach London über, wo er noch im selben Jahr sein Konzertdebüt in der von allen Gitarristen so geschätzten Wigmore Hall gab. Gegenwärtig arbeitet Walker in der Gruppe The Fires Of London, ein auf zeitgenössische Arbeiten spezialisiertes Ensemble unter der Leitung des Komponisten Peter Maxwell Davies (* 1934); John Williams übrigens hatte den vielversprechenden Gitarristen dem Gruppenchef empfohlen. Daneben arbeitet Walker regelmäßig mit der Londoner Sinfonietta und ist unter anderem auch mit dem Melos Ensemble, den Londoner Symphonikern, den Symphonikern der BBC und dem Ensemble Musique Vivante aufgetreten.

Hält sich Walker, auch wenn er sich etwa mit Pierre Boulez' »Le Marteau sans Maître« (1953–57) auseinandersetzt, insgesamt doch an den puristischen Kodex traditioneller Schule, so weist die Biographie des Londoners Eric Hill (* 1944) eher in die Williamssche Richtung. Hill, der mit dreizehn Jahren die Gitarre für sich entdeckte, hat an der Leeds University seinen Bachelor of Sience gemacht, weil in seinem – durchaus musikalischen – Elternhaus die sattsam bekannte Vorstellung herrschte, das Gitarrespielen habe ein Hobby zu sein und nichts mehr. Hill allerdings verbrachte an der Uni mehr Zeit mit der Gitarre als mit dem Studium und gewann denn auch in dieser Zeit einen Preis aus dem Martin Musical Scholarship Fund. Eben erst aus der Universität heraus, wechselte er auch schon ins Lager der professionellen Musiker. Hill, ein Autodidakt, der sich bis in Julian Breams Meisterklassen emporspielte, gewann 1970 den begehrten Prix Concours International de Guitare in Paris und hatte damit das Entrée in die Funk- und TV-Studios und auf die Bühnen des In- und Auslands im Gitarrenkasten. Er unternahm intensive Ausflüge in den Ausdrucksbereich der Jazzgitarre und spielte – gestützt durch einen Preis, der ihm 1972 vom Vaughan Williams Trust zugesprochen wurde – in Schüler/Lehrer-Doppelfunktion an der Universität von York weiter. Wenn Eric Hill heute auftritt, bietet er sowohl klassische als auch frei improvisierte Jazz-Gitarre – eine Guldasche Kombination, die sicherlich Breams wie Williams' Zustimmung hätte und zugleich deutlicher als kaum ein anderes Beispiel musikalischer Konsequenz darauf hinweist, wie heute zum Teil auch nach neuen Ausdrucksmöglichkeiten der klassischen Gitarre gesucht werden kann: durch Anregungen aus anderen, ›klassikfremden‹ Disziplinen, die heute nicht mehr diskriminiert werden – werden dürfen –, nicht jedenfalls in einer musikalischen Zeit, die Anton Webern, Igor Strawinsky, La Monte Young, Dieter Schnebel und John Cage, Leonard Bernstein und Eric Satie, Edgar Varèse und Earl Brown, Luigi Nono und Luciano Berio (* 1925) zu ihren großen Formulierungen zählt.

Wie weit solche Symbiosen führen können, demonstrierte im Mai 1979 beispielsweise der englische Klassikgitarrist Forbes Henderson (* 1951). War dieser eben noch mit einer klassischen Gitarre des englischen Baumeisters George Love (* 1913) aufgetreten, um Villa-Lobos, Tárrega und Walton zu spielen, so war er wenige Wochen später im Orchestergraben der Covent Garden Opera zu finden – bei der Premiere der neuesten Oper »Ice Break« von Michael Tippett (* 1905), einem Werk, das sich im Libretto mit zeitgenössischen rassistischen Konfrontationen auseinandersetzt und dessen Musik, laut Henderson, *»sehr modern ist; der Gitarrenpart war teils sehr leicht, teils sehr schwer, obwohl es keine allzu schwierigen Taktanweisungen gab«*. Das allein überrascht noch nicht allzu sehr, nur: *»Es hat richtig Spaß gemacht, mal wieder elektrische Gitarre zu spielen.«* Er spielte nämlich – eine Fender Stratocaster!

Mehr noch als in populäreren Musikbereichen haben sich seit 1961 – dem Jahr, in dem der Williams-Schüler Jiro Matsuda (*1933) im nordspanischen Orense von Segovia gelobt wurde, nun hätte *»Japan endlich seinen eigenen Gitarristen«* – junge Japaner dem klassischen Instrument westlicher Prägung zugewandt. Das verwundert nicht, wenn man bedenkt, daß kein anderer ostasiatischer Kulturraum sich der abendländischen Musik und speziell der Laute und der Gitarre mehr verbunden fühlt als eben das ›Kaiserreich der Kirschen und Kotos‹. Nicht ohne Grund oder gar nur aus reiner Lust am Wettbewerb ist heute die japanische Gitarrenindustrie ein so ernst zu nehmender, insbesondere von den Amerikanern immens gefürchteter Faktor geworden, und auch nicht ohne Grund sind es in ganzer Breite heute mehr und mehr japanische Instrumente, die von den renommiertesten westlichen Konzertmusikern erworben werden.

Nun, Segovias langer Arm erstreckt sich ›natürlich‹ auch bis nach Japan, wo 1948 in Kobe der ehemalige Klavier- und Geigenstudent Ichiro Suzuki geboren wurde. In den frühen Sechzigern wechselte Ichiro zur Gitarre, studierte zunächst bei Yasumasa Obara, einem Schüler von Regino Sainz de la Maza (*1897, †1981) und Absolventen der Segovia-Klassen von Siena und Santiago de Compostela, ging dann von 1970 bis 1973 zu dem Alten von Linares nach Spanien, wo er auch José Tomás (*1934) kennenlernte. Im Anschluß daran zog es ihn nach Paris zu Alberto Ponce (*1935), einem Pujol-Schüler, und zu Oscar Ghiglia. Bisher konzertierte Suzuki, dessen Namensvetter Ivao Suzuki (*1932) in Tokio eine Gitarrenschule unterhält und in der Zeitschrift »Gendai Guitar« bereits zahlreiche Eigenkompositionen publizierte, in Europa, den USA, in Kanada, Südafrika und asiatischen Ländern als Solist, aber auch in Begleitung namhafter großer Orchester.

In Europa vor allem als Barock-Lautenist bekannt ist der Vihuelist, Theorbist und Gitarrist Toyohiko Satoh, der, 1943 in Tokio gebo-

ren, als Fünfundzwanzigjähriger nach Basel kam, um an der Scholar Cantorum Basiliensis bei Eugen [Müller-]Dombois Laute zu studieren. Seit 1970/71 konzertiert er in Europa, Japan und den USA und nimmt regelmäßig als Solist wie als Basso-continuo-Spieler an Festivals teil, wie etwa den Wiener Festwochen oder dem Holland Festival. Satoh, der seit 1973 Lauten-Professor am Königlichen Konservatorium in Den Haag ist, leitete Meisterklassen in Schweden, Japan, den USA und Frankreich und hat auf zahlreichen Platteneinspielungen als Solist und Ensemble-Mitglied gewirkt.
1979 stellte sich den bundesdeutschen Hörern erstmals Tadashi Sasaki (*1943) aus Tokio auf Schallplatte vor, mit einer eigenen Bearbeitung von Bachs Sonata Nr. 1 a-moll nach der Violine-solo-Sonate g-moll (BWV 1001), Mompous »Suite Compostelana«, den Etüden Nr. 6 und 12 von Villa-Lobos und der Tárrega-Bearbeitung der Prudent-Komposition »Estudio e-moll«. Sasaki begann mit sieben Jahren beim Vater Gitarrenunterricht zu nehmen, kam schon 1966 als Lehrer an die Musikhochschule Saarbrücken und wurde 1968 Preisträger des jährlichen Gitarren-Wettbewerbs, den die ORTF in Paris veranstaltete. Im Jahr darauf ging er zu Narciso Yepes, ebenfalls zu José Tomás, zu Siegfried Behrend und – zur Lautenschulung – zu Michael Schäffer (*1938, †1978). Sasaki tritt vor allem in Westeuropa und regelmäßig in seinem Heimatland auf.
Derzeitig Jüngster unter Japans junger Elite ist Masayuki Hirayama (*1947), der sich hierzulande 1979 mit einem – wiederum von der gitarrenfreundlichen Teldec veröffentlichten – »Gitarre-Recital« vorstellte, das von Ponces »Suite a-moll« über Tárregas »Estudio Brillante« und Pujols höchst selten gespieltes »Abejorro« (um 1950) bis zu Julio Salvador Sagreras' (*1879, †1942) »El Colibri« reicht. 1969 hatte Masayuki den Musikpreis des Staatlichen Japanischen Rundfunks gewonnen, kurz darauf den 1. Preis der Neunten Internationalen Wettbewerbe für Gitarre in Mailand. Hirayama ist als Gitarren-Dozent an der Staatlichen Musikhochschule Rheinland tätig, konzertiert in Europa und den USA und spielt häufig im Rundfunk, verständlicherweise – kennzeichnend für fast alle japanischen Klassikgitarristen – Programme, die sich strikter an die puristi-

sche Schule traditionellen Zuschnitts als an die gewissermaßen ›interdisziplinären‹ Konzeptionen von Williams & Co. halten. Einer der jüngsten, international bekannten Klassikgitarristen Japans ist Tsuyoshi Horiuchi (* 1958).
Puristen ganz anderer Art werden bei dem Namen Ernesto Bitetti (* 1943) möglicherweise an einen kommerziellen ›Fehlgriff‹ aus dem Jahre 1973 denken, als der im argentinischen Rosario geborene Schüler Graciela Pomponios (* 1926) und Martínez Jorge Remigio Zarates (* 1923) mit Waldo de los Rios, dem südamerikanischen ›Tequila-James-Last‹, und dessen Orchester ein Album veröffentlichte, das – nun wirklich anders, als das Williams praktiziert – klassische Themen sozusagen mit dem erlesenen Geschmack eines Essigprüfers aufmotzte. Dennoch ändert auch dies nichts daran, daß Bitetti als klassischer Interpret seines Landes ernstgenommen werden muß. Schon 1961 gewann Ernesto den Preis beim XVIII. Gitarren-Wettbewerb in Buenos Aires, ein Jahr später hatte er sich für das Finale des Internationalen Gitarrenwettbewerbs in Paris qualifiziert. Er tourt durch die Bundesrepublik Deutschland, durch Spanien, Südamerika, aber auch durch die osteuropäischen Staaten; in Italien führte er die ihm von Rodrigo gewidmete »Sonata Española« zum ersten Mal auf und nahm in Rom an den internationalen Gitarren-Festivals »Die Gitarre in der Welt« teil. Sein Landsmann, Guillermo Fierens (* 1943), kam als Neunjähriger zur Gitarre und studierte später unter anderem bei der Gitarristin Diana María Angelica Funes (* 1916), die sich neben alter und neuer spanischer wie südamerikanischer Musik auch Bearbeitungen von Werken Vivaldis, Beethovens, Rubinsteins und anderer gewidmet hat. Fierens ging 1961 nach Alicante, wo er ebenfalls bei José Tomás studierte, dann folgten drei Jahre in Santiago de Compostela bei Segovia. 1971 errang er beim Internationalen Wettbewerb für Klassische Gitarre (›Citta di Allesandra‹) den 1. Preis und gehört heute zu den vielversprechenden südamerikanischen ›Aufsteigern‹ neben der in New York lebenden Brasilianerin Olga Coelho, neben Omar Atreo (* 1945) aus Montevideo, dem Venezolaner Romulo Lazarde (* 1943), Leo Alfonso Soares (* 1943) aus Brasilien und dem heute schon in den USA und Kanada besonders populären Antonio Carlos

Barbosa-Lima (* 1944) aus São Paulo. Ihn, den Schüler des uruguayischen Gitarristen Isaias Savio (* 1900, † 1977) und später auch von Segovia, wird man von Repertoire-Auswahl und Schulung mit zu den treuesten Segovianern Südamerikas zählen müssen.
Die sicherlich unorthodoxeste, kompromißloseste und bei weitem schöpferischste Position im zentral- und südamerikanischen Raum nimmt zweifellos Leo Brouwer (* 1939) ein. In Havanna geboren, hat der 1973 als ›artist in residence‹ während des gespannten politischen Klimas in West-Berlin zum engeren Kreis um den marxistisch orientierten chilenischen Schriftsteller Gastón Salvatore (* 1941) gehörende, politisch auch heute unvermindert engagierte Kubaner sich zunächst verschiedenen Flamenco-Stilen gewidmet. Schon als siebzehnjähriger Autodidakt publizierte er erste eigene Kompositionen, dann erwarb er sich den klassischen Stil daheim bei dem Pujol-Schüler Isaac Nicola und Kenntnisse über Renaissance und Barock in Europa bei Pujol selbst. Noch während seiner Schulzeit erarbeitete sich Brouwer praktisch das gesamte Basis-Repertoire der Gitarre selbst und begann Konzerte zu geben, deren Spanne von Milán bis zu Ponce reichte. Nach dem Abitur nahm ihn das Staatliche Konservatorium in Roldan auf, wo Brouwer Harmonielehre und Kontrapunkt studierte. Die kubanische Regierung ließ den vielversprechenden Zwanzigjährigen – sein Landsmann, der Gitarrist Carlos Manuel Molina (* 1940), schlug schon sehr früh eine ›systemimmanentere‹ Linie ein – mit einem Stipendium nach New York an die Juilliard School of Music und dann an die Hartford University in Connecticut gehen. Nach seiner Rückkehr 1960 wurde er Professor für Kontrapunkt und Harmonielehre an Havannas Konservatorium und zugleich zum Direktor für den Bereich Musik des kubanischen Filminstituts ICAIC ernannt, und in dieser Funktion schrieb er bis 1975 nicht weniger als 50 Film-Soundtracks. Anfangs der sechziger Jahre begann Leo Brouwer dann häufiger in West- und Osteuropa zu gastieren.
Brouwer, auf dem deutschen Hüllentext zu seiner zweiten LP zum ›Holländer‹ mutiert, verfügt – durch den Tárrega-Schüler Pujol vermittelt – über die klassische europäische Tradition, auf der er seiner ursprünglichen Neigung, der eigenen Kreativität, nach Lust

und Laune nachgehen kann. Der Komponist Brouwer wird in gitarristischen wie nichtgitarristischen Kreisen gleichermaßen ernst genommen: Seine »Cantigas del Tiempo Nuevo« etwa wurden 1970 beim Aldeburgh Festival und der »Exaedros II« bei den Berliner Festwochen im selben Jahr uraufgeführt. Hans-Werner Henze schrieb für ihn. Die Brasilianerin Maria Livia São Marcos (* 1942) spielte mit den Zagreber Solisten seine »Trois Danses Concertantes« ein. John Williams nahm mit der Londoner Sinfonietta sein »Konzert für Gitarre und Kammerorchester« auf. Masayuki Hirayama wie auch der Spanier Santiago Navascués machten Aufnahmen seiner »Elogia de la danza« (1964). Navascués nahm sich der zehn »Estudios sencillos« und Yepes der »Parábola« und des »Tarantos« für Sologitarre an. Eigene Arbeiten widmete Brouwer auch dem uruguayischen Gitarristen Oscar Cáceres (* 1928) wie dem brasilianischen Kollegen Turibio Santos (* 1943).

Zu Brouwers Kompositionsart der Aleatorik, in der die definitive Gestaltung der Form oder auch des Klangbilds dem Interpreten im Augenblick der Aufführung überlassen ist, meinte John Williams: *»Ein Werk mit umfangreichem aleatorischen Gehalt ist, soweit mich das betrifft, Performance-Musik. Sie passiert nur einmal – ob nun von Brouwer gespielt oder von irgend jemandem sonst–, und ganz bestimmt würde mir Brouwer da zustimmen. Wie lange man also eine bestimmte Noten-›Box‹ oder einen Triller spielt, wie lange zwischen Sektionen Ruhe herrscht, wie lange man einen Ton hält – alles das hat zu tun mit dem Saal, in dem man spielt, mit der Stimmung der Zuhörer, mit der eigenen momentanen Gefühlslage. Und eine Aufnahme zu haben, die dann gewissermaßen als Beispiel dafür dient, wie das Stück zu klingen hätte, das widerspricht der Natur dieser Musik. Ganz im Unterschied zu dem, was viele Leute denken, habe ich doch – und das geht zurück bis in die frühen Neunzehnhundertsechziger – ganz schön viel extrem avantgardistische aleatorische Musik gespielt. Und ich werde Petrassis ›Nunc‹ im Opernhaus von Sydney in einem Block zwischen Albéniz und Paganini spielen...«*

Aus Südamerika und England nun zurück auf den europäischen Kontinent. *»Wußten Sie, daß Neapel auf demselben Meridian wie Alicante liegt?«* fragte José Tomás eher rhetorisch. In Italien also sind es im wesentlichen die jungen Erben Oscar Chilesottis (* 1848, † 1916), des Musikwissenschaftlers, Lautentranskribienten und Erschließers unschätzbarer historischer Quellen, die sich von dessen betont lautenfreundlichem Konzept ab- und ebenfalls dem Segovia-Hauptstrom eingegliedert haben. Noch bei dem in Camogli geborenen Ruggiero Chiesa (* 1933), der als Pädagoge an Mailands Istituto Giuseppe Verdi wie auch als Chefredakteur der Zeitschrift »Il Fronimo« wirkt, dringt Chilesottis Passion durch: Chiesa, Absolvent der Chigiana in Siena bei Andrés Segovia und Emilio Pujol, hat sich insbesondere als Herausgeber alter Lautentabulaturen und ihrer Transkriptionen verdient gemacht, darunter etwa Miláns »El Maestro« (1965) und Weiss' »Intavolatura di liuto« (1967/68). Andererseits aber hat er auch Boccherini-Quartette und Konzerte von Mauro Giuliani bearbeitet und unter dem Titel »Tecnica fondamentale« ein bemerkenswertes Grundlagenwerk verfaßt. Massimo Gasbarroni (* 1934) aus Rom hatte sein Abschlußdiplom an der römischen Akademie Santa Cecilia bei Benedetto di Ponio erworben und ging dann gleichfalls nach Siena zu Segovia und Alirio Diaz. 1962 erhielt er den 1. Preis des Gitarrenwettbewerbs von Avezziano, dann begann er auch im Ausland, unter anderem in Moskau, zu konzertieren und lehrt heute am Konservatorium von Neapel. Sergio Notaro (* 1935) kommt ebenfalls aus Rom. Auch dieser Gitarrist – Schüler von Costas Proakis (* 1910, † 1968) – ging, nachdem er den ersten Preis beim Gitarrenwettbewerb in Bologna 1956 errang, zu Segovia und Tomás nach Santiago. Dort machte er sein Diplom, kehrte dann nach Rom zurück, wo er heute an der Musikhochschule lehrt und das Römische Gitarrenzentrum leitet. Notaro hat sich als einer der ersten seines Landes insbesondere auch den modernen Kompositionen wie denen von Mompou oder Federico Moreno Torroba (* 1891) gewidmet.

Zwei Jahre jünger als Oscar Ghiglia ist Carlo Carfagna (* 1940) aus Guarcino, der in Rom im Fach Musikgeschichte promovierte und mit seinem ehemaligen Lehrer Mario Gangi (* 1923) das »Dizionaro chitarristico italiano« (1968) herausgab. Seine Konzertauftritte beschränkt er auf die Städte seiner Studienzeit, Neapel und Rom, besonders bemerkenswert aber war seine Zusammenarbeit (wiederum mit Gangi) an der Revision der Gitarrenschule von Aguado. Carlo Carfagna, Autor eigener Gitarrenkompositionen, ist Mitautor der Monographie »Profilo storico della chitarra« (1966). Angelo Gilardino (* 1941) aus Vercelli, Absolvent der dortigen Musik-Schule und des Mailänder Verdi-Konservatoriums, begann bereits mit siebzehn Jahren öffentlich aufzutreten. Seine Biographie verzeichnet weder Siena noch Santiago de Compostela, dennoch haben diesem ausgesprochenen Spezialisten zeitgenössischer Gitarrenmusik solche Komponisten wie Joaquín Rodrigo, Jean Absil, John Duarte, Castelnuovo-Tedesco und Guido Santórsola Arbeiten gewidmet. Er komponiert auch selbst, seine Fantasie »Ocram« (1975) gewann beim Internationalen Verdi-Komponisten-Wettbewerb von 1976 die Goldmedaille; er betreut eine Publikationsreihe für moderne Gitarrenwerke und schreibt für »Il Fronimo«.

Jüngster der neuen italienischen Klassik-Szene ist Umberto Leonardo (* 1954) aus Neapel. Er stellte sich 1980/81 auch in der Bundesrepublik Deutschland mit einer Schallplatte vor (»La Chitarra«), für die er unter anderem einen Rossini-Tanz transkribierte, Carey Blytons »In memoriam di Scott Fitzgerald« spielte und sich eine eigene »Fantasia« einfallen ließ. Leonardo – typisch für seine Generation – schätzt neben dem klassischen Repertoire ebenso das Flamencospiel und – die Improvisation. Der Sohn eines Geigers und einer Klavierpädagogin begann mit elf Jahren mit dem Gitarrenstudium und schloß am Konservatorium zu Florenz summa cum laude ab. Seit 1971 arbeitet er professionell an seiner Konzertlaufbahn, und außerdem hat er in Zusammenarbeit mit Roberto de Simone zahlreiche TV- und Filmmusiken geschrieben.

Griechenland dürfte unter den europäischen Mittelmeerländern am wenigsten mit der Gitarre assoziiert werden. Dennoch sei hier hingewiesen auf einen Künstler, dessen berufliche Vita vielleicht mit zu den buntesten aller jungen Gitarristen gehört: Evangelos Boudounis (* 1950) aus Athen war zunächst Student des Segovia- und Pujol-Schülers Dimitri Fampas (* 1921) am Athener Konservatorium, von wo aus er nach dem Erwerb des Diploms mit Auszeichnung zunächst nach Santiago de Compostela zu José Tomás, dann nach Kanada zu Alexandre Lagoya und danach zu Alirio Diaz nach

Italien ging. Evangelos holte sich mehrere erste Preise bei internationalen Wettbewerben. 1970 ging der Landsmann Dimitri Nikitos' (* 1944), des Gitarrenlehrers an Stuttgarts Musikhochschule, in die Meisterklassen, die Segovia in Madrid und Granada abhielt. Dann folgten diverse Auftritte und Tourneen in Spanien, Italien, auch im Libanon, in Ungarn, der Tschechoslowakei und in Griechenland, wo er derzeit eine Gitarrenklasse am Konservatorium Orfehion in Athen leitet. Zunehmende Bedeutung bekommt auch Costas Cotsiolis (* 1957), der in Athen internationale Gitarrenkurse veranstaltet. Von Bedeutung sind auch Charalambos Etmektosglou (* 1913) sowie das Duo Evangelos Assimakopoulos (* 1940) und Liza Zoa (* 1940).

Für westeuropäische Gitarrenfan-Gemüter mag vom gitarristischen Standpunkt aus Griechenland schon recht exotisch und ›fern‹ anmuten; ferner noch dürften der Kontinent Australien sowie die osteuropäischen Länder und die Sowjetunion auf uns Mitteleuropäer wirken. Ging John Williams frühzeitig nach England, so tat es der Australier Joshua Heygen andersherum. Er ging schon 1949 von England nach Australien, ließ sich zunächst in Perth (Westaustralien) nieder, machte hier sein Lehrerexamen und übersiedelte dann nach Südaustralien. Nur ein lukrativer Vertrag mit dem Melbourner Fernsehen und Engagements als konzertierender Gitarrist zerstreuten seine Rücksiedlungspläne. Heygen gilt – ähnlich wie Jiro Matsuda für Japan – eigentlich als der Mann, der in Australien der klassischen Gitarre zum Durchbruch verhalf. Ohne ihn wäre schwer vorstellbar, daß etwa Joe Washington aus Sydney, ein Absolvent des dortigen Konservatoriums, ähnlich wie es laut Williams auch Brouwer und andere ›in der Schublade‹ haben, 1974 eine LP mit dem Titel »The Beatles For Classical Guitar« herausbrachte. Washington spielt – Williams' Einfluß ist hier unverkennbar – wie sein Vorbild zuweilen recht unorthodox und setzt das klassische Instrument auch in populären Kontexten ein.

Das tut der Moskauer Igor Mikulin (* 1939) übrigens auch. Seine musikalische Laufbahn hatte er als Trompeter begonnen und erst als Zweiundzwanzigjähriger unter Henryk Sečkin (* 1933) und Vladimir Slavskij (* 1926) mit dem Studium der klassischen Gitarre. Sein

Repertoire reicht von Bach bis de Falla, außerdem gilt er in der Sowjetunion als ungewöhnlich souveräner Flamencist. Seit einigen Jahren konzentriert er sich – ähnlich wie Eric Hill in England – auch auf die Möglichkeiten der Jazzimprovisation. Auch Jan Oberbek (* 1947) aus Łodz in Polen fährt derartig zweigleisig. Nachdem er zunächst die Musikoberschule in Łódz absolviert hatte, ging er 1971 bis 1975 an die dortige Staatliche Musikhochschule und wurde Preisträger bei den ersten beiden Gesamtpolnischen Gitarrenwettbewerben. Der schulebildende Gitarrist, der hauptsächlich in den sozialistischen Ländern und ab und an auch in Spanien konzertiert, war 1978 Teilnehmer an Segovias Compostela-Meisterklasse. Doch seine zweite große Liebe gehört dem Jazz. Jan arbeitet in mehreren Jazzgruppen mit und schreibt außerdem Filmmusiken. Er ist an der Staatlichen Hochschule für Musik in Krakau als Lauten- und Gitarrenpädagoge tätig.
Der wohl auch im Westen bekannteste klassische Ostblock-Gitarrist kommt aus der Tschechoslowakei: Milan Zelenka (* 1939), Schüler des wohl einflußreichsten tschechoslowakischen Gitarristen der letzten fünfunddreißig Jahre, Štêpań Urban (* 1913, † 1974), der bereits als Achtzehn- und Zwanzigjähriger Preise bei Wettbewerben anläßlich des Weltjugendfestivals in Moskau (1921) und dann in Wien (1933) gewann. Er widmet sich besonders der Erschließung zeitgenössischer Komponisten der sozialistischen Länder und ist seit 1963 Professor für Gitarre am Prager Konservatorium. 1980 stellte die Kasseler Bärenreiter-Musicaphon den Künstler auf einer LP mit »Bach – Gitarren-Transkriptionen« vor. Im Herbst 1982 unternimmt er seine dritte Tournee durch die Bundesrepublik Deutschland.

»Wenn ich jemanden wie Manuel Barrueco höre, dann ist das, als käme ein Engel herab und sagte: ›Siehe!‹ – Es ist einfach wunderbar, daß von Zeit zu Zeit jemand wie er in die Welt der Gitarre kommt. Das Album, auf dem er spanische Musik spielt, also ›Music of Albéniz and Granados‹ ist das beste, das ich je gehört habe.« Das sagte José Tomás (* 1934), jener Gitarrist, dessen Name im Zusammenhang mit Segovias Meisterklassen immer und immer wieder fällt. Tomás, in Alicante geboren, hat verhältnismäßig wenig Musik

auf Platten eingespielt, denn seine Liebe gilt vor allem der lebendigen, ausgeführten und vermittelten Musik und nicht ihrer Konservierung. Und er ist Lehrer, und zwar einer, der seit 1960 Segovias Stellvertreter ist, dennoch aber mindestens ebenso viele unorthodoxe Züge hat wie er den Kubaner Barrueco in den Himmel lobt: *»Ich bin ein Profi, und wenn ich jemanden höre, dann schaltet sich die Professionalität einfach mit ein. Ich fühle die Fingersätze... und versuche mir vorzustellen, wie dies oder jenes gespielt wird. Aber bei Barruecos Aufnahme höre ich nichts dergleichen. Ich höre nur Musik... Ich kann das sagen, weil ich Spanier bin, ich kenne die spanische Musik gut, und ich habe Freunde unter den Pianisten – wie zum Beispiel Alicia de Larrocha –, die aus der Marshall-Schule kommen. Marshall war Granados-Schüler. Barrueco wird mit dieser Schule identifiziert. Er spielt wie sie.«*

Das ist, in der Tat, eine Tonlage, die weit entfernt ist von der, in welcher der große Mentor Segovia zu lehren und zu loben pflegte. Tomás begeistert sich unverhohlen, und er tut dies oft, wenn er von den Jungen spricht. Und er amüsiert sich köstlich über alle Kritiker-Spekulationen, inwiefern wohl der oder jener dem Segovia-Weg folge oder nicht. *»Das ist grundverkehrt«*, sagt er dazu, daß Segovia einen Erben brauche. *»Wer ist der beste Pianist? Wer der beste Violinist? Es bedarf nicht des Einen, es bedarf der Vielen. Das bekommt dem Instrument am besten. Wir haben doch Williams, Bream, Ghiglia und jetzt auch Barrueco... Die Vorstellung, daß alle dem Führer zu folgen und genau wie er zu handeln hätten, ist verrückt. Das ist pure Idolatrie.«*

Tomás' Ansicht reflektiert eine Biographie, die im bürgerkriegszerrissenen Spanien begann und dann unter jenen faschistischen Druck geriet, der in den Worten des Kultusministers *»mehr Fußball, weniger Kultur«* predigte: *»Man hält seinen Mund; man hat keine Meinungen. Wer ein Buch von García Lorca oder Pablo Neruda besitzt, läßt es unter der Matratze.«* Und in solch schlimmen Zeiten, in denen es natürlich auch keine Gitarreninstruktoren gab, wollte es doch der Zufall, daß der Autodidakt Tomás ausgerechnet in der Eisenbahn den Komponisten Oscar Esplá (* 1886, † 1977) traf. Unterdrückung läßt zusammenrücken; also nahm sich Esplá des jungen Klassik-

Idealisten an, machte ihn mit anderen Musikern bekannt und verschaffte ihm schließlich ein Stipendium, mit dem José zunächst nach Madrid zu Sainz de la Maza gehen konnte: *»Ich habe gerne mit ihm gearbeitet, aber vielleicht war ich gefühlsmäßig doch näher bei Segovia«,* erinnert er sich. Noch in Madrid trifft er Alirio Diaz, der ihm den Weg zu Segovia nach Siena ebnet. 1955 begegnet er dem Meister zum ersten Mal, 1958, nach zwei Jahren Militärdienst, wieder, diesmal in Santiago de Compostela, wo er zwei weitere Jahre bleibt und auch Emilio Pujol kennenlernt.

Dann, drei Jahre später, legt ihm Segovia väterlich die Hand auf die Schulter und ernennt ihn zu seinem Stellvertreter: *»Es gab zu viele Studenten in Segovias Meisterklasse. Er hörte sich jeden an, wählte sich die aus, mit denen er arbeiten wollte, und ich übernahm die anderen.«*

Und ganz wie der Patriarch zieht es auch José Tomás vor, mit Hilfe poetischer Abstraktion statt exaktem technischen Ratschlag zu lehren: *»Studenten achten nicht sonderlich auf meine Methode, weil ich einfach glaube, daß die technische Meisterschaft von allein kommt, wenn man nur weiß, was man tun will. Technik bedeutet nicht nur, die meisten Töne in der kürzesten Zeit zu spielen. Das interessiert mich nicht. Es muß einen Grund geben, daß man ein Stück gerade so spielen will.«* Es war Segovias großes Selbstvertrauen, seine starke Persönlichkeit und die große Sicherheit in allen Dingen, die wiederum auch José in der eigenen Mündigkeit bestärkt haben: *»Manchmal bin ich bei ihm zu Hause«,* sagt Tomás denn auch heute, *»und er möchte mir zuhören, oder er nimmt die Gitarre, um mir ein neues Stück zu zeigen. Aber über Musik diskutieren wir heute nicht mehr viel. Liegt das daran, daß jeder seinen eigenen Weg geht? Nein. Aber trotzdem muß jeder sein eigenes Leben leben.«*

Tomás' ›eigenes Leben‹ fängt bereits beim Sitzen an. Er, dem jede starre Dogmatik abhold ist, legt – welch Sakrileg für einen der größten Lehrer der Welt! – sein Instrument nicht, wie allgemeine edle Klassikerpflicht, auf das linke Knie, sondern hält es genau wie Jazz- und Folkgitarristen auf dem rechten – weil es ›bequemer‹ sei. Und außerdem erlöst ihn das von Problemen des richtigen Winkels beim Aufsetzen der Finger seiner Greifhand. *»Ich verordne über-*

haupt nichts«, betont er, *»und wenn jemand es so machen will, dann nenne ich das Demokratie.«* Und wie schon im Falle Yepes', so müßte Andrés Segovia auch seinem berühmten Schüler grollen: José Tomás, auf der Suche nach akkurateren Interpretationsweisen von Renaissance- und Barockmusik, ließ sich von José Ramirez III (* 1922) in Madrid eine achtsaitige Gitarre bauen, um den achtchörig notierten alten Vorlagen gerecht werden zu können. Bemerkenswert aber ist darüber hinaus, daß er längst auch jüngere Musik auf diesem Instrument spielt. So hat er auf einer USA-Tournee im April 1980 ausschließlich Musik vorgetragen, die nach 1800 entstanden ist und dafür die siebente Saite nach D (einen Ganzton unterm E der sechsten Saite) und die achte nach F über dem tiefen E gestimmt, so daß seine tiefste Saite also nicht die achte war, was anzunehmen gewesen wäre, sondern eben die siebente.

Die Loslösung vom sechssaitigen Standpunkt Segovias ist freilich weder bei Tomás noch bei Yepes beendet. Im Frühjahr 1981 erschien in der Concours-Reihe der Deutschen Grammophon der Plattenerstling eines jungen Mannes, dessen spezielle Neigung mindestens so überraschen muß wie die Tatsache, daß es etwa auch mit Philip Hii in Malaysia, mit Arto Juusela (* 1939) in Finnland und Ivan Kalcina in Jugoslawien junge Gitarrenspieler gibt, die sich der klassischen Musik verschrieben haben. Der junge Mann heißt Göran Söllscher, wurde 1955 in Växjö in Schweden geboren, hat ab 1970 bei Per-Olof Johnsson (* 1929), einem Schüler Karl Scheits, studiert, trat drei Jahre später zum ersten Mal im großen Rahmen öffentlich auf und erhielt daraufhin ein Stipendium des schwedischen Lions-Club. Göran trat 1975 in einer TV-Sendung über den schwedischen Instrumentenbauer Georg Bolin auf und holte sich ein Jahr nach seinem Examen (1978) den 1. Preis im 20. Concours International de Guitare de Paris. Was bisher noch nie da war, 1979 (das schwedische Erscheinungsjahr seiner Debüt-LP) wurde es möglich: Kaum auf dem Markt, erklomm die klassische Longplay im Nu die Hitlisten. 1980 verlieh ihm die Prinzessin Lilian von Schweden den Nationalen Schallplattenpreis, und noch im selben Jahr debütierte der fünfundzwanzigjährige Wunderknabe aus dem Norden in Londons Wigmore Hall, gab dann Konzerte in Island, Dänemark und Finnland und

ging im Frühjahr 1981 mit dem Englisch Chamber Orchestra auf Konzertreise durch Spanien, sozusagen schnurstracks mitten hinein in die Höhle des Löwen.
In einem aber übertrifft Söllscher schon jetzt Narciso Yepes: Der Schwede spielt *elfsaitig!* Von dem erwähnten Georg Bolin ließ er sich ein Instrument bauen, das in den oberen sechs Saiten die G-Stimmung der Altlaute (G, c, f, a, d′, g′) und in den zusätzlichen Baßlauten-Saiten die Stimmung H, C, D, E, F aufweist. Damit, meint der junge Künstler, ließen sich nun spieltechnische wie auch interpretatorische Probleme lösen, denn die Mensur seines Instruments sei einerseits nicht auf die der Laute – zwischen 52 und 58 Zentimeter – reduziert, andererseits könne so das musikhistorische Dilemma umgangen werden, daß sich die Laute zu Zeiten Bachs – das heißt eigentlich schon seit dem Beginn des 17. Jahrhunderts – auf dem Rückzug befand. Der Thomaskantor hatte dieser Tatsache dadurch Rechnung getragen, daß er in seinen Werken alternative Besetzungsvorschläge machte, etwa »pour la Luth ò Cembalo« für Fuge und Allegro Es-Dur (BWV 998). Und so ist es nun Söllschers elfsaitige Gitarre, die ihren Spieler in die bewundernswerte Lage versetzt, Bachs eigene Bearbeitung des zweiten Satzes seiner Sonate für Violine solo (BWV 1001) – die g-moll-Fuge (BWV 1000) – als Novität dem Gitarren-Repertoire zuzuordnen.
Und ähnlich langsam, aber sicher, wie auch Narciso Yepes' zehnsaitiges Spiel mehr und mehr Anhänger findet – in Holland seine Duo-Partnerin Godelieve Monden wie in den USA Janet Marlow, die kurz und bündig feststellt: *»Ich werde nie eine Segoviette sein«* –, beginnt nun auch das Interesse am elfsaitigen Instrument sich vernehmbar zu machen. In Söllschers schwedischer Heimat ist seit 1981 ein elfsaitig spielendes Duo zu hören, Bengt Lundquist und Michael Lie, das auf dem Album »Musik På Två Gitarre« (1981) Werke für zwei Lauten eingespielt hat und das Söllscher-Argument der optimaleren Transponierbarkeit bestens abstützt.

Die in England geborene Kanadierin Liona Boyd hat sich nie sonderlich komplizierte Gedanken darüber gemacht, daß sie als Frau im Bereich der klassischen Gitarre einer Minderheit angehört, die es womöglich schwerer haben könnte als die Mehrheit der männlichen Generationsgenossen. *»So viele Frauen spielen andere Instrumente hervorragend – die Geige oder das Klavier zum Beispiel«*, sagt sie dazu. *»Die Gitarre aber scheint nur zu jemandem zu passen, der gerne sehr unabhängig ist und viel Zeit mit sich selber verbringt, so Nacht für Nacht in Hotelzimmern, nach diesem Motto. Ich glaube, das paßt vielen Frauen nicht. Aber ich bin sicher, daß mehr Frauen am Ende damit Karriere machen werden, weil es mit Sicherheit Tausende junger Mädchen gibt, die das Instrument spielen. Die Leute fragen mich oft, ob es von Vorteil ist, eine Frau zu sein. Vielleicht in gewisser Weise ja, aber in geschäftlichen Angelegenheiten kann das auch zum Bumerang werden, weil sie einen zunächst mal nicht ernst nehmen.«*

Nun, Liona Boyd (* 1952), die ›First Lady der Gitarre‹, wie man ihr Debütalbum in Amerika untertitelte, wird ernst genommen; denn sie beherrscht – entgegen einem verbreiteten männlichen Klischee – nicht nur ihr Instrument, sondern auch ›the business side of things‹: Ihre Augen lesen neben den Noten auch Kleinstgedrucktes, und wenn sie sich von ihrer Plattenfirma nicht zur Abwechslung des Managements mal in ein Jeans- und Rollkragensweater-Image pressen läßt, weil sie lieber in langen, romantisch verspielten Kleidern auftritt, dann bleibt das auch so. Denn diese Frau, die mehr junge Kanadier dazu gebracht hat, die neue Liebe zur klassischen Gitarre zu entdecken, als alle Segovias und Williams' zusammen, wird als Frau und Interpretin ernst genommen. Ihr Erfolg ist Resultat eigener Initiativen – nicht der eines Managements.

Im Kindergarten fing sie an, Blockflöte zu spielen, und als die Boyd-Familie 1959 nach Ontario umgesiedelt war, gab sie schon bald darauf ihr erstes ›Konzert‹: ein Blockflöten-Duett mit ihrer kleinen Schwester, »The Blue Bells Of Scotland«. Die Sechsjährige kommt nach Spanien zur Großmutter zu Besuch, man nimmt eine Gitarre mit zurück, und als Liona vierzehn ist, bekommt sie das Instrument zu Weihnachten. Wenige Wochen später besucht Liona mit ihrer Mutter ein Konzert Julian Breams, und *»da schlug es bei mir ein«*. Sie geht zu Eli Kassner, dem Chef des Gitarren-Departments an der Toronto University *(»er ist heute noch mein Lehrer, mein Freund und*

Berater«), der sie unterrichtet, indem er *»mit Überzeugung was von hier und was von da auswählte«.* In Konzerten lernt sie Ida Presti kennen, Lagoya und auch Yepes, und später ist ihr neuer Lehrer Lagoya entsetzt über die at-random-Methoden Kassners. Die spezifische Methode fehle ihm, doch *»steckte durchaus Methode hinter Kassners Verrücktheit«,* räumt Liona ein. Sie übt vorm Fernseher, Technisches wie Legato-Übungen und Tonleitern, denn *»Bream sagte mir, daß er Zeitung liest, wenn er seine Skalen übt«.* Und überhaupt: *»Bream war immer ein Held.«* Als sie siebzehn ist, wird sie von ihrem Helden in seiner Meisterklasse in Stratford (Ontario) zugelassen und hält mit vier Mitbewerbern bis zum bitteren Ende durch. Die Abschlußprüfung der fünf Aufrechten wird als Dokumentation im kanadischen Fernsehen übertragen, aber die Torontoer Zeitung schreibt: *»Torontos Liona Boyd zeigte absolut kein Potential.« »Das war eine echte Lektion«,* sagt sie, *»denn man bekommt von seinen Kritikern soviel Widersprüchliches zu hören. Am Anfang sind sie so wichtig. Sie können einen zerstören. Aber wenn man sich erst mal etabliert hat, spielen sie keine so große Rolle mehr.«* Das alte Lied. Aber noch will sie auch gar nicht an eine Laufbahn als klassische Gitarristin denken, will lieber nach Europa gehen und einen *»gutaussehenden italienischen Prinzen«* heiraten. Kassner aber stärkt ihr das Rückgrat, und sie beginnt, öffentlich aufzutreten, soviel sie kann, denn *»ich glaube, es ist sehr gefährlich für Gitarrenstudenten, immer nur jahrelang in den eigenen vier Wänden zu spielen und dann plötzlich ein Konzert zu geben«.*
1977/78 erscheint ihre erste LP »First Lady of The Guitar«. Der kanadische Folkveteran Gordon Lightfood (* 1938) hört sie, ist begeistert und ruft Liona an, ob sie für einen ausgefallenen opening act einzuspringen Lust hätte – in zwei Shows in Minneapolis, allerdings für je 5000 Besucher. *»Was soll's! Ich werd's nie wissen, wenn ich's nicht anpacke«,* sagt sie sich und bringt so – einmalig in der Geschichte der klassischen Gitarre – Tausenden folk- und rockorientierter junger Leute auf einen Schlag die Botschaft zu Ohren, daß klassisches Gitarrenspiel durchaus allerlei für sich haben kann. Mittlerweile hat Liona Boyd auch mit Chet Atkins, John Knowles und John Pell im First Nashville Guitar Quartet mitgewirkt, sich von

dem kanadischen Komponisten Milton Barnes (* 1931) eine »Fantasy For Guitar« schreiben lassen und mit einer »Cantarell« auch noch eigene kompositorische Ambitionen bewiesen. In den Jahren 1980/81 arbeitete *»Miss Tremolo«* (Kassner) an einer Sammlung von kurzen und mittellangen Barockkompositionen für Gitarre und Orchester (Streicher und zuweilen Cembalo als Basso Continuo), die sie mit Andrew Davis und dem English Chamber Orchestra aufführte. Außerdem hat Liona Boyd sich Domenico Cimarosas (* 1749, † 1801) angenommen und aus Transkriptionen dreier einsätziger Cembalo-Sonaten des Italieners ein »Concerto in D« erstellt.
Liona Boyd pflegt im Gegensatz zu den allgemeingültigen Auffassungen zeitgenössischer Interpretation konsequent das Nagelspiel, und zwar mit der rechten Seite ihrer Nägel. Und was den Umgang mit Mikrophonen angeht, so schätzt sie sie etwa 25 Zentimeter vom Instrument entfernt direkt vor dem Schalloch: *»Wir hören heute so viel elektronisch aufbereitete Musik auf Platten und im Fernsehen. Ich möchte lieber, daß alle Zuhörer die Musik hören, statt daß ich einen idealen Sound habe, den nur ein paar hören können.«* Heute spielt sie ausschließlich Gitarren aus dem Hause Ramirez. Früher hatte sie eine Goya *(»die beste Gitarre zum Lernen«)* und dann ein Instrument von Pat Lister, einem Gitarrenbauer aus Collingswood (Ontario), der auch von Julian Bream und Alice Artzt geschätzt wird. *»Die Ramirez-Gitarren haben genau den Klang, den ich haben möchte, aber sie sind schwerer zu spielen als die meisten anderen«,* sagt sie. Und *»ich spiele gern mit alten Saiten, weil sie nicht soviel Nebengeräusche erzeugen. Und wenn ich im Studio bin, mache ich mir Talkumpuder auf die Hände, um die Gleitgeräusche niedrig zu halten.«* Für die hohen Saiten benutzt sie Augustines, die sie erst nach drei oder vier Monaten wechselt, während ihre Savarez-Baßsaiten (aus Silber) bereits nach zwei, drei Auftritten ausgetauscht werden.
Alice Artzt (* 1943) aus Princeton (New Jersey) erregte seit 1969 das Staunen der Fachwelt nicht mehr nur als vorzügliche Gitarristin, die von George Clinton, dem Chef des englischen Fachblattes »Guitar«, als *»Amerikas beste Gitarristin und ein Vorbild für jeden Gitarristen«* bezeichnet wurde. Die einstige Schülerin von Alexander Bellow (* 1912, † 1976) habe, hieß es damals, von dem spanischen Instru-

mentenhändler Victor Ribero jene berühmte Gitarre von Antonio Torres erworben, die als La Leona ein bislang anonymes Dasein führte. Man wußte, daß La Leona als – heute 127 Jahre altes – Zeugnis Torresscher Bau-Kunst existierte, doch wußte wohl niemand so recht, wo. Noch 1979 ging man davon aus, daß Alice Artzt La Leona nach Amerika geholt habe. José Romanillos (*1932) Abhandlung über den genialen Antonio Jurado Torres brachte jedoch niederschmetternde Forschungsergebnisse (hier unter Verzicht auf die Darstellung der meisten Details): Alice Artzts ›Torres‹ war eine glatte Fälschung! Augenfälligster Beweis ist der Einkleber innen am Boden des Instruments direkt unter dem Schalloch – sozusagen der ›Personalausweis‹ jeder guten Gitarre –, bei dem die benutzte Druckschrift-Type erst Anfang dieses Jahrhunderts benutzt, das kettenförmige Rahmenmuster und die Zierkreise in den Ecken erst 1888 eingeführt wurden und sich schließlich aus einem Vergleich etwa der Llobet-Torres von 1859 mit dem Falsifikat ergab, daß es sich bei den handschriftlichen Ergänzungen auf dem Einkleber (Straßenname, Instrumenten-Nummer und letzte Stelle der Jahreszahl) um eine geradezu plumpe Fälschung der Torres-Handschrift handelt. Den Mißgriff mit der angeblichen Ribero-Torres tat Alice Artzt am Anfang ihrer Karriere, und die für die amerikanische Fachwelt frustrierenden Romanillos-Enthüllungen konnten und können Alice Artzts unbestritten hohen Stellenwert unter Amerikas klassischen Interpreten in keiner Weise mindern, obwohl sie – seltsam genug – in Europa weit bekannter ist als in ihrer Heimat: Die meisten ihrer Platten sind bei britischen Firmen erschienen, und in der BBC ist sie ein regelmäßig spielender Stammgast. Alice war zwölf Jahre, als sie ihre erste Gitarre bekam: *»Eine Freundin spielte Gitarre«*, erinnert sie sich, *»und als ich damit anfing, wurde ich über Nacht reinweg fanatisch... Und dann, zu Segovia-Konzerten zu gehen, das war das Größte. Damals gab er in der Regel drei Konzerte pro Jahr in New York, und ich tat alles, um ja keins zu versäumen.«* Und als sie ihre ersten eigenen Auftritte hatte, machte es sich ihr deutlich bemerkbar, daß das Allgemeinwissen über das klassische Instrument – die Jugend der Vereinigten Staaten von Amerika schrie nach ›Elvis!‹ – mehr als dürftig war: *»Da kamen dann Leute herauf* *und sagten: ›Gibt's da in Spanien nicht so 'n Typen – Secombia oder Segoria oder so?‹«*

Ihr erster Lehrer war Alexander Bellow (* 1912, † 1976), der Gitarrist, Komponist und Autor der »Illustrated History Of The Guitar« (1970), der ähnlich wie Liona Boyds Eli Kassner auch keine spezielle Methode verfolgte. Matteo Carcassi (* 1792, † 1853) wurde halt nicht gespielt – den lehrt Alice heute aber sehr wohl –, man arbeitete sich durch die Aguado-Etüden *(»von denen einige ganz schön bösartig sind«)*, und *»das erste Jahr verbrachte ich eigentlich vor allem mit Bach-Fugen«*, was sie im Rückblick allerdings für *»verrückt«* hält, *»weil ich doch dafür eigentlich noch gar nicht reif genug war. Und der Effekt war, daß meine nachfolgenden Lehrer, wie Ida Presti, als sie mich diese Sachen spielen hörten, überhaupt nicht daran dachten, mir irgendwas Leichteres zu geben.«* Und zu Bachs »Fuge in a-moll« sagte sie: *»Ich komme immer noch nicht mit dem Stück zu Rande, einfach weil ich es zwei Jahre scharf geübt habe, obwohl ich das gar nicht hätte tun dürfen. Und daß einem von einer Bach-Fuge regelrecht schlecht wird, na, da muß schon wer weiß was passiert sein! Aber so was gibt's eben, wenn man etwas spielt, wofür man noch gar nicht bereit ist.«*

Anfängern will sie solchen Tort nicht antun. Entweder empfiehlt sie das »Classical Guitar Book I« von Aaron Shearer, älteren Anfängern legt sie Carcassi-Studien vor. Sie empfiehlt die »Segovia-scales«, die Arpeggio-Übungen von Mauro Giuliani und als flankierende Maßnahme ihre eigene »Art Of Practising«. Und einfache Lautenstücke legt sie ihren Studiosi in Tabulatur vor, *»damit sie gar nicht erst dazu kommen, Angst vor Tabulaturen haben zu müssen. Wenn sie länger warten, kriegen sie sehr oft einen Horror vor diesen Hieroglyphen. Dabei sind sie kinderleicht – ein Zweijähriger kann das.«* Nicht sehr segoviamäßig hält es die Segovia-Bewunderin mit der Gestaltung ihres Programms: *»Auch in dem Punkt«*, sagt die Pädagogin, *»war ich immer richtig borniert gegenüber dem üblichen Programm nach Segovia-Art, also erst mal immer drei Pavanen von Luis Milán, ein paar Sor-Studien, ein Intermezzo von Enrique Granados, und dann, was so allgemein unter ›Das Bach-Präludium‹ und ›Die Bach-Gavotte‹ geführt wird, daß ich versucht habe, an Stücken* *zu arbeiten, mit denen sich andere Gitarristen nicht beschäftigt haben. Resultat: Als ich meine Sor-LP gemacht habe, da war das das erste Mal, daß ich überhaupt Sor gespielt habe. Dasselbe mit Tárrega – ich hatte die Stücke gelernt, aber nie im Konzert gespielt, weil alle anderen das gemacht haben.«*

Als Alices High-School-Zeit ihrem Ende zuging, lernte sie Ida Presti und Alexandre Lagoya nach einem ihrer berühmten Duo-Abende kennen und machte einen ausgezeichneten Deal: Während beider Aufenthalt in New York sollte sie Ida und Alexandre als Dolmetscherin (für Französisch/Englisch) zur Seite stehen und das Duo wollte sie dafür unterrichten. *»Meine Handhaltung ist im Grunde ja auch Prestis«*, betont sie denn auch, und *»ich glaube auch, daß ihre Studenten mehr Wert auf die Gestaltung des Klangs legen als das bei vielen anderen Gitarristen der Fall ist.«* Rund sollte dieser Klang sein, nicht verwaschen oder verzerrt, und die *»Presti war auch der erste Mensch, den ich traf, der sogar Tonleiter-Passagen quer über die Saiten spielte und dabei die Handpositionen nur sehr wenig veränderte, statt auf einer Saite rauf- und runterzurennen nach Violinen-Art, wie es Segovia meistens tut.«*

An der Columbia University, die kein Gitarren-Ressort hatte, kontaktierte sie Cembalisten, Cellisten und andere Instrumentalisten und destillierte aus diesen Begegnungen die Einsicht, daß die Kommunikation mit Nicht-Gitarristen deshalb nützlich sei, weil sie Dinge zu hören imstande waren beziehungsweise Akzente setzten auf Dinge, die Gitarristen entweder entgingen oder als unwesentlich erscheinen konnten. Alice ging zu Ida Presti, wann immer Gelegenheit dazu bestand, dann reiste sie für einen Sommer zu Julian Bream in dessen englische Meisterklasse. *»Ich bekam dieses Gefühl von Intensität, Elan und Atmosphäre, das er ausstrahlt, wenn er spielt«*, sagt Alice Artzt 1979. *»Aber dort gab es weniges allgemeiner Natur; er lehrte in einer doch allzu spezifischen Manier, schlug Fingersätze für dies Stück, für ein anderes ganz etwas anderes vor – und er spielte jedesmal mit einem mit. Ich erinnere mich noch mit Grausen an etwas, was mir mal in einer meiner Klassen mit ihm passiert ist. Ich hatte angefangen, die Fuge aus der zweiten Lauten-Suite von Bach zu spielen, und so ungefähr nach zwei Takten griff er sich seine Gitarre* *und fing an, mitzuspielen. Und man weiß ja, daß er zum Schnellerwerden neigt; wir wurden also schneller und schneller, und wir waren im Fernsehen und konnten deshalb ja nicht einfach aufhören. Wir wurden viel schneller, als ich es spielen konnte, aber mit 'ner kleinen amerikanischen Flagge, die in meinem Kopf wehte, sagte ich mir, ich müsse weitermachen und dürfe nicht zusammenklappen. Schließlich fegten wir mit 'nem Affenzahn durch den Schluß und schwitzten alle beide...«*

In Aspen (Colorado), jenem ›Olymp‹ amerikanischer Musikausbildung, studierte sie dann auch bei Darius Milhaud (*1892, †1974) Komposition, und, obwohl sie heute nicht mehr Eigenes schreibt, hält sie den kompositorischen Hintergrund doch für ihr Spiel für außerordentlich nützlich: *»Milhaud war besonders daran gelegen, niemandem seinen eigenen Stil aufzuzwingen, sondern statt dessen zu sehen, was man selber machte und zu erklären, warum dies oder das gut war oder nicht.«* Und im übrigen meint sie, es tauge nichts, wenn Gitarristen ihre eigenen Werke intonierten. Alice Artzt erstellt zur Zeit ein Begleitbuch zum Standardrepertoire der Gitarre, samt Fingersätzen, Annäherungsmöglichkeiten an die jeweiligen Stücke und hilfreichen Literaturratschlägen und meint: *»Sieht man sich mal die Segovia-Ausgaben an, beispielsweise, dann kann man sehen, daß die Fingersätze von Ausgabe zu Ausgabe praktisch unverändert bleiben; er weiß eben, was er will, und er schreibt es genauso auf, wie er es kriegen kann. Aber wenn man weder Segovia ist, noch auf seiner 1937er Hauser spielt, dann muß das alles nicht unbedingt auch für einen selbst Gültigkeit haben, was für ihn gültig war.«*

Maria Livia São Marcos (*1942) aus Brasilien lebt in der Schweiz, wo sie am Genfer Konservatorium lehrt. Die Preisträgerin der Segovia-Klasse in Santiago de Compostela hatte als Vierjährige in São Paulo mit dem Studium der Gitarre begonnen, unter der Ägide ihres Vaters, und trat mit dreizehn Jahren zum ersten Mal öffentlich auf. Neben Segovia kann sie Emilio Pujol zu ihren Lehrern zählen und nicht ohne Stolz darauf verweisen, daß ihre São-Marcos-Lehrmethode insbesondere in Südamerika bevorzugt wird – eine Methode übrigens, die direkt auf Tárrega aufbaut. Heute spielt sie eine deutsche Walter Vogt mit hoher Saitenlage. *»Mein besonderes Pro-*

blem als Gitarristin ist die Reichweite – ich habe kleine Hände und kurze Finger und als Frau weniger Kraft als die meisten Gitarristen. Und um das auszugleichen, übe ich ständig rasgados, Legato über mehrere Saiten, doppeltes Legato, langsame und schnelle Triller, Intervalle und Arpeggios.« Vom Improvisieren oder Spielen zu Platten hält sie nichts und nimmt auch generell eine eher orthodoxe Position ein: *»Ich folge dem Weg von Andrés Segovia«,* sagt die Schülerin auch des Barbosa-Lima-Lehrers Isaias Savio (*1900, †1977), die 1975 beim Genfer Internationalen Musikwettbewerb gemeinsam mit Julian Bream und Segovia in der Gitarrenjury saß: *»Um einen korrekten Anschlag zu bekommen«,* sagt sie beispielsweise, *»sollte man den Anschlag auf das letzte Glied am Finger konzentrieren, ohne den Arm zu benutzen«* – die Unterarm-Untugend unzähliger Anfänger und Rock-Autodidakten, die sich prompt wundern, warum sie so schnell ermüden. *»Übe die beiden Anschlagarten – apoyando und tirando – ganz intensiv.«* Selten erwähntes Requisit: *»Das Metronom ist mein bester Freund – ich kann mir kaum einen klassischen Gitarristen vorstellen, der von diesem perfekten Helfer keinen Gebrauch machen würde.«*

Und daß sie 1969 ihren späteren Mann kennenlernte, hält sie für ihren Beruf für außerordentlich bedeutsam. Durch ihn, einen renommierten Geiger, *»habe ich eine völlig neue Perspektive gewonnen und zum ersten Mal begriffen, daß wir Gitarristen in der Familie klassischer Musiker als Außenseiter angesehen wurden... Unser Instrument selbst hat Grenzen, und, was noch wichtiger ist, vielen Gitarristen fehlt die Kenntnis der klassischen Tradition. Andererseits aber ist die Gitarre besonders gut dafür geeignet, mit den speziellen Effekten und Klängen moderner Musik umzugehen, wie sie etwa Frank Martin, Hans Haug, Hans Werner Henze, Leo Brouwer, Guido Santorsola und M. Ohana geschrieben haben.*

Ich bin zufrieden mit der Entwicklung der klassischen Gitarre. Sie hat nun ihren Platz unter den noblen Instrumenten gefunden. Die Zeiten sind vorüber, als man die klassischen Gitarristen immerzu fragte: Können Sie auch singen?«

In Japan, während einer Konzerttournee 1973, wurde der spanischen, in Santander geborenen Gitarristin Carmen Marina (*1943) diese Frage tatsächlich noch gestellt, woraufhin sie – das erste Mal in ihrer Laufbahn als klassische Instrumentalistin – eine Sevillanas zur Gitarre sang. Der Erfolg war so durchschlagend, daß sie fortan, in den folkloristisch betonteren Teilen ihrer Konzerte, gern auch mal Spanisches sang. Von ihr sagte Segovia einst: *»Donna Carmen Marina hat eine dreigeteilte Persönlichkeit. Als konzertierende Künstlerin hat sie Gitarre am Königlichen Konservatorium in Madrid studiert und den ersten Preis erworben, und sie hat exzellente Konzerte innerhalb und außerhalb Spaniens gegeben. Als Komponistin besitzt sie die Gabe zu fließenden und schönen Melodien. Ihre vielen Arbeiten für die Sologitarre, für Gitarre plus Stimme und so weiter beweisen ihre Begabung zur Genüge. Und als Lehrerin enthüllt sie ihren Schülern die Liebe zur Musik, während sie sie zur technischen Perfektion führt. Ich wünsche ihr den Erfolg, den sie verdient.«*

Mit vierzehn Jahren begann Carmen Gitarre zu spielen; mit sechzehn bekam sie ihren ersten Lehrer, R. Saez de Adana, daheim in Santander; in kurzer Zeit erwarb sie sich zwei Stipendien, mit denen sie nach Madrid ans Konservatorium kam – zu Regino Sainz de la Maza, *»der ein sehr harter Lehrer war, sehr diszipliniert. Technisch betonte er die vollkommene Entspanntheit des Körpers. Die Atmung war ihm sehr wichtig – wenn man verspannt ist, atmet man nicht richtig... Er bestand auf einem sehr lockeren Handgelenk und auf dem Gebrauch der Nagelseite, nicht der Nagelfront. Und außerdem sah er den Daumen als einen führenden Finger, der unabhängig von den anderen operierte.«*

Als Achtzehnjährige absolvierte sie ihre erste Frankreich-Tournee mit grandiosem Erfolg. Dann gewann sie ein Stipendium, mit dem sie zu Segovia nach Siena kam. Mit fünfundzwanzig und sechsundzwanzig war sie dann in Santiago de Compostela, wo sie außerdem Kammermusik bei Gaspar Cassadó (* 1897, † 1966) studierte. *»Es ist schwer zu sagen, was ich eigentlich bei Segovia gelernt habe«*, gesteht sie ein. *»Segovia ist eine Inspiration, eine Legende, ein Mythos – und die Hälfte dessen, was man aus seinen Meisterklassen mitnimmt, kommt einfach aus der Wirkung, die diese Legende auf einen ausübt. Er inspiriert, ja. Und er war sehr enthusiastisch, was meine Musik anging.«* Unzufrieden mit der Konservatoriumsforderung, auf ein vorgegebenes Libretto einen Opern-Akt zu komponieren, schrieb Carmen sich nach Hemingways »Der alte Mann und das Meer« ein eigenes und gleich die ganze Oper dazu: *»Ich wollte fertig machen, was ich angefangen hatte. Und derzeit war ich auch von meinem Vater sehr beeinflußt, der besonders an großen musikalischen Formen interessiert war.«* Sie verfaßte so Unterschiedliches wie ein fünfminütiges Commercial für die spanische Sprudelmarke Fontenove sowie ein Stück mit dem Titel »Songs To Compostela« für Sopran und Streichquartett, das 1969 vom Quartett des spanischen Nationalrundfunks aufgeführt wurde.

1971 siedelte sie nach New York über und nahm für das dortige Label Spanish Music Center (SMC) vier LPs auf. 1976 eröffnete sie mit ihrem Mann, Philip T. Gioconda, in New York das Institute Of Guitar Music (I.G.M.) – ein Zentrum für Schüler, Komponisten und Konzerte.

Carmens Gitarre wurde 1965 von zwei Spaniern für sie gebaut, von Hernández y Aguado, das sind: Victoriano Aguado (* 1897) und Manuel Hernández (* 1895, † 1975). Die Übersiedlung in das trockenere New Yorker Klima allerdings bekam dem Instrument schlecht (die Kenntnis solcher klimatischer Abhängigkeiten hatte Maria São Marcos veranlaßt, auf die deutsche Vogt-Gitarre umzuwechseln, als sie nach Genf gegangen war): Es riß auf. Juan Orozco machte ihr das Instrument in New York wieder zurecht; bis heute klingt das Provisorium wie neu.

Und daß immer mehr Frauen klassische Gitarre spielen, rechnet Carmen Marina den *»anderen Zeiten«* an: *»Als ich in Madrid zur Schule ging, da war es eine schwere Bürde, eine Gitarristin und Komponistin zu sein. Ich war das einzige Mädchen im Kompositions-Kurs. Und wenn man sich die wenigen Gitarristinnen ansieht, die in der Vergangenheit Karriere gemacht haben, dann fällt einem auf, daß sie für gewöhnlich immer mit Männern im Zusammenhang standen. Zum Beispiel das Duett von Presti und Lagoya – Ida Presti war eine ungewöhnliche Gitarristin, meiner Ansicht nach Alexandre Lagoya überlegen. Eine andere Frau, Renata Tarragó,* (* 1927) *hat eine Solokarriere gemacht, aber nur, weil sie im Duett mit ihrem Vater* (Graziano Tarragó) *angefangen hat.«*

Nun, ob dies so als berechtigt stehenbleiben darf, mag von anderen zu entscheiden sein; man denke etwa an die Argentinierin Maria Luiza Anido (* 1907) aus Buenos Aires, oder an die Wienerin Luise Walker (* 1910). Es hat große Gitarristinnen gegeben, doch, und es gibt heute – zugegebenermaßen – mehr als früher; zum Beispiel die Brasilianerin Olga Coelho, Brigitte Zaczek (* 1943) aus Wien, Lolita Tagore in Indien, die Enkelin Rabindranath Tagores (* 1861, † 1941), Charo, eine junge Spanierin, Schülerin von Segovia und Yepes, die heute ebenso souverän Rodrigo spielt wie mancherlei Flitter-Discokram oder Rock – oder die Griechin Eleftheria Kotzia (* 1954) aus Alexandroupolis, eine Lagoya- und Bream-Schülerin. Inzwischen müßte es nun eigentlich längst einsehbar und Verpflichtung geworden sein, im Zeitalter der Gleichberechtigung Gitarristinnen auch über die Insider-Zirkel hinaus zur Kenntnis zu nehmen und zur Kenntnis zu bringen.

Wenn Segovia so emphatisch das individuelle künstlerische Format Julian Breams und John Williams' herausstreicht, dann kann auch nicht verwundern, wenn er auch deren Zusammenspiel im Duo ähnlich hoch bewertet: *»Die Pionierarbeit, die einst Fernando Sor und Dionisio Aguado auf dem Sektor des Gitarrenduo-Spiels leisteten, trägt bei zwei Musikern der Neuzeit beste Früchte: Bream und Williams, von denen ich sagen kann, daß sie Großmeister ihrer Kunst sind...«*

Es gibt wenige Duos dieses Formats, denen heute eine solche Aufmerksamkeit entgegengebracht wird. In Mexiko taten sich Maricarmen Costerno (* 1946) aus Mexico City und Mario Beltram (* 1947) aus Chihuahua zu einem Duo zusammen, das sich an der Schule für Gitarrenkunst bei dem argentinischen Lehrer Manuel Lopez Ramos (* 1929) in Mexico City traf, dann in Barcelona in der berühmten Gesellschaft Peña Guitarristica Tárrega, dort bejubelt und 1969 beim Internationalen Gitarrenwettbewerb in Paris ausgezeichnet wurde. Da gibt es – in Griechenland – das Duo von Evangelos Assimakopoulos und seiner Frau Liza Zoa aus der Meisterklasse von Dimitri Fampas, das sich später von Presti und Lagoya weiterführen und in Compostela von Segovia sozusagen den vorletzten Schliff geben ließ. In den USA überraschte vor wenigen Jahren das Duo von Peter Kraus und Mark Bird, das sich nicht scheute, eine ganze Langspielplatte mit Werken von Erik Satie (* 1866, † 1925) vorzustellen. Und aus Carmen Marinas Geburtsstadt Santander, der spanischen Hafenstadt am Golf von Biskaya, kommen Nicolas (* 1918) und seine Frau Ilsa Alfonso (* 1933). Rodrigo, Torroba und andere haben Nicolas Arbeiten gewidmet, und seine »Gitarrenschule in 2 Teilen« ist von Schott verlegt worden. In Brasilien hat bis vor rund sechs Jahren das berühmtgewordene Duo der Brüder Sergio (* 1948) und Eduardo Abreu (* 1949) immerhin Guido Santórsola (* 1904) angeregt, den damals sechzehn- beziehungsweise fünfzehnjährigen Brüdern 1966 ein Duo-Konzert zu komponieren. Studiert hatten die beiden zunächst unter der Anleitung ihres Vaters und dann bei der Segovia- und Domingo-Prat-Schülerin Adolfina Raitzin de Tavora. Hervorragende Duo-Formationen sind auch Pepe und Ángel Romero sowie Pepe und Celín Romero.

1958 verließ die große Familie der Romeros ihre Heimat im andalusischen Málaga und ließ sich in Kalifornien nieder, wo Vater Celedonio Romero mit seinen drei Söhnen mit triumphalem Erfolg 1961 debütierte: Los Romeros gelten seither als die zweifellos beliebteste, bekannteste und erfolgreichste Mehr-Gitarrenbesetzung der Welt. Celedonio Romero (* 1917) war bereits in Spanien ein äußerst angesehener Gitarrist, ein gefühlvoller Interpret mit hervorragender Technik, ein kundiger Didakt und schöpferischer Komponist (über 150 Werke). Ihn, der in Spanien seine eigene wöchentliche Rundfunksendung hatte, nannte der Komponist Joaquín Turina *»einen Poeten mit der Kraft, den Himmel zu öffnen«*. 1981 wurde dem brillanten Quartett-Lenker von König Juan Carlos das Kreuz des Ordens Isabel la Catolica verliehen. Celín Romero (* 1936) ist der ›Manager‹ des Ensembles, was seinem romantischen und sensibel-introvertierten Spiel ganz und gar nicht im Wege steht. Pepe Romero (* 1944) spielte von klein auf zunächst fast nur Flamenco und unterrichtete schon als Zwölfjähriger. Sein Flamenco-Debüt-Album nahm er bereits mit 15 Jahren auf. Wie seine Brüder wurde er ausschließlich von seinem Vater musikalisch erzogen. Seit Jahren ist

er Leiter der Gitarrenabteilung der University of Southern California und hat inzwischen fast eine Generation exzellenter amerikanischer Gitarristen ausgebildet (u. a. auch Christopher Parkening). Sowohl technisch *»ein absoluter Wunderwerker«* (Joachim Schlote) als auch ausgezeichneter Pädagoge und äußerst interessierter Erforscher alter Originalliteratur, war Pepe der erste, der alle vier Giuliani-Konzerte einspielte sowie derjenige, der die »Dialogos« von Torroba uraufgeführt hat, die eigentlich Torrobas Freund Andreś Segovia gewidmet waren. Pepes enorme Musikalität regte Joaquín Rodrigo zu dessen dritten Konzert für Sologitarre und Orchester an, dem 1981/82 entstandenen »Concierto para una Fiesta«. Ángel Romero (* 1946), der auch als Flamenco-Sänger Karriere hätte machen können, spielte das »Concierto Aranjuez« erstmals in den USA. Sein Einfühlungsvermögen und seine Virtuosität waren in Claude Bollings »Konzert für klassische Gitarre und Jazzklavier« so brillant, daß der Komponist noch einen Satz anfügte. Für Los Romeros, absolute und bewußte Nicht-Segovianer, schrieben u. a. Torroba sein »Concierto Iberico«, Francisco de Madina das »Concierto Vasco« sowie der Amerikaner Morton Gould.
Eine weitere Vier-Gitarrenbesetzung von Rang ist das 1971 in Barcelona gegründete und dem Namensgeber Graciano Tarragó verpflichtete Quartett Tarragó. Bestehend aus Laura Almerich, Manuel Calve, Jordi Codina und Jaume Torrent arbeitet diese Gruppe meist in Spanien, ist aber 1980 auch in der Bundesrepublik Deutschland und in anderen westeuropäischen Ländern aufgetreten. Leonardo Balada (* 1939) hat dem Quartett sein »Konzert für vier Gitarren und Orchester« und seine »Apuntes« gewidmet.
Das 1969 in London gegründete Omega Guitar Quartet besteht aus Colin Downs (* 1949), Forbes Henderson (* 1951), John Taylor (* 1951) und Bernhard Watson.

Der lokale Bezug. Gitarrenmusik im deutschsprachigen Raum. »Ich bin so weit gegangen, das mir lästige Deutsche bei mir zu bekämpfen und so viel wie möglich davon abzuschütteln.«

Hans Werner Henze (1967/68).

»Bietet nicht auch die Tatsache einen Hinweis, daß deutsche Jazzmusiker so ungern und so selten über Themen der deutschen Tradition improvisieren, obwohl dies in den meisten anderen Ländern längst gang und gäbe geworden ist?«

Joachim Ernst Berendt.

»Daß heute immer noch englische und amerikanische Rockmusik den Ton angibt, liegt vielleicht an der schlechten Organisation der deutschen Musiker, vielleicht an der Rückständigkeit der Medien-Macher, vielleicht an der Schwerfälligkeit des deutschen Publikums.«

Günter Ehnert.

Aussagen aus drei großen Musikbereichen, Aussagen dreier ›Sachverständiger‹, die mehr oder minder direkt auch mit unserem Instrument zu tun haben – einer als Komponist auch für die Gitarre, von den »Drei Tentos« (1958) bis zur »Royal Winter Music I und II (1976/1979), der zweite unter anderem als ›Importeur‹ und Förderer bedeutender Gitarristen für den bundesdeutschen Raum und der dritte als schreibender und verlegender Spezialist für deutsche Rockmusik. Und alle drei sagen hier nicht gerade Erhebendes zum ›deutschen Thema‹; ihr Tenor ist nicht neu, Berendt weist in seinem Buch »Ein Fenster aus Jazz« (1977) deutlich darauf hin.

Dennoch, beschränken wir uns ab sofort auf unser Gitarrenthema, so wird leicht festzustellen sein, daß – wenigstens in dieser Beziehung – heute ruhig einschlafen mag, wer in der Nacht an die beiden Deutschlands denkt. Zusammen mit der Bundesrepublik Deutschland und der Deutschen Demokratischen Republik bilden Österreich und die Schweiz ein mitteleuropäisches ›Gitarrengebiet‹, das ebenso vielfältig und fast so hoch entwickelt ist wie die ›große, weite Gitarrenwelt‹, von der bisher die Rede war. Wenn also bislang ›lokale‹ Aspekte allenfalls kurz angerissen und sonst ignoriert wurden, dann nur der Übersichtlichkeit, der Klarheit halber und nicht aus Gründen qualitätsbesessener Borniertheit.

Im Jahre 1877 war es der Leipziger Gitarrenpädagoge Otto Schick (*1850, †1928), der dem schon seit den dreißiger Jahren des 19. Jahrhunderts unaufhaltsam fortschreitenden Rückzug der Gitarre aus den Konzertsälen Deutschlands entgegenwirken wollte. Noch am Anfang jenes Jahrhunderts hatte das Gitarrespiel in hoher Blüte gestanden, und so waren es die letzten Versprengten der Jahrhundertwende-Generation, die Schick um sich scharte; über *»ein letztes Aufflammen«* (Fritz Buek) kam diese Schick-eria jedoch auch nicht mehr hinaus. Zu kurz und zu schwach war der Klang des Instruments, als daß er für die großen Orchester getaugt hätte, und der Rückzug aus den professionellen Gefilden zog eine Interessenminderung auf breitester Front nach sich; die Verbannung aus den Konservatorien öffnete den Dilettanten Tür und Tor, das wachsende Heer dieser Amateure schlechten Stils schrie nach passender Literatur, und die Produzenten dieser Literatur schrien nach Profit. Das Instrument war schnellstens prostituiert, korrumpiert und der Plusmacherei preisgegeben.
Die Wende in unser Jahrhundert bringt Besserung. Die wachsenden Orchester mit ihren *»gewaltigen Tonmassen«* (Buek) fördern als Gegenbewegung die Kleinkunst à la Ernst von Wolzogen (*1855, †1934), der das Kabarett zur literarischen Werkstatt umbaut. Aus Dänemark reist Bokken Lasson an und singt zur Gitarre ihre Chansons; ähnliches unternimmt Elsa von Wolzogen (*1876, †1938); in Augsburg hat Franz Sprenzinger (*1864, †1924) längst schon (seit

1899) seinem Internationalen Gitarristen-Verband zu recht noblem Ruf verholfen und das Ganze – nun als Gitarristische Vereinigung – nach München verlegt. Die Zeitschrift »Der Gitarrefreund« (1900 gegründet) wirbt zusätzlich für das Instrument und seine Interessenvertreter, und an der Isar floriert parallel zu dem Verband der 1899 gegründete Münchner Gitarreklub, dessen Chef Heinrich Scherrer (*1865, †1937) ist. Der Würzburger Heinrich Albert (*1870, †1950), ehemaliger Schüler des italienischen Gitarristen Silvio Negri, leitet mit ihm den Klub, und schon bald gründen Georg Meier in Hamburg, Karl Henze (*1872, †1946) in Berlin, Theodor Ritter in Kassel ähnliche Klubs und Verbände. Gitarristenkongresse geraten zur munteren Börse des Erfahrungsaustausches und neuer Anregungen. Eine davon kommt aus der Bogenhausener Künstlerkapelle, einem Ensemble, das mit Flöten und Gitarren musiziert und Scherrer mit Material versorgt, das von ihm für reine Mehr-Gitarrenbesetzungen umgearbeitet wird. Ansonsten wirkt Scherrer hauptsächlich für das Volkslied mit Gitarrenbegleitung; er schreibt angesichts der falschen Prämisse, daß eine neue Gitarristik mehr wert sei als eine, die auf der Tradition fuße und angesichts des Mangels an brauchbarer Literatur, eine »Schule des Gitarrespiels« (1910). Doch auch er vermag nicht, aus seinem Buch den Kinderschuh-Status für die Gitarre zu eliminieren. Die Theorie hat vor der aufgeklärten spielerischen Praxis weiterhin Priorität. Die Folge für die Botschaft der neuen Gitarrenfreunde: Fehler, Irrtümer, Halbinformationen.
Wie trostreich, daß die Literatur sich ins Volkslied ›einschleicht‹: Immer mehr Leute graben nach Motiven für den neuen Volkslieder-Boom, textlichen wie musikalischen, die Buddelei gerät mittlerweile zum Kommerzwettbewerb, und der Funke springt auf das Kunstlied über. Ob Gassenhauer oder Schubert: Man zupft, und zwar reichlich durchschnittlich. Es ist Josef Bauer in München, der auf seinem Speicher ein altes Volksliederbuch entdeckt, sich dazu Gitarrensätze ausdenkt und das Ganze seinem Lehrer Scherrer vorlegt. Der ist Feuer und Flamme, bietet Proben im »Gitarrefreund«; das gesamte Œuvre wird erst bei Callwey und dann, erfolgreicher, bei Hofmeister verlegt. Robert Kothe zieht durchs deutsche Land und bietet die Lieder dem Volk ›live‹. Dann tut sich Kothe in München mit der

Delwar (eigentlich Marya Delward), mit Frank Wedekind (* 1864, † 1918), Hannes Ruch (eigentlich Hannes Richard Weinhöppel), Rolf ›Rud‹ Rueff und Hans Dorbe zum Kabarett ›Die Elf Scharfrichter‹ zusammen; Ruch spielt noch Klavier, Wedekind aber nimmt als erster die Gitarre an die Brust und verhilft ihr, vor allem bei den Jüngeren, zu enormer Popularität. Kothe trägt die Botschaft weiter, im Klub treffen er und Wedekind den Scherrer und verschaffen auch ihm beträchtliches Ansehen; dann steigt auch Ruch auf die Gitarre um, singt moderne Literatur und macht damit das Instrument erst richtig kunstliedfähig. Auch die Hausmusik bedient sich ihrer nach Dilettantenmanier, und das wirklich massenhaft. Doch gottlob gab es Scherrer und seinen Nachfolger Kothe, es gab andere anspruchsvolle Sänger/Gitarristen wie in Leipzig Theodor Meyer-Steineg, Heinrich Albert in München, dann auch Oswald Rabel in Schlesien, Rolf Rueff in Kiel, Karl Pfister in Nürnberg, Karl Blume in Düsseldorf, und aus dem Österreichischen Ignaz Ziegler. Einige von ihnen frönen zwar, wie Blume, ab und an noch dem lautebegleiteten Gesang, doch mit Sepp Summer aus Schwabau in der Steiermark spielt bald der konsequenteste Gitarrenmann vor allem mit seinen »Weisen alter Meister«, »Deutsche Volkslieder«, das »Sepp-Summer-Liederbuch«, und zeigt den Orthodoxen, wo es langgeht. 1911 ist Hans Breuers (* 1883, † 1918) Wandervogel-Liederbuch, der »Zupfgeigenhansel« (1909), mit Hunderttausenden von Exemplaren bereits in der vierten Auflage; noch eine der Auflagen der frühen Zwanziger verkauft sich sage und schreibe eine halbe Million mal – in Deutschland knüpft die Bürgerjugend bunte Bänder an die Wirbelkästen und verbündet sich trällernd mit Fauna und Flora: *»Die Klampfe klirrt im Schritt und Tritt./Die Kochgeschirre klirren mit./Der Wald ist voll Akustik.«* (Erich Weinert; 1930)

Zwar war mit der ideologisch unterschiedlichst ausgerichteten Jugendbewegung auch eine breite, innovatorisch wirkende Jugend*musik*bewegung entstanden, der die Gitarre liebstes Begleitinstrument wurde, aber instrumentbezogene Fingerkünstler konnten mit dieser auf Laienniveau festgeschriebenen Spielpraxis herzlich wenig anfangen. Die ersten Schleichpfade zum künstlerischen Spiel wurden von München aus entdeckt, wo die Gitarristische Vereinigung sitzt, wo

der »Gitarrefreund« erscheint und wo die besten Spieler wohnen. Von dort werden Einladungen verschickt, auch ins Ausland. 1903 kommt etwa der Deutschamerikaner C. D. Schettler nach Deutschland, studiert in Berlin bei Hecking Cello und verblüfft mit seinen Gitarrenkonzerten das Publikum. Den Durchbruch aber erzielt Luigi Mozzani († 1869, † 1943) aus Faenza, der das Mandolinen-Tremolo und den Nagelanschlag importiert. 1910 zieht er nach Cento in Oberitalien und baut dort vor allem, nach dem Vorbild des Johann-Georg-Staufer-Schülers Friedrich Schenk, Lyragitarren und dann auch Instrumente im Stile Guidagninis. Heinrich Albert übernimmt begeistert das Nagelspiel, und Scherrer verlegt sich ganz auf das solistische Instrumentalstück. Albert, durch den Nagelanschlag nun hörbar geworden, wird als Gitarrist an Münchens Residenztheater engagiert, ans Schauspielhaus und an die Oper, und erst als 1921 Llobet zum zweiten Mal nach Deutschland kommt, verblaßt die ›Albertomania‹. Des Deutschen vierbändige »Schule des künstlerischen Gitarrespiels« (1914) reüssiert dennoch, der Münchner und ehemalige Zithervirtuose Fritz Mühlhölzl beispielsweise erarbeitet sich auf ihrer Grundlage beachtlichen Ruhm. Im Ersten Weltkrieg zieht er sich eine Verletzung des rechten Knies zu, aber ausgetüftelte Hilfsmittel erlauben dem leidenschaftlichen Instrumentalisten eine passable Gitarrenhaltung. Der österreichische Gitarrist Ekard Lind, der selbst mit Stativen und am Stuhl zu befestigenden Hilfsmitteln experimentiert und nur im Stehen auftritt, schreibt dazu: *»Ein weiterer interessanter Versuch, die Haltung an der Konzertgitarre zu verbessern, ist bei dem Augsburger Eduard Baier (* 1822, † 1908) zu finden. Baier spielte im Stehen, wobei er sein nach eigenen Angaben gebautes Instrument auf einen Tisch stellte, welcher als zusätzlicher Klangkörper ausgebildet war und am Fuße Pedale aufwies, mit deren Hilfe der Spieler die Bordunsaiten – ähnlich wie bei der Harfe – um einen Halbton verändern könnte.«*
Auch aus München, wie Mühlhölzl, ist Anton Mittermayr (* 1890, † 1920), der erst von Heinrich [Hieronymus] Halbing (* 1863, † 1906) und später ebenfalls von Albert unterrichtet wird. Simon Schneider (* 1886, † 1941) aus Pasing ist ein Schrammelveteran, der als Einundzwanzigjähriger auf Gitarre umschult und ebenfalls Albertianer

wird, dann in München und Hannover lehrt und schließlich nach Buenos Aires übersiedelt. Ein Schüler Hans Ritters und Mozzanis ist Fritz Wörsching. Der Münchner scheint der erste Deutsche zu sein, von dem bekannt wird, daß er auch bei Llobet und Segovia zur Schule ging. Zusammen mit Ritter und Joseph Eitele gründet er 1925 das berühmte Münchener Gitarren-Trio, eine der ersten ›seriösen‹ Mehr-Gitarrenbesetzungen in deutschen Landen. Wie Mozzani pflegt auch er das Nagelspiel und vertritt laut Buek *»damit jene Richtung des Virtuosentums, die die Gitarre konzertfähig gemacht hat«*.

Pionier im Norden Deutschlands, was die Mozzani- und Llobet-Schule betrifft, ist Willi Meier-Pauselius, Sohn des Hamburger Gitarristen und Gitarrenlehrers Georg Meier aus Regensburg. Auch Meier Senior kam (1908) vor allem durch Mozzani zur Gitarre, doch bleibt die Ausstrahlung von Vater und Sohn regional allzu begrenzt. Immer wieder ist es Albert, der – angeregt durch Llobets Münchner Debüt 1913 – auch nördlich des ›Weißwurstäquators‹ sein Solospiel vorstellt. Doch erst, als Llobet 1921 zurückkehrt und bis ins Folgejahr hinein immerhin 60(!) Konzerte hierzulande gibt, ist der Enthusiasmus für das Instrument geographisch gehörig verteilt. Und die Presse, bis eben noch flammende Protagonistin des Begleitspiels, schaltet trendgerecht fast über Nacht um. Der solistische Virtuose ist gefragt, auch die Verleger gedruckter Musik richten sich nun neu ein – das Niveau steigt beträchtlich.

Daß das Instrument längst auch kammermusikalisch gefragt ist, seit die Laute es nicht mehr, wie etwa siebzig, achtzig Jahre zuvor, verdrängen konnte, zeigt sich ab 1907 auch in Besetzungen für mehrere Gitarren. Damals hatte Fritz Buek (*1864, †1942) als Vorsitzender der Gitarristischen Vereinigung das Münchner Gitarrequartett gegründet, zu dem außer ihm selbst noch Hofmusiker Hans Ritter, Karl Kern und Hermann Rensch gehörten. Zunächst spielte man ausschließlich Prim-, probierte dann aber auch mit Terzgitarren. Ritter scheidet dann aus, und Albert nimmt dessen Platz im Quartett ein. Die endgültige, dem Streichquartett vergleichbare Besetzung heißt dann: zwei Terz, eine Prim- und eine Quintbaßgitarre, als deren Erfinder allgemein Hermann Rensch gilt. Das

Instrument hat ein zusätzliches Griffbrett, dessen Mensur der des Violoncellos entspricht, so daß nun die Möglichkeit für gegriffene Bässe besteht. Der Mangel an Literatur für solch eine Besetzung wird ausgeglichen durch die Erstellung von Transkriptionen alter und eigener neuer Werke, die von Heinrich Albert kommen. Der Debüterfolg 1912 ist umwerfend, man begeistert sich für den cembaloähnlichen Gesamtklang und die Exaktheit im Zusammenspiel. Der Erste Weltkrieg unterbricht dann die Aktivitäten der Gruppe, Umbesetzungen können die Konzerttätigkeit kaum noch gewährleisten. Buek aber belebt die Formation doch noch einmal neu: Hermann Hauser (*1882, †1952), kurz nach der Jahrhundertwende von Scherrer zum Bau von Gitarren herangezogen (u. a. für Segovia), spielt nun 1. Terz, Buek spielt 2. Terz, Mela Feuerlein spielt die Prim- und Hans Tempel die Quintbaßgitarre. Im April 1925 stellt sich das Münchner Gitarre-Kammertrio mit Ritter, Wörsching und Eitele der Öffentlichkeit vor, mit einer statt mit zwei Terzgitarren. Kurzum: München ist und bleibt das Zentrum der gitarristischen Bewegung in Deutschland, trotz Erwin Schwarz-Reiflingen (*1891, †1964), der in Berlin seine Zeitschrift »Die Gitarre« seit 1919 herausgibt. Überhaupt mag überraschen, daß Berlin zwar in den Jahren nach Ende des Krieges fast verbissen versucht, der ›heimlichen Hauptstadt‹ an der Isar durch die Gründung des Bundes Deutscher Lauten- und Gitarrespieler und die Einrichtung von Musikfesten und -kongressen die Führungsrolle streitig zu machen, dies aber nicht recht schafft. Sie bleiben der lokale Tummelplatz selbstzufriedener Aficionados. In München jedenfalls schreiben Matthäus Römer für das dortige Quartett und Professor Stoeber für das Trio, und in der Isarmetropole findet wie schon seit zwei Jahrzehnten auch der internationale Austausch statt. Die geographische Lage der Stadt mag nur einer der Gründe dafür sein, und noch heute zeugt die Gitarristische Gesellschaft in Bayern e. V. vom Geist jener frühen Tage.

Neben Schwarz-Reiflingens »Gitarre« und dem Münchner »Gitarrefreund« (1900 bis 1909; 1931 und 1950 bis 1966) erscheint nun auch in Wien eine »Zeitschrift für die Gitarre« (1921 bis 1927), die Josef Zuth (*1879, †1932) herausgibt, der Verfasser des »Handbuchs für

Laute und Gitarre« (1926), und auch die Deutschböhmen versuchen mit ihren »Mitteilungen des Bundes Deutscher Lauten- und Gitarrespieler in der Tschechoslowakei« (1922 bis 1925) in ihrer jungen Republik Anschluß zu halten. Professor Jakob Ortner (* 1879, † 1959), Gitarrenschüler von Alois Götz (* 1823, † 1905) und Lehrer von Luise Walker, unterrichtet seit 1919 an der Wiener Staatsakademie für Musik, ist seit 1924 als Professor der vermutlich erste Lehrer für mehrere Gitarrenklassen im deutschsprachigen Raum und gibt seit 1927 seine »Österreichische Gitarrezeitschrift« heraus (bis 1932). Und schließlich entdeckt man immer mehr ›seriöse‹ Autoren für das Instrument: Tárregas Arbeiten halten längst Einzug in Deutschland, Albert schreibt Sonaten und Quartette, und Römer komponiert auf Ludwig Thomas »Die Heilige Nacht« (um 1920) gleich ein monströses Werk für Frauenchor, 30(!) Gitarren und Orgel, das in München, Dresden und Bad Kreuth zur bejubelten Aufführung gelangt. Daß mit dem Ehrgeiz, eine eigene neue Literatur für das Instrument zu schaffen, nun auch die musikhistorische Forschung ihre Ausgrabungen vorzuzeigen wagt, kann nicht mehr verwundern. 1925 führt Albert in Köln zum ersten Mal ein von Franz Schubert bearbeitetes Matiegka-Quartett für Flöte, Bratsche, Cello und Gitarre auf; in Wolfenbüttel erscheint bei Zwißler ein Quartett von Haydn mit obligater Laute. Knapp zwanzig Jahre nach seiner Versteigerung 1907 in Neapel klettert Paganinis Nachlaß nun auch langsam über die Alpen herüber, und die Münchener Vereinigung entdeckt und erwirbt drei Quintette Boccherinis für Streicher und obligate Gitarre. Gustav Mahler (* 1860, † 1911) in der »7. Symphonie« (1904/05); Hans Pfitzner (* 1869, † 1949) in seiner Oper »Die Rose vom Liebesgarten« (1897); auch Arnold Schönberg (* 1874, † 1951) in seiner »Serenade op. 24« (1920–23), in der er die obligate Mandoline und Gitarre in der Partitur zusammenfaßt und die Gitarre im F-Schlüssel notiert – auch die Moderne entdeckt jetzt das Instrument.

Gehörte der Büchsenhausener Jakob Ortner (* 1879, † 1959) noch jener Generation an, die die großen Grundsteinleger der Gitarristik besonders in Österreich hervorbrachte, so repräsentiert die Wienerin Luise Walker (* 1910), eine Ortner-Schülerin, bereits die großartige Generation der in unserem Jahrhundert geborenen Lehrkräfte, die zum Teil heute noch tätig sind und mitentscheidend Einfluß nehmen auf das klassische Spiel, wie es heute verstanden und gepflegt wird. Ein Jahr älter als Luise Walker, die seit 1960 eine Professur für Gitarre an der Wiener Hochschule für Musik innehat, ist ihr Professorenkollege Karl Scheit (* 1909) aus Schönbrunn, der ebenfalls in Wien lehrt und außerdem häufig durch Seminare auch in der Bundesrepublik Deutschland hervorgetreten ist. Zu den berühmten Schülern Scheits gehören etwa Konrad Ragossnig (* 1932), auch Per Olof Johnson (* 1929) und Mario Sicca (* 1930). Gemeinsam mit dem Linzer Erwin Schaller (* 1904), der in seiner Geburtsstadt eine Professur innehat und neben der Gitarre auch auf Bratsche und Violine, aber auch als blendender Theoretiker und Pädagoge hervortritt, publizierte er ein fünfteiliges Lehrwerk für Gitarre. Wie überhaupt die österreichische Gitarrenszene überaus reich ist an bedeutenden Namen von Instrumentalisten und Komponisten. So verfaßte der Wiener Heinrich Bohr (* 1884, † 1962) allein über 30 Solowerke für dieses Instrument, während sein Wiener Kollege Ferdinand Rebay (* 1880, † 1953) gar über 70 solcher Arbeiten schrieb, zu denen noch teilweise virtuose Werke für zwei bis zu sechs Gitarren kommen. Auch der Wiener Robert Leukauf (* 1902) trug dem neu erwachenden Interesse am künstlerischen Gitarrespiel durch zahlreiche Kompositionen Rechnung. Mehr dem begleitenden Lied verschrieb sich Karl Prusik (* 1896, † 1961) aus Wien; Vinzenz Hladky (* 1900, † 1979) machte sich als Begründer des Wiener Mandolinen- und Gitarrenensembles und dann vor allem als rühriger Musikverleger einen Namen. Auch Egon Stuart Willfort, Autor einer »Praktischen Harmonielehre für Gitarre«, kommt aus Wien, wie auch die Gitarristin Gerda Hammerschied (* 1906) unter Toscanini und Karajan, Scherchen und Bernstein als Solistin, aber auch als Ensemblemitglied in Oper und Philharmonie konzertierte. Und der wohl letzte bedeutende Name im älteren Gitarristen-Alphabet Österreichs gehört Otto Zykan (* 1902), dem Komponisten, Lehrer und Vorsitzenden des Bundes der Gitarristen Österreichs, der die Vierteljahreszeitschrift »6 Saiten« (von 1955 bis 1976) ediert hat.

Zurück nach Deutschland. Hier schreibt der Hamburger Hans-Pfitzner-Schüler Hermann Ambrosius (* 1897, † 1967) Symphonie auf Symphonie und widmet der Sologitarre aus dem ansonsten gitarristisch eher kärglichen Norden Suiten, Inventionen und Sonaten, und der Berliner Bruno Henze (* 1900, † 1978) unterrichtet an der Musikschule Wedding, wo er 1965, bizarr genug, von seinem Gitarrenchor mit Oktav-, Prim-, Terz- und Quintbaßgitarren Bachs drittes »Brandenburgische Konzert« aufführen läßt. Henze, passionierter Lehrer, Gitarrist an den Reinhardt-Bühnen und unter Wilhelm Furtwängler (* 1886, † 1954), Sergiu Celibidache (* 1912) und Arthur Nikisch (* 1855, † 1922), gibt 1950 sein siebzehnbändiges Schulwerk »Das Gitarrespiel« heraus. Er schreibt 183 Werke, davon jede Menge für Sologitarre, fungiert als Herausgeber alter wie neuer Kompositionen, darunter von Hermann Ambrosius, Anton Stingl (* 1908) und anderen. Schon 1930 hatte er das Berliner Gitarrenquartett begründet, zu dem noch Erich Bürger (* 1902), Gerhard Tucholski (* 1903) und Willi Schlinske gehörten. Der Berliner Tucholski ist noch heute gemeinsam mit Konrad Wölki (* 1904) der wohl rührigste Gitarren-Botschafter in der ehemaligen deutschen Hauptstadt. Wölki, wie Henze Anhänger chorischen Musizierens, gründete 1923 seine Berliner Lautengilde und schrieb für fast alles, was Saiten hat. Heute haben seine Werke – Kompositionen, pädagogische und musikhistorische Schriften – eine Auflage von über einer Million. Der Münchener Fritz Czernuschka (* 1883, † 1967) schreibt für den »Gitarrefreund«; in Dresden und seiner Geburtsstadt Leipzig spielt, lehrt und schreibt Walter Götze (* 1885, † 1965), über dessen Gitarrenschulen zahllose gesamtdeutsche Nachkriegskinder brüten; aus Königsberg (heute Kaliningrad), wo er 1914 zur Welt kommt, siedelt Heinz Teuchert (* 1914) nach Frankfurt am Main um, wo er – zum Teil assistiert von seinem Sohn, Michael Teuchert (* 1948) – noch heute lehrt; zuerst in Freiburg im Breisgau und seit Ende der vierziger Jahre in Köln arbeitet der Konstanzer Anton Stingl (* 1908), heute wieder in Freiburg. Als Professor an der dortigen Musikhochschule bemüht sich Stingl besonders um die Interpretation moderner Werke; aus Beuthen (heute Bytom) stammt Karl Zemla (* 1908), der bis 1957 in Kattowitz spielte und unterrichtete. Heute lehrt er an der Düsseldorfer Städtischen Musikschule. In Köln lebt Jakob Lützeler (* 1900). Die Zeitschrift »Gitarre + Laute« ehrte ihn 1981 und zeigte den Schüler des spanischen Wahl-Kölners Baldomero Zapater (* 1886, † 1961) im Duo mit Ida Gille (* 1910), die ebenfalls aus Köln stammt und Schülerin von Zapater war. Ihr widmet »Gitarre + Laute« 1980 einen Artikel und zitiert die »Rheinzeitung« vom 11. Mai 1949 mit einem wahrhaften Bravourstück geschwätzigen Feuilletons: *»Was die Gitarristin Ida Gille auf ihrem Instrument bot, gehörte zu den intimsten zugleich und bravourösesten Leistungen, die in den letzten Jahren in Kreuznach zu hören waren. Es war, bei scheinbarer Unbewegtheit der gestalterischen Attitüde, ein Lauschen ins Instrument, eine Kunst der Phrasierung, der Modulation, der Tonformung und Klanggestaltung, wie sie nur aus kultiviertester Musikalität kommen kann, ein konzentrierter, dem Belcanto des Instruments zugeneigter, das Virtuose völlig vergessen machender kunstversponnener und doch minutiöser Vortrag...«* Und so weiter und so fort. Das Belcanto dieser ›Kritik‹ freilich drückt, zwischen und in den Zeilen, Befangenheit aus: Der Autor weiß sich dem Instrument – vier Jahre nach dem Ende eines Terror-Reiches, das solcher Art von Kunst doch lieber Wagner-Bombast entgegenschmetterte – nicht recht zu nähern. Und so reflektiert diese Rezension auch generell, was sich wohl kein echter Liebhaber der Gitarre im deutschsprachigen Raum bis dahin eingestehen wollte: daß das Instrument trotz seiner durchaus vielversprechenden Entwicklung seit Beginn des 20. Jahrhunderts noch nach 1945 eher eine Mauerblümchen-Existenz führt – trotz Wölki, Götze, Teuchert, auch trotz der Kölnerin Marga Bäuml (* 1916), die heute Professorin an der Grazer Musikhochschule ist, trotz Lützeler, Fritz Walter Wiedemann (* 1898, † 1958) oder des von Segovia, Pujol und Llobet geschulten Schweizer Gitarristen, Historikers und Lehrers Karl Hermann Leeb (* 1906, † 1979).

Und dennoch strebt die Gitarre unaufhaltsam ihrem bisherigen Entwicklungshöhepunkt entgegen. Die ›mittlere‹ Generation der Interpreten, jene also, die für die heutige sozusagen greifbarer ist – sie wird, gemeinsam mit den großen ›Senioren‹, das Instrument auf Weltniveau bringen.

Ende 1980 wurde einem Mann das Bundesverdienstkreuz verliehen, dessen Name wie kaum ein anderer das hohe Format der klassischen Gitarre nach 1945 in deutschen Landen repräsentiert – Siegfried Behrend. Allein, daß ein Gitarrist überhaupt so ausgezeichnet wird, sagt viel aus über das neu erlangte Renommee des Instruments, über das erreichte Niveau seiner Interpreten und die Beliebtheit des Gitarrespiels. Letzteres wird jedoch besonders augenfällig durch das mittlerweile gewaltige Angebot an Kursen, Tagungen und Seminaren zum Thema Gitarre.

Heute, zu einer Zeit, in der mit popularmusikalischen ›Flankierungen‹ (zum Beispiel Rock, Folk, Jazz) die Gitarre (nach der Blockflöte) zum meistgespielten Instrument avanciert ist, herrscht auch für den klassischen Bereich größtes Interesse. Und ganz gewiß hat der Berliner Siegfried Behrend (* 1933), der Jahr für Jahr im bayerischen Recklingen seine sommerlichen Meisterkurse abhält, entscheidend dazu beigetragen. Der Gitarrist, der auch Klavier und Cembalo spielt, dirigiert und komponiert, war einer der ersten klassischen Protagonisten der Nachkriegszeit, der sich nicht scheute, die Folklore-Sängerin Belina zu begleiten und damit sein Instrument und die Spieltechnik einer nicht mehr nur exklusiv klassisch ausgerichteten Öffentlichkeit vorzustellen (wie z. B. heute John Williams mit Maria Farantouri).

Ebenfalls aus der Kölner Schule Baldomero Zapaters – später auch bei Marga Bäuml – kommt Franz Fischer (* 1922) aus Mülheim a. d. Ruhr, der heute in Duisburg, Dortmund und in seiner Geburtsstadt lehrt. Jürgen Klatt (* 1935), der Quadt-, Castro- und Sainz-de-la-Maza-Student, unterrichtet zeitweilig in Paris und lehrt ansonsten in seinem Frankfurter Gitarren-Studio. Ebenfalls Gitarren-Professor (seit 1974) ist der Wahl-Wuppertaler Dieter Kreidler (* 1943) aus Thüringen, der 1977 seine »Gitarrenschule für Einzel- und Gruppenunterricht« herausbrachte. Kreidler hat am Konservatorium in Düsseldorf bei der schulebildenden Maritta Kersting studiert, 1970 sein Staatsexamen abgelegt und ein Jahr später sein Diplom als klassischer Gitarrist erhalten. In Prag und in Weimar hat Barbara Probst-Polašek (* 1939) studiert, dann war sie bei Segovia; zur Zeit unterrichtet sie am Münchner Richard-Strauss-Konservatorium.

Heute, wo die Lehrer immer jünger und die jüngeren Spieler immer besser werden, in dieser Zeit verwundert kaum noch, daß das Kaleidoskop der Namen bald schon zum unüberschaubaren Puzzle gerät. Anschaulicher als es sich in der Biographie der Hamburgerin Sonja Prunnbauer (*1948) darstellt, läßt sich die heutige Beliebtheit des klassischen Instruments wohl kaum demonstrieren. Die Gitarren-Professorin, die seit 1980 an der Freiburger Musikhochschule lehrt, begann mit dreizehn Gitarre zu spielen, bekam dann in Hamburg bei Professor Eike Funk ihren ersten Unterricht, dem vier Jahre bei Karl Scheit in Wien folgten. 1972 machte sie ihr Diplom, gab zwischendurch an Elbe und Donau ihre ersten Konzerte, erhielt 1974 zusammen mit Klaus Hempel einen Ruf an Hamburgs Hochschule für Musik und Darstellende Kunst. Noch im selben Jahr ging sie aus dem Wettbewerb ›Bundesauswahl Konzerte Junger Künstler‹ als Preisträgerin hervor. Dem folgte 1975/76 eine Mammut-Tournee durch mehr als sechzig bundesdeutsche Städte. Erste Schallplatten kamen hinzu, der Rundfunk rief sie, und dann bereiste sie gemeinsam mit dem Flötisten Hans-Jürgen Pincus Afrika. Es war Sonja Prunnbauer, die in Hamburg ganz unkonventionell damit begann, sozusagen ›Klassik zum Anfassen‹ zu bieten: Sie trat immer wieder in Musikkneipen im alten Gängeviertel auf – ein couragiertes Unternehmen, wenn man bedenkt, daß doch ›eigentlich‹ die zarte, strikt klassisch gespielte Gitarre in Kneipen bestimmt nichts verloren hat, früher jedenfalls, als in den Großstädten noch nicht Abend für Abend in Dutzenden von Kneipen und Teestuben vor allem Folk geboten wurde.
Reinbert Evers (*1949) aus Dortmund, seit 1976 Professor an der Staatlichen Hochschule für Musik Westfalen-Lippe, Jürgen Libbert (*1941), der Bremer Professor Bernhard Hebb, Christian Kaiser, dann Lucian Plessner (*1958), Anatol Regnier, der Würzburger Professor Dieter Kirsch, Michael Dausend, Boris Bagger, der Stuttgarter Hans M. Koch (*1947), Michael Tröster, Hubert Käppel, Christoph Harlan (*1952) oder Robert Haupt, Martin Rennert (*1954), Jürgen Schöllmann (*1951), Horst Klee (*1952) wie auch Wilfried Halter und der Multi-Stilist Georg Lawall (*1952, Norbert Dams, Rudolf Wangler – sie alle gehören zu den heute geschätzte-

sten jüngeren Gitarristen im klassischen Sektor *»von Milan bis Henze«* (wie Peter Päffgen Reinbert Evers' Spektrum umriß). In der Schweiz sind es u.a. Walter Feybli (* 1950), Yvonne Bernhards, Madelaine Gremper-Jenny und Brigitte Kronjäger, und in Österreich ist die Szene im Klassikfeld ähnlich reich wie hierzulande. Alois Mauerhofer, der Bäuml-Schüler aus Fürstenfeld, wurde wie die Innsbruckerin Erika Pircher 1946 geboren; Melitta Heinzmann (* 1946) und Hans Hein (* 1943) unterrichten an Wiens Musikhochschule, Ekard Lind (* 1945) am Salzburger Mozarteum. 1941 wurde in Wien Leo Witoszynsky, 1945 in Steyr Walter Würdinger und 1943, ebenfalls in Wien, Brigitte Zaczek geboren. Diese Jahrgänge sind es, die heute bereits selbst Schule machen.

Der wachsenden Beliebtheit des klassischen Instruments entspricht auch das Aufkommen von Mehrgitarren-Besetzungen.

»Bemerkenswert ist die Stimmung vieler junger Konzertbesucher, die ansonsten einen weiten Bogen um klassische Musentempel machen. Besonders sie werden den Grundstein für den weiteren Erfolg von ›Les deux amis‹ legen«, zitiert »Gitarre + Laute« 1981 den »Kölner Stadtanzeiger«. Die beiden Freunde Thomas Müller-Pering (* 1958) und Ansgar Krause (* 1956) sind Absolventen der Kölner Musikhochschule und Schüler des Wahl-Aacheners Tadashi Sasaki (* 1943), Preisträger einer stattlichen Zahl internationaler Wettbewerbe und der Ansicht, es herrsche *»Mangel an brauchbarer Originalliteratur«,* der sie dazu veranlasse, völlig tabufrei an die Gestaltung ihrer Programme zu gehen, die ebenso ausgetüftelte Bearbeitungen im klassischen Stil etwa der holländischen Jazzrock-Formation Focus enthalten wie englischer Gambenmusik, aber auch Sor-Variationen, Improvisationen über Albéniz oder *»technische Kabinettstückchen«* wie zum Beispiel eine Arbeit von Pierre Petit. Das jedenfalls demonstrierte ihr Debütalbum von 1980 – wie man jene zitierten jungen Konzertbesucher zur Klassik bringen kann, eine Bemühung, die diese beiden mit Sonja Prunnbauer und fast allen anderen jüngeren Solisten und Gruppenspielern teilen.

Zwei andere Künstler, Wilhelm Bruck und Theodor Ross, die augenzwinkernd konstatieren, sie seien *»unter Musikern bekannter…*

als unter Gitarristen«, haben sich auf wahrhaft kompromißlose, entkrampfte und außergewöhnlich humorvolle Weise der Interpretation neuer Musik verschrieben. Das habe es lange Zeit nicht gegeben, meint Hermann Conen und präzisiert: *»Die zwischenzeitliche, aber lang andauernde Isolation der Gitarre von der Teilhabe an der großen Musik ist an den Gitarristen nicht spurlos vorübergegangen. Noch in dem Orchestermusikerwitz vom ›introvertierten Gitarristen‹ taucht etwas davon auf. Inzwischen hat sich das Blatt jedoch gewendet: Wichtige Werke der Neuen Musik fordern die Gitarre. Lange Zeit ist diese Herausforderung nur von wenigen bemerkt worden: Noch 1954 mußte die geplante Uraufführung von Pierre Boulez' ›Le Marteau sans Maître‹ um ein halbes Jahr verschoben werden, weil sich kein Gitarrist dafür fand.«*

Nun, schon 1965, nur zwei Jahre nach Beginn seines Kölner Gitarren- und Lautenstudiums bei Karl Heinz Böttner und M. Schäffer (*1938, †1978), gab Wilhelm Bruck seinen Einstand in Kagels »Tremens« (1965). Theodor Ross studierte zunächst auch in Köln bei Böttner und dann bei Scheit in Wien und stieß 1969 zu Kagels Ensemble. Bis zur Gründung ihres Duos 1976 *(»aus zunächst ganz privaten Gründen)* arbeiteten sie fast ausschließlich als vielgefragte Ensemble- und Orchestermusiker. Zu der alten Frage zur Beziehung von Komponist zu Interpret sagt Theodor Ross: *»Gefährlicher ist es auch, wenn ein Komponist etwas von den Schwierigkeiten des Instruments weiß, da entstehen dann solche peinlichen Sachen wie in Brittens ›Nocturnal‹, wo andauernd die Leersaiten als Akkorde dazwischengepflanzt werden«;* und Wilhelm Bruck meint: *»Die interpretatorischen Schwierigkeiten gegenüber der ›alten‹ Musik sind nicht größer, nur anders gelagert. Die technischen Probleme sind ungewohnt, aber auch nicht größer: zum Beispiel Bach auf der Gitarre zu spielen ist doch das Schwerste, was es überhaupt gibt.«* Und die stärksten Werke in diesem Jahrhundert, was die Gitarre anbelange, seien *»nun mal kammermusikalische: Schönberg, Serenade op. 24; Boulez, Le Marteau sans Maître; Kagel, Sonant/Tremens/Kantrimusik; die Lieder von Webern (op. 18 und 19). Für uns ist es musikalisch interessanter, da nur drei Töne – mehr sind's ja oft nicht – abzuliefern...«,* eine durchaus kritikwürdige Einstellung!

Norbert Dams und Tilman Purruker, vor Jahren auch Andreas Herzau (* 1945) und Reinhard Froese, dies sind neben den genannten die heute bekanntesten Gitarren-Duos unter den Jüngeren, erwähnt seien hier aber auch das Lüneburger Gitarrenduo Klaus Wollny und Karsten Petermann sowie das 1978 gegründete Würzburger Gitarrentrio mit Gerd Gmelin (* 1951), Toni Götz (* 1954) und Andreas Kantenwein (* 1958), dessen Platz seit Mitte 1982 Albin Heinl (* 1954) eingenommen hat.
Wer freilich von Duos spricht, assoziiert heute ›ganz obenan‹ das Frankfurter Gitarrenduo, das 1981 zehn Jahre alt geworden ist. Ebenfalls 1981 kürte die Deutsche Phonoakademie Michael Teuchert und Olaf van Gonnissen zu ›Künstlern des Jahres‹; Konzertreisen durch die Bundesrepublik Deutschland, durch Holland, England, Österreich, Bulgarien und die Schweiz gehören in das prallvolle Programm der beiden; fünf Longplays sind zur Zeit eingespielt. Michael Teuchert (* 1948), Sohn von Heinz Teuchert, begann bereits mit vier Jahren Gitarre zu spielen und trat schon als Achtjähriger im Duo mit dem Vater auf.
Sein Partner Olaf van Gonnissen (* 1954) hatte mit fünf Jahren auf der Geige begonnen und kam mit acht Jahren zur Gitarre. Seine frühen Leistungen brachten ihm ein Stipendium der Studienstiftung des Deutschen Volkes ein, und gemeinsam mit Michael studierte er am Frankfurter Dr. Hoch's Konservatorium und an der Frankfurter Hochschule für Musik und Darstellende Kunst in der Klasse von Heinz Teuchert. Bemerkenswert auch bei diesen beiden wieder die Offenheit für ehedem tabuisierte Richtungen: *»Wir hören beide gerne Jazz, Rock und ähnliche Musik, obwohl unser Geschmack in diesem Bereich ziemlich unterschiedlich ist. Wir konzertieren ja auch öfters zusammen mit Jazzgitarristen und dem Duo Flamenco... E-Gitarre spielen wir selbst noch nicht, wir wollen uns allerdings zwei E-Gitarren mit Konzertgitarrenhals bauen lassen, um die Klangmöglichkeiten der E-Gitarre auszuprobieren, ohne unsere Spieltechnik größer verändern zu müssen«,* sagt Olaf van Gonnissen und erinnert damit teils an John Williams, teils aber auch an Lenny Breaus neues Instrument, das der Kanadier sich in den USA von dem Spezialisten Tom Holmes bauen ließ (dessen double-cutaway-Instrument hat

einen Hals von klassischen Maßen, klassischem Querschnitt und relativ flachen Bünden. Außerdem liegt er mit dem 20. Bund am Korpus).

Michael Teuchert sieht das Problem der Repertoire-Knappheit zum Teil in der Tatsache begründet, daß *»viel zu viele Musikwissenschaftler und Gitarristen... auf ihren Tabulatur- und Notenschätzen sitzen, anstatt sie herauszugeben«*, zum Teil aber auch bei den Konzertveranstaltern und Plattenproduzenten, denn die bevorzugten *»sehr oft traditionelle Programme im Stile ›Kreuz und quer durch fünf Jahrhunderte‹ bzw. ›spanische Gitarrenmusik von morgens bis abends‹«*, allerdings könne er trotz seiner Erfahrung *»noch immer nicht behaupten, die wichtigste Duo-Literatur zu kennen«*. Die Anforderungen beim Duospiel seien im übrigen nicht geringer als beim Solospiel, merkt van Gonnissen an, *»allerdings kann man sich gegenseitig musikalisch inspirieren, aber auch die eigenen Fehler und die des Partners schneller feststellen und korrigieren«*. Der englische Komponist und Gitarrist John W. Duarte (* 1919) hat dem ›verschworenen‹ Duo-Konzept höchsten Tribut gezollt, als er aus Anlaß des zehnjährigen Frankfurter Jubiläums schrieb: *»Ich glaube, daß es für die Zukunft der Gitarre als Musikinstrument wichtig ist, daß man sie nicht nur als Soloinstrument betrachtet, sondern daß sie auch in den Bereich der Kammermusik gelangen sollte. Das Gitarrenduo liefert hierfür das beste Beispiel, und es steht außer Frage, daß das Frankfurter Gitarrenduo hierbei eine bedeutende Rolle zu spielen hat, da es eines der besten Gitarrenduos der Welt ist.«*

Schon die Tatsache, daß solch ein Duo konzertierender Lehrer (Teuchert als Professor in Frankfurt, van Gonnissen als Dozent in Frankfurt und Darmstadt) ganze zehn Jahre zusammenzubleiben vermag, ist *»eine Seltenheit im Bereich der Kammermusik«* (Jürgen Nimbler), und Michael sagt zu diesem Konzept kurz und knapp: *»Irgendwie erscheint es mir sinnvoller, mich hierfür einzusetzen, anstatt als einer von hundert Sologitarristen mit den Mozartvariationen um die Welt zu reisen.«* Dem Vorwurf, technische Perfektionisten zu sein, begegnen die beiden souverän – das sei letztlich überhaupt kein Vorwurf, denn *»die Gitarre als Kunstinstrument«*, meint Olaf, *»wird sich auf die Dauer den Kriterien, die an andere*

Kunstinstrumente gestellt werden, nicht verschließen können. So wird zum Beispiel bei erstklassigen Konzertgeigern beziehungsweise Pianisten eine weitestgehende technische Sicherheit als selbstverständlich vorausgesetzt.« Und Teuchert fügt hinzu: *»Sieht man Technik im umfassenden Sinne, dann kann man sie definieren als Kunst.«*
Und auch die Frankfurter, ähnlich wie viele ihrer amerikanischen Kollegen, sehen in der popularmusikalisch eingesetzten Gitarre keine Gefahr: »(Da) *sehe ich gar nicht schwarz«*, betont Michael, *»ich glaube tatsächlich, daß eher die Gefahr besteht, daß die Gitarre zu einem reinen Volksinstrument abgestempelt wird und vollkommen in die Randgebiete der sogenannten E-Musik abgedrängt wird. Deswegen ist es wichtig, sich gerade auch für anspruchsvolle, vielleicht nicht so eingängige Musik einzusetzen...«*, womit sich der Argumentationskreis schließt. Nicht also die ›Anbiederei‹ an den jeweiligen Publikumsgeschmack sei ihre Chance (mit *»der hundertsten Ausgabe der Mozartvariationen, diversen neuen Carulli-Brevieren sowie den üblichen leichten Stücken aus der Römerzeit«)*, sondern eben die Suche nach neuen Stoffen.

Wie kein anderer steht der Name Siegfried ›Sigi‹ Schwabs für eine Art souveräner ›Personalunion‹. Denn der 1940 geborene Ludwigshafener, der mit dreizehn Jahren Gitarre zu spielen begann und im Studio (Mitwirkung an weit über 10000 Titeln), im klassischen Diabelli-Trio mit dem Flötisten Willy Freivogel und dem Bratschisten Enrique Santiago (*1939), im Jazzduo mit dem holländischen Flötisten Chris Hinze, als Gast in den verschiedensten Gruppen und Orchestern und im äußerst populären Guitarrissimo-Duo mit dem klassisch geschulten Gitarristen und Sänger Peter Horton (*1941) arbeitet, sieht sich nicht als Repräsentant bestimmter musikalischer Stilformen, sondern *»als Exponent eines bestimmten Instruments mit allen seinen Ausdrucksmöglichkeiten«*. Schwab, der in Mannheim an der Musikhochschule Gitarre und Kontrabaß studiert hat, wurde beim ›Jobben‹ in lokalen US-Clubs 1963 von dem Jazz- und Tanzmusik-Orchesterchef Erwin Lehn (*1919) für die Funk- und Studioarbeit entdeckt. Zwei Jahre später ging er zu Werner Müller an den RIAS Berlin, studierte an der Freien Universität Jura und begann mit Wolfgang Dauner (*1935) und Eberhard Weber (*1940) mit freien Formen zu experimentieren. 1966 legte er sein Debüt-Album »Fabulous Guitar« vor, das – ausschließlich mit moderner Konzertgitarrenmusik – auch in den USA erschien. Heute liegen mehr als zwanzig Platten unter seinem Namen vor, dazu kommen Lehr-Platten und eine vierbändige Gitarren-Schule, »Folk Picking für Finger-Style Guitar« (1981/82).

Im Fachgespräch ist der eher introvertierte Gitarrist ein Mann knapper, klarer Aussagen. Er sei etwa gegen das Prinzip Tabulatur, insistiert der Sammler alter Gitarren- und Lautenliteraturen, denn das sei letztlich schuld gewesen am *»Rückgang der Laute«;* die Vorreiter der späteren Lautenisten seien denn auch Pianisten und nicht etwa Lautenisten gewesen, und die postbarocken Verzierungen kämen eben von diesen Pianisten her. *»Wer heute Tabulatur spielt, entwickelt kein harmonisches Gewissen«,* und im übrigen seien Noten ja auch für alle Mit-Musiker verbindlich, nicht nur für einen Mann. Außerdem ließen Zahlentabulaturen keinerlei Assoziationen von bereits Vertrautem zu. Er hege große Verantwortung *»gegenüber dem kurzen Moment des Anfangens«,* und wenn er die Wahl habe, nähme er immer nur Noten zur Hand. Was die kammermusikalische Seite der Gitarre betrifft, so sähe er da positiv in die Zukunft. Es stimme schon, sagt er, *»kammermusikalisch war nichts los; aber wir graben viel aus«.* Nur sei es halt so, daß aufgrund der doch eher geringen Wertschätzung, die die meisten Gitarristen früher erfuhren, deren Kollektivbewußtsein auch nie so recht entwickelt worden sei. Die *»drei Säulen«*, wie er die Schwerpunkte seiner Musikerpraxis nennt – Klassik im Trio, Duo mit Hinze und ›Guitarrissimo‹ mit Horton –, die hätten jede auf ihre Weise ihren ganz spezifischen Nutzen, denn in der Klassik mit ihrer auch didaktischen Bedeutung könne man nun mal nicht ›ausbrechen‹; im Hinze-Duo käme dafür der kreative Aspekt wieder mehr zum Tragen, und in der *»konsequenten fusion«,* die dieses Duo spiele, müsse die Gitarre eben orchestral und rhythmisch differenzierend eingesetzt werden; während dritterseits das Gitarrenduo mit Peter Horton sich an verschiedensten Stilen gestaltet und jedem der beiden reichlich Möglichkeiten bietet, hier nun doch auch mal ›auszubrechen‹, ande-

rerseits aber auch jene Präzision erweitert, die ein Gitarrenduo nun einmal vorderhand verlangt.
Die free-Experimente, denen er sich anfangs der siebziger Jahre – ähnlich wie heute Gitarrist Rainer Müller mit dem Klarinettisten Theo Jörgensmann und dem Pianisten Jürgen Pluta in deren Gruppe Nachrüstung – mit Dauner und Weber widmete, hätten ihn – obwohl man versucht habe, sie mit Rockelementen anzureichern – nach einer gewissen Zeit frustriert. *»Solche Musik führt sich letzten Endes selber ad absurdum.«* Und dann, wie das so ginge, *»kamen viel zu viele erfolgreiche Scharlatane«,* erinnert er sich, *»und plötzlich klang dann auch ein Johann Sebastian Bach nicht mehr, weil man sich das eigene Ohr kaputtgespielt hatte«.* Die willkommene Abwechslung kam dann erst in Peter Herbolzheimers Gruppe Powerhouse, dann in des Bassisten Peter Trunk (* 1936, † 1973) traumhaften Sextett, mit dem Schlagzeuger Curt Cress, Jasper van't Hof (Piano und Keyboards), Manfred Schoof (* 1936; Trompete), Shake Keane (* 1927; Flügelhorn), Jiggs Whigham (* 1943; Posaune) und Sigi selbst (an diversen Gitarren, an Sitar und an Tarang, einem indischen Saiteninstrument, das mit schreibmaschinenähnlichen Tasten zum Klingen gebracht wird) eine personelle/instrumentelle Zusammensetzung, die ihm am meisten lag, und schließlich – Peter Trunk war gestorben – in der Gruppe Embryo, in der man nun konsequent zur organisierten, zur ›konzeptionellen‹ Struktur zurückkehrte. *»Keith Jarrett und solche Leute«,* kommentiert Schwab, *»haben die Musik viel mehr beeinflußt als die Chaotiker. Es ging einfach wieder um die Kommunikation mit dem Publikum. Damals hätte man einfach die neue Freiheit nutzen sollen, etwas Neues aus ihr zu destillieren, etwas mit Hand und Fuß.«* Und er erinnert in diesem Zusammenhang an eine Aufführung in Ossiach mit dem Jazzgeiger Jean-Luc Ponty (* 1942), Wolfgang Dauner, Eberhard Weber und dem Schlagzeuger Makaya Ntosho, auf die der Münchener Kritiker-Papst Joachim Kaiser hilflos mit den Worten reagiert habe: *»›Nennt uns eure Parameter. Erst dann können wir euch kritisieren.‹«*
Nun, vom Chaos der frühen Siebziger hat sich – er weist selbst auf den ›Entwicklungsknick‹ hin – Sigi Schwab zu seiner LP »Little Flowers« bewegt, zum solistischen, harmonischen, gewissermaßen

›ruhigen‹ Folkspiel. Das Polyphone in der Musik, das sei es, was er für die moderne Gitarre noch weiter erschließen wolle, indem er daran arbeite, durchzubrechen in jene vertikale, ›orchestrale‹ Spielweise, wie sie die Folkgitarristen Nordamerikas pflegen – plus klassische und viele andere Einflüsse. Schon im Duo mit Hinze hat er sich darauf hinentwickelt: Vor ihm gab es niemanden, der auf die Idee gekommen wäre und/oder es verstanden hätte, Funkrock gitarrenorchestral in der Begleitung und im Solo zu spielen.
Im Covertext zu der 1980 anläßlich des Northsea Jazz Festivals in Den Haag aufgenommenen Debüt-LP des Duos Schwab/Hinze erinnert sich der Holländer: *»Zum ersten Mal habe ich Sigi Schwab vor acht Jahren getroffen! Ja, vor acht Jahren! Das ist eine lange Zeit her seit jenem ersten Treffen anläßlich einiger Aufnahmen mit einem Radio-Sinfonieorchester in Deutschland. Wir beide sollten als Solisten auftreten.«* Und: *»Nach jener kurzen Begegnung trafen wir uns hin und wieder in den verschiedensten Studios in den verschiedensten Ländern... Außerdem war erstaunlich, daß die Produktionen, mit denen wir zu tun hatten, sich zwischen allen Extremen nur so jagten. Die vielen Facetten an Musik, mit denen wir zu tun hatten, reichten von Barock bis Jazz, von sanften Klängen bis zu heavy rock und funk... Das Jahr 1979 wurde dann der Markstein unserer musikalischen Kooperation; wir gingen in Deutschland auf Tournee und konnten dann gleich noch eine machen, weil der Erfolg einfach überwältigend war...«*

Neben Sigi Schwab, Peter Horton und dem Kölner Alexander Sputh hat im Norden ein Mann die Saiten im Griff, der ebenso gern wie Schwab auf stilistische Festlegungen verzichtet, weil er in Klassik wie in Jazz, in Blues wie in Folk, in Rock wie in südamerikanischen Klängen gleichermaßen zu Hause ist – Hans Haider (*1936). Hans, der in Cuxhaven geboren wurde und wie sein süddeutscher Freund Schwab über ein eigenes Tonstudio verfügt, wie jener Instrumente sammelt und nach alter Literatur forscht, hat zunächst acht Jahre als Geigenbauer in Hamburg und Mittenwald gelernt und gearbeitet, dann eine Zeitlang privat in München Geige studiert und ging dann mit der E-Gitarre in das Orchester von Alfred Hause und Rolf Kühn

(* 1929) in deren NDR-Studiogruppe. Über zwanzig eigene Alben hat er eingespielt, auf unzähligen mitgewirkt, hat mit dem Schlagzeuger Charly Antolini, dem Bassisten Lucas Lindholm und anderen in verschiedenen Trios Latin Jazz gespielt *(»so zwischen Byrd, Gismonti, vielleicht auch noch Ralph Towner; aber ich spiel ja doch anders«),* hat gar Plácido Domingo (* 1941) begleitet und arbeitet heute viel mit Knut Kiesewetter (* 1941), anderen Folklore-Kollegen und dem Rundfunkorchester Hannover zusammen, dem er seit sechzehn Jahren angehört. Er arrangiert und komponiert *»jede Menge«,* gerade auch im Bereich Chanson, und wenn er solistisch auftritt, versucht der Wahl-Hamburger am liebsten auf die Wünsche seines Publikums einzugehen.

Daß der versierte Instrumentenbauer, der zahlreiche eigene Gitarren und Lauten in seinem Langenhorner Haus hat, an die Entwicklung eines eigenen Projektes gehen würde, konnte nur eine Frage der Zeit sein: Hans Haiders Name verbindet sich unter Insidern unmittelbar mit dem Namen seiner Schöpfung – der ***Lautarre***. Anfang der siebziger Jahre begann er mit der Planung seines Instruments, das leicht sein sollte *»wie eine Weißgerber«,* Wappenform (florentinisches double cutaway) haben und dem Haiderschen Klangideal der Theorbe möglichst nahekommen sollte. Bespannt mit Lautensaiten, meint er, sei ihm das geglückt. 1975 erschien sein Lautarren-LP-Debüt »Hans Haider und seine Lautarre«, ein überraschender Einstand, der bezeugte, daß die Lautarre praktisch für jede Art von Musik verwendbar ist. Die frühen Haider-Lautarren, mit sechs oder auch sieben Saiten bespannt, hatten verlängerte Hälse (nach unten um eine Quinte, nach oben um eine Quarte), im Prinzip *»elektrische Hälse, mit zwei Oktaven pro Saite«,* wie Hans kommentiert. Heute spielt er zusätzlich ein zwölfsaitiges Instrument. Konstruktions-Gag: Hatte bereits Mario Maccaferri (* 1900) in Frankreich Instrumente mit – festen – doppelten Resonanzböden gebaut, so entwickelte Haider einen aufsetz- und abnehmbaren zweiten Resonanzboden, der wahlweise den Klang der Lautarre voller oder wieder ›kleiner‹ machen konnte. Interesse erntete sein Konzept, das nichts mit Bola Setes ***lutar*** zu tun hat, quer durch die Disziplinen, wenn Sonja Prunnbauer, so Hans Haider, auch davor zurück-

schreckt, mit einer Lautarre aufzutreten. *»Sonja meinte, sie würde so gern darauf spielen, es sei ideal für Barockmusik. Aber dann sagte sie, du, ich kann das nicht machen. Die Leute sind meine Gitarre gewöhnt, und die würden mir alle weglaufen.«* Die Mode sei es, meint Haider, die den Sound mache: *»Gitarristen mögen den Klang nicht. Die wollen alle wie Julian Bream klingen. Aber ich nicht.«* Wer freilich vom Jazz herkomme, der sähe das ohnehin sehr viel undogmatischer. Immerhin, Haider baut, außer für sich selbst, keine Lautarren mehr, sondern läßt sie von dem Hamburger Instrumentenbauer Reinhold Seiffert auf Bestellung anfertigen. Knut Kiesewetter habe dereinst gleich mehrere geordert, dieweil – so wird erzählt – Otto Waalkes noch im Studio dem Haider eine aus dem Koffer geklaut und ohne Kommentar dafür 3000 Mark überwiesen hätte. Der Gitarrist und Gitarrenlehrer Eike Funk habe sich ähnlich wie seine ehemalige Schülerin Prunnbauer begeistert von dem ungewöhnlichen Instrument gezeigt, dann aber genau wie sie verhalten: *»Die Mode macht den Sound«,* das Auge hört mit. Daß das in populären Musiken so ist, verwundert den hemdsärmeligen Haider nicht; daß aber die Kollegen von der Klassik *»sich da so traditionsfreudig benehmen, obwohl es doch kaum eine richtige Tradition gibt«* – das verwundert ihn denn doch.
»Ich glaube«, sagte Sigi Schwab 1981 in einem Interview, *»daß unglaublich viele Leute uns beeinflußt haben und daß wir auch sehr dankbar sein müssen, daß diese Leute alle da waren, ein Herb Ellis, ein Barney Kessel oder Jim Hall sind nun mal unheimlich wichtige Musiker-Persönlichkeiten, weil sie einen fasziniert haben, auch wenn man musikalisch einen ganz anderen Weg geht.«* Der ›eigene‹ Weg betrifft, wie kaum eine andere Musikgattung, wieder einmal den Jazz – auch den deutschen.

Und die deutsche Szene kommentiert Sigi Schwab so: *»Ja, ich glaub schon, daß sie unterbewertet ist. Es liegt natürlich auch ein wenig an uns selbst. Wir müssen uns nicht wundern, wenn wir selbst sozusagen von niemandem sprechen bei uns, daß die anderen nicht von den Leuten hier sprechen. Ich muß aber sagen, jedesmal, wenn wir irgendwo auftauchen und spielen irgend etwas Originäres, also nicht* *etwas, was wir in der dritten oder vierten Generation irgend jemand hinterherspielen... dann lösen wir dieselbe Nervosität bei den Ausländern aus wie fantastische Ausländer, die hierher kommen und uns was Neues vorspielen...«*

Nach Kenntnis der Sachlage im Jazz sollte das so sein. Die Durchsicht ausländischer Jazzmagazine rückt aber das Bild zurecht: Deutschlands Jazzgitarristen sind mehr als alle anderen deutschen Spieler auf sich selbst gestellt, gewissermaßen in ihre – geographischen – Grenzen verwiesen. Kein Schwab, kein Kriegel oder Blanke, die etwa im »Guitar Player« oder einer der zahlreichen verwandten Schriften behandelt würden. Das ist, seltsamerweise, in anderen Instrumentensparten anders (zum Beispiel Albert Mangelsdorff, Eberhard Weber, Joachim Kühn), dabei ist auch die Jazzgitarren-Szene hierzulande, so reich und entwickelt wie nie zuvor, knapp fünfundzwanzig Jahre, nachdem der Berliner Johannes Rediske (* 1926, † 1975) unter anderem in »Thema in Moll« und »Jockey Bounce« zum ersten Mal auf Platte eine Art deutscher Jazzgitarre andeutete, die dann – in Wirklichkeit ein Konglomerat aus Anleihen, Gefälligkeitsjazz sozusagen – so schnell wieder verschwand, wie sie gekommen war. Was Wunder: In jenen Jahren ordnete der deutsche Nachkriegs-Jazz ja erst einmal die diversen Einflüsse von draußen, lehnte sich an und spielte, glücklich über die neugewonnene Freiheit, erst einmal alles mehr oder weniger nach, was es via Platte, AFN und erste Besuche aus den USA aufzuarbeiten oder nachzubereiten gab. Coco Schumann, Heinz Cramer und Johannes Rediske in Berlin, in Frankfurt noch Louis Freichel (* 1921) – das waren eigentlich schon die vier frühen Protagonisten der Nachkriegs-Jazzgitarre links und rechts von Helmstedt, einer Zeit wohlgemerkt, in der Margot Hielscher noch Jazz sang, Helmut Zacharias (* 1920) auf der Geige, der ›Egerländer‹ Ernst Mosch auf der Posaune, Klaus Ogermann (* 1930) am Klavier und Hans (›James‹) Last (* 1929) am Baß dem Bebop frönten und in der in Frankfurt Horst Lippmann (* 1927; vom späteren Konzertveranstalter-Gespann Lippmann + Rau) am Schlagzeug saß und Albert Mangelsdorff (* 1928) zuweilen als ›Band-Gitarrist‹ fungierte, wie Joachim Ernst Berendt in seiner »Kleinen Geschichte des Deutschen Nach-

kriegsjazz« in »Ein Fenster aus Jazz« (1977) nostalgisch-augenzwinkernd anmerkt.
Mitte der fünfziger Jahre – die deutsche Jazzszene kam überall enthusiastisch und mit der Kraft des gründlichen Nachholbedarfs ins Rollen – zog der im ungarischen Visegrád 1927 geborene Attila Zoller nach Westdeutschland, nachdem er daheim unter anderem mit Vera Auer (* 1924; Akkordeon) gespielt und dann in Wien durch Joe Zawinul (* 1932; Klavier) und Hans Solomon (Altsaxophon) mit dem dort grassierenden Tristano-Virus infiziert worden war. In der Bundesrepublik arbeitete Zoller dann mit der Pianistin Jutta Hipp (* 1925) und dann mit dem Saxophonisten Hans Koller (* 1921) und Albert Mangelsdorff (›ZoKoMa‹) bis ins Ende der fünfziger Jahre hinein, eine Phase, die ihm wertvolle Gelegenheiten bot, nun auch mit amerikanischen Jazzern von Rang zu spielen, darunter dem Cellisten/Bassisten Oscar Pettiford (* 1922, † 1960), den Attila ab und an für dessen eigene Baßsoli auf dem walking bass begleitete – wohlgemerkt: einem Kontrabaß. Er studierte Tal Farlow, der damals bei Red Norvo saß, und Chuck Wayne, der mit George Shearing spielte, und als Zoller 1956 zum ersten Mal in die USA kam und Gelegenheit zum Duospiel mit Farlow bekam, da *»wunderte er sich, woher ich seine chord voicings gelernt hatte; er war überrascht, daß ich sie kannte«*. Knapp sechs Jahre, von 1954 bis 1959, hatte Zoller, der dann in die USA ging und spontan von Jim Hall und dem Pianisten und Bandleader John Lewis (* 1920) gefördert wurde, die deutsche Jazzgitarren-Szene entscheidend geprägt, bereits unterrichtet und, last not least, für Framus als Gitarren-Designer gearbeitet – ähnlich wie Willi Lorenz Stich (* 1931), der damals als ›Billy Lorento‹ für die gleiche Firma Gitarren und Elektronik austüftelte und heute als ›Bill Lawrence‹ höchst erfolgreich in Amerika Tonabnehmer entwickelt. Noch heute spielt Attila fast ausschließlich seine selbstentworfene Jazzgitarre Framus AZ-10, und noch heute läßt er es sich – nach diversen Enttäuschungen haupt- und nebenberuflicher Art – nicht nehmen, immer wieder in die Bundesrepublik zurückzukehren. *»Rediske«,* schreibt J. E. Berendt in »Ein Fenster aus Jazz«, *»wurde in den fünfziger Jahren mit großer Regelmäßigkeit im Deutschen Jazz-Poll, der alljährlichen Rundfrage nach den besten Musi-*

kern des Jahres, zum ›Nummer-Eins-Gitarristen‹ gewählt – bis Attila Zoller ihn in dieser Eigenschaft ablöste.« Und: *»Rediskes Erfolg hatte darin seinen Grund, daß er sich geschickt auf die ›richtige Mischung‹ verstand. Seine Musik war nicht bloß ›Jazz à la mode‹; es war alles darin, womit man damals in diesem und in verwandten Bereichen erfolgreich sein konnte: Swing und moderner Jazz, Bar- und Cocktail- und Tanzmusik und manchmal auch ein wenig Bebop und Cool Jazz.«*

Es waren die öffentlichen Jazzkonzerte, die der Südwestfunk Baden-Baden unter Berendts Leitung und dem Heading ›Jazztime Baden-Baden‹ seit 1949 veranstaltete, die Zoller, der mit Koller, Pettiford und den Schlagzeugern Kenny Clarke (* 1914) beziehungsweise Jimmy Pratt spielte, anzogen. Seit Jutta Hipp 1956 in die USA gegangen war, galt ihm Frankfurt nicht mehr recht als Wahlheimat, berichtet JEB, doch *»er trug in die Baden-Badener Aufnahmen jene ihm eigene Sensitivität, die soviel mit Romantik, aber auch mit der Musik seiner ungarischen Heimat zu tun hat. Aber es zog ihn immer mehr in die USA – und zu Jutta Hipp. Als Oscar* (Pettiford) *1959 nach Kopenhagen übersiedelte, eröffnete Koller ein kurzlebiges Jazzlokal in München, und Attila fuhr auf einem Frachtschiff nach New York. Er kam ohne einen Cent dort an, und Jutta erwartete ihn keinesfalls...«*

Die Lücke, die Zoller ließ, sollte glücklicherweise nur vier Jahre dauern. Denn schon ein Jahr, bevor Attila den Dampfer nahm, begann ein junger Gitarren-Aficionado zusammen mit zwei Freunden Jazz zu machen. Unterricht hatte der Fünfzehnjährige nie gehabt, Dixie-Frohsinn einfach übersprungen, hatte Herb Ellis bei Peterson auf Platte gehört, ebenso Kenny Burrell, der ihm ans Herz wuchs, aber auch die berühmten Poll-Winners-Alben mit Kessel, Manne und Brown. Willi Geipel, damals Chef des Frankfurter Jazzkellers (über den jener junge Gitarrist später einen Film drehte), schickte diesen jedoch wieder heim – Geipel hatte gerade Albert Mangelsdorff auf der Liste. Der Junge mit der Gitarre bewarb sich zum zweiten Mal seit 1962 erfolgreich zur Teilnahme am Düsseldorfer Amateur-Jazzfestival und gewann dort als Gitarrist prompt aufs neue den ersten Preis. Lohn der Mühe war die Teilnahme an zwei

Alben des Pianisten Ingfried Hoffmann (* 1935) »From Twen With Love« (1963) und dann Klaus Doldingers (* 1936) »Doldinger Goes On« (1964). Der Name des introvertierten Sideman: Volker Kriegel (* 1943).

Der Name des gebürtigen Darmstädters, der nach Abitur und Soziologie-Studium *»stufenweise den Übergang zum Berufsmusiker vollzog«,* ist sicherlich heute das Synonym für die Emanzipation der deutschen Jazzgitarre schlechthin. Weder ›Beute-Deutscher‹ noch ›Beute-Stilistiker‹, zeigt seine Biographie den wahrscheinlich geradesten, konzessionslosesten Weg, den solch ein Gitarrist nach dem Zweiten Weltkrieg in Westdeutschland zurücklegen konnte. Kriegel, seit 1975 und bis Anfang 1981 Mitinhaber des Frankfurter Guitar Center – zusammen mit Peter Coura (* 1947) –, schreibt neben dem Spielen und dem Fördern anderer sehr viel selbst, macht Filme (wie über das Jazzfestival in Montreux), gestaltet als Graphiker unter anderem Plattenhüllen, zeichnete zum Beispiel den Trickfilm »Der Falschspieler« (1981) über einen armen Gitarristen, der sich ständig an immer der gleichen Stelle verspielt, schreibt und illustriert Kinderbücher. Und trotz seines großen Erfolgs hält Volker noch heute jene Amateur-Jazzfestivals *»für eine verdienstvolle Einrichtung. Immer fragen mich die jungen Leute, was sie machen können, um auch mal Kontakt zu bekannten Musikern zu kriegen – damals traf man die ja alle auf diesen Festivals.«* Und ebensolchen Kontakten – etwa zu Mangelsdorff, Gustl Mayer, Ralf Hübner, Günter Lenz und anderen – verdankt auch Kriegel sein *»Einrasten«* in Frankfurts Jazzkeller-Szenerie. 1968 nimmt er dann am Elften Deutschen Jazzfestival in der Main-Metropole teil und gilt fortan unumstritten als Deutschlands Jazzgitarrist Nummer eins. Im selben Jahr lernt er den amerikanischen Vibraphonisten Dave Pike (* 1938) kennen; 1969 – mit Pike, Kriegel, dem Bassisten Hans Rettenbacher (* 1939) und Peter Baumeister (* 1940) am Schlagzeug – wird der Dave Pike Set gegründet, der in vier Jahren sechs Langspielplatten einspielt und Volker immer weiter nach vorne stellt. 1971 unternimmt der Set im Auftrag des Goethe-Instituts eine mehrmonatige Tournee durch Südamerika. Volker macht seit 1968 bereits eigene Platten. Sein Erstlings-Album »With A Little Help Of My Friends«, noch ganz dem Mainstream und den Burrell-Einflüssen verhaftet, wird gefolgt von dem Doppelalbum »Missing Link« (1972) mit Eberhard Weber, Albert Mangelsdorff, John Marshall am Schlagzeug und Alan Skidmore (* 1942; Saxophon). 1972 tut er sich mit einer brasilianischen Perkussionsgruppe zusammen und bereist mit ihr deren Heimat. In diesem Jahr auch trennt sich der Pike Set (*»Dave überkam ein unbezähmbares Heimweh nach ›Hamburgern‹, zwölf Fernseh-Programmen und Sonne«,* erinnert sich Kriegel), wenig später entsteht gemeinsam mit Eberhard Weber, dem Pianisten Rainer Brüninghaus (* 1949) und dem Schlagzeuger Joe Nay (* 1934) die Gruppe Spectrum und eine LP gleichen Namens. Inzwischen bei den Berliner Jazztagen (1971) und in Newport (1973) aufgetreten, hat er in diesen Jahren mit dem Jazzgeiger Don ›Sugarcane‹ Harris (* 1938), mit Wolfgang Dauner, Alexis Korner und erneut mit Doldinger gespielt und aufgenommen sowie die Musik zu Kindersendungen verfaßt. Weber zieht es dann zu einer eigenen Gruppe Colours und zum Label ECM, Volker gründet sein Mild Maniac Orchestra, mit dem er heute bereits sechs Jahre zusammen ist, und wirkt – seit vier Jahren – mit beim United Jazz & Rock Ensemble, bei dem es sich, so Kriegel, um eine Formation handelt, *»bei der jeder Beteiligte seine eigene Gruppe hat. Alle Mitglieder treffen sich einmal pro Jahr für eine Tournee und eine Plattenproduktion. Die Entstehung ist auf eine Sendung des Süddeutschen Rundfunks, ›Elfeinhalb‹, zurückzuführen. Nach regelmäßigen Auftritten hatten wir den Wunsch, eine Platte aufzunehmen, die normalen Firmen winkten jedoch aus Kostengründen ab. Erst nach Gründung einer eigenen Plattenfirma konnten unsere Pläne verwirklicht werden.«*

Mit seinem ›Orchester der sanften Verrückten‹ geht Volker dann (nach zwei weiteren Südamerika-Touren für das Goethe-Institut) auch nach Indien und auf eine spektakuläre Afrikareise, die die Gruppe durch elf schwarzafrikanische Länder führt. Das Fernsehen bringt einen Report über das Zweimonatsunternehmen, und was dem Gitarristen dort als *»das Schlimmste«* auffällt, *»sind wahrscheinlich nicht einmal die Folgen der wirtschaftlichen Ausbeutung, sondern möglicherweise die Tatsache, daß die Einwohner durch die Kolonialisierung um ihre eigene Kultur gebracht wurden und nun den kulturel-*

len Schrott imitieren, der bei uns produziert wird. Ursprüngliche afrikanische Musik ist verblüffenderweise nur sehr schwer in Afrika zu finden. Was man an jeder Ecke... hört, ist eine Nachahmung von abendländischer Disco-Musik.«
Und das, was Sigi Schwab an den deutschen Free-Jazz-Ausbrüchen beklagte, apostrophiert auch Volker Kriegel knapp als *»Kahlschlagphase«*, was freilich nicht für Albert Mangelsdorff gilt. Denn der sei, *»was Kenntnis und Verfügung über musikalisches Material betrifft, für mich der souveränste Musiker, den ich kenne. Befriedigend auch in dem Sinne, daß die Tradition noch voll in dieser Musik aufgehoben ist. In den freiesten und spontansten Passagen steckt noch soviel formale Qualität, daß es nie ›free‹ im Sinne von unverbindlich und willkürlich ist...«* Kriegel, der John McLaughlin ebenso schätzt wie Maurizio Pollini (*1942), wenn der Chopin intoniert, einen *»anonymen Flötenspieler«* wie einen *»Sitar-Spieler in Indien«* (auch er spielt sie), einen *»Penner an der Ecke in Brasilien, der Bossanova spielt«* wie Jimi Hendrix, hatte sich bereits auf dem Weg von seinem ersten zu seinem zweiten Album deutlich von der Mainstream-Treue zum eigenen Konzept entwickelt. Er sei ein streng *»konzeptioneller«* Gitarrist, der am liebsten *»fast alles«* aufschreibt, meint er von sich selbst und rechnet sich heute terminologisch *»selbstverständlich«* dem Jazzrock-Lager zu, freilich als Interpret und Komponist einer Fusionsmusik, die eben nicht *»Coca-Cola nach Amerika«* bringen wolle. Seine Gruppe garantiert dafür: Bassist Hans Peter Ströer spielte an Theatern, dann in der Gruppe Emergency und wurde schließlich von Kriegel gerufen; Thomas Bettermann, Keyboarder und Rainer Brüninghaus' Nachfolger, kam von der Klassik her; der Drummer Evert Fraterman spielte mit Ströer bei Emergency, und nach Nippy Noya kam Hans (›Batt‹) Behrendt an die Perkussion. Volker selbst sieht den schweren Stand deutscher Musiker im Ausland übrigens noch harscher als der Deutschrock-Experte Günter Ehnert in einem *»Provinz-Komplex, den das deutsche Publikum und viele Musiker haben«*. Eine der Folgen, meint er, sei die risikolose Flucht in die Imitation. Und die wiederum zwinge den handwerklichen Standard in die Knie. Der aber, möglichst hoch, sei seine *»Vorliebe für musikalische Qualität, während es anderen nur um*

einen gewissen Ausdruck von Lebensgefühl oder Abgrenzung gegen den normalen Alltag geht«.
Während Volker Kriegel wie gesagt ohne zu zögern den Terminus Jazzrock für sich in Anspruch nimmt, hat sein Generationskollege Toto Blanke (* 1937) dies zu sagen: *»Jazz-Rock in diesem Sinne gibt es gar nicht. Entweder, es gibt Jazz oder reine Rock-Musik. Oder es ist der Jazz, der einfach irgendwelche rhythmischen Elemente übernimmt. Aber was der Jazz da übernimmt, kommt sowieso vom Jazz her, war immer schon Jazz.«* Darüber mag man streiten – über Blanke selbst und seinen Stellenwert in der deutschen Jazzgitarren-Szene jedoch nicht. Für den ehemaligen Architekturstudenten, der sich 1970 zum professionellen Musizieren entschloß, ist *»Musik Ausdruck der Zeit, in der wir leben: des Lärms, der Hektik, der Aggressionen, aber auch der Schönheit und der Liebe«.* Toto, der zuvor bereits noch als Amateur Erfahrungen unter anderem mit Jasper van't Hof und dem Vibraphonisten Gunter Hampel (* 1937) sammeln konnte, beginnt seit 1970 fest in der Gruppe Association P.C. des Drummers Pierre Courbois zu spielen. Die Band tourt in Europa und Asien und nimmt vier LPs auf, darunter eine mit dem Flötisten Jeremy Steig (* 1942). 1971 hat die Gruppe bei den Berliner Jazztagen ihren Durchbruch, 1974 schickt das Goethe-Institut sie dann neben Asien auch nach Afrika und durch Südeuropa. Toto spielt Duos mit Philip Catherine, produziert mit Rolf und Joachim Kühn, mit dem Trompeter Randy Brecker (* 1945) und wiederum van't Hof, und hebt nach der LP »Spider's Dance« (1976) mit Jasper van't Hof, dem finnischen Trommler Edvard Vesala und dem Bassisten Dave King seine Gruppe Electric Circus aus der Taufe. Kritiker loben an dem gleichnamigen Erst-Album nicht ausschließlich die modernen Jazzelemente, sondern erkennen in ihm zum Teil Züge ›seriöser‹ zeitgenössischer Musik der achtziger Jahre. 1977 geht die Gruppe in die DDR, die CSSR, nach Ungarn, Italien, Österreich und Polen. Dann spielt der wandlungsfähige Gitarrist eine LP zum Teil solistisch und mit Streichquartett ein, »Tales Of Tomorrow« (1978), besetzt 1979 seinen Zirkus um und tauscht das E-Piano gegen den Baß Norbert Dömlings und die Saxophone Tony Lakatos' (* 1958) aus – das zwar ausschließlich elektrische Konzept macht

einem, in Totos Fall zunächst überraschenden, Bekenntnis nun auch zu akustischen Teilen Platz. 1978 geht Blanke mit Charlie Mariano (*1923) auf Konzertreise in die CSSR und die DDR und spielt seine LP »Friends« ein, zu deren Produktion noch der Keyboarder Stu Goldberg und der indische Perkussionist Trilock Gurto stoßen.

»Was die Gitarre betrifft«, schreibt J.E. Berendt in seinem »Jazzbuch« (Neuauflage 1981), *»so ist John McLaughlin sicher der überragende Musiker dieser Entwicklung, aber es gibt gerade in Europa eine auffällig große Anzahl von Gitarristen, die in eine ähnliche Richtung tendieren: der Belgier Philip Catherine, die Deutschen Toto Blanke und Volker Kriegel...«* Dies stimmt allenfalls eher für Blanke, kaum aber für Kriegel. Zwar trifft zu, wenn es in diesem Zusammenhang heißt, McLaughlins Spiel sei in seinem Eklektizismus *»typisch europäisch«* – die einzige Gemeinsamkeit mit Kriegels doch immer auch sehr betont ästhetisch ausgerichteter Auffassung –, dem Norweger Terje Rypdal steht Blanke dennoch sehr viel näher. Rypdal hat Anregungen aus George Russels »Lydian Chromatic Concept Of Tonal Organization«, aber auch *»Erfahrungen der modernen Konzertmusik – Ligetis etwa«* (J.E. Behrendt) verarbeitet, ein Eindruck, der auch beim Hören Blankes beinah zwangsläufig aufkommt. Und Blanke ist zudem stark geprägt von all jenen Musikern, die sich zumindest eine Zeitlang am Free Jazz orientiert haben. So ist er doch eher eine Art ›Zertrümmerer‹, ein Atomisierer der vorgefundenen musikalischen Wirklichkeit als ihr bloßer Interpret.

Erstaunlich, in welchem Maße ausgerechnet die noch Jüngeren unter Bundesdeutschlands Gitarristen sich eher in die Kriegelsche Richtung der bestätigten Tradition als in die Richtung etwa Rypdals, Sonny Sharrocks, Derek Baileys, Fred Friths oder Henry Kaisers zu bewegen vorziehen. Sie seien *»nun einmal keine Modernisten um jeden Preis«,* schrieb beispielsweise das »Jazz Podium« 1980 zu dem süddeutschen Jazzgitarren-Duo von Heiner Franz und Ernst Vöster, dennoch sei deren Spiel *»zeitlos schön, weil unprätentiös«.* Ihr Spiel umfaßt gleichwohl ebenso Saitengriffe im Blick auf John Coltrane (*1926, †1972), aber auch auf die Pianisten Steve Kuhn (*1938) oder Chick Corea (*1941). *»Ja, selbst aus einem ohrwürmigen Evergreen wie ›Softly As In A Morning Sunrise‹ holen die beiden Musiker* *kreativ und spielfreudig Originelles heraus. Andererseits trifft sich der Flamencospieler Wolfgang Gerhard* (* 1944) *gern und häufig mit dem Jazzgitarren-Duo von Volker Schmitz* (* 1946) *und Klaus Ulrich* (* 1948) *(schwer vorstellbar, daß ein Paco de Lucía mit Toto Übereinstimmung würde erzielen können).«*

Der Norddeutsche Rainer Baumann (* 1949) bekennt sich u. a. in seiner LP »Guitars in Flagranti« (1980) im Duo mit Kai Weirup, allenthalben zu seinen Blueswurzeln, wie das Duo Callas mit Jo Rickfelder (* 1955) und Uwe Ziegler (* 1958) eine Synthese aus Jazz- und Folkeinflüssen anstrebt. Der Duisburger Ralf Wirkus baut mit seinem Trio bewußt auf vorgefundenen Formen auf und entwickelt sie weiter. Der Gitarrist Roland Bankel setzt zwar elektronisches Effektzubehör ein, tut dies dennoch aber stets nur soweit, daß das Bekenntnis etwa zur Bebop-Gitarre oder zu McLaughlin & Co. immer noch transparent bleiben kann, wie beispielsweise seine Zusammenarbeit mit der Hamburger Jazzgruppe Bop Cats bestens zeigt. Hierzu Raoul Hoffmann in »Zoom boom – Die elektronische Rock- und Popmusik« (1974): *»Das wichtigste Vorbild ist für ihn deshalb nicht mehr der Gitarrenstar der ausgehenden sechziger Jahre, Jimi Hendrix..., Vorbild ist Anfang der siebziger Jahre Gitarrist John McLaughlin. Dieser beschränkt sich in seinen Improvisationen nicht auf Dreiklänge, wie Hendrix, sondern ›geht aus ihnen heraus, wodurch er eine enorme Spannung erzeugt‹, sagt Roland Bankel.«* Früher habe er nur Moll- und Dur-Akkorde gespielt, heute spiele er lieber einen *»Siebener«*, *»Elfer«* oder *»Dreizehner«*. Von der Harmonik habe er nichts aus seiner Beat- und Popzeit hinübergerettet, höchstens etwas von der Rhythmik.

Diese jazzbeeinflußte Entwicklung gilt freilich ebenso für den Kölner Alexander Sputh wie für Stephan Dietz, der kurz nach Erscheinen seines Debüt-Albums »Mirrors« (1979) in der Joe-Viera-Edition bereits eine method für Jazzgitarre vorlegte, aber auch für das wohl heute bekannteste junge Jazzduo von Martin Kolbe und Ralf Illenberger, das Anfang 1980 sein zweites Album vorlegte, »Colouring The Leaves«. Das Erst-Album, »Waves« (1979), bot reines Duo, die Nachfolge-LP wartete schon mit Gastsolisten vom Schlage Eberhard Webers und Wolfgang Dauners auf. Auf der dann 1981 erschienenen

Stockfisch-Anthologie »Gitarrenspiele« bieten die beiden eine eigene Interpretation des Stücks »Birdland« von Joe Zawinul von der Gruppe Weather Report, die zum Präzisesten, gleichwohl Swingendsten und handwerklich Beachtenswertesten gehört, das von Jazzgitarren-Duos je aus deutschen Landen gekommen ist.
Der sicherlich ohrenfälligste Exponent dessen, was manche heute gern schon als ›Kriegel-Schule‹ bezeichnen wollen, ist Michael Sagmeister (*1959) aus Frankfurt am Main, Autodidakt, der mit dreizehn Jahren zur Gitarre griff. Schon nach nur sechs Monaten ruft ihn eine lokale Amateurgruppe in ihre Reihen, doch der kommerzielle Touch der Formation ist dem jungen Mann schnell *»zu einseitig, nicht lebendig genug«*. Zwei Jahre später bekehrt ihn eine zufällig gehörte Wes-Montgomery-Platte endgültig zum Jazz. Sagmeister wird Mitglied im Jazz-Ensemble des Hessischen Rundfunks, wo er mit Jazzleuten wie den Mangelsdorff-Brüdern, Bob Degen, Günter Lenz, Joki Freund und Ralf Hübner zusammenspielen kann. Frucht dieser ›Kollaboration‹ wird die aufsehenerregende Debüt-LP »Sagmeister Trio« (1979). Zusammen mit Uwe Schmidt am Schlagzeug und Udo Kistner am Baß geht er im November 1979 auf Tournee und exportiert einer erstaunten Öffentlichkeit sein Können weit über Frankfurts Grenzen hinaus. Ein Jahr darauf erscheint bereits die Nachfolge-LP »Ganshy«, ein Album, das nun auch zwei akustische Tracks enthält und vom Rezensenten des britischen »Jazz Journal« begeistert aufgenommen wird: *»Michael Sagmeister ist ein Gitarrist der Superlative, dies sowohl in technischer als auch interpretatorischer Hinsicht. In dieser Trio-Situation lädt er sich allerhand auf die Schultern, versteht es aber, das Interesse und die Abwechslung bis zum Schluß aufrechtzuerhalten, ohne jedoch die tonale Vielfalt eines Horns anzuwenden... Die Nomenklatur des Trios, falls solch eine inakkurate Kategorisierung überhaupt unternommen werden muß, ist, meine ich, Jazz-Rock... Sagmeisters Gitarrenstil wurzelt im Rock, seine Vertrautheit mit Jazzstilen ist dennoch niemals zu bezweifeln...«*
In dieser Zeit geht er auch im Trio quer durchs In- und Ausland. Die Entwicklung des jungen Mannes ist schier atemberaubend. Schon sehen manche ihn gleichrangig mit John Scofield, andere gar mei-

nen, er reiche Pat Martino und Doug Raney problemlos das Wasser. J. E. Berendt nennt Michael unter den drei beim Frankfurter Jazzfestival aufgetretenen Gitarristen (außer ihm Kriegel und Blanke) den *»zu Recht«* erfolgreichsten: *»Sagmeisters Musik lief von Anfang an auf vollen Touren. Sagmeister schafft auch schwierigste Passagen mit selbstverständlicher Leichtigkeit.«* Und Lothar Jänichen schreibt 1981 im »Jazz Podium« über ein Zufallstreffen Sagmeisters mit dem US-Drummer Jack DeJohnette (* 1942) im Berliner ›Quasimodo‹: *»Michael Sagmeister macht keinen Hehl aus seinen Vorbildern: Larry Coryell, John McLaughlin, Al DiMeola, Pat Metheny... Obwohl er elektrisch verstärkte Gitarre spielt, verzichtet Sagmeister auf elektronische Effekte, sein Spiel bleibt durchschaubar. Und vor allem: Seine Themen und Improvisationen swingen ausgiebig... Ähnlich einem der Live-Auftritte von Pat Metheny im letzten Sommer, nimmt die Musik den Zuhörer gleich für sich ein, sie geht schnell ins Ohr, ist zugleich physisch erlebbar... Ähnliche Parallelen scheint auch Jack DeJohnette dabei entdeckt zu haben. Im Anschluß an ein Schlagzeug-Clinic hält er sich zufällig, aber als aufmerksamer Zuhörer, am selben Abend im Berliner ›Quasimodo‹ auf... bietet ihm Uwe Schmidt für den zweiten Set seinen Schlagzeug-Stuhl an, und DeJohnette nimmt gerne Platz... Mit freien Überbrückungen spielt sich Sagmeister vom einen zum andern seiner melodiösen Motive, unterstützt vom manchmal federnden, manchmal betont singenden Baßspiel Udo Kistners, doch Jack DeJohnette lockt die beiden recht bald mit der geballten Intensität seiner Polyrhythmen weg vom motivbezogenen Spiel... Nicht minder erstaunt ist man schließlich, mit welcher Souveränität sich Sagmeister gegenüber dem sich verausgabenden Jack DeJohnette hielt, und das Abrücken vom wohlkonzipierten Kompositionsschema könnte sich als ein Weg gezeigt haben, auf dem man Michael Sagmeister in den kommenden Jahren öfter begegnen wird.«*

Es ist ein besonderes Verdienst der Berliner Free Music Production, jüngeren Verfechtern des noch freieren, deshalb aber nicht automatisch auch ›kahlschlägerischen‹ Spiels, also der experimentierenden, enorm kreativen Gitarren-Avantgarde (im Sinne vielleicht weniger von Derek Bailey als von Fred Frith) als buchstäblich einzige Plattenfirma hierzulande die Möglichkeit zu geben, ihren Vorstellungen Ausdruck verleihen zu dürfen. Neben Achim Knispel (* 1949), dessen Vorliebe für Ostinato-Figuren, exotische Arpeggio-Gebilde, raffinierte Clusters und gestoppt gespielte Singlenote-Läufe über mehrere Saiten ›trotz allem‹ noch eine gewisse ehrfürchtige Scheu vor dem Hinterfragen der instrumentalen Möglichkeiten signalisiert, zum Beispiel auf seiner Solo-LP »Strapse« (1979), ist Hans Reichel heute zweifellos der vom Jazz herkommende Avantgardist der Gitarre schlechthin, zudem einer, der vielen Kollegen, vor allem in England, ohne viel Aufhebens, sprich: unaufdringlich, einen Weg weist, der sehr wohl die selbstbefriedigende, gegen die Kommunikation mit dem Publikum gerichtete Attitüde sehr vieler Free-Form-Spieler – Peter Brötzmann (* 1941) gab dies vor Jahren in einem Gespräch am Rande der Jazztage in Berlin freimütig zu – verweigert und trotz allem, zum großen Entzücken seines Publikums, Klänge zaubert, die wohl kein zweiter Gitarrist zustande brächte. Das liegt an Reichels schier unerschöpflicher Phantasie und einer Spiellaune, die zwar einer eher introvertierten Seele zu entstammen scheint, die aber dennoch Kommunikationslust und immense Freude an der Poesie signalisiert. Hans Reichel (* 1946) kommt aus Wuppertal und beeindruckt seit 1972, als er sich bei der Matinee der Newcomer anläßlich des Frankfurter Jazzfestivals zum ersten Mal einem verblüfften Publikum (vor)stellte. Die deutsche Hörerschaft, die es mit modernsten Klängen hat, hieß ihn willkommen. Ulrich Ohlshausen immerhin hat ihn in seiner Rezension der LP »The Death Of The Rare Bird Ymir« (1980) unverhohlen zum zweiten Anwärter auf den (angenommenen) Doppelthron der zwei originellsten Jazzmusiker Deutschlands ernannt – der andere, der schon draufsäße, sei Albert Mangelsdorff. Bei diesem Gitarristen nämlich habe *»eine stete Entwicklung zu besserer Technik und größerem Formenreichtum stattgefunden. Er baut seine Musik aus skurril wuselnden Kleinmotiven auf, die aber nicht Selbstzweck sind (wie in manchen Beispielen der Minimal art), sondern als Elemente einer zerklüfteten Architektur verwendet werden. Die Assoziationsfülle und das Spiel mit kulturgeographisch und -psychologisch völlig verschie-*

den besetzten musikalischen Mustern sind phantastisch. Wie Glockengeläut klingt da vieles, ein Flamenco-Akkord schleicht sich dazwischen, insistierende Bordauntöne grundieren das musikalische Geschehen, von einem sich einspielenden Gamelan-Orchester scheint der Wind eine Brise Klang herüberzuwehen. Geräuschteile schieben sich in den Vordergrund, unser temperiertes System wird zerstört, um plötzlich in irgendeinem ›normalen‹ Akkord wieder irritierend hervorzuflackern.«

Die Reaktion des Rezensenten, der Reichel beim Nürnberger Ost-West-Jazzfestival 1980 hörte, war entsprechend. Zwischen Pat Metheny und Kenny Burrell, Nat Adderley (*1931), Aladar Pege und anderen internationalen Jazzgrößen ›bewies‹ Hans, welche Möglichkeiten in einer Gitarre stecken. *»Leise, zarte Klänge vermischten sich mit spanischen Elementen, seine enorme künstlerische Vielseitigkeit ließ nie Langeweile aufkommen«* (»Jazz Podium«), und sogar der amerikanische »Guitar Player«, sonst in deutschen Jazzdingen eher zurückhaltend, lobt das »Ymir«-Album ohne Einschränkung.

Keiner der Rezensenten scheint allerdings das vermutlich wesentlichste Moment der Reichelschen Originalität und Klangexotik zu berücksichtigen. Denn der Wuppertaler hat bereits vor Jahren eine Gitarre entwickelt, die er ***Vollbund-Gitarre*** nennt, ein Konzertinstrument mit nachträglich eingebautem akustischen Tonabnehmer (Transducer), das sich von jedem bekannten Gitarreninstrument dadurch unterscheidet, daß es die gesamte schwingende Strecke der Saiten mit Bünden unterlegt hat. Quer über dem Schalloch liegen vier, zwischen Schalloch und Steg weitere drei dieser auf jeweils relativ breiten Holzsockeln liegenden Bünde. Reichel, der trotz des Transducers auch auf das Mikrophon nicht verzichtet, scheint zuweilen einen Kapodaster über den 12. Bund – die Mitte der Mensur – zu legen und nutzt dann auch die Strecke zwischen Kapo und Sattel spielerisch (hier wäre das Mikro, nicht der Transducer vonnöten). Was Olshausen als ›Glockengeläut‹ oder ›Gamelan‹-Klang empfindet, wäre nicht möglich ohne diese Vollbünde und die durch sie völlig neuartigen Flageolettmöglichkeiten.

Die bundesdeutsche Gitarrenszene, quer durch alle Stil-Schubladen, wäre nicht gründlich beschrieben, wollte man sich darum drücken, die gefeierten ›Wahl-Deutschen‹ und die ›Immer-Wiederkehrer‹ zu berücksichtigen. Allein, daß es sie gibt, sagt viel aus über die Lebendigkeit in der nationalen Landschaft, über die Bewegung in ihr. Wie anders wäre zu erklären, daß vor einigen Jahren der Gitarrist und Lehrer John Pearse, dessen Vorliebe trotz großer stilistischer Bandbreite der ›folky‹ gespielten Fingerstyle-Gitarre gilt, im Fernsehen Gitarrenkurse abhalten konnte? Wie anders auch wäre zu erklären, daß Jim Kahr, ein Mann, der, von Albert King beeinflußt, unter anderem bei John Lee Hooker spielte und mit Freddie King und Jimmy Rodgers eine gemeinsame LP produzierte, nach einer Tournee mit Hooker in der Bundesrepublik Deutschland blieb? Oder daß die beiden Jazz/Jazzrock-Stars aus Österreich, Harry Pepl und Karl Ratzer wie auch der schweizerische Jazzgitarrist und methods-Autor Oskar Klein (* 1930) – wie einst sein Landsmann Pierre Cavalli (* 1928) – mit Vorliebe in der Bundesrepublik produzieren und konzertieren? Oder daß der Brasilianer José Rogério (* 1948) sich in Mainz niederließ, um neuerdings auch im Duo mit dem deutschen ›Hans-Dampf-in-allen-Gitarrengassen‹ Georg Lawall (* 1952) Bonfa wie Villa-Lobos zu musizieren? Daß Attila Zoller immer wieder zurückkommt und Barney Kessel findet, daß das Jazzpublikum hierzulande entschieden begeisterungsfähiger, ja, sogar informierter sei als in seiner Heimat, dem Mutterland des Jazz? Beispiele gibt es genug.
Ähnlich wie das Teuchert-/van Gonnissen-Duo sieht auch der in der Bundesrepublik Deutschland lebende und lehrende Spanier Santiago Navascués (* 1933) die größte Gefahr für die Entwicklung der klassischen Gitarre im möglichen Absturz ins Dilettantentum, wenn er sagt: *»Es gab ja schon einmal eine ähnliche Situation: die Zeit der Barockgitarre. Damals war sie unter dem Namen ›guitarra española‹ auch ungeheuer bekannt geworden. Ähnlich war auch die Situation nach Sor und Giuliani. Betrachten Sie einmal die Liste der Komponisten dieser Zeit, so finden Sie in erster Linie ehemalige Offiziere, Leute von Stand und so weiter, das heißt, so viele Dilettanten haben Gitarre gespielt, und so wenige Berufsmusiker, das heißt Fachleute,*

haben sich mit ihr befaßt, daß damit die Gitarre kaputtgemacht worden ist.«
Navascués hat mehr für die Verbreitung der klassischen Gitarre in der BRD getan, als es ausländischen Lehrern an deutschen Konservatorien oder Unis bisher möglich war. Er hat ein halbes Dutzend glänzender LPs eingespielt, unterrichtet an Münchens Richard-Strauss-Konservatorium, hält alljährlich in Reisbach Seminare ab und fungiert zudem noch als Herausgeber der »Biblioteca de la Guitarra«, die originale und bearbeitete Transkriptionen für Gitarre und für das ernsthafte Studium des Instruments und seiner Geschichte unerläßliches Schrifttum publiziert. Der einstige Esquembre-Schüler hatte acht Jahre am Königlichen Konservatorium zu Madrid studiert, bevor er nach München kam, um an der Musikhochschule seine Kenntnisse in Komposition zu vertiefen. Hier schrieb er auch ein Gitarrenkonzert, nachdem er sich entschlossen hatte, vom reinen Komponieren auch wieder zur Gitarre zurückzukehren. *»Nun passierte folgendes: Aufgrund meiner größeren musikalischen Erfahrung mußte ich feststellen, daß meine erlernte Technik in keiner Weise ausreichte, die Musik so darzustellen, wie ich es wollte.«* Er verteidigt Segovia mit Verve, schränkt dann aber milde ein: *»Wir dürfen nicht vergessen, Segovia gehört der spätromantischen Schule an. Das gilt nicht nur für ihn, sondern auch für andere Solisten seiner Generation. Sie haben sich mit stilistischen Fragen bei der Interpretation nicht so sehr beschäftigt, wie wir das heute tun, beziehungsweise tun sollten.«* Und: *»Betrachten wir das Repertoire dieser Künstler, Rubinstein zum Beispiel, so fällt auf, daß er kaum Bach spielt, sondern hauptsächlich romantische und spätromantische Musik – das entspricht seiner Musikauffassung, seinem ›Geist‹.«* Das hinlänglich vertraute Problem der Transkription scheint, liest man die Passagen in dem von Johannes Klier geführten »Gitarre + Laute«-Interview von 1980, in den Augen des Interpreten/Lehrers unlösbar eng mit der Frage nach der richtigen Schulung verknüpft zu sein: *»Beim zweiten Typ* (im Unterschied zur Tabulatur-Transkription die unmittelbare Bearbeitung von Kompositionen) *ist entscheidend, daß der Bearbeiter die Komposition so transkribiert, daß man glauben könnte, daß das Stück ursprünglich für Gitarre komponiert wurde. Dabei darf man natürlich*

die Komposition nicht verfälschen... Das gilt gleichermaßen für manche Kompositionen, die für die Barocklaute geschrieben wurden wie auch für die sogenannten Bach-Kompositionen für Laute... Das ist u. a. der Grund, warum ich der Meinung bin, daß junge Gitarristen unbedingt zuerst Musik studieren müssen, bevor sie sich an eine Transkription machen. Es ist aber leider so – das erlebe ich sehr oft–, daß viele Gitarristen im Alter von zwanzig bis zweiundzwanzig Jahren der Meinung sind, daß sie schon alles wissen und sich bemüßigt und berechtigt fühlen, solche Sachen zu machen.«

Der in Hameln lebende Amerikaner David Qualey (*1947), in Salem (Oregon) geboren, gehört zweifelsfrei in jene ›Kategorie‹ von Gitarristen, die trotz ihrer Herkunft aus populären Bereichen der Gitarre allemal zum großen Auf-, jedenfalls mitnichten zum Abschwung verholfen haben – ähnlich etwa wie Grossman, wie Crary, Fahey, Silverman oder van Duser. David, der sich dazu noch eng mit der deutschen Gitarrenbaufirma Hopf verbunden fühlt – ähnlich wie einst Zoller mit Framus und der deutsche Rocksänger/Gitarrist Frank Bornemann (*1945) von der Gruppe Eloy mit Gibson –, ist ein typisches Kind der Presley-Zeit. In einer wandernden Musikschule wird dem Neunjährigen eine Gitarre in die Hand gedrückt; David spielt slide, begleitet dann einen etwa gleichaltrigen Schulkameraden, einen Pianisten, mit ›Jazzakkorden‹, wie er sich, immerhin, der doch zu über neunzig Prozent dem klassischen Spiel gewidmeten Zeitschrift »Gitarre + Laute« gegenüber erinnert: *»Seine Mutter pushte uns. Sie redete uns immer wieder ein, daß es die Ausrede ›geht nicht‹ nicht gäbe, man müsse nur üben.«* David spielt ständig mit dem Plektrum, dann hört er zum ersten Mal Chet Atkins, sieht ihn dann im Fernsehen und spielt fortan fingerstyle. Der Vierzehnjährige ›muckt‹ dann, immer noch elektrisch, in einer kalifornischen Tanzgruppe, mit siebzehn beschließt er, sich aufs Solospiel zu konzentrieren, mit achtzehn Jahren begleitet er eine sechsundzwanzigköpfige Show-Band, und ein Jahr darauf bekommt er sein High-School-Diplom. Inzwischen spielt er seine E-Gitarre ohne Plektrum, wohnt mit mehreren Musikern in Los Angeles zusammen und wird Profi. *»Doch die Sache mit der Band schien nicht* *besonders zukunftsträchtig. Ich begann zu studieren, hatte aber nur das Gitarrespielen und Frauen im Kopf«,* erinnert er sich. In Musikgeschäften gibt er Gitarrenunterricht, er entdeckt Carcassi, büffelt das Notenlesen. Eine Musiklehrerin an der Uni spielt ihm eine LP von Presti/Lagoya vor, und deren Debussy *»haute mich um«*. Und das *»war das Schönste für mich, was ich je an Musik gehört hatte. Man muß dazu wissen, daß ich mit sechzehn Segovia gehört hatte und zur Pause hinausgegangen war, weil es mir nichts gegeben hatte. Es hatte mich nicht berührt, Presti und Lagoya aber bewegten mich.«* Solo wollte er spielen, verließ darum mit neunzehn die Uni wieder und jobbte in diversen Folkrockgruppen. Ein Jahr später kehrte er reumütig auf den Campus zurück. Nach dem Militär spielt er Barmusik in Hotels, in Clubs, in Casinos, geht 1972 nach New York, und *»hier kamen die Leute, um zuzuhören. Das war für mich eine total neue Erfahrung.«* 1973 kommt er nach Europa, spielt in US-Clubs, tingelt durch Bahnhofshallen und Fußgängerzonen, dann geht er auf Folk-Tournee, nach England zu Ian Campbell. Der Durchbruch in der Bundesrepublik Deutschland kommt 1974: Man hört ihm zu, wie in New York. Und als sein erstes Album »Only Guitar« (1975) erscheint, wirkt er auf Hörerohren wie ein alter Bekannter. Dann ruft ihn das Ausland zu Tourneen, 1978 erscheint sein Folge-Album: Der sympathische, humorvolle Amerikaner aus Hameln, der längst nur noch Konzertgitarre spielt und jedes Publikum durch seine verbindliche, erklärende Art gewinnt, spricht nun Fingerstilisten aller Lager an, ob Folkfans oder Klassik-Verehrer. *»Die wirkliche Klangschönheit«,* sagt er heute, *»entfaltet sich erst in ihrer ganzen Fülle als Solo-Instrument.«*

In Mainz lebt Juraj Galan (* 1952), ein Gitarrist, der erst in letzter Zeit die längst verdiente Aufmerksamkeit erfährt. Im tschechischen Kořice geboren, gelangte er auf dem Umweg über Frankreich, wo ihn ein Jazzpiano spielender Cousin auf Django Reinhardt brachte, 1968 in die Bundesrepublik. Mit sieben begann er Klavier, mit fünfzehn Jahren Gitarre zu spielen, trainierte sich gut ein Jahr klassisch, um dann in Bands der populären Tagesmusik *(»Beatles und was es so gab«)* zu frönen. In US-Clubs spielte er Hits, *»zu Hause«* das gesamte Mainstream-Abc auf und ab, inklusive

Südamerikanisches à la Baden Powell. Hendrix und Kessel waren ihm gleich nahe: *»Ich lief immer zweigleisig«*, sagt Juraj, *»und darum verstehe ich mich heute auch im besten Sinne als Jazzrockgitarrist.«* 1978/79 arbeitete er in der Gruppe Virgo, mit der er zwei LPs einspielte, im Funk, auf Tourneen und Festivals auftrat. Dann schlug sein Faible für Duos durch. Mit dem Saxophonisten Wilson de Oliveira duettierte er ebenso wie mit der in Darmstadt lebenden amerikanischen Jazzsängerin Rachel Gould. Der ›Jazz-Heimkehrer‹ Bill Ramsey wurde auf ihn aufmerksam. Frucht dieser Kooperative – die LP »Ramsey & Galan Live im Mainzer Unterhaus« (1980), ein Album, das den jungen Böhmen vollends in die erste Reihe bundesdeutscher Top-Gitarristen schob: Juraj spielt seit 1979 neben normalen E- und Akustik-Sechssaitern speziell konstruierte siebensaitige Instrumente. *»Für einen zusätzlichen Bassisten«*, ulkt Ramsey auf der Bühne, *»waren wir zu geizig.«* *»Und ich«*, ergänzt Juraj, *»wollte immer so gerne eine Zwölfsaitige haben. Aber die Saiten haben nicht ausgereicht; und so kam es zur siebensaitigen Gitarre.«* In der Tat: Wer Juraj hört, vermißt den Mann am Baß keine Sekunde. Ganz in der van-Eps- und Pizzarelli-Tradition deckt die tiefe A-Saite Galans die unteren Frequenzen voll ab.

»Mit ECM zu arbeiten, ist herrlich. Die Firma ist immer noch klein, da hat sich im Laufe der Jahre kaum was verändert. Das sind da einfach drei, vier Leute, die eine gute, klare Vorstellung davon haben, wie Musik präsentiert werden sollte. Musikalisch gesehen hat ECM mein Leben gerettet... Eicher und seine Leute mögen einfach die Musik, die sie aufnehmen; da steckt eben so viel Leidenschaft wie Business drin«, zitiert die amerikanische »Guitar World« im Mai 1981 den Qualey-Landsmann John Abercrombie. Knapp zwölf Jahre existiert Manfred Eichers Münchener Plattenfirma, und ihr ist es zu verdanken, daß Gitarristen wie Mick Goodrick, Abercrombie, Ralph Towner und Bill Connors, Derek Bailey und Terje Rypdal noch mehr internationales Jazz-Format in deutsche Lande tragen. Wie der Name Oscar Petersons (* 1925) eng verbunden ist mit MPS, dem Schwarzwald-Label des Peterson-Freundes und Piano-Freaks Hans-Georg Brunner-Schwer, so sind auch ECM und die meisten dieser Gitarristen eins (Bailey produziert auch mit der Berliner

FMP), und kein deutsches Klein-Label genießt heute international einen besseren Ruf. John Abercrombie (* 1944) aus Portchester (New York) gilt als einer *»der einflußreichsten Jazzgitarristen der siebziger Jahre«* (Summerfield). Bill Haley und Elvis Presley bringen ihn zur Gitarre, schon kurz danach entdeckt er Tal Farlow, Barney Kessel, Jimmy Raney und Johnny Smith, geht 1962 ans Berklee College of Music und studiert sein Instrument dort über vier Jahre lang. Seine Lehrer Herb Pomeroy (* 1930) und Jack Peterson verschaffen ihm nicht nur eine glänzende musikalische Allgemeinbildung, sondern wecken in ihrem Schüler auch die Lust am Komponieren. Nach Berklee spielt er in Boston in verschiedenen Jazzgruppen, unter anderem bei Johnny ›Hammond‹ Smith (* 1933). Seine damalige Ausrichtung an Jim Hall bringt ihn dann zu Chico Hamilton (* 1921) in New York, und mit der Gruppe des Drummers tritt er 1971 in Montreux auf. Heute wird John allgemein als einer der geschmackvollsten Fusionierer von Jazz und Rock eingestuft.

Akustiker wie Abercrombie, häufig sein Duo-Partner und Twelve-string-Jazzer ist Ralph Towner (* 1940) aus Chehalis (Washington). Ralph beginnt mit zweiundzwanzig Jahren relativ spät Gitarre zu spielen. Als Dreijähriger allerdings hatte der Sohn einer Konzertpianistin und eines Trompeters bereits mit dem Klavierspielen angefangen. Als er 1958 an die Universität von Oregon kommt, studiert er zunächst Trompete, und erst im letzten Studienjahr kommt er zur Gitarre. 1963 geht Ralph nach Wien, um dort ein Jahr bei Professor Karl Scheit zu studieren; 1967 kehrt er für ein weiteres Jahr zu Scheit zurück. Daheim in den Staaten verdient er sich sein Geld als Pianist; als Gitarrist arbeitet er unter anderem mit dem Bassisten Dave Holland (* 1946) und Astrud Gilberto zusammen, für Sessions holen ihn Miles Davis (* 1926) und Keith Jarrett (* 1945), und 1970 kommt sein Durchbruch: Im Paul Winter Consort spielt er zwölfsaitig. Zwei Jahre später gründet er seine Gruppe Oregon, 1974 gewinnt er mit diesem bizarren Klang-Körper den Kritikerpreis der Jazz-Zeitschrift »down beat«.

Der dritte große ECM-Gitarrist ist der Kalifornier Bill Connors (* 1949) aus San Fernando Valley, der Anfang der siebziger Jahre als Mitglied in Chick Coreas Gruppe Return To Forever auf sich

aufmerksam zu machen beginnt. Bill kommt durch den Rolling-Stones-Gitarristen Keith Richard zur Gitarre, spielt zunächst vier Jahre Blues, und *»plötzlich kam so eine Über-Nacht-Veränderung. Ich wollte partout kein Bluesgitarrist mehr sein. Ich fing an, Leute wie Bill Evans, Jim Hall, Wes Montgomery, Scott LaFaro, Miles Davis und Coltrane zu hören – alles, was man mit ›Jazz‹ bezeichnen konnte«,* sagte er 1974. Er bleibt elektrisch, jazzt meistens auf einer Les Paul und greift nur gelegentlich zu einer elektro-akustischen Ovation. In den folgenden Jahren beginnt er dann doch auch die akustische Seite des Instruments gründlich zu erforschen. *»Die Leute heute suchen nach mehr Bedeutung«,* philosophiert er. *»Natürlich, da gibt es jetzt durchaus einen spirituellen Trend, und viele Musiker sind darin verwickelt. Ich sehe heute sogar einige ältere Jazzmusiker, die sich wandeln und dem gegenwärtigen Ethos anpassen. Ich glaube, daß mich ein bestimmtes Element am meisten fasziniert, und zwar der große Wunsch, teilzuhaben am feeling der Musik. Ich kann kaum glauben, wie sehr die Musik mich reifer gemacht hat.«* In welchem Maße, das zeigt besonders eindrucksvoll das Album »Swimming With A Hole In My Body« (1981), auf dem Bill – manche wollen das bereits im LP-Titel signalisiert sehen – sich so eindeutig wie nie zuvor auch zur akustischen Gitarre bekennt.
Swing Gypsy Rose, das Quintett von Schnuckenack Reinhardt (*1921), mit Daweli Reinhardt (*1932) und Bobby Falta (*1941), Sologitarren, Spatzo Weiss (*1942; Rhythmusgitarre) und Hojok Merstein (*1923) am Baß, La Romanderie, Häns'che Weiss (*1951) oder Hot Club da Sinti, Titi Wintersteins (*1941) Gruppe oder die von Zipflo Reinhardt (*1949): Wer Gitarre sagt, muß auch Sinti sagen. Schon im Zusammenhang mit der Geschichte des Flamenco war ja von den Zigeunern die Rede gewesen; auch Django war einer, Boulou Ferré ist einer. Und seit 1980 ist es vor allen anderen ein Elsässer, der heute in Rastatt lebt und von der noch winzigen mit viel Elan und Enthusiasmus gehandhabten, gewissermaßen um den Kleinen ›herumgebauten‹ Plattenfirma jazz point aus seinen Siegeszug durch ganz Bundesdeutschland antrat: Bireli Lagrene (*1966). Nun, 10000 Mark hatte der laut »Jazz Podium« *»sympathischerweise nicht verhätschelte Wunderknabe«* beim Nachwuchswettbewerb der

Deutschen Phono-Akademie 1979 in Würzburgs Stadttheater als 1. Preis gewonnen; und mit dem Betrag, so lautete die Empfehlung der Juroren, sollte er ein Jahr nach Boston an die Berklee gehen. Bireli, Sohn des Gitarristen Fiso Lagrene, begann als Vierjähriger zu jazzen, greift später nebenher auch schon mal zu Kontrabaß und Geige, und *»vier Jahre später mußte der Vater zugeben, daß ihn* (wie »Audio« schrieb), *»der Sohn achtkantig an die Wand spielte«*. Mittlerweile habe er gar mit dem alten Django-Gefährten, dem heute noch allerhöchst aktiven Jazzgeiger Stephane Grappelli gejammt. Grappelli übrigens, so vermerkte »down beat« 1981, pflege noch heute – auch in seiner derzeitigen Concord-Mannschaft mit den Gitarristen John Etheridge und Martin Taylor – stets einen leeren Stuhl auf die Bühne stellen zu lassen: *»Aber, sehen Sie, ich habe diesen Sound zusammen mit Django Reinhardt erfunden, also habe ich auch das Recht, so weiterzumachen, ja, sogar den Namen Hot Club Of France zu benutzen. Aber ich mach's nicht, weil es mich nicht interessiert. Ich möchte einfach nichts mehr davon wissen. Das ist einfach nur noch ein Name, das ist kein Club, nur ein Wort. Aber, wissen Sie, ich hatte dann beschlossen, mit nur noch zwei Gitarren zu spielen. Die Gitarristen können sich freispielen. Wenn ich drei Gitarren hätte, würden sie fragen: ›Und wer sitzt auf Djangos Stuhl?‹ Jetzt aber, mit nur zwei Gitarren, ist Django eben tot. Er ist nicht mehr bei uns. Und darum habe ich nur noch zwei Gitarren... Und man kann das auf der Bühne sehen, denn ich stell da immer einen Stuhl hin. Einen leeren Stuhl, der mich an ihn denken läßt. Na klar, manchmal vergißt irgend so ein Kamel, ihn da hinzustellen. Und das fällt mir dann auf, wenn ich gerade mitten auf der Bühne stehe. Vielleicht macht mich das verstimmt. Aber, sehen Sie, das ist der Stuhl für Django – weil, schließlich, ich damals mit ihm angefangen hatte, und ich liebe es, wenn sein Schatten da ist. Vielleicht bin ich ja etwas wunderlich. Aber so bin ich nun mal, und das läßt sich nicht mehr ändern. Es ist zu spät.«*

Nun, wenn sich Django auch nicht ersetzen läßt – Bireli hat sich schon jetzt recht knapp an ihn herangespielt. Seine beiden Sidemen an den zwei Rhythmusgitarren sind Bruder Gaiti Lagrene und Tschirglo Loeffler. 1981 legte jazz point, bei dem auch der deutsche

Gitarrist und Multiinstrumentalist Martin Ederer seine Platten einspielt, die LP »Bireli Swing '81« vor – ein Digital-Album.
Ist die bundesdeutsche Klassik-, Jazz- und Sinti-Szene heute noch im großen und ganzen ›übersichtlich‹, so gerät ein Rundgang durch die Rockszene der BRD längst schon zum frustrierenden Irrlauf durch ein Labyrinth aus schier unzähligen Gruppen- und Solistennamen. Und ist die ›Neue Deutsche Welle‹ noch allzusehr mit Vermarktungsfragen beschäftigt, so läßt sich doch mit Bestimmtheit sagen, daß im Bereich der ›heavy metal‹ genannten hochelektrifizierten Schwermetallmusik eine Gitarristik zum Vorschein gekommen ist, die es mit den angloamerikanischen Vorbildern längst aufnehmen kann.
»Seit seinem 1971er Debüt-Auftritt mit den Scorpions in Deutschland hat sich Michael Schenker einen vorzüglichen Ruf als einer der führenden heavy-metal-Zauberer erspielt.« Dieser Satz steht nun nicht in einem der deutschen pop- und rockorientierten Musikblätter, sondern in der Januarnummer des amerikanischen »Guitar Player Magazine« von 1981 als Einstieg zu einem überraschend ausführlichen Interview mit dem aus Sarstedt bei Hannover stammenden Michael Schenker (* 1955), dessen Bruder Rudolf Schenker (* 1948) heute bei den Scorpions Gitarre spielt und produziert. *»Wenn ich den Rudolf Schenker gefragt hätte, ob er mich produzieren könnte, würde er dies vermutlich auch getan haben. Die deutsche Szene hat angefangen, kooperativ zu arbeiten«,* bekannte Eloys Frank Bornemann (* 1945). Seit das amerikanische Fachblatt vor gut fünfzehn Jahren zum ersten Mal erschien, hat kein einziger deutscher Gitarrist den Vorzug einer Feature-Story genießen dürfen, schon gar kein Rockgitarrist. Kompliment für Michael, Kompliment aber auch von amerikanischer Seite für die deutsche Rockgitarre, die damit bedenkenlos vom Argwohn des Provinzialismus freigesprochen werden darf. Michael wechselte 1973 nach dem Ausstieg des Gitarristen Mick Bolton in die englische Gruppe UFO. Ein Jahr später, 1974, erschien dann das UFO-Album »Phenomenon« und bewies bereits sehr deutlich die Handfertigkeit des Deutschen. Kurz vor einer angesetzten US-Tour der Gruppe verschwand der Hannoveraner spurlos, Paul Chapman sprang für ihn ein, später stieß er

wieder zu UFO und nahm weiter mit der Band auf. 1979 kehrte er auf Bitten seines Bruders zu den Scorpions zurück, verließ die Gruppe mitten auf einer Europa-Tournee und verkündete Solo-Gänge. Das Resultat war die heute in den angloamerikanischen Ländern enorm erfolgreiche Michael Schenker Group (mit den Ex-Jeff-Beck-Sidemen Mo Foster am Baß und Simon Phillips am Schlagzeug). Michael lebt seit geraumer Zeit in England.
»Ein superenergievolles deutsches Rockquintett, mehr als ein bißchen Led Zeppelin ähnlich«, beklatschte der »Chicago Express« vor knapp zehn Jahren die Gruppe Lucifer's Friend. Ein Hauptteil des guten Rufes der Gruppe ist das Verdienst eines anderen deutschen Meisters der Rockgitarre von Weltformat: Peter Hesslein (*1947) aus Hamburg. Der Ex-Giants-Spieler (1963 bis 1968) und zeitweilige German-Bonds-Leadpicker (1968) hat mehrere Semester Graphik und Design an Hamburgs Kunstschule studiert; dann spielte er unter anderem bei den Rattles, bei den Les Humphries Singers und hielt sich, als sich 1972 Luzifers Freunde – entstanden aus versprengten Teilen der Bonds – entschlossen, nicht mehr auf die Bühne zu gehen, als Gitarrist bei James Last finanziell über Wasser. 1971 war das Erst-Album der neuen Gruppe erschienen, »Lucifer's Friend«; ausgesprochen positive Medienreaktionen lockten die Mannen auf die Bühne, im Jahr darauf erschien die LP »Where The Groupies Killed The Blues«, ein *»Meisterstück mit seltsam symbolhaften Texten und noch seltsamerer Musik«,* wie die »Chicago Sun Times« dunkelsuggestiv anmerkte. Diese Longplay, so Günter Ehnert in seinem Buch »Rock in Deutschland« (2. Auflage 1979), sei laut »Billboard« 1974, zwei Jahre nach Erscheinen also, eines der meistgesendeten Rock-Werke gewesen. Ebenfalls 1974 lösten sich die Freunde wieder von ihren zahlreichen Nebenjobs und spielten, verstärkt um dreißig Bläser und Streicher, ihre vierte LP ein, laut Hesslein selbst eine ganz auf den US-Markt ausgerichtete Produktion. 1978 feierte die renovierte, längst zur Kultgruppe avancierte Formation ihr Live-Comeback in Hamburg.
Namen wie die von Bruno Frenzel (*1944) von Birth Control, von Michael Rother (*1950), Alex Conti oder Thomas Kretschmer (*1948), der Karl Allaut als Leadgitarrist bei Udo Lindenberg

ablöste, Robert Musenbichler (* 1955) von der Gruppe Tokyo, Achim Reichel (* 1944), Manuel Göttsching alias Ash Ra (* 1952) – insbesondere seine LP »Inventions For Electric Guitar« von 1975 – oder Grobschnitts Gerd Otto Kühn (* 1949) – sie alle stehen heute längst für internationales Format, das sich wohl zum Teil aufgrund ihres hohen professionellen Standards – trotz allenthalben unfähigen, amateurhaften Managements – durchzusetzen vermocht hat, wie Ehnert registriert. Deutsche, auf Rock konzentrierte Platten-Labels wie etwa Schneeball, Brain und Reflektor, Sky oder Harvest sind darum bemüht, deutsche Musiker an die Öffentlichkeit zu bringen und demonstrieren erfolgreich, daß die regionalen Begabungen längst über das Anheizer-Niveau für angloamerikanische Superstars hinausgekommen sind. Daß einige dieser Gitarristen ins Ausland gehen, spricht freilich noch immer gegen den Mangel an der so notwendigen Professionalität des sie umgebenden Apparats aus Organisation, Produktion und Management.

Eine der auch schon äußerlich überaus faszinierenden Figuren der bundesdeutschen Rockgitarren-Szene, die sich ebenfalls entschlossen hat, zumindest für eine gewisse Zeit nach England zu gehen, um dort neue Impulse aufzunehmen, ist Ulrich [Uli] Roth (* 1954); von 1973 bis 1978 Leadgitarrist bei der Schwermetall-Kultgruppe Scorpions und seit 1979 Kopf eines Trios mit dem Namen Electric Sun.

Der Mann aus Hannover hatte sich unmittelbar nach Abschluß der eminent erfolgreichen Scorpions-Tournee durch Japan von der Gruppe getrennt. Er hatte eigene Pläne (ein verständliches Ergebnis seines Emanzipationsprozesses gegenüber der Gruppe), sogleich in England nach Mitmusikern für sein neues Trio-Konzept gefahndet und seine Mitstreiter dann aber doch in Deutschland gefunden – den Bassisten Ule Ritgen (* 1955) und den Drummer Sidhatta Gautama (* 1954). Frankreich spricht auf das neue Rothsche Konzept der Elektrischen Sonne sofort an. Man handelt den Strat-Spieler dort schnell als *»den ersten ernstzunehmenden expressiven Gitarristen seit Jimi Hendrix«*, und die Amsterdamer Presse, sonst eher kritisch in diesen Dingen, lobt ebenfalls sein klischeefeindliches Spiel, ein Spiel, das trotz des uneingeschränkten Bekenntnisses zur Elektrizität vom aggressiven Feedback-Präzisionsspiel bis zur ästhetisch schönen, eingängigen Melodielinie über alles verfügt, was die Rothsche Musik gewiß mit Weltformat auflädt. Freilich gibt es heute, mehr als zehn Jahre nach Jimi Hendrix' Tod, ausgerechnet im eigenen Land nicht wenige kritische Stimmen, die Ulis Idolatrie für den krausköpfigen Heros aus Seattle als einen bedenklichen Anachronismus abqualifizieren, der Roths Spiel merklich einschränke und sozusagen zur Paraphrase mache. Gewiß, auch er spielt nach wie vor die weiße Strat und versucht gänzlich ungeniert, aber mit viel Sensibilität, seinem Vorbild auch äußerlich in gewisser Hinsicht Reverenz zu erweisen; dies mag alles richtig sein. Wer jedoch Uli Roth persönlich kennengelernt hat und sich aufmerksamer als aus Klischee-Perspektiven und Vorurteilen heraus mit seinem Spiel beschäftigt, der wird bestätigen, daß seine theoretischen, das heißt intellektuellen, wie auch seine praktischen, handwerklichen Anforderungen an sich selbst allemal zu hoch sind, als daß er sich grob verzerrend zum substanzlosen, puren Hendrix-Epigonen abstempeln ließe.

Wenn es stimmt, daß die elektrische Rockgitarre mit Hendrix & Co. ihren einstweiligen Kulminationspunkt erreicht habe, dann stimmt es heute ebenso, daß auch in der Bundesrepublik Deutschland der Trend zur akustischen Gitarrenmusik unaufhaltsam fortschreitet und eine Fülle junger Talente und Künstlerpersönlichkeiten hervorgebracht hat und weiter hervorbringt, zum Beispiel Andreas Rohde. Der sechs- und zwölfsaitige, von Doc Watson, Atkins und Kottke beeinflußte Akustikspieler gehört wie Bireli Lagrene zu den 1979er Preisträgern des Würzburger Nachwuchswettbewerbs ›Populäre Musik‹ der Deutschen Phono-Akademie. Er ist Autodidakt, kommt ursprünglich von Folk und Blues her und entwickelt – er schreibt selbst – nach und nach eine eigene Konzeption, die er seit 1977 auch öffentlich vorstellt. Am wichtigsten, sagt er, sei ihm *»der Spaß an der Musik«*. Und als seine erste LP »Woodpecker« (1978) erscheint, da meint er, der größte Spaß bestünde im *»Auskosten der klanglichen Vielfalt akustischer Gitarren«*.
Das Stichwort heißt Folkpicking – in eben dem Sinne, wie es etwa Sigi Schwab versteht oder David Qualey. Da kann es sich um Pickingstile handeln, deren Jazzeinflüsse unverkennbar sind, da geht

es auch um viel steelstring-Musik und sogar auch ausgerechnet hierzulande – um Flamenco. Was den ›Guitarrissimo‹-Freunden von Horton und Schwab das Hamburger Nature-Label, den US-Impressionisten und Jazzgrass-Fans Fred Christmanns Idealisten-Etikett Pastels mit Will Ackerman, Robbie Basho, Alex DeGrassi und nun auch Tony Rice, Mark O'Conner und Daniel Hecht; was den Kriegel-, Sagmeister- und Akustikfreunden mood records/2001; was den Lagrene- und Ederer-Anhängern das Label jazz point des Bassisten Jan Jankeje (*1936) und seiner Frau Gertraud Jankejova; was den E-Gitarre-Jazzfreaks ECM, Joe Haiders EGO (Stefan Dietz, Alex Sputh, Sigi Busch), ENJA (Scofield) oder das Lippman-und-Rau-Label L+R-Records (Oskar Klein, Bluesers, Zoller/Raney) – das ist den Folkpicking-Aficionados das Braunschweiger Etikett Stockfisch von Hansi Dobratz und Sozius Günter Pauler samt ihren Ehefrauen. Seit 1969 existiert das kleine Unternehmen. Damals hatte Dobratz gemeinsam mit Musikern in Braunschweig einen Folkclub gegründet, der nach und nach von immer mehr glänzenden, plattenmäßig ›heimatlosen‹ Gitarristen heimgesucht wurde. Günter Pauler hatte viele jener Picking-Abende mitgeschnitten und ohne Resultat an Plattenfirmen geschickt, und aus den zurückgesandten Demos entstand ›Stockfisch‹. Der Label-Name, so das »Fachblatt/MusicMagazin« 1981, sei den Dobratz-Paulerschen Träumereien von *»Lagerfeuer und Fischebraten«* entsprungen; das gepfählte Tier signalisiere ihr Folklore-Ambiente.
Die Jungfernplatte des Braunschweiger Idealistenvereins war »Ten Thousand Miles« (1975) von Werner Lämmerhirt, die dann bis 1982 mehr als 110000mal über die Ladentische ging. Ebenfalls 1975 stieß Qualey mit »Only Guitar« dazu; Peter Finger kam, Sammy Vomáčka (*1946), Martin Kolbe. Namen wie Klaus-Michael Krause (*1948), Frank Stukenbrock (*1954) und Klaus Weiland (*1947) addierten sich im Stockfisch-Raster mit hinauf zu dem Querschnitt durch die deutsche Fingerpicker-Szene überhaupt, für den auch das Mood-records-Duo Kolbe/Illenberger, dann der Vomáčka-Landsmann Juraj Galan und der Südamerikaner Sebastião Tapajós auf der LP »Gitarrenspiele« (1981) Beiträge lieferten. Das Dobratz/Pauler-Etikett war zum deutschen Kicking Mule/Takoma/Yazoo-Kombinat

geworden und bot, gemeinsam mit Intercord/Xenophon, zum Beispiel »Acoustic Guitar Scene« (1974) und einigen winzigen ›independants‹ die gesamte Bandbreite deutscher Pickingfreude, die zusammen auch mit Peter Bursch, Martin Herberg (*1953), Robi Schneider (*1956), Peter Ratzenbeck, Bernd Dill, Konnie Braun (*1949) und Willi Kissmer einfach alles bietet – modern Angejazztes wie Patina-Ragtime, Bluesiges wie akustisch Angerocktes, europäisch-klassisch Inspiriertes wie Brasilianisches und ›echten‹ Flamenco à la Wolfgang Gerhard, Georg Rist (*1952), Hans-Werner Kerklies oder Victor Svec und Franz Gottwald des Duo Flamenco. Kommt der Berliner Werner Lämmerhirt (*1949) wie viele seiner fast sämtlich nach dem Kriege geborenen deutschen Kollegen ganz aus der amerikanischen Einflußsphäre von Broonzy, Jesse Fuller und Skip James *(»Den Titel Sympathy For An Old Castle spiele ich in der Stimmung E.A.Des.Fis.H.E. Das klingt wie ein gebrochener A-Dur-Akkord«),* so schlug beispielsweise des 1943 geborenen Freiburgers Hans-Herbert Lohnes' Herz jahrelang ausschließlich für die Flamencogitarre. Der Ex-Jurist, der sich wie so viele andere Folkloristen seine ersten Erfolge bei den musikantischen Wettstreitereien auf der Burg Waldeck holte, hatte als Sechzehnjähriger Gitarre zu spielen begonnen, klassischen und Flamenco-Unterricht erhalten und sich von spanischen Arbeitnehmern in der Bundesrepublik und von Flamencisten in Spanien tiefer in die Flamenco-Geheimnisse einweihen lassen – eine große Seltenheit Anfang der sechziger Jahre, als man allenfalls einen einzigen Deutschen anführen konnte, dem man – noch zögernd – die Flamencokunst abzunehmen bereit war – Siegfried Behrend. Nun, Manolo Lohnes, wie Hans-Herbert seither genannt wird, gehört seit über fünfzehn Jahren zur westdeutschen Gitarrenszene. Er ist längst nicht mehr allein auf Flamenco fixiert, er komponiert viel und demonstriert heute live wie auf seinen LPs eine Bandbreite, die klassisches Repertoire ebenso einbegreift wie konzertante Bearbeitungen bekannter populärer Stücke.

Dieses grobgelegte deutsche Gitarristen-Mosaik wäre noch unvollkommener, wollte man die Interpreten aus der Deutschen Demokratischen Republik ignorieren, ist es doch schwer genug, Informa-

tionen ›von drüben‹ zu bekommen. Man schirmt sich dort aus unverständlichen Gründen immer noch ab. Dennoch – die DDR-Gitarrenszene ist, so läßt sich extrapolieren, reich; und daß die Klassik in der DDR seit eh und je sorgfältigst gepflegt wird, ist allgemein bekannt. Ursula Peter (* 1924) aus Weimar hat Gitarre an der Weimarer Musikhochschule ›Franz Liszt‹ studiert und unterrichtet heute dort. Daneben hat sie sich als Autorin einer Schule mit dem Titel »Anfangsunterricht im Gitarrespiel in 3 Bänden«, dann eines Werks für Fortgeschrittene, »Der Weg zum Solospiel auf der Gitarre« sowie einiger Hefte mit Bearbeitungen klassischer Werke bekannt gemacht, wie der polnische Gitarrist und Lehrer Józef Powroźniak berichtet. Seinem »Gitarren-Lexikon« (1979) sind im übrigen zahlreiche Informationen über klassische Gitarristen jenseits der Mauer zu verdanken, so auch die über den Berliner Dieter Rumstieg (* 1928). Einst Seelcke- und B.-Henze-Schüler, arbeitete er 1956 als Lektor an der Berliner Hochschule für Musik und wurde 1961 als Gitarrist an das Staatliche Rundfunk-Komitee berufen. Er nahm unter anderem Bach und Sor auf und hat sich als Interpret auch zeitgenössischer Arbeiten hervorgetan. Seit 1974 spielt er im Duo mit Barbara Richter und absolvierte Konzerttourneen durch die Sowjetunion, die CSSR, Frankreich und die Bundesrepublik.
Zwei Jahre jünger als Rumstieg ist der Berliner Werner Pauli (* 1930). Nach dem Gitarrestudium am Berliner Städtischen Konservatorium ging er 1953 als Dozent an die spätere Hochschule für Musik ›Hanns Eisler‹ und hat sich in dieser Position einen Namen als einer der vorzüglichsten und einflußreichsten Gitarrenlehrer der DDR machen können, insbesondere für Künstler, die an Theatern und Musikschulen wirken. Pauli, aus diversen Konzertreisen durch Europa und Afrika auch hierzulande kein Unbekannter mehr, verfaßte auch Filmmusiken, arbeitete für Funk und TV, schrieb Lieder mit Gitarrenbegleitung und Solowerke. Hörfunksendungen dienen Pauli heute zur Verbreitung von Vorträgen, mit denen der E.-Bürger-Schüler engagiert für sein Instrument wirbt. Außerdem fungiert er als Herausgeber einer Reihe zeitgenössischer Gitarrenliteratur im Verlag Neue Musik Berlin.
Siegfried Eichhorn (* 1930) wurde im Instrumentenbauzentrum

Markneukirchen geboren und wird heute als Spieler wie als Gitarrenbauer geschätzt. Als Vierzehnjähriger begann er daheim seine Lehre im Zupfinstrumentenbau bei der Firma Marma und wechselte später in die Werkstatt A. Meinels. 1952 Bau-Meister geworden, eröffnete er noch im selben Jahr seine eigene Werkstätte und erhielt 1973 die staatliche Anerkennung als Kunstschaffender, der seine Instrumente auch nach Polen und – nach Japan exportiert. Ebenfalls aus Markneukirchen kommt der Peter-Schüler Roland Zimmer (* 1933), der neben seiner ehemaligen Lehrerin Ursula Peter als Dozent in Weimar tätig ist. Zimmer hat in allen sozialistischen Ländern Osteuropas konzertiert, aber auch in der Mongolischen Volksrepublik, in der Volksrepublik China, Indonesien und im Irak. Seit 1963 auch Lautenist (Capella Fidicinia, Capella Lipsiensis), konzertiert Zimmer als Gitarrist gern mit Stücken von Rodrigo, Vivaldi, Castelnuovo-Tedesco, Villa-Lobos, Krebs und Hlouschek. Der Danziger Friedhelm Steltner (* 1930) arbeitet als Gitarrenlehrer am Rostocker Konservatorium und tritt vornehmlich in dem von ihm gegründeten Kammertrio mit Violine, Flöte, beziehungsweise Bratsche und Gitarre auf. Bei Zimmer wiederum studierte Ingeburg Löw (* 1937) aus Jena, die 1959 den 1. Preis beim Gitarrenwettbewerb in Markneukirchen gewann. Heute spielt sie solistisch und in mehreren kammermusikalischen Besetzungen und beherrscht das Repertoire aus Renaissance und Barock ebenso wie moderne Arbeiten für ihr Instrument. Ihre Kollegin Monika Rost (* 1943) kommt aus Dresden und studierte wie Zimmer bei Ursula Peter in Weimar. Sie gastiert in Ost und in West, ihr Repertoire reicht ebenfalls von den Anfängen bis in die Gegenwart hinein, und wenn sie nicht als Solistin auftritt, spielt sie in Kammerensembles oder im Duo mit ihrem Mann Jürgen Rost.

Die Brücke zum Jazz schlagen in der DDR, soweit das recherchierbar war, im wesentlichen zwei Künstler. Der eine ist der Wiener Komponist/Gitarrist André Asriel (* 1920), der von 1935 bis 1938 an Wiens Musikakademie studierte, 1938 nach England emigrierte und kurz nach dem Kriege zunächst nach West-Berlin ging, wo er an der Musikhochschule an der Hardenbergstraße sein Studium fortsetzte.

1950/51 wurde er Schüler von Hanns Eisler, und seit 1968 arbeitet Asriel an der Ostberliner ›Hanns Eisler‹-Schule als Professor für Komposition. Neben »3 Blues in Kanonform für 3 Gitarren«, dann »Präludium und Toccata für Gitarre solo« und der »Suite ›Baroque In Blue‹ für Gitarre solo« schrieb Asriel »Eine Kleine Jazzmusik für Gitarre«. Seine Arbeiten sind im Verlag VEB Hofmeister in Leipzig erschienen.

Strikter noch der Jazzgitarre verschrieben ist der Komponist/Gitarrist Hans Korseck, der bei Zimmermann in Leipzig eine »Schule für Plektrum-Gitarre« und eine ganze Reihe von Solostücken für die Jazzgitarre vorgelegt hat und als Angehöriger der ›mittleren‹ Generation gewissermaßen die eherne Stütze der DDR-Jazzgitarre darstellt. Die markanteste Figur in der jüngeren DDR-Jazzgitarren-Szene dürfte jedoch Uwe Kropinski (* 1952) sein. Als Vierzehnjähriger begann er Gitarre zu spielen, konzentrierte sich von 1967 bis 1975 vor allem auf Rockmusik (unter anderem bei der Ostberliner Gruppe Express) und studierte von 1973 bis 1977 an der Berliner Musikhochschule. Nach Abschluß seiner Studienzeit spielte er im Conrad-Brauer-Quartett, das sich wenig später zum Trio verjüngte, und gab im Frühjahr 1977 sein erstes Solo-Konzert. Ein Jahr später begab er sich gemeinsam mit dem Drummer Peter Gröning in eine ungewöhnliche Duo-Unternehmung – Ähnliches ist im größeren Stil wohl nur von Jack Marshall (* 1921, † 1973) mit Shelly Manne bekanntgeworden – und trat gelegentlich im Duo mit dem tschechischen Jazzgitarristen Rudolf Dašek auf. Heute spielt Uwe Kropinski im Trio mit dem Trompeter Conrad Bauer, als Solist sowie im eigenen Quartett und hält einen Lehrauftrag an der Musikhochschule ›Hanns Eisler‹ in Ost-Berlin. Sein Kollege Helmut ›Joe‹ Sachse gehörte der 1977/78 gegründeten Gruppe Osiris um den Saxophonisten Manfred Hering an und bevorzugt heute eigene Trio- und Quartett-Formationen. ›Joe‹, der neben der Gitarre auch Flöte spielt, erforscht mit Vorliebe die Möglichkeiten experimenteller elektrifizierter Gitarrenklänge.

Eine Zeitlang beeindruckte in der DDR auch der Gitarrist Max Dolsdorf mit seinen von Charlie Byrd animierten Kreuzungen von Jazz und Bossa Nova. Heute, meinen Insider der DDR-Szene, sei es um Max still geworden, er trete jedenfalls zur Zeit nicht auf. Im Bluesbereich, so wird doch allzu lakonisch vermeldet, gilt der Sänger und Gitarrist Stefan Diestelmann, in der Rockmusik rangieren die Gitarristen Hansi Biebl, Peter ›Cäsar‹ Gläser und Jürgen Kerth als die wesentlichen Autoritäten ihres Fachs.

Die wohl faszinierendste Figur der DDR-Jazzgitarren-Szene ist der in Prag geborene Gitarrist/Komponist Rudolf Dašek (* 1933), heute einer der Spitzengitarristen im gesamten Jazz-Europa, wie die Polls des polnischen »Jazz Forum« und des amerikanischen Magazins »down beat« immer wieder ausweisen. Der Absolvent des Prager Konservatoriums, der seit 1964 eigene Gruppen in der Tschechoslowakei führt, spielte von 1968 bis 1970 mit Billy Brooks in der Haus-Band des ehemaligen Berliner Blue Note an der Potsdamer Straße, wo er unter anderem auch mit Don Ellis (* 1934, † 1979), Carmell Jones (* 1936), Leo Wright (* 1933), Benny Bailey (* 1925), Tony Scott (* 1921) und Lou Bennett (* 1926) zusammentraf. In dieser Zeit arbeitete er auch bei Slide Hampton (* 1932) und Václav Zahradnik, der ihn auf mehreren Supraphon-Alben featurete. Von 1972 bis 1974 vergrößerte seine Duo-Arbeit mit dem Flötisten Jiři Stivín sein internationales Ansehen beträchtlich. Rudolf Dašeks Spiel reflektiert die Auseinandersetzung mit Elementen des Jazz, des Flamenco, Einflüsse aus lateinamerikanischen Stilen wie auch aus der Folklore seines Heimatlandes. Vor drei Jahren spielte er im Westen im Duo mit – Toto Blanke. Das Album »Silhouettes« (1981) zeugt von dieser ost-westlichen Kooperative, die beweist, daß es möglich ist, fruchtbare Dialoge auch über ideologische Grenzen hinweg zu führen.

Formenreich und vielzählig. Gitarrentypen heute.

»Die Gitarre ist ganz anders als alle anderen Instrumente. Sie rührt so an, ist so poetisch. Ich könnte nie etwas anderes spielen.«
Andrés Segovia.

Die wesentliche Eigenschaft der Gitarre besteht im Grunde in nichts anderem, als einem Resonanzkörper gleich zu funktionieren, einem akustischen Verstärker also, der in der Lage ist, mehr Luftmassen in Bewegung zu setzen, als das die Saiten allein könnten. Bei der E-Gitarre übernimmt diesen bewegenden Job der Tonabnehmer, der es versteht, akustische Signale von den Saiten in elektromagnetische zu verwandeln – ein Prozeß der Codierung –, und der Verstärker verwandelt diese Signale dann wieder zurück, decodiert sie in Hörbares.

Über die allgemein üblichen Abmessungen klassischer Gitarren wurde bereits früher berichtet. Stahlsaitengitarren, also beispielsweise Westerngitarren, können freilich Dimensionen erreichen, die dann die Allgemeinbezeichnung ›Jumbo‹ (wie zum Beispiel bei Gibsons J-200) absolut verständlich machen: bis zu 40,6 Zentimeter maximale Breiten, größte Korpuslänge bis über 50 Zentimeter. Zargentiefen bis über 11 Zentimeter und die Gesamtlängen von bis zu 102 oder 103 Zentimeter. Die Mensurlängen können schwanken zwischen über 50 Zentimeter und etwas über 66 Zentimeter, die gebräuchlichste, wie schon erwähnt, ist die 65er Torres-Standard mit 18 bis 20 Bünden, was einen Tonumfang von bis zu knapp vier Oktaven ausmacht. Der klassische Gitarrenhals berührt den Korpus meist am 12., der Western- und Jazzgitarrenhals am 14. Bund. Für die Seiten und Rücken guter flat-tops werden bevorzugt Rosenhölzer aus Brasilien und zunehmend aus ostasiatischen Gebieten verarbeitet – die Brasilianer haben vor einiger Zeit harte Exportrestriktionen für ihre Hölzer erlassen. Zuweilen kommt auch Ahorn zur Verwendung. Die Firma Ovation dürfte die erste gewesen sein, die Konsequenzen aus dem Preisboom für Holz gezogen und einen raffinierten Fiberglaskorpus entwickelt hat, der sich heute weltweit allergrößter Beliebtheit erfreut. Aber auch da bleibt die Decke aus dem, was am meisten verwendet wird – aus Fichtenhölzern wie zum Beispiel der Sitkafichte, aber auch aus Zedern- und Rothölzern. Der Hals der Flachdeckeninstrumente ist größtenteils aus Mahagoni, Anspruchsvollere unter den Gitarreros verlangen nach Griffbrettern aus Ebenholz oder Rosenholz. Halsbreiten belaufen sich am Sattel auf 3,80 bis zu 4,76 Zentimeter, und im Unterschied zu klassischen Modellen haben diese Typen in den meisten Fällen leicht gerundete, barré-freundliche Griffbretter.

Jazzgitarren sind im allgemeinen sogenannte tiefzargige ***arch-tops***, und nur in seltenen Fällen (Ed Bickert, Larry Carlton) wird Jazz auf Telecasters und/oder ES-335 gespielt: Decken und Böden sind gewölbt, um den Resonanzraum zu vergrößern. Das Schalloch ist bei diesen Typen meist durch f-Löcher wie bei Geigen, Bratschen und Celli ersetzt: Die Elastizität der Decken wird dadurch zu den Rändern hin wesentlich optimiert. Der Steg ist hier nicht mehr aufgeleimt, sondern nur noch aufgesetzt und wird allein durch die Saitenspannung am Platz gehalten. Auch hier ist das Griffbrett gewölbt, um dem Spieler das häufige Greifen von Vollbarré-Akkorden zu erleichtern.

Klassische Gitarren ›funktionieren‹ gänzlich anders. Bei ihnen soll, fordern manche Experten, der gesamte Körper schwingen. Meistverarbeitetes Holz ist bei ihnen das Rosenholz (Palisander), obwohl Tom Wheeler anmerkt, daß insbesondere nordeuropäische Gitarrenbauer Ahorn qualitativ dem Rosenholz gleichsetzen – was Geigenbauer gern bestätigen.

Torres hat die klassische Mensur wie gesagt auf die berühmten 65 Zentimeter festgesetzt. Der Hals kommt mit dem Oktavbund auf den Korpus, und die Bünde werden nach oben hin schmaler nach der sogenannten »Achtzehner-Regel«, die besagt, daß der Abstand zwischen dem Sattel und dem 1. Bund gerade $1/18$ (genauer: 1:17,835) der gesamten Saitenlänge auszumachen habe. Sodann macht der Abstand zwischen 1. und 2. Bund wiederum $1/18$ der verbleibenden Saitenlänge aus – und so fort. Viele Gitarren haben heute den sogenannten ***Deutschen*** oder ***Nullbund***, eine Einrichtung, deren

Etablierung Hermann Hauser (* 1882, † 1952), Segovias Gitarrenlieferanten, zugeschrieben wird. Hierbei handelt es sich um einen Extrabund, der rund 3 Millimeter vorm Sattel steht und dessen Sinn nach Auffassung seiner Verfechter in der Präzisierung der Mensur besteht. Die Formel für die Bundverjüngung geht dann logischerweise stets von diesem Nullbund und nicht mehr vom Steg aus.

Was Europa als ›Gitarren-Kontinent‹ betrifft, so steht fest, daß hier, in der Alten Welt, einmal alles begonnen hat. Die klassische Gitarre hat hier ihren Ursprung; und erst, als die nichtklassische Gitarre aufzukommen begann, dann auch die elektrische, schien unser Erdteil etwas aus der mentalen Landkarte verdrängt. Namen wie Torres, wie Ramirez, Romanillos, wie Fleta, Esteso, Rubio, Barbero und andere sind Legende, der deutsche Name Hauser hat Segovia-Klang, und heute ist es vor allem das Haus Hopf, das – nicht nur auf dem klassischen Sektor – traditionsreicher deutscher Gitarrenbaukunst alle Ehre macht. Zahlreiche kleine, weithin unbekannte Instrumentenbauer halten hohe und höchste Standards. Ein Blick in Franz Jahnels Übersicht über die derzeitig bekanntesten Namen allein in Europa ist von beinahe verwirrender Vielfalt, doch – zugegeben – sind die großen Namen wie Hopf, Meinl, Hoyer, Schneider oder Egmond rar, zumindest hierzulande. Im nichtklassischen Bereich sieht es da etwas anders aus, denken wir nur an den Djangomodell-Spezialisten Röder, an seinen Pariser Kollegen (und Bireli-Lagrene-Ausstatter) Jacques Favino oder an Hagström in Skandinavien, Burns in England, auch an den Flamenco-Spezialisten Alhambra in Alicante oder an Fischer/Rubio in England. Mit Sicherheit kann und muß heute festgestellt werden, daß die amerikanischen und die japanischen Märkte praktisch konkurrenzlos Europa das Wasser abgegraben haben, und vieles deutet – zum Leidwesen führungsgewohnter Amerikaner – darauf hin, daß Japan in sehr naher Zukunft auch den großen amerikanischen Prestigenamen ganz gravierende Sorgen bereiten wird. Europa lebt heute fast ausschließlich von seiner großen spanischen und wohl auch Markneukirchener Zeit.

Die USA und Japan, Südamerika und Kanada – sie alle bauen zwar auf dem Erbe auf, das die Alte Welt ihnen in die Hände gab, aber sie haben auch den Gesetzen moderner Technologien und Forschungsansätzen folgend allzuviel Neues geschaffen, als daß Europa – im, wohlgemerkt, nichtklassischen Bereich – noch Schritt halten könnte. Dies ist eine Tatsache, die akzeptiert werden muß. Daß das große Klavierhaus Steinway heute – wie Fender auch – in den Händen der CBS ist, mag ein typisches Beispiel sein; daß immer mehr seriöse klassische Blechbläser und Pianisten bevorzugt japanische Produkte übernehmen, mag ein weiteres Indiz sein; und daß es vornehmlich Deutsche waren, die im vorigen Jahrhundert die US-Gitarren-Tradition begründeten, ist festgeschrieben (und nicht zu verstehen als lokalpolitische Nostalgie). Wer amerikanische Fachblätter aufschlägt, ist immer wieder verblüfft, bis zu welchem Maße hier auch heute noch Nationalstolz, in jedem Falle aber strotzend gesundes Selbstbewußtsein regieren und nichtamerikanische Entwicklungen schlankweg ignoriert werden. Da geht es, man mag es drehen und wenden wie man will, immer und immer wieder um die Geschichte der amerikanischen Gitarre, um ›seltene‹ amerikanische Gitarren, um ›berühmte‹ amerikanische Gitarren – eine Politik, die zum Teil aufgrund der oft prestigebestimmten Nachfrage berechtigt sein mag, die aber nur mangelhaft zu verbergen weiß, daß mittlerweile auch im Land der unbegrenzten Möglichkeiten ebendiese Möglichkeiten längst begrenzt sind. *»Unsere Musikindustrie steckt in Schwierigkeiten«,* gab George Gruhn, einer der angesehensten US-Gitarrenhändler und Marktexperten, schon im Februar 1978 zu. *»Einige substantielle Profit-Probleme«* seien *»nicht zu leugnen«,* sekundierte ihm Frank Martin, der Präsident der CF Martin Organisation in einem Roundtable-Gespräch zum Thema »Gibt es eine Zukunft für Amerikas Gitarre?« Bill Connor, Vizepräsident der Gibson/Norlin Corporation, bestätigte erhebliche Wachstumsrückläufe. Gruhn stieß dann nach und sprach von Überproduktion auf seiten der großen Traditionsfirmen Fender, Gibson, Martin, Guild und Gretsch: Es würden mehr Instrumente gebaut als es Spieler für sie gibt, die sie sich finanziell leisten könnten. Und, konstatierte darauf Ex-Gibson-Mann Stanley Rendell, *»die Japaner sind qualitativ stark gewachsen, und jedermann hat Angst«.* CBS/Fender-Vize David Gupton sieht zwar *»ein weit größeres weltweites Marktpoten-*

tial, als wir Gitarren haben«, aber dabei vergißt er, daß Japan sich längst einen nicht zu knappen Teil des großen Kuchens einverleibt hat. Gruhn Anno 1978: *»Der Markt wird überschwemmt mit japanischen Instrumenten, die absolut in den Grenzen der Wettbewerbsfähigkeit liegen.«* Einer der Hauptfehler amerikanischer Kalkulation habe nach Aussagen der Experten darin gelegen, daß die renommierten US-Firmen nicht, wie es die Japaner von Anfang an taten, die niedrigen Preisniveaus beachtet hätten. Jahrelang hätten die Japaner, meint Jeff Hasselberger, Marketingchef der US-Importeure japanischer Ibanez-Gitarren, das untere Preisspektrum besonders ins Auge gefaßt und auf diese Weise zum Beispiel die US-Firmen Harmony und Kay in die Knie gezwungen. Japanische Produkte wie Sigma, Goya und auch Levin werden, zähneknirschend, heute von Martin importiert: *»Ein Hersteller kann eben nicht bloß so rumsitzen und über die Importsituation maulen – man muß halt losgehen und etwas tun«,* sagt Frank Martin, der sich andersherum freuen kann, daß die Japaner zwischen zehn und zwölf Prozent des Martin-Outputs für den Eigenbedarf importieren. Hasselberger sagt dazu: *»Eine Sache, die mich immer wieder ärgert, ist dieser Standpunkt: ›Ach was, du greifst dir einfach ein paar von diesen Japanern und zahlst ihnen 25 Cents die Stunde, damit sie dir 'ne Gitarre rauskloppen‹, weil das einfach so gar nicht funktioniert...* (Aber) *es ist eben nicht so, daß man ihnen etwa nur irgendeinen ›Kuli-Lohn‹ zahlt oder so was. Das nicht; es ist einfach so, daß sie hochproduktiv sind. Sie wissen nämlich sehr genau, auf welcher Seite ihrer Stulle die Butter sitzt; sie wissen, daß, wenn nicht wirklich jeder von ihnen seinen gerechten Anteil für die japanische Industrie übernimmt, sie ihr Land dichtmachen können. Für jeden Dollar, den sie einem japanischen Arbeiter geben, bekommen sie auch Arbeitskraft für einen Dollar zurück, was völlig anders ist als hierzulande, wo es in den meisten Fällen sieben bis acht Dollar kostet, um Arbeit für einen Dollar zu bekommen.«* Und Connor ergänzt: *»Harmony war dafür ein Beispiel: Sie konnten nicht mehr auf vernünftige Art und Weise ihre Preise niedrighalten, und sie konnten auch nicht genügend qualitative Unterschiede vorweisen. Man war einfach – ich sage das nur ungern – genausogut mit einer Gitarre aus Japan als von Harmony bedient...*

Es ist eben diese Gitarre, die wir heute nicht anbieten können – nur mittelmäßig teuer, vernünftige Qualität.« Wen wundert es dann noch, daß schon 1974 Japan knapp eine Million Gitarren in die USA exportierte und schon in jenem Jahr das Argument ins Reich der Mythen gehörte, nach dem japanische Produkte nichts anderes seien als billige Imitationen amerikanischer Vorbilder. Namen wie Yairi, Yamaha, Terada, Motsuouka, Takamine, Tokai, Aria und andere haben den wesentlichsten Anteil daran, daß Japan heute vor Taiwan und Korea und nach den Amerikanern der zweitwichtigste Gitarrenproduzent der Welt ist. Und das betrifft nun zunehmend auch klassische Instrumente.

Das Thema Japan beschäftigt die Amerikaner drei Jahre nach dem Roundtable-Gespräch mehr denn je. Undenkbar noch damals, daß der renommierte »Guitar Player« das ungeliebte Thema als Titelseiten-Feature angeboten hätte – im Sommer 1981 war es soweit, man nannte Japan plötzlich eine *»Supermacht des Gitarrenexports«* und mußte erschreckende Zahlen preisgeben: 1980 exportierten die Japaner Gitarren im Wert von umgerechnet knapp 26 Millionen Mark in die USA, die ihrerseits nur etwas mehr als ein Viertel dieses Betrages aus ihren Exporten nach Japan ziehen konnten. Und heute sind Taiwan und die Republik Korea, was bis in die späten sechziger Jahre hinein Japan für die Amerikaner war: Heute bauen sie die Billiginstrumente. *»Japan hat sich nicht ausgesucht, den Billigmarkt zu verlassen«,* sagt Ken Saito, Vizepräsident der Nanyo Boeki Company. Und Thomas Tanaka, Verkaufsmanager der Hoshino Gakki Ten, begründet die Richtungsänderung bei Ibanez, vom Kopienbau zum Originalebau zu wechseln, mit der Tatsache, daß *»mittlerweile die Zeit reif ist, Originale zu bauen. Wir haben genug Wissen und Erfahrung akkumuliert, daß wir unsere eigenen Sachen produzieren können«.* Und heute kopieren die Republik Korea und Taiwan Ibanez-Originale und produzieren sie für weniger Geld als die Originale, eine Kunst, die die Japaner in höchster Vollendung beherrschen: Als Dan Armstrong 1969 an einer Handelsmesse teilnahm, um seine eigene Plexiglasgitarre vorzustellen, sah er zu seiner gewaltigen Überraschung, daß die Japaner längst eine perfekte Kopie des Armstrong-Instruments an ihrem Stand vorführten.

Schnelligkeit *(»Drei Monate vom Reißbrett zum Versand sind nichts Ungewöhnliches«)* und Liebe zum Detail waren die wesentlichen Merkmale japanischer Kopierakkuratesse: In den letzten fünf, sechs Jahren hatten die Japaner die Spitzenposition unter allen Kopisten von Gibsons Explorer- und Flying-V-Modellen – die japanischen Replikate waren besser als die von Gibson nach dem japanischen Kopiereinbruch gefertigten Neuauflagen! Ähnliches läßt sich seit Anfang 1982 auch von den japanischen Telecaster-Kopien der Firma Tokai sagen. Kein Wunder also, daß Japans Exportentwicklung immer gesünder wurde: Heute exportieren die meisten der dortigen Fabriken zwischen 60 und 90 Prozent ihrer Produktion, von der der Löwenanteil in die Vereinigten Staaten abfließt – 1981 beispielsweise über 190 000 elektrische und akustische Gitarren.
Einfuhrzollprobleme werden zum Teil umgangen: Entweder schlagen die japanischen Hersteller die 14,5 beziehungsweise 16 Prozent auf den Instrumentenpreis drauf, oder aber sie ›tricksen‹, indem sie den sogenannten GSP-Status einiger bestimmter Länder nutzen. GSP (Generalized System of Preference) ermöglicht bestimmten Ländern (sogenannten ›Beneficiary Developing Countries‹, bevorzugten Entwicklungsländern), ihre Waren zollfrei einzuführen, darunter auch Korea und Taiwan. So hat Yamaha sich erfolgreich aus der Zollklemme manövriert, indem das Unternehmen für den US-Markt bestimmte Akustikgitarren in Taiwan bauen läßt. Laut Max Yamada, Manager der Nippon Gakki Co., Ltd., produziert Yamaha in Taiwan mehr Akustikgitarren als jede andere japanische Fabrik in Japan selbst – über 20 000 im Monat!
Daß gute Hölzer für die Japaner eine Kostbarkeit sind, hält sie nicht vom hohen Anspruch ab. Qualität ist alles; 99,7 Prozent der aus Alaska exportierten Sitkafichte gehen nach Japan! Das Inselreich importiert aus Kanada, dem pazifischen Nordwesten, aus England und Afrika und lagert das kostbare Gut zum Teil auf Jahre: K. Yairi beispielsweise, ein hundertprozentiger Akustikhersteller, speichert das Decken- und Seitenmaterial fünf bis acht Jahre lang und hat damit stets genug Holz im Gesamtwert einer Sechs-Jahres-Produktion, bei einer Produktionsrate von konstanten 800 Gitarren pro Monat.

Selbst George Gruhn, der bereits erwähnte Typen-Experte und ›Gitarrologe‹ neben Tom Wheeler, gesteht den Europäern uneingeschränkt noch heute und wohl auch für die Zukunft die Führungsrolle im Bereich des klassischen Instruments zu. Was andere Gitarrentypen angeht, so mag man die amerikanische Preisexplosion unter anderem auch darin begründet sehen, daß standesbewußte Gitarristen eben nicht eine japanische Kopie wollten (mochte und mag sie auch noch so gut sein), sondern ein Original, das berühmt-berüchtigte ›collector's item‹, das Edelstück für den Sammler von Klasse. Gruhn selbst spricht hier von einem ausgeprägten ›snob-appeal‹, wie er vielen spezialisierten Sammlern zukommt, und mit Sicherheit läßt sich frei heraus sagen, daß eine Hopf Craftsman-Jazzgitarre einer gut gewachsenen Gibson in nichts oder doch kaum etwas nachsteht. Andere Gitarristen, gerade auch hierzulande, nehmen lieber die Gibson ES-335, anstatt ihre Finger auf eine (heute freilich wohl nur noch gebraucht erhältliche) Framus BL-15 oder ein vergleichbares japanisches Instrument zu legen. *»In Deutschland«,* sagt Gruhn, *»gibt es eine ganze Reihe von Händlern, die unsere Instrumente importieren. Die Nachfrage ist in der Tat sehr groß, und viele Deutsche können sie sich leisten.«* Andersherum war es für manch einen amerikanischen Jazzgitarre-Patrioten ein deftiger Schock, entdecken zu müssen, daß Herb Ellis von Gibson zu Aria ›konvertierte‹ und seither auf der Pro-II ›Herb Ellis‹ jazzt – wie Carlos Santana auf Yamaha- oder Tommy Tedesco, George Benson, Lee Ritenour und Joe Pass auf Ibanez-Instrumenten.

Die genannten großen Firmen – Gibson, Martin und Fender, Guild und Gretsch – sind die ›Firmen der Stars‹, und viele Fans richten sich danach, obwohl Thomas Tanaka den allgemeinen Boom im Gitarrenbereich eher schwinden sieht, weil, wie er meint, ›Gitarren-Stars‹ vom Schlage Claptons, Becks oder Jimmy Pages fehlen: *»Nach ihnen kommt nichts mehr. Und die Fusion, wie sie von Larry Carlton und Lee Ritenour kommt, ist für den durchschnittlichen Jungen ohne Geduld und Ausdauer technisch zu hoch.«*

Und die Werbung mit den Konterfeis der Stars, sagen viele Japaner, hat längst nicht mehr die erhoffte Wirkung: Profis spielen heutzutage kein Instrument mehr, was sie nicht wirklich schätzen, egal, was

man ihnen zahlt oder wieviele Gratis-Instrumente man ihnen ins Haus schickt. Yamaha zog die Konsequenz daraus und setzte in den USA die Werbung mit Gitarristen ab; Ibanez' große vier und Arias Ellis gehören zu den wenigen Ausnahmen.
Tanakas Pessimismus hin oder her: Fest steht nach wie vor, daß das allgemeine Gitarrenangebot gewaltig und verwirrend und, vor allem, total unübersichtlich geworden ist. Ist die ›klassische Linie‹ wie das Jazzdesign auch nie sehr weit ästhetisch von der traditionsreichen Grundlinie abgewichen, so äußerte sich der munter gedeihende Rock-, Pop-, Folk-, Funk-, Punk- und-so-weiter-Boom auch in einer schier unübersehbaren und äußerst kommerzträchtigen Vielfalt von Formen, elektronischem Innenleben und bastardisierten Entwürfen zum Teil schon lächerlicher oder doch schockierender Exotik und Experimentierfreude (Gibsons Flying V etwa, Kultgitarre von Schwermetall-Facharbeitern vom Schlage Schenkers oder Vergats, Rolands Synthesizer-Ungetüme, rochenförmige Flytes, Erlewinesche Spatenformen, wieder andere in Revolver- oder Streitaxtgestalt oder gar mit stilisierten Brüsten). Natürlich spielt im Showbiz das Äußerliche eine häufig nicht unerhebliche Rolle, und Moden kommen und gehen wieder wie überall sonst auch; leicht einzusehen, daß EKO's knubbelkeulenförmige Short Gun längst schon im Keller verstaubt, wenn Grund-Formen noch immer dasein werden.
Soll heißen: Eine systematische Großtypologie über das Basismaß der Unterscheidung der verschiedenen Elementartypen hinaus ist im Ernst gar nicht mehr möglich. Das gilt für die Exoten wie für die Replikate, erkennbare Imitationen oder Anlehnungen ebenso: Für Hagströms Super Swede stand Gibsons gute, alte Les Paul ebenso Pate wie für Hopfs Aztec, Pearls Vorg G-221 oder Morris' MP-290T; Fenders Telecaster war das Ausgangsmodell für Morris' MF-296N, Pearls G-121 und Hopfs Stage-Version; und die Stratocaster gibt es – fast ein Großverein von »Klon-Kindern« – bei Kasuga (die KS), bei Hopf (die Peak), bei Music Man (Sabre I und Sting Ray II), bei Pearl als G-111, bei Ibanez als Roadster RS-300 TV oder bei Morris als MS-390N – und das sind wohlgemerkt nur wenige willkürlich gewählte Beispiele.
Entsprechendes gilt freilich auch für andere Gitarrenarten. Arch-

tops sind häufig wirklich nur für den Fachmann unterscheidbar; dem Laien werden sie allesamt wie Zwillinge oder Cousinen von Gibsons L-5 oder ES-350 erscheinen, oder er wird deren Unterschiedlichkeit allenfalls durch die verschiedenen Saitenhalter- und Schlagbrettformen erkennen können, Folk- und Westerngitarren gar häufig ausschließlich an den Konturen der Schlagbretter.

Da in früheren Kapiteln bereits ausführlicher auf das klassische Instrument eingegangen wurde, scheint es nun angebracht, hier etwas detaillierter auf eine kleine Zahl anderer, modernerer Typen einzugehen, gewissermaßen den ›Archetypen‹ der nichtklassischen Familien, aus denen sich im Grunde alle Abkömmlinge ableiten lassen: die Les Paul, die Stratocaster, die Martin D-45, die Selmer/Maccaferri arch top und die Gibson L-5.
Entgegen weitverbreiteter Gerüchte war die 1952er Les Paul nicht der Welt erste Vollkorpusgitarre. Seit 1948 hatte nämlich Fender bereits seine Broadcaster, seit 1951 seine Telecaster auf dem Markt, und sogar Rickenbacker hatte schon eine solid-body im Programm. Es war Les Paul, der bereits Jahre vorher mit seinem log, jenem berühmtgewordenen ›Stück Holz‹ mit dem stummergitarrenähnlichen Korpusanbau experimentiert und die Gibson Company schließlich davon überzeugt hatte, daß die zunehmende Forderung nach soliden Korpussen auch vor der Gitarrenfabrik in Kalamazoo nicht haltmachen durfte. Man einigte sich zunächst auf die verblüffende Regelung, daß alle fortan von Gibson und Les Paul produzierten Vollkörpergitarren ausschließlich den Namen des Gitarristen, nicht aber den der Firma tragen sollten – seltsame Demonstration mangelnden Herstellervertrauens in das eigene Produkt. Als 1952 aber die erste ›Paul‹ erschien, war die Wertschätzung der Firmenführung in das neue Konzept endlich weit genug gediehen, daß fortan auch der Name ›Gibson‹ zu lesen war. Noch heute erhält Mr. Paul für jede verkaufte Gitarre seines Namens einen Anteil!
Die allerersten Pauls nun waren im wesentlichen noch flache, unkonturierte ›Bretter‹ mit dem vertrauten florentinischen (also spitzen) Cutaway und zwei single-coil-pickups mit schwarzen Plastikabdeckungen und je sechs Polschrauben. Außerdem hatten diese

›Bretter‹ auch schon die beiden Ton- und Volumenregler und einen Dreiweg-Kippschalter zum beliebigen Kombinieren der Tonabnehmer. Die dann, nur wenig später, den Markt erblickenden Modelle hatten bereits die vertraute Korpuswölbung nach Art der großen arch-tops. Verkabelung und Pontis blieben gleich, nur wurden nun die schwarzen Pickup-Verkleidungen durch cremefarbene ersetzt. Die Decke der 52er Standard war mattgold eingefärbt, der Rücken in natürlichem Mahagoni gehalten. Der Korpus, ebenfalls insgesamt aus Mahagoni, war (und ist auch heute noch) auffallend schwer, garantiert aber gutes sustain; die Decke war aus solidem Ahorn. *»Eine Halb-inch-Ahorndecke auf einem Mahagonikörper«,* sagte Les Paul dazu, *»ist so viel wert wie ein ganzer Ahornkörper.«* Die idealen Positionen der Pickups (Alnico-Magnete) waren von Paul an einem Testgerät ermittelt worden, auf dem ein Pickup beliebig verschoben werden konnte. Der lange trapezförmige Saitenhalter war von Gibson gegen den Willen des Designer/Gitarristen durchgesetzt worden: Les Paul hatte beabsichtigt, wie auf allen späteren Instrumenten einen Endsteg zu montieren, über den die Saiten geschlungen werden sollten, damit der Spieler sie gegebenenfalls bequem abdämpfen könnte. Gibson war dagegen der Ansicht, in solch einem Fall wäre eine flache Saitenlage unmöglich zu erlangen; untergeschlungene Saiten würden flache Saitenlagen garantieren und es ermöglichen, die Pickups tief im Korpus zu versenken. Nur wurde dann doch schnell festgestellt, daß die vom Haus favorisierte Trapezkonstruktion den Anschlag merklich komplizierte, und 1954 ließ Gibson endlich die Montage der sogenannten ***stop tailpieces*** zu – Steg und Endstück waren nun eine Einheit. Die Mechaniken der ersten ungefähr zwanzig goldenen Les Pauls waren von Kluson, später kamen sie samt und sonders von Schaller. Ende 1957 erhielt die gold top bessere, kraftvollere ***humbucking***-Tonabnehmer, und 1958 wurde das Instrument mit dem ›sunburst finish‹ angeboten. Diese berühmte sunburst Standard wurde bis 1960 und dann wieder ab 1974 gebaut. Heute müssen Sammler für sunburst Standards in den USA bis zu 3000 Dollar hinblättern. Seit Mitte der fünfziger Jahre erschienen immer neue Versionen des Instruments, die Les Paul Custom (›Black Beauty‹), dann eine ¾-Variante, die Les Paul junior. Ian C.

Bishop liefert für Fachinteressierte in seiner zweibändigen Arbeit »The Gibson Guitar From 1950« (1977–79) weitere Details.
War Fenders Telecaster ein ehrenwertes Pionierunternehmen (in Gestalt der Vorläufer-Broadcaster), so stellt die Stratocaster schon eine echte Revolution dar, wie Ken Achard in »The Fender Guitar« (1977/78) schreibt. Neu an diesem Instrument war nicht das *»modernistische Gitarren-Design«* (Achard), sondern vor allem die integrierte Tremolo-Einheit, die drei Pickups mit dem schräggestellten Höhenpickup am Steg und der am Boden konturierte Korpus, der sich so dem Körper des Spielers bequem anschmiegt. Fünfzig Millimeter länger als die frühere Les Paul (98,5 Zentimeter), hatte die Stratocaster eine anderthalb Zentimeter längere Mensur (64,5 Zentimeter) als die Gibson-Kollegin.
Die Pickup-Mitten lagen bei 49 Zentimeter, bei 55 Zentimeter und bei 60 bis 61 Zentimeter für den schrägen End-Pickup – die Paul-Pickups lagen bei 48 Zentimeter für den Hals- und 58,5 Zentimeter für den Steg-Pickup. Das Instrument, 1953 von Leo Fender und seinem Chefingenieur Leo Tavares entworfen, erschien noch im selben Jahr(!), und seither ist es praktisch ununterbrochen in der Produktion geblieben. Hals und Wirbelbrett (alle sechs Maschinen an der Oberkante) sind aus einem Stück Ahorn – auch das ein Novum. Vorteil der Mechanikkonstruktion: Alle sechs Saiten laufen gerade (also im rechten Winkel) über den Steg und nicht, wie bei den konventionellen 3/3-Mechaniken in unterschiedlichen Winkelungen. Da das Wirbelbrett gegenüber dem Hals nicht geneigt ist, wurden kurz nach Einführung der Strat zwei Metallclips auf dem Brett montiert, die die oberen vier Saiten fest auf dem Sattel halten (sogenannte ***string trees***). Alle Strats bis 1960 hatten kein extra aufgeleimtes Griffbrett: Die Bünde waren direkt in den Hals eingesetzt. Zwischen 1960 und 1970 wiesen die Modelle Rosenholz-Griffbretter auf. Das Hals/Griffbrettprofil ist leicht gewölbt und der Schwingungscharakteristik der Saiten angepaßt – auf der Baßsaite ist die Wölbung tiefer. Am Sattel mißt die Halsbreite nicht mehr als 4 Zentimeter. War der Verstellstab im Hals, der durch einen Schlitz an seiner Rückseite eingesetzt wurde, bei den ganz frühen Modellen noch kompliziert erreichbar über das verschraubte Verbindungs-

stück von Hals und Körper (drei Schrauben), so führte Fender später den sehr viel praktischeren ***bullet truss rod*** ein: Mit einem Allen-Schlüssel ließ der Stab sich fortan im leicht zugänglichen Mechanikteil korrigieren. Halskorrekturen können bei allen neuen Modellen außerdem durch eine sogenannte ***micro-tilt***-Einrichtung vorgenommen werden – eine Schraube hält den Hals am Korpus, und mit einer kleineren zweiten Schraube kann die Neigung des Halses bequem korrigiert werden. Die Nachteile dieser Konstruktion liegen freilich auf der Hand: Rohe Behandlung des Halses in Hendrix-Manier (Ziehen und Stoßen etwa) verzieht ihn sofort oder löst ihn sogar ganz vom Korpus.

Die naturblonden Stratocaster-Körper sind aus Esche, die lackierten Strats sind aus Pappelholz gefertigt. Die elektrischen Komponenten sind allesamt in Schlitzen direkt unterm Schlagbrett untergebracht und damit leichter zugänglich als bei anderen soliden Typen.

Eines der gewiß erfolgreichsten Markenzeichen dieser Gitarre ist die geniale Kombination von Steg, Saitenhalterung und Vibrola-(Tremolo-)Einheit in einem einzigen Block. Für jede Saite gibt es einen separaten Stegteil, der die individuelle Justierung von Saitenlage und -höhe ermöglicht. Die Mini-Stege sind mit einer Stegplatte verbunden, die ihrerseits nur an ihrer Vorderseite mit dem Korpus verschraubt ist und sich leicht um ihre Querachse bewegen, also kippen läßt (Veränderbarkeit des Anstellwinkels zur Gitarrenlängsachse). An der Unterseite der Platte befindet sich an ihrem hinteren Ende ein Metallblock, der als Saitenanker fungiert. Über den Vibrola-Arm kann diese Einheit gekippt werden, und Federn in einer Aussparung an der Körperunterseite sorgen dafür, daß die Saiten immer wieder in ihre Normalspannung zurückfinden. Verstellschrauben ermöglichen Korrekturen des Federzugs, die dann nötig werden können, wenn das Instrument tiefer oder höher als normal gestimmt werden soll.

Die beiden Tonregler sind zuständig für den Hals- und den mittleren Pickup, der Steg-Pickup hat keine separate Kontrolle. Umschaltungen von Abnehmer zu Abnehmer über einen Kippschalter erzeugen außergewöhnlich markante Klangunterschiede.

1965 übernahm, wie schon erwähnt, die CBS das Fender-Unternehmen – und damit zum Teil japanisches Management(!) – und manche Strat-Experten meinen, daß die Folge dieser Transaktion ein merklicher Qualitätsverlust am Instrument gewesen sei. Heute freilich ist davon keine Rede mehr – die Stratocaster, für amerikanische Marktverhältnisse übrigens relativ preiswert, war nie so klangvoll wie heute.

Martins vermutlich berühmteste Gitarre ist die D-45, von der das allererste Exemplar bereits 1933 geliefert wurde – an Gene Autry (Serien-Nummer 53177). Sein Exemplar hatte, im Unterschied zu allen anderen Modellen, den 12. und nicht den 14. Bund am Korpus und wird deshalb nach dem heute gebräuchlichen Code als D-45S (für ›Special‹) bezeichnet. Genes Name war in Perlmutt in das Griffbrett eingelegt, das Wirbelgehäuse wies das vertraute ›torch‹-(Fackel-)Muster auf und war mit Perlmutt umsäumt. Die Mechaniken waren sechs einzelne vergoldete Einheiten im Stile der Grover G-98. Nur noch zwei andere Zwölfbund-45S sind bekannt – eine 1934er für einen gewissen Jackie ›Kid‹ Moore aus Milwaukee und eine weitere aus dem Jahre 1937. Ein Jahr zuvor wurden zwei weitere D-45S auf spezielle Order produziert und ein weiteres Paar 1937. Bis zum 9. Oktober 1942 waren alles in allem 91 Gitarren dieses Typs produziert worden, darunter eine »S« mit massivem Wirbelbrett (1937) und eine einzige Linkshänderversion 1940. 1968 nahm Martin die Produktion der D-45 erneut auf, um der erheblichen Nachfrage entsprechen zu können, und seit Ende der siebziger Jahre baut die Mandolin Bros. Ltd. in Staten Island, New York, in Kooperation mit der Martin Organisation exakte Replikate der 1939er D-45 (wiederum nur 91 Stück und wiederum mit Perlmutteinlagen und skallopierter Verbalkung). Die New Yorker Replikate kosten 2800 Dollar, Sammler originaler D-45er müssen heute 10 000 Dollar hinblättern!

Martin selbst baute 1968, von Juli an, zunächst fünf Modelle und dann, bis zum Jahresende, noch weitere 62 Stück. Die maximale Korpusbreite der D-Modelle (für ›Dreadnought‹) betrug 39,68 Zentimeter, die größte Zargenbreite maß 12,38 Zentimeter und die Mensur betrug 64,51 Zentimeter. Im Martin-Schlüssel für die Stil-Suffixe findet sich für den 45er-Stil: Korpus aus Rosenholz erster

Wahl, Fichtendecke, Ebenholzgriffbrett, Abalone-Einlagen, Firnisfinish, weiße und Abalone-Umsäumungen des Korpus, 20 Bünde insgesamt und der 14. am Körper. Die frühen 45er hatten Decken aus Sitkafichte, die Modelle nach 1968 Decken aus deutscher Fichte. Von den neuen Modellen waren insgesamt 230 aus brasilianischem Rosenholz, dann machte das brasilianische Holzembargo einen Wechsel zu indischem Rosenholz notwendig. Äußerlicher Hauptunterschied zwischen dem alten und dem neuen Modell sind die schwarzen und weißen Umsäumungen der Perlmutteinlagen. Waren diese bei den frühen 45ern noch aus Holz, so sind sie nun bei den neuen Modellen aus Plastik.

Mario Maccaferris Gitarren werden heute zumeist mit dem Namen Django Reinhardts assoziiert, der seine Maccaferri liebend gerne im zweiten Wagen mit Chauffeur hinter sich herfahren ließ. Maccaferri, der 1919 in Paris Llobet und Pujol traf, entwickelte sich in den zwanziger Jahren zum anerkannten Konzertgitarristen, der 1933 nach einem Unfall, bei dem er sich die rechte Hand brach, seine Karrière aufgeben mußte. In den späten Zwanzigern bereits – der Italiener aus Bologna arbeitete zu dieser Zeit in London – hatte er an die ersten Prototypen seiner Gitarren Hand angelegt, und schon wenig später bot ihm Henri Selmer in Paris einen Vertrag als Gitarrendesigner in dessen Instrumentenfabriken an und errichtete ihm eigens eine Werkstatt. Gegen Ende des Jahres 1932 begann die Produktion von Maccaferri-Gitarren mit drei Standardmodellen – einem klassischen, einem ›Hawaiian‹ und einem namens ›Orchestra‹. Rein zufällig entdeckte Mario, daß das Kleingedruckte in Selmers Vertrag Haken hatte: Der Franzose hatte den Italiener nur für sechs Monate angeheuert! 1933 verließ letzterer im Zorn Selmers Werkstätten: Nur knapp 30 Selmer-Maccaferris wurden somit gebaut, die meisten dieser Instrumente waren ***steelstring arch-tops***. Die Standardgitarre war über alles 97,3 Zentimeter lang, hatte eine Mensur von 63,8 Zentimetern, eine maximale Korpusbreite von 39,8 Zentimetern und eine größte Zargentiefe von 11,1 Zentimetern in der Taille. Neu an seinem Instrument waren das flache Cutaway und das D-förmige Schalloch und, vor allem, ein aufregendes Innenleben: Maccaferris Gitarre hatte im Korpus einen weiteren Klangkörper, der ultraleicht gebaut und an vier Stellen innen im Körper befestigt war. Im Schalloch befand sich eine Art ›Schild‹, der für eine optimale Schallprojektion sorgte. Der Sinn dieses internen Resonanzkörpers, der wie ein Diaphragma vibriert, ist der, die Luftsäule im Korpus zu brechen und damit ›Wölfe‹, berüchtigte Dissonanzen, zu eliminieren. Maccaferri bestand darauf, berichten Tom und Mary Evans, daß das Holz für seine Decken nicht gesägt, sondern gespalten wurde, um zu verhindern, daß die Holzfasern durchtrennt würden. Die Decken aller Maccaferri-Modelle waren aus Fichte, während die Seiten und Böden seiner Jazzgitarre aus laminiertem Rosenholzfurnier mit Fichtenkern gefertigt waren. Als Vorläufer für Grovers Roto-matic- und Schallers Mark-VI-Mechaniken, hatte Maccaferris Gitarre bereits versiegelte, gefettete Mechaniken. Ihr Hals wurde durch Aluminiumplatten verstärkt, und ein Nullbund sorgte für saubere Intonation. Sieben verschiedene Steghöhen wurden von ihm angeboten, und der Saitenhalter konnte sowohl Rollen- als auch Schleifensaiten aufnehmen. Bemerkenswert das Sustain der französischen Gitarre, das dem jeder f-Loch-Gitarre mindestens ebenbürtig war. Nur wenige dieser Instrumente existieren heute noch im Original; mit Maccaferris Segen läßt Maurice J. Summerfield für seine CSI Company von den Japanern in England hochgeschätzte Replikate bauen, in der Bundesrepublik Deutschland setzt Röder, in Paris setzen Favino und andere die Maccaferri-Tradition mit kostbaren MM-Abkömmlingen fort.

Was für Maccaferri dessen Jazzmodell, für Fender die Tele und die Strat und für Martin die Herringbones und Dreadnoughts, das ist im Bereich der akustischen Cellostil-Gitarre (arch-top) ohne jeden Zweifel die L-5, sozusagen Gibsons ›Über-Mutter‹ aller heutigen Jazz-Edelgitarren.

Zwei Jahre nach Orville Gibsons Tod am 19. August 1918 kam Lloyd A. Loar nach Kalamazoo, seines Zeichens Magister der Musik, Akustikingenieur, gefeierter Instrumentalist und gar Komponist. Und Loars unbestritten größte Leistung war die Schöpfung eben dieser L-5, einer neuen arch-top zunächst noch ohne Cutaway, die von 1924 bis 1937 produziert wurde. Hervorgegangen aus einer ›Amalgamisierung‹ der L-1 (L für Loar) und der L-3 (die, ebenfalls

seit 1924, mit dem nagelneuen von Gibsons Ted McHugh entwickelten Halsverstellstab nun L-2 und L-4 genannt wurden), hatte die L-5 nun Loars revolutionären höhenverstellbaren Steg und – nicht weniger umwälzend – statt des vertrauten runden Schallochs nun auch die f-Löcher, die diesem Gitarrentyp schließlich – auch aufgrund der gewölbten Decke – den Spitznamen ›Cello-Gitarre‹ einbrachten. Die L-5 entwickelte mit dieser neuen Konstruktion akustische Eigenschaften, die sie schnell zum Liebling unzähliger Big Band- und Orchestergitarristen machten. Das Instrument war die erste Standardgitarre mit dem 14. Bund am Körper, und in ihrem Inneren befand sich eine hölzerne Klangverstärkungseinrichtung, die unter dem Namen ›Virzi Tone Producer‹ entfernt dem Maccaferri-Konzept ähnelte (Hans Haider hat in den siebziger Jahren mit seinem Konzept eines auf- beziehungsweise untersetzbaren zweiten Resonanzkörpers einen dritten Weg der akustischen Klangverstärkung beschritten). Zwischen 1924 und 1932 war die L-5 Gibsons einzige Cellostil-Gitarre. Bemerkenswert auch, daß Loar in diesen Jahren bereits erfolgreich einen elektrisch verstärkten Kontrabaß vorführen, seine Brötchengeber aber nicht davon überzeugen konnte, daß die Zeit damit auch reif geworden war, eine elektrisch verstärkte Gitarre zu produzieren. Zusammen mit zwei Kollegen verließ er darum das Unternehmen und gründete mit ihnen seine Vivi-Tone Company, die sich fortan auf den Bau elektrischer Instrumente spezialisierte. Trotzdem: 1931 war aus der 1924 geborenen, damals noch eher schlichten L-5 eine schmucke Jazzlady geworden, die in jeder Hinsicht der drei Jahre später erscheinenden Edeljazzgitarre Super 400 den Weg ebnete, ein Gerät, das die damals horrende Summe von 400 Dollar kosten sollte. Die L-5 jedenfalls wies nun einen feinsten gemaserten Ahornkorpus und -hals auf, das Griffbrett war mit Perlmuttblöcken verziert, und alle Metallteile waren vergoldet.
1937 kam dann die L5C, ein Mitglied der ›Advanced‹-Jazzfamilie mit einem über 43 Zentimeter breiten Körper und einem Volumen, das sie in kürzester Zeit zu dem begehrtesten Modell der Dance-Hall-Gitarristen machte. Das Instrument hatte einen 53,34 Zentimeter langen Körper, war maximal 8,57 Zentimeter hoch, hatte 20

Bünde und eine Mensur von 64,77 Zentimetern. Es hatte nun auch einen venezianischen (runden) Cutaway, während die 1951 erscheinende L5CES wahlweise venezianisch oder florentinisch geliefert werden konnte. Die 5C wird wie die CES noch heute produziert, Varianten wie die L5CESN, die L5-CN und L-50 waren noch Anfang der siebziger Jahre im Gibson-Programm.
Daß es bei ›normalen‹ Gitarren allein nicht bleiben konnte, verwundert im Rückblick auf den Beginn und Verlauf der ›Gitarrenexplosion‹ seit den fünfziger Jahren kaum. Man baute auf den revolutionären Neuerungen der dreißiger und vierziger Jahre auf, konnte gewissermaßen sorglos an die Entfaltung des Spieltriebs gehen, und heute gibt es eine Vielzahl recht ungewöhnlicher Instrumente, von denen einige wenigstens genannt sein sollten. Erwähnt sind bereits McLaughlins Dronen-Gitarre, Hans Haiders Lautarre, Bola Setes Lutar, Eddie Condons Viersaiter und auch Göran Söllschers elfsaitige Bolin. Aus Prag kam im vorigen Jahrhundert die kleinste ehedem spielbare Gitarre der Welt, ein 6,6 Zentimeter langes Fichtenholz-Instrument, das sich heute im Besitz des Münchener Sammlers Marcel Ritter befindet. In Lancaster (Pennsylvania) baute Bob Scruff, der Chefdesigner der Crescendo Guitar Company, für den Film »King Kong Meets Elvis Presley« (1978) die größte Westerngitarre der Welt, ein Ungetüm, das, mit Spezialsaiten gerüstet, von einem dreieinhalb Meter großen Kunstgorilla tatsächlich gespielt werden kann: Ihr Hals ist fast so breit wie der Kopf von Orson Welles. Über drei Meter lang und 172 Kilo schwer ist die größte elektrische Gitarre der Welt, ein Doppel-Cutaway-Gigant, der von der Odyssey Guitar Co. im kanadischen Vancouver gebaut wurde. Und die teuerste Gitarre von Standardformat, so vermerkt Guiness' Buch der Rekorde, ist des berühmten Jacob Stadlers chitarra battente von 1624, die am 12. Juni 1974 für lumpige 10500 Pfund bei Christie's in London in Privathand gelangte. John Veleno hat sich in seiner Fabrik in Florida exklusiv auf die Produktion von Ganz-Aluminiumgitarren spezialisiert; Dan Armstrong experimentiert mit Plexiglasgitarren; John Pearse ist im Besitz einer 1977 von den Hoyer-Ingenieuren Thomas Stenger und Roger Field entwickelten Klappgitarre. Ihr Hals konnte dank eines Rollensystems am Oktav-

bund eingeklappt werden, ohne die Besaitung in irgendeiner Weise zu beeinträchtigen: Die Saitenspannung bleibt in geklapptem Zustand erhalten. Ivor Darreg und andere experimentieren seit Jahren mit austauschbaren Griffbrettern, die das herkömmliche Zwölftonsystem sprengen; der Sarod-Spieler Vasant Raj spielt daheim eine bundlose Metallhals-Gitarre; Peter Lang nennt eine vierunddreißigbündige Bozo sein eigen; ›The Touch‹ ist ein Instrument ohne Saiten(!), bei dem die Töne durch Sensorkontakte ausgelöst werden; Don Felder hat sich eine ›Fender-style double-neck‹ gebaut, und McLaughlins erste Versuche mit skallopierten Bünden fanden auf einer speziellen ES-335 statt; auch Ovation bietet bundlose Instrumente an; die Firma Intonation Systems in Fairfield (Indiana) bietet zwischen 50 und 100 Dollar das Stück Austausch-Griffbretter an, mit denen Spieler enharmonisch und ethnisch experimentieren können. Rick Nielsen (* 1948), Amerikas populärster Sammler extravaganter Stücke, hat sich auf zum Teil merkwürdige Hamer-Exemplare spezialisiert: Unlängst posierte der Cheap-Trick-Gitarrist mit einem Hamer-Ungeheuer mit sage und schreibe fünf Hälsen: einem zwölfsaitigen, drei unterschiedlichen sechssaitigen (darunter einem mit Vibrola-Arm) und einem bundlosen Hals. Eine bundlose Einhals-Hamer spielt zuweilen auch Andy Summers, Leadgitarrist der Gruppe Police. BC Rich bietet in seinem Programm eine zehnsaitige Gitarre an, dann den achtsaitigen Bitch Bass und eine 12/6er Doppelhals. Bemerkenswert im allakustischen Programm von Alvarez-Yairi sind eine Konzertgitarre mit 6/12er-Doppelhals und ein neunsaitiges Instrument mit 3/6er-Mechanik. Erlewine in den USA baute unter anderem für die Willy Nelson Band eine ›Werbegitarre‹, die auf ihrem ungewöhnlichen, wappenförmigen Korpus grelle Reklame für die Biersorte Lone Star machte. Aus derselben Werkstatt kommt die Chiquita ›Travel Guitar‹, ein winziges Ding, das in jede Aktentasche paßt und mit Kopfhörer in Flugzeug, Bus oder Bahn gespielt werden kann und 1981/82 aus der Werkstatt der Firma Höfner eine deutsche Entsprechung erhielt. Linkshänder-Versionen sind da noch das vergleichsweise Unaufregendste am Markt. Der Jazzgitarrist Billy Mackel (* 1912) ist nur einer von Aberdutzenden ›southpaws‹. Gibson, so wurde bekannt, baut pro Jahr zu fünf

Prozent Linkshänder-Gitarren, Ovation verkauft pro Jahr zwischen 15 und 20 Linksmodelle, Carvin gibt die gleichen Zahlen an, Kramer allerdings schätzt den Linksanteil seines Programms auf noch weniger als fünf Prozent. Die meisten Firmen liefern freilich nicht prompt, sondern pflegen zu warten, bis eine genügend große Zahl von Linkshänder-Bestellungen eingegangen ist. Hilfe bietet frustrierten Linkshänder-Gitarristen Tom Turrisi mit seinem Left Hand Guitar Club (in 6615 Backlick Road, Springfield, VA 22150, USA). Er gibt Ratschläge und verschickt auf Mail-Order-Basis so gut wie alles, was es an Linkshänder-Gitarren gibt – wenn es sein muß, sogar 1957er Les Paul gold-tops!
Zwei fünfsaitige Modelle bot Martin an – 1929 eine 1-18P und zehn Jahre später eine 1-17P. Stückzahl pro Typ: je eine! Bereits 1902 hatte dieselbe Firma zwei zehnsaitige Modelle produziert, nämlich die 000-21 (zwei Stück) und die 000-28 (ein Stück). Ein Exemplar der siebensaitigen 000-45 fand 1911 seinen Besitzer – den unbekannten Vorläufer von George van Eps, Vater, Sohn und Tochter Pizzarelli und Juraj Galan sowie Griffbruder vieler siebensaitig spielender Russen, die ihr Instrument zumeist nach G-Dur offen (D, G, H, d, g, h, d') stimmten: unter anderen die gebürtigen Tschechen und Wahlrussen Andreas Sichra (* 1773, † 1850) und Ignatz Held, dann Siemion Aksjonow (* 1784, † 1853), Ladislaus Morkow (* 1801, † 1864), Fjodor Zimmermann (* 1808, † 1877), Wasil Sarenko (* 1814, † 1881), Michael Wissotski (* 1791, † 1837) und Ilia Sokolow, später Alexander Solowiow (* 1856, † 1911), Walerian Rusanow (* 1866, † 1919) und die hochbeliebten Amateure Ivan Klinger († 1897), der Notar Julius Stockman (* 1839, † 1905) und der Arzt Siergiej Sajaitzki (* 1850, † 1910); im 20. Jahrhundert die Siebensaiter spielenden Vladimir Maškewič (* 1888, † 1971), Wasil Juriew (* 1881, † 1962), Michael Iwanow (* 1889, † 1953) und die späteren ›Sechs-Saiten-Konvertiten‹ Peter Isakow (* 1886, † 1958) und Arsenij Popow (* 1892, † 1977).
Eine der sicherlich bemerkenswertesten Novitäten im Bereich neuer Gitarrentechnologien dürfte eine Erfindung sein, die sich ›The Stick‹ nennt, zehn Saiten, 25 Bünde und keinen Korpus mehr hat und dem Erfindungsgeist des Amerikaners Emmett Chapman (* 1938) ent-

stammt. Das Ding existiert im Prinzip seit 1971, ist die Serienversion des sogenannten ›Prototype II‹ (›Prototype I‹ sah noch einigermaßen gitarreähnlich aus) und wirft so ziemlich alles über den Haufen, was man bislang mit Begriffen herkömmlicher Gitarrenspielkunst assoziiert haben mag. 1974 hatte Emmett insgesamt sechs ›Sticks‹ gebaut, die bereits verkauft waren, als er sie noch gar nicht auf der Werkbank hatte. Zu den bekanntesten ›Stick‹-Protagonisten gehören die beiden Gitarristen der Rockgruppe Kittyhawk, Paul Edwards (* 1948) und Daniel Bortz (* 1949) aus Los Angeles ebenso wie der klassische belgische Gitarrist Bart Carette, der Jazzrocker Jamie Glaser und der Klassikgitarrist David Torres, beide aus Boston. Das Revolutionäre am ›Stick‹ ist zunächst, daß er auf Berührung, auf bloßes Antippen der Saiten so reagiert, daß der Spieler wie ein Pianist mit allen zehn Fingern gleichberechtigt auf ihm spielen kann. Die Besaitung lautet E, A, D, G, C, Fis, H, E, A, D – wobei die Saiten von E(10) nach C(6) tiefer und von C(6) nach D(1) wieder höher werden. Das Instrument (US-Patent Nr. 3833751 beziehungsweise 3868880) verfügt über einen Stereo-Output, regulierbare Pickups, einen Gummidämpfer unter der neunten und zehnten Saite, um sie vom Volumen her den anderen Baßsaiten anzugleichen und eine das Spiel nicht beeinflussende Samtdämpfung zwischen allen Saiten und dem 1. Bund. Zwei nichtregulierbare ***truss rods*** geben dem Griffbrett die Stabilität, die es braucht, damit die Saitenlage extrem niedrig gehalten werden kann. Die Saitenhalterung besteht aus einem System von zehn Schlitzen. Beim Bau des Instruments kommen südamerikanische und afrikanische Harthölzer zur Verwendung. Erschöpfende Auskünfte über den ›Stick‹ und die Kunst, ihn zu spielen, gibt allen Interessierten eine Anleitung mit dem Titel »Free Hands – A New Discipline of Fingers on Strings« (1980), verfaßt von Chapman selbst und beziehbar über seine Stick Enterprises, Inc., 8320 Yucca Trail, Los Angeles, CA 90046, USA.

Begriffslexikon.

A: die fünfte Saite der normal gestimmten spanischen Gitarre (E, A, d, g, h, e'). Daher auch häufig als eingekreiste ⑤ notiert. Klingt wie alle Saiten eine Oktave tiefer als notiert.

a: im klassischen Fingersatz für ›anulus‹ (= Ringfinger der rechten Hand) → Fingersatz.

Abdämpfen (englisch: damping, muting): das Dämpfen der Saite(n) mit Handballen, Fingern oder Hilfsmitteln wie dem → Van-Eps-Damper, um die Saite am freien Ausschwingen zu hindern. → auch pizzicato.

Abecedario → Alfabetto.

Abriß (Abziehen, Abzug; englisch pull-off, snapping off): eine Bindungstechnik von Tönen auf einer Saite. Ein Ton wird angeschlagen und der nächsttiefere durch Abziehen des Fingers zum Klingen gebracht.

Abziehen → Abriß.

Abzug → Abriß.

action: ganz allgemein die englische Bezeichnung für die Saitenlage, also die Höhe der Saiten über dem Griffbrett.

adjustment wheel: englische Bezeichnung für ein, zwei oder in seltenen Fällen gar drei Einstellrädchen in modernen Stegen, mit deren Hilfe die Saitenlage (→ action) reguliert werden kann; vor allem auf → solidbodies und Jazzgitarren.

after hours session: englische Bezeichnung aus dem Jazzmilieu für spontane Zusammenkünfte von Berufsmusikern nach Dienstschluß, um miteinander (improvisierend) zu spielen.

A-Gitarre → Quart-Gitarre.

Akkord: eine nach bestimmten Gesetzen der klassischen oder der modernen Harmonielehre erzeugte Gruppe zusammenklingender Töne wie z. B. im Dur-Dreiklang, Mollseptakkord, aber auch im → two tone comping chord.

Akkord-Diagramm (englisch: chord chart): eine graphische Darstellung von Akkorden ohne Noten, in der Striche die Saiten sowie Bünde und Punkte die Positionen der Finger angeben. → auch Fingersatz.

Alfabetto (Abecedario): eine vor allem im 17. Jh. übliche, besonders in Italien und Spanien praktizierte Akkordnotation, bei der bestimmten Akkorden Buchstaben zugeordnet wurden, die jedoch nicht mit der Tonartbezeichnung identisch waren.

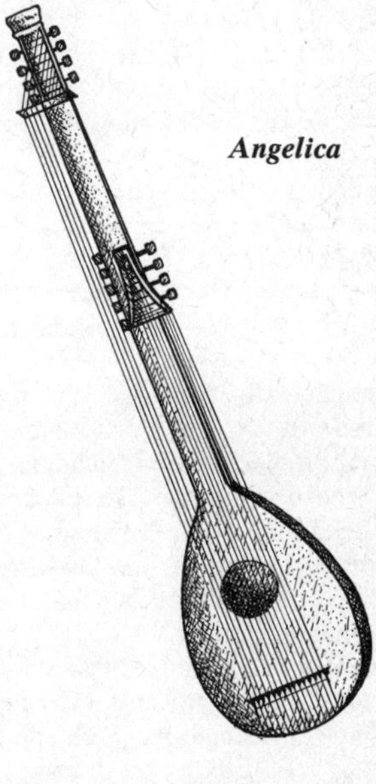

Angelica

alternating bass → Wechselbaß.

Altgitarre: Gitarre mit kürzerer Mensur in der Stimmung d, g, c′, f′, a′, d′′.

Amp: international gebräuchliches Kürzel für das englische Wort *amplifier* für Verstärker. → auch Preamp.

Angelica (Engelsgitarre, französisch: angélique, guitare angélique): eine zumeist kleinere theorbenartige Laute in diatonischer Stimmung mit 16 bis 17 Saiten: 8 Bordunen (C, D, E, F, G, A, H, c) und 8 bis 9 Griffsaiten (d, e, f, g, a, g, c′, d′, d′′).

apinado: eine Variante des rasgueado-Anschlags mit Daumen und Zeigefinger, bei der der Daumen mit der Innenseite die tiefen und der Zeigefinger dem Daumen entgegen die höheren Saiten ›wischt‹ (→ brushing).

apoyando (Melodieanschlag): der sogenannte gestützte Anschlag, bei dem der anschlagende Finger der rechten Hand auf einer benachbarten Saite zur Ruhe kommt (sich aufstützt).

arm. (harm., flag.): Spielanweisung für ein natürliches → Flageolett.

arch-top: englische Bezeichnung für gewölbte → Decke. Kurzbezeichnung für Gitarren mit celloähnlich gewölbtem Korpus (daher auch ›cello-guitar‹). In aller Regel für Jazzgitarren.

arpeggio: italienische Bezeichnung für harfenartig (arpa = Harfe). Spieltechnik, mit der die Töne eines Akkords nicht schnell und auf einmal gespielt, sondern nacheinander angeschlagen werden.

Arpeggione (Kniegitarre, französisch: guitare d'amour): ein Typ sogenannter Streichgitarren, die alle die

Arpeggione

charakteristischen Merkmale der Gitarre aufweisen, aber über einem gewölbten Griffbrett mit dem Bogen gespielt wurden. Hauptsächlich im 19. Jh. in Mode, nicht zu verwechseln mit der → guitarra arpa. Varianten sind die *guitare d'amour,* die *Kniegitarre* und die *Bogengitarre.*

attack: englische Bezeichnung ganz allgemein für den Anschlag, heute aber fast ausschließlich für den Plektronanschlag bei elektrischen Gitarren.

Aufschlag (englisch: hammer-on): im Gegensatz zum Abriß eine aufsteigende Bindetechnik, bei der ein Ton gegriffen, angeschlagen und durch schnell folgendes Aufsetzen eines anderen Fingers auf einen höheren Bund derselben Saite ein höherer Ton zum Klingen gebracht wird.

B, b: im deutschsprachigen Bereich der Halbton zwischen H (h) und C (c). Im Englischen und jetzt zunehmend auch im Deutschen jedoch statt H (h) gebraucht, wobei das deutsche B (b) dann als B^b (b^b) notiert wird.

Backup: englische allgemeine Bezeichnung für das Begleitspiel, vor allem von Rhythmusgitarristen.

Backup-Gruppe: englische Bezeichnung für die Begleitgruppe (Rhythmusgruppe) für ein Soloinstrument.

Balken (englisch: brace, strut): Holzstreben an den Innenflächen von Resonanzboden und -decke. Die Aufgabe der Deckenbalken ist, die Decke gegen die Saitenzugkräfte resistent zu machen und die Dekken-Schwingungsfähigkeit zu optimieren.

Bandura: russisches Lauteninstrument mit ovalem Korpus, 6–8 Melodiesaiten und bis zu 40 weiteren unverkürzbaren Freisaiten. Die *Bandura panskaja* (herrschaftliche Bandura) hatte 15 Saiten und zwei Wirbelkästen.

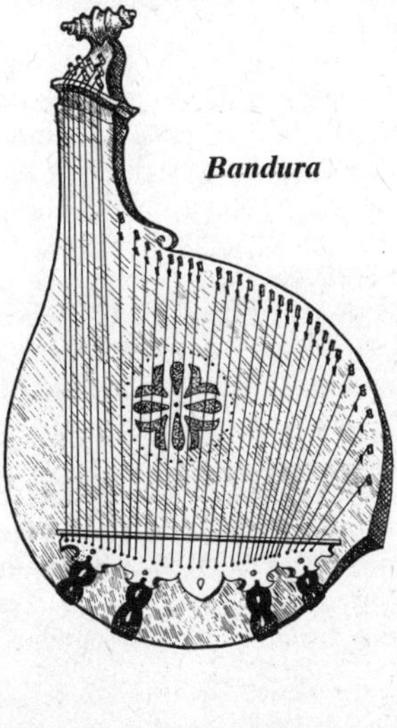

Bandura

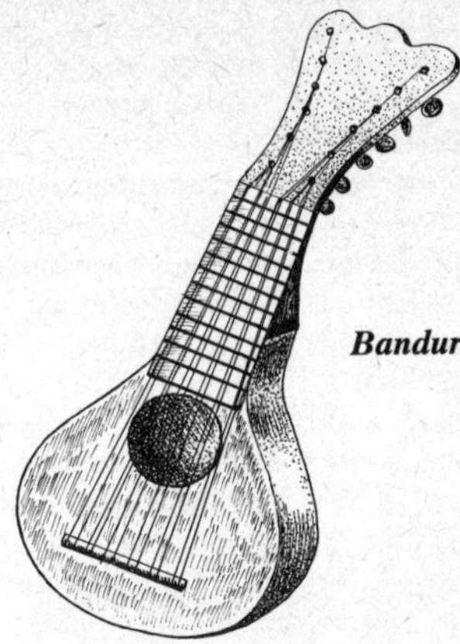

Bandurria

Bandurria: spanische Diskantcister mit doppelchörigem Bezug und 12–14 Bünden. Wird mit dem Plektron gespielt. Bereits für das 14. Jh. belegt.

bar: englische Bezeichnung für 1.) Takt; 2.) den → slide-bar, das beim steel- oder slide-Spiel benutzte Metallstück in der linken Hand, mit dem über die Saiten gefahren wird (→ auch bottleneck), und 3.) für größere → Balken.

Barré: eigentlich französische Bezeichnung für ›versperrt‹. Im übertragenen Sinn jene Greiftechnik, bei der zumeist der Zeigefinger der linken Hand so über mindestens drei, oder alle Saiten gelegt wird, daß er gewissermaßen die Funktion eines verschobenen → Sattels oder eines → Kapodasters übernimmt und die Erhöhung von Akkorden in beliebige Lagen ermöglicht. In der Notation durch *L* und eine römische Ziffer für die Lageangabe gekennzeichnet, in → Akkord-Diagrammen durch einen über mehrere Saiten führenden Balken.

bass: im Englischen ganz allgemein für die zwei, drei tiefsten Saiten der Gitarre verwendet. → walking bass, → Wechselbaß.

Baßgitarre (englisch: bass guitar, electric bass): in der modernen Musik grundsätzlich Bezeichnung für einen viersaitigen Baß in der Form einer solidbody electric. Traditionell die Bezeichnung für eine Gitarre mit größerem Korpus und einem bundlosen zweiten Hals (→ fretless), über den zwischen fünf und zwölf freischwingende Baßsaiten gespannt sind (→ Bordun), die über einen zweiten → Wirbelkasten fest eingestimmt werden. Besonders prominent z. B. in der Wiener Schrammel- und der Bayerischen Stubenmusik.

beat: englische Bezeichnung für den Schlag im Takt, auch für eine in den sechziger Jahren besonders populäre, rhythmisch stark betonte Musik.

Bebung: ältere Bezeichnung für → Vibrato.

bending: englische Bezeichnung für das (Hoch-)Ziehen einer Saite im allgemeinen quer zum Griffbrett in beliebiger Lage. Auch *positive bending* genannt. Das *negative,* also nach unten führende *bending* wird dagegen erzielt, indem man eine Saite zieht, dann anschlägt und während ihres Ausklingens die Spannung wieder vermindert (→ Tremolo-Arm, → tremolo tailpiece). Bendings sind besonders in Blues und Jazz beliebt; auch in bestimmten Rock-Stilen.

Bigsby → Tremolo-Arm, → tremolo tailpiece.

Biwa: japanisches Lauteninstrument (Baßlaute) chinesischer Herkunft (→ Pipa), mit birnenförmigem Korpus, kurzem Hals, langen seitenstandigen Wirbeln, 2–3 Bünden und 4–6 Saiten. Wird mit dem Plektron gespielt. Die Biwa ist seit dem 9. Jh. v. a. als Orchester- und Begleitinstrument für Vokaldarbietungen bekannt.

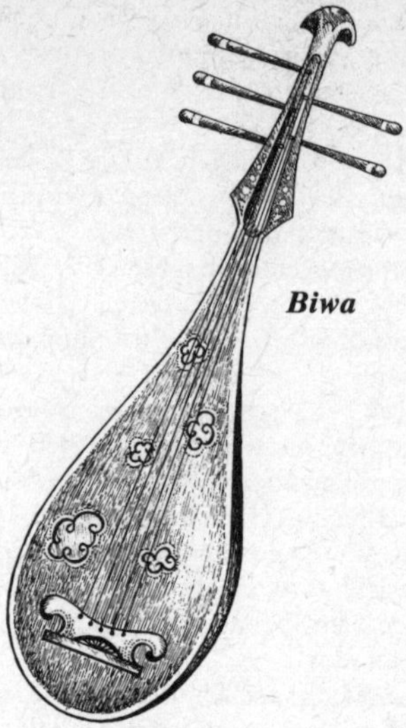

Biwa

Boden: der untere, im allgemeinen achtförmige Teil der Gitarre, der der Decke auf der anderen Seite des Zargens gegenüberliegt. Ganz allgemein die Unterseite des Instruments.

Bodenblättchen: die Erweiterung des Bodens in Richtung Hals in Form der Unterseite des → heel, um die Verbindung von Hals und Korpus zusätzlich zu kräftigen.

Bogengitarre → Arpeggione.

Bordun (Bordunsaite): neben dem Normalgriffbrett zwischen einem gesonderten → Wirbelkasten und Steg(-teil) entweder frei oder über einem zweiten, zumeist bundlosen

Hals schwingende Baßsaite, die leer angeschlagen und zumeist von der tiefsten Normalgriffbrett-Saite aus in diatonischer Folge abwärts gestimmt wird.

bottleneck: ursprünglich englisch für Flaschenhals, in der Gitarristik gebraucht für ein Metall-, Plastik- oder Glasröhrchen, das auf dem 3. oder 4. Finger aufgesetzt → slide-Spielweisen ermöglicht wie der → bar. Als *bottlenecking* die Bezeichnung für diesen Spielstil.

brace → Balken.

bracing: englische Bezeichnung für die Verbalkung von Decke und Boden der Gitarre.

break: im Englischen ursprünglich Pause, ist der break ein Stilmittel, das seinen Ursprung im gitarrebegleiteten Solobluesgesang hatte. Der Sänger überbrückte den Übergang von Strophe zu Strophe durch ein kurzes Instrumentalinterludium, um Luft zu schöpfen und sich auf Stimmung und Text der nächsten Strophe zu konzentrieren. Im Jazz, zuweilen auch im Rock, bedeutet der break ein meist längeres Aussetzen des ansonsten durchgeschlagenen → beat von Teilen oder der gesamten Rhythmusgruppe.

breaking point → Bruchpunkt.

bridge → Steg.

bridge-bone → Sattel 2.)

Bruchpunkt: jener Punkt, bis zu dem die Saite gerade noch angespannt werden kann, bevor sie reißt.

brush stroke (brushing, brush-backing): englische Bezeichnung für die Spielweise, bei der ohne viel Kraftaufwand die offene Hand auf- und abwärts über die Saiten ›wischt‹.

Brust → Taille.

Cejilla: spanische Bezeichnung für den → Kapodaster.

cello guitar → arch-top.

chanterelle: im Französischen die Sangsaite; im Spanischen *cantino* genannt. Früher die einfach besetzte, für gewöhnlich höchste Melodiesaite auf Laute und Gitarre.

cantino → chanterelle.

charango (Schrumpfgitarre): kleines Gitarreninstrument, das vor allem in Ecuador, Bolivien und der nordwestlichen Andenregion Argentiniens von Indios gespielt wird. Hauptmerkmal ist sein Korpus aus dem Panzer des Armadillo, eines Gürteltieres. Die Normalstimmung der fünf Chöre ist e′e′, aa, ee′, cc, gg.

chitarra battente: italienische Bezeich-

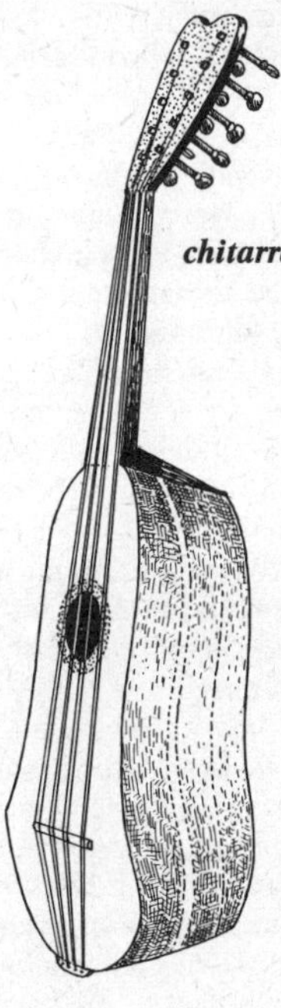

chitarra battente

nung für die traditionelle Schlaggitarre (französische Bezeichnung: guitare à la capucine). Mit dem Plektron gespielt, gilt sie als Vorläufer der neuzeitlichen Gitarre, die vor allem im 17. und 18. Jh. in Italien, aber auch auf dem Balkan beliebt war. Der Korpus ähnelt mit seiner nur schwachen Taillierung (Einschweifung) dem der → Vihuela, der Boden ist stark gewölbt, die Zargenhöhe groß. Die Bespannung war, je zwei-dreichörig, meist fünf-, manchmal auch siebensaitig.

chitarra contra terza: italienische Bezeichnung für eine → Primgitarre mit 6 → Bordunen und ebenso vielen Griffsaiten. Das Instrument ist gestimmt wie die → Terzgitarre, jedoch eine Oktave tiefer als diese.

chitarra decacorde → Decachord.

chitarra italiana → chitarrina.

chitarra spagnuola → Spanische Gitarre.

chitarra teutonica → Chrotta.

chitarrina (chitarrino, chitarra italiana): italienische Bezeichnung für eine vier- bis fünfsaitige, mehrchörige neapolitanische Variante der Gitarre des 17./18. Jahrhunderts.

Chitarrone: italienische Baßlaute, auch römische → Theorbe, unterscheidet sich von dieser hauptsächlich durch den über den 1. Wirbelkasten geradlinig verlängerten Hals mit dem 2. Wirbelkasten für die Bordunsaiten (Gesamtlänge bis zu 2m). Im 17./18. Jh. als Generalbaßinstrument gebraucht.

chord chart → Akkord Diagramm.

chord melody playing: im Englischen die Bezeichnung für einen hauptsächlich im Jazz praktizierten Spielstil, bei dem auf → singlenotes verzichtet und eine Technik angewandt wird, in der die Obertöne aneinandergereihter Akkorde die gewünschte Melodie ergeben.

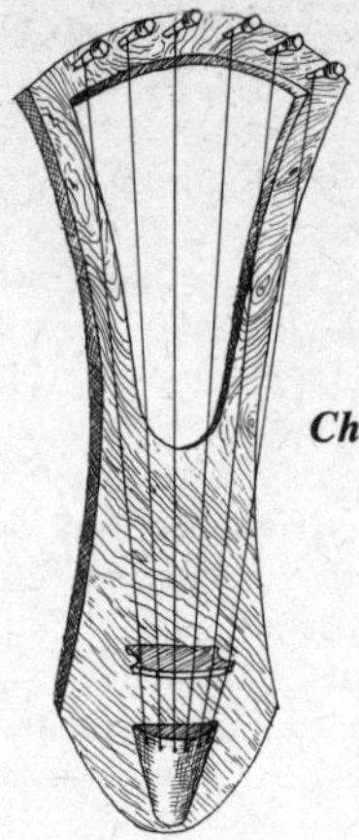

Chrotta

chord voicings: im Englischen die Bezeichnung für die Schichtung der Töne, aus denen ein Akkord besteht (Umkehrungen) bzw. dafür, was für ein Akkord bei verschiedenen Möglichkeiten wann gewählt wird (z.B. $C^{7/9}$ statt C, $E^{b}j^{7}$ statt E^{b6}). → dropped tone system.

Chrotta (Rotta, Rotte, Chrota, chitarra teutonica): allgemein die Bezeichnung für ein im frühen Mittelalter gebräuchliches leierartiges Saiteninstrument, das entweder mit dem Bogen gestrichen, gezupft oder mit Plektren angerissen wurde. Es hatte entweder einen ovalen oder achtförmigen Korpus, zwei durch einen Querstab verbundene Jocharme oder einen Jochbogen und Bordun- wie Melodiesaiten. Die keltische Variante *Crwth* war noch bis ins letzte Jahrhundert hinein in Gebrauch.

circle picking: englische, vermutlich auf Roy Buchanan zurückgehende

Bezeichnung für eine kreisförmige Bewegung der Plektronhand über der zu spielenden Saite, durch die die Saite(n) in stets alternierenden Winkeln und mal von der einen, mal der anderen Seite des Plektrums getroffen wird, um auf diese Weise Tempo zu gewinnen.

Cister (Sister): Zupfinstrument mit birnenförmigem Korpus und flachem Zargen, der zum Unterbügel hin abnimmt; gilt mit ihren vier- bis zwölfsaitigen, jeweils doppelchörigen Bezügen als aus der mittelalterlichen Zupffiedel hervorgegangener wichtiger Übergangstyp zwischen Laute und Gitarre mit großer Vielfalt an Formen und Dimensionen *(Baß-, Erz-, Theorbencister)*. Ihr → Steg ist flach, die Saiten am Unterbügelzargen wurden mit Nägeln festgehalten, und die Bünde waren im allgemeinen in Metall eingefaßt. → guitare anglaise, → Pandora.

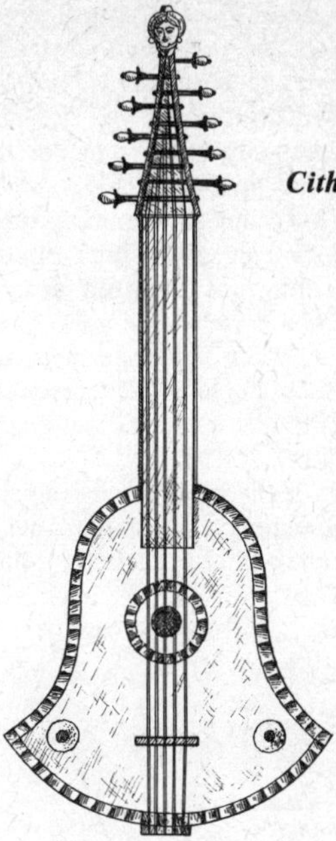

Cithrinchen

Cithrinchen: das kleinste Mitglied in der Familie der Cistern; meistens mit fünfsaitigem, mehrchörigem Bezug und in der Sonderform des *Hamburger Cithrinchens* mit einem nicht runden, sondern glockenförmig ausgestellten Unterbügel.

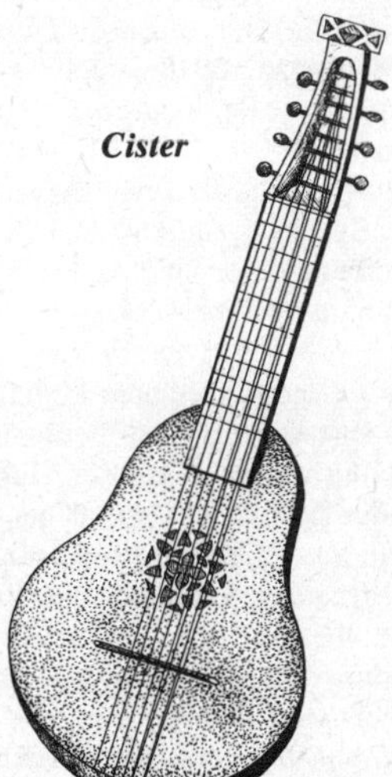

Cister

close harmony singing (close harmony playing): im Amerikanischen ein reiner Jazzterminus, der, vokal orientiert an Techniken wie die der Modernaires, der Hi-Lo's oder der Four Freshmen und instrumental etwa an der Satzweise der berühmten Saxophongruppe der Four Brothers, im Gesamtklang akkordische Stimmführungen meint, bei denen jedes Mitglied solch einer Gruppe je einen Bläserpart übernimmt, wie er in Big Bands angelegt wäre. Im Vokalquartett z.B. entspricht eine

Stimme der Posaunensektion, zwei übernehmen Saxophonsektionen und eine die Trompetensektion.

Cobză → Kobsa.

Colascione: Zupfinstrument der Lautenfamilie mit wechselnder Saitenzahl (2–6) und einem charakteristischen langen Hals mit Bünden. Wird mit dem Plektron gespielt. Der Colascione wurde vom 16.–18. Jh. v. a. in Süditalien gespielt, fand aber auch Eingang in Deutschland; im Norden v. a. als Generalbaßinstrument.

comping: englische Bezeichnung einer Begleittechnik, die anders als im herkömmlichen → backup im Interesse musikalischer Spannung nur noch wenige (z. B. einmal pro Takt) akkordische Akzente setzt und das Durchhalten des metrisch-rhythmischen Gefüges etwa dem Baß und dem Schlagzeug überläßt.

comping chords: die im comping verwendeten Akkorde, zu denen auch die *two note comping chords* gehören können, Akkorde, die aus nur noch zwei Tönen bestehen (Barney Kessel, Lenny Breau) und für deren harmonische Komplettierung andere beteiligte Instrumente wie etwa der Baß sorgen.

Corpus (Korpus): der Körper der Gitarre, bestehend aus Decke, Zargen, Boden, Balken, End- und Kopfblock sowie Steg. Viele moderne elektrische → solidbodies haben keine Zargen mehr, weil der Übergang von Decke zu Boden fließend, d. h. gerundet ist. Im allgemeinen ist der Korpus der Resonanzkörper des Instruments, dessen akustische Qualitäten durch die Verbalkung (→ bracing) oder auch durch Resonatoreinsätze wie bei Dobros oder bei der Maccaferri optimiert werden können.

cross fingering technique: amerikanische Bezeichnung, die für die Beschreibung einer Spieltechnik Django Reinhardts entwickelt wurde. Da Reinhardts beide letzte Finger der linken Hand nach einem Unfall verkrüppelt und nur noch bedingt einsatzfähig waren, hatte der Gitarrist aus der Not eine Tugend gemacht und in bestimmten problematischen Spielsituationen Finger der linken Hand über Kreuz gelegt, um so sein Handicap auszugleichen.

cross rhythm playing: englische Bezeichnung für eine Art des Rhythmusspiels, bei der unterschiedliche

Colascione

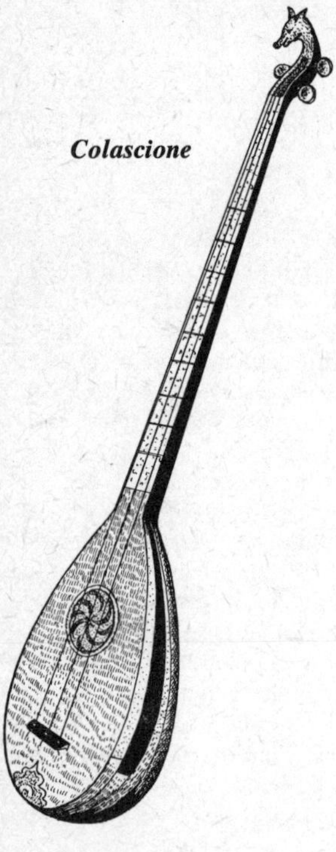

Metren auf geschickte Weise abgewechselt oder übereinandergeschichtet werden.

Crwth: keltische Variante der → Chrotta.

cuatro: eine vor allem in Venezuela gespielte kleinere Folkloregitarre mit vier Einzelsaiten.

Cutaway: englische Bezeichnung für Aussparungen im Oberbügel, um das Greifen höchster Lagen zu erleichtern. Ursprünglich befand sich ein Cutaway in der Höhenseite (→ treble side) der Gitarrenschulter *(single cutaway)*. Moderne Gitarren können auch → double cutaways aufweisen, die aber, anders als z. B. bei → Wappengitarren, nicht immer symmetrisch sein müssen (vgl. Fender Stratocaster, Ibanez Destroyer). Bei Jazzgitarren unterscheidet man im allgemeinen zwischen florentinischen (spitzkantig auslaufenden) und venezianischen (rund auslaufenden) Cutaways.

damping → Abdämpfen.

Decachord: allgemeine Bezeichnung für eine Gitarre mit zehn Saiten, daher breiterem Griffbrett und oft auch größerem Korpus. Der Decachord, zu Beginn des 19. Jhs. zuerst in Frankreich verwendet, hatte noch sechs Griffbrett- und vier Bordunsaiten. Normalstimmung (von oben nach unten): e', h, g, d, A, E, C, B, A^b, G^b. Bekanntester Decachordist heute ist Narcisco Yepes.

Decke (englisch: top, table): die Oberseite des Resonanzkörpers, die bei vollakustischen Gitarren für gewöhnlich aus schalldurchlässigerem Holz als der Rest des Korpus besteht und schon deshalb mit einem oft komplizierten System von → Balken (→ bracing) versehen werden muß. *Flat-tops* sind bei klassischen, bei Folk- und Westerngitarren üblich und flach, *arch-tops,* bei Jazzinstrumenten üblich, sind celloartig aufgewölbt. Vollakustische Gitarren haben ein oder auch mehrere runde oder neuerdings auch schlitzförmige Schallöcher oder f-Löcher wie Geigen, Bratschen und Celli. Immer mehr setzt sich aus statischen Gründen auch (wie bei Maccaferri oder Gibsons Howard Roberts Modell) das ovale Schalloch durch, während bei halbakustischen Gitarren (Gibson ES-335) wiederum das f-Loch bevorzugt wird. Elektrische → solidbodies haben, weil sie hier überflüssig sind, keinerlei Schallöffnungen mehr.

Delay unit (Memory): englische Bezeichnung für ein Gerät, das ohne Zuhilfenahmen mechanischer oder anderer Einrichtungen (wie Tonbandschleife o. ä.) das hereinkommende Tonsignal zwischen einem Register und dem nächsten so kontrollieren kann, daß es z. B. zwischen fünf und über 300 Millisekunden verzögert (delayed) werden kann. → Echogerät.

dirty notes: englische Bezeichnung für ›schmutzige‹ Noten, im allgemeinen auch *blue notes* genannt; aus dem Jazz stammende Töne wie z. B. die Moll-Terz in Dur, die ›flatted fifth‹ oder die kleine Septime im Grundakkord (Tonika) oder Subdominantakkord.

Dobro: 1.) zusammengezogenes Kürzel für ***Do***piera ***Bro***thers, die Begründer der Tradition eines speziellen Typs der → Resonatorgitarre; 2.) die Gitarren aus ebendieser Firma; 3.) heute Bezeichnung für jede Resonatorgitarre, die nach dem Dobro-Prinzip gebaut ist.

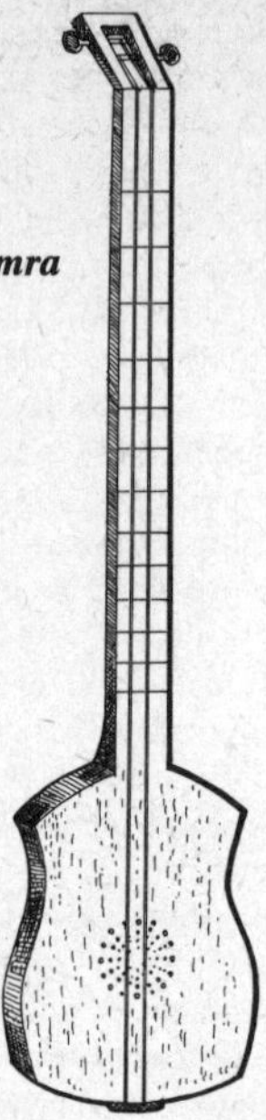

Domra

Domra (Dombra, Dumbra): russische Laute mit langem Hals, ovalem Korpus und 3 Saiten in Quartstimmung; Spielart mit Plektron (wie bei der Balalaika), als deren Vorgänger sie gilt. Im 16./17. Jh. in Rußland als Soloinstrument verbreitet, wird die Domra heute meist chorisch gespielt (6 Größen, auch 4 Saiten in Quintstimmung), in der Volksmusik eingesetzt.

Doppelhalsgitarre (englisch: double-neck, twin-neck): allgemeine Bezeichnung für ein Gitarreninstrument mit zwei Hälsen wie bei der traditionellen → Baßgitarre. Heute gibt es eine Vielzahl von Halskombinationen wie etwa das 1954er ›Joe Maphis‹-Modell von Semie Mosrite mit einem normalen Sechssaitenhals und einem kürzeren Sechser-Hals mit halb so langer, also eine Oktave darüberliegender Mensur; Kombinationen von 6 plus 12 oder auch 6 oder 12 plus 4 Baßsaiten. Experimentiert wurde auch mit → Dreihalsgitarren wie auch mit Vier- und gar Fünfhalsmodellen (Rick Nielsens Hamer).

double cutaway: englische Bezeichnung für Gitarrenmodelle mit beiderseitig ausgeschnittenen Oberbügeln. → Cutaway. Sinn des baßseitigen Cutaways ist, auch den Daumen der Griffhand weit in hohe Lagen einsetzbar zu machen.

double-neck → Doppelhalsgitarre.

doublestops: englische Bezeichnung für Doppelgriffe im Solospiel, bei denen im Unterschied zur → single-note in einer Melodie über eine größere Taktzahl hinweg jeweils zwei Töne zugleich gespielt werden, die in der Regel Bestandteile des jeweils zugrunde liegenden Akkords sind.

double thumbing: englischer Fachterminus aus der Sprache der Steelstring-Fingerpicker. Die Tempoverdoppelung im Baßdaumen.

downscale-run: englischer Fachterminus für einen Lauf *(run),* der das Griffbrett hinab in zumeist regelmäßigen *(scaled)* Intervallen Richtung Baß erfolgt.

downstroke: internationalisierte englische Bezeichnung für den Schlag, der mit Finger oder Plektron von oben nach unten (down) auf die Saite ausgeführt wird. Viele traditionelle Spieler bevorzugten diesen stroke. Moderne Spieler erzielen mit schnellen Wechseln von downstrokes und → upstrokes sehr schnelle Stakkatoläufe (→ staccato).

Dreihalsgitarre: v.a. zu Beginn des

19. Jh.s eine exotisch anmutende Variante der → Lyragitarre, bei der die stilisierten ›Hörner‹ der formal zitierten klassischen Lyra zu zusätzlichen Hälsen ausgestaltet wurden, deren → Mechaniken mit der des zentralen, normalerweise sechssaitig bezogenen Halses durch geschwungene, häufig verzierte Jochbügel verbunden waren. Ein besonders schönes Exemplar, das 1807 von Gennaro in Neapel gebaute Instrument, befindet sich im New Yorker Metropolitan Museum of Art.

Dreiviertelgitarre → Terzgitarre.

drive: englische Bezeichnung für einen musikalischen Ausdruck, der im allgemeinen durch das zügige, swingende Zusammenspiel der Rhythmusgruppenmitglieder bzw. einer ganzen Gruppe oder auch eines Solisten vermittelt wird. Meint ursprünglich das Gefühl des Vorangetriebenwerdens seitens der Spieler und/oder der Hörer.

drone-string: englische Bezeichnung für festeingestimmte, zumeist sympathisch mitschwingende Saiten. Im übertragenen Sinne das Summen einer *Drohne* bzw. einer Saite, die ähnliche Klangcharakteristika wie die einer Sitar aufweist. → drone-string acoustic.

drone-string acoustic (guitar): Bezeichnung für ein spezielles Instrument, das Gibson für John McLaughlin gebaut hat und das zusätzlich zu den sechs Normalsaiten diagonal über das Schalloch, und zwar unterhalb der Normalsaiten, verlaufende → drone-strings hat, die bei dem McLaughlin-Modell freilich nicht sympathisch mitschwingen, sondern bei jedem Anschlag des Normalbereichs mit angerissen werden. Experimentiert wurde mit diesem Konzept schon seit über hundert Jahren. So baute der Spanier José Porcel 1867 eine Normalgitarre mit 19 (!) zusätzlichen Diagonal-Drohnen, die bei ihm allerdings nicht mit angerissen wurden, sondern von der schwingenden → Decke in sympathische Schwingungen versetzt wurden.

dropped tunings → tuning.

Dumbra → Domra.

E-Bow: ein von Greg Heet 1975 vorgestelltes Effektgerät, das man mit der rechten Hand über eine Saite führen und das ohne direkten Kontakt zu ihr durch ein elektromagnetisches Feld diese Saite aktivieren kann. Sehr nah am Tonabnehmer vermag der E-Bow ihre Lautstärke bis zum Zehnfachen ihres normalen Output zu steigern. Jeder Ton kann so lange ausgehalten werden, wie der E-Bow mit seinem Magnetfeld Kontakt zu der betreffenden Saite hat. Durch unterschiedliche Entfernungen zur Saite können Klangeffekte erzeugt werden, die von Flöte bis → fuzz reichen. Beim senkrechten Überwandern aller Saiten können Arpeggios von beliebigem Tempo erzeugt werden.

Echogerät: in seiner ursprünglichen Form ein Gerät, das mit Hilfe einer unendlichen Tonbandschleife und mehrerer hintereinanderliegender Tonköpfe ein Signal vervielfacht. Durch Steuerung der Bandgeschwindigkeit kann dabei das Wiederholungsintervall die Illusion weiter oder engerer tonaler Räumlichkeit erzeugen. Weiterentwicklungen zielten auf die Reduzierung oder gar Abschaffung empfindlicher beweglicher Teile. So gibt es z. B. bandlose elektrostatische Maschinen, die mit einer magnetischen Scheibe oder Trommel, die mit einem Eisenoxidmantel überzogen ist, arbeiten. Neueste Technologien führten zu digitalen → delay units, die vollkommen ohne bewegliche Teile auskommen und verschiedene Zusatzeffekte, wie das Erzeugen zusätzlicher, gar nicht gespielter Töne, beinhalten.

eco: italienische Bezeichnung für die Bindung zwischen einem Leersaiten-Ton und dem nächsttieferen auf der Nachbarsaite. Der zweite Ton wird dabei durch → Aufschlag produziert.

Effektgeräte: Sammelbegriff für Zusatzgeräte, mit deren Hilfe das natürliche Spektrum ›handgemachter‹ Klangeffekte beträchtlich erweitert werden kann. Man unterscheidet mechanische und elektronische Effekt- oder Zusatzgeräte.

E-Gitarre: Kurzbezeichnung für 1.) elektrische Gitarre; 2.) für die → Primgitarre.

eight-string guitar: englischer Sammelbegriff für alle Gitarren mit acht Saiten, wozu Instrumente mit vier Doppelchören oder solche mit acht gleichberechtigten, unterschiedlichen Saiten ebenso gehören wie z. B. einhälsige Kombinationen aus Baß und Gitarre mit vier jeweils nach oben oktavversetzten Saiten über/neben den normalen Baßsaiten.

eleven-string guitar: englischer Begriff für einen Gitarrentyp, der erst in letzter Zeit durch den schwedischen Instrumentenbauer Georg Bolin bekanntgemacht wurde. So spielt der Gitarrist Göran Söllscher seine Bolin in der Stimmung g′, d′, a, f, c, G, F, C, D, E, F (von oben nach unten).

end pin: englische Bezeichnung für den Knopf in der Mitte des Unterbügelzargens zum Befestigen eines Tragbandes oder -riemens.

Erzlaute: Baßlaute mit 2 Wirbelkästen für die Griffsaiten und für die Bordunsaiten. → Chitarrone, → Theorbe.

etouffé: französische Bezeichnung für ›erstickt‹. Technik, bei der zunächst ein Ton voll zum Klingen gebracht und dann durch Aufsetzen des Fingers auf den Bundstab abgedämpft oder gestoppt wird.

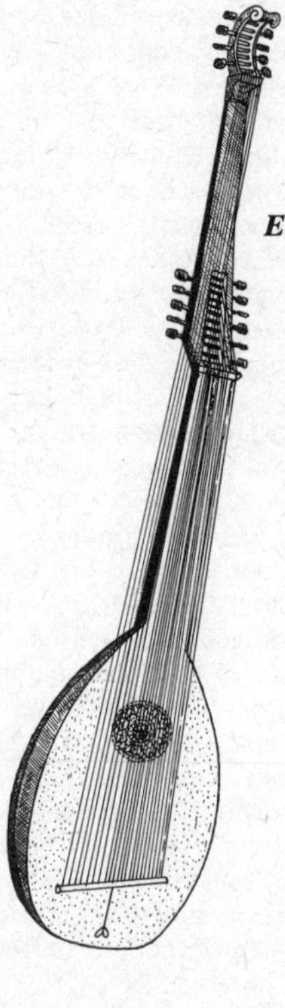

Erzlaute

fan-bracing: englischer Fachausdruck für die moderne gespreizte und fächerförmige Verbalkung der → Decke.

Feedback (Rückkoppelung): in elektronischen Verstärkersystemen ein hohes, meist gleichmäßiges Heulen, das erzeugt wird, wenn ein von einem Mikrofon oder einer Gitarre gegebenes Signal vom Lautsprecher abgestrahlt und von Mikrofon oder Gitarre erneut aufgenommen und wiederum an den Lautsprecher weitergegeben wird. Dadurch entsteht eine Art ›Teufelskreis‹, der theoretisch gestattet, ein Signal endlos lange anzuhalten. Diese Erscheinung wird insbesondere von modernen Rockgitarristen für spezielle Effekte genutzt.

F-Gitarre: ein sehr seltenes Instrument, das in Größe und Grundstimmung zwischen der → Primgitarre (Stimmung in E) und der → Terzgitarre (Stimmung G) liegt.

f-hole arch-top (guitar) → arch-top, → Decke.

field holler: englischsprachige Bezeichnung für eine vormusikalische Gesangsform, wie sie von schwarzen Arbeitern auf den Farmen und Plantagen noch im vorigen Jahrhundert geäußert wurde. Fixierbar allenfalls durch eine Frequenzverlaufskurve über einem angenommenen Orientierungston (etwa Normal-C oder Kammerton-A), weist der langanhaltende *holler* charakteristische Schwingungs-Sägezahnmuster sowie markante ›Berge‹ und ›Täler‹ auf. Der field holler gilt als der vokale Vorläufer des Bluesgesangs und des Blues allgemein.

fill (fill-in): englische Bezeichnung für das musikalische Überbrücken einer dramaturgisch ›unbetonten‹ Stelle oder Phrase, z.B. zwischen einzelnen Liedteilen (A-B-B-A).

fingerboard → Griffbrett.

fingerpick: englische Bezeichnung für ein Fingerplektron. → Plektrum.

Fingerpicking: englischsprachiger Sammelbegriff für den weitverzweigten Stil, Gitarre nicht in → singlenotes oder akkordisch zu spielen, sondern so viele Finger der rechten Hand wie möglich einzeln bzw. gleichberechtigt einzusetzen, wie z.B. beim → Travis picking und bei der → Scruggs roll, und zwar nicht notwendigerweise immer mit → fingerpicks. → auch fingerstyle guitar.

Fingersatz: die aus den Erfahrungen der Spielpraxis herausgebildete günstigste, bequemste oder sinnvollste Griffanordnung. Das Notieren von Fingersätzen empfiehlt sich für die Gitarre oft deshalb, weil etwa für einen beliebigen Ton oder Akkord immer mehrere Griffmöglichkeiten bestehen. So gilt in der Gitarristik für die linke Hand: 1 = Zeige-, 2 = Mittel-, 3 = Ring- und 4 = kleiner Finger. In nichtklassischen Notationen kann noch D für Daumen (oder t für englisch: thumb) hinzukommen. Für die rechte Hand gilt: i = indice = Zeige-, m = medio = Mittel-, a = anular = Ringfinger und p = pulgar = Daumen. Saiten werden im allgemeinen mit ihren Namen in der jeweiligen Stimmung oder durch eingekreiste Ziffern, leere Saiten mit 0 und gestoppte Saiten mit x und die Bünde mit römischen Ziffern bezeichnet.

fingerstyle guitar: englischsprachiger Sammelbegriff für jene Vielfalt von Stilen, die Gitarre nicht mit einem → Plektrum und auch nicht nur mit dem Daumen der rechten Hand zu spielen. Hierzu gehören alle klassischen Stile ebenso wie der fingerstyle jazz z. B. von Charlie Byrd, aber auch diverse Folk- und Country-Stile.

Flageolett (englisch: harmonics; abgekürzt: flag., harm., arm.): Töne, die auf Saiteninstrumenten aller Art durch Teilvibrationen entstehen und einen glockenähnlichen Klang haben. Die Flageolettöne werden durch leichtes Berühren (Antippen) der Stellen auf der Saite erzeugt, wo sich die natürlichen Schwingungsknoten befinden, d. h. auf der Gitarre erzeugt man natürliche Flageoletts am 12. Bund (Oktave der leeren Saite) oder am 7. Bund (Quinte der Oktave). Künstliche Flageoletts sind sogenannte Oktav-Flageoletts. Man erzeugt sie mit Zeigefinger und Daumen der rechten Hand über jener Stelle einer gedrückten Saite, an der sich nun ihre neue Mitte (Oktave) befindet.

flatpick: englische Bezeichnung für das normale → Pletrum oder Blättchen im Unterschied zu → fingerpick und → thumbpick. *Flatpicking* bezeichnet das Spiel mit dem Plektrum.

flat-top: englischsprachige Bezeichnung der im Unterschied zur → arch-top planen Decke klassischer, Flamenco- und Folk- wie Westerngitarren mit rundem oder ovalem, in selteneren Fällen auch mehr als zwei Schallöchern. → Decke.

flatwound string: englische Fachbezeichnung für eine Saite, die poliert, d. h. glattgeschliffen ist. Nickel- oder Stahl-flatwounds für E-Gitarren spielen sich angenehmer als ungeschliffene Saiten und produzieren einen weicheren elektrischen Klang. Ihre Nachteile liegen in ihrer geringeren Lebensdauer, im weniger gutem → sustain und in einem insgesamt ›unterdrückteren‹ Klang, der freilich für Rhythmus- und Jazzspieler gerade wünschenswert sein kann. Ihr Vorteil: Sie eliminieren einen Großteil der Fingergeräusche.

four-part harmonies, three-part harmonies: allgemein Harmonien, d. h. Akkorde, die aus vier bzw. drei Tönen bestehen und vorzugsweise ›ungewöhnliche‹, ›schräge‹ oder ›jazzige‹ Töne, d. h. → dirty notes enthalten. → close harmony singing (playing).

Französische Gitarre: eine fünfsaitige, einfach bezogene Gitarre flacher normaler Achterform mit hinterständigen Wirbeln und vierzehnbündigem Hals. Entstand nach 1780. Im 19. Jh. kam dann die 6. Saite hinzu.

fretboard → Griffbrett.

fretless neck (fretless neck guitar): englische Bezeichnung für einen Hals bzw. eine Gitarre ohne Bünde. Solche Hälse können völlig glatt oder aber mit planen Markierungen für Bünde ausgestattet sein, wie es sich bei einer Reihe von E-Bässen eingebürgert hat.

fuzz: internationalisierter Begriff für das Phänomen der Verzerrung.

fuzz box (fuzz pedal): Bezeichnung für ein Gerät, das Klangeffekte erzeugen kann, die von der mäßigen Verzerrung eines übersteuerten Röhrenverstärkers bis zu einem schweren, soliden Summen mit beinahe unbegrenztem → sustain reichen. Das Gerät funktioniert, indem es die normale Schwingung verwürfelt und damit verzerrt.

gauge: amerikanische Bezeichnung für die meßbare Dicke, den Durchmesser einer Saite in der heute international gebräuchlichen Messung in Tausendsteln eines inch (1 inch = 2,54cm). Man unterscheidet allgemein zwischen den folgenden Saitensätzen: *extra light gauge* von ca. .008 bis .038 (mit umsponnener d-Saite um .022); *light gauge* von ca. .011 bis .052 (mit umsponnener d-Saite um .030); *medium gauge* von ca. 0.13 (mit umsponnener g-Saite um .026) bis .054 und *heavy gauge* von ca. .014 (mit umsponnener g-Saite um .028) bis .060.

G-Gitarre → Terzgitarre.

Gig: internationalisierter amerikanischer Begriff für alles, was mit dem Wort (bezahlter) Auftritt (bei einer Studioaufnahme, in Konzerten oder Lokalen) assoziiert werden kann (to play a gig = einen Auftritt absolvieren).

Gitarrenbanjo: sechssaitiges Banjo in der Stimmung der normalen → Primgitarre.

Gitarrenharfe → Harfengitarre.

Gittern: mittelalterliche (englische) Gitarre, die aus einem einzigen Holzstück herausgeschnitzt wurde. Ein Loch hinter dem Griffbrett nahm den Daumen des Spielers auf. Die am unteren Ende des Korpus befestigten Saiten liegen über einem Steg.

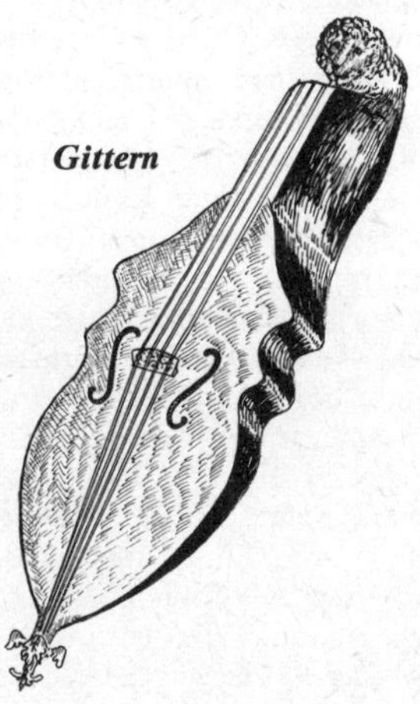

Gittern

Gizmo (Gizmotron): eine Erfindung des Gitarristen Lol Creme und des Drummers Kevin Godley für die Firma Gizmo, Inc., erzeugt dieses Gerät, das mit festsitzendem Klebeband über dem Steg montiert wird, Effekte, die dem des → E-Bow prinzipiell ähneln, d.h. beim Gizmo ist der Streicher-Effekt (to bow = streichen) auf beliebig viele Saiten ausdehnbar. Von einem kleinen Motor getrieben, kann auf Tastendruck ein zu jeder Saite gehörendes Zahnrädchen aktiviert werden, das sozusagen mit winzigen Plektren so schnell die jeweilige Saite anreißt, daß ein bowing-Effekt erzielt wird. Weder Rädchen noch Saiten werden durch den Einsatz des Gizmo ungewöhnlich beansprucht. Der Verschleiß der Saiten entspricht dem normaler Plektrumbearbeitung.

Gleiten → portamento.

glissando (englisch: slur; abgekürzt gliss.): das verschleifende Auf- oder Abwärtsgleiten mit demselben Finger auf einer Saite. Bei Akkorden wird das glissando im allgemeinen durch Führungsstriche oder Wellenlinien angezeigt.

golpe: im Spanischen der Schlag mit einem Finger der rechten Hand auf die Decke.

golpeador: im Spanischen das Schlagbrett auf den Decken von Flamencogitarren.

gottuva dyam: Vorläufer der Hawaiigitarre.

ground wound → halfwound string.

Griffbrett (englisch: fingerboard, fretboard): der in den meisten Fällen auf den Hals aufgeleimte, die Bünde enthaltende Teil des Instruments. Bei Gitarren wie z. B. der Fender Telecaster bestehen Griffbrett und Hals aus einem Stück.

guitare basson: eine 1846 von L. G. Warnecke in Nancy gebaute Gitarre mit Schnarr-Register.

guitar buff: amerikanischer Slangbegriff für einen Gitarrenenthusiasten.

guitare à la capucine → chitarra battente.

guitare angélique → Angelica.

guitare anglaise: eine Cister-Variante, die gegen Ende des 18. Jh.s hauptsächlich in England, Nordfrankreich und Deutschland gespielt wurde. Im 16. Jh. noch vierchörig in der Stimmung a (bzw. h), g, d′, e′, wurde die guitare anglaise schließlich bis zu siebenchörig gebaut.

guitare d'amour → Arpeggione.

guitare multicorde → Harfengitarre.

Guitarillo: die kleinste Gitarre in Spanien mit fünfsaitigem Bezug in der Stimmung a′, d′, g′, c″, g″.

Guitarion: eine 1831 von dem Instrumentenbauer Franck entwickelte → Harfengitarre, die die Spielweisen beider Instrumente zu vereinigen suchte.

guitarra arpa → Harfengitarre.

guitarra española: spanische Bezeichnung für das Instrument, das im 16. Jh. fünfsaitig in der Stimmung A, d, g, h, e′ gespielt wurde.

guitarra latina: im »Libro de Buen Amor« von Juan Ruiz um 1330 zum ersten Mal erwähntes Instrument (»guitarra ladina«) und Vorläufer der heutigen Gitarre. Sie hat bereits die taillierte Körperform, Zargen, vier Bünde und viersaitigen Bezug. Im 15. Jh. hat sie die Stimmung cc′, ff, aa, d′d′, im 16. Jh. bis zu fünf Chören (z. B. in Aa, dd′, gg, hh, e′).

guitarra moresca (morache): das Gegenstück zur guitarra latina mit cister-ähnlichem Korpus, mehreren Schallöchern, rundem Wirbelbrett mit vorderständigen Wirbeln und langem Hals.

guitarra violas → Portugiesische Gitarre.

Guitarreviolonc ello → Streichgitarre.

Guitharfe → Harfengitarre.

Halbe Gitarre → Quartgitarre.

H-Gitarre → Quintgitarre.

halfwound string (ground wound): halbpolierte Saite, die sowohl bequem zu spielen ist, als auch einen brillanteren Ton als die → flatwoundstring ergibt.

Hals: die gerade und schmale Verlängerung des Korpus, die das → Griffbrett trägt. Abschluß am Korpus ist im allgemeinen der Kiel (→ heel) und am anderen Ende → Wirbelkasten (→ Mechanik) oder Wirbelbrett.

hammer-on → Aufschlag.

Harfengitarre (Gitarrenharfe, französisch: guitare multicorde, italienisch: guitarra arpa): eine Gitarrenform, die von der → Baßgitarre abstammt und deren säulenähnlicher Nebenhals und oft auch Korpus auf die Harfe hinweisen. Anfang des 19. Jh.s wird die Harfengitarre in England bekannt und beschrieben als ein Instrument mit sechs Normalsaiten und zwei Bordunen in der Stimmung F, B, es, g, b, es′, g′, b′. Eine Variante war die *Harfenlautengitarre* in der Stimmung G, c, d, e, f, g, a, h, c′, e′, g′.

harm. → arm., Flageolett.

harmonics → Flageolett.

Harmonietöne → Flageolett.

Hawaiigitarre (im Hawaiianischen: kika kila, für kika = Gitarre und kila = Stahl): ein in der Regel kleineres Instrument als die Normalgitarre, wird die Hawaiigitarre im Stil des → lap-style-playing und mit einem → slide bar aus Stahl gespielt, indem man diesen slide bar über die erhöhten Saiten führt. Vorgänger der Hawaiigitarre war der *gottuvadyam,* ein großes Instrument, das entfernt der Sitar ähnelt. Die Ursprünge der Gitarre gehen bis auf das Jahr 1876 zurück, als James Hoa eine herkömmliche akustische spanische Gitarre mit einem saitenerhöhenden Adapter ausstattete und begann, mit slide und Plektrum zu spielen. Die erste elektrische Gitarre war ebenfalls eine Hawaiigitarre – Rikkenbackers A-22 ›Frying Pan‹. Spektakulärste Weiterentwicklung der Hawaiigitarre seit den frühen 1920er Jahren wurde die → Resonatorgitarre.

headstock → Wirbelkasten.

heel: englische Bezeichnung für den Kiel; das häufig schiffsbugähnlich geschweifte Verstärkungsstück zwischen Hals und Korpus.

H-Gitarre → Quintgitarre.

Hinterklotz (Unterklotz): ein Holzblock im Inneren des Korpus in der Mitte des → Unterbügels.

hollowbody arch-top guitar: ausführliche englische Bezeichnung für die → arch-top.

hollowbody electric guitar: englische Bezeichnung für eine elektrisch verstärkte akustische Gitarre.

humbucker (humbucking pickup): internationalisierter englischer Fachterminus für einen elektromagnetischen Tonabnehmer, der eine Kombination zweier Abnehmer in einem Gehäuse darstellt. Die Spulen sind phasenverschoben reihenschlußgewickelt, um das Brummen zu eliminieren (to hum = brummen) und magnetisch gegenpolig aufgeladen, indem die Magnete in einem Pickup herumgedreht sind.

i: im klassischen Fingersatz für ›indice‹ = Zeigefinger der rechten Hand. → a, m, p. → Fingersatz.

interplay: englische Bezeichnung für ineinander verwobenes Zusammenspiel.

Jam session: internationaler Terminus aus der amerikanischen Jazzsprache für das improvisierende Zusammenspiel häufig spontan gebildeter Gruppen. → after hours session.

Kapodaster (englisch: Capo[dastro], spanisch: Cejilla): eine Art beweglicher Sattel, der so um den Hals gelegt, gebunden oder von unten oder oben aufgeschraubt werden kann, daß je nach Bundposition des Kapodasters die → Mensur um einen bestimmten Betrag verkürzt wird und somit z. B. Grundgriffe in beliebige Tonarten transponiert werden können, ohne dazu komplizierte → Barrés spielen zu müssen.

Kiel → heel.

Kinnor: eine in ganz Vorderasien verbreitete Leier; im Alten Testament das Instrument Davids. Es hatte einen geschlossenen trapezförmigen Rahmen mit paralleler oder fächerartiger Saitenbespannung (meist 5, 7 oder 9 Saiten).

Kithara: Seit dem 7. Jh. v. Chr. belegtes Saiteninstrument, gehört zur Familie der Leiern. Die Kithara wurde offenbar schon im Altertum nicht eindeutig von der Lyra unterschie-

Kithara

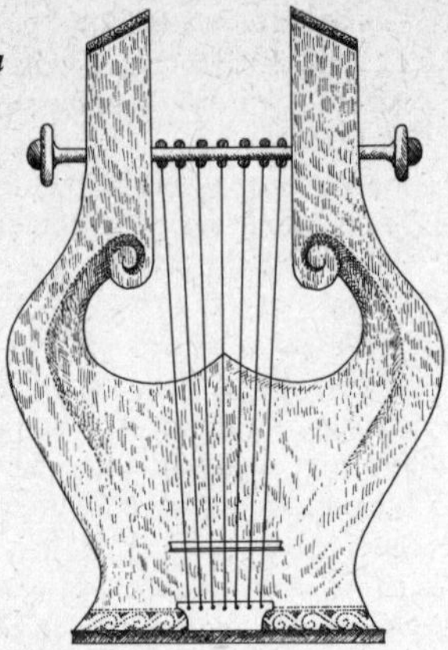

den; doch galt diese Bezeichnung wohl hauptsächlich dem Instrument, dessen Jocharme unmittelbar in den hölzernen Schallkörper übergingen, mit 7 Saiten, die mit den Fingern oder dem Plektron gezupft wurden. Die Kithara wurde bis zum 5. Jh. v. Chr. zum Virtuoseninstrument mit 11–12 Saiten und war bis zur Spätantike im Gebrauch.

Kniegitarre → Arpeggione.

Knöpfchensteg: ein Steg, bei dem Saiten in vertikale Kanäle durch die Decke hindurch eingelassen und von Zapfen oder Knöpfchen in Stellung gehalten werden.

Knüpfsteg: ein Steg, bei dem die Saiten durch parallel zur Decke, d. h. horizontal durch den Steg hindurchführende Kanäle gelegt und dann festgeschlungen bzw. -geknüpft werden.

Kobsa (Cobză): im Moldaugebiet, in Rumänien und Ungarn verbreitete Kurzhalslaute mit 4–5 mehrchörigen Saiten; meist mit dem Plektron gespielt.

Korpus → Corpus.

Korpusmechanik: neuartige → Mechaniken (etwa an Instrumenten von B. C. Rich) am bzw. im Unterbügel der Gitarre für zusätzliche Saiten.

Koto: Oberbegriff für die zitherartigen Musikinstrumente Japans. Seit der Wende zum 8. Jh. sind zwei grundsätzlich verschiedene Typen zu unterscheiden: 1.) die *So* (oder *So-no-Koto*), eine Halbröhrenzither von etwa 2 m Länge, 50 cm Breite und 5 cm Höhe mit einzelnen verschiebbaren Zwischenstegen unter den 13 Saiten, Wird mit plektronartigen Fingeraufsätzen an Daumen, Zeige- und Mittelfinger der rechten Hand gespielt; 2.) die *Kin* (oder *Kin-no-Koto*), ein reines Soloinstrument von etwa 1 m Länge mit 7 Saiten, teilweise kurzem angesetztem Wirbelkasten und Flankenwirbeln; keine Zwischenstege. Wird wie die So-no-Koto gespielt.

lap-style: englische Bezeichnung für die Spielweisen, bei denen das Instrument auf dem Schoß des Spielers liegt. → Hawaiigitarre, → slide-Stil, → bottleneck, → Resonatorgitarre.

Lauf (englisch: run): Bezeichnung für

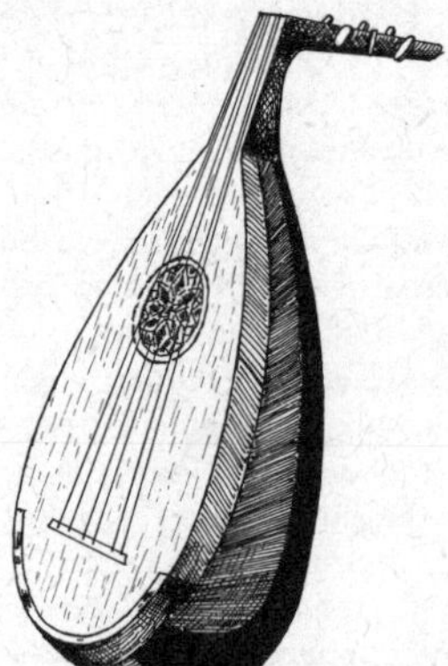

Kobsa

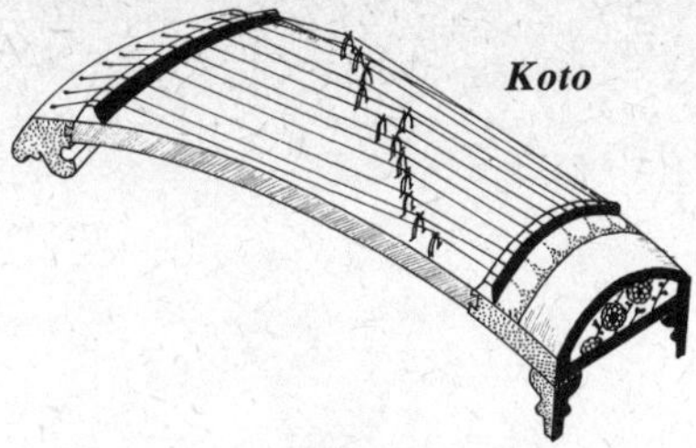

Koto

eine solistische Abfolge von → singlenotes, → doublestops oder Akkorden (→ chord melody).

Lautarre: ein wappenförmiges Instrument mit flacher Decke und sechs bis zwölf Saiten. Entwickelt und im Prototypenstadium gebaut von Hans Haider, vereinigt die Lautarre Klangcharakteristika von Gitarre und Laute. Aufsetz- bzw. aufschraubbare zusätzliche Resonanzkörper (Korpuswannen) steigern das Volumen des Instruments beträchtlich. → Wappengitarre.

Lautengitarre: ein Lauteninstrument mit dem Saitenbezug und Griffbrett der Gitarre.

lead guitar: internationalisierter Begriff für den Part des Sologitarristen in einer Gruppe.

Leier: Oberbegriff für Musikinstrumente mit Schallkörper und 2 Jocharmen, die das als Saitenhalter dienende Joch tragen. Die Saiten werden in der Regel gezupft, ohne daß der Spieler sie durch Abgreifen verkürzt. Zu den Leiern gehören → Crwth, → Kinnor, → Kithara, Lyra, → Phorminx. Die Abbildung zeigt eine ugandische Leier.

Les Paulverizer: eine direkt unterhalb des Stegs montierte tape-control-Einheit (Einrichtung zum Steuern eines von der Gitarre unabhängigen Bandgeräts), die es dem Gitarristen ermöglicht, fast augenblicklich verschiedenste melodische Schichtungen zu spielen. Noch nicht im Handel, sondern Einzelstück im Besitz des Erfinders Les Paul.

lick: amerikanischer Slangausdruck für eine charakteristische musikalische Wendung, einen spielerischen Einfall oder eine häufig wiederkehrende Folge bestimmter Töne.

locked hands playing: ein Fachterminus aus der Sprache von Jazzpianisten, vornehmlich des Bebop-Jazz. Bezeichnet eine bestimmte Spielweise, bei der beide Hände sehr eng (locked = geschlossen) und fast parallel über die Tastatur geführt werden, um bestimmte Akkorde im Stil von → close harmonies zu erzeugen.

Log: Kosename für ein elektrisches Instrument, das als Vorläufer späterer → solidbodies von Les Paul erfunden wurde und dessen Kernstück ein gitarrenlanges Holzstück (log = eigentlich Holzscheit) mit Tonabnehmer, Steg, Saitenhalter usw. ist und an das aus kosmetischen Gründen hohle, aber eigentlich überflüs-

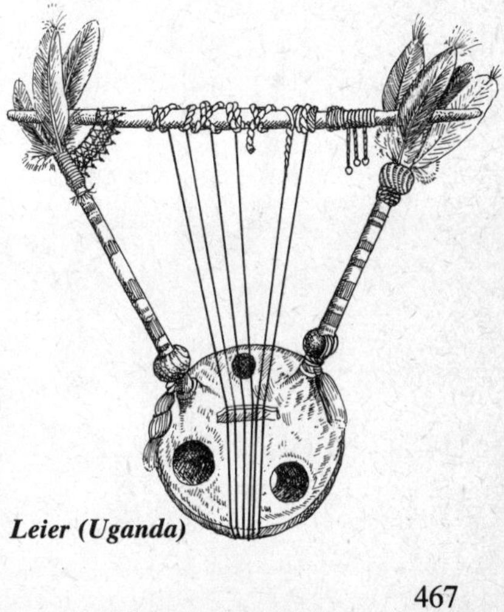

Leier (Uganda)

sige Korpushälften angeklappt werden können.

lutar: ein Instrument mit der Gestalt einer Laute und allen Klangcharakteristika der Gitarre. Entwickelt von Bola Sete.

Lyragitarre (Lyre): modischer Entwurf einer Gitarre im Frankreich des 18. Jh.s mit den üblichen sechs Saiten, deren geschweifte Gestalt dem antiken Vorbild der Lyra nachempfunden ist und die für gewöhnlich auf einem Standsockel aufrecht gespielt wird. → Dreihalsgitarre.

m: im klassischen Fingersatz Bezeichnung für medio = Mittelfinger der rechten Hand. → a, i, p. → Fingersatz.

Machete: das portugiesische Gegenstück zum spanischen → Guitarillo. Die Machete hat viersaitigen Bezug in Quintstimmung auf G. Als → Tiple kommt das Instrument in Südamerika auch fünfsaitig vor.

machine head → Mechanik.

Lyragitarre

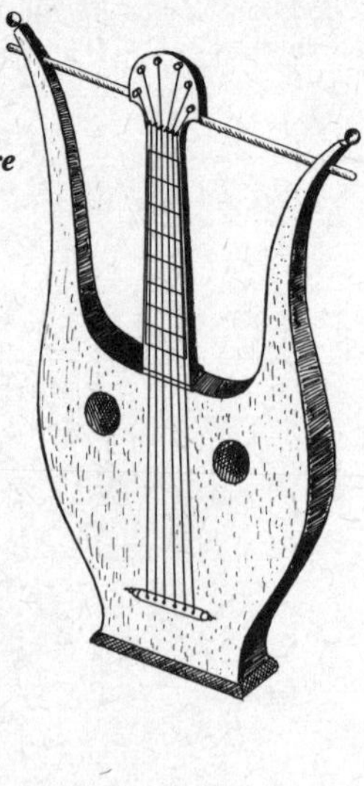

Machete (Port.)

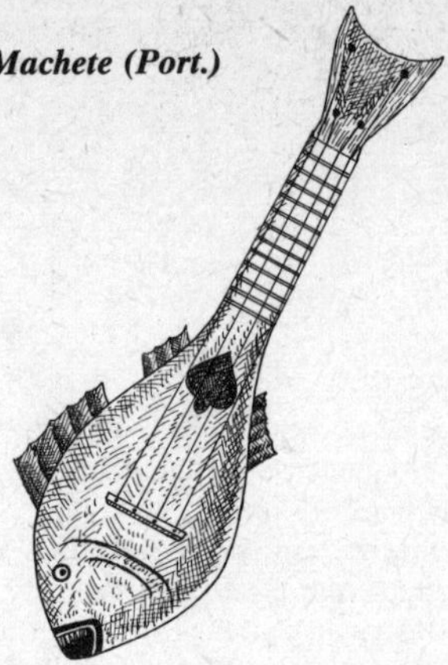

Mandola (Mandora): ein spätestens seit dem 12. Jh. in Europa bekanntes, aus dem Orient stammendes lautenähnliches Zupfinstrument. Sie hatte zunächst 4–5 Saiten und (vielleicht) schon seit dem 14. Jh. auch Doppelsaiten. Seit dem späten 16. Jh. wurde der Hals stärker vom Korpus abgesetzt. Die Stimmung war häufig c, g, c^1, g^1, doch soll es auch eine lautenartige Stimmung c^1, f^1, a^1, d^2 gegeben haben. Im 17. Jh. auch als *Mandürchen* oder *Pandurina* bezeichnet.

Mandoline: Zupfinstrument mit meist bauchigem, im Längsschnitt etwa mandelförmigem, tiefem Schallkörper, kurzem Hals, Wirbelplatte mit Schraubwirbeln und 4 mit dem Plektron bespielten Doppelsaiten am Metall, die an der Schale des Schallkörpers befestigt sind; die Stimmung ist g, d^1, a^1, e^2.

Mandora → Mandola.

master volume control: englische Bezeichnung für einen Regler an elektrischen Gitarren, mit dem die Gesamtlautstärke des Instruments bestimmt werden kann.

Mayuri (Pfauensitar): südindisches Instrument, das sowohl gezupft als auch gestrichen werden kann.

Mechanik (englisch: machine head, tuning gear): populärer Begriff für Wirbelkasten oder Wirbelbrett. Sonst aber die einzelne Einrichtung pro Saite, über die vermittels eines Wirbels, eines Zahnrädchens und einer Welle die Saite verkürzt (erhöht) oder verlängert (vertieft) werden kann. Man unterscheidet zwischen offenen und geschlossenen Mechaniken. Letztere befinden sich in einem kleinen Gehäuse, in dem permanente Schmierung für stets bequeme Handhabung sorgt. Ein Mittelding zwischen beiden Typen weist ein Gehäuse auf, das mit einer Öffnung für gelegentliche Schmierung versehen ist.

medium gauge → gauge.

medium rare: Saitenstärke, die zwischen medium und light liegt.

medium tempo → mid tempo.

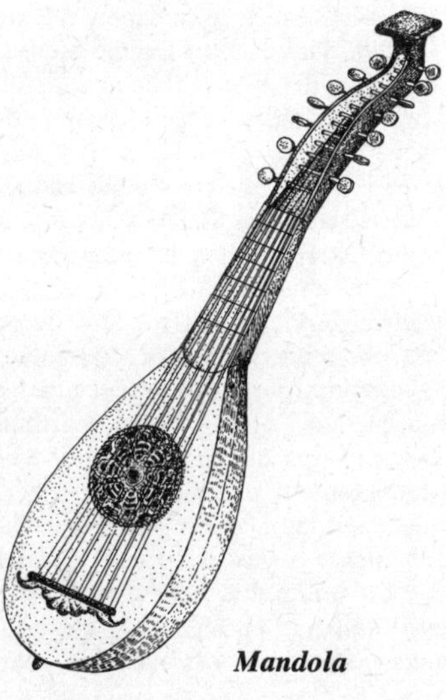

Mandola

Mandoline

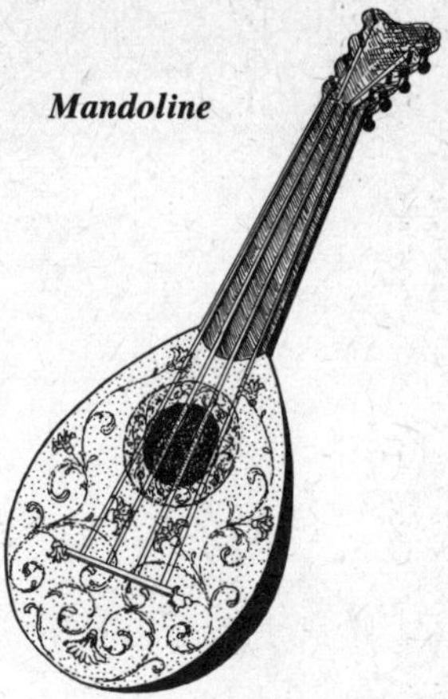

Melodieanschlag → apoyando.

Memory → Delay-unit.

Mensur (englisch: scale length): die freischwingende Länge der Saite zwischen → Steg und → Sattel.

Merkpunkt (englisch: position marker): eine auch als Verzierung des Griffbretts dienende, oft aus Perlmutt, Holz oder Seeohr gefertigte Einlage in bestimmten Bünden (meist in III, V, VII, IX und XII), um das Auffinden bestimmter Griffpositionen zu erleichtern. Andere Merkpunkte befinden sich auf der baßseitigen Randumsäumung des Griffbretts.

metallic (metallico; Abkürzung: met., spanisch: sul ponticello): Spielanweisung, die einen metallisch klingenden Ton verlangt, indem die Saite nahe dem Steg angeschlagen wird. Bei E-Gitarren übernimmt die Wahl des Steg-Pickups diese Aufgabe.

mid-tempo (medium tempo): englischer Terminus für mittelschnelles Tempo.

Mayuri

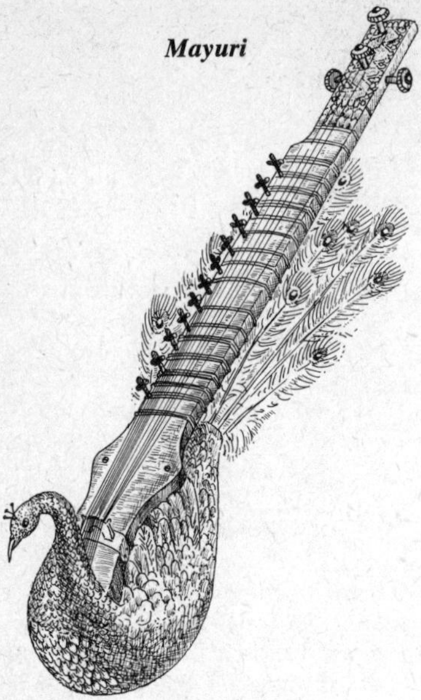

Mondgitarre → Yüeh k'in.
morache → guitarra moresca.
muting → Abdämpfen.

National Resonator guitar → Resonatorgitarre.
neck playing: englische Bezeichnung für das Gegenteil von → metallic. Hierbei befinden sich beide Hände direkt über dem Hals, der Effekt ist ein sehr weicher Klang.
nine-string guitar: englische Bezeichnung für jede Art von neunsaitigen Gitarren, so z. B. für ein Instrument mit 6/3er Wirbelverteilung und dem Bezug EE, AA, dd, g, h, e'.
non apoyando → tirando.
Nullbund (Deutscher Bund): aus Deutschland stammende Einrichtung eines zusätzlichen Bundes ca. 2 mm vor dem Sattel. Sinn des Nullbundes ist die präzisere Abgrenzung der → Mensur.

Oberbügel: die Schultern der Gitarre beiderseits des Halses.
Oberklotz: ein Holzstück in den Umrissen des Kiels (→ heel) im Inneren des Korpus zur zusätzlichen Stärkung der Hals/Korpus-Verbindung.
octave divider → octave doubler.
octave doubler: ein elektronisches Effektgerät, mit dessen Hilfe die Frequenz des Signals halbiert wird, so daß der gespielte Ton eine Oktave tiefer verdoppelt wird. Andere Geräte erzeugen einen Ton, der eine Oktave über dem gespielten liegt, während eine dritte Version nur noch den hinzukommenden Oktaventon hörbar macht.
offene Saite: die freischwingend angeschlagene Saite; auch Leersaite. In Griffdiagrammen angezeigt durch das Symbol 0.
off-set-Steg (eigentlich englisch: offset saddle bridge): ein Steg, dessen Querachse nicht im rechten Winkel zu den Saiten steht. Da die Mensuren von E nach e' abnehmen, sind praktisch alle Stege solche offsets.
Oktavgitarre: Instrumente mit kleinerer Mensur und Stahlbesaitung, das eine Oktave höher als die normale Gitarre klingt.
Oktavtechnik: eine besonders durch den Jazzgitarristen Wes Montgomery popularisierte Spielweise, bei der in Läufen Töne oktaviert gegriffen werden und die restlichen vier Saiten gestoppt durchgeschlagen werden, so daß sich ein intensiver zusätzlicher perkussiver Effekt mit viel → drive ergibt.
open tuning → tuning.
orchestrales Spiel: oft auch *vertikales*

Spiel genannter Fingerstil, bei dem Melodie, Begleitakkorde und Baßläufe übereinandergeschichtet werden, so daß die Gitarre sich gewissermaßen ›selbst begleitet‹. In der Klassik selbstverständlich, haben Jazz und Folkmusik diese schwierige, vielschichtige Spielweise erst in den letzten zehn, 15 Jahren zu kultivieren begonnen (Guy van Duser, Joe Pass, Cal Collins).

Orpharion (Orphereon): eine Cistern-Art mit schrägen Bünden und einem schrägen Saitenhalter.

Oud: die Urform der heutigen Laute, wie sie von den Ägyptern der nachsassanidischen Zeit (etwa 600 bis 900 n. Chr.) geschaffen wurde. Andere Bezeichnungen für den Oud weisen schon deutlich auf den heutigen Begriff hin: *Eud, Aoud, Al'Ud, L'e'oud.*

out of phase: englischer Begriff aus der Elektrophysik, in der Gitarristik angewandt auf bestimmte Schaltstellungen von Tonabnehmern (gegenphasig im Gegensatz zu *in phase* = gleichphasig). Gitarren mit Phasenumkehrschaltern ermöglichen eine größere Auswahl an Klangfarben.

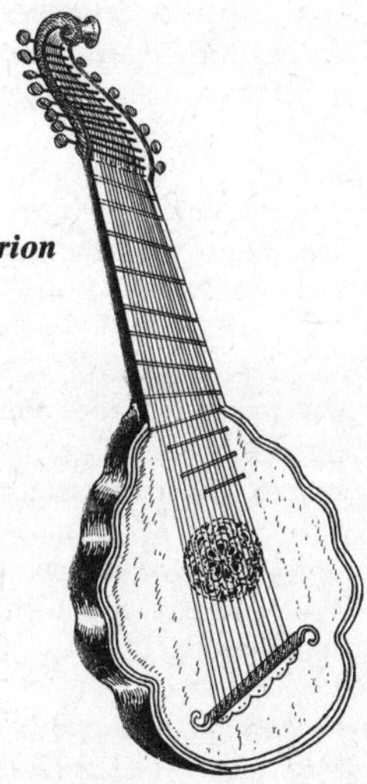

Orpharion

p: im klassischen Fingersatz für pulgar = Daumen der rechten Hand. → a, i, m. → Fingersatz.

Palm Pedal: englischer Fachterminus (wörtlich: Handflächen-Pedal) für ein mechanisches Zusatzgerät, das 1970 von Bigsby vorgestellt wurde. Eine Kombination aus aufschraubbarem Saitenhalter und Steg, verfügt das Palm Pedal über zwei Hebel, die die g- und h-Saiten unabhängig voneinander durch Druck um einen Halb- bzw. Ganzton anheben können, ohne die restlichen vier Saiten zu verändern. Der akustische Reiz besteht darin, Klangeffekte von → pedal steels imitieren und Akkorde auflösen zu können, ohne die Position der linken Hand verändern zu müssen. → Tremolo-Arm, tremolo tailpiece.

Pandora: eine Cistern-Variante mit Gitarrenquerriegel (→ Steg) und geschweiftem Korpus, fünf- bis siebensaitigem Bezug in Doppelchören und den gebräuchlichsten Stimmungen $_1$G, C, D, G, c, e, a und C, D, G, c, f, a, d'.

Pandura: im antiken Griechenland und Rom Bezeichnung für den → Tanbur.

PA System: internationalisiertes Kürzel des englischen Begriffs *public adress system,* zu dem alle elektronischen Einrichtungen für die Übertragung gehören, also Verstärker, Lautsprecherboxen, Hochtonhörner etc.

Pedal Pitch: eine relativ aufwendige Kombination, mit der auf mechani-

Pandora

sche Weise alle Saiten der Gitarre wie die einer → pedal steel kontrolliert werden können: Auf der Decke unterhalb des Stegs befindet sich ein Kabelgehäuse, von dem aus alle sechs Kabel gebündelt zu einem Sechserfußpedal führen. Durch Pedaldruck kann so, je nach vorheriger Einrichtung, die jeweilige Saite (oder mehrere) angehoben oder abgesenkt werden (→ bending).

pedal steel (guitar): ein Musikinstrument, das nur noch bedingt als Gitarre anzusehen und darum in diesem Buch nicht berücksichtigt worden ist. Ein oder mehrere Hälse mit variablen Saitenzahlen sind in einem auf Metallbeinen stehenden Gehäuse untergebracht, in dem sich Tonabnehmer und Verbindungen zu Fußpedalen befinden, mit deren Hilfe bestimmte Töne gesenkt oder erhöht werden können. Gespielt wird die pedal steel mit einem → slide bar und → Fingerplektren. Pedal steels sind Weiterentwicklungen herkömmlicher → Hawaii- oder steel guitars und kommen vornehmlich in der Countrymusik zum Einsatz (Buddy Emmons, in Deutschland z.B. Rainer Bach von Truck Stop).

percussion (Abkürzung: perc.) → tambora.

Pfauensitar → Mayuri.

Phaser (phase shifter): elektronisches Effektgerät, mit dessen Hilfe die Phasen von Schwingungen moduliert (verschoben) werden können, so daß Intensitätsunterschiede hörbar gemacht werden können, die bei Überlagerungen zweier tonfrequenter Schwingungen (mit gleicher Frequenz und Amplitude) von Verdoppelungen der Amplitude bis zur Auslöschung (Phasenverschiebungen von 180°) reichen können, vom Eindruck schneller → Vibrati bis zur Illusion rotierender oder vorüberwandernder Klänge (simulierter Leslie-Effekt).

Phorminx: altgriechische → Leier, dem Namen nach seit Homer belegt. Auf Abbildungen seit dem 9. Jh. v. Chr. wird ihr Schallkörper meist sichel- oder fast halbkreisförmig dargestellt; 3–4, seltener 5 Saiten; wurde mit oder ohne Plektrum gespielt.

Pianoforte-Gitarre (englisch: pianoforte guitar) → Tastengitarre.

picado: spanische Bezeichnung für das im Flamenco gebräuchliche Dreifinger-Arpeggio.

pick → Plektrum.

pick guard (scratch plate): das *Schlagbrett,* meist aus Plastik, zum Schutze der Gitarrendecke. → golpeador.

picking: ganz allgemein das Spielen der Gitarre, meist aber gebraucht im Zusammenhang mit → fingerstyles. → circle picking, cross fingering, wrist picking.

picking roll: allgemein ein mit mehreren Fingern ausgeführter → Wechselschlag. → picado, → Scruggs roll.

pickup (pick-up): englische Bezeichnung für den elektromagnetischen *Tonabnehmer* im Unterschied zum → Transducer.

pickup selector switch: englische Bezeichnung für den Wahlschalter für die auf der Gitarre verfügbaren Tonabnehmer. Im allgemeinen ein *Kippschalter (toggle switch).* Z.B. gibt es für die meisten Gitarren mit zwei Tonabnehmern drei Positionen: Steg-Pickup (→ metallico), Hals-Pickup (weich, jazzig, baßlastig) und Mitte, die beide kombiniert.

Pipa (p'i-p'a): chinesische Laute mit leicht bauchigem Schallkörper ohne Schallöcher, mit kurzem Hals, 4 Saiten, Querriegel, langen, seitenständigen Wirbeln und 12 Bünden. Wird meist mit einem hölzernen Plektrum gespielt, wobei die Saiten gegen die Bünde schlagen. Die Pipa ist seit etwa 200 v. Chr. belegt.

pitch: englische Bezeichnung für die Tonhöhe.

pitch changing devices: mechanische oder elektronische Einrichtungen, mit denen ohne Veränderungen der linken Hand Tonhöhen verändert werden können. → Palm Pedal, → Pedal Pitch, → tremolo-tailpiece.

pizzicato (Abkürzung: pizz.): aus dem Italienischen von pizzicare = zupfen. Eine Form des Abdämpfens, die von den Streichern auf die Gitarre übertragen wurde: Durch leichtes Auflegen der rechten Handkante oder des Handballens werden nahe am Steg die Saiten gedämpft.

Pipa

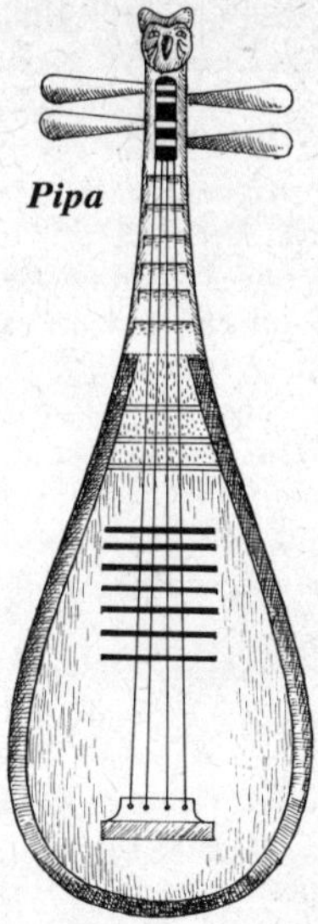

Plektrum (Plektron; englisch: pick): Früher vor allem Federkiel oder Knochenstück, heute – als → flatpick – ein Blättchen aus Plastik, Filz, Stein, Metall o. ä. zum Anreißen der Saite. Als → fingerpicks zumeist aus Metall oder Plastik gearbeitete fingernagelförmige Gebilde in fester Verbindung mit einem Ring, der über die Fingerkuppe geschoben wird. Als → thumbpicks zumeist aus Metall oder Plastik gearbeitete flachovale Ringe, von denen über die Außenkante des Daumens eine verlängerte Spitze hinausragt. Diese sind vor allem in der Country- und Folk-music bei Stahlsaitenspielern in Gebrauch.

portamento: aus der Vokalmusik übernommener Begriff für das Gleiten (→ glissando, → bending).

Portugiesische Gitarre (Guitarra violas): Instrument mit ovalem, mandolinenähnlichen, jedoch flachen Korpus und Zargen und sechschörigem Bezug in verschiedenen Stimmungen (z.B. c, e, g, c′, e′, g′). Hauptsächlich Begleitinstrument in portugiesischen Volksmusik-Improvisationen. → Machete. Wird zunehmend solistisch eingesetzt.

position marker: englisch für → Merkpunkt.

präparierte Gitarre: Begriff aus dem Bereich der Avantgarde- bzw. freeform-Spieler der post-Derek-Bailey-Generation (Henry Kaiser, Fred Frith) für Instrumente, deren Klangspektren durch Aufmontage von Papierstücken, Krokodilklemmen, schmalen Stahlstäben oder → pickups etwa auf dem Wirbelbrett erweitert wurden.

Preamp: internationalisierter Fachterminus für Vorverstärker.

Primgitarre: die heute gebräuchlichste sechssaitige Gitarre in der Normalstimmung E, A, d, g, h, e′. Nach ihrer Grundstimmung auch E-Gitarre genannt. Oberbegriff ist → Spanische Gitarre.

Psalter (Psalterium): etwa vom 8. bis zum 17. Jh. in Europa gebräuchliche Zither, deren Saiten mit den Fingern oder einem Plektrum gezupft werden.

pull-off: englischer Begriff des Gegenstücks zum hammer-on (Aufschlag). → Abriß.

punteado: in der alten spanischen Gitarrenmusik das Anschlagen einzelner Saiten und damit das Gegenstück zu → rasgueado. → picking, → singlenote.

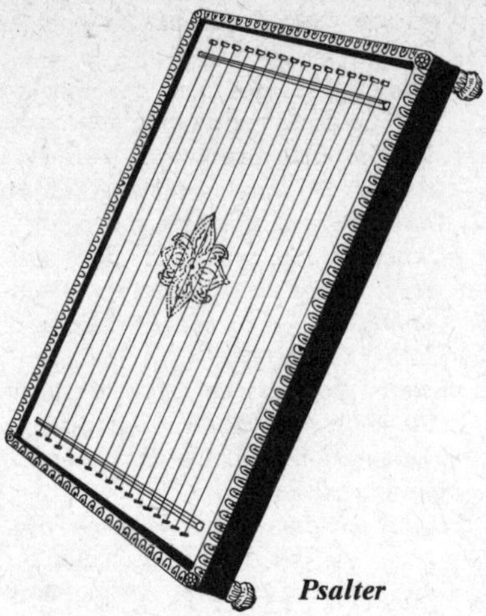

Psalter

Quart-Gitarre (Halbe Gitarre): Kleinere Form der normalen → Primgitarre mit 50er Mensur und knapp 80 cm Gesamtlänge. Ihre Stimmung ist A, d, g, c′, e′, a′. Wird häufig auch A-Gitarre genannt.

Quintbaßgitarre: eine größere Gitarre als die normale mit der Stimmung $_1$A, D, G, c, e, a und einer Mensur um 70 Zentimeter.

Quint-Gitarre ([guitarra] requinto): die verkürzte Variante der normalen Gitarre mit einer Mensur unter 50 cm und der Stimmung H, e, a, d′, fis′, h′. Wird häufig H-Gitarre genannt.

rasgueado (rasgado): im Gegensatz zum → punteado jene Spielweise, bei der mehrere Saiten sehr schnell, also fast zusammen im down- bzw. up-stroke angeschlagen werden. Das *Tremolo-rasgueado* ist das einfache rasgueado im steten → Wechselschlag.

regular wound string (roundwound

string): die normal umsponnenen Saiten (in der Regel alle außer e' und h) mit einem Kern, der gewöhnlich aus einer Legierung aus Nickel, Kupfer, Eisen und Mangan besteht, der von einem gesponnenen Mantel aus Bronze, Nickel, reinem oder versilbertem Kupfer oder auch einer Kupfer- und Zinklegierung umgeben ist. Saiten für elektrische Gitarren bestehen aus magnetisch aktivierbaren Materialien wie rostfreiem Stahl, Nickel und Nickellegierungen. Regular oder roundwounds werden in Rock und Folk aufgrund ihres hellen, klaren Klangs bevorzugt.

Reifchen: 9–11 Millimeter breite Holzstückchen, die in geringen Abständen im Zargeninneren eingeleimt werden, um Boden und Decke zusätzliche Auflagefläche zu liefern.

Resonatorgitarre (englisch: resophonic guitar): Oberbegriff für einen Gitarrentyp, der heute im allgemeinen durch → Dobro ersetzt wird und ein Instrument bezeichnet, das in seiner ›Urform‹ heute in Long Beach (Kalifornien) von dem Unternehmen Original Musical Instrument produziert wird (ehemals Dobro, dann National [National Resonator guitar], dann Valco). Der Korpus der Resonatorgitarre besteht im allgemeinen aus Ahorn, dünnem Stahl oder bestimmten Legierungen und enthält einen großen (früher drei kleinere) metallenen Resonator, der dem Instrument einen verstärkten, eigentümlichen Klang verleiht. In den meisten Fällen wird es → lap-style gespielt wie sein Vorgänger, die *Hawaiigitarre,* und mit einem → slide bar. Die Dobro kommt vor allem in Bluegrass- und Jazzgrass (›Dawg‹ music) zum Einsatz. Ihre Hauptexponenten heute sind Mike Auldridge, Tut Taylor, Josh Graves und Shot Jackson.

resophonic guitar → Resonatorgitarre.

retuning: englisch für das Nach-, Um- oder Neustimmen.

Reverb: amerikanisches Kürzel für reverberation = Hall. Wird häufig eingesetzt, um Gesang oder Instrumenten mehr räumliche Tiefe zu verleihen.

roll: englische Bezeichnung für → Wechselschlag (→ picado). Die Technik, in ständigem schnellen Wechsel eine oder mehrere Saiten mit mehreren Fingern anzuschlagen. Der *Scruggsroll* z. B. ist eine Wechselschlagtechnik mit Daumen sowie 1. und 2. Finger, die vom Banjo auf die Gitarre übertragen wurde und besonders in Country und Folk sehr beliebt ist.

Rosette: früher die reichverzierte hölzerne Überdeckung des Schallochs, wie sie vor allem bei Lauten Verwendung fand. Heute das Schmuckwerk um das Schalloch herum.

Rota → Chrotta.

roundwound string → regular wound string.

Rückkoppelung → Feedback.

run → Lauf.

Russische Gitarre: im allgemeinen das aus der altrussischen vier- bis sechssaitigen Gitarre entstandene siebensaitige Instrument, das sich insbesondere im 19. und Anfang des 20. Jh.s größter Beliebtheit erfreute, seit einigen Jahren wieder populärer zu werden beginnt und die Normalstimmung D, G, H, d, g, h, d' hat.

Saite (englisch: string): In früherer Zeit wurden hohe Saiten aus Schafsdärmen hergestellt, während die tiefen Saiten der Gitarre einen mit versilbertem Kupferdraht umsponnenen Seidenkern hatten. Seit Anfang der fünfziger Jahre werden Saiten aus Nylon fabriziert, was eine fast hundertprozentig reine Herstellung ermöglicht (Quintreinheit, lange Haltbarkeit). Seither bestehen die drei tiefen Saiten der Normalgitarre aus einem Nylonseiden-Kern, der mit Bronze- oder Chromstahldraht umsponnen wird. In Ausnahmen wird so auch die ansonsten ›nackte‹ g-Saite hergestellt *(wound third)*. Zu den Saiten für elektrische Gitarren → regular wound string, → halfwound string, → flatwound string.

Saitenhalter → tailpiece.

Samisen (Schamisen, Shamisen): japanische Laute mit langem Hals und kleinem, annähernd quadratischem Resonanzkörper mit Zargen aus Holz; Decke und Boden bestehen aus Katzen- oder Hundeleder. An den 3 seitlichen Wirbeln sind Saiten aus Seide oder Nylon befestigt, die mit einem großen, spatelförmigen Plektrum angeschlagen werden.

Samisen

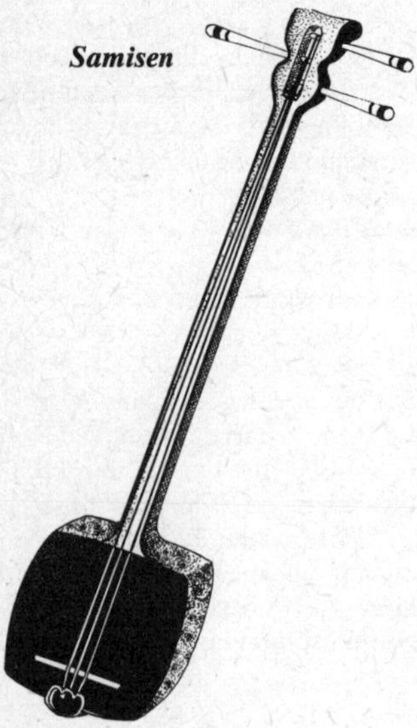

Sattel: 1.) eine Querleiste aus Elfenbein oder Hartholz, die in den Raum zwischen Wirbelkasten und Griffbrett eingelassen ist. In Einschnitten liegen die Saiten im Sattel und erhalten so ihre Führung zum Wirbelkasten. 2.) als Stegsattel der korpusseitige Abschluß der → Mensur.

scale length: englisch für → Mensur.

scalloped braces: eine Novität im Bereich des → bracing, sind diese Balken in der Kontur wie die Schale einer Muschel (= scallop) ausgeschält.

scalloped frets: ausgeschalte Bundflächen.

Schildgitarre, → Wappengitarre.

Schalloch → Decke.

Schamisen → Samisen.

Schlagbrett → pickguard.

Schleifen → glissando, portamento.

scordatura → tuning, open tuning.

scratch plate → pick guard.

Scruggs roll → roll.

Scruggs-tuner: eine Stimmechanik, die nach dem großen C&W-Gitarristen und Fivestring-Banjoisten Earl Scruggs (* 1924), der insbesondere durch seine Duo-Arbeit mit Lester Flatt (* 1914, † 1979) auch hier bekannt wurde, benannt ist, im allgemeinen als D-Tuner bezeichnet und vor allem von Banjoisten montiert wird. Der Scruggs-tuner ermöglicht, während des Spielens die Saite um einen stets in fester Relation zur Gesamtstimmung stehenden Intervall zu verstimmen, ohne daß der

Spieler genau auf die Zahl seiner Drehungen am Wirbel achtgeben muß: An einem bestimmten Punkt blockiert dieses → pitch changing device durch einen eingebauten Anschlag. Mit dieser Einrichtung lassen sich so schnell und bequem → bendings, glissandi und Vibrati erzeugen.

seven-string guitar: englische Bezeichnung für jede Art von siebensaitiger Gitarre. Neben der → Russischen Gitarre ist es vor allem jenes Instrument, wie es von George van Eps ins Leben gerufen wurde, das sich heute in der westlichen Welt und hier besonders im Jazz (Bucky Pizzarelli, Juraj Galan) wachsender Beliebtheit erfreut. Seine Stimmung: $_1$A, E, A, d, g, h, e′.

Shamisen, → Samisen.

single-coil-pickup: ein Tonabnehmer mit nicht sechs, sondern nur einem Kern (z.B. der Charlie-Christian-pickup).

singlenote (single-note): meist im Plural gebrauchte englische Bezeichnung für jeden Einzelton-Lauf.

Sitar: indische Langhalslaute mit birnenförmigem Schallkörper aus Holz, gelegentlich auch aus Kürbis, dessen Decke mit kleinen Schallöchern versehen ist. Der Sitar hat heute 4–7 Metallsaiten (eine als Melodie-, die andern als Bordunsaiten gespielt), die mit einem Plektrum aus Draht angezupft werden (Stimmung z.B. g, c^1, f, c^2). Der lange flache Hals hat 16–20 bewegliche Bünde.

sideman: internationalisierter englischer Begriff für die Musiker hinter dem Solisten.

Slack key → tuning.

slacky: englisches Wort für weich, schlaff. Hier stets in bezug auf die Stimmung oder Spielbarkeit einer Saite.

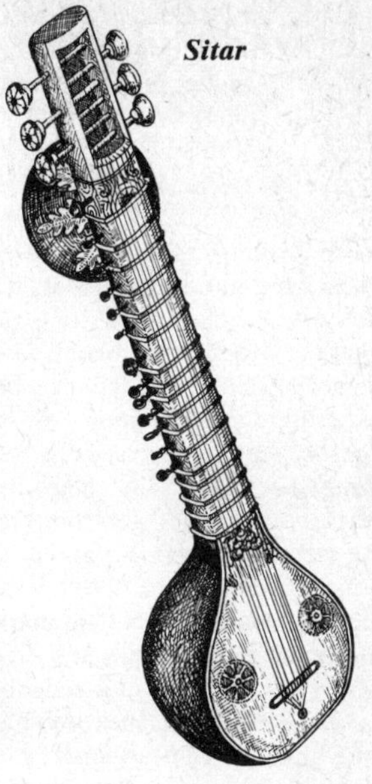

Sitar

slide-bar: englische Bezeichnung für das im Querschnitt meist runde Metallstück, das beim → lap-style playing und beim → pedal steel playing von drei Fingern der linken Hand über die erhöht über dem Griffbrett liegenden Saiten geführt wird. → Hawaiigitarre, → Resonatorgitarre.

slide-Stil: der Stil, in dem mit dem → slide-bar gespielt wird.

slur: englisch für → glissando, portamento.

snapping off → Abriß.

solidbody: im weitesten Sinne die englische Bezeichnung für alle Gitarren mit massiven Holzkorpussen (solidbodies).

Spanische Gitarre: im allgemeinen gebraucht als Oberbegriff für die heute übliche → Primgitarre.

speaker: Slangbegriff für Lautsprecher, Lautsprecherbox.

Spluffer: amerikanisches Kürzel aus active splitter/dual buffer, ein elektronisches Effektgerät, das im wesentlichen aus zwei Trennstufen besteht, die ein Input-Signal in zwei isolierte Outputs teilen und zusätzlich die Möglichkeit bietet, über einen Fußschalter einen der beiden Ausgänge abzuschalten.

staccato (Abkürzung: stacc.): Anweisung, nach der Töne deutlich und kurz voneinander getrennt werden müssen; in der Notation durch Punkte oder Striche über oder unter den betreffenden Noten markiert. Im Spiel wird das staccato erzeugt, wenn unmittelbar nach dem Anschlag auch der Druck des Fingers der linken Hand aufgehoben wird. Heute auch häufige Bezeichnung für die schnelle Technik des → Wechselschlags mit dem Plektrum.

steel guitar → Hawaiigitarre, → pedal steel.

steelstring guitar: englische Bezeichnung für jede Art von Stahlsaiteninstrument.

Steg: jene Einrichtung, die den exakten Abschluß der freischwingenden Saitenstrecke auf der Decke mit dem → Stegsattel darstellt. Es gibt Stege, über die die Saiten zu einem Saitenhalter (→ tailpiece) hinwegführen und solche, die zugleich auch Saitenhalter sind *(stop tailpieces).* Moderne Stege auf nichtklassischen Gitarren ermöglichen durch Stellrädchen Veränderungen der → action, aber auch das Verändern der Mensur jeder einzelnen Saite durch winzige Teilstege, deren Stellung über eine Schraube verschoben werden kann. → off-set-Steg, → Knöpfchensteg, → Knüpfsteg.

Stegsattel → Sattel 2.)

stint: im amerikanischen Musikerjargon etwa wie → gig ein Auftritt, meist ein einmaliger mit Sessioncharakter.

Stockgitarre: eines der vielen Modeinstrumente des 19. Jh.s; sie hatte meist 4 Saiten und einen sehr kleinen Schallkörper.

stop tailpiece → Steg.

Streichgitarre: im 19. Jh. entstandene Mischformen aus Gitarre und Streichinstrument. Der 1823 von J. G. Staufer in Wien gebaute → Arpeggione wurde z. B. wie ein Cello gehalten (Guitarrevioloncello) und gestrichen. Hauptcharakteristikum

Stockgitarre

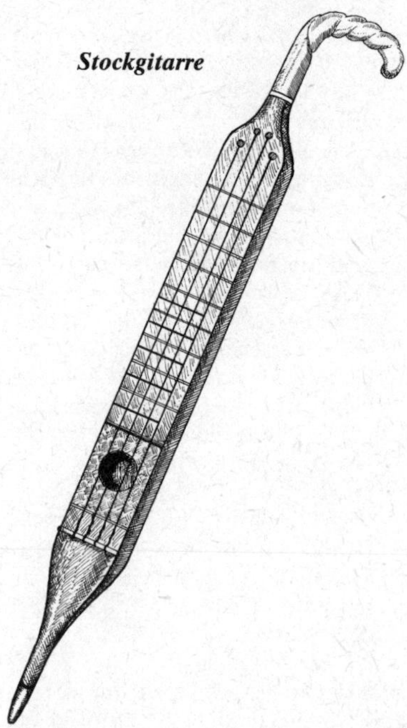

dieser Instrumentengruppe sind der achtförmige Gitarrenkorpus, die metallgefaßten Bünde auf deutlich gewölbtem Griffbrett und die gitarrenübliche E-Stimmung der → Primgitarre.

stride (stride-Stil): pianistische Weiterentwicklung des Ragtime-Stils, dessen markantestes Merkmal der ständige Wechsel der linken Hand zwischen Akkord und Baßton ist. Entsprechend auf die Gitarre übertragen ein ›boom-chic‹, das ebenso zwischen dem Anschlag mehrerer Saiten und einem Einzelbaßton wechselt.

string → Saite.

string damper → Van-Eps-damper.

string-tree (string-guide): englische Bezeichnungen für kleine metallene Führungsschienen verschiedener Formen auf dem Wirbelbrett, durch die hindurch oder unter denen hinweg bestimmte Saiten geführt werden, um zu verhindern, daß sie unter größerer Beanspruchung (z. B. hartem Anschlag) aus dem → Sattel springen.

string winder: englische Bezeichnung für eine Art Kurbel, deren offenes Ende auf einen Stimmwirbel aufgesetzt und mit der dann die Saite schneller als von Hand aufgezogen und gestimmt werden kann.

strum (strumming): englische Bezeichnung für das rhythmische Akkordspiel. → rasgueado.

strut → Balken.

Stumme Gitarre (Stummergitarre): ein reines Übungsinstrument mit hohlem, oft abnehmbaren Rahmenkorpus ohne Resonanzqualität, aber mit normalem Hals, Griffbrett und Saitenbezug.

sul ponticello → metallic.

sustain: 1.) dem italienischen *sostenuto* entsprechend ›gehalten‹ als Anweisung, einen Ton so lange wie notiert auszuhalten, was auf dem Klavier mit Hilfe des Sostenuto-Pedals erreicht werden kann; 2.) in bezug auf die Gitarre ganz allgemein die *sustaining power,* d. h. die von der anatomischen Qualität des Instruments abhängige Fähigkeit, einen beliebigen Ton möglichst lange ›stehenzulassen‹, also ausklingen zu lassen.

table: englische Bezeichnung für → Decke.

Tabulatur: ganz allgemein eine Griffzeichenschrift, in der die zu spielenden Töne griffschematisch durch Zahlen oder Buchstaben angezeigt sind. Dem Liniensystem entspricht die Anzahl der Saiten bzw. Chöre. Heute sind Tabulaturen in populären Musiken wieder außerordentlich beliebt, werden aber zumeist mit dem entsprechenden Notenbild gemeinsam gezeigt.

Taille: die Einschnürung oder Einschweifung des Gitarrenkorpus zwischen Ober- und Unterbügel.

tailpiece: englische Bezeichnung für den Saitenhalter, der im allgemeinen aus Metall und am Unterbügelzargen befestigt ist. → Steg, → stop tailpiece.

tambora (Abkürzung: tamb., englisch: percussion): eine Technik, mit der perkussionsähnliche, klirrende oder trommelähnliche Geräusche auf der Gitarre erzeugt werden können, etwa durch Überkreuzung der beiden tiefsten Saiten oder durch eine Fingerposition, die das freie Ausschwingen (→ sustain) einer Nachbarsaite verhindert, sozusagen abwürgt. Ein Daumen-Tambourin-Effekt wird erzeugt, indem die Innenseite des rechten Daumens dicht hinter dem Steg auf die Decke trommelt.

Tanbur (Tambur, Tambura): orientalische Langhalslaute mit kleinem, bauchigem Resonanzkörper und wenigen, dünnen Metallsaiten. Die Wirbel sind frontal oder seitlich in den Hals gesteckt. Seit dem 2. Jahrtausend v. Chr. bekannt. Im antiken Griechenland und Rom als *Pandura* bezeichnet. Heute ist der Tanbur v. a. in Südosteuropa *(Tanburiča, Tamburizza)*, im Kaukasus und in Nordafrika verbreitet.

Tar: persisch-kaukasische Langhalslaute, dem Tanbur ähnlich, mit hölzernem Korpus, Decke aus Haut, breitem Hals mit beweglichen Bünden, seitenständigen Wirbeln und 3–8 Saiten, die mit einem Plektrum angeschlagen werden.

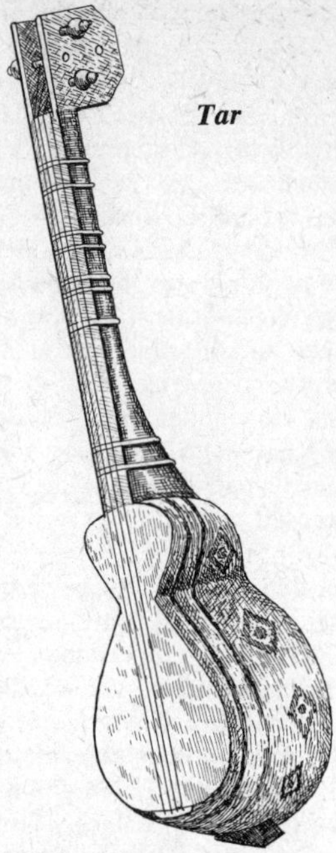

Tar

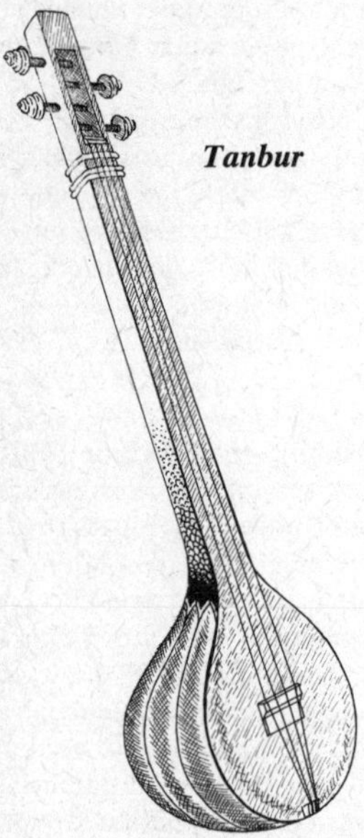

Tanbur

Tastengitarre (Pianoforte-Gitarre): ein Instrument, dessen Saiten nicht nur normal mit den Fingern, sondern auch über eine Sechs-Saiten-Mechanik gespielt werden können. Die Tasten oder Knöpfe befanden sich im allgemeinen am baßseitigen Oberbügelzargen, und mittels eines Übersetzungsmechanismus wurden die Saiten entsprechend aus dem Schalloch heraus angeschlagen oder angerissen. → Gizmo.

temblor (Abkürzung: tembl.): eine ›sanftere‹ Variante von Bebung oder → Vibrato.

Terzgitarre (Dreiviertelgitarre, G-Gitarre): ein Instrument mit kleinerer Mensur in der Normalstimmung G, c, f, b, d′, g′. Daher auch häufig als G-Gitarre bezeichnet. Aufgrund der 55er Mensur auch *Dreiviertelgitarre* genannt.

Theorbe: eine Baßlaute mit großem Korpus, kurzem Hals und acht Bordunen, die festeingestimmt neben dem Griffbrett in einen separaten Wirbelkasten führen. Beliebtestes Generalbaßinstrument in der Musik vom 16. bis zum 18. Jahrhundert.

thumbpick → Plektrum.

thumb style → Wechselbaß.

Tiple (Tiplet): südamerikanische Folklore-Gitarre kleinerer Mensur, mit fünf Saiten, Doppelchören und der Stimmung a′, d″, g′, c″, e″. → Machete.

tirando (non apoyando): das Gegenstück zum → apoyando. Hier wird der Finger nach dem Anschlag über die benachbarte Saite hinweggeführt, bleibt also ungestützt. Das Tirando gilt allgemein als Akkord-Anschlag, wie er bei Zwei- und Mehrklängen und bei → glissandi angewandt wird.

toggle switch → pickup selector switch.

Tonabnehmer → pickup.

Tonblende → tone control.

tone control (Tonblende): diejenige Einrichtung an der elektrischen Gitarre, mit der über einen Regler im Zusammenhang mit dem → pickup selector switch die Tonfarbe reguliert werden kann.

top → Decke.

Transducer: eine Variante des ›normalen‹ elektromagnetischen Tonabnehmers, deren Unterschied darin besteht, daß sie die Saitenschwingung nicht in elektromagnetische Impulse umsetzt, sondern wie ein Mikrofon wirkt. Der Transducer überträgt also die akustischen Schwingungen, was ihn gerade für die nahezu authentische Verstärkung von Nylonstringgitarren geeignet macht.

Travis picking (Travis style): nach Merle Travis benannte Art von → fingerstyle-Technik, die Daumen, 1. und 2. Finger nutzt. → roll.

treble (-Saiten): allgemein die höheren, meist die drei höchsten Saiten der normalen Gitarre.

treble booster: ein elektronisches Effektgerät, das im Prinzip wie ein Hochleistungsverstärker arbeitet, dessen wesentlicher Unterschied zu diesem jedoch darin besteht, daß er aufgrund seiner Kondensatorleistung die Baßfrequenzen des Input-Signals ›auffrißt‹, die hohen aber hindurchläßt. Dieses ausgesprochene Hochfrequenzsignal wird dann verstärkt, während ein weiterer Kondensator dafür sorgt, daß die hohe Frequenz stabil bleibt und nicht über den hörbaren Bereich hinwegsteigen kann. Der treble booster ist insbesondere unter Rockgitarristen beliebt, die einen helleren, klareren Ton wünschen.

Tremolo (Abkürzung: trem.): eine Anschlagtechnik, die ohne Plektrum ermöglicht, das Plektrumtremolo der Mandoline oder der Plektrumgitarre für die Konzertgitarre zu übernehmen, indem ein und derselbe Ton schnell mit den verschiedenen Fingern der rechten Hand (meist p, a, m, i...) angeschlagen wird. In populären Bereichen auch als → staccato bezeichnet. → Wechselschlag.

Tremolo-Arm → tremolo-tailpiece.

tremolo-rasgueado → rasgueado.

tremolo-tailpiece: eine in vielen Varianten existierende mechanische Zusatzeinrichtung entweder in (bei solidbodies) oder auf der Gitarre, deren Sinn darin besteht, durch Druck auf einen beweglichen Arm die Saiten der Gitarre zum negativen → bending zu veranlassen. Die *archtop-tremolos* bestehen aus einem aufschraubbaren, entweder am Unterbügel oder auf der Decke befestigten verstärkten Saitenhalter, in den die Saiten so entgegen der normalen Bespannungsrichtung eingelegt werden, daß durch Druck auf den über einer Feder gelagerten Tremolo-Arm der rundstabförmige Endsteg in eine leichte Drehung versetzt werden kann, der die Mensur der Saite(n) verlängert.

Tripedisano (Tripodion): ein besonders durch D. Aguado bekanntgewordenes dreibeiniges Gestell, auf das der untere Teil der Gitarre – statt auf dem Oberschenkel – aufgesetzt werden kann, um den schalldämpfenden Körperkontakt zu minimalisieren.

truss-rod: englische Bezeichnung für den *Verstellstab* im Gitarrenhals, der mit einem Spezialschlüssel entweder vom Schalloch aus oder am sattelnahen Teil der Mechanik zugänglich ist und dazu dient, Halsverziehungen (→ warps) zu korrigieren.

tune: englische Bezeichnung für Musikstück.

tuning (Stimme, Stimmung): 1.) die Grund- oder Normalstimmung eines Instruments, wie sie sich im Rahmen seiner Evolution als ideal erwiesen hat, im Falle der Primgitarre die Stimmung E, A, d, g, h, e′; 2.) als sogenannte *dropped tunings* Varianten der Normalstimmungen wie z.B. dropped D (D, A, d, g, h, e′) oder dropped G (D, G, d, g, h, e′) oder auch dropped A ($_1$A, A, d, g, h, e′), bei denen immer nur wenige und nicht alle Saitenstimmungen verändert werden, um mit offenen oder Leersaiten besondere Klangereignisse herbeiführen zu können; 3.) als sogenannte *open tunings,* wie sie besonders von Dobrospielern und Bottleneckern benutzt werden, weil diese durch das Spielen mit einem → slide-bar oder → bottleneck nur begrenzte Möglichkeiten des Greifens einzelner Saiten haben; z.B. open D (D, A, d, fis, a, d′) oder open G (D, G, d, g, h, d′) oder open E (E, Gis, e, gis, h, e′), die leer oder mit slide-bar in beliebigen Lagen gespielt vollständige Akkorde ergeben (normale Blueskadenz: O, IV, V, IV, O); 4.) als hawaiianische Variante das sogenannte *ki ho'alu* (= slack key, also schlaffe Stimmung). Dies ist eine Technik, bei der entweder alle Saiten, in jedem Falle aber der Baß, sehr häufig auch 1, 5 und 6 tiefer als normal (slacky) gestimmt werden, um im vorherrschenden I-IV-V-I-Spiel mit Daumen im Baß und → picado auf 5 und 6 vor allem starke Baßresonanz zu erzielen. Die ki ho'alu blieben, daher der Mangel schriftlicher Überlieferung, bis vor kurzem reine ›Familienrezepte‹, geheimgehaltene Privatangelegenheiten Eingeweihter. Geschätzt wird die Kenntnis von bis zu rund einhundert Varianten des *slack-key-tuning*. Auf seiner LP »In The Old Way« (Tradewinds TS-1128) gibt z.B. Leonard Kwan im Covertext immerhin die sechs in seiner Familie gebräuchlichsten ki ho'alus preis, z.B. ein F-tuning C, F, c, g, c, e′ oder etwa ein B^b-tuning F, B^b, d, f, a, d′. Slack keys, die nicht mit den amerikanischen open tunings zu verwechseln sind, ergeben leer, d.h. offen gespielt, in aller Regel Dur-Akkorde: Die Musik Hawaiis seit den 1830er Jahren kannte so gut wie kein Moll.

twelvestring guitar: englische Bezeichnung für die heute übliche zwölfsaitige Gitarre mit der Normalstimmung Ee, Aa, dd', gg, hh, e'e'.

twin-neck → Doppelhals-Gitarre.

two note comping chords → comping chords.

Ukulele: im 19. Jh. auf Hawaii aus der portugiesischen → Machete entwikkelt mit der Stimmung a, d, fis', h' oder a, c', e', a'. Die (oder das) Ukulele ist normalerweise stahlbesaitet und ein Plektroninstrument.

unisono: das gleichzeitige, verdoppelnde oder oktavversetzte Spielen mindestens zweier Instrumente (oder zweier bzw. mehrerer Saiten eines Instruments [→ Oktavtechnik]) einer bestimmten musikalischen Phrase.

Ukulele

Unterbügel: die unterhalb des Stegs gelegene Rundung des Gitarrenkorpus im Gegensatz zum → Oberbügel.

Unterklotz → Hinterklotz.

upstroke: das dem → downstroke entgegengesetzte Anschlagen der Saite von unten nach oben.

vamp (vamping): allgemeine Bezeichnung für Improvisieren. Oft gebraucht für das spontane Spiel von → licks hinter einer anderen ersten Stimme.

Van-Eps-damper (string damper): Saitendämpfer, eine Erfindung von George van Eps, nahe am Sattel in die Mitte des Wirbelbretts geschraubt. Mit einem baßseitig herausragenden kleinen Hebel kann über eine kleine Verbindungsstange ein Dämpfer auf den ersten Bund herabgesenkt werden. Sinn des Geräts: die Saitenresonanz bei → archtop-Jazzgitarren zu reduzieren, um das bei diesen Instrumenten oft problematische → Feedback zu vermeiden.

Verstärker → Amp.

Verstellstab → truss-rod.

Verzerrer (Verzerrung) → fuzz-box.

Verzierungen: Begriff aus der musikalischen Ornamentik, in dem alle Arten zusammengefaßt sind, wie man eine Melodielinie oder auch Akkorde ausschmücken kann. In erster Linie von den Lautenisten festgelegt, waren sie ein bedeutendes Charakteristikum der Musik des 17. und 18. Jh.s Daß es gerade die Lautenisten waren, die die *Vorschläge, Triller, Doppelschläge, tremblements* usw. kultivierten, liegt auf der Hand: der Lautenton verklingt, unverziert, sehr schnell.

Vibrato: 1.) ein bebender oder an- und

abschwellender Effekt, der durch schnelle Fingerbewegung hin und her innerhalb ein und desselben Bundes auf einer Saite erzeugt wird, wobei minimale Tonveränderungen im schnellen Wechsel verursacht werden. 2.) → Tremolo-Arm, → tremolo-tailpiece.

Vihuela (lateinisch: vitula): zwischen dem 13. und 16. Jh. in Spanien allgemein gebräuchliche Bezeichnung für eine bestimmte Gruppe von Saiteninstrumenten mit bereits eingeschweifter Korpusform, gewölbtem Boden, Griffbrett und Bünden. Zunächst werden drei Vihuelen-Typen unterschieden: die *Vihuela de arco,* die mit dem Bogen gestrichen; die *Vihuela de peñola,* die mit dem Plektrum gespielt; und die *Vihuela de mano,* die mit den Fingern gezupft wurde. Letztere wird dann in Gitarrenbesaitung und Gitarrenstimmung zum volkstümlichen Instrument, nämlich der vier- bis fünfsaitigen, mehrchörigen Gitarre.

Vina → Wina.

Vihuela

vitula: lateinische Bezeichnung für die → Vihuela.

Vollbundgitarre: ein (vermutlich) von Hans Reichel konzipiertes und gespieltes Instrument mit über die gesamte Mensurlänge montierten Bünden zur Erzielung ungewöhnlicher Klangeffekte.

volume control: diejenige Einrichtung an der elektrischen Gitarre, mit der über einen Regler die Lautstärke pro → pickup individuell oder aber über die → master volume control insgesamt geregelt werden kann.

Vorderklotz → Oberklotz.

Wah-wah-Pedal: internationalisierter Begriff für ein Effektgerät, das durch wechselnden Vorder- oder Hinterdruck eines Fußes wie eine → tone control wirkt, die abwechselnd Höhen oder Bässe bevorzugt.

walking bass: englische Bezeichnung für den Laufbaß, der auf der Gitarre durch ständiges Auf- und Abmarschieren auf den Baßsaiten erzeugt wird und im Verein mit den anderen Elementen des → orchestralen Spiels intensiven Swing erzeugen kann.

Wappengitarre (Schildgitarre): ein im wesentlichen Alt-Wiener Instrument mit wappenförmigen Korpussen und zumeist geschwungen dreieckigen, seitlich eingesetzten Schalllöchern.

warp: englische Bezeichnung für die Verziehungen des Halses, die meist entweder konkav, d.h. zum Griffbrett hin eingewölbt oder konvex ausfallen können. Moderne Gitarren, nicht aber Konzertgitarren, verfügen häufig über einen Verstellstab (→ truss-rod), mit dessen Hilfe diese warps wieder beseitigt werden können, indem man die Zugspannung des Verstellstabes entweder löst (bei der Konkaven) oder steigert.

Wechselbaß (englisch: thumb style): die insbesondere durch Merle Travis und Chet Atkins populär gemachte Technik der Übertragung des pianistischen Ragtime-›boom-chic‹ auf die Baßsaiten der Gitarre, indem man unter einer fortlaufenden Melodie stets abwechselnd einen Ton auf E und dann auf A spielt und diese zur Steigerung der Imitation des Kontrabaßklangs zusätzlich abdämpft.

Wechselschlag: im klassischen Spiel die Technik, mit der ein oder mehrere Töne von ständig und schnell wechselnden Anschlagfingern zum Klingen gebracht werden, etwa dem → Tremolo und → roll vergleichbar. Der Wechselschlag wird meist von → i und → m ausgeführt: Der erste Finger schlägt die Saite an, während der folgende bereits zum Anschlag (von unten nach oben, → upstroke) ausholt. Im nichtklassischen Spiel häufige Bezeichnung für das *Plektrumstaccato*.

Wina (Vina): seit dem 7. Jh. in Indien bekannte Stabzither mit hohen Bünden und 2 Kalebassen als Resonatoren. Heute v. a. eine Langhalslaute mit einem Holzkorpus und einem am Hals befestigten Kürbis als zweitem Schallkörper. 3–5 Metallsaiten laufen vom Wirbelkasten aus über den Steg zu dem an der Lautenschale befestigten Saitenhalter. Der Steg hat eine gebogene Metalloberfläche; die Saiten können auf den brückenartigen Bünden seitlich verschoben werden. Von seitlich im Hals steckenden Wirbeln gehen 3 rhythmisch gespielte Bordunsaiten aus, die wie die Melodiesaiten in Quinten und Quarten gestimmt sind. Gespielt wird mit Fingernägeln oder Plektren. → Sitar.

Wina

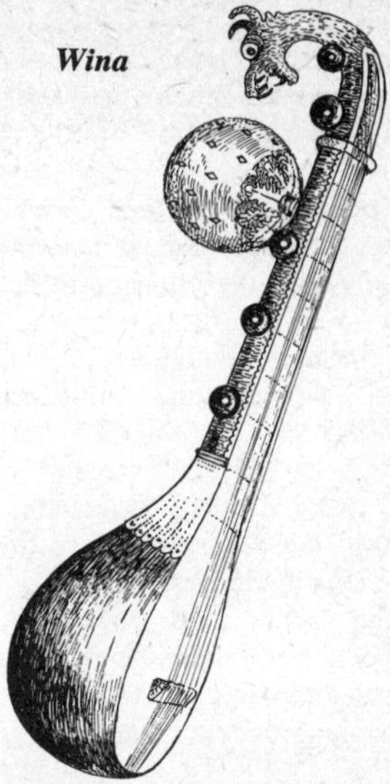

Wirbelkasten (Wirbelbrett; englisch: headstock): Bezeichnung für die gesamte Einheit am oberen Ende von Hals und Griffbrett jenseits des → Sattels, in bzw. auf der entweder nur die Wirbel allein (bei der Flamencogitarre hinterständig, bei E-Gitarren häufig nur auf einer Seite in Verbindung mit ihren Einzelmechaniken) oder aber die Mehrfach- oder Einzelmechaniken befestigt sind. → Mechanik.

wound third: englischer Jargon für die (nicht in allen Saitensätzen) umsponnene g-Saite.

wrist picking: 1.) das → picking, dessen Bewegung ganz aus dem Handgelenk (wrist) kommt; 2.) eine nicht ›salonfähige‹ Art, insbesondere bei Rockgitarristen (Jimi Hendrix, Jeff Beck, Pete Townshend, Alven Lee,

Jimmy Page, Carlos Santana), mit dem rechten Handgelenk auf die Saiten zu trommeln, um spezielle Effekte zu erzielen.

x-bracing: englische Bezeichnung für die klassische, ungefähr x-förmige Verbalkung der Gitarrendecke.

Yüeh k'in (Mondgitarre): chinesische Kurzhalslaute mit flachem Rücken.

Zarge (Zargen): die senkrechten, dem Umriß des Gitarrenkörpers folgenden Verbindungsseitenwände zwischen Decke und Boden. Boden und Zargen sind im allgemeinen aus demselben Holz gearbeitet.

Zehnsaitengitarre: allgemeine Bezeichnung für alle Instrumente unter dem Oberbegriff → Decachord.

zero fret → Nullbund.

Zwölfsaitengitarre → twelvestring guitar.

Yüeh (chinesisch)

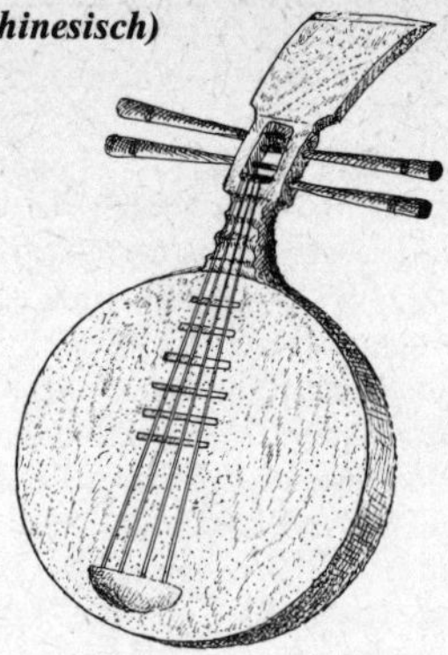

Bibliographie.

Allgemeine Musikgeschichte, Handbücher und Nachschlagewerke

Adler, Guido, Hrsg.: Handbuch der Musikgeschichte (3 Bde.), München 1975

Adorno, Theodor W.: Einleitung in die Musiksoziologie, Frankfurt/Main 1975

Agricola, Martin: Musica instrumentalis deudsch, Wittenberg 1529, Repr. Hildesheim 1969

Amarcius siehe Biernath

Baines, Anthony: Musical Instruments through the Ages, Harmondsworth 1961, dt. Die Musikinstrumente, München o. J.

Blume, Friedrich, Hrsg.: Epochen der Musikgeschichte, Kassel/München 1974 (Einzelbeiträge aus Die Musik in Geschichte und Gegenwart [MGG], Kassel 1949–1968)

Boethius: De institutione musica, Buch I. Engl. in Strunk, Oliver: Source Readings in Music History, New York 1950

Boetticher, Wolfgang: Internationales Quellenlexikon der Musik (RISM). Handschriftlich überlieferte Lauten- und Gitarrentabulaturen des 15. bis 18. Jahrhunderts, München 1978.

Bonson, Manfred / Borris, Siegfried / Graves, Barry / Haas, Walter / Höhne, Peter / Olshausen, Ulrich / Sack, Manfred / Schmidt-Joos, Siegfried / Thurow, Norbert: Lexikon POP. Ein Sachwort-Abc der Unterhaltungsmusik von Operette und Schlager bis Folk, Jazz und Rock, Wiesbaden 1977

Borris, Siegfried: Einführung in die moderne Musik 1900–1950, Wilhelmshaven / Locarno / Amsterdam 1975

Brandl, Willy: Instrumentenkunde, Frankfurt/Main o. J.

Brüchle, Bernhard: Musik-Bibliographien für alle Musikinstrumente, Deutsch–Englisch, Frankfurt/Main o. J.

Buchner, Alexander: Musikinstrumente von den Anfängen bis zur Gegenwart, Hanau 1972

Callahan, Clare: Survey Of Guitar Curricula In Colleges In The United States And Canada [Department of Music, Texas Tech. University, Lubbock, TX 79409]

Chase, Gilbert: America's Music, New York 1955

Cohn, Nik: Pop from the Beginning, London 1969

Cortese, Paolo: De cardinalatu libri tres (1510), Auszüge in Music and Cultural Tendencies in Fifteenth Century Italy in Journal of the American Musicological Society, vol. XIX/2 1966

Dahlhaus, Carl: Grundlagen der Musikgeschichte, Köln 1977

Daniélou, Alain: Die Musik Asiens zwischen Mißachtung und Wertschätzung, Wilhelmshaven/Locarno/Amsterdam 1973

Dart, Thurston: Practica Musica, Bern 1959

Diderot, Denis und Le Rond d'Alembert, Jean: Encyclopédie, dt. Diderots Encyclopédie 1762–1777, München 1979

Draeger, Hans Heinz: Prinzip einer Systematik der Musikinstrumente, Frankfurt/Main o. J.

Eimert, Herbert und Humpert, Hans

Ulrich: Das Lexikon der elektronischen Musik, Regensburg 1973
Gafurius, Franchinus: Practica Musicae o. O. 1496. Original im British Museum
Gillett, Charlie: The Sound of the City, New York 1970
Gilmore, George und Pereira, Mark: Guitar Music Index, Honolulu (Galliard Press)
Johannes de Grochero: Tractatus de musica, Paris 1280 (siehe Ragossnig)
Kaufmann, Walter: Musical Notations of the Orient, Bloomington/London 1967
Kolneder, Walter: Geschichte der Musik, Ein Studien- und Prüfungshelfer, Frankfurt/Main o. J.
– Musikinstrumentenkunde, Ein Studien- und Prüfungshelfer, Frankfurt/Main o. J.
Kühn, Dieter: Ich – Wolkenstein, Eine Biografie, Frankfurt/Main 1977
Loyd, Norman: Großes Lexikon der Musik, Gütersloh 1974
Lukian (Lucian) siehe Grunfeld
Manessische Handschrift (13./14. Jh.), Wieland Schmied (Hrsg.), Berlin 1977
Marti, Samuel: Alt-Amerika. Musik der Indianer in präkolumbianischer Zeit. Leipzig 1970
Mattheson, Johann: Das neu eröffnete Orchester, Hamburg 1713
McCreadie, Sue: Classical Guitar Compagnion, Bimport / Dorset 1982
Meyer, Jürgen: Akustik und musikalische Aufführungspraxis, Handbuch für Akustiker, Tonmeister, Musiker, Instrumentenbauer und Architekten. Reihe Das Musikinstrument Bd. 24, Frankfurt/Main o. J.
Meyers Handbuch über die Musik, Mannheim/Wien/Zürich 1961
Paperback-Ausgabe als rororo Musikhandbuch (2 Bde.), Reinbek 1973
Michels, Ulrich: dtv-Atlas zur Musik. Tafeln und Texte. Band I Systematischer Teil, Historischer Teil: Von den Anfängen bis zur Renaissance, Kassel/München 1977
Mitchell, Donald: The Language of Modern Music, London 1963
de la Motte, Diether: Harmonielehre, Kassel/München 1976
– Kontrapunkt, Kassel und München 1981
Otterbach, Friedemann: Schöne Musikinstrumente, München 1975/79
Palmer, Tony: All You Need Is Love. Vom Blues zum Swing, von Afrika zum Broadway, vom Jazz zum Soul und Rock ’n’ Roll, New York 1976, dt. München/Zürich 1977
– Born Under A Bad Sign, London 1970
Pape, Winfried: Musikkonsum und Musikunterricht, Düsseldorf 1974
Praetorius, Michael: Syntagma musicum II, De Organographia, Wolfenbüttel 1619, Faks. Kassel 1958
Prat, Domingo: Diccionario biográfico, bibliográfico, histórico, crítico de Guitarras, Guitarristas y Guitarreros, Buenos Aires 1934
Provoźniak, Józef: Gitarren-Lexikon, Berlin (Ost) 1979
Ribera, Julián: Music in Ancient Arabia and Spain, Stanford 1929
Rieländer, Michael R.: Reallexikon der Akustik, Frankfurt/Main o. J.
Riemann, Hugo: Musiklexikon, Mainz 1967 (Sachteil), 1959/61 (Personenteil), 1972/75 (Ergänzungsbände)
– Musiklexikon in 2 Bänden, Mainz 1978/79
Rosen, Charles: The Classical Style – Haydn, Mozart, Beethoven, London 1971
Ruiz, Juan: Libro de buen amor. J.

Cejada y Franca (Hrsg.), Madrid 1913
Sachs, Curt: Reallexikon der Musikinstrumente, Berlin 1913, Repr. Hildesheim 1964
Saldoni, Baltasar: Diccionario biográfico – bibliográfico de efemérides de Músicos españoles (4 Bde.), Madrid 1868–81
Schreiner, Hans: Musica popular brasileira. Anthologisches Handbuch der populären und folkloristischen Musik Brasiliens, Darmstadt 1978
– Musica Latina – Musikfolklore zwischen Kuba und Feuerland, Frankfurt/Main 1982
Seidl, Helmut: Frequenztafeln Cent–Hertz, Handbuch für Akustiker, Instrumentenbauer und Musiker, Frankfurt/Main o. J.
Schuhmacher, Gerhard: Einführung in die Musikästhetik, Wilhelmshaven/Locarno/Amsterdam 1975
Short, Craig R. Directory Of Music Faculties In Colleges And Universities, U. S. And Canada: 1978–80 [Regent Box 44, University of Colorado, Boulder, CO 80309]
Sloninsky, Nicholas: Music of Latin America, New York 1946
Sommer, Hermann und Ruth Sommer: Alte Musikinstrumente, Berlin 1920
Stauder, Wilhelm: Einführung in die Instrumentenkunde, Wilhelmshaven/Locarno/Amsterdam 1974
Subira, José und Cherbuliez, Antoine E.: Musikgeschichte von Spanien, Portugal, Lateinamerika. Zürich 1957
Terzi, Benvenuto: Dizionario dei chitarristi e liuti italiani, Bologna 1937
The Diagram Group: Musikinstrumente der Welt, Gütersloh 1976
Tinctoris, Johannes: De inventione et usu musicae, Neapel 1480 (?) (1487)
siehe Weinmann (Sachliteratur, Klassik)
Universal Edition Neue Musik seit 1950, Wien 1978
Valentin, Erich: Handbuch der Instrumentenkunde, Regensburg 1954
Vötterle, Karl: Haus unterm Stern, Kassel 1963
Winternitz, Emanuel und Stunzi, Lilly: Die schönsten Musikinstrumente des Abendlandes, München 1966
Young, Phillip T.: The Look of Music – rare musical instruments 1500–1900, Seattle/Vancouver 1980

Monographien, Biographien, Autobiographien, allgemeine Sachwerke

Achard, Ken: The Fender Guitar, London 1977
– The History and Development of the American Guitar, London 1979
Bellow, Alexander: The Illustrated History of the Guitar, Long Island, New York 1970
Biernath, Ernst: Die Guitarre seit dem III. Jahrtausend vor Christus, Berlin 1907
Bishop, Ian C.: The Gibson Guitar From 1950, London 1977
– The Gibson Guitar From 1950 Vol. 2, London 1979
Bone, Philip J.: The Guitar and Mandolin, London 1954[2], Repr. 1972
Boyden, David: Catalogue of The Hill Collection of Instruments in the Ashmolean Museum, Oxford, Oxford 1969
– An Introduction To Music, London 1969
Brojer, Robert: Der Weg zur Gitarre, Kassel/Wien 1973
Brosnac, Donald: The Electric Guitar – Its History and Construction, London/New York/Sydney/Köln 1975

– Ich baue mir eine Gitarre, München 1980
– The Steel String Guitar: Its History, London / New York / Sydney / Köln 1973
Buek, Fritz: Die Gitarre und ihre Meister, Berlin 1926, 1936, 1952
Carfagna, Carlo und Caprani, Alberto: Profilo Storico della Chitarra, Ancona/Mailand 1966
Clinton, George: Andrés Segovia. An Appreciation. London 1978
Day, Paul: The Burns Book, London 1979
Denyer, Ralph: The Guitar Handbook, London 1982
Evans, Tom und Evans, Mary Anne: Guitars – From the Renaissance to Rock, New York/London 1977
Eulner, Mike und Dreksler, Jacky: 1000 Tips für die Gitarre, Bonn 1981
Geiringer, Karl: Die Flankenwirbelinstrumente in der bildenden Kunst der Zeit zwischen 1300 und 1550 (Wiener Veröff. zur Musikwissenschaft 17), Wien 1980
The Gibson, Inc.: Gibson Electrics Vol. I, Van Nuys 1982
Grunfeld, Frederic V.: The Art and Times of the Guitar, New York 1969 (Paperback 1978)
The Guitar Player Book, Saratoga 1979 (Beiträge aus Guitar Player)
The Guitar Repair Manual, London/New York 1972 (Beiträge aus Guitar Player)
Jahnel, Franz: Die Gitarre und ihr Bau, Frankfurt/Main 1963
Kamimoto, Hideo: Complete Guitar Repair. New York 1975
Klier, Johannes und Hacker-Klier, Ingrid: Die Gitarre – Ein Instrument und seine Geschichte, Bad Schussenried 1980
Lemme, Helmuth: Elektro Gitarren, Gitarren-Elektronik Teil 1, Stuttgart 1977
– Gitarren-Verstärker, Gitarren-Elektronik Teil 2, Stuttgart 1978
Longworth, Mike: Martin Guitars. A History, Cedar Knolls 1975
Lütgendorff, Willibald Leo von: Die Geigen- und Lautenmacher vom Mittelalter bis zur Gegenwart, Frankfurt/Main 1922
Moser, Wolf: Gitarre-Musik – Ein internationaler Katalog (2 Bde.), Hamburg 1973/1977
Muñoz, Ricardo: Historia de la guitarra, Buenos Aires 1930
Nickel, Heinz: Beitrag zur Entwicklung der Gitarre in Europa, hrsg. von S. Navascués, Heimhausen 1972
Pereira, Mark und Gilmore, George: Guitar Music Index, Honolulu, Hawaii o. J.
Pohlmann, Ernst: Laute, Theorbe, Chitarrone, Bremen 1975
Päffgen, Peter (Hrsg.): Gitarren-Ratgeber, Ein Sonderheft von Gitarre + Laute, Köln 1982
Purcell, Ronald C.: Classic Guitar, Lute, and Vihuela Discography, New York 1976
Radole, Guiseppe: Luito, chitarra e vihuela. Storia e Letteratura. Milano 1979
Sharpe, A. P.: The Story of the Spanish Guitar, London 1954
– Make your own Spanish Guitar. London 1963
Sloane, Irving: Guitar Repair, Southampton 1974
– Classic guitar construction. London 1976
Sommer, Hermann und Sommer, Ruth: Laute und Gitarre, Stuttgart 1922
The Sounds Book of the Electric Guitar, hrsg. von Tony Mitchell, London 1980

Stambler, Irwin: Golden Guitars, New York 1971
Teeter, Don E.: The Acoustic Guitar. Adjustment, Care, Maintenance, and Repair, Oklahoma 1975
Tonazzi, Bruno: Liuti, Vihuela, Chitarra e Strumenti Similari..., Ancona 1971
Turnbull, Harvey: The Guitar from the Renaissance to the Present Day, London 1974, Paperback 1980
Wheeler, Tom: The Guitar Book – A Handbook for Electric and Acoustic Guitarists, London 1978
– The American Guitar, New York 1982
Wolfram, Heinz: Ratschläge eines Gitarrenbauers und Reparateurs, Frankfurt/Main 1976
Zuth, Josef: Handbuch der Laute und Gitarre, Wien 1926, 1928, Repr. Hildesheim 1978

Sachliteratur

Klassik

Allen, D. Andrew: »La Guitarre Royalle Dediée au Roy de la Grande Bretagne composée par Francisque Corbett«, 1671. A complete transcription, translation, and commentary, Dissertation, University of Manchester
Amat, Juan Carlos: Guitarra Española de Cinco Órdenes, Gerona 1639
Astorga, Juan Lorenzo de: El Libro de Alexandre, Repr. Princeton 1934
Bermudo, Fray Juan: Declaración de instrumentos musicales, Repr. Kassel 1957
Bobri, Vladimir: The Segovia Technique, New York 1972, dt. Eine Gitarrenstunde mit Andrés Segovia, Bern/Stuttgart 1977
Campion, François: Nouvelles découvertes sur la guitarre, Paris 1705, Repr. Chêne-Bourg/Genf 1977
– Traité d'accompagnement et de composition, Paris 1716, zusammen mit der Addition au traité d'accompagnement... du théorbe, de la guitare et du luth, Paris 1730, Repr. Chêne-Bourg/Genf 1977
Colonna, Giovanni Ambrosio: Intavolatura di Chitarra Spagnuola del primo, secondo, terzo, et quarto libro, Mailand 1637
Corbetta, Francesco: La Guitarre Royalle, Paris 1671, 1674, Repr. Chêne-Bourg/Genf 1975
– Scherzi Armonici trovati e facilitati... sopra la Chitarra Spagnuola, Bologna 1639
Daza, Esteban: Libro de música en cifras para vihuela, intitulado el Parnasso, Valladolid 1576, Repr. Chêne-Bourg/Genf 1978
Dombois, Eugen: Die Temperatur Hans Gerles auf der Laute, in Basler Jahrbuch für historische Musikpraxis II/1978, Winterthur
Federhofer, Hellmut: Eine Angelica- und Gitarrentabulatur aus der zweiten Hälfte des 17. Jahrhunderts. In Festschrift für Walter Wiora, Kassel 1967
Ferandiere, Fernando: Arte de tocar la guitarra española por música, Madrid 1799, Faksimile London 1977
Francesco da Milano: Intavolatura de viola o vero lauto, Libro I/II, Neapel/Sultzbach 1536, Repr. Chêne-Bourg/Genf 1977
Foscarini, Giovanni Paolo: Il primo, secondo e terzo libro della Chitarra Spagnola, o.O. 1629 (?)
Fuenllana, Miguel de: Libro de música para vihuela, intitulado Orphenica lyra, Sevilla 1554

Gavoty, Bernard: Andrés Segovia – an Evaluation, Genf 1955
Guerau, Don Francisco: Poema Harmónico compuesto de varias cifras por el temple de la Guitarra Española, Madrid 1649
Harrison, Frank Mott: Reminiscences of Madame Sidney Pratten, Guitariste and Composer, London 1899
Heck, Thomas F.: The Birth of the Classic Guitar and its Cultivation in Vienna, Reflected in the Career and Compositions of Mauro Giuliani. Dissertation, Yale University 1970
Jacobs, Charles: El Maestro, University Park/London 1971
Jeffery, Brian: Fernando Sor, Composer and Guitarist, London 1977
– (Hrsg.): Fernando Sor: Complete Works for Guitar (5 Bde.), New York 1977
Klima, Josef: Ausgewählte Werke aus der Ausseer Gitarretabulatur des 18. Jahrhunderts, Graz 1958
Koczirz, Adolf: Über die Fingernageltechnik bei Saiteninstrumenten. In Festschrift für Guido Adler, Wien 1930
Le Roy, Adrien: Premier Livre des Tabulature de Guiterre..., Paris 1551
Lemoine, Antoine Marcel: Nouvelle Méthode, Paris 1790
Manns, Jerry A.: »Gaspar Sanz's Instrucción de Música sobre la Guitarra... 1674«: Translation, Transcription, Commentary. Dissertation Case Western Reserve University 1974
Milán, Luys: Libro de Música de Vihuela de Mano, intitulado El Maestro, Valencia 1535/36, hrsg. von Leo Schrade, Leipzig 1927, Repr. Hildesheim 1967
– El Maestro, hrsg. von Charles Jacobs, Pennsylvania/London 1971
Montesardo, Girolamo: Nuova Inventione d'Intavolatura per sonare li balletti sopra la Chitarra Spagnuola..., Florenz 1606
Moretti, Federico: Principios para tocar la guitarra de seis órdenes (1799) (siehe Turnbull)
Morlaye, Guillaume: Le Premier Livre de Chansons, Galliardes, Pavannes, Branles, Almandes, Fantaisies, reduict en tabulature de Guyterne, Paris 1552
– Le Second Livre..., Paris 1553
Mudarra, Alonso: Tres Libros de música en cifra para vihuela, Sevilla 1546, Transkr. Emilio Pujol in Monumentos de la Música Española VII, Barcelona 1949
Narváez, Luys de: Los Seys Libros del Delphin de Música de Cifra para taner vihuela, Valladolid 1538, Transkr. Emilio Pujol in Monumentos de la Música Española III, Barcelona 1945
Peppercorn, Lisa M.: Heitor Villa-Lobos, Leben und Werk, Zürich 1972
Pinnell, Richard Tilden: The Role of Francesco Corbetta (1615–1681) in the History of Music for the Baroque Guitar, Including a Transcription of his Complete Works, Los Angeles 1976
Pelzer, Ferdinand: Instructions for the Spanish Guitar, 1830 (?) (siehe Turnbull)
Pisador, Diego: Libro de Música de Vihuela, agora nuevamente compuesto, Salamanca 1552
Poulton, Diana: John Dowland, London 1972
– und Lam, Basil: The Collected Lute Music of John Dowland, London 1974
Pujol, Emilio: Tárrega – Ensayo biográfico, Lissabon 1960
– El dilema del sonido en la guitarra,

Buenos Aires 1960, dt. Das Dilemma des Klanges bei der Gitarre, Hamburg, 1975
Pratten, Madame Sidney (Catharina Josepha Pelzer) siehe Harrison
Ragossnig, Konrad: Handbuch der Gitarre und Laute, 1978 (Neuauflage 1982)
Roncalli, Ludovico: Capricci Armonici sopra la Chitarra Spagnola, Bergamo 1692
Ruf, Paul: Vihuela und Gitarre. Frühgeschichte, Komponisten, Musik, Notation, Aufführungspraxis. Materialien zum instrumentenkundlichen Unterricht, Zulassungsarbeit, Lörrach 1976
Sanz, Gaspar: Instrucción de música sobre la guitarra española, Saragossa 1674, Faks. der Institucion Fernando el Catolico, Saragossa 1966
Sasser, William Gray: The Guitar Works of Fernando Sor, Dissertation University of North Carolina 1960
Segovia, Andrés: An Autobiography of the Years 1893–1920; Part I, New York 1976 (Teile II–IV in Vorbereitung)
Taylor, John: Tone Production on the Classical Guitar, London 1978
Tonazzi, Bruno: Miguel Llobet, Chitarrista dell'Impressionisimo, Ancona/Mailand 1966
Tyler, James: The Early Guitar, A History and Handbook, Oxford 1977
Valderrábano, Enriquez de: Libro de Música de Vihuela, intitulado Silva de Sirenas, Valladolid 1547
Visée, Robert de: Livre de Guitarre dédié au Roy, Paris 1782
– Livre de Pièces pour la Guitarre, Paris 1686
Wade, Graham: Traditions of The Classical Guitar, London 1980
Ward, John M.: The Vihuela de Mano and its Music 1536–1576, Dissertation New York University 1953
Weinmann, Karl: Johannes Tinctoris und sein unbekannter Traktat »De inventione et usu musicae«, hrsg. von W. Fischer, Tutzing 1961
Willmitzer, Gerhard: Die Volksliedbegleitung auf der Gitarre und das Lautenlied in der Zeit der deutschen Jugendbewegung 1900–1932, Dissertation Halle 1970
Zuth, Joseph: Simon Molitor und die Wiener Gitarristik um 1800, Dissertation Wien 1919

Flamenco

Bakus, Gerald: The Spanish Guitar, Los Angeles 1977
Borrow, George: The Zincali, or an Account of the Gypsies of Spain (2 Bde.), London 1841
Caballero Bonald, José Manuel: Diccionario del Cante jondo, Madrid 1963
Clébert, Jean-Paul: Das Volk der Zigeuner, Wien 1964
Falla, Manuel de: El cante jondo (cante primitivo andaluz), Granada 1922
– Spanien und die neue Musik, Zürich 1968
Glinka, Mikhail Ivanovich: Memoirs, Oklahoma 1963
George, David: The Gypsy with the Green Guitar. Society of Spanish Studies, Morón de la Frontera o.J.
– The Flamenco Guitar. Society of Spanish Studies, Madrid 1969
González, Climent: Bibliografía flamenca, Madrid 1965
Grande, Felix: Memoria del Flamenco (2 Bde.), Madrid 1979

Molina, Ricardo: Cante flamenco (Antología), Madrid 1964
– Misterios del arte flamenco, Barcelona 1967
Molina Fajardo, Eduardo: Manuel de Falla y el Cante jondo. Universidad de Granada, Cátedra M. de Falla, Granada 1962
Pemartin, Julián: Guída alfabético del Cante flamenco, Madrid 1966
Plata, Manitas de: Musique aux doigts, Paris 1976
Pohren, Donn E.: The Art of Flamenco, Jerez 1962
– Lives and Legends of Flamenco. Society of Spanish Studies, Sevilla 1964
Quiévreux, Louis: Art Flamenco, Brüssel 1959
Ríos Ruiz, Manuel: Introducción al Cante flamenco, Madrid 1972
Starkie, Walter: Auf Zigeunerspuren, München 1957

Folk, Country, Bluegrass

Artis, Bob: Bluegrass, New York 1975
Atkins, Chet und Neely, Bill: Country Gentleman, Chicago 1974
Baggelaar, Kristin und Milton, Donald: The Folk Music Encyclopedia, New York 1976
Folkbuch 1, Namen und Adressen aus der deutschen Folk-Szene, Rüsselsheim 1976
Fuchs, Walter: Country-Music, Bergisch Gladbach 1980
Green, Douglas B.: Country Roots, The Origins of Country Music, New York 1976
Guthrie, Woody: Bound for Glory, New York 1943
– American Folksong, New York 1961
Hemphill, Paul: The Nashville Sound, New York 1970; dt. Nashville Sound – Aus der Welt der Country & Western Music, Tübingen/Stuttgart 1971
Jeier, Thomas: Lexikon der Contry Music, München 1980
Lawless, Ray M.: Folksingers and Folksongs in America, New York 1960
Laing, Dave und Dalles, Karl, Denselow, Robin, Shelton, Robert: The Electric Muse. The Story of Folk into Rock, London 1975
Lomax, Alan: The Folksongs of North America, New York 1960
– American Folkguitar, New York 1957
Lomax, John A.: Negro Folk Songs as sung by Leadbelly, New York 1937
Malone, Bill C.: Country Music, USA. Houston 1967
Paulin, Don: Das Folk-Music-Lexikon, Frankfurt/Main 1980
Price, D.: Old As the Hills: The Story of Bluegrass Music, New York 1975
Price, Steven D.: Take Me Home. The Rice of Country and Western Music, New York/Washington 1974
Rodgers, Mrs Jimmie (= Carrie): My Husband, Jimmy Rodgers, Nashville 1935
Sandburg, Carl: The American Songbag, New York 1927
Shelton, Robert und Goldblatt, Burt: The Country Music Story, New York 1966
Shestack, Melvin: The Country Music Encyclopedia, London 1977
Silverman, Jerry: The Folksinger's Guitar Guide, New York 1962
Siniveer, Kaarel: Folk Lexikon, Reinbek 1981
Stambler, Irwin und Landon, Grelun: Encyclopedia of Folk, Country & Western Music, New York 1969

Blues

Bogaert, Karel: Blues Lexikon, Antwerpen 1971

Charters, Samuel: The Country Blues, New York 1959, dt. Der Country Blues. Songs und Geschichten, Reinbek 1982

– The Poetry of the Blues, New York/London 1963

– The Bluesmen, New York 1967

Engbarth, Gerhard: Der Blues vom Blues, Rüsselsheim ^{2}1978

Groom, Bob: The Blues Revival, London o. J.

Handy, W. C.: Father of the Blues, London 1957

Keil, Charles: Urban Blues, Chicago 1966

Leadbetter, Huddie: The Leadbelly Songbook, hrsg. von M. Ash & A. Lomax, New York 1962

Oakley, Giles: The devil's music. A history of the Blues, London 1976

Oliver, Paul: Conversation with the Blues, London 1965

– Screening the Blues, London 1968

– The Story of the Blues, London 1969, dt. Die Story des Blues, Reinbek 1978

Silverman, J. (Hrsg.): Folk blues, New York 1968

Jazz

Balliett, Whitney: Improvising – Sixteen Jazz Musicians and Their Art, insbes. The Answer is Yes (Jim Hall), New York 1977

Berendt, Joachim Ernst: Das Jazzbuch – Von Rag bis Rock, Frankfurt/Main 1976

– Das große Jazzbuch, Frankfurt/Main 1981

– Ein Fenster aus Jazz, Frankfurt/Main 1977

– Photo-Story des Jazz, Frankfurt/Main 1978

Bailey, Derek: Improvisation, London 1980

Chilton, John, Jazz, London 1979

Feather, Leonard: The Pleasures of Jazz, New York 1976

– The Encyclopedia of Jazz in the Sixties, London 1978

– The Book of Jazz, New York 1957

– The Encyclopedia of Jazz in the Seventies, New York 1976

Hentoff, Nat: Jazz Is, New York 1976

Jost, Ekkehard: Sozialgeschichte des Jazz in den USA, Frankfurt/Main 1982

Luttrell-Kutmani, Muzaffer: The Baglamaist Cavit Üztüncsay and the Influence of the makam on the Durham/Christian-Tradition, Lexington 1958

McCarthy, Albert (Hrsg.): Jazz on Record, London 1968

Mecklenburg, Carl G. zu: International Jazz Bibliography, Stuttgart 1969

– Supplement to International Jazzbibliography 1971/72/73, Mainz 1975

Morgenstern, Dan und Brask, Ole: Jazz People, New York 1976

Polillo, Arrigo: Jazz, München 1978

Reclams Jazzführer, Stuttgart ^{2}1977

Summerfield, Maurice Joseph: The Jazz Guitar. Its Evolution and its Players, Newcastle upon Tyne 1978

Wölfer, Jürgen: Handbuch des Jazz, München 1979

Rock

Ehnert, Günter: Rock in Deutschland, Hamburg 1975, Neuauflage 1979

Graf, Christian und Wohlmacher, Uwe: Rockmusik Lexikon, Hamburg 1982
Grossman, Lloyd: A social history of rock music. New York 1976
Gülden, Jörg und Humann, Klaus: Rock Session 1, 2, 3 Reinbek 1977/78/79
Hardy, Phil und Laing, Dave (Hrsg.): The Encyclopedia of Rock, London 1975
Hofmann, H. P.: Beat, Rock, Rhythm & Blues, Soul, Berlin (Ost) ²1976
– Beat Lexikon, Berlin (Ost) 1977
Humann, Klaus und Reichert, Carl-Ludwig (Hrsg.): EuroRock, Reinbek 1981
Jahn, Mike: The Story of Rock from Elvis Presley to the Rolling Stones, New York 1973
Kaiser, Rolf Ulrich: Rock Zeit, Düsseldorf 1972
Kneif, Tibor: Sachlexikon Rockmusik, Reinbek 1978
– Einführung in die Rockmusik. Entwürfe und Unterlagen für Studium und Unterricht, Locarno 1979
– (Hrsg.): Rock in den 70ern, Reinbek 1980
Kuhnke, Klaus / Miller, Manfred / Schulze, Peter: Geschichte der Pop-Musik, Bd. 1, Bremen 1976
Laing, Dave / Dallas, Karl / Denselow, Robin / Shelton, Robert: The Electric Muse. The Story of Folk into Rock, London 1975
Mellers, Wilfrid: Twilight of the Gods. The Beatles in Retrospective, London 1973
Palmer, Tony: All You Need Is Love, New York 1976, dt. München/Zürich 1977
– Born Under a Bad Sign, London 1970
Roxon, Lilian: Rock Encyclopedia, New York 1969
Sandner, Wolfgang (Hrsg.): Rockmusik. Aspekte zur Geschichte, Ästhetik, Produktion, Mainz 1977
Schmidt-Joos, Siegfried und Graves, Barry: Rock-Lexikon, Reinbek 1973, erw. Auflage 1975
Turner, Steve: Conversations with Clapton, London 1976
Welch, Chris: Hendrix, A Biography, New York 1972

Schulen und Lehrwerke

Grundlagen und Klassik

Akerman, Sigvard: Guitar og luthspillets ABC, Kopenhagen
Albert, Heinrich: Lehrgang für künstlerisches Gitarre-Spiel (4 Bde.), Berlin
Andreoletti, Mariano: corso preparatorio di chitarra, Ancona
Andryszak, Aleŝ: Die Schule der Konzertgitarre, München
Azpiazu, José de: Rasguedao-Technique (englisch/französisch), München
– La guitare et les guitaristes (französisch), München
– Gitarrenschule – Übungen im einstimmigen Gitarrespiel (französisch/englisch/deutsch), München
Bay, Mel: Mel Bay's Modern Guitar Method (7 Bde., Kassette zum 1. Bd.), Mel Bay
– Mel Bay's New Easy Way to guitar, for individual or group instruction, Bde. A, B und C (C-Spieler setzen mit Bd. 2 der Modern Guitar Method fort), Mel Bay
– Mel Bay's Guitar Class Method, Vol. 1 and 2, mit Kassette
Beck, Leonhard: 5-Finger-Anschlag, Nijmegen

Beddow, Melvin: The First Year Guitar Method, Sevenoaks
Behrend, Siegfried: Gitarre – mein Hobby (2 Hefte + Schallplatte), Frankfurt/Main
Bervoets, Gerard: Tremolospel op de gitaar, Nijmegen
Blanchi, G.: Metodo per accompagnare con la chitarra senza bisogno do conoscere la musica, Mailand
Blok, Coby: Wij spelen gitaar; methode voor beginners, Hilversum
Brojer, Robert: Die Gitarre im Einzel- und Gruppenunterricht, Wien/München
Carcassi, Matteo: Gitarrenschule op. 59 (2 Bde.), München
– Selected Works, Faksimile-Edition der Erstausgaben, New York 1976
Carulli, Ferdinando: Carulli Gitarrenschule (rev. W. Götze), Frankfurt/Main
– Œuvres choisies pour guitare seule, Réimpression des editions de Paris, ca. 1820, Repr. Chêne-Bourg/Genf 1978
Castaños, Miguel: Catéchisme de la guitare, Paris
Castle, Joseph: Guitar Workshop – a practical handbook for Beginning Guitarists, E–Z Way Series, Mel Bay
Criswick, Mary: Guitar Tutor for Young Children, London
Degni, Vincenzo: Lo studio della chitarra classica (2 Bde.), Ancona
Dodgson, Stephen und Quine, Hector: Progressive Reading For Guitarists (deutsch/englisch/italienisch), München
Duarte, John W.: Guitar Accompaniment: The Easy Way, Mainz
– Foundation Studies in Classical Guitar Technique, Sevenoaks
– Guitar Fingerboard Teacher, Sevenoaks
– The Guitarist's ABC of Music, Sevenoaks
– The Young Person's Way to the Guitar, Sevenoaks
– Melody and Harmony for Guitarists, Sevenoaks 1980
Economides, George C.: Classical Guitar Method 1 + 2, London
– Starting To Play Guitar (Buch + Kassette), London
Ferstl, Erich: Rasgueado (Die Gitarre als Begleitinstrument), München
Fortea, Daniel: Método (2 Bde.), Madrid
– Método elemental, Madrid
Friessnegg, Karl: Gitarrenschule I–III, Wien
Gabetti, Flora: Guitare mon Ami (Méthode pour Débutants), Brüssel
Gall, Luis I. und Koenders, Rob: Gitaarmethode (3 Bde. + Suppl., auch auf deutsch erhältlich), Nijmegen
– und di Lella, Domenico: Voor samenspel en groepsles (6 Bde.), Nijmegen
Gerwig, Walter/Funk, Eike: Ich lerne Gitarre spielen (ausführliche Spielanweisung für Kinder und Jugendliche), Berlin
– Die Schulwerke, Berlin
Giuliani, Mauro: Giarrenschule (italienisch/englisch/französisch), München
Gregory, Charles: Guitar Tutor, London/Mainz
Harz, Fred: New Basic Guitar Method (3 Bde.), Trossingen
Hagge, Detlev: Die Gitarre in der Schule, Hamburg
Hall, Alan: Classical Guitar – A Method for the Beginner, London
Henze, Bruno: Das Gitarrespiel – Ein Unterrichtswerk vom Anfang bis zur Meisterschaft. 17 Hefte, Hofheim/Main

Hock, Jan-Anton van: Bouwstenen van het polyfoon gitaarspel (2 Bde.), Hilversum

Hunt, Edgar: An Introduction to Playing Spanish Guitar, London/Mainz

Irving, Jaquelyn: First Guitar Book, A Practice Course for Beginners, London

Kaps, Hansjoachim: Die Sologitarre – Lehrgang, Berlin

König, Heinz: Liedbegleitung auf der Gitarre, Leipzig

Kreidler, Dieter: Gitarrenschule (für Gruppen- und Einzelunterricht) (2 Bde./Buch + LP), London/Mainz

Laurent, Leo: Grande méthode complete pour guitare, Paris

– L'accompagnement à la guitare (méthode), Paris

Lago, Mario: Metodo teorico-pratico per lo studio della chitarra, Padua

– Metodo pratico e populare da orecchio per lo studio della chitarra, Padua

Lavie, Fernando-Fernandez: Ecole de Guitare – technique moderne, Paris

Lehrplan für Gitarre, hrsg. vom Verband deutscher Musikschulen, Bad Godesberg

Linde, Hans-Martin: Kleine Anleitung zur Verzierung alter Musik, Mainz 1958

Lendle, Wolfgang: Orientierungsmodelle für den Instrumentalunterricht, 5 Lieferungen, Regensburg

Lopátegui, José Luis: Introducion a la Guitarra, Barcelona

Maier, Peter: Die Gitarre – eine Anleitung für das Gitarrenspiel in mehreren Heften, Hamburg 1977 ff

Mairants, Ivor: The Simplicity Tutor for Spanish Guitar, Bonn

Martínez, Zarate: Mein erstes Buch über Gitarre (spanisch), München

Miranda, Basilio: Méthode de Guitare, Paris

Müller-Bech, W. und Lendle, W. (Hrsg.): Orientierungsmodelle für den Instrumentalunterricht; Bd. I Unterstufe, Gitarre 1. bis 4. Lieferung, Regensburg 1974/75. Bände II, III i. V.

Münch, Willi und Bausewein, Herbert: Wir lernen Gitarre spielen, (Neubearbeitung) München

Nelissen-Nicolaj, Leni: Gitarrenschule für jedermann, Köln

– Zeigende und sprechende Gitarrenschule für jedermann (2 Bde.), Köln

Noad, Frederik: Solo Guitar Playing (dt. Übers.), Wiesbaden

– Playing The Guitar, AM 10521 Music Sales London/Köln

Norman, Theodore: The Classical Guitar – A New Approach, London

Pastor, Segundo: Escuela de guitarra, Madrid

– Método de guitarra (2 Bde.), Madrid

– Método internacional de guitarra (spanisch/englisch/französisch), Madrid

Peter, Ursula: Anfangsunterricht im Gitarrespiel (2 Hefte); Heft 3: Der Weg zum Solospiel, Hofheim

Pili, Salvatore: Il chitarista moderno, Ancona

Pöhlert, Werner: Neue Gitarrenmethode für Unterricht und Selbststudium, Kassel

Polašek, Barbara: Gitarre im Gruppenunterricht, München

Pujol, Emilio: Theoretische – praktische Gitarrenschule (dt. Übers. in 2 Bdn.), München

Quine, Hector: Introduction to the Guitar, London

Ragossnig, Konrad: »Leitfaden...«, Basel/Wiesbaden

Ragotzky, Hans: Gitarristischer Lehrgang (3 Bde.), Hamburg
Rodrigues, Arenas: Gitarrenschule (spanisch; 7 Bde.), München
Rövenstrunck, Bernhard: Die Lehre des Gitarrenspiels, Hamburg
– Generalbaß für Gitarre, Hamburg 1975
– Liedsatz für Gitarre, Hamburg
Rossi, Abner: Il chitarista classico, München
Sao Marcos, Maria Livia: Einführung in das klassische Gitarrespiel, mit Ergänzungsband, Köln
Sanchez, Blas: Méthode classique de guitarre 1er et 2ième cycles, Paris
Scheit, Karl: Lehr- und Spielbuch für Gitarre, Wien 1954
Schaller, E. und Scheit, Karl: Lehrwerk für Gitarre (5 Hefte), Wien 1936/39
Schindler, Otto: Der Gitarre-Unterricht, Hefte 1 bis 3, Hofheim
Schneider, Heinrich: Praktische Gitarrenschule (2 Bde.), Berlin
Schwarz-Reiflingen, Erwin: Das Gitarren 1×1 – fundamentale Schule, Hamburg
Segovia, Andrés: Mein Gitarrenbuch – eine Anleitung für das Gitarrespiel, Freiburg i.B. 1980
Serafini, Césare: Breve guida per chitarra, Ancona
Shipton, Russ: The Complete Guitar Player. 4 Bände mit Schallfolie zur korrekten Einstimmung der Gitarre in Band 1, London/Köln
Skiera, Ehrenhard: Skiera Methode (2 Bde.), Trossingen
– Skiera Gitarrenschule (3 Bde.), Berlin
Smeck, Roy: Simplified Guitar Method for the Teacher and Student, London
Sor, Fernando: Gitarre Schule, Repr. der Erstausgabe von Simrock, Bonn 1830, hrsg. von Ute und Wolfgang Dix, Heiligenhaus 1975
Sors, F. – Coste, N.: Método completo para guitarra (rev. Tarragó), Madrid
Spindler, Ernst: Praktische Schule für Gitarre und Laute (2 Bde.), München
Terzi, Giovanni Antonio: Il chitarrista autodidatta – Metodo completo per chitarra classica, Mailand
Teuchert, Heinz: Gitarrenschule Band 1 + 2, Frankfurt/Main
– und Teuchert, Michael / Ratz, R.: Klingender Gitarrenlehrgang (Buch + LP), Zürich/Kassel
Treml, Robert: Grundlagen des Gitarrespiels, Kassel
Valentin, E. und Gebhardt, W. und Vetter, H. J. (Hrsg.): Handbuch des Musikunterrichts, Regensburg 1970
Thompson, Thomas Perronet: Instructions to my Daughter for Playing on the Enharmonic Guitar, London 1829
Walker, Luise: Für den Anfang, Wilhelmshaven
Wangler, Rudolf: Sechs Saiten, zehn Finger. Grundlagen und Übungen für Unterricht und Selbststudium des klassischen, spanischen und begleitenden Gitarrespiels. 131 Übungen, 2 Tafeln, 40 Abb., Kassel
Wölki, Konrad: Das Gitarren ABC, Hamburg
– Gitarrenspiel am Anfang, Berlin
– Gitarrenspiel nach dem Gehör, Berlin
– Der Gitarrenchor – Schule des Gruppenmusizierens, Berlin
– und Wölki, Gerda: Melodisches Gitarrenspiel – eine Schule für Gitarre als Soloinstrument, Berlin
Wolf, Roland und Dausend, Gerd-Michael: Tremolospiel auf der Gitarre, München

Zykan, Otto: Methodisches Lehrwerk für die Gitarre (3 Bde.), Wien

Flamenco

Academy of Flamenco Guitar: Flamenco Guitar Method, Santa Barbara
Azpiazu, José de: Flamenco-Gitarrenschule, Mailand/München
Batista, Andrés: Metodo de Guitarra flamenca, Madrid
Buckingham, Jack: El Arte Flamenco, Spanish Guitar Center, New York
Córdoba, Mariano: Escuela del Flamenco, Berkeley
– A Folksinger's Guide To Flamenco Guitar, London/Köln
– Flamenco Guitar, New York
Galindo, Patricio: Metodo de Guitarra flamenco, Valencia
Grecos, Juan D.: The Flamenco Guitar, New York
Kaps, Hansjoachim: Flamenco-Gitarrenschule, Berlin
Lee, Ronny und Mata, Juan de la: Flamenco Guitar Method Ole!, London/Köln
Mairants, Ivor: The Flamenco Guitar, London
Martín, Juan: El Arte Flamenco de la Guitarra (Buch + Kassette), London
Martín, Samuel: Introduccion a la guitarra flamenca (Buch + LP), o. O.
Mata, Juan de la: A complete recorded course for playing Flamenco Guitar (Buch + LP), New York
Medina, Emilio: Método de Guitarra Flamenca, Mailand/München
Peña, Paco: Toques flamencos (Buch + LP), London
Serrano, Juan: Flamenco Guitar, Mel Bay, Pacific
Skiera, Ehrenhard: Klingender Lehrgang für Flamencogitarre (Buch + LP), Berlin
Winkelbauer, Alfred: Flamenco – Einführung in die Technik, München

Folk

Atkins, Chet: The Chet Atkins Style For Guitar And How To Play It, Mel Bay
Barenberg, Russ: Teach Yourself Bluegrass Guitar, AM 21627 Music Sales, London/Köln
Baker, Mickey: Bottleneck And Country Blues Guitar, CL 10166 Music Sales, London/Köln
Bay, Mel: Mel Bay's Deluxe Album of Folk, Country, And Bluegrass Tunings, Mel Bay
– Mel Bay's Country Dobro Guitar, Mel Bay
Beamer, Keola: Hawaiian Slack-Key Guitar, OK 62612 Music Sales, London/Köln
Bursch, Peter: Peter Bursch's Gitarrenbuch Nr. 1, Nr. 2, Bonn
Borchardt, Marlies und Unbehauen, Peter: Fingerpicking Werkstatt für Gitarre, Hamburg
Clelland, Tom: Book of Open Tunings For Guitar, EI 11045 Music Sales, London/Köln
Eulner, Mike und Dreksler, Jacky: Folk Complete Band 1, GEM 10001 Music Sales, London/Köln
Evans, Roger: Fingerstyles For Guitar, EI 10492 Music Sales, London/Köln
Grahl, Helmut: Die Folkblues Gitarre, GKA 1000 Music Sales, London/Köln
Griffin, Neil und Steve: Bluegrass/Flat-Pickin' Guitar Method, Mel Bay
Grossman, Stefan: Play Ragtime Gui-

tar, Guitar Workshop Publ., New York 1978
– Book of Guitar Tunings, OK 62505 Music Sales, London/Köln
– Contemporary Ragtime Guitar, OK 62547 Music Sales, London/Köln
– Finger-Picking Guitar Techniques, OK 63073 Music Sales, London/Köln
Lieberson, Richard: Old-Time Fiddle Tunes For Guitar, AM 16585 Music Sales, London/Köln
Lomax, Alan und Seeger, Peggy: American Folk Guitar, EI 10047 Music Sales, London/Köln
Mairants, Ivor und Benbow, Steve: Folk Music Accompaniment For Guitar, SM 04226 Music Sales London/Köln
Oppermann, Rolf: Pop-Folk-Song-Book für Einzel- oder auch Gruppenspiel, München
Pearse, John: Fingerpicking Guitar Method, EI 10484 Music Sales, London/Köln
– The Single String Melody Method For Folk Guitarists, EI 11334 Music Sales, London/Köln
– Album of Folk Guitar Favourites, Band 1, EI 11284 Music Sales, London/Köln
– Flat Picking Guitar Method, EI 10500 Music Sales, London/Köln
– Ragtime & Counterpoint Method, EI 11896 Music Sales, London/Köln
Phillips, Stacy: The Dobro Book, OK 63289 Music Sales, London/Köln
Roberts, Don: Basic Patterns For Plectrum Guitar, EI 11300 Music Sales, London/Köln
– 12 String Guitar Techniques, EI 10906 Music Sales, London/Köln
Schwab, Siegfried: Folkpicking für Finger-Style Guitar (3 Bde. + Kassette), München 1976ff
Shipton, Russ: Folk Guitar Styles of Today – Beginners, OK 63362; Book 1, OK 63040; Book 2, OK 63156 Music Sales, London/Köln
Silverman, Jerry: Beginning The Folk Guitar, OK 61309, als Oak Record Edition OK 62893 Music Sales, London/Köln
– The Flat-Picker's Guitar Guide, OK 61697, als Oak Record Edition OK 62919 Music Sales, London/Köln
– The Folksinger's Guitar Guide Vol. I, OK 61010; Vol. II, OK 61028, als Oak Record Edition OK 62844 und 62851 Music Sales, London/Köln
Spedding, Chris: Play Country Style Guitar, CL 10059 Music Sales, London/Köln
Taussig, Harry: Advanced Guitar, OK 62828 Music Sales, London/Köln
– Folk-Style Guitar, OK 62612 Music Sales, London/Köln
Toth, Stephen: Learn Dobro Techniques, AM 17344 Music Sales, London/Köln
Traum, Happy: Bluegrass Guitar, OK 63024 Music Sales, London/Köln
– Finger-Picking Styles For Guitar, OK 61051 Music Sales, London/Köln
– Traditional And Contemporary Finger-Picking-Styles, OK 62091 Music Sales, London/Köln
Travis, Merle und Flint, Tommy: Mel Bay presents the Merle Travis Guitar Style
Watson, Doc: Notes On The Songs Of Doc Watson, OK 62489 Music Sales, London/Köln
Vogt, Gerhard: Lieder Begleiten – Volkslieder und internationale Folklore in didaktischer Reihenfolge mit den gebräuchlichen Kadenzen in Dur und Moll, Schweinfurt

Blues

Grossman, Stefan: Play Country Blues Guitar, GW 10041 Music Sales, London/Köln
– The Country Blues Guitar, OK 61929 Music Sales, London/Köln
– Rev. Gary Davis/Blues Guitar, OK 63008 Music Sales, London/Köln
– Delta Blues Guitar, OK 62117 Music Sales, London/Köln
Grahl, Helmut (Hrsg.): Songbook für die Folkblues Gitarre, GKA 10018 Music Sales, Köln
Lee, Ronny und Masone, Pat: Rhythm And Blues For Guitar, EI 11458 Music Sales, London/Köln
Klein, Oskar: Pickin' the Blues, Stuttgart
Michaels, Mark: Blues Riffs für Gitarre, MG 13467 Music Sales, Köln
Roth, Arlen: How To Play Blues Guitar, AO 80016 Music Sales, London/Köln
Silverman, Jerry: The Art of Folk-Blues Guitar, OK 61036 Music Sales, London/Köln
– Beginning Blues Guitar, OK 63461 Music Sales, London/Köln

Jazz

(Alle englischsprachigen Titel erhältlich über Ashley Mark Publishing Company/Maurice J. Summerfield, Newcastle-upon-Tyne, England)

Almeida, Laurindo: Contemporary Moods, EMI Series
Bruner, Tom: How To Play Guitar in a Big Band, Tom Bruner Professional Series, Mel Bay
– Developing Melodic Sight Reading Technique, Tom Bruner Professional Series, Mel Bay
Byrd, Charlie: Melodic Guitar Method, T.R.O. Publishers
Greene, Ted: Jazz Guitar Single Note Soloing, Vol. 1 and 2, Dale Zdenek Series
– Chord Chemistry, Westlake Village
– Modern Chord Progressions, Westlake Village
Galbraith, Barry: Jazz Guitar Study Series Intermediate-Advanced: Bd. 1: The Fingerboard Workbook, Bd. 2: Daily Exercises, Bd. 3: Play Along With Bach, The 15 Two-Part Inventions Arranged for 2 guitars, LP zu Bd. 3 mit einer Galbraith-Stimme, Ashley Mark
Ingram, Adrian: Modern Jazz Guitar Technique, Rychman Music
Kessel, Barney: Personal Manuscript Series, Windsor Music: 101 – Lonely Moments, 102 – Etude in A Minor, 103 – Left Hand Gymnastics 1, 104 – The Very First Study In Syncopated Rhythm Patterns, 105 – The Very First Warm Ups, 106 – Blue Boy
– The Guitar, Hollywood 1967
Korseck, Hans: Plektrumgitarre, Frankfurt/Main
Mairants, Ivor: Masters Theory, pt. 1: The Anatomy of the Guitar, pt. 2: Visual Aids – Full Fingerboard Arpeggios, pt. 3: A Guide to Guitar Writing. Aebersold Series
Marshall, Jack: The Art of Finger Style Guitar, Belwin Mills
Mottola, Tony: Guitar Styles, Belwin Mills
Wes Montgomery Jazz Guitar Method, EMI Series
Nunes, Warren: Warren Nunes' Jazz Guitar Series, mehrere Hefte, New York/Los Angeles
Pass, Joe: Joe Pass Guitar Method, Chappells Series
– Joe Pass Guitar Style, Gwyn, New York

Pitman, Bill: Jazz Guitar Phrases & Solos, Pitman
Pizzarelli, Bucky: Power Guitar, für Rhythmusstudien, Camerica Publications
– A Pro's Approach to Melody and Chord Playing, Camerica Publications
Raney, Jimmy: Jazz Aid Book & Record Set, Aebersold Series
Roberts, Howard: The Howard Roberts Guitar Book, Playback Publishing
– Howard Roberts' Guitar Manual Sight Reading, Playback Publishing
– Super Chops, Playback Publishing
Slonimsky, Nicolas: Thesaurus of Scales & Melodic Patterns, New York
Smith, Johnny: Johnny Smith Guitar Method, Vol. 1 + 2, Belwin Mills Series
– The Complete Johnny Smith Approach To Guitar, Mel Bay
Salvador, Sal: Sal Salvador's Scale System for Improvisation, Ryckman Music
Tedesco, Tommy: For Guitar Players Only, Dale Zdenek Series
Van Eps, George: Mel Bay presents Harmonic Mechanisms For Guitar, Volume One, Volume Two, Mel Bay

Rock

Clausi, John: How To Play Rock Guitar, Columbia Pictures Publ., Hialeah
Daniels, Richard: Jimi Hendrix Note for Note, Cherry Lane Music, Greenwich
Griffin, Neil und Steve: Mel Bay's Deluxe Rock Guitar Method, Mel Bay
Lee, Ronny und Masone, Pat: The Rock'n'Roll Guitar Book, EI 11441 Music Sales, London/Köln
McIntyre, Joe: Rock Licks, REH Publ., Seattle
Michaels, Mark: Rock Riffs für Gitarre, MG 13731 Music Sales, Köln
– Teach Yourself Rhythm Guitar, AM 21650 Music Sales, London/Köln
Morowitz, Gary: J. J. Cale Guitar Styles And How To Play Them, Columbia Pictures Publ., Hialeah
Palmer-Hughes: How To Improvise Lead Guitar, AA 10154 Music Sales, London/Köln
– How To Play Rock'n'Roll Guitar, Bd. 1, AA 10105; Bd. 2, AA 10113 Music Sales, London/Köln
– How To Play Rock'n'Roll Lead Guitar, AA 10121 Music Sales, London/Köln
– How To Play Rock'n'Roll Rhythm Guitar, AA 10139 Music Sales, London/Köln
Okun, Milton: The World's Greatest Guitar Book, Cherry Lane Music Co., Greenwich
Summers, George: Lead Guitar Fundamentals, New Horizon Music, Edmonton, Alberta
Tarshis, Steve: Teach Yourself Lead Guitar, AM 21643 Music Sales, London/Köln
Traum, Happy und Artie: Rock Gitarre, MG 13228 Music Sales, Köln
Turner, Gary und White, Brenton: Progressive Rhythm Guitar, Leabrook, South Australia
Vinson, Harvey: Lead Gitarre, MG 13236 Music Sales, Köln
– Rhythmus-Gitarre, MG 13244 Music Sales, Köln

Akkordlexika

Albrecht, W.: Gitarrengriffe im Bild, Frankfurt/Main 1977

d'Auberge, Alfred und Manus, Morton: Chord Fingering Dictionary, 133 verschiedene Akkorde, dargestellt anhand von Fotos und Diagrammen, AA 10345 Music Sales, Köln

Bay, Mel: Mel Bay's Guitar Chords In Picture And Diagram Form, Mel Bay

– Mel Bay's Deluxe Encyclopedia of Guitar Chords (von Bill Bay), Mel Bay

– Mel Bay's Rhythm Guitar Chord System, Mel Bay

– Mel Bay's Guitar Melody Chord System, Mel Bay

Boukas, Richard: Jazz Chords For Guitar, AM 22070 Music Sales, London/Köln

Comanda, Don: 12.000 plus Chords for the Guitar, New York 1974

Ferstl, Erich: Grifftabelle, München 1978

Fox, D.: The first book of chords for guitar, London

García Velasco, V.: Libro de acordes para la guitarra, Madrid

– Tratato de acordes para guitarra, Madrid

Götze, Walter: Akkordtafeln in Symbolschrift für Plektrumgitarre (1400 Barrégriffe), Berlin

– Akkordtaschenbuch für alle Spieler, London/Mainz

Leonard, Hal: Guitar Chordisc (eine Drehscheibe, mit deren Hilfe der gewünschte Akkord eingestellt und abgelesen werden kann) GLE 10471 Music Sales, London/Köln

Mairants, Ivor: Chord Encyclopedia, EMI Series/Ashley Mark

Michaels, Mark: Rock Picture Chords And How To Use Them, AM 21700 Music Sales, London/Köln

Nunes, Warren: Jazz Guitar Chord Bible, Ashley Mark Publishing

– Jazz Guitar Comp Chords, Chappells Series/Ashley Mark

Palsworth, Keith: 500 Chord Shapes For The Guitar, EI 10252 Music Sales, London/Köln

Joe Pass Guitar Chords, Chappells Series/Ashley Mark

Joe Pass Chord Encounters – Blues, Chords and Substitutions, Chappels Series/Ashley Mark

Pearse, John: The Guitarist's Picture Chord Encyclopedia, mit Fotos und Diagrammen, OP 40203 Music Sales, London/Köln

Roberts, Don: Chordal Solo Technique For Guitar, EI 11557 Music Sales, London/Köln

Roberts, Howard: Guitar Manual Chord Melody, Playback Publishing/Ashley Mark

Sal Salvador's Complete Chord Book, Belwin Mills/Ashley Mark

Sandberg, Larry: Chords And Tunings For Fretted Instruments – für 4 Gitarren- und 7 Banjostimmungen, 3 Dobro- und 3 Fiddlestimmungen plus Ukulele und Tenorgitarre. OK 64312 Music Sales, London/Köln

Sanders, Wim: Teenagers Gitaar accoorden, simple outline, Köln

Seimer, Frank: Griffbilder für Gitarre – 66 wichtige Griffe, Zürich

Silverman, Jerry: A Folksinger's Guide to Chords and Tunings, OK 62331 Music Sales, London/Köln

Smeck, Remo und Roy: 4400 Guitar Chords, EI 11409 Music Sales, London/Köln

Sponti, G.: Grifftabelle für die Gitarre, Wien/Köln

Stoppa, Friedrich: 700 Griffe für die Schlaggitarre, Hamburg

- 1200 Griffe für die Schlaggitarre, Hamburg
Stumvoll, E.: Grifflexicon für die Plektrumgitarre, Wien/Köln
- 220 einfache Griffe für die Gitarre, Wien/Köln
- und Müller, A.: Grifftabellen für die Rhythmusgitarre, Wien/Köln
Traum, Artie: Jazz Picture Chords And How To Use Them, AM 21700 Music Sales, London/Köln
Traum, Happy: Bluegrass Picture Chords And How To Use Them, AM 21684 Music Sales, London/Köln
- Blues Picture Chords And How To Use Them, AM 21676 Music Sales, London/Köln
- Folk Picture Chords And How To Use Them, AM 21692 Music Sales, London/Köln
White, Leon: Chord Systems – Structure and Application, Studio City, California

Zeitschriften

BRD

Acta Musicologica, Bärenreiter Verlag, Heinrich-Schütz-Allee 31–37, 3500 Kassel-Wilhelmshöhe, 0561/30011
Anschläge – Zeitschrift des Archivs für Populäre Musik, Ostertorsteinweg 3, 2800 Bremen, 0421/78587
Archiv für Musikwissenschaft, Franz Steiner Verlag, Friedrichstr. 24, 6200 Wiesbaden, 06121/372011
artist – Fachzeitschrift für Musiker, Droste Verlag, Martin-Luther-Platz, 4000 Düsseldorf 1, 0211/885618
Audio, Vereinigte Motor Verlage, Leuschnerstraße 1, 7000 Stuttgart 1, 0711/20431
Bielefelder Katalog Klassik (= K) und Jazz (= J), Bielefelder Verlagsanstalt KG, Niederwall 53, 4800 Bielefeld 1, 0521/5951
Blues Forum, c/o Thomas Gutberlet, Glogauer Straße 22, 1000 Berlin 36
Concert Journal, Verlag Concertpublicity, Savignystraße 51, 6000 Frankfurt 17, 0611/746068
Concert-Magazin, Argo Concert GmbH, Stifterstraße 9, 6972 Tauberbischofsheim, 09341/4588
Country Corner, Magazin für Folk- und Country-Music, Virginia Lipson Verlag, Kölner Straße 5, 5000 Köln 90
Das Ding, Internationales Musikmagazin, Verlag Medien & Kultur GmbH, Archivstraße 5, Postfach 150566, 8500 Nürnberg, 0911/353767
Deutsche Bibliographie Musiktonträger-Verzeichnis und Deutsche Bibliographie Musikalienverzeichnis, Gärtnerstraße 25–32, 1000 Berlin 45, 030/7716026
Deutsch Rock, Stralsunder Straße 7, 5600 Wuppertal 1, 0202/707758
Die Bluegrass-Bühne, Eberhard Finke, Eberhardstraße 14/4, 7900 Ulm, 0731/28642
Düsseldorfer Musikzeitung, Zwiebelzwerg Company Verlagsgesellschaft mbH, Lakronstraße 46, Postfach 120323, 4000 Düsseldorf 12, 0211/2108465
Eiserne Lerche – Hefte für eine demokratische Musikkultur, verlag ›pläne‹ GmbH, Adlerstraße 42, 4000 Düsseldorf, 0211/360357
FAB special – Musikmagazin für Fans, Blattpost Verlag, Pestalozzistraße 12, 6200 Wiesbaden, 06121/62399
Fachblatt Music Magazin, Verlag Klaus Böhler, Bismarckstraße 12, 5000 Köln 1, 0221/521633

Flamenco, Mitteilungsblätter des Flamenco-Studio Mainz, Postfach 1953, 6500 Mainz 1 (Zeitschrift z. Z. eingestellt)

Folkblatt – Monatsblatt für Folkmusik-Liebhaber, Arbeitsgemeinschaft Interfolk und Folkshop, Burgstraße 9, 4405 Nottuln, 02502/6151

FOLKmagazin, Edition Venceremos, Heinrichstraße 15, 6090 Rüsselsheim, 06142/65280

fono forum, Bielefelder Verlagsanstalt, Niederwall 53, 4800 Bielefeld, 0521/5951

Fontes Artis Musicae, Bärenreiter Verlag (siehe Acta Musicologica)

Forum Musikbibliothek, Beiträge und Informationen aus der musikbibliothekarischen Praxis, Deutsches Bibliotheksinstitut, Bundesallee 184/185, 1000 Berlin 31, 030/85050

gitarre, Pressedienst der Gitarristischen Gesellschaft in Bayern e. V., 8151 Wall 1, 08025/8401

gitarre, Verlag Preissler, Bräuhausstraße 8, 8000 München 2, 089/224051

Gitarre, Verlag Oertel und Spörer, Memminger Straße 26, 7410 Reutlingen, 07121/24603

Gitarre + Laute, Gitarre und Laute Verlagsgesellschaft, Friedrich-Schmidt-Straße 46a, 5000 Köln 41, 0221/493477

Gitarre aktuell, Verlag und Tonstudio Peter Maier, Poßmoorweg 44, 2000 Hamburg 60, 040/2700986, 487113

Die Gitarre (hrsg. von E. Schwarz-Reiflingen; erschienen 1919–1933)

Der Gitarrefreund (erschienen 1900 bis 1909 sowie 1931 und 1950 bis 1966)

Harlekijn-Magazin, Sierichstraße 68, 2000 Hamburg 60, 040/2797233

HiFi-Stereophonie Schallplattenkritik, Verlag G. Braun, Karl-Friedrich-Straße 14–18, 7500 Karlsruhe, 0721/1651

Hillbilly Magazin, Verlag R. Schumann, Im Winkel 7, 6501 Heidesheim, 06132/5568

Info des German Blues Circle, hrsg. von F. Heinze, F. Marschall, H. Pehl. Verein zur Förderung des Blues e. V., Postfach 180212, 6000 Frankfurt/Main 18, 0611/573731 (H. Pehl)

Interfolk – Zeitschrift für Musikfolklore (siehe Folkblatt)

International Musician & Recording World, Postfach 1230, 6234 Hattersheim 1, c/o Music Presse Service, Franziskanerstraße 46, 5063 Overath, 02206/4160

Jahrbuch der Volksliedforschung, E. Schmidt Verlag, Genthiner Straße 30g, 1000 Berlin 30, 030/2611741

Jazz Index, Bibliography of Jazz Literature in Periodicals and Collections, Norbert Ruecker Verlag, Kleiststraße 39, 6000 Frankfurt 1, 0611/592839

Jazz Podium, Verlag Dieter Zimmerle, Vogelsangstraße 32, 7000 Stuttgart 1, 0711/631530

Michel, Folkzeitung, hrsg. von Michael Kamp, Rheinaustraße 229, 5300 Bonn-Beuel

Musica Sacra, Allgemeiner Cäcilien-Verband, Andreasstraße 9, 8400 Regensburg, 0941/57565

Merseyside's Greatest, Lehrter Straße 68, 3000 Hannover 73

Musica, Bärenreiter Verlag (siehe Acta Musicologica)

Musica Disciplina, Hänssler Verlag, Bismarckstraße 4, 7303 Neuhausen, 07158/5001

Musik Aktuell, Postfach 1750, 7730 Villingen, 07721/52007

Musikbibliographischer Dienst (MD), Deutsches Bibliotheksinstitut, Bundesallee 184/185, 1000 Berlin 31, 030/85050

Musikblatt, Musikwerkstatt Verlag und Büro Wieland Ulrichs, Weender Straße 58, 3400 Göttingen, 0551/300355

Musiker, Verlag Wiehagen & Masuch, Pelmkestraße 61, 5800 Hagen, 02331/27333

Musik Express, Sounds-Verlag GmbH, Steindamm 63, 2000 Hamburg 1, 040/241551

Musik Berlin, Organ des Verbandes deutscher Musikerzieher und Konzertierender Künstler (VDMK), Bismarckstraße 17, 1000 Berlin 12, 030/3422013

Musik-Commerz, Connecta-Verlags-GmbH, Kirchenweg 10, 5353 Mechernich-Weyer, 02484/1664

Musik-Fans, Willms Verlag GmbH, Salzmannstraße 3, 2000 Hamburg 26

Die Musikforschung, Bärenreiter Verlag (siehe Acta...)

Musikhandel, Organ des Gesamtverbandes deutscher Musikfachgeschäfte, Friedrich-Wilhelm-Straße 31, 5300 Bonn 1, 0228/238565

Musik-informationen, Siegert Verlag, Ekbertstraße 14, 3300 Braunschweig, c/o Harry Schild, Tesdorpfstraße 12, 2000 Hamburg 13, 040/418402

Das Musikinstrument, Verlag E. Bochinsky, Klüberstraße 9, 6000 Frankfurt/Main, 0611/724863

Musik international, Instrumentenbau-Zeitschrift, Verlag F. Schmitt, Kaiserstraße 99–101, 5200 Siegen, 02241/62925

Der Musikmarkt, J. Keller Verlag, Ungererstraße 40, 8000 München 40, 089/393405

Musikmarkt-Branchenhandbuch (siehe Musikmarkt)

Musik Power, Blubber Lips Verlag, Bürgerstraße 14, 6900 Heidelberg, 06221/781049

Musikspiegel des Spitzenverbandes Deutscher Musik (SPIDEM), Adenauerallee 134, 5300 Bonn 1, 0228/219370

Musikpraxis, Fidula-Verlag – Holzmeister GmbH, Postfach 240, 5407 Boppard/Rh. 06742/2488

Die Musikschule, Kreismusikschule Limburg e.V., Gartenstraße, 06431/43120

Musik und Bildung, Schott's Söhne, Weihergarten, 6500 Mainz, 06131/10741

Musik zu Hause (siehe International Musician)

MZ – Aktuelle Musiker Zeitung, Hauptstraße 60, 8501 Rückersdorf, 0911/579643

Neue Musikzeitung (NMZ), Bosse Verlag, Menzinger Straße 68, 8000 München 50, 089/8112024

NZ – Neue Zeitschrift für Musik (siehe Musik und Bildung)

Oos Urjelschesma, Zeitschrift des Folk-Clubs Siegen, hrsg. von Michael und Ulrike Bonté, Höhenweg 18, 5900 Siegen 1, 0271/63950

Popfoto (siehe Musik Express)

Rundy, Postfach 101020, 6072 Dreieich, 06103/81061

Sammlung musikwissenschaftlicher Abhandlungen, Verlag V. Koerner, Hermann-Sielcken-Straße 36, 7570 Baden-Baden, 07221/22423

6 Saiten (hrsg. von Otto Zykan; erschienen 1936, 1946–1950, 1955–76)

Sounds (siehe Musik Express)

Rolling Stone (Deutsche Ausgabe) Verlag Klaus Böhler, Bismarckstraße 12, 5000 Köln 1, 0221/521633

RCM – Record Collectors' Magazine, M. Schmidt Verlag, Grempstraße 23, 6000 Frankfurt 90

Schallplatte, Das deutsche Musikmagazin, Music-Verlag Sybill Ptach, Girardet Werbung GmbH, Hallerstraße 76, 2000 Hamburg 13

Spotlight, Zeitschrift für die Musikszene, Somu Verlag, Dionysiusstraße 167, 4150 Krefeld, 02151/72023

Stereo, PC Moderner Verlag, Herzogstraße 64, 8000 München 40, 089/393021

stereoplay, das Internationale HiFi Magazin (siehe Audio)

Studio, Meidericher Straße 55, 4330 Mülheim/Ruhr, 0208/406255

Troubadura, Frauenmusikzeitung, Musikverlag Agnes Leeve, Arcisstraße 62, 8000 München 40

Der Veranstalter, Hauptstraße 60, 8501 Rückersdorf, 0911/579643

The World of Music, Verlag Heinrichshofen, Liebigstraße 16, 2940 Wilhelmshaven, 04421/26555

Zeitschrift für Musikpädagogik (ZfMP), Gustav Bosse Verlag KG, von-der-Tann-Straße 38, 8400 Regensburg, 0941/55455

Zeitschrift für Spielmusik, Moeck Verlag + Musikinstrumentenwerk, Postfach 143, 3100 Celle 1, 05141/84036

Zupfmusik-Gitarre, Verlagshaus Reutlingen, Oertel & Spörer, Burgstraße 1–7, Postfach 35, 7410 Reutlingen, 07121/272-1

DDR

Deutsche Musikbibliographie, VEB Friedrich Hofmeister, Karlstraße 10, DDR-7010 Leipzig

Jahresverzeichnis der Musikalien und Musikschriften (siehe VEB Friedrich Hofmeister)

Melodie und Rhythmus, Henschelverlag Kunst und Gesellschaft, Oranienburger Straße 67/68, DDR-104 Berlin

Musikforum, Zentralhaus für Kulturarbeit der DDR, Dittrichring 4, DDR-7010 Leipzig

Musik-Informationen, Leitstelle für Informationen und Dokumentationen »Musik«, Otto-Grotewohl-Straße 18, DDR-108 Berlin

Record-Serie, VEB Lied der Zeit Musikverlag, Rosa-Luxemburg-Straße 41, DDR-102 Berlin

Unterhaltungskunst (siehe Melodie und Rhythmus)

Frankreich

Best, 23, rue Chaptal, 75009 Paris

Big Beat, 40, rue de l'Espérance, 42100 Saint-Etienne

Etudes Tsiganes, Bulletin de l'Association des Etudes Tsiganes, 5, rue Las-Cases, 75007 Paris

Gig, 36, rue du Sentier, 75002 Paris

Guitare Magazin, 63, Champs-Elysées, 75008 Paris

Guitare Musique, 23, Passage Verdeau, 75009 Paris

Jazz Hot, 14, rue Chaptal, 75009 Paris

le Guitariste, 43, rue Léon-Frot, 75011 Paris

L'Œil de Zappa, c/o Francis Vincent, 9, rue Chaptal, 75009 Paris

Music Number One, New Press, 18, Champs-Elysées, 75008 Paris

Rock en stock, 28, boulevard du Roi, 7800 Versailles

Rock & Folk, 9, rue Chaptal, 75009 Paris

Großbritannien

Blues Unlimited, The Journal of the Blues Appreciation Society, Bexhill-on-Sea, Sussex

Crescendo International, 122 Wardour Street, London

Early Music, Oxford University Press, Press Road, London NW10 ODD

The Galpin Society Journal, Edgar Hunt, Rose Cottage, 8 Bois Lane, Chesham Bois, Amersham, Bucks. HP6 6BP

The Giulianiad (erschienen 1833–35)

Guitar, The Magazine For All Guitarists, Musical New Services, Ltd., 20 Denmark Street, London WC2H 8NE

Guitar Player, Tofts & Woolf, Ltd., 64a Lansdowne Road, London E.18

Jazz Journal International, Pitman Periodicals, 39 Parker Street, London WC2B 5PB

Melody Maker, 24-34 Meymott Street, London SE1 9LU

Vintage Jazz Mart, 4 Hillcrest Gardens, Dollis Hill, London NW2 6HZ

Italien

Fare Musica, Viale Mazzini 132, 00195 Rom

il Fronimo, Edizioni Suvini Zerboni, Via Quintiliano 40, 20138 Mailand

La Chitarra (erschienen 1922–1937)

Japan

The Gendai Guitar, Nishiikebukuro 5–27, Toshimaku, Tokio

Niederlande

Jazz Nu (mit jährlicher gitaarnummer), maandblad voor jazz en geimproviseerde muziek. Postbus 16719, 1001 RE Amsterdam

Österreich

Blues Life, Deutschsprachiges Bluesmagazin, F + Friedrich Svacina, Kegelgasse 40/1/17, 1030 Wien

Blues Notes, einziges deutschsprachiges Bluesmagazin (+ Jazz), Wiener Straße 81, 4020 Linz

Jazzforschung/Jazz Research, hrsg. beim Institut für Jazzforschung an der Hochschule für Musik und Darstellende Kunst in Graz in Zusammenarbeit mit der Internationalen Gesellschaft für Jazzforschung, Wien

Jazz Forum International, The Magazine of the International Jazz Federation Wien/Warschau, Postfach 671, 1011 Wien

Musikerziehung, Österreichischer Bundesverlag, Postfach, 2351 Wiener Neudorf

Österreichische Gitarre-Zeitschrift (hrsg. von Jakob Ortner, erschienen 1926–1928)

Österreichische Musikzeitschrift, Elisabeth Lafite, Hegelgasse 13, 1010 Wien

Vox, das österreichische Musik- und HiFi-Magazin, Technischer Verlag Erb Ges.mbH, Postfach 101, Mariahilferstraße 71, 1061 Wien

Zeitschrift für die Gitarre (hrsg. von Josef Zuth; erschienen 1921–1927)

Schweiz

Schweizerische Musikzeitung/Revue musicale suisse, Verlag Hug & Co., Limmatquai 28, 8022 Zürich

Schweizer Musikerblatt, Elisabethenstraße 2, 4051 Basel

Schweizer Musiker-Revue, Postfach 193, 8029 Zürich

USA/Kanada

Coda, Box 87, Station J, Toronto, Ontario M4J 4XB, Canada

Cadence Magazine, RT 1 Box 345, Redwood, New York, NY 13679

Down Beat, 222 W. Adams Street, Chicago, Illinois 60606

Frets – The Magazine of Acoustic String Instruments, GPI Publications, Box 28836 San Diego, CA 92128

guitar & lute, Galliard Press, 1229 Waimanu Street, Honolulu, Haiwaii 96814

Guitar Player Magazine – For Professional and Amateur Guitarists (siehe Frets)

Guitar Review, 409 East 50th Street, New York, NY 10022

Guitar World, Harris Publications, Inc., 79 Madison Ave., New York, NY 10016

Jaleo (Flamenco), Box 4706, San Diego, CA 92104

Journal of the American Musical Instrument Society, Linda Tauber, Box 4147, Shreveport, Louisiana 71104

Pickin', North American Cue Building, 545 Madison Ave., New York, NY 10022

The Soundboard, hrsg. von der Guitar Foundation of America, 6538 Reefton Ave., Cypress, CA 90630

Diskographie.

Klassik

Almeida, Laurindo: Spanish Guitar Recital (Castelnuovo-Tedesco, Harris, Duarte, Turina, Rodrigo, Ponce), *Everest 3287*
– The Guitar Worlds of L. Almeida (De Castillejo, Hugard, Sanz, Guerau, De Murcia, Gnattali, Guarnieri), *The World Record Club Ltd., ST 940*
– Concerto de Copacabana. Almeida Plays Music of Brasil's Greatest Living Composer – Radamés Gnattali. *Capitol SP 8625*
– First Concerto For Guitar and Orchestra, composed by Almeida. *Concord Concerto CC 2001*

Artzt, Alice: 20th Century Guitar Music, *hyperion A 66002*
– Romantic Virtuoso Guitar Music *hyperion A 66040*
– Guitar Music By Manuel Maria Ponce, *Meridian E 77041*
– English Guitar Music, *Meridian E 77037*

Barbosa-Lima, Carlos: Interpreta 12 Estudos para violão de Francisco Mignone, *Philips 6598312*

Barrueco, Manuel: Gitarrenmusik aus Brasilien und Mexiko, *FONO FSM 53043*
– Gitarrenwerke von Albéniz und Granados *FSM 53029*

Bartoli, René: Repertoire für junge Gitarristen, 1. Folge (Dowland, de Visée, Sor, Tarrega, Giuliani, Carulli, Carcassi, Negri u. a.), mit Partituren, *FSM deller recordings 53322*
– Repertoire..., 2. Folge (Purcell, Weiss, Haendel, Sanz, Sor, Paganini, Giuliani, Vallet, Lecoq u. a.), mit Partituren, *FSM deller recordings 53327*

Behrend, Siegfried: Altitalienische Gitarrenkonzerte (Vivaldi, Carulli, Giuliani), *Deutsche Grammophon 139417 SLPM*
– Castelnuovo-Tedesco, Bussotti, Hartig, *Deutsche Grammophon 2530037*
– Englische Gitarrenmusik (Cutting, Batchelar, Robinson, Dowland, Camidge, Duarte, McCabe, Musgrave), *Deutsche Grammophon 2530079*
– und *Feit, Pierre W.:* Oboe & Gitarre (Behrend, Telemann, Purcell, Ibert, Loeillet, Becker), *Bellaphon acanta EA 23.142*
– Guitarra Olé – Spanische Impressionen (eig. Kompositionen), *Electrola/Hörzu SHZE 382*
– und *Koch, H. M.* und *Tröster, M.:* Etüden – meisterhaft gespielt: Die Gitarre (Sor, Garcia, Coste, Carcassi, Legnani, Behrend, Carulli, Giuliani, Kuhnert), *Schwann VMS 712/3/ (2 LPs)*

Bitetti, Ernesto: Cuatro Siglos de Musica Italiana para Guitarra, *Hispavox HHS 10400*
– Musica contemporanea para guitarra *Hispavox HH 10-304*

Bonell, Carlos: Rodrigo (Concierto de Aranjuez/Fantasia para un Gentilhombre), *Decca Digital, 6.42675 AZ*

Boyd, Liona: Liona Boyd spielt Albéniz, Barrios, Sor, Satie, Debussy, Tárrega, Payet, Barnes. *CBS 73879*

Bream, Julian: The Art of Julian Bream (Frescobaldi, Scarlatti, Cimarosa, Giuliani, Albéniz, Ravel), *RCA Red Seal LSC-9882-B*

- The Art of the Spanish Guitar, *RCA Red Seal VCS-7057*
- und *Williams, John:* Julian & John (Lawes, Carulli, Sor, Albéniz, Granados, de Falla, Ravel), *RCA, LSC 3257*
- und *Williams, John:* Together Again (Carulli, Granados, Albéniz, Giuliani), *RCA Red Seal ARL 1-0456*
- und *Williams, John:* Live. *RCA Red Seal ARL 2-3090*

Brouwer, Leo: Werke für Gitarre solo von Sanz, Narváez, Sor, Cardew, Henze, Brouwer, *Deutsche Grammophon debut 2555001*
- Rara (Bussotti, Ohana, Mestres-Quedreny, Arrigo, Brouwer, C. Halffter, Blanco), *Deutsche Grammophon 2530307*

Christensen, Leif: Giulio Regondi, Guitarvaerker. *Paula 10, Lindbjergvej 8, Ejer, DK-8660 Skanderborg*

Davezac, Betho: Variations sur la guitarre, *Erato STU 70926*

Delpriora, Mark und *Garden, Claude:* Mundharmonika und Gitarre (Gossec, Bach, Desportes, Scarlatti, Chopin, Tárrega, Villa-Lobos u. a.), *Philips 9500999*

Díaz, Alirio: 4 Siècles de Guitarre classique, *Musidisc RC 754*

Dintrich, Michel: Vivaldi – Concerti pour Guitare (+ Campion, Ballard, Sanz), *Barclay 80.512*
- Gitarrenmusik der Renaissance und des Barock (Pisador, Mudarra, Weiss u. a.), *Bellaphon 6327012*
- Récital de guitarre, *Musidisc RC 16030 (2 LPs)*

Evers, Reinbert: Klassische Sonaten für Gitarre, *FSM 53221 EB*
- und *Meisen, Paul:* Galante Musik für Flöte und Gitarre, *EMI/MDG 61061*
- Gitarrenmusik des 20. Jahrhunderts. Werke von de Falla, Martin, Smith-Brindle, Henze, Britten, Becker, Medek, Trojahn, Brandmüller, *EMI/MDG J 1037-38 (2 LPs)*

Frankfurter Gitarrenduo (Michael Teuchert/Olaf van Gonnissen): Virtuose Musik des 19. und 20. Jahrhunderts, *Solist 1175*
- Musik aus vier Jahrhunderten für zwei Gitarren, *Solist-Musikverlag 1174*
- Folkloristisch virtuose Gitarrenmusik, *Solist 1177*
- Renaissance- und Barockmusik auf Lauten und Gitarren, *Solist 1176*

Herzau, Andreas: A. Herzau spielt Tárrega, Llobet, Pujol u.a., *discocenter F 667003*

Hill, Eric: Die virtuose Gitarre (Giuliani, Ponce, Sor), *Decca aspekte 6.42219*
- H. Villa-Lobos, Suite Popular Brasileira, Fünf Präludien, acht Etüden, *Decca aspekte 6.42385*
- Die klassische Gitarre (Albéniz, Tárrega, Mendelssohn-Bartholdy, Sor, Faurée, Schumann, Granados), *Decca aspekte 6.42437*

Hirayama, Masayuki: Gitarre-Recital (Ponce, Tárrega, Sor, Pujol, Barrios, Castelnuovo-Tedesco, Sagreras), *Teldec/Resco 66.21537*

Historical Guitar Collection of Casa de Musica., gespielt von M. Hamada/H. Shinma/M. Koyama/M. Hoshido, *Denon pcm Recording 0x-7013-ND*

Hope, Harvey: Gitarrenmusik des Barock auf historischen Original-Instrumenten des 17. und 18. Jahrhunderts (Corbetta, Sanz, de Visée, Granata, Campion de Murcia), *Bellaphon/Response 6807001*

Horreau, Jean und *Trehard, Jean-Marie:* de Falla (»Danse du Feu«), Castelnuovo-Tedesco (»Préludes et Fugues«) *Reconance 22200*

Kämmerling, Maria: Bach, Suite E-Dur BWV 1006a, Sor, Ravel, Borup-Jørgensen. *Paula 3, Lindbjergvej 8, Ejer, DK-8660 Skanderborg*

– Gunnar Berg, Fresques pour guitare seule. *Paula 9, Lindbjergvej 8, Ejer, DK-8660 Skanderborg*

Klee, Horst: Meisterwerke der Gitarre (Bach, Britten, Barrios, Sainz de la Maza), *Solist-Musikverlag 1185*

Kraus, Peter und *Bird, Mark:* Satie For Two, *Orion Master Recordings ORS 74163*

Lagoya, Alexandre: Rodrigo, Concerto de Aranjuez, Fantasia para un gentilhombre, *Philips 6500454*

– The Spanish Guitar (Pujol, Albéniz, Moreno-Torroba, Rodrigo, Tárrega), *CBS Masterworks 76946*

– und *Presti, Ida:* Music For the Classic Guitar (Bach, D. Scarlatti, Marella, Granados, Debussy), *Nonesuch Records H-71161*

– und *Presti, Ida:* Musique espagnole pour deux guitares, *Philips 6504020*

Leonardo, Umberto: La Chitarra (Carulli, Villa-Lobos, Milán, Rossini, Mendelssohn-Bartholdy, Blyton, De Simone), *Gold Records 11077*

Les Deux Amis: Musik für zwei Gitarren (Bearbeitungen von Debussy, Petit, Albéniz, Sor), *Telefunken 6.24406*

Lundquist, Bengt und *Lie, Michael:* Bengt & Michael, Musik på två Gitarrer (Sor, Albéniz, da Milano, Pilkington, Danyel, D. Scarlatti), *Four Leaf Records FLC 5057*

Matthews, William: Gitarrenmusik des Barock (Logy, Baron, Weiss), *FSM 43008*

Mohino, Gonzales: Spanische Gitarrengala (Granados, Villa-Lobos, Turina, Albéniz), *Fontana 6535003*

Navascués, Santiago: Berühmte Vortragsstücke für die klassische Gitarre (Bach, Carcassi, Sor, Tárrega, Brouwer u.a.), *Ariola-Eurodisc 28902 KK*

– Gitarrenkonzerte (Giuliani, Villa-Lobos), *Ariola-Eurodisc 201012-366*

– Spanische Gitarrenmusik (Sor, Villa-Lobos), *Ariola-Eurodisc 86852 KK*

– Spanische Gitarrenmusik (Sanz, Albéniz, Turina, Rodrigo, de Falla), *Ariola-Eurodisc 86853 KK*

– Gitarrenmusik aus 3 Jahrhunderten (Milan, Varvaez, Mudarra, de Visée, Bach, Weiss, Sor), *Ariola-Eurodisc 88597 KK*

– The Art of the Spanish Guitar (Tárrega, Granados, Albéniz, Villa-Lobos, Moreno-Torroba), *Ariola-Eurodisc 89427 KK*

North, Nigel: Robert de Visée, Werke für Theorbe, Laute und Gitarre, *Decca Editions de l'oiseau-lyre 6.42447*

Ponce, Alberto: Ohana, Œuvres pour guitarre, *Arion ARN 31935*

Presti, Ida: siehe Lagoya, Alexandre

Presti, Ida und *Lagoya, Alexandre:* Virtuose Musik für zwei Gitarren (D. Scarlatti, Bach, Marella, Soler, Gallés, Sor, Debussy, Granados, Poulenc, de Falla, Castelnuovo-Tedesco, Presti, Petit), *Philips 6767657* (2 LPs)

Prunnbauer, Sonja: Gitarrenmusik (Turina, Tárrega, Sor, Ponce, Villa-Lobos), *Da Camera Magna SM 93609*

– Virtuose Gitarrenkonzerte (Boccherini, Tansman), *Schwann VMS 2062*

– Eine kleine Nachtmusique (Diabelli, Goepfert, Kreutzer), *Telefunken 6.42171*

– und *Terebesi, György:* Paganini, Violine & Gitarre, Vol. 1 *Telefunken SAT 22548,* Vol. 2 *Tel. 6.41936,* Vol. 3 *Tel. 6.41995*

Ragossnig, Konrad: Spanische Gitarrenmusik (Albéniz, Granados, de Falla, Turina), *FSM 53005 Q*

– La Guitare Royale (Corbetta, de Murcia, Roncalli, Logy, Sanz, de Visée), *Deutsche Grammophon Archiv 2533365*

Romero, Ángel: Meisterwerke für Gitarre (Giuliani, Sor, Mudarra, Sanz, Narváez, D. Scarlatti), *EMI Die neue Künstlergeneration 057-82-248*

Romero, Ángel und *Pepe:* Giuliani, Rodrigo, *Philips 6500918*

Romero, Celedonio: Gitarrenmusik an europäischen Fürstenhöfen (de Visée, Rameau, Dowland, Narváez, Galilei, Sanz, Milán, Bach), *Philips Universo 6582001*

– The Poet of the Guitar (Albéniz, Granados, Turina, Tárrega, Torroba, Llobet, Pujol, Malats), *Delos DEL-25441*

Romero, Ángel und *Shearing, G., Brown, R., Manne, Sh.:* Claude Bolling – Concerto pour guitare classique et piano jazz, *EMI Digital 1C 065-86099*

Romero, Pepe: Boccherini, Gitarrenquintette 4, 5, 6 (mit Academy of St. Martin-in-the-Fields Chamber Ensemble), *Philips 9500621*

– Boccherini, Gitarrenquintette 3, 9 (s. o.), *Philips 9500789*

– Boccherini, Gitarrenquintette 1, 2, 7 (s. o.), *Philips 9500985*

– Rodrigo, Concierto de Aranjuez, Concierto Andaluz, *Philips 9500563*

– Berühmte Kompositionen für Gitarre (Tárrega, Villa-Lobos, Lauro, Albéniz, Sagreras, Sor), *Philips 9500295*

Romeros, Los: Los Romeros spielen klassische Kompositionen für vier Gitarren (Giminez, Muñoz Molleda, Moreno-Torroba), *Philips 9500296*

– Vivaldi, Konzerte für 1, 2 und 4 Gitarren, *Fontana 6531024*

– Gitarre Barock (Vivaldi, Bach, Scarlatti, Telemann, Sor), *Philips Grandioso Serie 6572012*

– Telemann, Bach, D. Scarlatti, Loeillet, Dowland u. a., *Philips 9500536*

Romero, Pepe und *Celedonio:* Kompositionen für zwei Gitarren (Diabelli, Giuliani, Carulli), *Philips 9500352*

Sadanowsky, Michel: Bach, Milán, Giuliani, Dowland, *Podium Gitarre tpm 8004.17*

Santos, Turibio und *Cáceres, Óscar:* Musique pour deux guitarres, *Erato STU 70794*

São Marcos, Maria Livia: Barockmusik auf der Gitarre, *classic pick 70–124*

Savijoki, Jukka: Baroque Suites (Bach, Buxtehude, Corbetta, Weiss), *BIS LP-176*

Schwab, Siegfried: Guitar Special – Capriccios, Divertimenti, Miniaturen (Carulli, Giulani, Carcassi), *Melosmusik GS 101*

– (im Diabelli-Trio): Wiener Serenade (Diabelli, Matiegka), *Metronome/Nature 0160.463*

Sasaki, Tadashi: Tadashi Sasaki spielt Werke von Bach, Prudent, Mompou, Villa-Lobos, *APM/Teldec F 666554*

Segovia, Andrés: The Art of Segovia. HMV-Recordings 1927–1939 (Bach, de Visée, Sor, Tárrega, Mendelssohn, Froberger, Albéniz, Granados, Malats, Turina, Moreno-Torroba, Ponce, Castelnuovo-Tedesco), *EMI RLS 745 Mono* (2 LPs)

– International Classics (Milán, Haendel, Gluck, Bach, Sor, Chopin, Schumann, Paganini/Ponce, Brahms, Moreno-Torroba, Villa-Lobos), *MCA 162.056*

– Bach-Chaconne, + Sor, Mendelssohn, Villa-Lobos, Rodrigo, *MCA 162.051*

- Segovia and the Guitar (Narváez, Dowland, A. und D. Scarlatti, Espla, Manén), *MCA 162.052*
- Segovia Interprète les Catalans (Manén, Mompou), *MCA 162.067*
- Segovia On Stage (Purcell, D. Scarlatti, Haendel, Bach, Duarte, Cassadó), *MCA 162.050*
- Segovia Interprète les Européens (Moreno-Torroba, Grieg, de Murcia, Castelnuovo-Tedesco), *MCA 162.068*
- Segovia Interprète les Italiens (Castelnuovo-Tedesco, Frescobaldi, Roncalli, D. Scarlatti), *MCA 6123 MACS*
- Mexicana (Ponce, Paganini, Turina, Sor), *MCA 162.055*
- Segovia Interprète Ponce & Tansman, *MCA 6124 MACS*
- Segovia Interprète Castelnuovo-Tedesco, *MCA 162.064*

Söllscher, Göran: Bach, Sor, *Deutsche Grammophon Concours 2535 011*
- Greeensleeves, *Deutsche Grammophon Digital 2532 054*

Tarragó, Renata: Hispaniae Musica – Vihuela y Guitarra (Guerau, Sanz, Ferrandiere, Sor, Fuenllana, de Narváez, Mudarra, Valderrábano, des Pres), *Deutsche Grammophon Archiv 198 457*
- Three Centuries of Spanish Guitar Music, *Everest 3304*

Teuchert Michael: siehe Fankfurter Gitarrenduo

Tyler, James: Gitarre (Sanseverino, Sanz, Guerau, de Murcia, Granata, Bach, Merchi u. a.), *Decca aspekte 6.42430*

Van Gonnissen, Olaf: siehe Frankfurter Gitarrenduo

Walker, Timothy: Gitarre (Mudarra, Vivaldi, Sor, Tárrega, Villa-Lobos), *Decca aspekte 6.42344*
- Timothy Walker spielt barocke Gitarrenmusik (Le Roy, Purcell, Newsidler, Mudarra, Milán, A. Scarlatti, Cutting, Dowland, Bach, Vivaldi, Haendel), *Decca aspekte 6.42218*

Wangler, Rudolf: Musique intime pour guitare 3 (Sor, Yupanqui, Schibler, Sanz u. a.), *Da Camera Song SM 95041*
- Musique intime... 2, *Da Camera Song SM 95033*
- Musique intime... 3, *Da Camera Song SM 95027*
- Vivaldi, Konzert für Gitarre und Orchester, *Da Camera Song SM 91019*

Williams, John: Gowers, Chamber Concerto, Scarlatti, Six Sonatas, *CBS 72979*
- Die virtuose Gitarre (Albéniz, Villa-Lobos, Moreno-Torroba), *CBS Parnass 92 131*
- Manuel Ponce, *CBS Master Works 76730*
- Arnold, Guitar Concerto op. 67, Brouwer, Guitar Concerto, *CBS Master Works 76715*
- + Streichtrio: Haydn, Paganini, *CBS 72678*
- John Williams spielt Bach und Scarlatti, *Decca aspekte 6.42436*
- John Williams and friends (Bach, Mozart, Vivaldi, Purcell, Telemann, Daquin) (Carlos Bonell, 2. Gitarre), *CBS 73487*
- More Virtuoso Music for Guitar (Bach, Reusner, Praetorois, Mudarra, Giuliani, Villa-Lobos, Torroba), *CBS 72526*
- Giuliani, Guitar Concerto in A Major, Vivaldi, Guitar Concertos in D Major and A Major, *Columbia Masterworks MS 7327*
- John Williams, Gitarre (Bach, Albéniz, Ponce, Villa-Lobos, Crespo, D. Scarlatti, A. Scarlatti, Sor, Segovia, Madriguera, Tansman, Granados, Lauro), *Decca DK 11556/1-2* (2 LPs)

– John Williams Collection (Mozart, Dowland, Rodrigo, Albéniz, Aufnahmen von 1969–1977), *CBS 73784*

Würzburger Gitarrentrio (G. Gmelin, T. Götz, A. Kantenwein): Musik aus Renaissance und Barock, *PAN OV–3092*

Yepes, Narciso: Narciso Yepes spielt spanische Gitarrenkonzerte (Bacarisse, Torroba), *Schwann VMS 2090*

– Vivaldi, Sämtliche Konzerte für Laute (Gitarre) und Mandoline (mit Takashi & Silvia Ochi, Mandolinen), *Deutsche Grammophon (DGG) 2530211*

– Música Española (Albéniz, Granados, de Falla, Turina), *DGG 2530159*

– Rodrigo, Giuliani (Konzerte), *DGG 2530975*

– Música Catalana (Segovia, Llobet, Casanovas, Mompou, Yepes, Espla, Asencio), *DGG 2530273*

– Bacarisse, E. Halffter (Konzerte), *DGG 2530326*

– Guitarra Romantica (Giuliani, Sor, Tárrega), *DGG 2530871*

– Villa-Lobos, 12 Etüden, 5 Präludien, *DGG 2530140*

– Rodrigo/Aranjuez, Concerto Madrigal, *DGG 2531208*

– Gitarrenmusik von Brouwer, Carulli, Conge, Kühnel, Robinson, Sor, *DGG 2531113*

– und *Monden, Godelieve:* Telemann – Gitarren-Duos, *DGG 2531350*

– Gitarrenkonzerte, Vivaldi, Bach, Palau, *Decca 6.41967*

– Spanische Gitarrenmusik, Villa-Lobos, Turina, Sor, Albéniz, *Decca royal sound SMD 1290*

– Gitarrenmusik aus fünf Jahrhunderten, *DGG 2531382*

Flamenco

Antologia de la guitarra flamenca, Hispavox 658180

Cano, Manuel: Evocacíon de la guitarra de Ramon Montoya, *Hispavox HH 10-252*

– Temas Andaluces de Angel Barrios, *Hispavox HH 10-410*

– Temas flamencos para concierto, *Hispavox HH 10-342*

– El Flamenco fabuloso de Manuel Cano, *Hispavox HH 10-295*

Cepero, Paco: Amuleto, *EMI C062-21415*

Duo Flamenco: Fandango, *TCH 77353,* c/o Victor Svec, Kruppstraße 1, 3200 Hildesheim

– Taste These Instruments, *Lava TCH 80436*

El Duo Flamenco: Jorge y Obo, *EDF 19790 Zweitausendeins 23699*

– Morera, *EDF 24810/2001 Mood Records*

Escudero, Mario: Mario Escudero, *ABC 396*

– Classical Flamenco Guitar, *Disques Vogue LULXEV 6430*

– Guitarra Andaluza, *Clave 18-1165*

Gastor, Diego de: Misterios de la guitarra flamenca, *Ariola 10521 A*

Granaino, Roman el: Guitare flamenco, *Le chant du Monde LDX 74367*

Huelva, Manolo de: Manolo de Huelva begleitet Manuel Vallejo, *Odeon 13205*

– Manolo de Huelva begleitet Manuel Vallejo, *Odeon 13207*

– Manolo de Huelva begleitet Manuel Vallejo, *Odeon 13282*

Lee, Philip John: Flamenco Guitar, *MFP EMI 5009*

Lohnes, Manolo: Flamenco Guitarre, *Intercord INT 161.000*

– El Flamenco fenómeno, *Intercord INT 161.001*

– Flamenco Gitarre in Concert, *Intercord INT 181.006*
– Sentimientos, *Intercord INT 181.014*
– Starportrait, *Intercord INT 156.001*
Lucía, Paco de: Dos guitarras flamencas (mit Ricardo Modrego), *Fontana International ST 858099 FPY*
– La fabulosa guitarra de Paco de Lucía, *Philips 843139 PY*
– El duende flamenco de Paco de Lucía, *Philips 9113001*
– Paco de Lucía mit dem Pedro-Iturralde-Quintett: Jazz Flamenco, *Hispavox HH 11-128*
– Paco de Lucía mit dem Pedro-Iturralde-Quintett: Jazz Flamenco 2, *Hispavox HH 11-151*
– Paco de Lucía interpreta Manuel de Falla, *Philips 9113008*
– Solo quiero caminar, *Philips 6301030*
– Castro Marin, *Philips 6301025*
– und *McLaughlin, John/Di Meola, Al.:* Friday Night in San Francisco, *Philips 6302137*
Manitas de Plata: La guitare d'or de Manitas, *CBS S 63915*
Maravilla, Luis: Flamenco Puro, *Odeon LCLP 158*
Martín, Juan: The exciting sound of Flamenco, *Argo ZDA 201*
– The Flamenco soul of Juan Martín, *Decca SKL 5256*
– Picasso Portraits, *Polydor 2383 630*
Martínez, Pepe: Pepe Martínez in Old Seville, *CBS 63515*
Miguel: Obsession, *Eulenspiegel 1011*
Montoya, Ramon: Arte clásico flamenco, *Disques BAM LD 430*
– Ramon Montoya begleitet Pepe Marchena, Fandangos/Malaguanas, *Odeon 13081*
– Ramon Montoya begleitet Alvaro de la Isla, Fandangos de Almonte, *Ducretet-Thomson 310U027*
Peña, Paco: Flamenco puro live, *Decca PFS 4237*
– The Art of the Flamenco Guitar, *Decca PFS 42270*
– *Paco Peña live in London, Decca MOR 524*
– Flamenco Festival, *Decca 6.22412 AS*
– und *Lucía, Paco de:* Paco doble, *Philips 9279241*
Pisa, José: Flamenco 2000, *Hispavox AZ 21-024*
Ricardo, Niño: Guitare flamenco, *Le chant du monde CD-M-4045*
– Ricardo Niño, *Hispavox HH 10-49*
Rist, Georg: Flamenco-Gitarre, Verlag G. Rist, Am Ölberg 5, 8400 Regensburg
Sabicas: The Day of the Bullfight, *Westminster Gold WGS 8174*
– The Art of the Guitar, *Everest 3395*
– Artistry in Flamenco, *ABC S 614*
– Flamenco!! La guitarra de Sabicas, *Polydor 2480138*
– und Escudero, M.: Sabicas y Escudero, *Musidisc CV 1049*
– Sabicas Rock Encounter with *Joe Beck, Polydor 2425024*
Sanlúcar, Manolo: Mundo y formas de la guitarra flamenca Vol. I, *CBS 564660*
– Mundo y formas..., Vol. II, *CBS 65405*
– Sanlúcar, *CBS 81066*
›Serranito‹, Victor Monge: El Flamenco en la guitarra de Victor Monge ›Serranito‹, *Hispavox HH 10-291*
– Aires Flamencos, *Hispavox HH 10-349*
Serrano, Juan: Flamencisimo, *Audio Fidelity AFSD 6251*
Soler, Pedro: A flamenco guitar recital, *Victrola VICS 1029*
– Flamenco Gitarre, *Happy Bird 5018*

Ackerman, William: Birdsong, *Windham Hill/Pastels A-ST-2013*
– It Takes A Year, *Windham Hill/Pastels A-ST-2014*
– Childhood and Memory, *Windham Hill/Pastels A-ST-2019*
Atkins, Chet: This Is Chet Atkins, *RCA Victor VPS-6030* (2 LPs)
– And then came Chet Atkins, *RCA PL 42939* (2 LPs)
– Marcel Dadi présente Chet Atkins, Me and my Guitar, *RCA PL 42387*
– und *Paul, Les:* Chester & Lester, *RCA LSA 3290 (APL 1-1167)*
– und *Paul, Les:* Guitar Monsters, *RCA PL 12786*
– und *Reed, Jerry:* Me and Chet, *RCA Victor LSP-4707*
– und *Travis, Merle:* The Atkins-Travis-Travelling-Show, *RCA APL 1-0479*
– und *Pell, John/Boyd, Liona/Knowles, John:* The First Nashville Guitar Quartet *RCA AYL1-3741*
Auldridge, Mike: Dobro, *Sonet SNTF 657*
– Blues and Blue Grass (u. a. mit Ricky Scaggs, John Startling, Ben Eldridge, Paul Craft, Dave Bromberg), *Sonet SNTF 673*
– und The Seldom Scene: After Midnight, *Metronome/Sugar Hill 0060.469*
– with the Seldom Scene and Friends, Eight-String Swing, *Metronome/Sugar Hill 0060.509*
Austin, Ray: Halifax, *Intercord/Xenophon INT 146.001*
– Folk '78, *INT 155028, (2LPs)*
Baker, Duck: Duck Baker, *Sonet/Kikking Mule SNKF 116*
– When You Wore A Tulip, Hot Guitar Instrumentals, *Sonet/Kicking Mule SNKF 123*
Basho, Robbie: The Falconer's Arm Vol. 1, *Sonet SNTF 612*
– Art of the Acoustic Steel String Guitar 6&12, *Windham Hill/Pastels B-ST-2021*
– Visions of the Country, *Windham Hill/Pastels B-ST-2026*
– Guitar Soli, *Takoma C 1005*
Bergeyk, Ton van: Famous Ragtime Guitar Solos, *Sonet/Kicking Mule SNKF 106*
– Ton van Bergeyk, *Sonet/Kicking Mule SNKF 114*
Bensusan, Pierre: Solilai, *Stockfisch SF 8009*
Blake, Norman: Back Home in Sulphur Springs, *Rounder 0012*
– Whiskey Before Breakfast, *Rounder 0063*
Bromberg, David: Flat Picking Guitar Festival Featuring (David Bromberg, Eric Thompson, Dick Fegy, Richard Liebersohn u. a.), *Sonet/Kicking Mule SNKF 124*
– David Bromberg Band, You Should See The Rest of the Band, *Fantasy 0061.107*
– David Bromberg, My Own House, *Fantasy F-9572*
Chapman, Michael: Playing Guitar The Easy Way (mit Tabulaturen), *Criminal Records/Steal 2*
Carlisle, Cliff: Carlisle Vol. 1, *Arhoolie OT-103*/Vol. 2/*Arhoolie OT-104*
Crary, Dan: Lady's Fancy, *Rounder 0099*
– (siehe O'Connor)
Conover, Skip: Byron Berline and the L.A. Fiddle Band (mit Roger Reed), *Metronome/Sugar Hill 0060.468*
Cohen, David: How To Play Folk Guitar, *Sonet/Kicking Mule SNKF 118*
Dadi, Marcel: Marcel Dadi Country Show, *Sonet/Metronome 0060.021*
– The Guitar of Marcel Dadi, *Sonet/Metronome 60.022*

– Dadi's Pickin' Lights Up Nashville, *Sonet/Metronome 60.034*
Douglas, Jerry: Ricky Scaggs, Sweet Temptation, *Metronome/Sugar Hill 0060.465*
– Carl Jackson, Banjo Man, *Metronome/Sugar Hill 0060.467*
Duser, Guy van: Finger-Style Guitar Solos, *Rounder/Teldec 6.24387*
Fahey, John: John Fahey, Vol. 1, Blind Joe Death, *Sonet SNTF 607/ Takoma*
– John Fahey, Vol. 2, Death Chants, Breakdowns & Military Waltzes, *Sonet SNTF 608/Takoma*
– America, *Sonet SNTF 628/Takoma*
– Fare Forward Voyagers, *Sonet SNTF 656/Takoma*
– Old Fashioned Love, *Sonet SNTF 688/Takoma*
– The New Possibility, *Sonet SNTF 702/Takoma*
Falú, Eduardo: Folklore Sudamericano Vol. 1 *A-3539,* Vol. 2 *A-3908,* Vol. 3 *A-4455 Aconcagua,* Grafenau
Finger, Peter: Bottleneck Guitar Solos, *Sonet/Kicking Mule SNKF 105*
– Zwei Seiten, *Stockfisch SF 5019*
– Windspiele, *Stockfisch SF 8006*
Gitarren- und Stubenmusik aus Oberammergau, Trio Eitzenberger-Greiner, *EMI 1C 066-45597*
Grossman, Stefan: Finger Picking Guitar Techniques (LP zu dem Buch), *Xtra XTRS 1138*
– und *Bergeyk, Ton van:* How To Play Ragtime Guitar, *Xtra XTRS 1151*
Graham, Davey: The Complete Guitarist, *Sonet/Kicking Mule 138*
Grassi, Alex De: Turning: Turning Back, *Windham Hill/Pastels G-ST-2016*
– Slow Circle, *Windham Hill/Pastels G-ST-2020*
Haider, Hans: Music For My Friends, *selected sound ST 121*
– Traumland (with Symphony Strings), *selected sound ST 110*
Hecht, Daniel: Willow, 6&12 String Guitar, *Windham Hill/Pastels H-ST-2025*
Hoopii, Sol: Master of the Hawaiian Steel Guitar, *Rounder 1024*
Horton, Peter und *Schwab, Siegfried:* Guitarrissimo, *Nature/Metronome 0060.131*
– Guitarrissimo/Confiança,*Nature/Metronome 0060.314*
Houston, Bee: Bee Houston, *Arhoolie 1050*
Jansch, Bert: Early Bert, Vol. 3, *Xtra 1165*
– Early Bert, Vol. 4, *Xtra 1170*
– The Bert Jansch Sampler, *Trasam 10*
– The Guitar of Bert Jansch, *Transatlantic 44.002*
James, John: In Concert. One Hour of Music. *Sonet/Kicking Mule, SNKF 136*
The Kentucky Colonels: The Kentucky Colonels featuring Roland and Clarence White, *Rounder 0070*
Kolbe, Martin: 37 ¼, *Intercord INT 150.017*
– und *Illenberger, Ralf:* Waves, *Mood Records/Zweitausendeins 22900*
– und *Illenberger, Ralf:* Flieger, *Wundertüte Tüt 111*
Kottke, Leo: 6 & 12 String Guitar, *Sonet/Takoma 15.565*
– Live In Europe, *Chrysalis 6307 688*
– Leo Kottke Guitar Music, *Chrysalis 203646-320*
– und Lang, Peter/Fahey, John, *Sonet/ Takoma SNTF 675*
– The Best, *crystal 134 EVC 85061/62* (2 LPs)
– Mudlark, *Capitol ST 682*
Leadbelly: Leadbelly's Best, *EMI 056-80701*
Lang, Peter: siehe Kottke
– Lycurgus, *Flying Fish 014*

Lämmerhirt, Werner: All Alone, *Stockfisch SF 7810*
– White Spots, *Stockfisch SF 7809*
– Ten Thousand Miles, *Stockfisch SF 5001*
– Lämmerhirt Session, *Stockfisch SF 8001*
– Die Dritte, *Stockfisch SF 5007*
– und *Jones, Wizz:* Roll On River, *FolkFreak FF 4006*
McGee, Sam: Grand Dad of the Country Guitar Pickers, *Arhoolie 5012*
Miller, Dale: Fingerpicking Rags & Other Delights, *Sonet/Kicking Mule SNKF 110*
Moreno, Rico: Primavera, *Elite Special LLP 17-80.033*
Müller, Martin: amazonas, *Stockfisch SF 5026*
– balançado '82, *Stockfisch SF 8010*
Neely, Bill: Blackland Farm Boy, *Arhoolie 5014*
O'Connor, Mark: Markology (mit Dan Crary), *Pastels C-ST-2024*
Paredes, Carlos: guitarra portuguesa, *Columbia PSPMX 5002*
– movimento perpétuo, *Columbia 07440150*
Pearse, John: Guitar Train, *Metronome/2001201.028*
Powell, Baden: Apaixonado, *MPS 68.090*
– Star Edition, *Barclay/Metronome 0086.016* (2 LPs)
– Estudos, *MPS 68.092*
– Canto On Guitar, *MPS 68.157*
– Samba Tropical, *Barclay/Metronome 0086.001-2* (2 LPs)
– Images, *BASF 29057*
Qualey, David: Only Guitar, *Stockfisch SF 5003*
– Guitar Parables, *Stockfisch SF 5025*
– Guitar Solo, *Teldec 6.23413*
Rice, Tony: Tony Rice, *Rounder 0085*
– The Tony Rice Unit, Mar West, *Flying Fish/Pastels R-ST-2023*
– auf The David Grisman Rounder Album, *Rounder 0069*
Russo, Mike: Mike Russo, *Arhoolie 4003*
Renbourn, John: The Black Balloon, *Transatlantic TRA 355*
– The John Renbourn Group, a Maid in Bedlam, *Transatlantic/Metronome 0064.007*
Sacksioni, Harry: Amsterdam, *Polydor/harlekijn 2417121*
– Das Doppelleben von Holle Feinmann, *Polydor/harlekijn 2417131*
Schwab, Siegfried: little flowers, *EMI/Hörzu 066-45237*
– Meditation, *Melosmusik GS 701*
– Guitaristics, *Melosmusik GS 702*
Schoenberg, Eric: Acoustic Guitar, *Rounder 3017*
Stuart, Alice: All The Good Times, *Arhoolie 4002*
Tapajós, Sebastião: Bienvenido Tapajos, *MPS/BASF 21 21683-7*
– Terra, *Metronome 0060.253*
Taylor, Tut: Friar Tut, *Arhoolie 0011*
– und *Blake, Norman/Robbins, Butch:* The Old Post Office, *Sonet/Flying Fish 008*
Traum, Happy: Relax Your Mind, *Sonet/Kicking Mule SNKF 111*
– American Stranger, *Sonet/Kicking Mule SNKF 142*
– und *Traum, Artie:* Hard Times In The Country, *Rounder 3007*
Travis, Merle: The Merle Travis Story, *CMH Country Classics 9018 ST*
– Travis Pickin', *CMH Country Classics 6255 ST*
– (siehe Chet Atkins)
Vomáčka, Sammy: Ragtime Guitar, *Stockfisch SF 5002*
– Come to my kitchen, *Stockfisch SF 8002*
– 6 String + 12 String Acoustic Guitar, Sammy Vomáčka live! Stockfisch *SF 7702*

- Rags & Tunes, *Sammy-Vomáčka-Produktion Vo 7701*

Walton, Jake: The Gloaming Grey, *FolkFreak/Stockfisch FF 4001*

Wijnkamp jr., Leo: Rags To Riches, *Sonet/Kicking Mule SNKF 108*

- The Return Of Dr. Hackenbush, *Sonet/Kicking Mule SNKF 156*

Yupauqui, Atahualpa: Vidala del silencio, *Le Chant du Monde/Pläne LDX 74697, G*

- Camino Del Indio, *Le Chant du Monde/Pläne LDX 74631, G*
- »Andengitarre«, *Pläne LPS 10101, G*

Sampler

Acoustic Guitar Festival (Peter Bursch, Jury Clormann, El Duo Flamenco, Juraj Galan, Martin Herberg, Hot Club da Sinti, Martin Kolbe, Werner Lämmerhirt, Georg Lawall, Manolo Lohnes, Orexis, José Rogério, Robi Schneider), *Intercord/Xenophon INT 171.000* (2 LPs)

Acoustic Guitar Scene (Lämmerhirt, Wizz Jones, Klaus Weiland, Davey Arthur, George Furey, Peter Bursch, Willi Kissmer, Tom Paley, Manolo Lohnes, Konnie Braun, Tom Cat, Howard Schultens), *Intercord/Xenophon INT 26559-5 Z/1-2* (2 LPs)

Acoustic Guitar Sounds, The World's Best Acoustic Guitarists (Leo Kottke, Marcel Dadi, Stefan Grossman, John Fahey, John Pearse, Adrian Legg, John Renbourn, Peter Lang, Mike Auldridge, Happy Traum, Dale Miller, Bert Jansch, John James, Dave Evans), *Metronome 80.011-2* (2 LPs)

Argentina: The Guitar of the Pampas (Roberto Lara, Gitarre)

Contemporary Ragtime Guitar (div.), *Sonet/Kicking Mule SNKF 100*

Die amerikanische Gitarre, »Instrumente der Welt« (Roger Mason/Steve Waring), *Pläne/Le Chant du Monde 88150*

Gitarre 76 (Lämmerhirt, Vomáčka, Qualey, Klaus-Michael Krause, Frank Stukenbrock, Weiland), *Stockfisch SF 8003*

Gitarrenspiele (Lämmerhirt, David Qualey, Peter Finger, Sammy Vomáčka, Galan, Kolbe/Illenberger, Sebastião Tapajós, Martin Müller), *Stockfisch SF 8007*

Grossman, Stefan (Hrsg.): Advanced Finger Picking Guitar Techniques (Duck Baker, Lasse Johansson, Ton Engels, J. James, Claes Palmqvist, Tim Nicolai), *Sonet/Kicking Mule SNKF 135*

Hawaiian Steel Guitar 1920s to 1950s (div.), *Arhoolie 9009*

Steel Guitar Classics (Dobro; div.), *Arhoolie OT-113*

Women's Guitar Workshop (Gill Burns, Janet Smith, Margo Random, Wendy Grossman, Lynn Clayton), *Sonet/Kicking Mule SNKF 149*

Blues

Allison, Luther: Luther's Blues, *VOGUE 523030*

- Bad News is coming, *VOGUE 523023*
- Luther Allison Blues Band, *Blue Sound BS 3001*

Baker, Mickey: Blues & Jazz Guitar, *Sonet/Kicking Mule SNKF 127*

Blake, Blind: Rope Stretchin' Blues, *Biograph BLP 1203 A*

- Search Warrant Blues, *Biograph BLP 12023*

- No Dough Blues *Biograph BLP 12031*

Bloomfield, Mike: Super Session (mit Al Kooper, Steve Stills), *CBS S 63396*
- Analine, *Sonet/Takoma SNTF 749*
- If You Love These Blues…, *Sonet/Takoma SNTF 726*
- Living In The Fast Lane, *Line Records LLP 5104 AP*
- Between The Hard Place & The Ground, *Line Records/Teldec 6.24822*
- Mike Bloomfield Live In Italy, *Mama Barley Records MB 001/Bellaphon Import*

Baumann, Rainer: Rainer Baumann Band, Meet Me In The Bottom, *Line Records LLP 5070*

Collins, Albert: Ice Pickin', *Sonet/Alligator SNTF 707*

Davis, Larry: Funny Stuff, *Rooster R 2616/Bellaphon Import*

Ford, Robben: Schizophonic, *LAX Records GG58006*
- und *Witherspoon, Jimmy:* auf *LAX Records GG5803C*

Fuller, Blind Boy: Blind Boy Fuller 1909–1941, Death Valley, *Oldie Blues OL 2809*
- The rural Blues, *Folkways RF 202*

Hopkins, Lightning: The Texas Blues Man, *Arhoolie 1034*
- und Hopkins, Joel & John: auf *Arhoolie 1022*

King, B. B.: The Best Of B.B. King, *MCA Coral 0042.709 (801351-320)*
- B.B. King In London, *MCA Coral 0052.717 (801395-365)*

Klein, Oskar und Ricks, Jerry: Philadelphia Jazz Roots, *L+R Records LR 40.011*
- Low Light Blues Philadelphia, *L+R Records LR 42.007*

Lenoir, J. B.: J. B. Lenoir Blues Band, *Chess/Teldec 427003* (2 LPs)

Lipscomb, Mance: Texas Sharecropper & Songster, *Arhoolie 1001*
- Texas Songster Vol. 2, *Arhoolie 1023*
- You'll Never Find Another Man Like Mance, *Arhoolie 1077*

McDowell, Fred: Mississippi Delta Blues, *Arhoolie 1021*
- Fred McDowell Vol. 2, *Arhoolie 1027*

McTell, Blind Willie: Trying To Get Home, *Biograph BLP 12008*

Mendoza, Lydia: Texas-Mexican Border Music Vol. 15, Part I: First Recordings 1928–1938, *Arhoolie 9023*
- Lydia Mendoza Vol. 16, Part II: Early Recordings From The 1930s, *Arhoolie 9024*

Red, Tampa: The Guitar Wizard (1935–1953), *Arhoolie BC-25*
- 1929–1949, Crazy With The Blues, *Oldie Blues OL 8001*
- 1932–1953, You Can't Get That Stuff No More, *Oldie Blues OL 2816*

Slim, Guitar und *Belly, Jelly:* auf *Arhoolie 2005*

Waters, Muddy: Muddy Waters Blues Band: Louisiana Blues, *Chess/Teldec 6.24801 AG* (2 LPs)

White, Josh und *Carr, Leroy:* Leroy Carr – Singin' The Blues, *Biograph DLP C 9*

Williamson, Sonny Boy: Sonny Boy Williamson Vol. 1, *Arhoolie BC-3* (1937–1941), Vol. 2, *Arhoolie BC-20* (1937–1946), Vol. 3, *Arhoolie BC-24*

Sampler

American Folk Blues Festival 1962: John Lee Hooker, Memphis Slim, Willie Dixon, Jump Jackson, Sonny Terry, Brownie McGhee, Shakey Jake, T-Bone Walker, Helen Humes, *L+R Records LR 42.017*

- 1963: Big Joe Williams, Memphis Slim, Matt »Guitar« Murphy, Willie Dixon, Billy Stepney, Sonny Boy Williamson, Lonnie Johnson, Victoria Spivey, Otis Spann, Muddy Waters, *LR 42.023*
- 1972: Bukka White, Roosevelt Sykes, Lightnin' Slim, Whispering Smith, Johnny Young, Jimmy Rogers, Jimmy Dawkins, Big Voice Odom, W.D. Kent, Billy Davenport, *LR 42.018*
- 1980: Louisiana Red, Sunnyland Slim, Willie Mabon, Carey Bell, Hubert Sumlin, Eddie Taylor, Bob Stroger, Odie Payne, Eunice Davis, Washboard Doc, Lucky & Flash, *LR 42.013*
- 1981: Louisiana Red, Hubert Sumlin, Margie Evans, Carey Bell, Lurrie Bell, Odie Payne, Sunnyland Slim u. a., *LR 42.022*

Angola Prison Blues, *Arhoolie 2011*

Chicago Blues, The Early 50s, *Arhoolie BC-8*

Country Blues Classics Vol. 1, *Arhoolie BC-5,* Vol. 2, *BC-6,* Vol. 3, *BC-7,* Vol. 4, *BC-14*

Country Negro Jam Session, *Arhoolie 2018*

Memphis & The Delta »The 50s«, *Arhoolie BC-15*

Prison Work Songs, *Arhoolie 2012*

The Roots of America's Music (Country Blues, City Blues, Gospel, Jazz, Country, Cajun, Folk), *Arhoolie 2001/2* (2 LPs)

Swamp Blues, Vol. 1 (u. a. mit Arthur »Guitar« Kelley, Clarence Edwards), *Sonet SNTF 773,* Vol. 2 (dies.), *Sonet SNTF 774*

Texas Blues, *Arhoolie 2006*

Texas Blues »The 50s«, *Arhoolie BC-16*

Jazz

Abercrombie, John: New Directions, *ECM 1128*
- Timeless, *ECM 1047 ST*
- John Abercrombie Quartet, *ECM 1164*
- Gateway, *ECM 1061 ST*
- (siehe Towner)

Almeida, Laurindo: Chamber Jazz, *Concord CJ-84*
- The L. A. Four Scores! *Concord CJ-8*
- L. A. 4 – Watch What Happens, *Concord CJ-63*
- Bach Is Beautiful, The Twin Guitars of Laurindo Almeida, *Orion ORS 7277*
- Broadway Solo Guitar, *Capitol ST 2063*
- Virtuoso Guitar (Direct-to-Disc), *Crystal Clear Records CCS 8001*
- L. A. 4 – Just Friends (Direct-to-Disc), *Concord CJD 1001*
- und *Byrd, Charlie:* Brazilian Soul, *Concord Picante CJP 150*
- LA4 Summer 1979 Live At Montreux, *Concord CJ-100*
- Concierto de Aranjuez, *Eastwind EW 8063*

Arienti, Angelo: Sunday, April 2, *Carosello CLE 21040*

Ashby, Irving: auf Oscar Peterson, The History of an Artist, *Pablo 2625 702* (2 LPs)
- (siehe Sampler)
- JATP 1946 Vol. 2, *Verve Re-Issue Series 2610024* (2 LPs)

Bacsik, Elek: The Eclectric Guitar of the Eclectic Elek Bacsik, *Fontana 885*

Bailey, Derek: The Music Improvisation Company, *ECM 1005*
- und *Holland, David:* Improvisation for Cello and Guitar, *ECM 1013 ST*

Barnes, George: The Uncollected George Barnes And His Octet. The

Original For Radio Only Recordings, *Decca 6.23555*
– Swing, Guitars – 2nd George Barnes Quartet with Dick Hyman and Hank Jones, *Famous Door HL-100*
– George Barnes Plays So Good, *Concord CJ-67*
– The Ruby Braff/George Barnes Quartet (mit Wayne Wright), *Chiaroscuro CR 121*
– The Ruby Braff/George Barnes Quartet Live at the Concord Summer Festival (mit Wayne Wright), *Concord CJ-5*
– und *Kress, Carl:* town hall concert, *United Artists 82042*

Bauer, Billy: Billy Bauer Plectrist. *Verve Mono MV 2678*

Beck, Joe und *Zoller, Attila:* Beck & Zoller, *Progr. KUX 146*
– Empathy (mit Red Mitchell), Gryphon Records G-2 911 (2 LPs)

Benson, George: In Concert – Carnegie Hall, *CTI 63.012*
– White Rabbit, *CTI 6015*
– Bad Benson, *CTI 6045*
– Beyond The Blue Horizon, *CTI 6009*
– Star Edition, *CTI/Metronome 0083.002* (2 LPs)

Bertoncini, Gene: Gene Bertoncini with Michael Moore, Bridges, *MPS 0068.176*

Bickert, Ed: Ed Bickert/Don Thompson, *Sackville 4005*

Blanke, Toto: Toto Blankes Electric Circus feat. Stu Goldberg, Friends, *Bellaphon BAC 2063*
– Electric Circus, *Bellaphon BAC 2048*
– Tales of Tomorrow, *Bellaphon BAC 2063*
– und *Dašek, Rudi:* Jazzjamboree, *MUZA SX 1611*
– und *Dašek, Rudi:* Dialogue, *Supraphon/Aliso 1011*

Boni, Raymond und *Marais, Gerard:* Concert au Totem, *SR 251 MARGE 10*

Breau, Lenny: The Velvet Touch of Lenny Breau, *RCA LSP-4199*
– Five O'Clock Bells, *Adelphi AD 5006*
– Lenny Breau, Direct-to-Disc, *Direkt-Disk-Labs* o. Nr.

Burrell, Kenny: Cool Cookin', *Bellaphon BLST 6538* (2 LPs)
– Ellington Is Forever pt. I, *Fantasy F-79005* (2 LP)
– Ellington ... pt. II, *Fantasy F-79008* (2 LPs)
– 'Round Midnight, *Fantasy/Bellaphon BLPS 19136*
– When Lights Are Low, *Concord CJ-83*
– Tin Tin Deo, *Concord CJ-45*
– Moon And Sand, *Concord CJ-121*
– Stormy Monday, *Fantasy F-9558*
– Handcrafted, *Muse MR 5144*
– Live At The Village Vanguard, *Muse MR 5216*
– God Bless The Child, *CTI 6011*
– Kenny Burrell in new york – Village Vanguard, *Muse MR 5241*
– Kenny Burrell and Coleman Hawkins, Moonglow, *Prestige P-24106* (2 LPs)

Butler, Billy: don't be that way, *Black and Blue 33.104*

Byrd, Charlie: The Guitar Artistry of Charlie Byrd, *Riverside Mono OLP 3007*
– Blues Sonata, *Riverside 0061.126* (Metronome)
– Charlie Byrd at the Village Vanguard, *Riverside OLP 3008*
– The Charlie Byrd Quartet, Let Go, *Columbia CS 9869*
– Bird At The Sea, *Fantasy F-9466*
– Charlie Byrd Top Hat, *Fantasy F-9496*
– Charlie Byrd Swings Downtown, *Improv 7116*

– Sugarloaf Suite, *Concord Picante CJP-114*
– Bluebyrd, *Concord CJ-82*
– und *Ellis, Herb:* Guitar/Guitar, *CBS SBPG 62552*
– (siehe Kessel und Great Guitars)
Caillat, Philippe: + Group, French connection, dirty rats, *JA & RO 003*
Callas Guitars: auf *Autogram ALLP-802*
Catherine, Philip: Guitars, *Atlantic ATL 50193*
– September Man, *Atlantic ATL 40562*
– Babel, *Elektra ELK 52244*
– End of August, *WEA K 58450*
– (siehe Coryell)
Christian, Charlie: Solo Flight – with the Benny Goodman Sextet, Septet & Orchestra Vol. II, *CBS Mono 62581*
– Charlie Christian Memorial Album (mit kompletter Diskographie), *CBS/Sony* (Japan-Import) *56AP 674-6* (3 LP)
– und *Gillespie, Dizzy/Monk, Thelonius* auf *Bellaphon BJS 4042*
Cinderella, Joe: auf Gil Mellé, Waterbirds, *Jazz Chronicles JCS 702*
Casey, Al: Six Swinging Strings, *JSP Records 1026*
Chadbourne, Eugène: Solo Acoustic Guitar, *Parachute P 002*
– Guitar Trios (mit D. Baker, R. Hutton, H. Kaiser, O. Maerks), *Parachute P 003*
Collins, Cal: Cal Collins in San Francisco, *Concord CJ-71*
– Cal Collins Cincinnati to L. A., *Concord CJ-59*
– By Myself, *Concord CJ-119*
– Cross Country, *Concord CJ-166*
– The Cal Collins Quintet: Ohio Boss Guitar, *Famous Door FD 123*
– The John Bunch Quartet: Slick Funk, *Famous Door HL 118*
– und *Ellis, Herb:* Interplay, *Concord CJ-137*
Condouant, André: Brother Meeting, *Disques Debs HDD 523*
Connors, Bill: Of Mist and Melting, *ECM 1120*
– Theme to the Guardian, *ECM 1057 ST*
– Swimming With A Hole In My Body, *ECM 1158*
Coryell, Larry: At The Village Gate, *Vanguard 0062.165*
– The Dealer: Chico Hamilton introducing Larry Coryell, *Impulse A-9130*
– Fairyland, *Philips/Flying Dutchman 6369411*
– Spaces (mit J. McLaughlin), *Vanguard Apostolic VSD 6558*
– und *Towner, Ralph:* The Restful Mind, *Vanguard VSD 79353*
– und *Catherine, Philip:* Twin House, *Atlantic ATL 50342*
– und *Catherine, Philip:* Splendid, *Elektra ELK 52086*
– und *Scofield, John/Beck, Joe:* Tributaries, *Arista Novus AN 3017*
– und *Kahn, Steve:* Two For The Road, *Arista 5N 058N-60169*
Dejean, Joseph und *Marais, Gerard:* Duo, *Open 03*
Diez, Stephan: Mirrors (mit *Todd, Gary / van Rooyen, Ack / Canedy, Todd*) *EGO Records 4008*
Dillard, Bill: auf Harry Babasin & The Jazzpickers, *Jazz Chronicles JCS 103*
Di Meola, Al: Elegant Gypsy (mit Paco de Lucía), *CBS 81845*
– und *de Lucía, Paco/McLaughlin, John:* Friday Night In San Francisco, *Philips 6302137*
Diorio, Joe: Solo Guitar, *Spitball Records SB-2*
Disley, Diz: Stephane Grappelli & The Diz Disley Trio, Violinspiration, *MPS 68.058*

Sacha Distel und *Lewis, John:* Afternoon in Paris, *Atlantic 1267*
Dørge, Pierre: Pierre Dørge Quartet, Ballad Round The Left Corner, *Steeple-Chase SCS 1132*
– Pierre Dørge & New Jungle Orchestra, *Steeple Chase SCS 1162*
Dunbar, Ted: Kenny Barron & Ted Dunbar, In Tandem, *Muse MR 5140*
Duran, Eddie: Ginza, *Concord CJ-94*
Durham, Eddie: Eddie Durham, *RCA LPL1 5029*
Ederer, Martin: Expressions, *Jazzpoint 005*
– Crea, *Jazzpoint 1010*
Ellis, Herb: Softly... but with that feeling, *Verve Mono MV 2674*
– Nothing But The Blues, *Verve Mono MV 2529*
– Thank You, Charlie Christian, The Herb Ellis Quartet, *Verve MG V-8381*
– Herb Ellis And The All-Stars, *Epic, EPC 65890*
– Soft & Mellow, *Concord CJ-77*
– Herb Ellis At Montreux, *Concord CJ-116*
– Herb mix, *Concord CJ-181*
– und *Pass, Joe:* Two For The Road, *Pablo 2310714*
– und *Pass, J.:* Jazz/Concord, *Concord CJS-1*
– und *Pass, J.:* Seven, Come Eleven, *Concord CJ-2*
– und *Green, Freddie:* Rhythm Willue, *Concord CJ-10*
– und *Palmier, Remo:* Windflower, *Concord CJ-56*
– und *Peterson, Oscar:* Hello, Herbie, *MPS 15262 ST*
Escoudé, Christian: Christian Escoudé & Jean-Charles Capon, Gousti, *All Life AL 006*
Etheridge, John: auf Stephane Grappelli At The Winery (mit Martin Taylor), *Concord CJ-139*
Evans, Frank: Soire, The guitar of Frank Evans, *Blue Bag BB 102*
– Noctuary, The guitar of Frank Evans, *Blue Bag BB 101*
Farlow, Tal: The Swinging Guitar of Tal Farlow, *Verve Mono MV 2504*
– The Interpretations of Tal Farlow, *Verve Mono MV 2032*
– The Guitar Artistry of Tal Farlow, *Verve Mono MV 2588*
– This Is Tal Farlow, *Verve Mono MV 2587*
– Autumn In New York, *Verve Mono MV 2585*
– Early Tal, *The Blue Note Re-Issue Series BNP 25.104*
– The Return of Tal Farlow/1969, *Prestige 7732*
– Tal Farlow '78, *Concord CJ-67*
– A Sign of the Times, *Concord CJ-26*
– On Stage (mit Hank Jones, Red Norvo, Ray Brown, Jake Hanna), *Concord CJ-143*
Ferré, Boulou & Elios: pour Django, *SteepleChase 1120*
– Gypsy Dreams, *SteepleChase SCS 1140*
Fosset, Marc und *Caratini, Patrice:* Boîte à Musique, *Open OP 07*
– Le chauve et le Gaucher, *Open OP 12*
Frith, Fred: Guitar Solos, *Caroline Records CI508*
Gafa, Al: The Al Gafa Quinteto, Leblon Beach, *Pablo Deluxe 2310782*
Galan, Juraj und Ramsey, Bill: Live im Mainzer »Unterhaus«, *Stockfisch SF 5027*
Gale, Eric: Ginseng Woman, *CBS 82058*
– Forecast, *CTI/Kudu KU-11*
– Blue Horizon, *Elektra Musician MUS K 52349*
Garland, Hank: Jazz Winds From A New Direction, *Columbia JCS 8372*
Geissman, Grant: The Grant Geiss-

man Quintet, Good Stuff, *Concord CJ-62*

Gismonti, Egberto: Sol Do Meio Dia, *ECM 1116*

– Solo, *ECM 1136*

– und *Vasconcelos, Nana:* Dança Das Cabeças, *ECM 1089*

Goodrick, Mick: In Pas(s)ing, *ECM 1139*

Gourley, Jimmy: Graffiti, *Promophone Prom 14*

Green, Grant: Green Street, *Blue Note 4071*

– Feelin' The Spirit, *Blue Note 84132*

– Grandstand, *Blue Note 84086*

Grosz, Marty und *Wright, Wayne:* Goody Goody, *Aviva 6003*

Gustafsson, Rune: Rune Gustafsson plays Stevie Wonder, *Sonet SLP-2569*

– Move (mit Jane Schaffer/Jojje Wadenius), *Toledo INT 147.500*

– On A Clear Day, *Sonet SLP-2581*

Hahn, Jerry: Jerry Hahn And His Quintet, *Arhoolie 8006*

Haider, Hans: Lautarre mal 2, *Eulenspiegel EULP 1016*

Hall, Jim: Live In Tokyo, *Paddle Wheel/King Records GP 3217*

– live at the half-note. the art farmer quartet featuring Jim Hall, *Atlantic SD 1421*

– Jim Hall Live! *Horizon SP-705*

– It's Nice To Be With You – In Berlin, *MPS 0068.231*

– Commitment, *Horizon SP-715*

– und *Carter, Ron:* Alone Together, *Milestone MSP 9045*

– Concierto, *CTI 6060*

– Art Farmer/Jim Hall, Big Blues, *CTI 7083*

– ... Where Would I Be? *Milestone MSP 9037*

– und *Mitchell, Red, artistshouse 2 S 06862556*

– The Jim Hall Trio, *Concord CJ-161*

Hladik, Radim: The Blue Effect – A Benefit of Radim Hladik, *Supraphon 1131586*

Jones, Rodney: Articulation, *Timeless SJP 125*

Juris, Vic: Roadsong, *Muse MR 5150*

– horizon drive, *Muse MR 5206*

Kawasaki, Ryo: Nature's Revenge, *MPS 0068.191*

– Eight Mile Road, *Nippon Phonogram 54S-5003/East Wind*

– Prism, *Nippon Phonogram 45S-5010/ East Wind*

Kaiser, Henry: Protocol, *Metalanguage 102*

– Ice Death, *Parachute P 005*

Kessel, Barney: The Poll Winners (mit Ray Brown/Shelly Manne), *Contemporary S7535*

– The Poll Winners Ride Again! *Contemporary C3556*

– The Poll Winners Three! *Contemporary M 3576*

– The Poll Winners Exploring The Scene! *Contemporary S 7581*

– The Poll Winners, Straight Ahead (rec. 1975), *Contemporary S 7635*

– auf Sonny Rollins And The Contemporary Leaders, *Contemporary S 7564*

– What's new... Barney Kessel, *Mercury 135.720 MCY*

– Let's Cook! *Contemporary CHTX 240688*

– Barney Kessel Trio, Slow Burn, *Phil Spector Records Super 2307011*

– Workin' Out! With the Barney Kessel Quartet. *Contemporary M 3585*

– Barney Kessel's Swinging' Party, *Contemporary S7613*

– Feeling Free, *Contemporary S7618*

– und Mitchell, Red, TwoWayConversation, *Sonet SLP-2547*

– summertime in montreux, *Intercord/ Black Lion 28463-8 U*

– Just Friends, *Sonet SNTF 685*

– und *Mine, Junko:* Junko & Barney, *Trio Records, Tokyo PAP-9060*
– Shiny Stockings, *LOB LDC-1004* (Direct cutting, Japan)
– und *Ellis, Herb:* Poor Butterfly, *Concord CJ-34*
– Soaring, *Concord CJ-33*
– Jellybeans, *Concord CJ-164*
– und *Byrd, Charlie/Ellis, Herb:* Great Guitars, *Concord CJ-4*
– Great Guitars, *Concord CJ-23*
– Great Guitars/Straight Tracks, *Concord Direct to Disc CJD-1002*
– Great Guitars At The Winery, *Concord CJ-131*
Khan, Steve: Alivemutherforya (mit B. Cobham, A. Johnson, T. Scott), *CBS 82813*
– (siehe Coryell)
Klugh, Earl: Earl Klugh, *Blue Note BN-LA 596-G*
– Blue Note Live At The Roxy, *Blue Note BN-LA 663-J2*
Knispel, Achim: Strapse, *Free Music Production FMP 0580*
– und *Kellers, Willi:* Eickendorfballade *FMP 0910*
Krause, Günter: Peter-Sonntag-Trio, New Experiences, *amf records 1014 ST*
Kress, Carl siehe Barnes
Kriegel, Volker: With A Little Help From My Friends, *Liberty LBS 83065 I*
– Spectrum, *MPS/BASF CRM 874*
– Lift! *MPS/BASF 21 21753-I*
– Inside: Missing Link, *MPS/BASF 33 21431-I* (2 LP)
– Topical Harvest, *MPS/BASF 20 228274*
– Volker Kriegel & Mild Maniac Orchestra, Octember Variations, *MPS 68.147*
– Volker Kriegel & Mild Maniac Orchestra, Elastic Menu, *MPS 68.180*
– Long Distance, *MPS 68.243*
– House-Boat, feat. W. Schlüter, *MPS 68.206*
– Volker Kriegel, Star Edition, *MPS/Metronome 68.036*
– Journal, *Mood Records/2001 25000*
Kris, Ira: Jazzanova, *MPS/BASF 21 20907-5*
Kusnezow, Alexej: The Blue Coral, *Melodia C 60-15527-28* (UdSSR)
Lang, Eddie: Jazz Guitar Virtuoso, *Yazoo 1059*
Lagrene, Bireli: Routes to Django, live at the »krokodil«, *Jazzpoint 1003*
– Bireli Swing '81 (Digital), *Jazzpoint 1009*
– Bireli Lagrene 15, *Island 0407*
Lofsky, Lorne: Lorne Lofsky Guitarist, *Pablo Today 2312-122*
Lowe, Mundell: Mundell Lowe Quartet, *Riverside SMJ-6089M*
– auf Richie Kamuca Quartet, Richie, *Concord CJ-41*
Mackel, Billy: Billy Mackel at last, *Black and Blue 33.117*
Marron, Eddie: Solo, Por Marco, *nagara mix 1020 n*
Martino, Pat: Baiyina (The Clear Evidence), *Prestige 7589*
– Desperado, *Prestige PR 7795*
– Joyous Lake, *Warner Bros. WB 56340*
– Footprints, *Muse MR 5096*
– Exit, *Muse MR 5075*
– Pat Martino/Live! *Muse MR 5026*
– We'll Be Together Again, *Muse MR 5090*
– Consciousness, *Muse MR 5039*
McLaughlin, John: John McLaughlin Electric Guitarist, *CBS 82702*
– The Inner Mounting Flame, Mahavishnu Orchestra, *CBS 64717*
– Birds of Fire/Mahavishnu Orchestra, *CBS 65321*
– My Goal's Beyond, *Elektra Musician EL-60031*

- Love Devotion Surrender (mit Carlos Santana), *CBS 69037*
- Between Nothingness And Eternity, The Mahavishnu Orchestra, *CBS 69046*
- Apocalypse, The Mahavishnu Orchestra, *CBS 69076*
- Visions Of The Emerald Beyond, The Mahavishnu Orchestra, *CBS 69108*
- Shakti with John McLaughlin, *CBS 81388*
- A Handful Of Beauty, Shakti, *CBS 81664*
- Belo Horizonte, *WEA K 99185*
- (siehe Corryell, DiMeola)

Metheny, Pat: Pat Metheny Group, *ECM 1114*
- New Chautauqua, *ECM 1131*
- American Garage, *ECM 1155*
- Watercolors, *ECM 1097*
- 80/81, *ECM 1180/81* (2 LP)
- Bright Size Life (Trio), *ECM 1073*
- und *Mys, Lyle:* As Falls Wichita, So Falls Wichita Falls, *ECM 1190*

Möll, Günter: auf Zipflo Reinhardt, Light of the Future, *MPS 0068.274*

Moore, Oscar: The Oscar Moore Trio, Dedicato a Nat ›King‹ Cole. *I disci del quadrifoglio/I Grandi Del Jazz VDS 213*

Montgomery, Wes: Solitude, *Affinity AFF 18*
- The History of Wes Montgomery, *Verve 2-V6S-8813* (2 LPs)
- Movin' Wes, *Verve 2304377*
- Smokin' At The Half Note (mit Wynton, Kelly), *Verve V6-8633*
- und *Smith, Jimmy:* Jimmy & Wes, The Dynamic Duo, *Verve V6-8678*
- Willow Weep For Me, *Verve V6-8765*
- The Beginnings, *The Blue Note Re-Issue Series BST 84-549 XCT* (2 LPs)
- The Wes Montgomery Trio, *Riverside 12-310*
- Guitar On The Go – Wes Montgomery Trio, *Riverside 9494*
- Movin' Along, *Riverside 342*
- Yesterdays, *Milestone 0081.112*
- The Incredible Jazz Guitar of Wes Montgomery, *Riverside 0061.124*
- The Genius of Wes Montgomery, *Riverside 109561-63* (3 LPs)

Palmier, Remo: Remo Palmier, *Concord CJ-76*
- (siehe Ellis)

Pass, Joe: Sound of Synanon, *Pacific Jazz LLJ-70035*
- Simplicity, *World Pacific WP-1865*
- 12-String-Guitar! Joe Pass, *World Pacific WP-1822*
- For Django, *The Blue Note Re-Issue Series BNP 25.100*
- Intercontinental, *MPS/BASF CRM 738*
- Joe Pass/Niels Henning Ørsted Pedersen Duo, recorded ›live‹ at the Northsea Festival '79, *Pablo Live 2308221*
- Virtuoso, *Pablo 2310708,* Virtuoso 2, *Pablo 2310788,* Virtuoso 3, *Pablo 2310805*
- Portraits of Duke Ellington, *Pablo 2310716*
- Joe Pass at the Montreux Jazz Festival 1975 (solo), *Pablo 2310752*
- Joe Pass and NHØP, »Chops«, *Pablo 2310830*
- Quadrant, feat. joe pass, milt jackson, ray brown, mickey roker, *Pablo Deluxe 2310837*
- I Remember Charlie Parker, *Pablo Today 2312109*
- Oscar Peterson & Joe Pass, Live At Salle Pleyel, Paris, *Pablo 2625705* (2 LPs)
- The Stones Jazz, *World Pacific GXF 3179*
- Ira, George and Joe / Joe Pass loves Gershwin (mit John Pisano), *Pablo Today 2312-133*

Patruno, Lino: Jazz alla TV i brani da Portobello e da Jazz Band, *Orizzonte ORL 8283*

Pepl, Harry, (mit Pirchner / Roidinger / Canedy): Austria Drei, *EGO 4019*

Petit, Philipe: Parfums, *Musica MUS 3020*

Pizzarelli, Bucky: Green Guitar Blues (mit »Chicken à la Swing«, 2. Gitarre: Mary Pizzarelli), *Monmouth-Evergreen MES/7047*

– Eddie Daniels with Bucky Pizzarelli, A Flower For All Seasons, *Choice/Inner City CRS 1002*

– und Pizzarelli, John: 2×7 = Pizzarelli, 7-string guitar duets, *Stash ST 207*

Pourquet, Bertrand und *Le Masne, Vincent:* guitares dérive, *Shandar 83516*

Raney, Doug: mit Chet Baker Trio, Daybreak, *SteepleChase 83516*

– Introducing Doug Raney, *SteepleChase 1082*

– Cuttin' Loose – Doug Raney Quintet, *SteepleChase SCS 1105*

– Doug Raney Quartet, Listen, *SteepleChase SCS 1144*

– Raney '81, The Jimmy Raney Quartet feat. Doug Raney, *Criss Cross Jazz 1001*

Raney, Jimmy und *Raney, Doug:* Stolen Moments, *SteepleChase SCS 1118*

– Duets, *SteepleChase SCS 1134*

Raney, Jimmy: Red Norvo/Jimmy Raney, *Jazz Magazine/Metronome 0041.104*

– Momentum, *MPS/BASF 20 21757-4*

– siehe Zoller

Ranglin, Ernest: Ranglypso, *MPS/BASF 20 22677-8*

– Monty Alexander/Ernest Ranglin, *MPS 0068.269*

Ratzer, Karl: Fingerprints, *CMP 7 ST*

– Dancing On A String (Guitar solos), *CMP 13*

Reinhardt, Django: Le Disque D'Or – Django Reinhardt, *Barclay 90.334*

– The Very Best of Django Reinhardt, From Swing to Bop, *Decca 6.28441* (2 LPs)

– Star Edition, *Barclay/Metronome 0086.017*

Reichel, Hans: the death of the rare bird Ymir, *Free Music Production FMP 0640*

– Bonobo Beach, *FMP 0830*

Remler, Emily: mit The Clayton Brothers, It's All In The Family, *Concord CJ-138*

– Firefly, *Concord CJ-162*

Ritenour, Lee: Lee Ritenour Sextet, Gentle Thoughts, *JVC VIDC* (Direct Disc), Nr. 1

– Lee Ritenour Sextet, Sugar Loaf Express, *JVC VIDC* (Direct Disc), Nr. 2

– Lee Ritenour Septet, Friendship, *JVC VIDC* (Direct Disc), Nr. 3

– »Rit«, *elektra ELK 52273*

Rizzi, Tony: Tony Rizzi & his Five Guitars plus Four plays Charlie Christian (mit Tim May, Mike Rosati, Grant Geissman, Jimmy Wyble), *Toledo INT 147.520*

Roberts, Howard: Good Pickin's, *Verve Mono MV 2677*

– H. R. Is A Dirty Guitar Player, *Capitol ST 1961*

– The Real Howard Roberts, *Concord CJ-53*

– Mr. Roberts plays guitar, *Verve Mono MV 2673*

Rypdal, Terje: After The Rain, *ECM 1083*

– Odyssey, *ECM 1067/68* (2 LPs)

– T. Rypdal-M. Vitous-Jack deJohnette-Trio, *ECM 1125*

– Waves, *ECM 1110*

– To be continued, ECM 1192

– bleak house/Terje Rypdal, *karussell Gold 2915 053*

Sagmeister, Michael: Michael Sagmeister Trio, *Mood Records/2001 23500*
– Ganshy, *Mood Records/2001 23777*
– mit Christoph Spendel Group, Limousine, *Trion 3001*
Salvador, Sal: Sal Salvador Quintet/Quartet (Rückseite: Tal Farlow Quartet), *Blue Note GXF 3171*
– Sal Salvador Sextet, Starfingers, *Bee Hive BH 7002*
– Boo Boo Be Doop, *Affinity AFF 68*
Schwab, Siegfried: mit Diabelli Trio, Ragtime Scott Joplin, *Nature/Metronome 60.414*
– The Chris Hinze and Siegfried Schwab duo, Live at the Northsea Festival, *Keystone KYT 705*
– Total Musik (mit Chris Hinze, Jasper van't Hof) *Keytone KYT 717*
Schwartz, Thornel: mit Jimmy Smith, The Incredible Jimmy Smith, *Blue Note BLP-1525/BST-81525*
Scofield, John: Live, *Enja 3013*
– rough house, *Enja 3033*
– mit M. Solal, L. Konitz, NHØP, Four Keys, *MPS 0068.241*
– (siehe Coryell)
Sete, Bola: Bola Sete Trio, *Verve 2683065 IMS*
– Shebaba, *Fantasy F-8417*
– Solo Guitar, *Fantasy F-8369*
– The Incomparable Bola Sete, *Fantasy F-8364*
– Tour de Force, *Fantasy F-8358*
Smith, Johnny: Moonlight in Vermont, *Roost LP 2211 (Roulette RE 106)*
– Terry Smith With The Tony Lee Trio, *Le Lambert Lam 002*
Sputh, Alexander und *Haltod, Paul,* Shigihara, *Dialogue, JHM 06 ST*
– und *Busch, Sigi:* A New Way of Living *EGO 4020*
Stewart, Louis: Out On His Own, Louis Stewart Solo Guitar, *Livia Records LRLP 1*
– Louis Stewart mit George Shearing Trio, Windows, *MPS 0068.200,* dgl., 500 Miles High, *MPS 0068.219*
Stojka, Harri: Live in Montreux, *WEA 58.372*
Sudler, Monette: Monette Sudler Quartet, Live in Europe, *SteepleChase SCS 1102*
– Monette Sudler Quartet, Time For A Change, *SteepleChase SCS 1062*
– Monette Sudler Sextet, Brighter Days For You, *SteepleChase SCS 1087*
The Super Guitar Fusion: Aranjuez (mit Shoji Yokouchi, Sadanori Nakamure, Toru Konishi, Takao Naoi), *RCA PL 40866*
Szabó, Gabor: The Sorcerer, *Impulse M1PL 506*
– Spellbinder, *Impulse A 9123*
– Jazz Raga, *Impulse A 9128*
Taylor, Martin: After Hours with Martin Taylor and Ike Isaacs, *JTC records 1*
Tedesco, Tommy: Autumn (Direct-to-Disc, Limited First Edition), *Trend, TR-514*
– und *Kurnick, John:* When Do We Start, *Discovery DS 789*
– Tommy Tedesco Quintet (u. a. mit *Kurnick, John*) »My Desirée«, *DS-851*
Thielemans, Jean Toots: Jean »Toots« Thielemans/Philip Catherine and Friends, *Keytone KYT 702*
– mit Pass, Joe, N.H.Ø.P.: Live In The Netherlands, *Pablo Live 2308-233*
Tolonen, Jukka: Crassection, *Sonet 147119*
– Mountain Stream, *Sonet 147122*
– und *Apetrea, Coste,* Touch Wood, *Sonet 147128*
Towner, Ralph: Diary, *ECM 1032*
– Ralph Towner Quartet, Solstice, *ECM 1060*

– John Abercrombie/Ralph Towner Duo, Sargasso Sea, *ECM 1080*
– Five Years Later, *ECM 1207*
– Oregon – In Concert, *Vanguard/Metronome 0062.169*
– Ralph Towner Trio, Batik, *ECM 1121*
– Ralph Towner Solo Concert, *ECM 1173*

Tropea, John: To Touch You Again, *Marlin 2222*

Ulmer, James ›Blood‹: Are You Glad To Be In America? *Rough Trade 6435085 (Phonogram)*
– Freelancing, *CBS 85224*

Walcott, Colin: Grazing Dreams, *ECM 1096*
– Codona, *ECM 1132*

Wayne, Chuck und *Puma, Joe:* Interactions, *Choice CRS 1004*
– Tapestry, Chuck Wayne Trio, *Focus 333*

Wilkins, Jack: mit The Bob Brookmeyer Small Band, *Gryphon G-2-785*

Zoller, Attila: The Horizon Beyond – Attila Zoller Quartet, *Mercury 138145*
– Dream Bells, *Enja 2078*
– Attila Zoller/Masahiko Sato, A Path Through Haze, *MPS/BASF 21 21284-2 (out of print)*
– conjunction, *Enja 3051*
– common cause, *Enja 3043*
– The K&K 3 In New York, *L+R Records LR 40.009*
– und Raney, Jimmy: Jim & I, *L+R Records LR 40.006*
– Jim & I, Live In Frankfurt, *L+R Records LR 40.013*

Sampler: Mehr-Gitarrenbesetzungen

Acoustic Guitar Player: S. Schwab, L. Coryell, B. Powell, B. Sete, Ch. Byrd u. a., *Metronome 0080.067* (2 LPs)

Anatomy of the Guitar (Jon Eberson/Knut Vaernes), *NorDisc/Polydor NorLP 326*

berlin festival guitar workshop: B. Powell, B. Kessel, J. Hall, Buddy Guy, Elmer Snowden, *MPS/SABA SB 15146 ST*

Django's Dream: Pierre Laurent et son Ensemble, *Barclay 950.046*

Electric Guitar Player: D. Reinhardt, B. Kessel, J. Raney, K. Burrell, Ch. Byrd, J. Hall, W. Montgomery, J. Pass, G. Benson, V. Kriegel u. a. *Metronome 0080.066* (2 LPs)

Fun on the Frets, Early Jazz Guitar: Carl Kress, Dick McDonough, Tony Mottola, George van Eps, *Yazoo 1061*

Guitar Player, An Album of Contemporary Styles by Modern Masters: L. Almeida, I. Ashby, John Collins, L. Coryell, H. Ellis, B. Kessel, B.B. King, J. Pass, L. Ritenour, *MCA 82.041-2* (2 LPs)

Les Guitars Unlimited (Francis Lemaguer, Pierre Cullaz, Raymond Giminez, Victor Apicella, Tony Rallo), *Barclay 80.927/28* (2 LPs)

The Concord Jazz Guitar Collection: Almeida, Barnes, Burrell, Byrd, Cal Collins, E. Duran, Ellis, Farlow, F. Green, Duncan James, Kessel, R. Palmier, Pass, H. Roberts, *Concord CJ-160* (2 LPs)

The Guitar Session: Jay Berliner, Richard Resnicoff, J. Thielemans, G. Bertoncini, *Philips Japan FDX-333* Direct Cutting

The Historic Town Hall Concert, Featuring Seven Of The World's Greatest Guitarists: Ch. Byrd, Ch. Wayne, J. McLaughlin, B. Pizzarelli, G. Barnes, Joe Beck, Tiny Grimes, *Columbia KG 31045*

The Jazz Guitar Album: H. Roberts, K. Burrell, B. Bauer, L. Spann, Ch. Christian, B. Kessel, H. Ellis, J. Hall, B. Sete, G. Green, T. Farlow, L. Almeida, D. Reinhardt, G. Benson, W. Montgomery, J. Smith, O. Moore, J. Raney, Ch. Byrd, J. McLaughlin, *Verve 2683065* (2 LPs)
The Jazz Guitar Box: Reinhardt, Montgomery, Hall, McLaughlin, Pass, Kriegel, J. Raney, Byrd, Burrell, Coryell, Benson, Powell, Kessel, Catherine u.a., *Metronome 0080.063* (4 LPs)
The Liberation of the Contemporary Jazz Guitar (Bruce Johnson/Rodney Jones), *Strata East SES-19772*

Rock

Abbott, Drew: bei Bob Seger And The Silver Bullet Band, Against The Wind, *Capitol SOO-12041*
– Live Bullet, *Capitol SK BB-11523*
– Stranger In Town, *Capitol SW-11698*
Abrahams, Mick: bei Jethro Tull, This was Mick Abrahams, *Chrysalis CHR 1041*
Akkerman, Jan und Lux, Kaz: Transparental, *Polydor 2417141*
Adcock, Eddie: Eddie Adcock & Martha, Love Games, *CMH Records CMH-6249*
Adler, Danny: bei Deluxe Blues Band, A Street Car Named Danny Adler, *Bellaphon AP 020*
Allman, Duane: bei Allman Brothers Band, Live, *Atlantic K 60011*
– Eat A Peach, *Capricorn 87501*
– Duane Allman Anthology, *Capricorn 67502*
Barre, Martin: bei Jethro Tull, Stormwatch, *Chrysalis CHR-1238*
Bauer, Johannes: bei Bauer, Garn & Dyke, Sturmfrei, *Ahorn 6.23984*
Baxter, Jeff: bei Steely Dan, Countdown To Ecstasy, *MCA C-799*
– Pretzel Logic, *MCA D-808*
– bei Doobie Brothers, The Captain & Me, *Warner Bros. B-2694*
– What Were Once Vices Are Now Habits, *Warner Bros. B-2750*
– Minute by Minute, *Warner Bros. K-3193*
Beck, Jeff: There And Back, *Epic 35684*
– Truth, *Epic 26413*
– Beck-Ola, *Epic BN 26478*
– Rough And Ready, *Epic KE 30973*
– The Jeff Beck Group, *Epic KE 31331*
– Jeff Beck, Bogert & Appice, *Epic KE 32140*
– Blow By Blow, *Epic PE 33409*
– Wired, *Epic PE 33849*
– Jeff Beck Live, *Epic PE 34433*
– bei The Yardbirds, *Columbia 6063*
– The Yardbirds' Great Hits, *Epic 34491*
– bei Donovan, Barabsjagal, *Epic 26481*
– bei Stanley Clarke, Rocks, Pebbles And Sand, *Epic 36506*
Benick, Rick: bei Roadmaster, Fortress, *Mercury SRMI-3814*
Betts, Dickey: Highway Call, *Capricorn 2429117*
– bei Allman Brothers (siehe Allman, Duane)
Bishop, Elvin: bei Butterfield Blues Band, The Resurrection of Pigboy Crabshaw, *Elektra 74015*
– Let It Flow, *Capricorn CP-0134*
– Juke Joint Jump, *Capricorn CP-0151*
– Struttin' My Stuff, *Capricorn CP-0165*
Blackmore, Ritchie: bei Deep Purple In Concert, *Tetragrammaton T-119*
– Fireball, *Warner Bros. WB 2564*
– Machine Head, *Warner Bros. BS 2607*

– Who Do You Think We Are? *Warner Bros. BS 2678*
– bei Rainbow, *Polydor Pol-6049*
– Long Live Rock'N'Roll, *Polydor PD 1-6143*
– bei Albert Lee/Big Jim Sullivan, Green Bullfrog, *Decca DL 75269*

Bloomfield, Steve: bei Matchbox, Rockabilly Rebel, *Sire SRK-6087*

Bortz, Daniel und *Edwards, Paul* (Stick, fretless): bei Kittyhawk, *EMI SW-17029*

Buchanan, Roy: My Babe, *Waterhouse/Teldec 6.24659*

Bunka, Roman: bei Embryo, Apo-Calypso, *Schneeball 010*

Byrne, David: bei Talking Heads, Remain In Light, *Ariola 202980-320*
– David Byrne Solo, The Catherine Wheel, *Sire SRK 3645*
– bei Brian Eno, My Life In The Bush Of Ghosts, *Polydor 2302100*

Cale, J. J.: Naturally, *Shelter/ABC SR-2122*
– Really, *Shelter/ABC SR-2123*
– Okie, *Shelter/ABC SR-2107*
– Troubadour, *Shelter/ABC SRL-52002*
– Five, *Shelter/ABC/Ariola 200389-320*

Carlton, Larry: Larry Carlton Mr. 335 Live In Japan, *Warner Bros. WS 4917*
– Larry Carlton Strikes Twice, *Warner Bros. BSK 3380*
– Larry Carlton Sleepwalk, *Warner Bros. WB K 56974*

Cippolina, John: bei Quicksilver Messenger Service, *Happy Trails, EMI* o. Nr.

Clapton, Eric: The History of Eric Clapton, *Atco SD 2-803*
– 461 Ocean Boulevard, *RSO SO 877*
– Just One Night, *RSO 2-4202*
– bei Cream, Fresh Cream, *Atco SD 33206*
– Live Cream, *Atco SD 33-328*
– Live Cream II, *Atco SD 7005*
– bei Eric Clapton And The Yardbirds With Sonny Boy Williamson, *Mercury SR 61217*
– bei George Harrison, All Things Must Pass, *Apple STCH-639* (3 LP)
– bei Howlin' Wolf, The London Howlin' Wolf Sessions, *Chess CH 60008*
– bei Duane Allman, Duane Allman Anthology (siehe Allman, Duane)
– bei John Mayall, The Blues Breakers, *London PS 492*

Clarke, Eddie: bei Motörhead, *Chiswick 67055*
– Overkill, *Ariola 200435*
– Bomber, *Ariola 201013*
– Ace of Spades, *Ariola 202876*

Clark, Steve und *Allen, Rick:* bei Def Leppard, On Through The Night, *Mercury SRMI-3828*

Cocks, Michael: bei Rose Tattoo, R'n'R Outlaw, *Mirage/Atlantic WTG 19280*

Conti, Alex: bei Lake, Paraduse Island, *CBS 83480*

Cooder, Ry: Jazz, *Warner Bros. WB 56488*
– Chicken Skin Music, *Warner Bros. REP 54083*
– Bop Till You Drop, *Warner Bros. WB 56691*
– Borderline, *Warner Bros. WB 56864*
– Into the Purple Valley, *Reprise*

Cropper, Steve: Playin' My Thang, *MCA 5171*

Derringer, Rick: Guitars And Women, *Blue Sky JZ 36092*

Downing, K. K. und *Tipton, Glenn:* bei Judas Priest, Sad Wings of Destiny, *Intercord INT 163.303*
– Sin After Sin, *CBS 82008*
– British Steel, *CBS 83852*
– Point of Entry, *CBS 84834*

Dudek, Les: Gypsy Ride, *Columbia FC 36798*

Edmunds, Dave: Blues Helping, *EMI 7059*
Emmett, Rik: bei Triumph, Rock & Roll Machine, *RCA AFL1-2982*
– Just A Game, *RCA AFL1-3224*
Fean, Johnny und *O'Connor, Charles:* bei Horselips, Short Stories/Tall Tales, *Mercury SRM 1-3809*
Frehley, Ace und *Stanley, Paul:* bei Kiss, *Casablanca 7001*
– Hotter Than Hell, *Casablanca 7016*
– Alive, *Casablanca 7020*
– Alive 2, *Casablanca 7076*
Frenzel, Bruno: bei Birth Control, Live 79, *Brain/Metronome 60.240*
Gallagher, Rory: Stage Struck, *Chrysalis 1280*
– Live in Europe, *Ariola 202647*
– Blueprint, *Ariola 202645*
– Tattoo, *Ariola 202649*
– Irish Tour, *Ariola 300695*
– bei Taste, *Polydor 583042*
– On The Boards, *Polydor 2459338*
Garcia, Jerry: Garcia, *Warner Bros. BS 2582*
– Reflections, *Round Records/UA RXLA-565-G*
– Compliments of Garcia, *Round Rec./UA RX-102*
– bei Grateful Dead, Wake of the Flood, *Grateful Dead Records GD-01*
– Grateful Dead From The Mars Hotel, *Grateful Dead GD-102*
– Blues for Allah, *GDLA-494-G*
– Steal Your Face, *GDLA-620-J2*
– Terrapin Station, *Arista 7001*
George, Lowell: bei Little Feat, Hey Hey, *Warner Bros. WB 66100*
– Thanks I'll Eat Here, *Warner Bros. WB 56487*
– bei Mothers of Invention, Weasels Ripped My Flesh, *Warner Bros. WB K 44015* (siehe Zappa)
Geraldo, Neil: bei Pat Benatar, Crimes of Passion, *Chrysalis 1275*
Gibbons, Billy: bei ZZ Top, First Album, *Warner Bros. K-3268*
– Rio Grande Mud, *Warner Bros. K-3269*
– Tres Hombres, *Warner Bros. K-3270*
– Fandango, *Warner Bros. K-3271*
– Best of ZZ Top, *Warner Bros. K-3273*
Gilmore, David: bei Pink Floyd (alle LPs seit Saucer)
Göttsching, Manuel: Ash Ra, Belle Alliance, *Virgin 202284*
Goodsall, John: bei Brand X, Unorthodox Behaviour, *Passport D 98109*
– Moroccan Roll, *Passport PP 98022*
– Livestock, *Passport PB 9824*
– Product, *Passport PB 9840*
Goodwyn, Myles und *Greenway, Brian/Moffet, Gary:* bei April Wine, First Glance, *EMI 1 C 064-85659*
– Harder... Faster, *EMI 1 C 064-86024*
– The Nature of the Beast, *EMI 1 C 064-86296*
Green, Peter: Blue Guitar, *Crede Records/Teldec 6.24979*
Hackett, Steve: Voyage to the Acolyte, *Chrystal CHR 1112*
– bei The Best of Genesis, *Buddah 5699-2*
– Selling England By The Pound, *Charisma 6060*
– The Lamb Lies Down on Broadway, *Atlantic SD 2-4010998*
Hagar, Sammy: Danger Zone, *Capitol ST 12069*
Halen, Eddie Van: Eddie van Halen, *Warner Bros. BSK 3075*
– Eddie van Halen II, *Warner Bros. HS 3312*
– Women and Children First, *Warner Bros. HS 3415*
– Fair Warning, *Warner Bros. WEA 56.899*
Hammill, Peter: Still Live, *Charisma 6369576*

Hanna, Jeff: The Dirt Band, *United Artists UA LT-1042*
Hammond, John: Mirrors, *EMI/Vanguard 1 C 052-91293*
– So Many Roads, *Vanguard VSD-79178*
Hansen, Randy: Randy Hansen, *Capitol ST-12119*
Hillage, Steve: Space Shanties, *Decca PVC 7902*
– Live Herald, *Virgin 300272*
– Open, *Virgin 201050*
– Fish Rising, *Virgin V2031*
– Motivation Radio, *Virgin V2777*
– Rainbow Dome Music, *Virgin 2445301*
Hoffmann, Wolf und *Fischer, Jörg:* bei Accept, *Brain/Metronome 60.188*
– Accept II/I'm A Rebel, *Brain 60.389*
– Breaker, *Brain 60.390*
Hendrix, Jimi: Jimi Hendrix, *Polydor 2625038* (12-LP-Box + 1 Maxisingle)
– Nine To The Universe, *Reprise HS 2299*
Holdsworth, Allan: Velvet Darkness, *CTI 0649*
Holland, Steve/Hlubek, Dave/Rolland, Duane: bei Molly Hatchet, Beatin' The Odds, *Epic FE-36572*
– bei Molly Hatchet, Flirtin' With Disaster, *Epic JE-35347*
Honeyman-Scott, James: bei Pretenders, *Sire SRK 6083*
Howe, Steve: Beginnings, *Atlantic SD 18154*
– The Yes-Album, *Atlantic S-8283*
– Going For The One, *Atlantic SD 19106*
– Yesterdays, *Atlantic SD 18103*
Hesslein, Peter: bei Lucifer's Friend, Sneak Me In, *Elektra 52203*
Hunter, Steve: bei Jack Bruce, Out Of The Storm, *MWX 4037*
– bei Lou Reed, Rock'n'Roll Animal, *RCA YL 13664*
Jackson, Michael Gregory: bei Oliver Lake, Holding Together, *Black Saint 0008*
Karoli, Michael: bei Can, *EMI/Harvest 1C 066-45099*
Kantner, Paul und *Chaquico, Craig:* bei Jefferson Starship, Modern Times, *Grunt BZL1-3848*
Kath, Terry: bei Chicago Transit Authority (alle LPs)
Kaukonen, Jorma: Barbeque King, *RCA AFL1-3726*
Kawasaki, Ryo: Ryo Kawasaki And The Golden Dragon, Little Tree, *Openskye/CBS-Sony 25AP 1897*
Kahr, Jim & Friends: Jammin' Away, *Biber/Bellaphon Import Bi 6090*
Kiefer, Tommy/Arb, Fernando von/Mayer, Mandy: bei Krokus, Painkiller, *Phonogram 6326800*
– Metal Rendez-Vous, *Ariola 201199-320*
– Hardware, *Ariola 203322-320*
Knopfler, Mark: bei Dire Straits, *Vertigo* (alle LPs)
Kossoff, Paul: bei Free, Tons of Sobs, *EMI 800481-320*
– bei Back Street Crawler I, *EMI 800577-320*
– bei Champion Jack Dupree, When You Feel The Feeling, *Blue Horizon 7-63206*
Kretschmer, Thomas: bei Udo Lindenberg/Panikorchester, Livehaftig, *Telefunken 6.28475*
Kühn, Gerd Otto: bei Grobschnitt, Volle Molle, *Brain/Metronome 60.291*
Lee, Albert: Hiding, *A&M SP-4750*
– bei Clapton, Just One Night, *RSO RS-2-4202*
– Another Ticket, *RSO RX-1-3095*
– bei Heads Hands & Feet, *Capitol SVBB-680*
– Old Soldiers Never Die, *Atco SD-7025*
– Life in the Foodchain, *Epic 83607*

– bei Joe Cocker, Stingray, *A&M SP-4574*
– bei Don Everly, Sunset Towers, *Ode SP-77032*
– bei Jerry Lee Lewis, The Session, *Mercury SRM-2803*
Lee, Alvin: The Alvin Lee Band, Free Fall, *Avatar/Bellaphon 2607006*
– & Company/Ten Years After, *Teldec 6.21592 AO*
– & Company, *DECCA 6.21592*
– Ten Years After, The Legends of Rock, *Teldec 6.28560 DP* (2 LPs)
Lifeson, Alex: bei Rush, *Mercury SRM 1-1011*
– Caress of Steel, *Mercury SRM 1-1046*
– Permanent Waves, *Mercury SRM 1-4001*
Lindley, David: bei Jackson Browne, For Everyman, *WEA 43003*
– Hold Out, *WEA 52226*
– Jackson Browne, *WEA 53022*
– Late for the Sky, *WEA 43007*
– The Pretender, *WEA 53048*
– Running On Empty, *WEA 53070*
Lohr, Tommy: bei Hoelderlin, New Faces, *Spiegelei 145.605*
Mandel, Harvey: bei Mayall, USA Union, *Polydor 2425020*
– bei Canned Heat, Future Blues, *Liberty LBS 83364*
– bei Rolling Stones, Black and Blue, *RS EMI 1 C 064-63187*
– Shangrenade, *Bellaphon BLPS 19170*
Manzanera, Phil: Primitive Guitars, *Polydor 2311106*
Marino, Frank: Frank Marino & Mahagoni Rush, What's Next, *Columbia JC 36204*
Mason, Dave: bei Traffic I, *Ariola 27844 XAT*
– Dave Mason Is Alive! *Blue Thumb BTS 54*
McPhee, Tony: bei Groundhogs, John Lee Hooker and the Groundhogs, *New World NW 6003*
– Hogwash, *United Artists UA-LA 008-F*
– Gasoline, *Liberty LBS 83252*
– The Two Sides of T.S. McPhee, *WWA 001*
Medlocke, Rick: bei Blackfoot, Strikes, *WEA/Atlantic 50603*
– Tomcattin', *WEA/Atlantic 50702*
Michels, Wolfgang: Rock in Deutschland Vol. 8, *Strand 6.24609*
Moore, Gary: Back On The Streets, *Jet NJZ-36187*
– bei Colloseum II, Strange New Flesh, *Bronze/Warner Bros. ILPS 9356*
– War Dance, *MCA 2310*
– Electric Savage, *MCA 2294*
– bei Thin Lizzy, Black Rose, *Warner Bros. 3338*
Morse, Steve: bei Dixie Dregs, Dregs of the Earth, *Arista AL 9528*
Murray, Dave und *Smith, Adrian:* bei Iron Maiden, *EMI 064-07269*
– Killers, *EMI 064-07450*
Nielsen, Rick: bei Cheap Trick, Dream Police, *Epic 35773*
Nugent, Ted: Scream Dream, *Epic FE 36404*
– State of Shock, *Epic 83646*
Oldfield, Mike: Airborn, *Virgin/Atlantic VA 1314*
Page, Jimmy: bei Led Zeppelin, *Swan Song/Atlantic SD 8216*
– Led Zeppelin II, *SD 8236*
– Led Zeppelin III, *SD 7201*
– bei Yardbirds, The Yardbirds' Greatest Hits, *Epic PE 34491*
Perry, Joe: The Joe Perry Project, Let The Music Do The Talking, *Columbia JC-36388*
– bei Aerosmith, Aerosmith's Greatest Hits, *Columbia FC 36865*
– bei Clapton, Another Ticket, *RSO RX-1-3095*

Powell, Andy: bei Wishbone Ash, Argus, *Ariola 201314*
– Pilgrimage, *Ariola 201570*
– Four, *Ariola 201568*
Reichel, Achim: Ungeschminkt, *Ahorn 6.24270*
Roesberg, Dieter: bei Satin Whale, On Tour, *Strand 6.23976*
Rooser, Donald: bei Blue Oyster Cult, On Your Feet Or On Your Knees, *CBS 88116* (2 LPs)
Roth, Ulrich: Electric Sun, Earthquake, *Brain/Metronome 60.196*
– Fire Wind, *Brain 60.378*
Rother, Michael: Katzenmusik, *Sky 033*
– Flammende Herzen, *Polydor 2372 112*
Rundgren, Todd: Runt, *Bearsville/Warner Bros. 2046*
– Ballad Of Todd Rundgren, *Bearsville/Warner Bros. 10116*
– Faithful, *Bearsville/Warner Bros. 6963*
Rutherford, Mike: bei Genesis, Genesis Live, *Charisma CAS 0698*
– And Then There Were Three, *Atco SD 19173*
– Smallcreep's Day, *Charisma/Buddah CAS 1-2212*
Santana, Carlos: The Swing Of Delight, *Columbia C2 36590*
– Zebop! *Columbia*
Schenker, Michael: The Michael Schenker Group, *Chrysalis CHE 1302*
– bei UFO, No Heavy Petting, *Chrysalis CHE 1103*
Smith, Brian: bei Trooper, *MCA 5151*
Spedding, Chris: bei Pete Brown and his Battered Ornaments, A Meal You Can Shake Hands With, *Harvest SHVL 752*
– Mantle Piece, *Harvest SKAO 422*
– bei Nucleus, Elastic Rock, *Vertigo 6360008*
– bei Sharks, First Water, *Island ILPS 9233*
Tchaikovsky, Bram/Broadbent, Micky/Forbes, Dennis: Pressure, *Polydor PD-1-6273*
Taylor, Mick: Mick Taylor, *Columbia 35076*
– bei Rick Wakeman, The Six Wives Of Henry VIII, *A&M SP 4361*
– bei John Mayall, Crusade, *London PS-529*
– Back To The Roots, *Polydor 25-3002*
– bei Rolling Stones, Let It Bleed, *London NPS-4*
– bei Stones, Sticky Fingers, *COC 39105*
– bei Stones, Goats Head Soup, *COC 39106*
– bei Mike Oldfield, The Orchestral Tubular Bells, *Virgin V-2026*
– bei Ron Wood, Now Look, *Warner Bros. 56145*
Townshend, Pete: Pete Townshend, Empty Glass, *WEA ATL 50699*
– bei The Who (alle LPs)
Travers, Pat: The Pat Travers Band, Crash and Burn, *Polydor 6262*
Trower, Robin: Robin Trower/Jack Bruce/Bill Lordan, B.L.T., *Chrysalis CHR-1324*
– Twice Removed From Yesterday, *Chrysalis CHR 1039*
– Bridge of Sights, *Chrysalis CHR 1057*
– Robin Trower Live, *Chrysalis CHR 1089*
– Victims of Fury, *Chrysalis CHR 1215*
– bei Procol Harum, *Deram/London DES 18008*
Ulmer, James ›Blood‹ Illusions, *Columbia JC 36583*
– Are you Glad to be in America?, *BA 200172*
Ure, Midge: Ultravox, Vienna, *Chrysalis CHR-1296*

Vergat, Vic: Down To The Bone, *EMI/Harvest 1 C 064-46350*

Verlaine, Tom: bei Patti Smith, Horses, *Arista 201112320*

– bei Patti Smith, Dreamtime, *WEA K56919*

West, Leslie: bei Mountain, Nantucket Sleighride, *Ariola 85375 IT*

– bei West, Bruce and Laing, Why Dontcha, *Polydor RSO 2479111*

– bei West, Bruce and Laing, The Great Fatsby, *Phantom BPL1-0954*

Williams, John: bei Sky, *Ariola*

Winter, Johnny: The Progressive Blues Experiment, *Liberty 038 CRY 90653*

– White, Hot & Blue, *Blue Sky JZ 35475*

– mit Muddy Waters, Hard Again, *CBS Sky 81853*

Wolf, Micky: Hot Spots, *Philips 6435103*

Young, Angus: bei AC/DC, *Atlantic 16018*

Young, James/Shaw, Tommy: bei Styx, Paradise Theater, *A&M SP-3719*

– Equinox, *A&M SP-4559*

Zappa, Frank: bei Mothers of Invention, 200 Motels, *United Artists UAS 9956*

– Lumpy Gravy, *Verve Select 2317046*

– Ruben & The Jets, *Verve 6-5055*

– Worst Of The Mothers, *MGM 4754*

– Shut Up'n Play Yer Guitar (3-LP-Box), *CBS 66368*

Gitarrengeschäfte und Musikfachgeschäfte mit Gitarrenabteilung.

PLZ-Gebiet 1

Music Shop Jahnel GmbH
Otto-Suhr-Allee 11
1000 Berlin 10
☏ (030) 3419606

Guitar Shop
Sesenheimer Straße 15
1000 Berlin 12
☏ (030) 3125607

Niederhäuser Geigen & Gitarren
Atelier
Krumme Straße 52
1000 Berlin 12
☏ (030) 3129882

Sound & Drumland
Pariser Straße 9
1000 Berlin 15
☏ (030) 8834262

Bote & Bock KG
Hardenbergstraße 9a
1000 Berlin 12
☏ (030) 3123081

Music Center am Fehrbelliner Platz
Hohenzollerndamm 185
1000 Berlin 31
☏ (030) 874367

Music-Market
Martin-Luther-Straße 109
1000 Berlin 62
☏ (030) 7841802

Musik-Kühn GmbH
Hauptstraße 10
1000 Berlin 62
☏ (030) 7813590 oder 7812846

Bebop-Guitars
Grunewaldstraße 86
1000 Berlin 62
☏ (030) 7815305, 781207

PLZ-Gebiet 2

music center
Talstraße 70
2000 Hamburg 4
☏ (040) 316000 oder 315278

music center
Becker – Inatowitz
Bornstraße 3
2000 Hamburg 13
☏ (0411) 450171

acoustic guitar center
Paul-Roosen-Straße 4
2000 Hamburg 50
☏ (040) 316000

»Guitarre«
Luruper Weg 3
2000 Hamburg 19
☏ (040) 4915821

Music City
Reeperbahn 1
2000 Hamburg 4
☏ (040) 310406

Kuzdowicz & Nogala
Solisteninstrumente/
Flamencogitarren
Lappenbergsallee 42
2000 Hamburg 19
☎ (040) 4918415

Konzertgitarren
Michael Bongenberg
(siehe Kuzdowicz & Nogala)

Musikhaus Dehmel
Eppendorfer Landstraße 85–87
2000 Hamburg 20
☎ (040) 462482

saiten & seiten
Gärtnerstraße 109
2000 Hamburg 20
☎ (040) 4913527

Schalloch
Karolinenstraße 4
2000 Hamburg 36
☎ (040) 438494

Steinway-Haus
Abt. Saiteninstrumente
Colonnaden 29
2000 Hamburg 36
☎ (040) 34917227

Gitarren International
Poststraße 25
2000 Hamburg 36
☎ (040) 346273

Rocking GmbH
Spezial-Fachgeschäft für
E-Gitarren und -zubehör
Eulenstraße 47
2000 Hamburg 50
☎ (040) 3903552

Musik Alster Nord
Ochsenzoller Straße 96
2000 Hamburg-Norderstedt
☎ (040) 5233240

Amptown
Wandsbeker Straße 26
2000 Hamburg 71
☎ (040) 6414025

Guitar Shop
Hein-Köllisch-Platz 5
2000 Hamburg 4
☎ (040) 3195341

Nordland Musik
Wandsbeker Königstraße 19
2000 Hamburg 70
☎ (040) 6527533

Musik Zinngrebe GmbH
Wandsbeker Marktstraße 75
2000 Hamburg 70
☎ (040) 682131

Musik Zinngrebe im Alstertal
Einkaufszentrum
2000 Hamburg 65
☎ (040) 6020364

Musik Zinngrebe
Rahlstedter Bahnhofstraße 12
2000 Hamburg 73
☎ (040) 6771099

Musik Sound Vertriebs GmbH
Kleine Schmützstraße 11
2440 Oldenburg
☎ (04361) 3817, 4517

Soundbox
Am Dobben 35
2800 Bremen
☎ (0421) 77271

Musikhaus Intermusik Hoins
Ostertor Steinweg 49
2800 Bremen
☏ (0421) 325484

Musik- und Radiohaus Warnke
GmbH & Co. KG
Hutfilterstraße 9/13
2800 Bremen 1
☏ (0421) 310981/84

Musikhaus A. E. Fischer
Am Wall 162
2800 Bremen 1
☏ (0421) 323479

Musikhaus Steiner
Lloydstraße 24
2850 Bremerhaven
☏ (0471) 47164

Musikhaus Janssen
Lange Straße 134
2870 Delmenhorst
☏ (04221) 17520

Musikhaus Rehbock
Neutorstraße 26
2970 Emden
☏ (04921) 25071

Musikhaus Smith
Riemannstraße 44
2420 Eutin
☏ (04521) 6371

Musikhaus Becker
Großestraße 22
und Marienallee 6
2390 Flensburg
☏ (0461) 23669 und 51771

Musik Kahl
Wittorferstraße 4
2350 Neumünster
☏ (04321) 43964

Musikhaus Eduard Sass
Johannisstraße 10
2350 Neumünster
☏ (04321) 42713

Orgelhaus Volker Klemm KG
Neustradt 40–42
2250 Husum
☏ (04841) 61717

Musikfachgeschäft Heinrich Heemeier
Herzog-Adolf-Straße 37
2250 Husum
☏ (04841) 3170

Musik Magunia
Am Bahnhof 4
2160 Stade
☏ (04141) 2828

PLZ-Gebiet 3

Musicians' Place
Podbielskistraße 18
3000 Hannover 1
☏ (0511) 668116

MP music center
Varrelheide Ring 18
3000 Hannover 51
☏ (0511) 612424

Musik-Keller
Podbielskistraße 49
3000 Hannover 1
☏ (0511) 620233

A. Döll KG
Schmiedestraße 8
3000 Hannover 1
☏ (0511) 1631-1

Musikhaus Niemann
Scheelenstraße 11
3200 Hildesheim
☏ (05121) 33645

Mick Schwarz Music GmbH
Zimmermannstraße 1
3550 Marburg/Lahn
☏ (06421) 63342

Folksmusikladen
Königstor 52
3500 Kassel
☏ (0561) 73984

Kalles Musikladen
Universitätsstraße 2
3550 Marburg/Lahn
☏ (06421) 26606

Music-Laden
B.-R. Hirschberg
Obermarkt 3
3558 Frankenberg/Eder
☏ (06451) 1411

Musikhaus H. P. Grüllich
Deisterstraße 82–84
3250 Hameln 1
☏ (05151) 15086

Musik Mewes KG
Kohlmarkt 5
3300 Braunschweig
☏ (0531) 46141

Musikhaus Krause KG
Kattreppeln 19–21
3300 Braunschweig
☏ (0531) 46250

Musikhaus Bartels
Falkenweg 4
3360 Osterode
☏ (05522) 3811

Musikstudio Kerner
Untere Königsstraße 81
und Jägerstraße 1–3
3500 Kassel
☏ (0561) 71371

Musikhaus Eichler
Wilhelmsstraße 3 und Ständeplatz 13
3500 Kassel
☏ (0561) 13146

PLZ-Gebiet 4

Kittels musikforum
Hansaallee 94
4000 Düsseldorf
☏ (0211) 51514

gitarren-studio w. e. michels
Pionierstraße 15
4000 Düsseldorf
☏ (0211) 379867

Musik Spektrum
Fichtenstraße 30
4000 Düsseldorf
☏ (0211) 7336262

Musikhaus Jörgensen
Berliner Allee 67
und Hüttenstraße 8
4000 Düsseldorf
☏ (0211) 370813/16

Musikhaus Wefel
Münsterstraße 334
4000 Düsseldorf
☏ (0211) 623383, 627451

Musik Kistler
Krefelder Straße 27
4040 Neuß 1
☏ (02101) 21907 oder 24681

Musikladen GmbH
Venloer Straße 61
4040 Neuß

Musikhaus Schöttke
Kaiserstraße 69
4100 Duisburg-Rheinhausen
☏ (02135) 49442

Musik-Center Ruppel
Kauftreff Am Neumarkt
4120 Moers
☏ (02841) 22793

Euro Music Center
Hoffmannallee 10
4190 Kleve
☏ (02821) 27875

international music service
Deutschland GmbH
Postfach 1448
4190 Kleve
☏ (02821) 20773, 23862

Pan-Music
Doelenstraße 4–6
4230 Wesel
☏ (0281) 22571

Musikhaus Heintz
Marsstraße 69
4232 Xanten
☏ (02801) 4483

Musik Titt
Kettweger Straße 2–4
4300 Essen
Einkaufszentrum
☏ (0201) 223760

Guitar-George
Turmstraße 15
4300 Essen 1
☏ (0201) 230358

Musikladen Kopperschmidt
Aktienstraße 284
4330 Mülheim
☏ (0208) 761417

Musikhaus Lux
City Center
4330 Mülheim
☏ (0208) 35473

Schallwand
Weseler Straße 237
4400 Münster
☏ (0251) 76051

Vredener Musikhaus
Oldenkotterstraße 2
4426 Vreden
☏ (02564) 4666

Musikhaus Bössmann
Neuer Graben 22
4500 Osnabrück
☏ (0541) 21938

Musik Produktiv
Gildestraße 60
4530 Ibbenbüren 1

Gisbert Witte Muiskhaus
Bahnhofstraße 3
4590 Cloppenburg
☏ (04471) 2427

Musik Jellinghaus
Friedhof 6–8 (An der Reinoldikirche)
4600 Dortmund
☏ (0231) 525771

Musik Instrumentenbörse
Martener Hellweg 40
4600 Dortmund 1
☏ (0231) 171921-3

Pro-Music Stegemann
Ostenmauer 10
4730 Ahlen/Westf.
☏ (02382) 83834

Beyer's Musikladen GmbH
Alleestraße 75
4630 Bochum 1
☏ (0234) 15400

Casa Musica GmbH
Gesellschaftsstraße 15
4750 Unna
☏ (02303) 13886

Musik Ligensa
Friedrich-Verleger-Straße 3
4800 Bielefeld
☏ (0521) 171232-68016

Musical Sounds
Lerchenweg 111
4837 Verl
☏ (05246) 2491

W. Gessner
Musikinstrumente
Bäckerstraße 74
4950 Minden
☏ (0571) 22530

PLZ-Gebiet 5

Gitarren-Spezialgeschäft
Endres
Domstraße 29
5000 Köln 1
☏ (0221) 121449

Music Store
Große Budengasse 9–11
5000 Köln 1
☏ (0221) 238284

Musik City Reinhard Weber KG
Ebertplatz 2
5000 Köln 1
☏ (0221) 122403

Das Haus der Musik
P.J. Tonger & Co.
Domkloster 2a
5000 Köln 1
☏ (0221) 233055

Music Sales Köln
Kölner Straße 199
5000 Köln 90
☏ (02203) 55022

Spezialhaus für Gitarren
Heiner Vierthmann
Lübecker Straße 2
5000 Köln 1
☏ (0221) 121141

Piano- und Musikhaus
Bernard Justen
Machabäerstraße 5
5000 Köln 1
☏ (0221) 123316

Musik- und Pianohaus
Wilhelm Monke
Gutenbergstraße 59–61
5000 Köln 30
☏ (0221) 521066/67

Das Haus der Musik
P.J. Tonger & Co.
Holzgasse 38–40
5200 Siegburg
☏ (02241) 63628

Das Haus der Musik
P.J. Tonger & Co.
Hauptstraße 28
5210 Troisdorf
☏ (02241) 73673

Das Haus der Musik
P.J. Tonger & Co.
Einkaufszentrum
5030 Hürth
☏ (02233) 72529

Das Haus der Musik
P.J. Tonger & Co.
Neuer Markt 12
5090 Opladen
☏ (02225) 12619

Musikhaus Michels
Frankenstraße 1–3
5010 Bergheim/Glesch
☏ (02272) 3436

Uli's Musik
Wilhelmstraße 23
5090 Leverkusen-Opladen
☏ (02171) 42858

HS-Studio
Special Guitar Shop
Hochstraße 18
5138 Heinsberg
☏ (02452) 3481

Musik Markt Ernst GmbH
Sachsenstraße 37–39
5160 Düren
☏ (02421) 51199

Flamenco-Fachgeschäft
und Schule
Armin Bäcker
Luisenstraße 7
5200 Siegburg
☏ (02241) 51933

Musik 2000
Bornheimer Straße 56
5300 Bonn 1
☏ (0228) 636767

Musikinstrumente Helmut Brahs
Hermann-Kattwinkel-Platz
5372 Schleiden-Gemünd
☏ (02444) 2154

Musik Baum
Wertherstraße 47
5358 Bad Münstereifel
☏ (02253) 6459

Pro-Sound music center
Mayer-Alberti-Straße 6
5400 Koblenz-Lützel
☏ (0261) 801098

Musikhaus Haseneier
Schloßstraße 22
5400 Koblenz
☏ (0261) 37015

Musikstudio Multrus
Viktoriastraße 16–18
5400 Koblenz
☏ (0261) 38583

Eberhard Tilgner's Musik-Laden
Friedrichstraße 1
5600 Wuppertal 1
☏ (0202) 451784

Musikstudio Multrus
Am Schloßplatz
6540 Simmern/Hsr.
☏ (06761) 4616

Music Shop
Werwolf 12
5650 Solingen 1
☏ (02122) 14473

Das Haus der Musik
P.J. Tonger & Co.
Kasinostraße 3
5650 Solingen
☏ (02122) 24383

Blue Note Music
Konrad-Adenauer-Straße 100
5650 Solingen
☏ (02122) 200199

Musik Lisakowski
Theodor-Heuss-Ring 25
5860 Iserlohn
☏ (02371) 24255

Musikhaus Brest
Heinrich-Lübke-Straße 22
5760 Arnsberg 1
☏ (02932) 32957

Haus der Musik Richard Köhler
Konkordiastraße 1
5800 Hagen
☏ (02331) 27164

Musikhaus Grah
Oberlinstraße 14
5900 Siegen
☏ (0271) 62572

PLZ-Gebiet 6

Guitar Center GmbH
Peter Coura
Schumannstraße 16
6000 Frankfurt 1
☏ (0611) 752744

Mr. Bassman
Bornheimer Landwehr 79
6000 Frankfurt 60
☏ (0611) 441380

Musikhaus Bornheim
Burgstraße 112
6000 Frankfurt 60
☏ (0611) 451030

Lawrence Sound Research
R. Hahn
Goldbergweg 34
6000 Frankfurt 70
☏ (0611) 654149

Musikhaus Linke
Karlstraße 41
6200 Wiesbaden
☏ (06121) 376681

Musik-Spezial-Shop
Kaiser-Friedrich-Ring 88
6200 Wiesbaden
☏ (06121) 300002

Musik Stricker
An den Quallen 8
6200 Wiesbaden
☏ (06131) 21523

Musikhaus Schunzel
Michelsberg 22
6200 Wiesbaden
☏ (06121) 374112

Musikhaus Schneider
Schmiede 69
6250 Limburg
☏ (06431) 25770

Musikhaus Eichmann
Am Treppchen 6
6430 Bad Hersfeld
☏ (06621) 3862

Musik Aktiv
Klaus Hofmann
Webergasse 9
6430 Bad Hersfeld
☏ (06621) 3130

Haus der Musik
Kornmarkt 12–14
6348 Herborn
☏ (02772) 1900

Edgard Werner Musik Express
Gartenstraße 23
6382 Friedrichsdorf/Seulberg
☎ (06172) 79565 oder 71445

Leslie's Guitar Village GmbH
Markstraße 24
6450 Hanau
☎ (06181) 23067

Musikhaus H. Klenk, KG
Rosenstraße 6
6450 Hanau
☎ (06181) 22972

Musikhaus Bayer
Langstraße 52
6450 Hanau
☎ (06181) 23194

Music Shop
Rainer Liebrecht
Franziskanerstraße 1
6500 Mainz
☎ (06131) 29862

Music Center
Heiligkreuzweg 90
6500 Mainz-Weisenau

Musikhaus Schmid
Hauptstraße 9
6544 Kirchberg
☎ (06763) 1538

Musik Mathias
Hauptstraße 343
6580 Idar-Oberstein
☎ (06781) 24883

Music Center Langenfeld
Saarbrücker Straße 26
6612 Schmelz/Saar
☎ (06887) 3200

Musikhaus Pfeiffer
Ludwigstraße 44
6700 Ludwigshafen
☎ (0621) 513456

Musikhaus Pfeiffer
Königstraße 30
6740 Landau/Pfalz
☎ (06341) 82425

Musikhaus Pfeiffer
Q 5, 8
6800 Mannheim 1
☎ (0621) 22559

Musikhaus Hochstein
Hauptstraße 86
6900 Heidelberg
☎ (06221) 20168

Uli Rohde's Musikladen
Schillerstraße 14
6900 Heidelberg
☎ (06221) 20067

Musikhaus Pfeiffer
Hauptstraße 92
6900 Heidelberg
☎ (06221) 22431

Harry's & Frank's Music-Shop
Heugasse 3
6950 Mosbach
☎ (06261) 2959

PLZ-Gebiet 7

Sound of Music
Christophstraße 6
7000 Stuttgart 1
☎ (0711) 608484

Radio Musikhaus Barth
Rotebühlplatz 23
7000 Stuttgart 1
☎ (0711) 623341

Musik Mayer
Marktstraße 14
7000 Stuttgart 50
☎ (0711) 561730

Marga Gulden, Musikinstrumente
Albstraße 49 A
7000 Stuttgart 70
☎ (0711) 762720

Musikhaus Richard Fischer
Palmstraße 21
7060 Schorndorf
Theodor-Heuss-Straße 12
7000 Stuttgart 1
☎ (07181) 63001

Radio Musikhaus Barth
Wilhelmstraße 45
7100 Heilbronn
☎ (07131) 68756

Radio Musikhaus Barth
Solitudestraße 3
7140 Ludwigsburg
☎ (07141) 21621

Musikwaren-Großhandel
Franz-Engelbert Kraus
Hermann-Hesse-Straße 22
7142 Marbach am Neckar
☎ (07144) 14972

Musik Schell
Schecter Guitar Research
Bleichereistraße 33
7336 Uhingen
☎ (07161) 31030

Die Zupfgeige
Adlerstraße 39
7500 Karlsruhe
☎ (0721) 30303

Musikhaus Schlaide
Kaiserstraße 175
7500 Karlsruhe
☎ (0721) 27811

Wilhelm Halter
Gablonzer Straße 24
7500 Karlsruhe 21
☎ (0721) 553334

Musik Schuler
Werderplatz 50
7500 Karlsruhe 21
☎ (0721) 386336

R&H Studiosound
Waldmattenstraße 5
7808 Waldkirch 3
☎ (07681) 2701

Music City Koch
Rinderbachengasse 20
7070 Schwäbisch-Gmünd
☎ (07171) 64918

Musikhaus Marte
Freudenstädter Straße
7292 Baiersbronn
☎ (07442) 3929

Musikhaus Keller
Hirschgasse 5
7400 Tübingen
☎ (07071) 26350

Musikhaus Greiss
Lampertstraße 4
7400 Nürtingen
☎ (07022) 31314

Die Zupfgeige
Adlerstraße 39
7500 Karlsruhe
☏ (0721) 30303

Musikhaus Pfeiffer
Kaiserstraße 99
7500 Karlsruhe
☏ (0721) 697056

Stimmlöffel
Saarlandstraße 8
7500 Karlsruhe-Knielingen
☏ (0721) 591707

Musik Steinbrecher
Östliche 52–54
7530 Pforzheim
☏ (07231) 14701

Musikhaus Pfettscher
Steinstraße 5
7600 Offenburg
☏ (0781) 71058

Musikhaus Schächle
Freiheitstraße 49
7700 Singen
☏ (07731) 61590

Musik Kohler
Münzgasse 26
7750 Konstanz
☏ (07531) 21368

Musik- und Pianohaus Jehle
Hussenstraße 30
7750 Konstanz
☏ (07531) 21370

Bertram-Musik
Friedrichring 9
7800 Freiburg i. Brg.
☏ (0761) 273090 oder 278456

Musikhaus Ruckmich GmbH
Bertoldstraße 7
7800 Freiburg i. Brg.
☏ (0761) 31091

Musikhaus Linsin
Schildgasse 12
7888 Rheinfelden
☏ (07623) 2613

Schumacher Musikstudio
Neue Straße 3
7900 Ulm
☏ (0731) 63616

Music-Shop Bochen & Härle
Rottenackerstraße 16 A
7932 Munderkingen
☏ (07393) 1473

Musikhaus Erich Lange
Marktstraße 27
7980 Ravensburg
☏ (0751) 25714

Musikladen Emlich & Heil
Montfortstraße 3
7992 Tettnang
☏ (07452) 7429

PLZ-Gebiet 8

Musik Knobloch München
Lenbachplatz 9
8000 München 2
☏ (089) 554001, 592307

Harry's Musik
Augustenstraße 45
8000 München 2
☏ (089) 52204

Musikmarkt GmbH
Einkaufszentrum
Landsberger Straße 150
8000 München 2
☏ (089) 503061-63

Zitrone Musik
Günther Sondewald KG
Bayerstraße 95
8000 München 2
☏ (089) 530059

Guitar Player
Belgradstraße 13
8000 München 40
☏ (089) 3003032

Music City
Leopoldstraße 46
8000 München 40
☏ (089) 342342

Bass Studio München
Theresienstraße 60
8000 München 2

Helly's Music
Aidenbachstraße 30
Am Ratzingerplatz
8000 München 70
☏ (089) 789234

Folk Laden
Pariser Straße 29 a
8000 München 80
☏ (089) 4484619

Sound & Power
Zeppelinstraße 6
8000 München 90
☏ (089) 669099

Charly's Musikladen
Rosenheimer Landstraße/
Ecke Hubertusstraße
8012 Ottobrunn
☏ (089) 6094947 oder 6091085-89

Music Corner
Fischergasse 25
8050 Freising
☏ (08161) 5855

Helmut Buchsteiner
Meisterwerkstatt
Bahnhofstraße 21
8267 Neumarkt St. Veit/Obb.
☏ (08639) 1731

Music-Store
Hufelandstraße 23a
8500 Nürnberg 90
☏ (0911) 344343

music center
von-Hauk-Straße 12
8760 Miltenberg-Nord
☏ (09371) 7902

FFB Musikstudio
Hinteranger Straße 313
8910 Landsberg
☏ (08141) 2411

Musikhaus Klier
Wolckernstraße 29
8500 Nürnberg
☏ (0911) 446654

Musik Oechsner
Karolinenstraße 43–45 / Atlantic-Passage / Brunnengasse 40–42
8500 Nürnberg
☏ (0911) 225445 oder 224593

Musik Wittstadt
Kaiserstraße 18
8700 Würzburg
☎ (0931) 52837

Musikhaus Kastner
Mainstraße 22
8580 Bayreuth
☎ (0921) 22203

Thomann profi shop
8602 Treppendorf
☎ (09546) 281

Musikhaus Alt
Merkerstraße 10
8755 Altenau
☎ (09023) 1873

Musik Durner
Am Rathausplatz
8900 Augsburg
☎ (0821) 30448

Instrumentenmuseen, Instrumentensammlungen.

Belgien

Museum Vleeshuis
Vleeshouwerstraat 33–80
2000 Antwerpen

Musée Instrumental
du Conservatoire de Musique
17, rue Petit Sab lon
1000 Brüssel

BRD und West-Berlin

Musikinstrumentenmuseum
des Staatlichen Instituts für
Musikforschung
Bundesallee 1–12
1000 Berlin 15
☏ (030) 8817835

Museum für Völkerkunde
Arnimallee 27
1000 Berlin 33
☏ (030) 8301

Ägyptisches Museum
Schloßstraße 70
1000 Berlin 19
☏ (030) 3201261-267

Museum für Kunst und Kultur-
geschichte der Hansestadt Lübeck
St. Annen Museum
St.-Annen-Straße 15
2400 Lübeck
☏ (0451) 1224134

Akademie Remscheid
für musische Bildung und
Medienerziehung
Kuppelstein 34
5630 Remscheid 1
☏ (02191) 794210

Historisches Museum
Saalgasse 19 (am Römerberg)
6000 Frankfurt/Main
☏ (0611) 2123370-1

Linden-Museum Stuttgart
Staatliches Museum für Völkerkunde
Hegelplatz 1
7000 Stuttgart 1
☏ (0711) 2050-3221

Heimatmuseum Burg Klopp
6530 Bingen am Rhein
☏ (06721) 15251

Musikhistorische Sammlung Jehle
Albstadt-Lautlingen,
Schloß Lautlingen
c/o Kultur- und Verkehrsamt
7470 Albstadt-Ebingen
☏ (07431) 162122

Deutsches Museum
Museumsinsel 1
8000 München 22
☏ (089) 21791

Heimatmuseum
Herrengasse 15 und 17
8090 Wasserburg a. Inn
☏ (08071) 361

Bayerisches Nationalmuseum
Prinzregentenstraße 3
8000 München 22
☏ (089) 222591

Wallfahrts- und Heimatmuseum
Rathaus, Kapellplatz 4
8262 Altötting
☏ (08671) 5166

Germanisches Nationalmuseum
Karthäusergasse 1
8500 Nürnberg
☏ (0911) 203971

Burg Lauenstein
8641 Lauenstein/Oberfranken
☏ (09263) 400

Heimatmuseum
Lechhalde 3
8958 Füssen
☏ (08362) 7043

Dänemark

C. A. Claudius' Musikhistoriske Samling
Carit Etlars Vej 3
1814 Kopenhagen

Musikhistorisk Museum
Å banrå 32–34
1124 Kopenhagen

Nationalmuseum
Prinsens Palais
Frederiksholm Kanal 12
1220 Kopenhagen

DDR

Bachhaus
Frauenplan 21
5900 Eisenach

Musikinstrumenten-Museum
der Karl-Marx-Universität
im Grassimuseum
Johannisplatz
7000 Leipzig

Museum für Völkerkunde
im Grassimuseum
Johannisplatz
7000 Leipzig

Musikinstrumentenmuseum
9935 Markneukirchen

Frankreich

Musée de l'Homme
Place de Trocadéro
75001 Paris

Musée Instrumental du
Conservatoire National
Supérieur de Musique
14, rue de Madrid
75008 Paris

Musée Jacquemart-André
158, boulevard Haussmann
75001 Paris

Musée de Louvre
Cour de Carrousel
75008 Paris

Großbritannien

Fitzwilliam Museum
Trumpington Street
Cambridge CB 1RB

Welsh Folk Museum
St. Fagan's Castle
Cardiff CF5 6XB

City of Liverpool Museums
William Brown Street
Liverpool L3 8EN

British Museum
Great Russell Street
London WC1B 3DG

Fenton House
3 Hamstead Grove
London NW 3

Horniman Museum
and Library
London Rd.,
Forest Hill
London SE23 3PQ

Royal College of Music
Museum of Instruments
Prince Consort Road
London

Victoria and Albert Museum
Cromwell Road
London SW 7

Ashmolean Museum
of Art and Archælogy
Beaumont Street
Oxford

Irland

National Museum of Ireland
Kildare Street
Dublin 2

Italien

Museo d'Arte Antica
Castello Sforzesco
Piazza Castello
20100 Mailand

Conservatorio di musica
Via S. Pietro a Maiella
80100 Neapel

Museo Civico
Via Archiginnasio 2
40100 Bologna

Museo Bardinie Galleria Corsi
Piazza dei Mozzi 1a
50100 Florenz

Museo degli Strumenti Musicali
Antichi del Conservatorio Musicale
L. Cherubini
Via degli Alfani 80
50100 Florenz

Österreich

Kunsthistorisches Museum
Burgring 5
1010 Wien

Nationalbibliothek
in der Hofburg
Josefsplatz
1010 Wien

Österreichisches Museum
für Volkskunde
Laudongasse 19
1010 Wien

Tiroler Landesmuseum
Ferinandeum
Museumsstraße 15
6020 Innsbruck

Kunsthistorisches Museum,
Sammlungen Schloß Ambras
Schloß Ambras
6020 Innsbruck

Landesmuseum für Kärnten
Museumsgasse 2
9010 Klagenfurt

Österreichisches Landesmuseum
Museumsstraße 14/Tummelplatz 10
4000 Linz

Stiftssammlungen
Benediktinerstift
4550 Kremsmünster

Schweiz

Historisches Museum Basel
Sammlung alter Musikinstrumente
Leonhardsstraße 8
4000 Basel

Musikakademie Basel
Leonhardsstraße 6
4000 Basel

Historisches Museum
Steinenberg 4
4000 Basel

Öffentliche Kunstsammlung
Kunstmuseum Basel
St. Albangraben 16
4000 Basel

Stadtbibliothek Vadiana
Notkerstraße
9000 Sankt Gallen

Musée des Instruments anciens
de musique F. Ernst
23, rue Lefort
1200 Genf

Sowjetunion

Russisches Institut
für Theater- und Musikgeschichte
Sankt-Isaakios-Platz 5
Leningrad

Glinka-Museum für Musikkultur
Georgijevskij per. 6. N3
Moskau

Spanien

Städtisches Musikkundemuseum
Museo Municipal de Música
Calle del Bruch, 110
Barcelona

Tschechoslowakei

Náprstek-Muzeum
Belemské nám. 1
Prag 1

Národní Muzeum
Václavské nám.
Prag 2

USA

Metropolitan Museum of Art
Fifth and 82nd Street
New York, NY 10028

Museum of Fine Arts
Huntington Avenue
Boston, MA 02115

Arizona State Museum
University of Arizona
Tucson, AZ 85721

National Museum of History and
Technology between 12th and 14th on
Constitution Avenue
Washington, DC 20560

Smithsonian Institution
1000 Jefferson Drive, S. W.
Washington, DC 20560

University Art Museum
2626 Bancroft Way
University of California
Berkeley, CA 94720

Yale University Collection
of Musical Instruments
15 Hillhouse Avenue
New Haven, CT 06520

The Witten Collection
c/o State of Connecticut Development
Commissions
Information Div.
State Office Building
Hartford, CT 06115

Verbände, Vereinigungen, Institutionen.

Arbeitsgemeinschaft Musikberufe
im Deutschen Musikrat
Am Michaelshof 4a
5300 Bonn 2
☏ (0228) 363031

Arbeitsgemeinschaft Interfolk
Burgstraße 9
4405 Nottuln
☏ (02502) 6151

Arbeitsgemeinschaft Musikerziehung
und Musikpflege des Deutschen
Musikrates
Am Michaelshof 4a
5300 Bonn 2
☏ (0228) 363031

Arbeitsgemeinschaft Musik-
pädagogischer Seminare in der
Bundesrepublik Deutschland
Ludgeriplatz 1
4400 Münster
☏ (0251) 48281

Arbeitskreis für Musik in der Jugend
– Deutsche Föderation Junger Chöre
und Instrumentalgruppen e. V. –
Hoffmann-von-Fallersleben-Straße 8
3340 Wolfenbüttel
☏ (05331) 42800

Arbeitsstelle für Internationale
Volksliedforschung
Silberbachstraße 13
7800 Freiburg i. Br.
☏ (0761) 74465

Archiv für Populäre Musik
Ostertorweg 3
3600 Bremen
☏ (0421) 78587

Asociacion Venezolana de Amigos
de la Guitarra
Apartado 65047
Caracas 1065 A
Venezuela

Bund deutscher Zupfmusiker e. V.
Fritz-Reuter-Straße 21
c/o Rüdiger Grambow
6453 Seligenstadt
☏ (06182) 22452

Bundesinnungsverband für das
Musikinstrumenten-Handwerk
Scheidemannplatz 2
3500 Kassel
☏ (0561) 13280

Bundesverband der Deutschen
Musikinstrumentenhersteller e. V.
Bockenheimer Anlage 13
6000 Frankfurt/Main
☏ (0611) 550068/69/60

Cercle Guitaristique
d'Ile-de-France
71, rue du Fg. St. Martin
75610 Paris
☏ 2065917

Deutsche Jazz-Föderation e. V.
Vogelsangstraße 32
7000 Stuttgart 1
☏ (0711) 631530

Deutsche Phono-Akademie e. V.
Heimhuder Straße 8
2000 Hamburg 13
☏ (040) 4101046-48

Deutscher Komponisten-Verband e. V.
Bergengruenstraße 28
1000 Berlin 38
☏ (030) 8018065

Deutscher Musikrat
Am Michaelshof 4a
Postfach 200367
5300 Bonn 2
☏ (0228) 364085

Deutscher Musikerverband in der Gewerkschaft Kunst beim DGB
Besenbinderhof 56
2000 Hamburg 1
☏ (040) 246768

Deutscher Musikverleger-Verband e. V.
Friedrich-Wilhelm-Straße 31
5300 Bonn 1
☏ (0228) 238565

Deutsche Stiftung Musikleben
Brahmsallee 70
2000 Hamburg 13
☏ (040) 447158

Forschungsgemeinschaft Musikinstrumente e. V.
Bockenheimer Anlage 13
6000 Frankfurt/Main
☏ (0611) 553319

Frankfurter Lautenkreis
Auf der Steinkaut 26
6380 Bad Homburg
☏ (06172) 42280

Gesamtverband Deutscher Musikfachgeschäfte e. V.
Friedrich-Wilhelm-Straße 31
5300 Bonn 1
☏ (0228) 238565

Gesellschaft für musikalische Aufführungs- und mechanische Vervielfältigungsrechte (GEMA)
Herzog-Wilhelm-Straße 28
8000 München 2
☏ (089) 55991

GEMA Vertretung Bonn
Adenauerallee 134
5300 Bonn 1
☏ (0228) 219370

Gewerkschaft deutscher Musikerzieher und Konzertierender Künstler in der Gewerkschaft Kunst des DGB
Menzinger Straße 68
8000 München 50
☏ (089) 8112024

Gitarrenkollegium Graz
Gartengasse 21
A-8010 Graz

Gitarristische Gesellschaft in Bayern
c/o Prof. Siegfried Behrend
Alter Pfarrhof
8151 Wall 1
☏ (08025) 8401

Guitar Foundation of America
6538 Reefton Avenue
Cypress, California 9063, USA

Guitar Society of Toronto
c/o Louise Newell
19, Belmont Street
Toronto, Ontario M5R 1P9

Gitarristische Vereinigung Freiburg e. V.
Lessingstraße 4
7800 Freiburg i. Br.
☏ (0761) 77407

Guitar Society of Toronto
c/o Louise Newell
19, Belman Street
Toronto, Ontario M5R 189,
Kanada

Guitar Institut of Technologie (GIT)
6757 Hollywood Blvd.
Hollywood, CA 90028
USA

Institut für Saiteninstrumente
Gitarre & Laute (ISIGL)
Poststraße 30
4000 Düsseldorf 1

Interessengemeinschaft Jazz
Burghausen e. V.
Mautnerstraße 284
8263 Burghausen
☎ (08677) 1411

Interessengemeinschaft
musikwissenschaftlicher Herausgeber
und Verleger
Heinrich-Schütz-Allee 33
3500 Kassel-Wilhelmshöhe
☎ (0561) 30011

Internationale Föderation
der Festival-Veranstalter
St. Cajetanstraße 9
8000 München
☎ (089) 6908058

Internationaler Arbeitskreis
für Musik e. V. (IAM)
Heinrich-Schütz-Allee 33
3500 Kassel-Wilhelmshöhe
☎ (0561) 37927

Internationale Vereinigung der Musik-
bibliotheken – Deutsche Gruppe
Salvatorplatz 1
8000 München 2
☎ (089) 222704

Jugend musiziert (Bundeswettbewerb)
Menzinger Straße 68
8000 München 50
☎ (089) 8112024

Künstlerhilfe
Sozialwerk e. V.
Konrad-Adenauer-Ring 28
6200 Wiesbaden
☎ (06121) 840243

Lärm und Lust.
Frauenmusikzentrum Berlin e. V.
Oranienstraße 189 2. Hinterhof
1000 Berlin 36
☎ (030) 6932358

Milwaukee Classical Guitar Society
Ltd.
1522 East Kane Place
Milwaukee, Wisconsin 53202, USA

Musiker- und Entertainer Union
in der DAG
Kaiser-Friedrich-Ring 29
6200 Wiesbaden
☎ (06121) 48068

Musikfestival im Altmühltal e.V.
c/o Gitarristische Gesellschaft in
Bayern
Postfach 02
8151 Warngau
☎ (08025) 8401

Musikfestspiele im Bayerischen
Oberland e.V.
c/o Gitarristische Gesellschaft in
Bayern
Postfach 02
8151 Warngau
☎ (08025) 8401

Rockhouse e.V.
Osterwaldstraße 73
8000 München 40
☎ (089) 3614862, 2011692

Schweizerische Gitarristen- und
Lautenisten-Gesellschaft
Association Suisse des
guitaristes et luthistes
Associazione Svizzera dei
chitarristi e liutisti
Postfach 381
8034 Zürich
☎ (01) 694466

Spitzenverband Deutsche Musik
SPIDEM
Adenauerallee 134
5300 Bonn 1
☎ (0228) 219370

Studienzentrum für Neue Musik
(Hörstunden, Kurse, Workshops)
Herzog-Otto-Straße 4
6060 Hall
☎ (05223) 6706

Verband Deutscher Musikerzieher
und Konzertierender Künstler e.V.
(VDMK)
Landsberger Straße 425
8000 München 60
☎ (089) 838413

Landesverband Bayerischer
Tonkünstler e.V.
im VDMK
Hedwigstraße 4/V
8000 München 19
☎ (089) 186314

VDMK Landesverband Berlin
Bismarckstraße 17
1000 Berlin 12
☎ (030) 3422014

VDMK Landesverband Bremen
Altenwall 28
2800 Bremen 1
☎ (0421) 324140

Landesverband Hessen Deutscher
Tonkünstler und Musiklehrer
e.V. im VDMK
Krögerstraße 11/I
6000 Frankfurt/Main
☎ (0611) 281024

VDMK Landesverband Niedersachsen
Künstlerhaus, Sophienstraße 2
3000 Hannover
☎ (0511) 323354

VDMK Landesverband
Nordrhein-Westfalen e.V.
Nordwall 17
4840 Rheda-Wiedenbrück
☎ (05242) 8887

VDMK Landesverband
Rheinland-Pfalz
Gärtnerstraße 16
6500 Mainz
☎ (06131) 24177

VDMK Landesverband Saarland
Weimarer Straße 17
6600 Saarbrücken 3
☎ (0681) 812397

VDMK Landesverband
Schleswig-Holstein e. V.
Wilhelmshavener Straße 4
2300 Kiel
☏ (0431) 83661

Verband Deutscher Musikschaffender
Theaterstraße 66
5100 Aachen
☏ (0241) 48351

Verband deutscher Musikschulen e. V. (VdM)
Villichgasse 17
5300 Bonn 2
☏ (0228) 354214

VdM Baden-Württemberg
c/o Klaus Matakas
Friedrichstraße 9
7630 Lahr
☏ (07821) 26999

VdM Bayern
c/o Joseph Kraus
Karmeliterstraße 12
8920 Schongau
☏ (08861) 8173

VdM Berlin
c/o Rüdiger Trantow
Grabertstraße 4
1000 Berlin 41
☏ (030) 79042380

VdM Bremen
c/o Hildegard Meyer
Osterdeich 17
2800 Bremen 1
☏ (0421) 78046, 3612299

VdM Hamburg
c/o Professor Herbert Rühl
Am Katharinen-Kirchhof
2000 Hamburg 11
☏ (040) 3681431/412

VdM Hessen
c/o Manfred Grunenberg
Hans-Sachs-Straße 84
6090 Rüsselsheim
☏ (06142) 65097

VdM Niedersachsen
c/o Peter Weiß
Rumannstraße 8
3000 Hannover
☏ (0511) 326317

VdM Nordrhein-Westfalen
c/o Karl Feldhaus
Schule am Aabach
4422 Ahaus
☏ (02561) 3488

VdM Rheinland-Pfalz
c/o Karl-Heinz Naumann
Kümbdcher Hohl
Herzog-Johann-Gymnasium
6540 Simmern
☏ (06761) 6939

VdM Saarland
c/o Ewald Fischbach
Drehbrunnenstraße 23
6605 Friedrichsthal
☏ (06897) 87983

VdM Schleswig-Holstein
c/o Gerhard Engel
Schleswiger Straße 5
2390 Flensburg
☏ (0461) 852291

Verband Deutscher
Schulmusikerzieher (VDS) e. V.
Weihergarten 5
Postfach 3640
6500 Mainz
☏ (06131) 20520

Musikhochschulen mit Lehrfach Gitarre.

Belgien

Koninklijk Vlaams Muziek-
conservatorium
Desguinlei 25
2000 Antwerpen

Koninklijk Muziekconservatorium
Regentschapstraat 30
1000 Brüssel

Conservatoire Royal de Musique
Rue de la Régence 10
1000 Brüssel

Conservatoire Royal de Musique
Rue de Nimy 7
7000 Mons

BRD und West-Berlin

Hochschule der Kunst
Ernst-Reuter-Platz 10
1000 Berlin 10
☏ (030) 3416051

Hochschule für Gestaltende Kunst
und Musik
Am Wandrehm 23
2800 Bremen
☏ (0421) 310051

Universität Bremen
Fachbereich Kunst / Musikpädagogik
Bibliothekstraße
2800 Bremen
☏ (0421) 2181

Hochschule für Musik und
Darstellende Kunst Hamburg
Harvestehuder Weg 12
2000 Hamburg 13
☏ (040) 441951

Hamburger Konservatorium
in Blankenese
Sülldorfer Landstraße 197
2000 Hamburg 55
☏ (040) 872078-88

Musikhochschule Lübeck
Jerusalemsberg
2400 Lübeck
☏ (0451) 32082

Universität Oldenburg
Studiengang Musik
Ammerländer Heerstraße 67–99
2900 Oldenburg
☏ (0441) 7981

Hochschule für Musik und Theater
Emmichplatz 1
3000 Hannover
☏ (0511) 31001

Musikakademie Kassel
Knorrstraße 28
3500 Kassel
☏ (0561) 41429

Gesamthochschule Kassel
Fachbereich Psychologie / Sportwis-
senschaft / Musik
Heinrich-Plett-Straße 40
3500 Kassel-Oberzwehren
☏ (0561) 8041

Internationale Musikakademie
für Solisten
Lessingplatz
3340 Wolfenbüttel
☎ (05331) 5081

Staatl. Hochschule für Musik
Rheinland
Robert-Schumann-Institut
Fischerstraße 110
4000 Düsseldorf 30
☎ (0211) 484030

Universität/Gesamtschule Duisburg
Fachbereich 4 – Kunst- und
Musikpädagogik
Lotharstraße 65
4100 Duisburg
☎ (0203) 3051

Staatliche Hochschule für Musik Ruhr
Folkwang Hochschule für Musik
Abtei
4300 Essen
☎ (0201) 49921

Staatliche Hochschule für Musik
Westfalen-Lippe
Allee 2
4930 Detmold
☎ (05231) 26945-46

Staatliche Hochschule für Musik
Westfalen-Lippe
Institut Dortmund
Hansastraße 7
4600 Dortmund
☎ (0231) 144230

Staatliche Hochschule für Musik
Westfalen-Lippe
Institut Münster
Luderigplatz 1
4400 Münster
☎ (0251) 835698-99

Fachbereich Kunst- und Musikpädagogik an der Gesamthochschule
Paderborn
Warburger Straße 100
4790 Paderborn
☎ (05251) 602956

Rheinische Musikschule –
Konservatorium
der Stadt Köln
Vogelsanger Straße 28–32
5000 Köln 30
☎ (0221) 1771344

Staatliche Hochschule für Musik
Rheinland, Sitz Köln/
Institut Wuppertal
Friedrich-Ebert-Straße 141
5600 Wuppertal
☎ (0202) 303031

Hochschule für Musik
und Darstellende Kunst
Eschersheimer Landstraße 22–39
6000 Frankfurt/Main
☎ (0611) 550826

Fachbereich Musikerziehung an
der Johannes-Gutenberg-Universität
Mainz
Saarstraße 21
6500 Mainz
☎ (06131) 392338

Städtische Akademie für Tonkunst
Hermannstraße 4
6100 Darmstadt 11
☎ (06151) 132348

Staatliche Hochschule für Musik
Heidelberg–Mannheim
l 15.16
6800 Mannheim 1
☎ (0621) 2923511

Staatliche Hochschule für Musik und Darstellende Kunst
Urbansplatz 2
7000 Stuttgart 1
☎ (0711) 2124841

Staatliche Hochschule für Musik
Schultheiß-Koch-Platz 5
7218 Trossingen 1
☎ (07425) 6057-58

Staatliche Hochschule für Musik
Jahnstraße 11
7500 Karlsruhe
☎ (0721) 1353294

Hochschule für Musik
Münsterplatz 30
7800 Freiburg
☎ (0761) 36032-4

Fachakademie für Musik
Richard-Strauss-Konservatorium der Stadt München
Ismaninger Straße 29
8000 München 80
☎ (089) 475106

Hochschule für Musik Würzburg
Hofstallerstraße 6–8
8700 Würzburg
☎ (0931) 50641

Lehrstuhl für Musikerziehung an der Universität Augsburg
Memminger Straße 6–14
8900 Augsburg
☎ (0821) 78078

Frankreich

Conservatoire national de Région
rue de L'Ecole de Droit 5
21000 Dijon

Conservatoire national de Région
Ch. de Gordes 6
38100 Grenoble

Conservatoire national supérieur de Musique
3, rue de l'Angile
69005 Lyon

Conservatoire national supérieur de Musique
rue de Madrid 14
75008 Paris

Conservatoire national de Région
2, Ave. de la Marseillaise
67000 Strasbourg

Großbritannien

Birmingham School of Music
Paradise Circus
Birmingham B3 3HG

Royal Scottish Academy of Music
St. George's Place
Glagow C2

Royal Academy of Music
Marylebone Road
London NW1 5HT

Royal College of Music
South Kensington
Prince Consort Road
London SW7

Guildhall School of Music and Drama
Barbican
London EC2Y 8DT

London College of Music
Great Marlborough Street 47
London W1 2AS

Royal Northern College of Music
Oxford Road 124
Manchester M13 9RD

Trinity College of Music
Mandeville Place
London W1M 6AQ

Kanada

University of Western Ontario
London, ON N6A 3K7

Laval University
Quebec, PQ G1K 7P4

Dalhousie University
Halifax, NS B3H 3J5

University of Windsor
Windsor, ON N9B 3P4

Österreich

Hochschule für Musik und
darstellende Kunst
Nikolaigasse 2
8020 Graz

Hochschule für Musik und
darstellende Kunst
Mozarteum
Schwarzstraße 26
5020 Salzburg

Städtisches Konservatorium Innsbruck
Museumstraße 17a
6020 Innsbruck

Kärntner Konservatorium Klagenfurt
Mießthalerstraße
9020 Klagenfurt

Konservatorium der Stadt Wien
Johannesgasse 4a
1010 Wien

Hochschule für Musik und
darstellende Kunst
Lothringerstraße 18
1030 Wien

Konservatorium für Musik
Mühlgasse 28/30
1040 Wien

Horak-Konservatorium
Hegelgasse 3
1010 Wien

Musikschule der Stadt Linz
Lederergasse 7
4020 Linz

Bruckner Konservatorium des
Landes Oberösterreich
Wildbergstraße 18
4020 Linz/Urfahr

Schweiz

Musik-Akademie der Stadt Basel
Leonhardtstraße 6
4051 Basel

Konservatorium für Musik
Kramgasse 36
3011 Bern

Städtische Musikschule und
Konservatorium
Ring 12
2502 Biel

Conservatoire de Musique
Place Neuve
1204 Genf

Conservatoire de Musique
Rue du Midi 6
1003 Lausanne

Musikschule und
Konservatorium
Schwalmackerstraße 25
8400 Winterthur

Konservatorium und
Musikhochschule
Florhofgasse 6
8001 Zürich

Musikakademie
Florastraße 52
8008 Zürich

USA

Arizona

University of Arizona
Tucson, AZ 85721

Arizona State University
Tempe, AZ 85281

California

California State University
Fresno, CA 92634

California State University
Fullerton, CA 92634

California State University
25800 Carlos Bee Blvd.
Hayward, CA 94542

California State University
18111 Nordhoff St.
Northridge, CA 91330

University of California
405 Hilgard Ave.
Los Angeles, CA 90024

Grafton Hills College
Yucaipa, CA 92399

Grossmont College
8800 Grossmont Co. Dr.
El Cajon, CA 92020

Laney Comm. College
900 Falcon St.
Oaklan, CA 94607

Los Angeles Pierce College
6201 Winnetka Ave.
Woodland Hills, CA 91371

Menlo College
Menlo Park, CA 94025

Monterey Peninsula College
Monterey, CA 93940

Mt. San Antonio College
Walnut, CA 91781

Orange Coast College
2701 Fairview Rd.
Costa Mesa, CA 92626

Pasadena City College
Conservatory of Music
Pasadena, CA 91106

University of Redlands
Redlands, CA 92373

San Diego State University
San Diego, CA 92182

San Francisco Conservatory
1201 Ortega St.
San Francisco, CA 94122

San Francisco State University
1600 Holloway Ave.
San Francisco, CA 94132

San Jose State University
125 S. Seventh Ave.
San Jose, CA 95192

University of Southern California
Los Angeles, CA 90007

Stanford University
Stanford, CA 94305

Colorado

Colorado Women's College
Denver, CO 80220

University of Denver
Denver, CO 80208

Metropolitan State University
1006 11th. St.
Denver, CO 80204

Connecticut

University of Bridgeport
Bridgeport, CT 06602

University of Connecticut
Stoors, CT 06268

Hartt College of Music
University of Hartford
West Hartford, CT 06117

Wesleyan University
Middletown, CT 06457

Western Conn. State College
Danbury, CT 06810

Yale University
New Haven, CT 06511

District of Columbia

American University
Washington, DC 20016

Catholic University
Washington DC 20017

Florida

University of Central Florida
Orlando, FL 32816

Florida A & M University
Tallahassee, FL 32307

Florida International University
Tamiami Campus
Miami, FL 33190

Florida State University
Tallahassee, FL 32306

Jacksonville University
Jacksonville, FL 32211

University of Miami
Box 248165
Coral Gables, FL 33124

Georgia

Emory University
Atlanta, GA 30322

University of Georgia
Athens, GA 30602

Idaho

Boise State University
Boise, ID 83725

College of Idaho
Caldwell, ID 83605

University of Idaho
Moscow, ID 83343

Illinois

University of Illinois
Urbana, IL 61801

Roosevelt University
430 S. Michigan Ave.
Chicago, IL 60605

Indiana

Ball State University
46th & Clarendon Rd.
Indianapolis, IN 46208

Louisiana

Loyola University
6317 St. Charles
New Orleans, LA 70118

Massachusetts

Atlantic Union College
South Lancaster MA 01561

Berklee College of Music
1140 Boylston St.
Boston, MA 02215

Boston Conservatory of Music
8 The Fenway
Boston, MA 02215

Clark University
Worcester, MA 01610

University of Lowell
Lowell, MA 01854

New England Conservatory
290 Huntington Ave.
Boston, MA 02115

Maryland

University of Maryland
College Park, MD 20742

Peabody Conservatory of Music
One E. Mt. Vernon Pl.
Baltimore, MD 21202

Towson State University
Towson, MD 21204

Michigan

Andrews University
Berrion Springs, MI 49104

Delta College
University Center, MI 48710

Eastern Michigan University
Ypsilanti, MI 48197

Hillsdale College
Hillsdale, MI 49242

Minnesota

MacAlester College
St. Paul, MN 55015

University of Minnesota
Minneapolis, MN 55455

Missouri

University of Missouri
4420 Warwick Blvd.
Kansas City, MO 64111

St. Louis University
221 N. Grant Blvd.
St. Louis, MO 63103

North Carolina

University of North Carolina
Greensboro, NC 27412

Meredith College
Raleigh, NC, 27611

Wingate College
Wingate, NC 28174

New Hampshire

Keene State College
Keene, NH 03431

New Jersey

Glassboro State College
Glassboro, NJ 08028

Montclair State College
Upper Montclair, NJ 07043

New York

Five Towns College
2350 Merrick Ave.
Merrick, NY 11566

Ithaca College
Ithaca, NJ 14850

Manhattan School of Music
120 Claremont Ave.
New York, NY 10577

Mannes College of Music
157 E. 74th St.
New York, NY 10021

Roberts Wesleyan College
Rochester, NY 14624

Vassar College
Poughkeepsie, NY 12601

Ohio

Antioch College
Antioch, OH 45387

Baldwin-Wallace College
Berea, OH 44017

University of Cincinnati
Cincinnati, OH 45221

Cleveland State University
1983 E. 24th St.
Cleveland, OH 44115

University of Dayton
Dayton, OH 45469

Heidelberg College
Tiffin, OH 44883

Kent State University
Kent, OH 44242

Ohio State University
1899 N. College Rd.
Columbus, OH 43210

Wittenberg University
Springfield, OH 45501

Pennsylvania

Carnegie-Mellon University
Pittsburgh, PA 15213

Duquesne University
Pittsburgh, PA 15219

Philadelphia College of Perf. Arts
250 S. Broad St.
Philadelphia, PA 19102

Temple University
Philadelphia, PA 19122

South Carolina

University of South Carolina
Columbia, SC 29208

South Dakota

University of South Dakota
Vermillion, SD 57069

Tennessee

George Peabody College
Nashville, TN 37203

Memphis State University
Memphis, TN 38152

Texas

Southern Methodist Unversity
School of the Arts
Dallas, TX 75275

Sul Ross State University
Alpine, TX 79830

University of Texas
Arlington, TX 76019

University of Texas
El Paso, TX 79968

University of Texas
San Antonio, TX 78285

Texas Tech University
Box 4239 Music
Lubbock, TX 79409

Virginia

James Madison University
Harrisburg, VA 22801

University of Richmond
Richmond, VA 23173

Shenandoah College
Conservatory of Music
Winchester, VA 22601

Virginia Commonwealth University
901 W. Franklin St.
Richmond, VA 23284

Washington

Pacific Lutheran College
Tacoma, WA 98447

Seattle University
Seattle, WA 98119

Seattle Pacific University
Seattle, WA 98119

Washington State University
Pullman, WA 99163

Wisconsin

University of Wisconsin
Parkside
Kenosha, WI 53818

University of Wisconsin
Stevens Point, WI 54481

West Virginia

Marshall University
Huntington, WV 25701

West Liberty State College
West Liberty, WV 26074

West Virginia State College
Institute, WV 25112

Wyoming
University of Wyoming
Laramie, WY 82071

Gitarrenseminare und -kurse.

BRD und West-Berlin

Dietrich Hartmann
c/o Flamenco-Studio Adela
Klingsorstraße 13
1000 Berlin 41

Gitarrenseminare Esperde
c/o Gerd Richter
Esperde 48
3254 Emmerthal 12
☎ (05157) 526

Braunschweiger Gitarrenstudio
(Klassik/Flamenco)
Nußbergstraße 51
3300 Braunschweig

Kurse zur Anleitung zum selbständigen Pflegen und Reparieren von Gitarren und anderen Zupfinstrumenten
c/o Jugendbildungsstätte Bündheim
Am Silberborn 8
3388 Bad Harzburg 1

Musiklehrgänge des Internationalen Arbeitskreises für Musik (IAM)
Heinrich-Schütz-Allee 33
3500 Kassel-Wilhelmshöhe
☎ (0561) 37927

Mettmanner Gitarrenkongreß
c/o H.P. Helmer
Neanderstraße 85
4020 Mettmann
☎ (02104) 75519

Arbeitstage für Gitarre
c/o Reinhard Froese
Friedrich-Ebert-Straße 17
4100 Duisburg 14

Interpretationskurs für Gitarre in Montepulciano/Siena
c/o Sekretariat Reinbert Evers
Clemens-Hagemann-Straße 15
4403 Ottmarsbocholt
☎ (02598) 467

Kölner Seminar Gitarrenmusik der Gegenwart
c/o Mike Eulner
Petersbergstraße 46
5000 Köln 41
☎ (0221) 448685

Konzertveranstaltungen des Kölner Gitarrenkollegiums
c/o Heinz Vierthmann
Lübecker Straße 2
5000 Köln 1
☎ (0221) 121141

Fortbildungslehrgang für Gitarrenlehrer und fortgeschrittene Spieler
c/o Akademie Remscheid für musische Bildung und Medienerziehung
Küppelstein 34
5630 Remscheid
☎ (02191) 794210

Pädagogische Seminare für Gitarrenlehrer und fortgeschrittene Schüler
Städtisches Jugendheim Menden/Sauerland
c/o Gertrud Lambert
Malvenweg 15a
5750 Menden/Sauerland

Wiesbadener Workshop Flamenco
c/o Volkshochschule Wiesbaden
Dotzheimer Straße 3
6200 Wiesbaden

Osterlehrgang für Gitarrenlehrer
c/o Frankfurter Lautenkreis
Auf der Steinkaut 26
6380 Bad Homburg
☏ (06172) 42280

Internationale Meisterkurse für
künstlerisches Gitarrespiel
c/o Bund Deutscher Zupfmusiker
Rüdiger Grambow
Fritz-Reuter-Straße 21
6453 Seligenstadt
☏ (06182) 22452

Manolo Lohnes
Flamencostudio Mainz
Mühlweg 77
6500 Mainz

Mainzer Flamenco-Workshop
c/o Volkshochschule Mainz
Mitternacht 22
6500 Mainz
☏ (06131) 18012

Gitarrenseminar im Bildungshaus
Maria Rosenberg in
Waldfischbach-Burgalben
c/o Kreismusikschule
Unterer Sommerwaldweg 40–42
6780 Pirmasens
☏ (06331) 89247

Internationaler Workshop für
Gitarre in Simmern/Hunsrück
c/o Robert Wolff
Alt Erlaa A4/214
1232 Wien

Gitarrenseminar für Lehrer und
fortgeschrittene Spieler
c/o Italienisches Kulturinstitut
Kolbstraße 6
7000 Stuttgart 1
☏ (0711) 605980

Domingo Dominguez
(Seminare mit Paco Peña)
Senefelder Straße 15
7000 Stuttgart 1

Seminar für Gitarristen und Gitarre-
lehrer bei der Internationalen Musik-
woche Leinfelden-Echterdingen
c/o Musikhochschule
Rathaus Musberg
Filderstraße 14
7022 Leinfelden-Echterdingen
☏ (0711) 7986815

Flamencogitarrenseminare
mit Pedro Soler
c/o Brigitte Merger
Lilienstraße 67d
8011 Vaterstetten

Gitarrenseminare
Santiago Navascués
c/o S. Navascués
Ringstraße 1
8011 Anzing
☏ (08121) 5747

Internationale Meisterkurse
für künstlerisches Gitarrenspiel
c/o Siegfried Behrend
Alter Pfarrhof
8151 Wall 1
☏ (08025) 8401

Internationale Gitarrenwoche
c/o Siegfried H. Hogenmüller
Deschstraße 11
8550 Aschaffenburg
☏ (06021) 26295

Lehrgänge des Bundes
Deutscher Zupfmusiker
c/o Gerhard Vogt
Friedrich-Stein-Straße 10
8720 Schweinfurt
☏ (09721) 25148

Schweinfurter Seminar für
Gitarre und Mandoline des
Bundes Deutscher Zupfmusiker/
Landesverband Bayern
c/o Gerhard Vogt
Friedrich-Stein-Straße 10
8720 Schweinfurt
☎ (09721) 25148

Frankreich

Stage International de Guitare
c/o Cercle Guitaristique
d'Ille de France
71 rue du Fg. St.-Martin
75010 Paris

Flamenco en France
c/o Frédéric Deval
22 rue Tourlaque
75018 Paris

Flamencostudio
Pedro Soler
8 rue S'Dominique
3100 Toulouse

Rencontres Internationales
de la Guitare
c/o Services Culturels
Hôtel de Ville
81108 Castres

Kanada

International Guitar Convention
139, St. Leonards Avenue
Toronto, Ontario
oder:
Guitar Society of Toronto
c/o Louise Newell
19, Belmont Street
Toronto, Ontario M5R 1P9

Niederlande

Internationale Gitarrenwoche
c/o Stichting Gitaarweken Zwolle
Postbus 81
8000 AB Zwolle

Österreich

Gitarrenkurse Schladming
c/o Gottfried Egger
Langegasse 490
8970 Schladming/Steiermark

Internationale Woche für
klassische Gitarre in Krems
c/o Johann Strohmeier
Lößgasse 1
3500 Krems

Internationale Gitarrenwoche
in Lienz
c/o Kulturamt der Stadt Lienz
Rathaus
9900 Lienz

Schweiz

Flamencogitarrenseminare
mit Pedro Soler
c/o Andreas Viviani
Weite Gasse 5
8001 Zürich

Seminare und Kurse der GLG
Schweizerischen Gitarristen und
Lautenisten-Gesellschaft
Postfach 381
8034 Zürich

Spanien

Centro Flamenco Paco Peña
Calle Reloj 7
Córdoba

Ungarn

Internationales Gitarrenseminar
in Esztergom
c/o Esztergom Varosi Tanacs
Fesztival-Tikarsag
Esztergom Pf. 38
2501 Ungarn

USA

Flamenco Association of San Diego
P.O. Box 15111
San Diego, CA 92115

Spanish Music Center
319 West 48th Street
New York, NY 10036

Academy of Flamenco Guitar
P.O. Box 1292
Santa Barbara, CA 93102

Gitarrenwettbewerbe.

BRD

Bayerischer Gitarrenwettbewerb
in Regensburg/Opf.
c/o Gitarristische Gesellschaft in
Bayern e. V.
Alter Pfarrhof
8151 Wall 1
☏ (08025) 8401

Deutscher Musikwettbewerb
Kategorie D – Gitarre
c/o Deutscher Musikrat
Sekretariat DMW
Am Michaelshof 4a
5300 Bonn 2
☏ (0228) 364085

Internationaler Musikwettbewerb
der ARD
c/o Bayerischer Rundfunk
Rundfunkplatz 1
8000 München 2
☏ (089) 5900-2471

Pop-Nachwuchsfestival
Deutsche Phono-Akademie e.V.
Sekretariat Pop-Nachwuchsfestival
Heimhuder Straße 8
2000 Hamburg 13
☏ (040) 4101046-48

Internationaler Gitarrenwettbewerb
für Studenten in Europa
c/o H. P. Helmer
Neanderstraße 85
4020 Mettmann
☏ (02104) 75519

Frankreich

Concours International de Guitare
de la Ville de Carpentras
Hôtel de Ville
84200 Carpentras

Concours international de guitare
Maison de Radio France
116, rue Avenue Président-Kennedy
75686 Paris cedex 16

Großbritannien

Internationaler Gitarrenwettbewerb
»Andrés Segovia«
c/o Segovia International
Guitar Competition
Kallaway Ltd.
2 Portland Road
London W11 4LA

Italien

Concorso Internazionale di
Chitarra Classica
c/o Conservatorio A. Vivaldi
Via Parma 1
15100 Alessandria

Concorso Internazionale
Di Chitarra »Emilio Pujol«
c/o Conservatorio Statale di Musica
L. Canepa
Viale Umberto 28
07100 Sassari

Incontri Chitarristici di Gragnano
c/o Incontri Chitarristici di Gragnano
25084 Gragnano/Brescia

Concorso Internazionale
»Fernando Sor«
c/o Giuliano Balestra
Via Giovanni Maggi 109
Rom

Schweiz

Concours International d'Exécution Musicale
12, rue de l'Hôtel de Ville
1204 Genf

Spanien

Internationaler Tárrega-Wettbewerb
Señor Presidente de la Commision Organizadora del Certamen International de Guitarra ›Francisco Tárrega‹
Ayuntarmiento de Benicasim
Castellon

Internationaler Gitarrenwettbewerb
Andrés Segovia
Caja de Ahorros de Baleares
Ramón Llull 2
Palma de Mallorca

Internationales Musikfestival Granada
Dirección General de Música
Ministerio de Cultura
Avda. Generalissimo 39
Madrid 16

Danksagung.

Mein Dank gilt den vielen in- und ausländischen Gitarren- und Vertriebsfirmen für ihre Hilfsbereitschaft bei der Bereitstellung von Material, sowie den Musikfachgeschäften, Vereinigungen und Institutionen, ohne deren Unterstützung das Buch ebenso wenig zustande gekommen wäre wie ohne die Kooperation von Siegfried Schwab, Manolo Lohnes, Th. Vogelmann, Waltrud Heinemann und Henning Lohner sowie Volker Kriegels zuweilen skeptisch-klugen Zuspruch. Unentbehrlich (und unbezahlbar) der Kontakt zu Gitarristen quer durch alle Kategorien, unter anderen Konrad Ragossnig, Dieter Kirsch, Ulrich Roth, Hans Haider, wiederum Sigi Schwab, Volker Kriegel, Peter Horton, Michael Sagmeister, Jimmy Pratt und, last not least, Herb Ellis, Charlie Byrd und, natürlich, mein Vorbild von klein auf, Barney Kessel, der mich mit sehr einleuchtenden Gründen nicht hat über das Theoriestadium hinauskommen lassen, als Deutscher seine Biographie zu verfassen. Wertvolle Verbindungen waren und sind auch die zu Tom Wheeler beim »Guitar Player Magazine« wie zu seiner Ex-Kollegin Joan Kreamer, zu Peter Päffgen, dem idealistischen ›Macher‹ von »Gitarre + Laute«, der so selbstlos Material aus seinen Pfründen zog, zu den Redaktionen von »Guitar« und »Guitar World«, zu Peter Maier und seiner »Gitarre aktuell«, zu Dieter Zimmerle und Gudrun Endress vom »Jazz Podium« und, mit besonderer Zuneigung, natürlich zu Europas passioniertestem Jazzgitarre-Experten, dem Engländer Maurice Joseph Summerfield.
Thomas Metelmann sei (vergebens zwar) ebenso gedankt für seine ›Great Guitars‹-Hilfe wie Joachim Masius für das ›Great Guitars‹-Video, dem Country-Spezialisten Bernd Glodeck und dem Deutschrock-Experten Günther Ehnert für ihre oft spontanen Hilfen. Zwei DDR-Helfer im Hintergrund seien ebenso gegrüßt wie Dr. Kloth von der Wissenschaftlichen Allgemeinbibliothek Schwerin. Marlies Weber und Cornelia Koeppen halfen bei den Übersetzungen von Briefen nach Frankreich und Italien. Willi Fruth, der Mann an den Kontrollen und mit dem absoluten Gehör bei MPS und der Bassist Günther Lenz waren, ohne es zu wissen, genauso Initiatoren für das Buch wie die erwähnte Fiktion einer Kessel-Biographie…

Besonders viel Freude machte die geduldige Hilfsbereitschaft, wie ich sie in der ex-kollegialen Plattenbranche erfuhr, zunächst durch meine beiden für mich vorbildlichen Chefs Rudi Gaßner und Klaus Ebert, der immer wieder Augen zudrückte, dann aber auch durch all die vielen Kollegen: den »einsamen Jazzer« Horst Hohenböken nicht nur wegen des Kusnetzow-Bandes, Detlev Krömker, auch Hajo Apitzsch und den am 14. August 1981 tragisch ums Leben gekommenen Rock-Experten Manfred Seegers, durch Rolf Enoch, Susanne Kleinke, die beiden Petras Bracker und Lindner wie auch Ulla Rau, Erika Dittmann und Michael von Hülse vor allem nach seinem Wechsel. Für andere Plattenfirmen seien stellvertretend genannt der wagemutige Clemens Krauss, Heike Becker, Dr. Klaus Seidel und Jimi Bogles, der Idealist Fred Christmann und Reimer Behr, Jan Jankeje und Gertraud Jankejowa. Petra Schäfer, Bettina Röder und aus vollstem Herzen Winfried Merkle samt seiner Importcrew haben da ihre Sonderplätze, und Frau Dr. Juliane Ribke hat mich, ohne es wohl zu ahnen, oftmals neu motiviert. Das gleiche gilt natürlich auch für Helga Schmidt und Ingrid Bossen.
Dank letztlich, der sich in Worten schwer fassen läßt, an Micki Henkels und Wolf Kugler, die beiden Nimmermüden. Mickis unaufhörliche Hilfsbereitschaft, Güte, freundschaftliche Selbstlosigkeit, seine überaus profunde Kenntnis aller nur denkbaren Vorder- und Hintergründe nicht nur im Bereich des Jazz, sein Engagement, Zuspruch und Mutmachen und die Brücke, die er mir spontan zum Verlag gebaut hat – über all das können wir, gottlob, hier oben im Norden immer wieder direkt sprechen. Wolf Kugler, mein Lektor und neugewonnener Freund und Helfer in Notlagen, hat für meine Anliegen wahrhaftige Kämpfe ausgefochten, ohne je selbst den Kopf zu verlieren – mit mir und mit anderen auch und im Team mit Hans-Heinrich Ruta, dem Gestalter und Hersteller dieses Buches.

Alexander Schmitz
Hamburg, im Mai 1982

Personenregister.

Abercrombie, John 161, 221, 235, 239, 274f, 414f
Ablóniz, Miguel 67, 339
Abreu, Eduardo 372f
Abreu, Sergio 372f
Absil, Jean 354
Achard, Ken 439
Ackerley, Charlotte 313ff
Ackerman, Will 304ff, 422
Adame, Rafael 85
Adams, Pepper 174
Adderley, Julian ›Cannonball‹ 183, 221
Adderley, Nat 409
Aguado, Dionisio 50, 59ff, 353, 364, 371
Aguado, Victoriano 370
Aguado y Hernández 57
Akkerman, Jan 161, 221, 240f, 323
Aksjonow, Siemion 447
Albéniz, Isaac 63, 325, 333f, 343, 352, 387
Albert, Heinrich 376ff, 381
Aleman, Oscar 86, 164, 171
Alembert, Jean Le Rond d' 49
Alexander I., Zar 58
Alfons der Weise 25
Alfonso, Ilsa 372
Alfonso, Nicolas 372
Algeciras, Ramón de 7
Allaut, Karl 419
Allen, Steve 176
Allison, Luther 135
Allman, Duane 214, 217f, 306
Allman Joys, The 217
Almeida, Laurindo 68, 86, 166f, 171f, 187, 246, 328
Almerich, Laura 373
Alpert, Herb 184
Altheimer, Joshua 125
Amador, Raimundo 77
Amarcius 22f
Amat, Juan Carlos y 36, 43
Amaya, Carmen 74
Ambrose, Bert 182
Ambrosius, Hermann 383
Ammons, Gene 178
Amphyon 13
Amram, David 324
Anderton, Craig 297
Andrada, Djalma de (Bola Sete) 187
Andrew Sisters, The 153
Anido, María Luisa 87, 371
Anka, Paul 238, 258
Anna Amalia, Herzogin 51
Anone, Don 257, 279
Antolini, Charly 395
Antonioni, Michelangelo 20f, 286
Apicella, Victor 280
Appice, Carmine 145
Apollo 14f, 23, 31
Arango, Bill de 176
Arcadelt, Jakob 42
Ardevol, José 339
Argentinita, La 74
Ariadne 14
Arias, Vicente 56, 81
Arienti, Angelo 241
Aristoxenos 16
Armatrading, Joan 316
Armstrong, Dan 433, 445
Armstrong, Louis 150, 152, 173, 180, 186, 364
Arnold, James ›Kokomo‹ 118f
Arnold, Malcolm 67, 334
Arras, François d' (F. le Cocq) 47
Arthur, Davey 319
Artzt, Alice 363ff
Ashby, Irving 164, 169, 172, 244, 280
Ash Ra (M. Göttsching) 420
Asmussen, Svend 171
Asriel, André 425f
Assimakopoulos, Evangelos 317, 355
Association P. C. 403
Astorga, Juan Lorenzo de 24

Atkins, Chet 93, 97, 152, 154ff, 193, 196, 197, 209, 211, 218, 220, 263, 282, 297f, 313, 320ff, 362, 412, 421
Atkins, Jim 152, 156
Atkins, Lowell 156
Atreo, Omar 350
Auer, Vera 398
Auger, Brian 226
Augustus, Kaiser 28
Auldridge, Mike 91, 306, 310f
Autry, Gene 94f, 441
Axton, Hoyt 306
Ayala, Hector 86

Babarin, Harry 176
Bacan, Pedro 78
Bacarisse, Salvador 68
Bach, Anna Magdalena 346
Bach, Johann Sebastian 63, 208, 287, 325, 332ff, 340, 343, 345f, 349, 357, 360, 365, 383, 388, 393, 410, 411f, 424
Bacharach, Burt 184
Bacsik, Elek 169, 189, 241, 253
Baez, Joan 222, 259, 285, 313
Bagger, Boris 386
Baier, Eduard 378
Bailey, Benny 427
Bailey, Derek 262, 240, 302f, 404, 408, 414
Bailey, Mildred 172, 184
Bain, Bob 257
Baker, Chet 161, 173
Baker, Duck 283, 319
Baker, Frankie 104
Baker, Ginger 201, 219, 226
Baker, Josephine 171
Baker, Mickey 180
Balada, Leonardo 373
Ballesteros, Antonio 50
Ballew, Smith 189
Band of Gypsies, The 207
Banerjee, Nikhil 289
Bankel, Roland 221, 405
Barbecue Bob (Robert Hicks) 118
Barber, Chris 137
Barbero, Marcelo 56, 81, 429
Barbero, Paco el 75
Barbosa-Lima, Carlos 87, 350f, 367
Barbour, Dave M. 172
Barefoot Bill 117
Barker, Danny 172
Barker, Lu 172
Barksdale, Everett 172
Barnes, George 151, 156, 163ff, 172ff, 181, 184, 268
Barnes, Milton 67f, 363
Barnet, Charlie 177, 181, 273
Barrelhouse Sammy (Blind Willie McTell) 120
Barrett, Eric 209, 211, 213
Barrios, Agustine Pio 66, 85, 333f
Barrueco, Manuel 325f, 356
Bartók, Belá 324, 337
Basho, Robbie 222, 285, 287, 289ff, 304ff, 422
Basie, William ›Count‹ 161, 176, 178f, 195, 249, 253, 273
Basilio, Padre 57f
Batchelar, Daniel 332
Bater, R. J. 317
Bauer, Billy 164f, 173, 221
Bauer, Conrad 426
Bauer, Josef 376
Baumann, Rainer 405
Baumeister, Peter 400
Bäuml, Marga 384f, 387
Baxter, Bob 251, 307
Beach Boys, The 259, 266
Beals, James 229
Beamer, Kapono 93
Beamer, Keola 93
Bean, Billy 173, 184, 273
Beaser, Robert 340
Beatles, The 137, 167, 199, 237, 321, 334, 413
Beck, Jeff 78, 138, 141, 161, 200f, 216, 236, 237, 435
Beck, Joe 78, 222, 278
Bedford, David 67
Beecher, Frank 191f, 195, 220
Beethoven, Ludwig van 59, 287, 350

Behrend, Siegfried 68, 349, 385, 423
Behrendt, Hans ›Batt‹ 402
Beiderbecke, Bix 181, 185, 263, 268
Bell, Ed 117
Bell, Lurrie 136
Bellow, Alexander 42, 345
Bellson, Louis 180, 185
Beltram, Mario 371
Benay, Ben 257
Benedid, José 52, 88
Bennett, Betty 182
Bennett, Brian 198
Bennett, Buster 125
Bennett, Lou 427
Bennett, Tony 177, 189, 257
Bennett, Wayne 215
Benson, George 169, 221 f, 245 f, 434
Benny, Jack 153
Bensusan, Pierre 320
Berardi, Michael 245
Berendt, Joachim Ernst 234, 255, 374, 397 ff, 404, 407
Berg, Alban 203
Bergen, Polly 95
Bergeyk, Ton van 292, 319, 321 f
Bergonzi, Michael Angiolo 30
Berio, Luciano 347
Berlin, Irving 265
Berline, Byron 293
Berliner, Jay 222, 257 f
Berlioz, Hector 60, 372
Bermudo, Juan 34, 35 f, 41
Bernhards, Yvonne 387
Bernie, Ben 152
Bernstein, Leonard 347, 382
Berry, Chuck 136, 140, 146, 193 f, 200
Berryman, Pete 320
Berson, Ginny 316
Bertoncini, Gene 278
Best, Eddie 187
Best, Skeeter 173
Betts, Dick 218, 306
Betts, Keter 167
Bettermann, Thomas 402
Bhatt, Krishna 302
Bickert, Ed 154, 166 f, 173, 428
Biebl, Hansi 427
Biffin, Peter 299
Bigard, Barney 184
Bird, Billy 96
Bird, Mark 372
Birth Control 419
Bishop, Elvin 137, 139, 142, 214
Bitetti, Ernesto 86, 350 f
Bitz, Peter Michael 275
Bizet, Jean 357
Black Bob 125
Blackmore, Ritchie 124
Blackwell, Frances ›Scrapper‹ 116, 121 f, 123
Blain, Albert Valdes 183
Blake, Blind 98 f, 100, 115, 118 f, 122, 124 f, 318, 322
Blake, Norman 292
Blakey, Art 226
Blanco, Juan 68
Bland, Bobby 140
Blanke, Toto 221, 239, 397, 403 f, 405, 407, 427
Blood, Sweat & Tears 218 f
Bloomfield, Michael 134, 137, 142, 152, 200, 206, 211, 217, 219
Blue Flames, The 206
Bluegrass Alliance, The 293
Bluegrass Boys, The 293
Blue Ridge Playboys, The 95
Blues Alliance, The 312
Bluesbreakers, The 136
Blue Sky Boys, The 96
Blume, Friedrich 27
Blume, Karl 377
Blyton, Carey 354
Bob Wills and His Texas Playboys 95
Boccherini, Luigi 58, 61, 353, 381
Boethius 16
Bogle, Bob 197
Bogue, Rex 203, 233
Bohr, Heinrich 382
Bol, Ferdinand 29
Bolen, Bruce 229, 284
Bolick, Bill 96

Bolick, Earl 96
Bolin, Georg 359, 444
Bolin, Tommy 221
Bolling, Claude 324
Bolton, Mick 418
Bonaparte, Joseph 58
Bonaparte, Napoleon 58
Bond, Graham 226
Bonell, Carlos 326f
Bonfa, Luiz 86, 167f, 173f, 258, 328, 410
Bonilla, Carlos 337
Bonnet, Pierre 45
Bonythan, Kim 277
Bookbinder, Roy 140
Bop Cats 405
Borges, Raul 86
Bornemann, Frank 412, 418
Borrow, George Henry 72, 74
Bortz, Daniel 448
Boswell, Simon 320
Böttner, Karl Heinz 388
Bouchet, Robert 57
Boudounis, Evangelos 354
Boulez, Pierre 67, 346, 388
Boyd, Liona 282, 326, 360f
Boyd, Walter (Leadbelly) 112f
Boys of the Lough, The 320
Bracey, Ishman 112
Bradley, Harold 96
Brady, Paul 292
Braff, Ruby 173
Bramlett, Delaney 218
Brand, Dollar 283
Brasilliance 172
Brasswell, Frank 125, 262
Braun, Konnie 423
Bream, Julian 57, 67, 324, 326, 329, 331, 333f, 340f, 347, 357, 361ff, 366, 368, 371, 396
Breau, Lenny 155, 245, 263, 388
Brecker, Randy 403
Brettschneider, Evert 239
Breuer, Hans 377
Brindle, Reginald Smith 385
Brinkmann, Franz Georg 60
Britten, Benjamin 67, 331, 333f, 340, 388
Bromberg, David 99, 218, 296, 299, 309
Brookmeyer, Bob 178, 185
Brooks, Billy 427
Brooks, Sam 262
Broomdusters, The 129
Broonzy, Big Bill 99, 111, 116, 121, 124ff, 136ff, 162, 173, 200, 225, 262, 423
Brötzmann, Peter 408
Brouwer, Leo 68, 87, 324f, 334, 351, 355, 368
Brown, Clifford 178
Brown, James 206
Brown, Les 186
Brown, Mel 136
Brown, Ray 188, 221, 250, 399
Brown, Willie 106ff, 262
Bruce, Jack 161, 201, 219, 226f
Bruck, Wilhelm 387f
Bruni, Marziano 62
Brüninghaus, Rainer 400, 402
Brunner, Martin 30
Brunner-Schwer, Hans-Georg 414
Bryant, Jimmy 239
Buchanan, Roy 139, 215f
Buchner, Alexander 28, 51
Buchner, Henry 309
Buckner, Milt 179
Budimir, Dennis 234, 257f
Buek, Fritz 375, 379f
Bueno, Gaston 171
Bunn, Teddy 148, 163f
Burchette, Wilburn 211, 234, 296
Bürger, Erich 383, 424
Burkhart, Jay 178
Burnett, Chester (Howlin' Wolf) 129
Burns, Gil 313
Burns, James O. 429
Burrell, Kenny 133, 161, 165ff, 169, 174, 185, 223, 252, 399f, 409
Bursch, Peter 423
Burton, Gary 156
Burton, James 138, 146, 152, 193f, 306

Busch, Sigi 422
Bush, Sam 312
Bussoti, Silvano 68
Butler, Billy 169, 174f, 206, 257
Butterfield, Paul 140, 142, 147
Butterfield Blues Band, The 134, 142, 144
Byrd, Charlie 65, 86, 167f, 171, 175ff, 180, 262, 272, 277, 342, 395, 426
Byrd, Joe 278

Cáceras, Oscar 87, 352
Cage, John 202, 208, 347
Caillat, Philippe 241
Caiola, Al 184, 279f
Caldwell, Toy 214
Cale, J. J. 135, 214, 221
Cali, John 266
Call, Leinhard von 60
Callahan Brothers, The 96
Callas 276, 405
Calloway, Cab 172
Calve, Manuel 373
Camaron, El 78
Campbell, Archie 156
Campbell, Ian 413
Campbell, Uryel 95
Campion, François 46
Canessière, Philippe de la 37
Cano, Manuel 76
Carcassi, Matteo 60f, 332, 365, 412
Carette, Bart 447
Carfagna, Carlo 354
Carlevaro, Abel 87
Carlisle, Bill 156
Carlisle, Cliff 91
Carlton, Larry 214, 221, 225, 235, 238, 257f, 429, 435
Carr, LeRoy 122, 126
Carter, A. P. 94
Carter, Benny 157, 172, 180
Carter, Dan 257
Carter, Jimmy 246
Carter, Maybelle 94
Carter, Ron 179
Carter, Sarah 94
Carter Family, The 292
Carthy, Martin 319
Carulli, Ferdinando 60, 61, 85
Casey, Al (Jazz) 163, 175, 195
Casey, Al (Rock'n'Roll) 195, 196
Cash, Johnny 193
Cassadó, Gaspar 369
Cassamente, Al 279
Castañera, Eduardo 87
Castellón, Agustin (Sabicas) 76
Castelnuovo-Tedesco, Mario 65, 328, 342, 354, 425
Catherine, Philip 171, 241, 274, 322f, 403f
Causey, Hayden 185
Cavalli, Pierre 175, 410
Celibidache, Sergiu 383
Cellier, Jacques 36
Cepero, Paco 78
Chadbourne, Eugene 240
Chandler, Chas 206
Chapman, Emmett 447f
Chapman, Michael 319
Chapman, Paul 418
Chaput, Roger 158
Charo 371
Charters, Sam 291
Chasman, Paul 239, 303
Chaucer, Geoffrey 23
Chavez, Carlos 339
Cheap Trick 446
Chicago 219
Chiesa, Ruggerio 353
Chilesotti, Oscar 353
Chillingworth, Sonny 93
Chinmoy, Sri 224, 227f, 234
Chopin, Frédéric 69, 402
Christian, Charlie 95, 101, 122, 127, 131, 149ff, 156, 159, 161, 163, 166, 171f, 174, 178ff, 183, 185f, 189, 203, 206, 228, 233, 235, 237, 245, 254f, 268, 273, 280, 281, 330
Christian, Meg 316
Christmann, Fred 306, 422
Christy, E. P. 97
Christy's Minstrels 97

Cimarosa, Domenico 363
Cimino, Michael 335
Cinderella, Joe 245
Clapton, Eric 109, 134f, 137ff, 141, 145, 200ff, 206, 214, 217ff, 221, 225, 236f, 246, 276, 313, 434
Clark, Roy 198
Clarke, Kenny 173, 178, 399
Clarke, Stanley 79
Clayton, Lynn 313
Clément, René 66
Clements, Vassar 309
Clinton, George 363
Clinton, Larry 266
Clooney, Rosemary 187, 194
Clovers, The 180
Cobham, Billy 227
Cocq, Francois le 47
Codina, Jordi 373
Coelho, Olga 350, 371
Colbert, Jean-Baptiste 46
Cole, Nat ›King‹ 164, 172, 176, 180, 182f, 243, 248
Coleman, Bud 113
Collette, Buddy 173
Collins, Cal 170, 171, 225, 242ff, 248, 271
Collins, John 164, 175f, 244
Collins, Judy 285
Collins, Lee 172
Coltrane, Alice 234
Coltrane, John 221, 224, 226, 234, 237, 312, 404, 416
Columbus, Chris 187
Columbus, Christoph 84
Colyer, Ken 137
Comets, The 191
Como, Perry 194
Conde, Gebrüder 81
Condon, Eddie 163, 176, 254f, 445
Conen, Hermann 388
Connors, Bill 430ff
Connors, Bill 221, 225, 240, 275, 414ff
Conrad-Brauer-Quartett 426
Conti, Alex 419
Contreras, Manuel 57
Cooder, Ry 93, 99, 144, 211, 217
Cooley, Spade 97
Cooper, Mike 318
Cooper, Stoney 310
Copeland, Leonard 263
Corbetta, Francesco 45f, 47
Cortés, Hernán 82
Cortese, Paolo 32
Corea, Chick 78, 219, 404, 415
Corell, Pater 63f
Corette, Michel 49
Coryell, Larry 77, 158, 161, 171, 203, 220ff, 225, 234, 239, 257, 262, 274, 278, 323, 407
Costa, Antonio 59
Costa, Eddie 187
Coste, Napoleon 61
Costerno, Mariacarmen 371
Cotsiolis, Costas 355
Cotton, Elizabeth ›Libba‹ 134, 313
Country Boy, The (Blind Willie McTell) 120
Country Gentlemen, The 310
Couperin, Francois 343
Coura, Peter 400
Courbois, Pierre 403
Cox, Billy 207
Cox, Ida 127
Cox, Terry 317
Cozzens, Ellsworth 309f
Crabtree, Will 110
Cramer, Heinz 397
Crary, Dan 292f, 412
Cream, The 109, 201f, 219, 237
Crespo, Gómez 85
Cress, Curt 393
Crockett, Jim 243, 287
Cropper, Steve 135, 139
Crosby, Bing 152, 153, 173, 182
Crosby, Bob 181
Crosby, Stills, Nash & Young 284
Crudup, Arthur ›Big Boy‹ 122f, 136, 148
Crusaders, The 161
Cullaz, Pierre 280
Curtis, King 175, 206

Cusack, Peter 240
Czernuschka, Fritz 383

Dadi, Marcel 263, 320f
Dagar, Z. M. 299, 302
d'Alembert, Jean Le Ronde (siehe Alembert, Jean Le Ronde d')
Dams, Norbert 386
Dankworth, Johnny 335
Dardanelles, The 187
Dašek, Rudolf 276, 426f
Dauner, Wolfgang 392f, 405
Dausend, Michael 386
Dave Pike Set 400
Dave van Ronk's Ragtime Jugstompers 291
Davezac, Betho 87
Davies, Peter Maxwell 67, 346
Davis, Andrew 363
Davis, Blind Gary (Reverend Gary Davis) 99, 103
Davis, Blind John 173
Davis, George 257
Davis, Jesse Ed 219
Davis, Jimmy 94
Davis, Karl Victor 96
Davis, Miles 207, 221, 226f, 247, 415f
Davis, Reverend Gary 99, 104, 124, 139, 291
Davis, Wild Bill 187
Davis jr., Sammy 100, 172, 176
Day, Doris 259
Daza, Esteban 83
Dean, James 194
Death, Blind Joe (John Fahey) 287
Debussy, Claude 64, 412
Degen, Bob 406
DeGrassi, Alex 306, 422
DeJohnette, Jack 226, 407
Delmore, Alton 96, 263
Delmore, Rabon 96, 263
Delmore Brothers, The 96
Delwar (Marya Delward) 377
DeMottoe, Ben 197
Denis, Claude 37
Denis, Robert 37
Deprez, Josquin 41
Derek and the Dominoes (siehe Eric Clapton) 219
Desmond, Paul 173
Diabelli, Anton 59, 60
Diabelli-Trio 391
Dias, Belchior 33
Dias, Denny 221
Diaz, Alirio 87, 332, 339ff, 353f, 358
Diaz, Francisco (Paco de Lucena) 75
DiBlasi, Joe 257f
Diddley, Bo 136, 137, 140, 193, 194
Diderot, Denis 49
Diestelmann, Stefan 427
Dietrich, Marlene 187
Dietz, Stephan 405, 422
Dill, Bernd 423
Dill, Georg 79
DiMeola, Al 77, 158, 161, 221, 223, 225, 239, 262, 278, 283, 284, 313, 407
Dintrich, Michel 336
Diorio, Joe 225, 245
Disley, Diz 78
Disney, Walt 181
Distel, Sacha 169
diTroia, Sal 257
Dobratz, Hansi, 422
Dockerey, Will 111
Dodds, Johnny 174, 180
Dodgson, Stephen 66, 332f
Doggett, Bill 175, 195
Doldinger, Klaus 400f
Dolphy, Eric 283
Dolsdorf, Max 426f
Domingo, Plácido 395
Domino, Fats 136
Dömling, Norbert 403
Donaldson, Lou 178
Donovan 318
Dopera, Emil (Ed) 307f
Dopera, John 307f
Dopera, Louis 308
Dopera, Rudolph 307f
Dopyera (Dopera) Brothers, The 307
Doré, Gustave 69

Dorbe, Hans 377
Dørge, Pierre 221, 241
Dorsey, Jimmy 176, 181, 235, 253
Dorsey, Tommy 182, 185, 267
Double Six de Paris, Les 266
Dowland, John 67, 332, 343
Downs, Colin 373
Drifters (The Shadows), The 197
Drifters, The 197
Duarte, John 68, 354, 390
Duccio, Agostino di 29
Dumas d. Ä., Alexandre 69
Dunn, Blind Willie (Eddie Lang) 146, 181, 264
Dunn, Bob 95
Duo Flamenco 79, 389, 423
Duran, Eddie 176
Durham, Eddie 95, 122, 150, 163, 168, 176, 268
Duser, Guy van 142, 292, 297ff, 412
Duvivier, George 278
Duyffroprucgar, Gaspard (Kaspar Tiefenbrucker) 37
Dvořák, Antonín 97
Dylan, Bob 99, 144, 219, 222, 285, 291, 306

Earle Spencer Orchestra, The 280
Eberson, Jon 241, 275
Eddy, Duane 135, 155, 186ff, 189, 195ff, 199, 256, 409
Edenton, Ray 260
Ederer, Martin 418, 422
Edwards, Paul 447
Edwards, Phil 243
Egmont 430
Ehnert, Günter 374, 402, 419
Ehrman, Rusel 77, 78
Eicher, Manfred 414
Eichhorn, Siegfried 424
Eisenhower, Dwight D. 194
Eisler, Hanns 426
Eitele, Joseph 379f
Eldridge, Roy 152, 176, 179
El Duo Flamenco 79
Electric Circus 403
Electric Flag, The 144, 147, 219
Electric Sun 420
Eliot, Don 185
Eliovson, Steve 241, 275
Ellington, Duke 157, 171, 174, 179, 180, 190, 245, 252, 264
Ellington, Edward Kennedy II 245, 252
Ellington, Mercer 245
Ellis, Don 427
Ellis, Herb 127, 165, 168, 169, 170f, 174ff, 178, 250, 253, 255, 258, 262, 271ff, 277f, 280, 396, 399
Elliott, Jack 251
Elliott, Mike 245
Elliott, Ramblin' Jack 285
Eloy 412, 418
Elwood, Philip 249, 250
Embryo 393
Emergency 402
Emerson, Bill 310
Enoch, Rolf 223
Eps, George van 163, 166, 168f, 174, 184, 186f, 288f, 211, 246, 250, 297, 414, 446
Erlewine, Mark 446
Ertl, Johann Anton 55
Escalada, Gustave Sosa 85
Escoudé, Christian 222, 241, 276, 320
Espinel, Vicente 36
Esplá, Oscar 68, 357
Estes, Sleepy John 121
Esteso, Domingo 56, 81, 429
Etheridge, John 417
Etmektosglou, Charalambos 355
Etri, Bus 163, 177, 254
Euronyme 13
Eurydike 14
Evangelos 17
Evans, Bill 166, 188, 416
Evans, Bob 320
Evans, Frank 241
Evans, Gil 207
Evans, Mary Anne 50, 110, 129, 198, 208, 442
Evans, Tom 50, 109, 129, 198, 208, 442

Everly, Don 219
Everly, Ike 91
Everly Brothers, The 91, 155
Evers, Reinbert 386f
Express 426
Eyre, William 134

Fagin, Jim 113
Fahey, John 88, 100, 143, 222, 285ff, 293f, 303, 412
Falla, Manuel de 64f, 356
Falta, Bobby 416
Falù, Eduardo 86
Fampas, Dimitri 354, 371
Farantouri, Maria 385
Farlow, Tal 140, 149, 165, 168, 169, 177, 185, 211, 221, 224, 226, 236, 253, 275, 350, 398, 415
Farmer, Art 179
Farr, Carl 156
Faunus 20
Favazzo, Tony 245
Favino, Jacques 429, 442
Feather, Leonard 162, 183, 239, 241
Fegy, Dick 296
Felder, Don 445
Feliciano, José 292
Fender 430
Fender, Leo 153
Fenton Brothers, The 188
Ferdinand, König von Kastilien 71
Fernández, Gerundiono 81
Ferrandière, Fernando 58
Ferranti, Marco Aurelio (Zan[n]i) 60
Ferré, Boulou 241, 275, 320, 416
Ferré, Elios 241, 275, 320
Ferreri, Pat 256
Feuerlein, Mela 380
Feybli, Walter 387
Field, Roger 445
Fierens, Guillermo 87, 161, 342, 350
Fifty Guitars, The 259
Finger, Peter 221, 422
Finnegan, Barry 161, 218
Fires of London, The 346
First Nashville Guitar Quartet 282, 326, 362
Fischer, Franz 385
Fisk, Eliot 339f
Fitzgerald, Ella 176, 177, 179
Five Guitars, The 186
Flac, Philippe 37
Flanagan, Tommy 174
Flatt, Lester 293, 309f
Fleta 430
Fleta, Ignazio 57
Flock, The 219
Flores, Diego Amaya (Diego del Gastor) 76
Focus 275, 387
Fogerty, John 196
Fogerty, Tom 196
Ford, Mary 140, 153
Ford, Robben 139
Forte, Dan 305
Foscarini, Giovanni Paolo 44
Fosset, Marc 241
Foster, Frank 174
Foster, Mo 419
Foster, Stephen Collins 97
Four Freshmen, The 266, 279
Fourie, Johnny 241, 275
Fox, Curley 293
Frampton, Peter 152
Franco, Buddy de 173, 177
Franco et l'OK Jazz 241
Franconetti, Silverio 75
Frankfurter Gitarrenduo 389ff
Franklin, Aretha 238
Franz, Heiner 275, 404
Fratermann, Evert 402
Freed, Alan 191
Frehley, Ace 214
Freichel, Louis 397
Freivogel, Willy 391
French, Mark 252
Frenzel, Bruno 419
Freund, Joki 406
Frey, Hans 30
Friederich, Daniel 57
Fripp, Robert 214

Frith, Fred 162, 240, 276, 404, 408
Froberger, Johann 343
Froese, Reinhard 389
Frost, Al 308
Fuenllana, Miguel de 34, 40f, 89
Fuller, Blind Boy 99, 118, 124, 138, 318
Fuller II, Blind Boy (Brownie McGhee) 124
Fuller, Jesse 423
Fullerton, George 153
Fulson, Lowell 132
Funes, Diana María Angelica 350
Funk, Eike 386, 396
Furey, George 319
Furey Brothers, The 319
Furtwängler, Wilhelm 383

Gafa, Al 245
Gaffori, Franchino (Gafforius) 31, 32
Gaillard, Slim 177
Gaitsch, Bruce 256
Galan, Juraj 170, 248, 413f, 422, 447
Galán, Natalio 87
Galbraith, Barry 177
Gale, Eric 161, 222, 239, 257
Gallagher, Rory 214
Gallup, Cliff 138, 146
Gangi, Mario 353f
Garcia, Benny 97
Garcia, Dick 177
García, Enrique 56
García, Gualberto 78
García, Hector 338
Garcia, Jerry 99, 214, 218
García, Miguel (Padre Basilio) 57
Gardner, Robert Alexander 96
Garland, Hank 97, 155, 177, 218, 247, 256
Garlow, Clarence 141
Garner, Erroll 248
Garrett, Tommy 259
Garrison, Arv 178, 280
Garry, Vivien 178
Gasbarroni, Massimo 353
Gashen, Terry 325
Gastor, Diego del 76
Gastor, Paco del 78
Gaughan, Dick 293
Gautama, Sidhatta 420
Gautier, Théophile 69
Geest, Jakob van de 57
Geils, J. 221
Geipel, Willi 399
Geissman, Grant 245, 281
Gerhard, Wolfgang 405, 423
Gerlach, Fred 287
Gerle, Georg 30
German Bonds, The 419
Getz, Stan 174ff, 185, 188
Ghiglia, Oscar 339ff, 348, 353
Giants, The 419
Gibbs, Terry 176, 185, 187
Gibson, Don 57, 155
Gibson, John 92
Gibson, Orville 442
Gilardino, Angelo 354
Gilberto, Astrud 415
Gilberto, Joao 167
Gille, Ida 384
Gillespie, Dizzy 151, 164, 177, 180, 184f, 187f, 245, 273
Gilmore, David 215
Gillum, Jazz 147
Gimínez, Jeronimo 68
Giminez, Raymond 280
Gioconda, Philip T. 370
Gismonti, Egberto 395
Gitfiddle Jim (James ›Kokomo‹ Arnold) 118f
Giuliani, Mauro 59, 60, 61, 88, 332, 353, 365, 410
Glaser, Jamie 447
Gläser, Peter ›Cäsar‹ 427
Gleason, Ralph, J. 151f
Glickstein, Fred 219
Glinka, Michail Iwanowitsch 72, 74
Gluck, Christoph Willibald 59
Gmelin, Gerd 389
Gnáttali, Radamés 68
Godfrey, Arthur 141
Goede, Dorothy de 344

Goldberg, Barry 145
Goldberg, Stu 404
Goldberg-Miller-Blues-Band, The 140
Goldwater, Barry 286
Gombert, Nicolas 42
Gomez, Francisco Sanchez (Paco de Lucía) 76
Gonnissen, Olaf van 389ff, 410
Goodman, Benny 149, 150, 163f, 173ff, 177f, 180f, 185, 186, 189f, 242ff, 253
Goodman, Jerry 227
Goodman, Steve 296
Goodrick, Mick 240, 414
Göttsching, Manuel (Ash Ra) 420
Gottuso, Tony 266
Gottwald, Franz 423
Götz, Alois 381
Götz, Toni 389
Götze, Walter 383f
Gould, Rachel 414
Gourley, Jimmy 178
Gowers, Patrick 333
Graham, Davey 139, 317
Graham, Georgia 175
Graham Bond Organization, The 226
Granados, Enrique 357, 365
Granger, Adam 296
Grant, Fred 239
Granz, Norman 164, 170, 184
Grappelli, Stephane 158, 175, 180, 226, 323, 417
Graupner, Johann Christian Gottlieb 97
Graves, Barry 202
Graves, Burkette (›Buck‹, ›Josh‹) 308ff
Graves, Josh 306, 308ff
Gray, Glen 176
Graydon, Jay 295
Greatful Dead, The 218
Great Guitars, The 176, 181, 262, 277f
Green, Douglas B. 89
Green, Freddie 101, 161, 163, 171, 178, 195, 244, 249ff, 273
Green, Grant 168f, 178, 247
Green, Peter 135
Greene, Richard 312
Greene, Ted 239
Greenwich, Sonny 241
Gregory, Byron 256
Gremper-Jenny, Madelaine 387
Gretsch, Friedrich 92
Griffin, Alex 113
Grimes, Tiny 179f, 254f
Grisman, David ›Dawg‹ 161, 263, 299, 302, 311, 312
Grobschnitt 420
Grocheo, Johannes de 24
Gröning, Peter 426
Groom, Bob 286
Grossman, Stefan 88, 98ff, 110, 139, 222, 285, 303, 318, 319, 320, 322, 412
Grossman, Wendy 313
Grosz, George 179
Grosz, Marty 179, 268, 273
Gruhn, George 430, 433f
Grunfeld, Frederic V. 15, 18, 23, 42, 49
Guaraldi, Vince 187
Guerau, Francisco 48
Guiffre, Jimmy 165, 176, 179, 287
Guitarrissimo-Duo 276, 391, 422
Guitars, Inc. 180
Guitars Unlimited 180, 278
Guitars Unlimited 280
Gulda, Friedrich 175, 347
Gulezian, Michael 296
Gupton, David 430
Gurto, Trilock 404
Gustafsson, Rune 241
Guthrie, Arlo 285
Guthrie, Woody 291
Guy, Buddy 128, 136, 142, 199, 239
Guy, Fred 174, 179, 250, 252
Guzmán, Luis de 41

Hackett, Bobby 184
Hackett, Steve 202, 214
Hades 14
Haggerty, Frank 235f, 237

Haggerty, Terry 147, 235 f, 237
Hagström 430
Hahn, Jerry 152, 158, 222, 239
Haider, Hans 55, 161, 394 ff, 445
Haider, Joe 418, 422
Haig, Al 185, 236
Halbing, Heinrich 378
Haley, Bill 103, 191 f, 415
Hall, Jim 165, 168 f, 179, 185, 189, 221, 236, 272, 398, 415 f
Halter, Wilfried 386
Hamilton, Chico 165, 179, 184, 189, 415
Hamel, Peter Michael 240 f
Hammer, Jan 227
Hammerschmied, Gerda 382
Hampel, Gunter 403
Hammond, John 150, 182
Hammond jr., John 206
Hammond, John Paul 139
Hampton, Lionel 172, 178
Hampton, Slide 427
Handy, Chip 240
Hanlon, Allen 187, 279
Hanna, Jake 242, 250
Hanna, (Sir) Roland 278
Hannabach, Gerold Karl 57
Hancock, Herbie 78, 166, 178, 258
Hancoff, Steve 296
Hankins, Esco 309
Hansen, Jess 209
Haphazards, The 312
Hardy, Chris 320
Hare, Pat 129
Harlan, Christoph 386
Harmonia 13
Harpo, Slim 217
Harris, Albert 267, 268
Harris, Bill 167, 175, 179 f, 252
Harris, Don ›Sugarcane‹ 401
Harris, Emmylou 215
Harris, Jet 198
Harrison, George 225, 276
Hart, Guy 96
Harvey, Roy 262
Haselbacher, Frank 341
Hasselberger, Jeff 431
Haug, Hans 368
Haupt, Robert 386
Hause, Alfred 394
Hauser, Hermann 57, 345, 380, 430
Hawes, Hampton 174
Hawkins, Coleman 150, 157 f, 184, 273
Hay, George D. 96
Haydn, Josef 85, 380
Hazel, Monk 195
Hazlewood, Lee 195 f
Heartz, Daniel 42
Heath, Ted 180, 182
Hebb, Bernhard 386
Hecht, Daniel 422
Heck, Thomas 52
Hefti, Neal 180
Heifetz, Jascha 342
Hein, Hans 387
Heinl, Albin 389
Heinrich VIII., König 37
Heinzmann, Melitta 387
Held, Ignatz 446
Hellerman, Fred 292
Hemingway, Ernest 370
Hempel, Klaus 386
Henderson, Forbes 347 f, 373
Hendrickson, Al 180, 258
Hendrix, James Marshall (›Jimi‹) 78, 128, 145, 162, 200, 203, 206, 209 ff, 216 ff, 221, 228, 236, 237, 327, 402, 405, 414, 421, 439
Henkels, Michael 238
Henze, Bruno 383, 424
Henze, Hans Werner 67, 352, 368, 374, 387
Henze, Karl 376
Herberg, Martin 423
Herbolzheimer, Peter 393
Hering, Manfred 425
Herman, Woody 173, 175, 180, 185, 189
Hermes 14
Hernańdez, Manuel 370
Hernández, Santos 56, 75, 81
Herzau, Andreas 389

Hesslein, Peter 419
Hettinger, Theodor 314
Heyden, Scott 119
Heygen, Joshua 355
Hicks, Charlie 118
Hicks, Robert 118
Hielscher, Margot 397
Hii, Philip 359
Hill, Cameron 97
Hill, Eric 346, 356
Hill, Teddy 151
Hi-Lo's!, The 266
Hines, Earl 173
Hinze, Chris 391 ff
Hipp, Jutta 189, 398 f
Hirayama, Masayuki 349, 352
Hladik, Radim 222, 241
Hladky, Vinzenz 382
Hodeir, André 157
Hof, Jasper van't 393, 403
Hoffmann, Ingfried 400
Hoffmann, Raoul 405
Holder, Mitch 257
Holdsworth, Allan 222
Holiday, Billie 184 f, 273
Holland, Dave 226, 415
Holland, Maggie 313
Holly, Buddy 287
Holmes, Tom 389
Hooker, John Lee 105, 131, 140, 200, 410
Hoopii, Sol 307
Hope, Harvey 329
Hopf 412, 430
Hopkins, Frank 107
Hopkins, Lightin' 116
Horiuchi, Tsuyoshi 349
Horn, Guy 344
Horn, Jim 197
Horn, Paul 173, 184
Horne, Lena 172
Horton, Peter 276, 391 ff, 421
Hot Club da Sinti 416
Hot Shot Willie (Blind Willie McTell) 120
Hot Vultures, The 313
Hourglass 217
House, Eddie ›Son‹ 103, 107 ff, 129, 139, 141
Howard, Paul 97, 177
Howe, Steve 78, 96, 152, 215, 221, 306
Howell, Joshua Barnes ›Peg Leg‹ 117 f
Howell, Michael 239
Howlin' Wolf 102, 129, 135, 138, 141, 146, 200
Hoyer 430
Hudson Dusters, The 291
Hübner, Ralf 400, 406
Huelva, Niño de 73 f
Hughes, Allan 325
Hulán, Ludek 241
Hummel, Johann Nepomuk 59
Hurok, Sol 344
Hurt, ›Mississippi‹ John 98, 104, 139, 290, 322
Hussain, Zakir 227
Hutchett, Horace 186
Hyman, Dick 185

Iijima, Akira 240 f
Illenberger, Ralph 276, 405, 421
Indios Tabajaras, Los 86
Indy, Vincenz d' 64
Ingman, Jørgen 198
Ink Spots, The 192
Isaacs, Ike 78, 169, 180, 272
Isaacs, Leland ›Atta‹ 93
Isabella, Königin von Kastilien 71
Isakow, Peter 446
Isley Brothers, The 206
Ives, Burl 287
Iwanow, Michael 446
Iznaola, Ricardo Fernandez 87

Jackson, Jerene 316
Jackson, Michael Gregory 239
Jackson, Milt 173, 174
Jackson, Papa Charlie 125
Jackson, Shot 308
Jackson, Tommy 293
Jaffe, Nat 189, 273

Jagelka, Charles (Chuck Wayne) 189
Jagger, Mick 199
Jahnel, Franz 22, 26, 429
James, Elmore 109, 129, 132, 138
James, John 318
James, Skip 108, 110ff, 118, 138f, 286f, 423
Jänichen, Lothar 407
Jankeje, Jan 422
Jankejova, Gertraud 422
Jansch, Bert 138f, 317
Jarrett, Keith 224, 393, 415
Jefferson, Blind Lemon 114f, 118, 124, 126, 131, 134, 141, 146
Jefferson, Carl 242, 250
Jefferson, Thomas 90
Jennings, Waylon 155
Jimi Hendrix Experience, The 206f
Jobim, Antonio Carlos 86, 167
Johnson, Blind Willie 115, 138, 218
Johnson, Bruce 239, 274f
Johnson, James P. 172, 297
Johnson, Jesse 263
Johnson, Jimmy 239
Johnson, Lonnie 108, 121, 125, 131, 146, 162, 173, 181ff, 263ff, 268, 276, 319
Johnson, Lyndon B. 175
Johnson, Robert 108f, 129, 138, 141, 200, 218
Johnson, Tommy 111, 118
Johnsson, Per-Olof 359, 382
Jones, Reverend A. M. 103
Jones, Brian 137, 138
Jones, Carmell 427
Jones, Elvin 312
Jones, Hank 184
Jones, Jo 249
Jones, Quincy 175, 180, 188, 246
Jones, Rodney 239, 274f
Jones, Thad 174
Jones, Tom 100, 257
Joplin, Scott 89, 98, 119, 295, 297
Jordan, Louis 174
Jörgensmann, Theo 393
Josh, Uncle (Burkette Graves) 309
Juan III., König 40
Juan José von Österreich 47
Jean Pierre Jumes 336
Juriew, Wasil 446
Justis, Bill 195
Juusela, Arto 359

Kaapana, Ledward 93
Kadmos 13
Kagel, Mauricio 67, 208, 388
Kahr, Jim 410
Kairo, Peter 298
Kaiser, Christian 386
Kaiser, Henry 162, 176, 240, 404
Kaiser, Joachim 393
Kalb, Danny 291
Kalcina, Ivan 359
Kamuca, Ritchie 182
Kane, Raymond 93
Kantenwein, Andreas 389
Kantner, Paul 214
Käppel, Hubert 386
Karajan, Herbert von 382
Karl II., König 45, 48
Karl IV., König 58
Karl V., Kaiser 69
Kasha, Michael 230
Kassner, Eli 361f, 364
Kath, Terry 219, 221
Katz, Dick 185
Kaufmann, Walter 233f
Kaukonen, Jorma 214
Kawasaki, Ryo 239, 241, 323
Keane, Shake 393
Kelly, Dave 318
Kelly, Jo-Anne 316
Kelly, Wynton 183
Kenton, Stan 86, 166, 172, 177f, 279
Kerklies, Hans-Werner 423
Kern, Karl 379
Kersting, Maritta 385
Kerth, Jürgen 427
Kessel, Barney 78, 86, 133, 157, 161, 163ff, 168ff, 175ff, 180f, 209, 215, 220f, 228, 235, 237, 246, 253, 255ff,

262, 271 f, 277, 280, 396, 399, 410, 414 f
KGB 145
Khan, Ali Akhbar 299
Khan, Steve 171, 239, 274
Kiesewetter, Knut 395 f
King, Albert 134 ff, 142, 144 ff, 199, 217, 313, 410
King, B. B. 101, 106, 115, 128, 130 ff, 136 ff, 141 ff, 196, 199, 200, 206, 215, 217, 235
King, Carol 284
King, Dave 403
King, Freddie 135 f, 142, 146, 410
King, Jackie 296
King, Morgana 185
King, Pee Wee 182
King's Singers, The 266
Kirby, Beecher ›Brother Oswald‹ 308, 309
Kirk, Andy 163, 187
Kirk, Roland 206, 207
Kirkpatrick, Ralph 340
Kirsch, Dieter 386
Kissmer, Willi 423
Kistner, Udo 406 f
Kittyhawk 447
Klatt, Jürgen 385
Klee, Horst 386
Klein, Oskar 241, 410, 422
Klier, Johannes 411
Klinger, Ivan 446
Klugh, Earl 239
Knispel, Achim 408
Knowles, John 282, 298, 326, 362
Knox, Bertell 167
Kobayashi, Takeshi 323
Koch, Hans Michael 386
Köhler, Peter 254 f
Kolb, Barbara 337
Kolbe, Martin 276, 405, 422
Koller, Hans 189, 398 f
Konishi, Toru 282
Konitz, Lee 165, 173, 178 f, 185
Kooper, Al 144, 217
Korner, Alexis 138, 200, 317, 401
Korseck, Hans 426
Kothe, Robert 376 f
Kottke, Leo 222, 285, 287 f, 304, 421
Kotzia, Eleftheria 371
Kozinn, Allan 326
Kraus, Peter 372
Krause, Ansgar 275, 387
Krause, Klaus-Michael 422
Krebs, Johann Ludwig 424
Kreidler, Dieter 385 f
Kreisler, Fritz 292
Kremberg, Jakob 47
Kress, Carl 163, 171, 173, 179, 181, 183, 185, 264 f, 267 f, 269, 273
Kretschmer, Thomas 419
Kriegel, Volker 221, 397, 400 ff, 405 f, 407, 422
Kronjäger, Brigitte 387
Kropinski, Uwe 276, 426
Kühn, Dieter 29
Kühn, Gerd Otto 420
Kühn, Joachim 397, 403
Kühn, Rolf 394, 403
Kuhn, Steve 404
Kuhnau, Johann 332
Kunigunde, Äbtissin 29
Kurnick, Jon 257
Kusnetzow, Alexej 243
Kwan, Leonard 93

LaBella, John 284
L.A.4 172
Lacôte, René François 55
Lämmerhirt, Werner 422 f
LaFaro, Scott 416
Lagoya, Alexandre 65, 346, 354, 362, 366 f, 370 f, 413
Lagrene, Bireli 162, 416 f, 421 f, 430
Lagrene, Fiso 417
Lagrene, Gaiti 417
Laibman, Dave 100, 294 f, 321
Laine, Cleo 335
Laird, Rick 227
Lakatos, Tony 403
Lamare, Nappy 181
Lane, Frankie 187

Lang, Eddie 146, 148, 162 f, 171, 174, 180 ff, 242, 255, 263 ff, 268, 276, 322
Lang, Peter 88 ff, 142, 222, 285, 287, 446
La Romanderie 416
Larroccha, Alicia de 357
Lasky, Louie 125
Lasson, Bokken 375
Last, Hans ›James‹ 397, 419
Lateef, Yusef 174
Launi, La 307
Laurent, Pierre 280
Lauro, Antonio 66, 85
Law, Don 108
Lawall, Georg 386, 410
Lawrence, Bill (Willi Lorenz Stich, Billy Lorento) 398
Lay, Sam 134
Lazarde, Romulo 350
Leadbelly (Huddie Leadbetter) 101, 113 ff, 138, 141, 162
Led Zeppelin 216, 418
Lee, Alvin 214, 225
Lee, Peggy 172, 177, 180, 184, 185, 186
Lee, Philip John 320
Lee, Wilma 309, 310
Leeb, Karl Hermann 384
Leed, Melven 93
Legrand, Michel 175
Lehn, Erwin 391
Lejeune, Benoist 37
Lemaguer, François 280
Lemoine, Antoine Marcel 50 f
Lenz, Günter 400, 406
Leonardo, Umberto 354
Leonhardt, Gustav 344
Leopold Wilhelm, Erzherzog 46
Les Hite Orchestra 127
Les Humphries Singers 419
Leukauf, Robert 382
Lewis, Furry 290
Lewis, Jerry Lee 193
Lewis, John 189, 241, 398
Libbert, Jürgen 386
Libri, Girolamo dai 32
Lie, Michael 360
Lieto, Bartholomeo 32
Lifetime 227
Ligeti, György 404
Light Crust Doughboys, The 95
Lightfoot, Gordon 362
Lind, Ekard 378, 387
Lindenberg, Udo 419
Lindholm, Lucas 395
Linhares, Dagoberto 87
Lippmann, Horst 397, 421
Lipscomb, Mance 104, 105
LiPuma, Tommy 247
Lister, Pat 363
Liszt, Franz 69
Little Milton 128
Little Richard 103 f, 194, 206
Little Walker 140, 146
Llobet, Miguel 63 f, 75, 85, 328, 338, 378 f, 384, 442
Loar, Lloyd A. 443 f
Locking, Brian 198
Lockwood, Robert 135 f
Loeffler, Tschirglo 417
Lofsky, Lorne 241
Lohnes, Manolo 79, 423
Lomax, Alan 107, 113
Lomax, John 113, 114
Lopez Ramos, Manuel 87, 371
Lorca, Federico García 73, 357
Lorento, Billy (Willi Lorenz Stich, Bill Lawrence) 397
Lorimer, Michael 65, 343 ff
Lorris, Guillaume de 24
Louvon Brothers, The 96
Love, George 347
Löw, Ingeburg 425
Lowe, Mundell 165, 167, 169, 182, 184, 187, 222
Lowinger, Gene 299
Lubos, Los 171
Lucas, Nick 94
Lucena, Paco de 75
Lucía, Paco de 76 f, 148, 161, 225, 262, 278, 283, 284, 405
Lucifer's Friend 419
Ludwig XIV. 38, 45, 344

Lukian 17
Lully, Jean-Baptiste 45, 46
Luna, Adolfe 86
Lunar, Perico el del 74, 76
Lüneburger Gitarrenduo 389
Lunquist, Bengt 360
Lützeler, Jakob 384
Lyons, Jimmy 185

Maccaferri, Mario 57, 395, 442f
Mackel, Billy 169, 446
Maderna, Bruno 68
Magic Sam (Maghett) 135f, 140, 142f, 146f
Mahal, Taj 136, 306
Mahavishnu Orchestra, The 227
Mahler, Gustav 381
Maia 14f
Mairants, Ivor 182
Mandel, Harvey 222
Mangelsdorff, Albert 397ff, 401f, 405, 408
Mangelsdorff, Emil 405
Mann, Herbie 189
Manne, Shelly 221, 324, 399, 426
Mans, John (John Walker) 201
Manone, Wingy 172, 182
Mantovani, Orchester 182
Mardiguera, Paquita 68
Mariano, Charlie 404f
Marie Luise, Königin von Savoyen 48
Marina, Carmen 368, 372
Marino, Frank 162, 215
Marlow, Janet 360
Marron, Eddie 169, 234
Marsala, Joe 182, 189
Marshall, Jack 182, 279, 282, 342, 426
Marshall, John 401
Marshall, Slim 173
Martin 430f
Martin, Christian Friedrich 92
Martin, Frank 68, 368
Martin, Grady 197
Martín, Juan 76ff
Martínez, Pepe 75f
Martino, Pat 152, 169, 221, 240, 246, 248, 407
Marvin, Hank B. 197, 199, 321
Marx, Chico 180
Maškewič, Vladimir 446
Masne, Vincent, Le 275
Massaro, Salvatore (Eddie Lang) 181
Mastersounds, The 183
Mastren, Carmen 164, 182, 267, 268
Matiegka, Wenzeslaus 60, 381
Matsuda, Jiro 348, 355
Matteis, Nicola 46
Mattheson, Johann 35
Matthews, Keith 295
Mauerhofer, Alois 387
May, George T. 61
May, Tim 257, 281
Maya, ›El Marote‹ Juan 78
Mayall, John 134, 136, 200, 225
Mayer, Gustl 400
Maynard, Ken 95
McCarthy, Joseph 194
McCartney, Paul 19, 79, 156, 199
McConnell, Rob 173, 178
McCoy, Joe 262
McCoy, Minnie Douglas (Memphis Minnie) 121
McDaniel, Ellas (Bo Diddley) 194
McDonald, Winifred 183
McDonough, Dick 163, 171, 181, 183f, 185, 265, 266, 267, 269
McDuff, Jack 247
McDowell, Fred 139
McFarland, Lester ›Mac‹ 96
McGee, Jerry 257
McGee, Sam 90, 96, 286
McGhee, Brownie 99, 118, 124, 291
McIntyre, Hal 181
McKenzie, Red 181
McKinley, Ray 182
McLaughlin, John 55, 58, 59, 61f, 77, 141, 148, 161, 207, 215, 219, 221, 223f, 227, 235, 245, 248, 262, 274, 275f, 278, 283f, 402ff, 407, 445
McLennan, Jim 241, 320
McLennan, Tommy 124, 147

McMullen, Freddie 118
McReynolds, Jesse 303
McReynolds, Jim 309
McShann, Jay 179
McShee, Jacqui 317
McTell, Blind Willie 99, 115, 118, 162
McTell, Ralph 99, 318
Médard, Remy 46
Meeham, Tony 198
Meier, Georg 376, 379
Meier-Pauselius, Willi 379
Meiner, Georg 375
Meinl 430
Melchior, Enrique 78
Melone, Peggy ›Lady Bo‹ 316
Melrose, Lester 122
Memphis Minnie 262
Mendes, Sergio 184, 238
Menn, Don 154, 209, 213
Merimée, Prosper 69
Merstein, Hojok 416
Messina, Jim 214
Metheny, Pat 221, 223, 224, 240, 304, 407 ff
Meung, Jean de 24
Meyer-Steineg 377
Mezzrow, Mezz 174
Mikulin, Igor 355
Milán, Luys 31, 32, 39, 40 f, 351, 353, 365, 386
Milton Brown's Musical Brownies 95
Mild Maniac Orchestra, The 401
Milhaud, Darius 367
Miller, Dale 296
Miller, Duke 237
Miller, Glenn 182
Miller, Steve 139 f, 214
Milefors, Michael 198
Miles, Buddy 207, 219
Mingus, Charles 140, 206, 226
Minotaurus 14
Minton, Henry 150
Mitchell, Joni 258, 291, 313
Mitchell, Mitch 206, 207
Mitchell, Red 179
Miteran, Alain 336
Mittermayr, Anton 378
Mnemosyne 13
Modernaires, The 266
Modern Jazz Quartet, The 172, 241
Mola, Pier Francesco 29
Molin, Ole 241
Molina, Carlos Manuel 351
Molina, Javier 74, 75, 76
Molina, Lole 77
Molina, Manuel 77, 78
Molitor, Simon 60
Mompou, Federico 68, 349, 353
Monden, Godelieve 360
Monge, ›Serranito‹ Victor 77, 78
Monk, Thelonius 151
Monkees, The 207
Monroe, Bill 91, 94, 194
Monroe Brothers, The 96
Monroe, Charlie 96
Montesardo, Girolamo 44
Montgomery, Buddy 183
Montgomery, Little Brother 110
Montgomery, Monk 183
Montgomery, John Wesley ›Wes‹ 152, 169, 183, 203, 233, 236, 237 f, 245, 247 f, 327, 345, 405, 416
Montoya, Carlos 73, 76, 324
Montoya, Ramón 73 ff
Montoya de Cardones, Johannes 30
Moore, Jackie ›Kid‹ 440
Moore, Johnny 128, 183
Moore, Oscar 128, 164, 174, 182, 183
Moore, Scotty 138, 146, 162, 193, 195
Morel, Jorge 87, 328
Moreno Torroba, Federico 63, 340, 372
Moretti, Federico 50, 57, 58
Morgan, Charlie 97
Morgan, Dick 97
Morganfield, McKinley (Muddy Waters) 129
Morkow, Ladislaus 446
Morlaye, Guillaume de 42
Morón, Diegito de 78
Morton, Jelly Roll 186, 283, 291
Mosch, Ernst 397

Moss, Buddy 18, 119
Mothers of Invention, The 202
Mottola, Tony 171, 184, 267, 268, 279
Mound City Blue Blowers, The 181
Mourat, Jean-Maurice 336
Mozart, Wolfgang Amadeus 340
Mozzani, Luigi 378f
Mudarra, Alonso 35, 40f
Mühlhölzl, Fritz 378
Müller, Rainer 393
Müller, Werner 391
Müller-Dombois, Eugen 349
Müller-Pering, Thomas 275, 387
Mulligan, Gerry 221, 245
Mullin, Frank 215
Murcia, Santiago de 48
Muciano, El 74
Murphy, Dudley 296
Murphy, Matt ›Guitar‹ 136
Murphy, Turk 235
Murrell, Davey 320
Murtha, Tom 287
Musenbichler, Robert 420
Myers, Stanley 334, 335

Nachrüstung 393
Nakamure, Sadanori 282
Namakelua, ›Auntie Alice‹ 93
Naoi, Takao 282
Narváez, Luis de 41, 83
Naumann, Kapellmeister 51
Navascués, Santiago 352, 410f
Nay, Joe 401
Negri, Silvio 376
Nelson Rick[y] 193
Nelson, Willie 144, 445
Nero 16
Neruda, Pablo 82, 357
Nesmith, Michael 207
Neves, Oscar 238
Newborn, Phineas 188
New Lost City Ramblers, The 290
Newman, Joe 279
New Orleans Creole Jazz Band, The 186
New Riders Of The Purple Sage 218
New South, The 312
Newton, Ernie 152
New York Ramblers, The 299
Nicholas, Albert 172
Nichols, Red 181
Nichols, Roy 215
Nichtern, David 302
Nickel, Ernst 23, 42
Nicola, Isaac 251
Nielsen, Rick 445
Nikisch, Arthur 383
Nikitos, Dimitri 355
Nimbler, Jürgen 390
Nin-Culmell, Joaquín 339
Noble, Ray 189
Nolan, Jimmy 215
Nono, Luigi 347
Noone, Jimmy 180
Noone, Peter 93
North, Nigel 329
North Caroline Ramblers, The 262
Norvo, Red 140, 165, 172f, 176f, 182, 184f, 189, 233, 398
Notaro, Sergio 353
Noya, Nippy 402
Ntosho, Makaya 393
Nugent, Ted 214f

Oak Cliff T-Bone (T-Bone Walker) 127
Obara, Yasumasa 348
Oberbek, Jan 356
Ochs, Phil 285
O'Conner, Mark 161, 263, 311, 312f, 422
O'Day, Anita 178, 185
Odetta 291, 316
Odoaker 20
Ogerman, Claus (Klaus Ogermann) 168, 397
Ohana, Maurice 68, 368,
Ohlshausen, Ulrich 408f
Okeanos 13
Oldfield, Mike 215f
Oliveira, Wilson de 414
Oliver, King 186

Oliver, Paul 101, 121
Olmstead, Frederick Law 102
Omega Guitar Quartet 373
One Truth Band, The 228
Orbón, Julian 339
Oregon 415
Orozco, Juan 370
Orpheus 14, 33
Ørsted-Pedersen, Nils-Henning 323
Ortega, Jesús 87
Ortiz, Diego 82
Ortner, Jakob 381f
Ory, Kid 186, 235
Osborne, Mary 150, 164, 169, 183, 315
Osiris 426
Oswald von Wolkenstein 89
Ott, Carl von 315
Otto, Jakob August 48, 51
Ousley, Curtis (King Curtis) 206
Overgaauw, Wim 188, 241
Ovid 20
Oyanguren, José Martinez 87

Päffgen, Peter 346f, 387
Paganini, Niccolò 60, 352, 381
Page, Jimmy 138, 146, 214, 216, 434
Page, Patti 194
Page, Walter 249
Pagés, José 52, 88
Pahinui, Gabby 93
Paley, Tom 290
Palau-Boix, Manuel 68
Palmier[i], Remo 171, 183f, 273
Panormo, Louis 54
Papas, Sophocles 167, 175, 179
Parkening, Christopher 65, 182, 238, 340, 341f
Parker, Charlie ›Bird‹ 151, 165, 176, 177f, 181, 185, 208, 221, 226, 236f, 247, 273, 330
Pass, Joe 169ff, 184, 209, 235, 238, 243, 246, 248, 252, 258, 271ff, 434
Passalaqua, Joseph Anthony Jacobi (siehe Joe Pass)
Partiño, El Maestro 74
Patruno, Lino 241
Patton, Charley 94, 106, 107, 110ff, 123, 129, 262, 286
Paul, Les 97, 140, 151ff, 154ff, 158, 159, 164, 171, 193, 197, 200, 220, 263, 436, 438
Pauler, Günther 422
Pauli, Werner 424
Paul Winter Consort, The 415
Payet, Carlos 87
Paxton, Tom 291
Peabody, Eddie 255
Peabody, Tom 291
Pearse, John 410, 444
Peer, Ralph 94
Pee Wee King's Golden West Cowboys 97
Pee Wee Russell's Rhythm Makers 250
Pege, Aladar 409
Pell, John 282, 362
Pellegrini, Victor 87
Pelzer, Ferdinand 62
Pelzer, Katharina (siehe Madam Sidney Pratton)
Peña, Paco 77
Penniman, Richard (Little Richard) 103
Pentangle, The 139, 317
Pepl, Harry 221, 241, 410
Perkins, Carl 97, 193f
Persephone 14
Peter, Paul & Mary 99
Peter, Ursula 424f
Petermann, Karsten 389
Peterson, Jack 415
Peterson Oscar 165, 172, 176, 181, 253, 398, 414
Petit, Philip 241, 320
Petit, Pierre 387
Petrassi, Goffredo 67, 333, 352
Pettiford, Oscar 173, 397, 397f
Pfister, Karl 377
Pfitzner, Hans 381f
Pfohl, Albrecht 79
Philipp V., König 48

Phillips, Sam C. 128, 191, 192, 193
Phillips, Simon 419
Piatigorsky, Gregor 342
Pickett, Wilson 206
Pierce, Lonnie 293
Pike, Dave 400f
Piltch, Robert 218
Pincus, Hans-Jürgen 386
Pink Floyd 78, 215, 239
Pircher, Erika 387
Pisano, John 173, 184, 273
Pizzarelli, Bucky (John sen.) 168, 173, 184, 242, 262, 268, 269–270, 414
Pizzarelli, John jr. 270, 446
Pizzarelli, Mary 270, 446
Plata, Manitas de 77, 210
Plessner, Lucian 386
Pluta, Jürgen 393
Plutarch 16
Poco 284
Polašek, Barbara 385
Police 446
Pollack, Ben 181
Pollini, Maurizio 402
Polsfuss, Lester William (siehe Les Paul)
Pomeroy, Herb 415
Pomponio, Gracielo 350
Pomposello, Tommy 140
Ponce, Manuel 65f, 85, 328, 333, 342
Ponce, Albert 348, 349, 351
Ponty, Jean-Luc 227, 393
Poole, Charlie 262
Popow, Arsenij 446
Porquet, Bertrand 275
Powell, Baden 86, 414
Powell, Bud 237
Powell, Seldon 279
Powell, Teddy 177
Powerhouse 393
Powroźniak, Józef 423
Praetorius, Michael 35, 47
Prat, Domingo 85, 372
Pratt, Jimmy 399
Pratt, Richard 278
Pratton, Madame Sidney 62
Presley, Elvis 103, 129, 136, 148, 155, 192ff, 199, 256, 415
Presti, Ida 65, 346, 362, 366f, 370f, 413
Previn, André 334
Price, Larry 93
Prima, Louis 257
Proakis, Costas 353
Probst-Polašek, Barbara (siehe Polašek, Barbara)
Proctor, Judd 241
Profit, Clarence 189
Prunnbauer, Sonja 386f, 395f
Prusik, Karl 382
Psyche 19
Puckett, Riley 91
Puig, Manuel 325
Pujol, Emilio 63, 338f, 348f, 351, 353f, 358, 367, 384, 442
Puma, Joe 185f, 189, 270f
Punahoa, Fred 93
Purruker, Tilman 389

Quadt, Adalbert 385
Quinn, Snoozer 162
Qualey, David 412ff, 421ff
Quartet Tarragó 373

Rabel, Oswald 377
Rabin, Trevor 214
Rachel, Yank 121
Rachmaninoff, Sergej 172
Rae, John 278
Rager, Mose 91
Raghavan, R. 227
Ragossnig, Konrad 22, 23, 24, 382
Rainey, Chuck 206, 210
Rainey, Gertrud ›Ma‹ 122, 127
Rahman, Abd Al 71
Raitt, Bonnie 316
Raj, Vasant 445
Rallo, Tony 280
Ramirez 430
Ramirez, José II. 81
Ramirez, José III. 57, 359
Ramirez, Manuel 56, 81

Random, Margo 313
Ramsey, Bill 414
Raney, Doug 171, 185, 236, 237, 273, 407
Raney, Jimmy 165f, 169, 171, 178, 185, 223, 236, 273, 415, 422
Rattles, The 419
Ratzenbeck, Peter 423
Ratzer, Karl 161, 221, 241, 410
Rau, Fritz 396, 422
Ravel, Maurice 224
Rebay, Ferdinand 382
Red, Bull City (George Washington) 124
Red, Pig 'n' Whistle (Blind Willie McTell) 120
Redding, Noel 206
Rediske, Johannes 396ff
Reed, Jerry, 155, 263
Reed, Jimmy 136, 140, 142
Regnier, Anatol 386
Regondi, Jules 61
Reich, Charles 218
Reichel, Achim 420
Reichel, Hans 408f
Reinhardt, Daweli 416
Reinhardt, Django 57, 67, 116, 131, 148, 157ff, 163f, 166, 172f, 175, 179, 182f, 187ff, 221, 225f, 228, 233, 235, 237, 273ff, 277, 323f, 326f, 330, 334, 413, 415ff
Reinhardt, Joseph 158
Reinhardt, Schnuckenack 416
Reinhardt, Zipflo 416
Remler, Emily 245, 315
Renaud, Henri 178
Renbourn, John 138, 317
Rendell, Stanley 431
Rennert, Martin 386
Reno, Don 302
Rensch, Hermann 379
Renzetti, John 215
Resnicoff, Richard 278
Rettenbacher, Hans 400
Return To Forever 415
Reuss, Allan 151, 163f, 186f, 253, 258
Reyes, Manuel 81
Rhodes, Sonny 136
Rhubarb Red (Les Paul) 152
Ribero, Victor 364
Ricardo, Niño 75ff
Rice, Larry 312
Rice, Ronnie 312
Rice, Tony 161, 239, 263, 311f, 422
Rich, B. C. 445
Rich, Charlie 155
Richard, Cliff 198
Richard, Keith 137, 200, 416
Richardson, Dave 320
Richardson, Tich 320
Richey, Slim 239, 311
Richter, Barbara 424
Rickenbacker (Rickenbacher) 19
Rickfelder, Jo 276, 405
Riddle, Nelson 180
Rieva, Rodrigo 86
Rifkin, Joshua 295
Rios, Agustine 77, 79
Rios, Waldo de los 350
Rist, Georg 423
Ritenour, Lee 184, 221, 225, 237ff, 247, 257ff, 260, 435
Ritgen, Ule 420
Ritter, Hans 376, 379f
Ritter, Marcel 445
Ritter, Theodor 375
Riveria, Mario 279
Rizzi, Tony 184, 186, 189, 280, 282
Rizzio, David 38
Roberts, Bob 256
Roberts, Howard 165, 169f, 186, 220, 235, 238, 249, 256f, 297
Robertson, Robbie 216, 217
Robia, Lucia della 29
Robinson, Fenton 136
Rocking Highlanders, The 179
Röder, Klaus 430, 442
Rodgers, Jimmy (Mississippi Blue Yodeler) 91, 94, 292, 308, 309
Rodgers, Jimmy (Muddy-Waters-Gitarist) 135, 410
Rodgers, John 320

Rodgers, Mike 320
Rodrigo, Joaquín 66, 328, 342, 350, 354, 371, 372f, 425
Rodriguez, Francisco (El Murciano) 74
Rodriguez, Miguel 342, 345
Rogério, José 410
Rogers, Roy 139
Rohde, Andreas 421
Roland, Gene 176
Rolling Stones, The 137, 167, 199, 306, 321
Rollins, Sonny 179, 188, 237, 239
Romanderie, La 415
Romanillos, José 364, 430
Römer, Matthäus 380f
Romero, Ángel 66, 324, 372f
Romero, Celedonio 342, 372f
Romero, Célin 372f
Romero, Pepe 66, 325, 342, 372f
Romeros, Los 66, 372f
Ronk, Dave van 100, 222, 285, 290ff, 294f
Ronsard, Pierre de 43
Roncalli, Ludovico 45
Roos, Randy 221
Rosati, Mike 281
Rose, Artie 291
Rose, Bob 257
Rosenthal, Phil 311
Ross, Theodor 387f
Rossini, Gioacchino 354
Rost, Jürgen 425
Rost, Monika 425
Rostill, John 198
Rotella, Thom 257
Roth, Ulrich 214, 420f
Rother, Michael 419
Roussell, Albert 64
Rowe, Keith 240
Rubinstein, Anton 350, 410
Rubio, David 57, 430
Ruch, Hannes 377
Rueff, Rolf ›Rud‹ 377
Rugelo, Pete 172
Ruggery, Steve 221
Ruiz, Juan 24
Ruiz-Pipó, Antonio 68
Rumstieg, Dieter 424
Rundgren, Todd 214, 219
Rusanow, Walerian 446
Rush, Otis 135, 136, 140ff
Russell, George 404
Russell, Leon 246
Ryerson, Artie 279
Rypdal, Terje 239, 241, 404, 414

Sabicas 74, 76, 78
Sachse, Helmut ›Joe‹ 426
Sacksioni, Harry 241, 322
Sadanowski, Michel 336
Saddlemen, The 191
Sadi, Fats 323
Saez de Adana, Regino 369
Sagmeister, Michael 406f, 422
Sagmeister-Trio 406
Sagreras, Julio 68, 86, 349
Saito, Ken 433
Sajaitzki, Siergiej 447
Sainz de la Masa, Regino 66, 348, 358, 369, 385
Sakellariou, George 342
Salvador, Sal 165, 169, 185, 186f
Salvatore, Gastón 351
Sam, Blind (Blind Willie McTell) 120
Samuel, Blind (Blind Willie McTell) 120
Sanchez, Blas 336
Sánchez, Francisco (Paco el Barbero) 75
Sand, George 69
Sandford, Amos 140
Sane, Dan 262
Sangeeta (Michael Berardi) 245
Sanlúcar, Isidro 78
Sanlúcar, Manolo 77, 81
Santana, Carlos ›Devadip‹ 78, 147, 158, 215, 218, 221, 225, 227, 234, 246, 276, 435
Santiago, Enrique 391
Santórsola, Guido 354, 368, 372
Santos, Turibio 87, 352

Sanz, Gaspar 36, 47, 66
São Marcos, Maria Livia 329, 352, 367, 370
Sarenko, Wasil 447
Sargent, Gene 280
Sasaki, Tadashi 275, 349, 387
Satie, Eric 347, 372
Satoh, Toyohiko 348f
Savio, Isaias 87, 174, 351, 367
Sawyer, Dan 257
Sayer, Leo 238
Scaffidi, Ralph 183
Scaggs, Boz 140, 216
Scarlatti, Domenico 340
Schaffer, Jane 241
Schäffer, Michael 349, 388
Schaller, Erwin 382
Scheit, Karl 359, 382, 386, 388, 415
Schenk, Friedrich 378
Schenker, Michael 418f, 435
Schenker, Rudolf 418
Scherchen, Hermann 382
Scherrer, Heinrich 376f, 380
Schettler, C. D. 378
Schick, Otto 375
Schlesinger, Kathreen 23f
Schlinske, Willi 383
Schmidt, Uwe 406f
Schmidt-Joos, Siegfried 202, 219f
Schmitz, Volker 405
Schnebel, Dieter 347
Schneider, Robi 423
Schneider, Simon 378
Schoenberg, Eric 295
Scholle, Jon 299
Schöllmann, Jürgen 386
Schon, Neil 214
Schönberg, Arnold 381, 388
Schoof, Manfred 393
Schubert, Franz 59, 61, 66, 376, 381
Schuller, Gunther 169
Schultz, Arnold 91
Schultz, Wilhelm 92
Schumann, Coco 397
Schwab, Siegfried 186, 212, 276, 391ff, 396f, 402, 421f
Schwarz-Reiflingen, Erwin 380
Scofield, John 161, 245, 278, 405, 422
Scorpions, The 418f, 420
Scott, Bud 162
Scott, James Silvester 119
Scott, Tony 177, 427
Scruff, Bob 445
Scruggs, Earl 293, 308ff
Sears & Roebuck 95
Sebastian, John 215
Sečkin, Henryk 355
Seeger, Pete 285, 287, 292
Segovia, Andrés 24, 63ff, 68, 85, 158, 167, 175, 187, 209, 211, 238, 258f, 313, 324, 326, 327ff, 339ff, 348, 351, 353f, 356ff, 366ff, 371ff, 380, 384f, 411, 413, 428f
Seiffert, Reinhold 57, 396
Seldom Scene, The 310
Sellas, Giorgio 39
Sellas, Matteo 39
Selmer, Henri 441
Serrano, Juan 77
Serrapi, Manuel (Niño Ricardo) 76
Sete, Bola 87, 167, 168, 187, 221, 395, 445
Shade, Will 121
Shadows, The 161, 198f, 221, 321
Shakespeare, William 13, 22, 50
Shakti 225, 227
Shamblin, Eldon 95
Shank, Bud 167
Shankar, L. 227
Shankar, Ravi 226, 234, 299
Sharrock, Sonny 239, 404
Shaw, Artie 181, 185
Shearer, Aaron 325, 365
Shearing, George 176, 177, 188, 189, 243, 324, 398
Shelton, Louis 257
Sheppley, Jim 217
Shifrin, Lalo 180
Shines, Johnny 109, 125
Shirley, Jimmy 163
Sholes, Steve 155
Shore, Dinah 153

Sicca, Mario 382
Sichra, Andreas 447
Silverman, Jerry 88, 222, 285, 293f, 412
Simmons, Thomas 175
Simon & Garfunkel 238
Simon, Paul 161, 216
Simone, Roberto de 354
Simplicio, Francisco 56
Sims, Zoot 178
Sinatra, Frank 173, 176, 180, 195
Singla, La 73
Skidmore, Alan 401
Skinner, Jimmy 91
Sky 326, 335f
Slavskij, Vladimir 355
Slim, Bumble Bee 118
Slim, Sunnyland 109
Smallman, Greg 299
Smash 78
Smit, Giovanni 33
Smith, Bessie 181
Smith, Floyd 151, 163, 176, 187
Smith, Janet 313, 316
Smith, Jimmy 178
Smith, Johnny 149, 164f, 169, 187f, 197, 211, 221, 415
Smith, Johnny ›Hammond‹ 415
Smith, Paul 255
Smith, Terry 225, 241
Smith, Vic 308
Snow, Hank 94, 155
Snow, Phoebe 139, 316
Soares, Leo Alfonso 350
Sojo, Emilio 66, 85, 86
Sokolow, Ilia 446
Soler, Pedro 73
Söllscher, Göran 359f, 445
Solomon, Hans 398
Solowiow, Alexander 447
Sons of Champlin, The 235
Soprano Summit, The 179
Sor, Fernando 55, 58f, 61f, 332, 365, 371, 410, 424
Sousa, John Philip 298
South, Eddie 152, 157, 172
Spann, Les 188
Spears, H. C. 110
Spectrum 401
Spence, Joseph 319
Spinozza, David 257
Spirits of Rhythm, The 163, 174
Spohr, Louis 59
Spotnicks, The 198
Sprague, Carl T. 194
Sprenzinger, Franz 375
Sputh, Alexander 394, 405, 422
Stabile, Dick 183
Stadler, Jacob[us] 39, 445
Stafford, Will 113
Stathapolou, A. 92
Staufer, Johann Georg 378
Staufer, Georg 55
St. Cyr, Johnny 162, 186, 250
Stecher, Jody 296, 298ff
Steele, Ron 256
Steel Smith 125
Steely Dan 221, 257
Steig, Jeremy 221, 403
Steinway 430
Steltner, Friedhelm 425
Stenger, Thomas 445
Stevens, Cat 284
Stewart, Jimmy 138, 161, 209, 239
Stewart, Louis 225, 241
Stewart, Slam 176, 177, 188
Stich, Willi Lorenz (Billi Lorento, Bill Lawrence) 398
Stickells, Gerry 203
Stills, Stephen [Steve] 144, 207, 215f
Stimmer, Tobias 34
Stingl, Anton 383
Stitt, Sonny 178, 237
Stivín, Jiři 427
Stockhausen, Karlheinz 67, 208, 295
Stockman, Julius 446
Stokes, Frank 98, 262
Stover, Richard D. 84, 327f
Stradivari, Antonio 39
Strawinski, Igor 199, 202f, 347
Strizich, Robert W. 344
Ströer, Hans Peter 402

Stuart, Alice 313, 316
Stuart, Maria 38
Stuermer, Daryl 239
Stukenbrock, Frank 422
Sudler, Monette 245, 315
Sullivan, Big Jim 257
Sumlin, Hubert 136
Summer, Sepp 377
Summers, Andy 446
Summers, Colleen (Mary Ford) 153
Sumney, Chell 97
Sunny Joe (Joe Wolverton) 152
Sunshine, Monty 137
Super Guitar Fusion, The 280, 282
Suzuki, Ichiro 348
Suzuki, Ivao 348
Svec, Victor 423
Swing Gypsy Rose 416
Symonds, Nelson
Szabó, Gabor 169, 189, 241

Tagore, Lolita 371
Tagore, Rabindranath 371
Tampa Red 138
Tanaka, Thomas 432, 434
Tansman, Alexandre 65
Tapajós, Sebastião 86, 167, 328, 422
Tarragó, Graziano 370, 373
Tarragó, Renata 370, 373
Tárrega, Francisco 63ff, 75, 325, 327f, 339, 343, 347, 349, 351, 366ff, 381
Tatum, Art 152, 158, 172, 176, 179, 182, 185, 243
Tavor, Adolfina Raitzin de 372
Taylor, Billy 176
Taylor, Eddie 135, 136
Taylor, Hound Dog 136, 142
Taylor, Hartford ›Harty‹ 96
Taylor, James 216, 284
Taylor, John 373
Taylor, Martin 78, 180, 241, 273, 417
Taylor, Mick 135
Taylor, Tut 306
Teagarden Jack 163, 186, 253, 273
Teare, Donald 207
Tedesco, Tommy 239, 256, 257ff, 434
Tempel, Hans 380
Ten Years After 225
Terauchi, Takeshi 241
Terry, Sonny 124
Teuchert, Heinz 383f, 389
Teuchert, Michael 383, 389ff, 410
Theben 13
Thelin, Björn 198
Theseus 14
Thielemans, Jean ›Toots‹ 169, 188, 278
Thoma, Ludwig 381
Thomas, Bobby 256
Thomas, René 169, 185, 188, 323
Thompson, Danny 317
Thompson, Eric 299
Thon, Harald 115
Thornhill, Claude 177
Three Blazers, The 183
Three Sins, The 183
Three Tones, The 174
Tiefenbrucker, Kaspar (siehe Gaspard Duyffroprucgar)
Tielke, Joachim 30, 39
Tillman, Floyd 95
Tilston, Steve 320
Timotheus von Milet 16
Tinctoris, Johannes 27, 32
Tippett, Michael 347
Tokyo 420
Toledo, Maria 174
Tolonen, Jukka 161, 241
Tom, Georgia 125
Tomás, José 339, 348ff, 353, 357ff
Tomás, José de la 78
Tomasi, François 336
Tomek, Vladimir 241
Tompkins, Ross 250
Torme, Mel 257
Torroba (siehe Moreno Torroba)
Torre, José Rey de la 87, 339f
Torrent, Jaume 373
Torres, David 447
Torres [Jurado], Antio de 55, 56, 81, 364, 430
Toscanini, Arturo 382
Towner, Ralph 273, 304, 395, 414f

Townshend, Pete 207f, 210, 216
Traum, Artie 296
Traum, Happy 296
Travis, Merle 91, 97, 101, 154, 156, 263, 297, 320
Tristano, Lennie 165, 173, 398
Tröster, Michael 386
Tropea, John 222, 245
Troup, Bobby 176
Trower, Robin 200, 214
Trumbauer, Frankie 181, 185
Trunk, Peter 393
Tubb, Ernest 94, 97, 193
Tucholski, Gerhard 383
Tucker, Luther 136
Turina, Joaquín 65, 328
Turnbull, Harvey 42, 63
Turner, Ike 206
Turner, Tina 206
Turrentine, Stanley 178
Turrisi, Tom 447
Tyler, James 329

Ubieta, Enrique 339
UFO 418f
Ukulele Ike 141
Ulmer, James ›Blood‹ 162, 240
Ulrich, Klaus 405
United Jazz & Rock Ensemble 401
Upchurch, Phil 203, 222, 247
Urban, Štěpaň 356

Valderrábano, Enriquez de 41
Valdes-Blain, Albert 87
Valdes-Blain, Roland 87
Valle, Pedro del (Perico el del Lunar) 76
Vallee, Rudy 152
Varèse, Edgar 202, 347
Vearnes, Knut 241, 275
Veen, Hermann van 322
Vega, Lope de 36
Veleno, John 445
Ventura, Charlie 173
Ventures, The 135, 197
Venuti, Joe 182, 263
Vergat, Vic 435
Verne, Jules 69
Vesala, Edvard 403
Viera, Joe 405
Villa-Lobos, Heitor 66, 85f, 325, 331, 337, 338, 340, 342, 347, 349, 410, 425
Vinaccia, Vicenzo 30
Vinayakram, T. H. 227
Vincent, Gene 138, 194
Viola, William 340
Virchi, Girolamo 30
Virgo 414
Vischer, Peter d. J. 37
Visée, Robert de 46, 332, 344
Vivaldi, Antonio 208, 346, 350, 425
Voboam, Alexandre 38
Voboam, Jean 38, 344
Voboam, René 38
Vola, Louis 158
Vomáčka, Sammy 422
Vöster, Ernst 275, 404

Waalkes, Otto 396
Waals, Nico van der 344
Wakefield, Frank 299
Wakeley, Jimmy 95
Wald, Jerry 173, 185
Waldman, Wendy 316
Waldron, Cliff 310
Wales, Howard 219
Walker, John 200
Walker, Luise 371, 381f
Walker, T-Bone 127f, 130f, 136, 140, 217
Walker, Timothy 67, 345
Walker, Willie 99, 262
Wallace, George 286
Waller, Charlie 309
Waller, Fats 163, 175, 243
Walsh, Joe 214, 225, 235
Walton, William 331, 347
Wangler, Rudolf 386
Waring, Fred 152
Warner, Mark 320

Washington, Booker T. (Bukka White) 122 f
Washington, George 124
Washington, Joe 355
Watanabe, Kazumi 323
Waters, Muddy 103, 108 f, 116, 129, 131, 135, 137, 141 f, 146 f, 200, 206
Watson, Bernard 373
Watson, Doc 251, 292, 302, 320, 421
Watteau, Antoine 49
Waves Of Rhythm, The 174
Wayne, Chuck 165, 169, 185, 189, 270 f, 398
Weather Report 78, 406
Weaver, Curly 118
Weber, Eberhard 392 f, 397, 401, 405
Webern, Anton 347, 388
Webster, Ben 176
Wechter, Abraham 228, 232
Wedekind, Frank 377
Weiland, Klaus 422
Weill, Kurt 291, 324
Weinhöppel, Hannes Richard (Hannes Ruch) 376
Weirup, Kai 405
Weinert, Erich 377
Weiss, Häns'che 416
Weiss, Johnny 97
Weiss, Spatzo 416
Weiss, Sylvius Leopold 66, 342 f, 353
Weissberg, Eric 257
Welch, Bruce 197
Wells, Junior 142, 146
Wesley, Charles 103
Wess, Frank 279
West, Coo 307
Westbrook, John 193
Wexler, Jerry 137, 217, 218
Wheeler, Tom 130, 144, 145, 307 ff, 308, 435
Whigham, Jiggs 393
White, Booker 111, 286
White, Clarence 251, 302, 312
White, Josh 124, 125, 200
Whiteman, Paul 181, 185, 263
Whittacker, Hudson (Tampa Red) 121, 122
Whitter, Henry 94
Who, The 167, 207
Wiedemann, Fritz Walter 384
Wiggs, Johnny 185
Wijnkamp, Leo jr. 322, 324
Wilkins, Jack 241
Willaert, Adrian 42
Willer, Johann Michael 30
Willfort, Egon Stuart 382
Williams, Big Joe 124
Williams, Bill 125
Williams, Davey 240
Williams, Hank 91, 113, 197
Williams, Henry 117
Williams, J. Mayo 122
Williams, Jody 135
Williams, John 67, 85, 324, 326 f, 329, 331 ff, 339, 340, 346, 348 ff, 352, 355, 357, 371, 385, 389
Williams, Len 351
Williams, Mary Lou 150, 122, 183
Williams, Ralph Vaughan 287, 324
Williams, Tony 26, 227
Williamson, Robin 319
Williamson, Sunny Boy 141
Wills, Bob 97, 189
Wilson, Don 197
Wilson, Nancy 176, 316
Wilson, Teddy 150, 172, 175, 297
Wilson, Willie 107
Winberg, Bo 198
Winter, Johnny 139 f, 207, 214, 306
Winterstein, Titi 416
Winwood, Steve 214
Wirkus, Ralf 405
Wissotski, Michael 447
Witoszynsky, Leo 387
Wölki, Konrad 383 f
Wörsching 379
Wollny, Klaus 389
Wolverton, Joe 152
Wolzogen, Ernst von 375
Wolzogen, Elsa von 375
Woodbridge-Whittacker, Hudson 121

Wray, Link 152, 197
Wright, Hoshal 219
Wright, Leo 427
Wright, Wayne 179, 268, 273
Würdinger, Walter 387
Würzburger Gitarrentrio 389
Wyble, Jimmy 97, 127, 168, 189, 281

Yairi, K. 433
Yamada, Max 433
Yandell, Paul 157, 263
Yardbirds, The 200
Yepes, Narciso 66, 68, 326, 333, 346, 349, 352, 359 ff, 371
Yes 96, 221
Yokouchi, Shoji 282
Young, La Monte 347
Young, Larry 347
Young, Lester 150, 158, 165, 178, 221
Young, Rusty 306
Yupanqui, Atahualpa 86

Zacharias, Helmut 397
Zacher, Maximilian 30
Zaczek, Brigitte 371, 387
Zahradnick, Václav 427
Zani (Marco Aurelio Ferranti) 60
Zapater, Baldomero 384 f
Zappa, Frank 78, 195, 201 ff, 259
Zarate, Martínez Jorge Remigio 350
Zarate, Paul García 87
Zawinul, Joe 398, 406
Zelenka, Milan 356
Zern, Brook 79
Zeus 13 f
Zemla, Karl 383
Ziegler, Ignaz 377
Ziegler, Uwe 276, 405
Zimmer, Roland 425
Zimmermann, Fjodor 447
Ziryab 71, 72
Zoa, Liza 371
Zoller, Attila 169, 171, 185, 189 f, 223, 398 ff, 410, 412, 422
Zuth, Josef 380
Zykan, Otto 382 ff

Sachregister.

›Abejorro‹ (Pujol) 349
Achterform 54
Achtzehner-Regel 429
Afrika, 89f
›Afterthoughts‹ (Kress) 267
Ägypter 18, 19
Akkordmelodie (chord melody playing) 264
Akkord-Notation 44
Alaca Hüjük 18
Aleatorik 352
alfabetto 44
alternating bass (Wechselbaß) 98
al-'ud 21, 25
Alvarez-Yairi 6/12 doubleneck 446
Alvarez-Yairi 3/6 ninestring 446
›Amapola‹ (Spotnicks) 198
Amateur Jazzfestival Düsseldorf 298
American Folkblues Festival (allgem.) 136
American Folkblues Festival 80f, 136
›Anbetung des apokalyptischen Lamms‹ (Burg Karlstein) 29
Angélique 47
›Angie‹ (D. Graham/A. Korner) 317
›Antología del Cante Flamenco‹ (P. el del Lunar) 74
›Apache‹ (Shadows) 198
apoyando 62
Araber 20
Arch-top 39
arhoolies 102
Aria Pro II ›Herb Ellis‹ 435
›Arrangeur-Klavier‹ 149
›Arte de tocar la Guitarra Española por Música‹ (Ferrandière) 58
Asias 16
Assyrer 15
A Study in Brown (Cali/Gottuso) 266
Atkins-style 154
Atmung 369
attack 141
aufgeleimtes Griffbrett 53
›Ausgewählte Werke der Ausseer Gitarretabulatur des 18. Jahrhunderts‹ 48
Austauschgriffbretter 446
Avantgarde 169, 240

›Bach-Gitarrentranskriptionen‹ (Zelenka) 356
backup playing 250
baile 70, 72
bajo de la uña 70
bajo sexto 84
Balalaika 31
Ballade 104
Balance 57
Bam (Phlegma) 71
bandurria 70
Banjo 28, 90
Barbat 30
Barockgitarre 42, 46, 49
›Baroque in Blue für Gitarre solo‹ (Asriel) 426
Baßbegleitung 26
Baßlastigkeit 57
Baß-Sarod 299
B. C. Rich Bitch Bass 446
B. C. Rich ten-string 446
B. C. Rich 12/6 doubleneck 446
beat 109
Bebop 150
bending (Ziehen) 55
Benedetto Cremona arch-top 243
Beneficiary Developing Countries (BDC's) 434
Berliner Gitarrenquartett 383
Berliner Lautengilde 383
Berlin Guitar Workshop 1967 272
›Bert Jansch‹ 317
›Bert and John‹ 317
›Best Friends‹ (J. Williams) 335
›Betsy‹ (Beach Boys) 266
Biblioteca de la Guitarra 411
Biffin/Smallman-Gitarre 299

›Big Road Blues‹ (T. Johnson) 112
Bigsby-Tremolo-unit 196
›Billy Lyons and Stack o' Lee‹ 104
›Birdland‹ (Zawinul, Kolbe/Illenberger) 406
›Bireli Swing '81‹ 418
blanca 79
Bläserphrasierung 166
Blockakkorde 149, 243, 245, 345
›Blond On The Loose‹ (Kress/Mottola) 267
Bluegrass 91
blue notes 103
Blues 90
Blues-Falsett 111
Blues Revival 136, 137
bodhrám 293
Bolero 69
›Bolero‹ (Cali/Gottuso) 266
›Boogaloo Down La Rue‹ 119
Boogie-Woogie (Leadbelly) 115
Bordun 29
Bouzouki 28
Bottlenecking 105
Bozo 34-fret Gitarre 446
Brač 30
bracing 80
›Brandenburgische Konzerte‹ (J. S. Bach/B. Henze) 383
›Bratpfanne‹ (Rickenbackers ›frying pan‹-lapstyle guitar) 19
›Brazil‹ (L. Paul) 153
break 116 et al
›Breezin'‹ (Benson) 246
Bugarija 30
bullet truss rod 349
Bund, Bünde 26
Bund deutscher Lauten- und Gitarrespieler 380
Bundschleifen 18
brushing way 46, 94

Café cantate 73
Café Silverio 75
Cajun music 148
call and response 102, 112
Canciones 41
›Candy Man‹ (Rev. G. Davis) 99, 291
›Cannonball‹ (Duane Eddy) 195
›Cannonball Rag‹ (Duane Eddy) 196
›Cantarell‹ (L. Boyd) 362
cante 70, 72
cante aflamencado 74
cante andaluz 73
cante gitano 70, 73
cante jondo 71
›Canterbury Tales‹ (G. Chaucer) 23
cantes de trilla 72
›Cantigas de Santa Maria‹ 25–26
›Canti notturni‹ (Beaser) 340
›Cantigas del Tiempo Nuevo (Brouwer) 352
Capo[daster] 114
›Capricho Catalan‹ (Albéniz) 343
›Cappriccii armonici sopra la Chitarra Spagnola‹ (Roncalli) 45
cavaquinho 84
›Cavatina‹ (Myers) 334
›Cavatina Suite‹ (Tansman) 65
cejilla (Capo) 80
Cembalomusik 344
›Cendrillon‹ (Sor) 58
›Chaconne‹ (J. S. Bach) 63, 342
Chaldäer 16
chanterelle (Singsaite) 32
›Changes‹ (J. Williams) 334
charango 28, 70, 84
›Charlie Christian‹-Modell 95
chatarra spagnuola 25
›Chester and Lester‹ (Atkins/Paul) 154
Chetarah 14
Chitarra arapa 31
chitarra battente 445
Chitarra alle Spagnuola 44
›Chicken A La Swing‹ (Kress/Lang) 266
›Chinatown, My Chinatown‹ (Atkins) 154
chitarriglia 44
chitarrone 30
Chor 33
Chorus-Effekt 336

›Chorus Line‹ (G. Davis) 257
Chrotta 20, 29
›Circle of sound‹ (E. Jones) 312
Cister, 20, 29
Cithara 24
Citharis 16
Cithrinchen 20
Cittern 20, 23
›C-Jam Blues‹ (Ellington II) 252
›Classic ragtime‹ (S. Joplin) 98
close harmony singing 266
close miking 153
Colascione 30
Colasciontino 30
›Colouring The Leaves‹ (Kolbe/Illenberger) 404
Columbianas 74
compas 40
‹Concierto Andaluz‹ (Rodrigo) 66, 372
›Concierto de Aranjuez‹ (Rodrigo) 66
›Concierto Madrigal‹ (Rodrigo) 66
›Concierto para una Fiesta‹ (Rodrigo) 66
›Concerto für Gitarre und Orchester‹ (Adame) 85
›Concerto in D‹ (Cimarosa) 363
Conquistadores 82
›contemporary ragtime guitar‹ 100
›Cool Drink of Water Blues‹ (T. Johnson) 112
Cornfield holler 103
corridos 91
cotton picking 102
Country-music 92
Crescendo-Riesengitarre 445
cross fingering technique 158
cross note tuning 111
cross rhythm 119
crwth 20
cumbeas a cantos negros 83
Cutaway 96
›Cypress Grove‹ (S. James) 111
Cytharae Hispania 25

›Dadi's Guitar‹ (M. Dadi) 329
›Danza Characteristica‹ (Brouwer) 87
›Danzon‹ (Kress/Lang) 266
›Das Doppelleben von Holle Feinmann‹ (H. Sacksioni) 322
›Das Gitarrespiel‹ (B. Henze) 383
›Das Große Jazzbuch‹ (Berendt) 404
Darmbünde 31
Darmsaiten 57
Daumen-Picking 114
Daumenplektren 57
›Dawg‹-Music 311–313
DeArmond-pickups 196
›Death Chants, Breakdowns and Military Waltzes‹ (Fahey) 287
›Declaración de Instrumentos Musicales‹ (Bermudo) 34
›De inventione et usu musicae‹ (Tinctoris) 27, 31
Dekachordum 29
›De Musica‹ (de Grocheo) 24
›Der alte Mann und das Meer‹ 370
›Der Gitarrefreund‹ 376f, 380
›Der Falschspieler‹ (Kriegel) 400
destemple 41
Deutsche Phono-Akademie 416, 421
Deutscher Bund (Nullbund) 428
›Deutsche Volkslieder‹ (Summer) 377
›Devil Got My Woman‹ (S. James) 111
›Dialogo quarto‹ (Lieto) 32
›Dialogues for Guitar and Orchestra‹ (Torroba) 340
›Die durch die Hölle gehen‹ (Myers) 335
›Die Gitarre‹ (Schwarz-Reiflingen) 380
›Die Gitarre und ihr Bau‹ (F. Jahnel) 22
›Die Heilige Nacht‹ (Thoma/Römer) 381
›Die Musik im Selbstverständnis der Renaissance‹ (F. Blume) 27
›Die Rose vom Liebesgarten‹ (Pfitzner) 381
›Dinah‹ (F. Green) 250
Discjockey 128
›Dizionaro chitarristico italiano‹ (Gangi/Carfagna) 353

›Django's Dream‹ 280
Dobro 91, 306ff
Dockerey-Plantage 106, 111, 112
dolce 62
›Doldinger Goes On‹ 400
›Don't Be Cruel‹ (Presley) 192
Doppel-X-bracing 229
›Dos Canciones Salvadorenas‹ (Payet) 87
double-cutaway 131
double-stops 265
down-scale-run 116
Drehleier 29
›3 Blues in Kanonform für 3 Gitarren‹ (Asriel) 426
›Drei Engel für Charlie‹ (Tedesco) 259
Dreifachchöre 39
›Drei Tentos‹ (Henze) 374
›Driving Sideways‹ (A. King) 135
drone-strings 228
›Dry Spell Blues‹ (S. House/Brown) 107
D-Schalloch 442
Dudelsack 29, 89
duende 70, 74
Dulzimer 30
›Durch Musik zum Selbst (Hamel) 240
›Dust My Broom‹ (R. Johnson) 109

East-Side-Klavier 236
echo delay 153
›Eight Frames A Second‹ (R. McTell) 318
›Eine Kleine Jazzmusik für Gitarre‹ (Asriel) 426
›Ein Fenster aus Jazz‹ (J. E. Berendt) 373
Einhals-Instrument 17
einspringende Stimmung 344
EKO Short Gun 435
›El Colibri‹ (Sagreras) 349
›El Dilemma del Sonido en la Guitarra‹ (Pujol) 59
elektrische (E-) Bässe 26
elektrische Gitarre 129
elektrische Verstärkung 150
Elfenbeinbünde 55
›Elogia de la danza‹ (Brouwer) 352
›Encyclopédie‹ (Diderot) 49
›Endless Boogie‹ (Miller/Hooker) 140
Englische Gitarre 23, 46
enharmonisch 71
›Entre Dos Aguas‹ (de Lucía) 77
Epiphone-Hals 152
Erlewine-›Spaten‹-Gitarre 436
Erlewine/Chiquita ›Travel Guitar‹ 446
Erweckungsbewegung 103
Erzlaute 30
›Escuela de Guitarra‹ (Aguado) 50
›Estudio Brillante‹ (Tárrega) 343, 349
›Estudio e-moll‹ (Prudent) 349
›Estudios sencillos (Brouwer) 352
Etrusker 28
Etüde Nr. 6 (Villa-Lobos) 349
Etüde Nr. 12 (Villa-Lobos) 349
›Exaedros II‹ (Brouwer) 351

Fächerverstrebung 52
falseta 74
›Fandanguillo‹ (Turina) 65
fan strutting (fan bracing, Fächerverstrebung) 57 et al
›Fantasia‹ (U. Leonardo) 354
›Fantasía para un Gentilhombre‹ (Rodrigo) 66
›Fantasy For Guitar‹ (M. Barnes) 362
feedback 199
Feedbackdämpfung (B. B. King) 132
felag-mango 69
fellah-mango 69
Fender Broadcaster 153
Fender Stratocaster 129, 194
›Fenster‹ (H. Sacksioni) 322
›Fever‹ (P. Lee/H. Roberts) 186
f-hole arch tops 165
Fiddle 20, 89
fiddle-tunes 94
Fidel 20, 29
fides 20
Fidicula 20, 23
Fiedel 20, 28
fiestas 70

fill-ins 111
fin amor 23
Fingernagel-Kontroverse 59
Fingerplektren 59
fingerstyle guitar 88
›Finger-Style-Guitar‹ (van Duser) 298
fingerstylists 88
Fingervibrato 128
›First Booke of Songs or Ayres of Four Partes‹ (Dowland) 67
›First Concerto For Guitar and Orchestra‹ (Almeida) 86
›First Lady of the Guitar‹ (Boyd) 362
1. Newport Jazz Festival 254
five-part-harmonies 149, 267
Flamenco 63, 69
Flamenco-Gitarre 19
Flamenco-›new wave‹ 77
Flamenco-Rock 78
Flankenchöre 84
flatpick 135, 250
flat top 156
Fleta-Gitarre 335 f
florentinischer Cutaway 437
Flyte-Gitarren 436
›Foggy Dew‹ 89
folia 83
folk-baroque 317
›Folk Blues‹ (Silverman) 293
folk guitar 100 et al
›Folk Picking für Finger-Style Guitar‹ (S. Schwab) 392
›Forky Deer‹ (L. Pierce) 293
›Forty Miles of Bad Road‹ (Duane Eddy) 195
four-part-harmonies 149, 265, 276 f
four-string Banjo 255
Framus BL-15 435
Frankfurter Jazzfestival 407
›Frankie and Albert‹ 104
›Frankie and Johnny‹ 104
›Frauen und Gitarre‹ (C. Ackerley) 513 f
free form playing 169, 240
›Free Hands...‹ (E. Chapman) 447
fretless neck 18
›Friday Night in San Francisco‹ (McLaughlin/DiMeola/de Lucía) 283
›Fuge in a-moll‹ (J. S. Bach) 365
Fuzz-box 155, 201

›Ganshy‹ (Sagmeister) 406
Gatcomb fretless Banjo 299
gauge 96
Germanen 20
ghiterna lutina 25
Gibson drone-string acoustic guitar 228 ff
Gibson ES-295 192
Gibson ES-335 238
Gibson ES-350 437
Gibson ES-355 132
Gibson ES-355SV 132
Gibson Explorer 434
Gibson four-string guitar 255
Gibson Flying V 434 f
Gibson G-50 321
Gibson J-45 291, 321
Gibson J-200 229
Gibson L-1 443
Gibson L-2 443
Gibson L-3 443
Gibson L-4 443
Gibson L-5 238, 443 ff
Gibson L-5C 444
Gibson L5CES 445
Gibson L5CESN 445
Gibson L-5CN 445
Gibson Les Paul 437 ff
Gibson Les Paul gold top 147
Gibson Les Paul gold top lefthand 447
Gibson Les Paul Junior 3/4 model 438
Gibson Les Paul standard '52 438
Gibson Les Paul sunburst 145
Gibson Super 400 192
Gibson TP-6 Saitenhalter 132
›Gigue‹ (Ponce) 343
Gitar 46
Gitarre 24
›Gitarrenfreund‹ 378, 380
Gitarrenbanjo 28
›Gitarrenlexikon‹ (Powroźniak) 424

›Gitarrenschule für Einzel- und Gruppenunterricht‹ (Kreidler) 385
›Gitarrenschule in 2 Teilen‹ (N. Alfonso) 371
›Gitarrenspiele‹ 422
Gitarrensynthesizer 154
Gitarristische Gesellschaft in Bayern 380
Gitarristische Vereinigung 376ff
gittern 23
›Giulianiad‹ 61
›Give Me The Night‹ (Benson) 246
›Gold Tailed Bird‹ (J. Rodgers) 135
golpeador 80
›Goodnight Irene‹ (Leadbelly) 114
Granadinas 73
Grand Old Opry 96f, 156, 193
graphischer EQ 335f
›Green Guitar Blues‹ (B. Pizzarelli) 270
›Greensleeves‹ 89
Gregorianischer Choral 286
Gretsch Country Gentleman 157
Gretsch Super Chet 157
Griffbild 40
›Große Heidelberger Liederhandschrift‹ (siehe Manessische Handschrift) 29
Grover roto-matic-Maschinen 442
GSP-Status 433
Guild F-50 291
guisterne 25
›Guitar Concerto‹ (Arnold) 67
›Guitar/Guitar‹ (Ellis/Byrd) 272
Guitar Institute of Technology 258
›Guitar Odyssey‹ (Q. Jones) 188
›Guitar Rag‹ 125
›Guitar Tudor‹ (Pratton) 62
guitarra 23
guitarra latina [ladina] 24
guitarra morisca [moresca] 24
›Guitarra Española y Vandola en dos Manevas de Guitarra ...‹ (Amat) 36, 43
guitarra huapangera 84
Guitarra saracenica 24, 25
guitarre 24
guitarre latine 25
guitarrón (span.) 70
guitarrón (südamerik.) 84
›Guitars‹ (Ph. Catherine) 323
›Guitars – From The Renaissance To Rock‹ (Evans) 50
›Guitar Workshop‹ 320
›Guitars Pure and Honest‹ (Barnes/Pizzarelli) 269
guiternes de Lyon 37
guiterre 23
guytar 46
Gytarrh 46
gyterne 23
gytryn 23

Hagström Super Swede 436
›Hair‹ (Musical/B. Butler) 257
Hall 156
Halskopf 19
Halsverzug (3 warp) 154
Hamburger Cithrinchen 20
Hamer 5-neck 446
Hamer fretless 446
hammer-ons 114
›Handbuch der Gitarre und Laute‹ (Ragossnig) 22
›Handbuch für Laute und Gitarre‹ 380f
›Hans Haider und seine Lautarre‹ 395
›Happy-Go-Lucky Local‹ (Ellington II) 252
Harfe 28
›Harry Sacksioni, Gitarre‹ 322
Hawaii 92
Hawaii-Gitarre 92
›Heartbreak Hotel‹ (Presley) 192
heavy gauge strings 229
›Heat Wave‹ (I. Berlin) 265
Hermanos-Conde-Gitarre 284
›Hesitation Blues‹ (R. McTell) 318
Hethiter 28
›Hideaway‹ (A. King) 135, 136
›High Flyer Stomp‹ (Kress/Lang) 265
›High Sheriff Blues‹ (Patton) 106

›High Water Everywhere‹ (Patton) 106
›Highway 61 Revisited‹ (Dylan) 144
Hillbilly 117 et al
Hinterklotz 230 f
›Histoire de la Musique‹ (P. Bonnet) 45
›Hittin' On All Six‹ (Cali/Gottuso) 266
Höfner Mini-Modelle 445
Höhenlastigkeit 57
Hokum-style 122, 125
›Hold Up, Sally, Take Your Big Legs Offa Mine‹ (W. Wilson) 107
hollers 102
›Holocaust‹ (Tedesco) 256
holy blues 104
Holzembargo 442
›Homenaje pour le Tombeau de Claude Debussy‹ (de Falla) 64
›Hommage à Tárrega‹ (Turina) 65
Honkytonk 121
›Honky Tonk‹ (Dogett) 195
hoolies 102
Hopf Aztec 436
Hopf Craftsman 436
Hopf Peak 436
Hopf Stage 436
›Hopi-Ragas‹ 289
›Hot Fingers‹ (Lang/L. Johnson) 266
hot playing 95
›Hound Dog‹ (Presley) 192
›House Rent Stomp‹ 125
Hoyer Klappgitarre 445 f

Ibanez GB-10 246
Ibanez GB-20 246
Ibanez-Kopien 433
Ibanez Roadster RS-300TV 436
›Ice Break‹ (Tippett) 347
›Ich, Wolkenstein – Eine Biografie‹ (D. Kühn) 29
›If I Could Be With You (Reuss) 253
›Improvisation‹ (D. Bailey) 302
Indiana-Renaissance 169
›In Flight‹ (Benson) 246
›In memoriam di Scott Fitzgerald‹ (C. Blyton) 354
›In My Room‹ (Beach Boys) 266
›Instrucción de Música sobra la Guitarra Española‹ (Sanz) 47
›Instructions For The Spanish Guitar‹ (G. T. May) 61
›Instructions For The Spanish Guitar‹ (Pelzer) 62
›Intavolatura di liuto‹ (Weiss) 353
›Interactions‹ (Puma/Wayne) 270
Internationaler Gitarristen-Verband 376
›Interplay‹ (Ellis/C. Collins) 271
›Introduktion zum Chorus‹ (Villa-Lobos) 337
›Inventions For Electric Guitar‹ (Göttsching) 420
italienische Pandurina 30
italienische Theorbe 30

jarana 84
jarocha 84
Jazzgrass-Gitarre 304
›Jazz Guitarists‹ (GPI/L. Feather) 162
Jazz-Rock 403
›Jazz/Samba‹ (Byrd) 167, 175
›Jazztime Baden-Baden 399
›Jeannie With The Light Brown Hair‹ (Foster) 97
JBL-speakers 196
›Jeux Interdits (Yepes) 66
›Jim & I‹ (Raney/Zoller) 273
Joch-Instrument 17
›Jockey Bounce‹ (Rediske) 397
joglars 23
›John Henry‹ 104
›Johnny Guitar‹ (Spotnicks) 198
›John Renbourn‹ 317
juergas 75
Jumbo-Korpusform 428

›Karriere mit der klassischen Gitarre – Alternativen zur Segovia-Tradition‹ (R. Stover) 327
Kastagnetten 37

Kasuga KS Strat-Kopie 436
ki ho'alu 93
›King Kong Meets Elvis Presley‹ 445
kinnor 15
kinnura 15
Kithara 16, 17, 20
kitra 16
kittar 46
klassische Gitarre 19
Klavierphrasierung 166
kleine Labels 303 ff
Klimaschäden 370
Kluson-Mechaniken 438
Knöpfchen-Riegel 54
›Kojak‹ (Tedesco) 259
Kompressionsstreben 229
Kona-Gitarren (Hawaii) 287
›Konzert für Gitarre und Kammerorchester‹ (Brouwer) 352
›Konzert für Gitarre und Orchester‹ (Brouwer) 87
›Konzert für 2 Gitarren‹ (Payet) 87
›Konzert für 4 Gitarren und Orchester‹ (Balada) 372
Kopten 18
Kopza 30
Koto 30
kou-jêng 30
Kreolengitarre 86
Kriegel-Schule 405

›La Chitarra‹ (Leonardo) 354
ladinos 83
›La Dorotea‹ (L. de Vega) 36
›La Galanterie du Temps‹ (Lully) 45
Lage 19
›La Guitarre Royalle‹ (Corbetta) 45
La Leona 363 f
›Lamet in E‹ (Grosz/Wright) 268
Langhalsbanjo-Tuning 255
lap-style 147
laud 21, 25
Laufbaß (siehe ›walking the basses‹) 116
Lautarre 395 f, 445
Laute 13
Lautenwerk, J. S. Bachs 332 f
›La Franciade‹ (Ronsard) 43
›Legende von der Amazone‹ (Villa-Lobos) 338
Leier 13
Left Hand Guitar Club, The 447
›Le Marteau sans Maître‹ (Boulez) 67, 388
›Les Dons d'Apollon‹ (Corrette) 49
Les Paulverizer 154
›Let The Fingers Do The Walking‹ (Grosz/Wright) 268
›L'harmonie appliquée à la Guitarre‹ (Carulli) 61
›Libro de Alexandre‹ (de Astorga) 24
›Libro de buen Amor‹ (Ruiz) 24
›Libro de Música de Vihuela de mano intitulado El Maestro‹ (Milán) 31, 40, 353
›Like A Rolling Stone‹ (Dylan) 144
Linkshänder-Versionen 445
lira da gamba 30
›Little Flowers‹ (S. Schwab) 393
›Livre de Guitarre‹ (deVisée) 46
›Livre de Pièces pour la Guitarre‹ (de Visée) 46
›Lobiana‹ (Almeida) 86
›Los Dos Amigos‹ (Sor) 59
›Lost Lagoon Suite‹ (Basho) 290
›Love In Vain‹ (R. Johnson) 109
›Lover‹ (L. Paul) 153
›Lucifer's Friend‹ 419
›Lucille‹ 131
lutar 395, 445
›Lydian Chromatic Concept Of Tonal Organization‹ (G. Russell) 404
Lyra 13
Lyrencister 30
Lyren-Gitarre 30, 59

Maccaferri classical 442
Maccaferri Hawaiian 442
Maccaferri Orchestra 442
Maestro Vibrola 132
›Maggie Campbell‹ (T. Johnson) 112
Mainstream-Sologitarre 243

Malagueñas 73
mamelucos 83
Mandola 18
Mandole 18
Mandoline 18, 28
Mandorr (Mandura) 18, 29f
Manessische Handschrift 29
mariachi-Musik 84, 91
›Maria Elena‹ (Indios Tabajaras) 86
›Markology‹ (O'Connor) 312
Martin 000-21 tenstring 447
Martin 000-28 tenstring 447
Martin 000-45 sevenstring 447
Martin 1-17P fivestring 447
Martin 1-18P fivestring 447
Martin 1-21 299
Martin D-18 321
Martin D-28 300f
Martin D-45 437, 441 ff
Martin D-45S 441
›Mater verborum‹ 28
Mathna 71
Mauren 20
›Maybelline‹ (Berry) 194
Mechaniken 55
medicine shows 120
Melodiespiel 26
Mensur 17
Mensurlänge (siehe Mensur) 26
›Menuett für einen Ertrinkenden‹ (Sacksioni) 322
mesura 40
Metallbünde 39
Metallhalsgitarre, fretless 446
Methlath (Melancholie) 71
Metronom 368
›Michael Lorimer Editions‹ 343
micro-tilt-Einrichtung 459
middle-of-the-road-Stil 193
Mikrotöne 18
minstrel show 98
Minton's Playhouse 150f
›Mirrors‹ (S. Dietz) 405
Mischtabulatur 44
›Missing Link‹ (V. Kriegel) 401
Mississippi-Gitarre 129
›Mitteilungen des Bundes Deutscher Lauten- und Gitarrespieler in der Tschechoslowakei‹ 381
Mittenlastigkeit 57
Mizhar 30
modale Rufform 103
Morris MF-296N 436
Morris MP-290T 436
Morris MS-390N 436
›Movin'n'Groovin'‹ (Duane Eddy) 195, 196
›Mr. Johnson and Mr. Dunn‹ (Bloomfield) 46
Münchner Gitarre-Kammertrio 380
Münchner Gitarreklub 376
Münchner Gitarren-Trio 379
Münchner Gitarrequartett 379
multiple tracking 153
›Musicalische Gemüthsergötzung‹ (J. Kremberg) 47
Music Man Sabre I 436
Music Man Sting Ray II 436
›Musikinstrumente von den Anfängen bis zur Gegenwart‹ (A. Buchner) 28, 51
›My Black Mama‹ (S. House/Brown) 107
›My Happiness‹ (Presley) 192
›My Old Kentucky Home‹ (Foster) 97

›Naive amerikanische Gitarre‹ (Fahey) 88, 286
nanas 72
›Nashville Sound‹ 156
›Nashville-Steno‹ 260
National Resonator Guitar (Dobro) 107
›Nature's Revenge‹ (R. Kawasaki) 323
negra 79
›Neu eröffnetes Orchester‹ (Mattheson) 35
neunsaitige Gitarre 146, 446
Newport 107
Newport Folk Festival (1965) 144, 219
›Nocturnal‹ (Britten) 67, 340, 388
No-Nukes-Konzert (1979) 285

Nordafrika 19
Northsea Jazz Festival 394
Noten-Box 352
Notenschrift 49
›Notes On Virginia‹ (Th. Jefferson) 90
›Nouvelle Méthode‹ (Lemoine) 50
›Novelty Guitar Instrumentals‹ (Grossman) 320
Nullakkorde 254
Nullbund (Deutscher Bund) 429f
›Nunc‹ (Petrassi) 252
Nylonsaiten 57
Nylonstring-Akustik-Gitarren 156

Oberbügel 53
›Obra para la Guitarra de seis Ordenes‹ (Ballesteros) 50
›Ocram‹ (Gilardino) 354
octave doubler 155
octavilla 70
Odyssey-Riesen-E-Gitarre 445
›Oh, Calcutta!‹ (D. Carter) 257
›Oh Really?‹ (M. Cooper) 318
›Oh, Susannah!‹ (Foster) 97
Oktavbund (12. Bund) 40
Oktavtechnik 168
oktavversetzt 34
oldtime country music 96
›Only Guitar‹ (Qualey) 413, 422
open tunings 109
›Orange Blossom Special‹ (Spotnicks) 198
›Oroonoko‹ 98
Orpharion 30
›Österreichische Gitarrezeitschrift‹ 381
Ovation Classic 284, 321, 336
Ovation Dadi model 321
Ovation Country Artist 321
Ovation Folklore 321
Ovation fretless 446
Ovation Legend 284, 321
Ovation/Kaman Adamas 321

pajandri 70
palmas 70
Pandora 18
Pandore 18
Pandoura 18f
Pandouros 18
paniolos 93
›Parábola‹ (Brouwer) 352
Parchman Farm 123
›Partita in E‹ (J. S. Bach) 340
›Pavana del Quinto y Sexto Tono‹ (Milán) 40
Pearl G-111 436
Pearl G-121 436
Pearl Vorg G-221 436
Peña Guitarristica Tárrega 371
Penorcon 30
performance-Musik 352
Phonophotographie 103
Phorminx 16
Phrasierung 141
picado 85, 88
Picking 88
›Picking For Patsy‹ (Reuss) 253
›Picking My Way‹ (High Flyers) 265
Pickup 95
pinching way 46
Pipa 30
pitos 72
Play-along-Alben 269
Plektron, Plektrum 15, 250f
Plektrumgitarre 39
Plexiglasgitarre 432, 445
›Poema harmonica‹ (Guerau) 48
Polynesien 92
ponticello 62
›Poor Butterfly‹ (Kessel) 271
›Präludium und Toccata für Gitarre solo‹ (Asriel) 425
›Pracitaca Musica‹ (Gaforius) 31f
›Praktische Harmonielehre für Gitarre‹ (Willfort) 382
primas 36
Prim-Dombra 30
Primgitarre 380
›Primo, Secondo e Terzo Libro della Chitarra‹ (Foscarini) 44
Prim-Tamburitzka 30

›Princes An's Book‹ 47
›Principios Généraux de La Guitarre à Cinque et à Six Cordes...‹ (o. V.) 51
›Principios para tocar la Guitarra de seis Ordenes‹ (Moretti) 50, 58
›Profilo storico della chitarra‹ (Carfagna) 353
Psalter 29
Psalterium 29
Psalterharfe 29
Punk-Jazz 240
pull-offs 114
›punch‹ 129
punteado 24
punto 43

quartas 36
Querriegel 26
Querverrippung 53
Querverstrebung 52
quintara 25
quintaria 25
quintas 36
Quintbaßgitarre 379
Quintenzirkel 44
Quinterna 25, 35, 47
quitara 25
quitarra latina 26
quitarra morisca 25
Qitra 16

Raamakie 90
Rabekin 90
Rabouquin 90
Race-Labels 124
race lists 126
Radialverstrebung 229
rāga 233, 286, 299
raggèd time 98
›raggin' the blues‹ (Blind Blake) 98
›Rags To Riches‹ (Wijnkamp) 322
Ragtime 90 et al
Ragtime-Piano 89
Ramakienjo 90
Ramki 90
›Ramrod‹ (Duane Eddy) 195
›Ramsey & Galan live im Mainzer Unterhaus‹ 414
rasgueado 24
rasgueo (rasgeado) 74
›Raunchy‹ (Justis) 195
›Raw Hide‹ (Wray) 197
Rebab 25, 30
›Rebel Rouser‹ (Duane Eddy) 195
Reconquista 71
›Recuerdos de la Alhambra‹ (Tárrega) 63
Repertoire-Diskussion 328f, 332ff, 368, 389f
requinto 70, 84
Resonatorgitarren (Dobro, National Resonators) 124
›Resumen de acompanar la Parte con la Guitarra‹ (de Murcia) 48
Reverb Amp 155
Rex-Bogue-Doppelhals 233
Rhythmenspiel 249ff
›Rhythm Willie‹ (Green/Ellis) 249, 250, 254, 273
Rippenkonstruktion 33, 53
Rockabilly 146, 196
›Rockford‹ (Tedesco) 259
Rock-Gitarre 19
›Rock in Deutschland‹ (Ehnert) 419
Romances 42
›Roman de la Rose‹ 24
Rosette 31
Rotta 20, 29
›Royal Winter Music I/II‹ (H. W. Henze) 374
›Rumble‹ (Wray) 197

saeta 72
Saitenzug 15
Samba-Jazz 86
›Samson and Delilah‹ (›Rev.‹ G. Davis) 99
San-hsiän 30
›Satan Takes A Holiday‹ (Cali/Gottuso) 266
Sattel 26

Sattelknopf 18
›Saturday Night Rub‹ (Broonzy) 125
scalloped frets 55, 228, 229
Schalenboden 19
Schaller Mark VI-Maschinen 443
Schaller-Mechaniken 438
Schallplatte 74
›Scherzi Amonici‹ (Corbetta) 45
›schlaffe Stimmung‹ (ki ho'alu) 93
Schnarr-Effekt 338
›Schule des Gitarrespiels‹ (Scherrer) 376
›Schule des künstlerischen Gitarrespiels‹ (H. Albert) 378
Schweifung 19
Scruggs-roll 308
›6 Saiten‹ (Zykan) 382
sechssaitige Gitarre 48
Segovia-Schule 327 ff, 359, 368 f, 411
segundas 36
Selmer/Maccaferri archtop 437
›Sepp-Summer-Liederbuch‹ 377
›Serenade op. 24‹ (Schönberg) 381
serranas 72
›Seven, Come Eleven‹ (Pass/Ellis) 271
Sevenstringers 168
setâr 22
Sevillanas 73
›Seys Libros del Delfin de Música (de Narváez) 41
›Silva de Sirenas‹ (Valderrábano) 41
7. Symphonie (Mahler) 381
›Silhouettes‹ (Dašek/Blanke) 427
Simultan-Improvisation 271 f
Singing Cowboys 94
single coil pickup guitar 95
Sister 22
Sitar 16, 393
›Sky‹ 335
›Sky II‹ 335
slack key (ki ho'alu) 93
slide-Stil 90
Solo Flight (Ch. Christian) 280
sliding harmonics 310 f
sonanta 70
›Sonata Española‹ (Rodrigo) 350
›Sonata Romantica‹ (Ponce) 66
›Sonate Nr. 1 a-moll‹ (J. S. Bach) 349
›Sonate g-moll für Violine solo‹ (J. S. Bach) 349
›Sones de Palacio‹ (Sanz) 47
›Songs From The Chinese‹ (Britten) 67
songster 104
Sor-Studien, Segovias 332
Sotar 30
›Sounds of Synanon‹ (Pass) 169 f, 171
›South Carolina Rag‹ (W. Walker) 99
Spanien 19
spanische Gitarre 19
›Spider's Dance‹ (Blanke) 403
Spießhals 17 f
Spiritual 103
›Squeeze Box Swing‹ (Kress/Mottola) 267
›Staggerly‹ 104
›Stars and Stripes Forever‹ (van Duser) 298
steelstring guitar 91
Steg 26
Stegsattel 54
Stick, The 447 f
Stimmsteg (drone-string) 230
Stimmung 31
Stockzither 30
›Stomping Tonight On The Pennsylvania/Alabama Border‹ (Fahey) 287
Stramp Amp 196
›Strapse‹ (Knispel) 408
stride-Stil 149, 292
›Stringing The Blues‹ (Lang) 181
struts (Streben) 57
›Stuttgarter Liederhandschrift‹ 23
Südamerika 82
›Suite a-moll‹ (Ponce) 66
›Suite Antiqua‹ (Ponce) 66
›Suite Compostelana‹ (Mompou) 349
›Suite Nr. 9 d-moll‹ (de Visée) 47
Sun-Label 129
Susringar (Baß-Sarod) 299
sustain 80
›Swimming With A Hole In My Body‹ (B. Connors) 416

›Swinging Guitars‹ (Cali/Gottuso) 266
›Symphonie aus der Neuen Welt‹ (Dvořák) 97
Synanon 170
›Syntagma Musicum‹ (Praetorius) 35, 47

›Tablatura de Vihuela‹ (Mexico City) 83
Tabulatur 34, 40
›Tabulature de Guiterne où sont Chansons, Galliardes...‹ (de Morlaye) 42
Taille 34
›Tales of Tomorrow‹ (Blanke) 403
Tambourin 70
Tamburi 30
Tamla-Motown-Sound 136
târ 22
Tarang 393
›Tarantos‹ (Brouwer) 352
›Tecnica fondamentale‹ (R. Chiesa) 353
Telecaster-Kopien 434
›Télémaco en la Isla de Calipso‹ (Sor) 58
temples 34
temples a los viejos 34
temples a los nuevos 34
›Ten Duets For Two Guitars‹ (Kress/Barnes) 269
tenor guitar 96
Tenor-Viole 30
terceras 36
›Terraplane Blues‹ (R. Johnson) 109
Terzgitarre 379
›Texas Jazz‹ 304
Texas pitch 114
Texas Swing 97
›That's When Your Heartaches Begin‹ (Presley) 192
›The Art and Times of The Guitar‹ (Grunfeld) 15
›The Birth of The Classic Guitar...‹ (Heck) 52
›The Beatles For Classical Guitar‹ (Heyden) 355
›The Blues Guitar‹ (Silverman) 293
›The Blues Revival‹ (B. Groom) 286
›The Death of the Rare Bird Ymir‹ (H. Reichel) 408
›The Dusty Miller‹ (L. Pierce) 293
›The Entertainer‹ (S. Joplin) 89
›The False Consonances of Music or Instructions For The Playing of a True Base...‹ (Matteis) 46
›The Four Freshmen and Five Guitars‹ 279
›The Galloping Guitar‹ (Atkins) 156
›The Gay Negro Boy‹ (Graupner) 98
›The Gibson Guitar From 1950‹ (Bishop) 438
›The Guitar Book‹ (Wheeler) 130
›The Guitar In Early Country Music‹ (D. B. Green) 89
›The Guitar of Dadi‹ 321
›The Guitar Session‹ (Guitars Unltd./US) 278
›The Guitars Unlimited‹ (franz.) 280
›The Height Below‹ (J. Williams) 335
›The Liberation Of The Contemporary Jazz Guitar‹ (Jones/Johnson) 274
›Thema in Moll‹ (Rediske) 397
›The Masquerade‹ (Benson) 246
›Theme From Good King Bad‹ (Benson) 246
Theorbe 30
theorbierte Laute 29
›The Return of Dr. Hackenbush‹ (Wijnkamp) 322
›The Search For The Turtle's Navel‹ (W. Ackerman) 305
›The Stumble‹ (A. King) 135
›The Thrill Is Gone‹ (B. B. King) 132
›The Zincali‹ (Borrow) 72
›Three O'Clock Blues‹ (B. B. King) 132
three-part-harmony-playing 265
›Three Pieces For The Guitar‹ (Chavez) 339
tible 70

Timing 141
›Timothy Walker spielt barocke Gitarrenmusik‹ 345
timple 70
tiple (span.) 70
tiple (südamerik.) 84
tipple 70
›Toccata und Fuge d-moll‹ (J. S. Bach) 335
toceador de vihuela 82
Tonabnehmer (pickup, Pickup) 95
›Tony Rizzi's Five Guitars plus Four Play Charlie Christian‹ 281
›Too Tight Drag‹ (R. McTell) 318
toque 70
Touch, The 446
›Trambone‹ (Atkins/D. Eddy) 196
Transducer 229, 409
›transitional guitar‹ (Übergangsgitarre) 50
Transpositionsprobleme 294ff
›Travelling‹ (J. Williams) 335
›Tremens‹ (Kagel) 388
Travis-style 154
Tremolo 48
tremolo-tailpiece 155
tres 84
›Tres Libros de Música en Cifras para Vihuela‹ (Mudarra) 35, 40
Tripodion 58
›Triangles‹ (J. Bizet) 337
›Tributaries‹ (Coryell/Scofield/Beck) 278
›Trois Danses Concertantes‹ (Brouwer) 352
Troubadours 23
truss-rod 153
twelve-string-Banjo 100
Twelve-string-guitar 34
›22-20 Blues‹ (S. James) 111
two-finger-picking 91
›Two For the Road‹ (Coryell/Khan) 274
›2 × 7 = Pizzarelli‹ 270
›Two Tone Stomp‹ (Lang/L. Johnson) 276
Ukulele 92
uña del perro 70
Unisono-Chor 34
Unterbügel 53

vamp 120
›Variationen über ein Thema von Mozart‹ (Sor) 65
›Variations‹ (Castelnuovo-Tedesco) 65
›Variations sur Folia de España et Fugue‹ (Ponce) 65
›Varii Capricci per la Chitarra Spagnuola‹ (Corbetta) 45
›Varii Scherzi di Sonate per la Chitarra Spagnuola‹ (Corbetta) 45
Veleno-Aluminium-Gitarre 445
Velislav-Bibel 29
Vendeli-Laute 332
Vibrato 144
vielle 20
vierchörige Gitarre 42
viersaitige Gitarre 254f
Vihuela 20
Vihuela de arco 20, 24, 31
Vihuela de mano 24, 31
Vihuela de peñola 20, 24f, 31
Vihuelita 84
Villancicos 42
Viola 20, 25, 27f
viola (brasil.) 54
viola de arco 27
viola de mano 27
violão 54, 89
violão-7-cordos 84
›Violetta‹ (Cali/Gottuso) 266
Violinen-Baß 19
violino 20
Virzi Tone Producer 444
vitula 20
viula 20
Vollbund-Gitarre 409
vorderständig 26

Wah-wah-Effekt 155
›Walk, Don't Run› (Ventures) 197

›Walkin' In The Park‹ (McCartney sen.) 156
›walking the basses‹ 109, 115
Wappengitarre 30
warp (Halsverzug) 154
›Waves‹ (Kolbe/Illenberger) 405
Wechselbaß 57
›Weisen alter Meister‹ (Summer) 377
Westcoast-Stil 166
Wina 30
Winkelharfe 28
Wirbel 26
Wirbelbrett 26
Wirbelkasten 35, 54
›With A Little Help Of My Friends‹ (Kriegel) 400
›Women's Guitar Workshop‹ 313
›Woodpecker‹ (A. Rohde) 421
Woodstock 285
›You Are My Sunshine‹ (Duane Eddy) 196
›Young Django‹ (Coryell/Catherine) 323
Yüeh ch'in 30
›Yunta‹ (Kobayashi) 323

›Zabriski Point‹ (Fahey) 286
Zapfen 54
Zarabanda 83
zarambeques 83
Zeitschrift für die Gitarre 380
Zigeuner 71 f
Zimbal 30
Zir (Galle) 71
Zither 30
›ZoKoMa‹ (Zoller) 398
›Zoom boom – Die elektronische Rock- und Popmusik‹ (Hoffmann) 405
›Zupfgeigenhansel‹ 377